教练心理学手册

从业者指南（第二版）

上

Handbook of Coaching Psychology

A Guide for Practitioners（Second Edition）

（英）斯蒂芬·帕尔默 Stephen Palmer
（英）艾莉森·怀布鲁 Alison Whybrow 主编

李 朔　易凌峰　译

华东师范大学出版社
·上海·

Routledge
Taylor & Francis Group

图书在版编目（CIP）数据

教练心理学手册：从业者指南：第二版／（英）斯蒂芬·帕尔默，（英）艾莉森·怀布鲁主编；李朔，易凌峰译.—上海：华东师范大学出版社，2021
 ISBN 978-7-5760-1466-2

Ⅰ.①教… Ⅱ.①斯… ②艾… ③李… ④易… Ⅲ.①教育心理学—手册 Ⅳ.①G44-62

中国版本图书馆 CIP 数据核字（2021）第 052789 号

教练心理学手册：从业者指南（第二版）

主　　编	（英）斯蒂芬·帕尔默　（英）艾莉森·怀布鲁
译　　者	李　朔　易凌峰
策划编辑	龚海燕
责任编辑	顾晨溪
特约审读	王叶梅
责任校对	时东明
装帧设计	卢晓红
出版发行	华东师范大学出版社
社　　址	上海市中山北路 3663 号　邮编 200062
网　　址	www.ecnupress.com.cn
电　　话	021-60821666　行政传真 021-62572105
客服电话	021-62865537　门市（邮购）电话 021-62869887
地　　址	上海市中山北路 3663 号华东师范大学校内先锋路口
网　　店	http://hdsdcbs.tmall.com/
印刷者	上海展强印刷有限公司
开　　本	787×1092　16 开
印　　张	49.25
字　　数	733 千字
版　　次	2021 年 9 月第 1 版
印　　次	2021 年 9 月第 1 次
书　　号	ISBN 978-7-5760-1466-2
定　　价	198.00 元（上、下册）

出 版 人　王　焰

（如发现本版图书有印订质量问题，请寄回本社客服中心调换或电话 021-62865537 联系）

版权声明：

Handbook of Coaching Psychology: A Guide for Practitioners, 2nd Edition
by Stephen Palmer, Alison Whybrow
ISBN: 9781138775329
© 2019 selection and editorial matter, Stephen Palmer and Alison Whybrow; individual chapters, the contributors
All Rights Reserved.
Authorized translation from the English language edition published by Routledge, a member of Taylor & Francis Group.
本书原版由 Taylor & Francis 出版集团旗下 Routledge 出版公司出版，并经其授权翻译出版。版权所有，侵权必究。
East China Normal University Press Ltd. is authorized to publish and distribute exclusively the Chinese (Simplified Characters) language edition. This edition is authorized for sale throughout Mainland of China. No part of the publication may be reproduced or distributed by any means, or stored in a database or retrieval system, without the prior written permission of the publisher.
本书中文简体翻译版授权由华东师范大学出版社独家出版并仅限在中国大陆地区销售。未经出版者书面许可，不得以任何方式复制或发行本书的任何部分。

Copies of this book sold without a Taylor & Francis sticker on the cover are unauthorized and illegal.
本书封面贴有 Taylor & Francis 公司防伪标签，无标签者不得销售。

上海市版权局著作权合同登记　图字：09-2015-1086 号

《教练心理学手册：从业者指南》（第二版）是一本对教练技术理论和实践都非常有价值的指南，并且适合多种场合。其优势在于广泛地描述了多种现代方法及其在各类情况下的应用。该书以循证实践和研究为基础，从而强调了教练实践的心理学。这本出色的书由斯蒂芬·帕尔默（Stephen Palmer）和艾莉森·怀布鲁（Alison Whybrow）主编，得到了领先从业者的贡献，应该成为教练和从业者必不可少的读物。

——罗伯特·博尔（Robert Bor），教授，英国伦敦动态变化顾问有限公司（Dynamic Change Consultants Ltd）临床和航空心理学顾问

我强烈推荐《教练心理学手册：从业者指南》（第二版）。这次极具价值的更新是由经验丰富的资深专业人员对各种模型和方法进行的严格而完整的汇编。其中包括如新技术对心理教练的影响等问题，还涉及督导的重要性，它为国际框架内心理教练的最新变化和趋势提供了指引。

——维多利亚·科尼萨（Victòria Conesa），心理教练，加泰罗尼亚官方心理学学院（Official Psychology College of Catalonia）的心理教练董事会董事，文化健康公司"幸福工作"和"压力预防"讲师和主持人

斯蒂芬·帕尔默和艾莉森·怀布鲁编写了极具开创性且非常有价值的《教练心理学手册：从业者指南》（第二版）。他们汇集了这个重要领域中的领导人物，着重介绍了各种形式的教练及其带来的重要影响。这对任何对教练心理学感兴趣的人来说都是"必读书"……它将成为该领域的教练"圣经"。

——卡里·库珀（Cary L. Cooper），教授，英国兰开斯特大学（Lancaster University）组织心理学与健康教授

该手册提供了关于教练心理学领域的全面而综合的观点。该新版本大大增加了贡献心理学的实质和范围，为教练心理学的关键概念提供了概述，并解决了与循证医学有关的重要问题，如教练领域的知识、培训、监督和教练专业；向读者介绍了从传统心理疗法和现代心理疗法中衍生出来的各种教练心理学方法；教练心理学的应用探索了有效的教练实践的特点。对于寻求理解教练心理的学生和教练专业人士而言，这都是一个极好的资源。

——瓦娜·大卫（Oana A. David），博士，罗马尼亚巴贝斯—博莱亚大学（Babes-Bolyai University）国际教练研究所所长、副教授，国际认知行为教练协会主席

不管是在深度还是广度上，这都是一本独一无二的出版物。无论你是该领域刚入门的新手还是经验丰富的老手，《教练心理学手册：从业者指南》（第二版）均为你提供了循证实践的详尽指南，并提供了启发性的案例，使你在成为一名教练和心理教练的实践中更上一层楼。

——吉赛尔·迪亚斯（Gisele Dias），英国伦敦国王学院精神病学研究所心理学和神经科学博士，获英国心理学会心理咨询师资格认证

这本书邀请了世界领先的教练心理学专家对当今这个领域进行了全面而有趣的探索。毫无疑问，如果你对这个领域感兴趣并且想要保持最新的关注，那么这本书一定是你的必读书，它能让你了解该领域迄今为止的最新发展。

——奥洛夫·埃里克森（Per-Olof Eriksson），瑞典执照心理学家，国际教练心理学会（ISCP）名誉副主席，瑞典教练心理学家协会发起人和主席

想要系统性地更新您的教练实践？《教练心理学手册：从业者指南》（第二版）提供了有关如何改善教练科学基础和提高教练素质发展的启发性想法。它具有巨大的前景，可作为关键评估和开发的指南，并展示了如何链接现有知识库的方法。本书的作者将重点介绍心理过程并讨论将方法和技术整合在一起的真知灼见。本书将增进我们对应用程序和专业主题的理解，如教练中的可持续性问题。

——丽丝贝丝·赫尼（Lisbeth Hurni），博士，瑞士教练心理学会认证的教练心理学家，国际教练心理学会（ISCP）名誉副会长

《教练心理学手册：从业者指南》（第二版）是目前为止有关教练心理学的最全面、最权威的书。该书由该领域的知名专家撰写了43章，提供了不同角度、方法和应用的新发展的丰富见解和报告。这本书确实是启迪智慧的，对于学术研究者和教练实践者来说都是必不可少的资源。

——阿莱塔·奥登达尔（Aletta Odendaal），南非斯泰伦博斯大学（Stellenbosch University）工业心理学教授，南非工业和组织心理学会前主席，教练与咨询心理学兴趣小组的创始成员

我深度参与了教练心理学在爱尔兰的引入和推广，还参加了一家爱尔兰大学（科克大学）第一批教练心理学硕士的开发和教学。《教练心理学手册：从业者指南》是开创性的，是讲师、研究人员和从业者的必要路线图，这一更全面的第二版是及时的，它将为该主题领域的进一步发展、教学和实践提供正在进行的必要探讨。我对此表示欢迎。

——休·奥多诺万（Hugh O'Donovan），获心理咨询师资格认证，特许心理学家资格认证专家（Cpsychol., p.s. S. I），教练心理学家，《正念行走》（*Mindful Walking*）作者

对于在当代商业环境中对个人、团队和组织学习领域感兴趣的任何人,《教练心理学手册:从业者指南》(第二版)介绍了当代心理学中一些最令人振奋的发展。本书中的一些章节重点介绍了当今教练发展最快的领域,如团队教练、教练文化和技术在教练中的作用。读者可能会找到有关基于研究的证据,与教练有关的多种心理学观点和应用环境等问题的最全面答案。最后,本书通过将其与心理学的前沿思想联系起来,实现了发展教练职业的使命。

——耶琳娜·帕夫洛维奇(Jelena Pavlovic),博士,教育研究院高级研究员,塞尔维亚训练中心(Koučing Centar)创始人,经国际教练心理学会(ISCP)和国际教练联合会(ICF)认证的教练培训提供商

《教练心理学手册:从业者指南》为研究人员、讲师和从业人员提供了重要而宝贵的资源。自2008年以来,该学科发展迅猛,我们非常兴奋地迎接第二版的诞生。本书的整个章节以及方法部分的扩展分为四个部分,重点介绍了教练心理学家在其教练实践中提供创新和基于循证的方法的潜在方式范围,我们看到了对诸如神经科学等新的教练领域的关注。作为本体论和躯体教练的单独章节,作为积极的心理教练,我欢迎其他关于教练中的正念和同理心聚焦教练的章节。本书第二版确实是我们一直在期待的。

——塞里·西姆斯(Ceri Sims),博士,获心理咨询师资格认证。英国白金汉郡新大学(Buckinghamshire New University)领导力和教练课程计划负责人和应用积极心理学硕士课程高级讲师;积极思想联盟有限公司董事

对教练心理学感兴趣的人来说,《教练心理学手册:从业者指南》是一本集心理学理论和最佳实践的资源。在变幻莫测的时代(VUCA时代),这本非常棒的第二版全面概述了教练、心理学和管理学的最新趋势。对于教练心理学家、教练和相关领域工作的人来说,这是一本必备书。

——安娜·塞瑞克·科索斯卡(Anna Syrek-Kosowska),博士,高级教练,波兰教练督导(CSA)和国际教练心理学会(ISCP)名誉副总裁

作为教练心理学的从业者和老师,我一直在寻找能够为教练的目的和方式提供答案的书籍。市场上有很多"如何做"的教练书籍,但是教练心理学家应该需要更多。《教练心理学手册:从业者指南》(第二版)特别适合我们,它清晰地概述了最重要的心理教练理论和方法。我对多元教练方法特别感兴趣,它为教练的基本问题提供了新的视角,包括教练与咨询之间的界限以及教练关系的成功标准。《教练心理学手册:从业者指南》(第二版)是当今VUCA世界中成为教练心理学家的必备指南,其中,处理复杂性和混乱是不可避免的任务,当我们考虑生物、心理、社会因素及其相互影响时,可以有效地实现教练目标。《教练心理学手册:从业者指南》的第一版是我所在大学课程的主要参考书。现在,第二版将替代参考书目中的第一版。

——文斯·塞克利(Vince Szekely),博士,教练心理学家,匈牙利教练心理学协会主席

本书采用明确且注重实践的方法,为教练心理学提供了全面而稳固的基础。对教练心理学感兴趣的研究人员和研究生以及希望基于教练方法进行专业实践的人而言,这是一本必读书。

——王青,博士,华东师范大学心理与认知科学学院副教授

对于所有对拓展教练和教练心理学的知识、技能和视野感兴趣的人来说,这是一本激动人心的新书。《教练心理学手册:从业者指南》(第二版)在第一版的基础上进行了扩充和完善。它保留了第一版中所有出色的内容,在知识、理论、研究和实践的理解上还有进一步的拓展和深入。此外,还有一节专门讨论针对从业者经常遇到的棘手专业和道德问题。我建议将本书作为从业人员、培训者和受教者的核心教材。

——玛丽·沃茨(Mary Watts),博士,教授,英国特许心理学家,英国伦敦城市学院(City, University of London)名誉教授,梅勒·坎贝尔硕士(商务教练)课程主任

《教练心理学手册：从业者指南》(第二版)为教练心理学的理论、研究和实践提供了清晰而广泛的指导。

在这个新的扩展版中，国际一流的教练心理学家和教练较为全面地精选了该领域最新发展成果。第一部分探讨教练心理学的观点和研究，不仅回顾了过去和现在，还评估了未来的方向。第二部分介绍了一系列教练心理学的方法，包括行为主义和认知行为、人本主义、存在主义、聚焦、建构主义和系统性的方法。第三部分涵盖应用、情境和可持续性，重点主题包括生活和工作的个体过渡、复杂性和系统级干预。最后，第四部分探讨了教练心理学及执业教练的职业道德与伦理准则等一系列主题。该书还包括一些附录，概述了教练心理学的主要专业机构、出版物、研究中心和社团，使之成为必不可少的资源。

本文在范围上独树一帜，对于教练及教练心理学家、教练心理学学科、教练与指导以及商业心理学的学者和学生而言，将是必不可少的阅读材料。对于任何想了解教练实践基础的心理学人士，包括人力资源、学习与发展和专业管理人员以及担任教练角色的高管，这都是重要的参考。

斯蒂芬·帕尔默(Stephen Palmer)是一位资深的教练心理学家，也是国际教练心理学会(ISCP)的主席。他是威尔士大学基于工作本位学习模式的实践教授，并且是英国心理学会教练心理学专业组的第一位主席。

艾莉森·怀布鲁(Alison Whybrow)自2000年初以来一直从事教练心理学专业的发展工作。艾莉森曾是英国心理学会教练心理学专业组的主席，现在是国际教练心理学会(ISCP)国际教练心理学研究中心的名誉研究员。她经营自己的教练和咨询业务。

献给乔什（Josh）、山姆（Sam）、哈里（Harry）、阿妮克特（Aniket），当然，还有特哈尔和玛吉（Tejal & Maggie）。

——斯蒂芬·帕尔默

献给所有尚未居住在这个美丽地球上的人。

——艾莉森·怀布鲁

献给所有支持并继续支持世界范围内教练心理学的理论、研究、实践和职业的人。

——斯蒂芬·帕尔默和艾莉森·怀布鲁

译者序

在2002年伦敦首届国际教练心理学大会上，安东尼·M. 格兰特（Anthony M. Grant）和斯蒂芬·帕尔默（Stephen Palmer）共同提出了教练心理学的定义："教练心理学是一门建立在成熟的学习理论和心理学理论框架之上的，为提高正常的、不具有心理问题或精神疾病的临床症状的人们在个人生活和职业领域的表现水平的科学。"

在国内教练技术实践方兴未艾、教练理论研究风生水起之时，我们对教练心理学的理论与实践在中国的发展充满着期待，并将《教练心理学手册：从业者指南》（第二版）这本兼具学术性和实践性的名著介绍给国内读者。

这本著作呈现了教练心理学的研究进展和实践前沿。从内容来看，它不仅对这个新兴学科的重要领域进行了较全面的探索、回顾和展望，展现不同视角下一流学者的理论创新和实践洞见；同时从教练心理学视角，重点讨论了团队教练、教练文化以及技术在教练中的作用等从业者关注的实践性问题。

我们相信这本书对于中国读者而言，不仅可以拓展从业者及爱好者有关教练心理学的宽广视野，同时也可以指导从业者在不同领域的教练实践工作，并为解决中国情境下的教练实践问题提供新的思路和方法。

这是我们这个团队翻译的第三本有关教练的著作。之前我们分别于2018年翻译了奥斯卡·G. 明克（Oscar G. Mink）、基斯·Q. 欧文（Keith Q. Owen）、芭芭拉·P. 明克（Barbara P. Mink）著的《教练的艺术》（The Art of Coaching）一书，于2020年翻译了比尔·奥康奈尔（Bill O'Connell）、斯蒂芬·帕尔默（Stephen Palmer）、海伦·威廉（Helen Williams）著的《焦点解决教练实用指南》（Solution Focused Coaching in Practice）一书。两本书自出版以来在国内获得了许多读者的鼓励，我们深知水平有限，不足之处还希望得到广大读者的指正和谅解，让我们能坚持在本领域继续耕耘。此外，我们也希望以此书为媒介，为国内教练心理学爱好者提供一个学习交流社群，来推动教练心理学在中国的发展，我们的电子邮箱是303067796@qq.com，期待您的加入。

本书是团队努力的结晶,由李朔担任主译及统稿人,翻译人员包括施佳庆、徐晓妍、易凌峰、祝秀萍、张文静、张宇晨、张泽坤、孙臻、李慧、刘斯亮、李丽,同时,刘景慧对全书进行了审校,规范了全书心理学相关表述的专业度。

译 者

2021 年 9 月

编　者

斯蒂芬·帕尔默(Stephen Palmer)

斯蒂芬·帕尔默教授、博士,是英国伦敦教练中心的创始人兼主任。2004 年荣任英国心理学会教练心理学专业组(BPSSGCP)的第一任主席。2005 年在伦敦城市大学成立了教练心理学小组。2016 年担任丹麦奥尔堡大学(Aalborg University)教练心理学部门的兼职教授。2018 年担任英国威尔士三一圣大卫大学(University of Wales Trinity Saint David)的实践教授。他还是巴西里约热内卢联邦大学(Federal University of Rio de Janeiro)教练心理学组名誉顾问主任,以及 ISCP 国际教练心理学研究中心协调主任。同时还是国际教练心理学会和国际压力管理协会的名誉主席和研究员。他已经撰写和编辑了 50 多本有关系列主题的书籍,并与多本期刊合作,其中包括《欧洲应用积极心理学期刊》(*European Journal of Applied Positive Psychology*)。2008 年,他获得了终身成就奖,以表彰其 BPSSGCP 对教练心理学的杰出贡献。他的兴趣包括爵士乐、天文学、海岸漫步和艺术。

艾莉森·怀布鲁(Alison Whybrow)

艾莉森与英国以及国际上的同仁一道在 21 世纪初的教练心理学发展中走在了最前沿,她撰写了关于教练心理学的论文、文章和书籍,领导对发展教练文化的研究,多年来指导国际教练学院的认证培训课程。作为教练和教练心理学期刊的编辑,以及国际教练心理学会和欧洲大学课程的撰稿人,艾莉森在英国伦敦从事教练顾问和教练工作的同时,非常关注教练心理学领域的发展。艾莉森专攻领导力教练、高管团队发展和制度改革。

她拥有利物浦大学心理学专业的本科学位和博士学位,还拥有教练和顾问相关工作领域的多项专业资格。艾莉森在大公司和小公司的不同部门工作。作为一名教练和教练心理学促进者,艾莉森整合了一系列心理和哲学基础、领导框架和生态世界观。随着她的家庭和社区在她周围的成长,艾莉森的兴趣不断发生着变化。她对改变我们人类与地球关系的可能性充满热情。

贡献者

朱莉·艾伦(Julie Allan),理学硕士,英国特许心理学家(CPsychol),英国心理学会副院士(AFBPsS,由英国心理学会颁发的重要学术头衔,旨在为表彰该头衔获得者在心理学领域多年的经验和贡献),英国皇家艺术协会会员(FRSA),是一位经验丰富的教练心理学家(AFISCP)、高管教练(APEC)、主管和顾问。她曾是BBC的一名记者,她的心理学著作包含伦理、督导、智慧、元认知和复杂性。她也是《故事的力量》一书的作者,这本书讲述了组织中的故事。她的作品借鉴了成人成长发展方面的专业知识和对诗意的想象。电子邮箱:julie@ thepowerofthetale.co.uk。

尤妮斯·阿奎利纳(Eunice Aquilina),在最近30年时间里,她与组织发展领域的全球各地领导者们一道,持续在此领域深耕发展。她已经学习了十多年的躯体学,是一名合格的教练和教练督导。尤妮斯是《体现真实性:改变自我、团队和组织的躯体道路》一书的作者。电子邮箱:eunice@ eaconsult.co.uk。

汉娜·阿齐佐拉(Hannah Azizollah),特许职业心理学家,多年来在评估、发展、组织发展和变革领域工作。她目前的大部分工作涉及指导个人和团队进行全面的变革或转变。

塔蒂安娜·巴奇洛娃(Tatiana Bachkirova),MEd,硕士,博士,英国特许心理学家(CPsychol),英国心理学会副院士(AFBPsS),牛津布鲁克斯大学教练心理学教授和国际教练与启导研究中心主任。其专业领域是发展教练和教练督导。她是公认的作家、国际演说家、国际教练督导会议的召集人和主席。

莎拉·贝克(Sarah Baker),博士,特许心理学家和教练。她在贝德福德郡大学(University of Bedfordshire)从事学术工作,教授教练心理学。她的博士论文研究调查了教练和咨询从业人员在实践中管理界限的经验。

海伦·巴伦(Helen Baron),特许心理学家。她在为组织提供平等机会政策和促进员工评估与甄选的公平性方面提供培训和咨询,在这方面拥有30多年的经验。此外,她还设计和开发了评估工具。电子邮箱:helen@ hbaron.co.uk。

艾伦·伯恩（Alan Bourne），博士，经验丰富的特许心理学家。他专门研究创新的评估、开发和以客户为中心的管理变革解决方案。此前他曾担任心理咨询公司的顾问，并且是皇家邮政集团内部顾问团队的成员。他是SOVA评估的首席执行官和创始人。电子邮箱：alan.bourne@sovaassessment.com。

哈莉娜·布伦宁（Halina Brunning），特许临床心理学家，自由职业组织顾问和认证的高管教练。她在临床和组织问题上发表了很多著作，并为卡迈克书店（Karnac）编辑了多本书，包括《高管教练：系统—心理动力学观点》（2006），该书于2009年被翻译成意大利语。从2010年到2014年，她构思并编辑了一部三部曲的书籍，通过精神分析镜头分析了当代世界——《动荡世界的精神分析视角》。电子邮箱：halina@brunningonline.net。

理查德·布莱恩特-杰弗瑞斯（Richard Bryant-Jefferies），曾为伦敦一家大型NHS信托基金担任初级保健酒精咨询师和咨询督导，管理药物滥用服务，管理平等与多样性。他撰写了20多本有关教练主题的书，其中包括两本小说，其写作风格吸引着读者进入咨询体验。

迈克尔·卡罗尔（Michael Carroll），博士，曾担任过咨询心理学家、高管教练和高管教练的督导。他曾是布里斯托大学教育研究生院的客座教授，并因对专业心理学的杰出贡献而获得2001年英国心理学会奖。现已退休。

劳埃德·查普曼（Lloyd Chapman），专业博士学位，专注于高管教练。他在欧洲和非洲为高管和管理团队提供教练咨询。在他的博士论文中，他开发并研究了综合体验式教练模型。他在斯泰伦博斯商学院为研究生院和EDP项目授课。电子邮箱：lachapman@lantic.net。

米克·库珀（Mick Cooper），罗汉普顿大学（University of Roehampton）的心理咨询教授，社会和心理转型研究中心（CREST）主任。米克是特许心理学家，是UKCP注册的心理治疗师，也是英国心理咨询与心理治疗协会（BACP）的会员。他还是四个孩子的父亲，现在住在英格兰南海岸的布莱顿。电子邮箱：mick.cooper@roehampton.ac.uk。

莎拉·科里（Sarah Corrie），教练心理学家、培训师和学者，米德尔塞克斯大学客座教授，英国心理学会教练心理学专业组的创始成员和前任主席。莎拉在2016年获得了英国心理学会(British Psychology Society)颁发的"杰出的教练心理学贡献奖"。

伊莱恩·考克斯(Elaine Cox),博士,牛津布鲁克斯大学国际教练和启导研究中心的首席讲师兼联席主任,负责领导教练和启导项目并指导该项目的博士生。她出版了包括《理解的教练》在内的书籍,并且是《国际循证教练和指导期刊》的创始编辑。

基兰·杜伊南(Kieran Duignan),专注于领导力方面的研究和教练,在工作中支持事故预防和事故后学习的管理和社交网络。他是特许人事与发展研究所的特许心理学家,特许人机工程学家,特许安全和健康从业者以及特许研究员。电子邮箱:kieran@ beengaging.org。

薇姬·埃兰-戴森(Vicky Ellam-Dyson),博士,英国心理学会的特许心理学家和注册教练心理学家。她是教练心理学专业组的前任主席,也是国际教练心理学会的创始顾问成员。她的博士论文是对领导力和教练心理学的研究,探索了嵌入的核心信念如何影响领导风格。

杰克·法尔(Jake Farr),文学硕士,理学硕士,英国特许心理学家,是一位经验丰富的 OD 顾问和教练心理学家。她的培训以及对系统排列和格式塔心理疗法的沉浸,充实了她的所有工作,无论是与私营或公共部门组织的领导人、高管领导梯队计划,与执行委员会或客户,都进行团队发展的长期治疗工作。电子邮箱:jake@ apodltd.com。

彼得·芬纳(Peter Fennah),国际职业咨询公司(Career Synergy Limited)的董事,该公司提供领导力和职业过渡教练服务。他是职业发展学院的前创始董事,国际职业专业人员协会英国分会研究所的联席主席,热衷于推动职业生涯教练管理转型。

安妮特·菲耶里-特拉维斯(Annette Fillery-Travis),高级教练教育家,研究员和作家。安妮特是密德萨斯大学专业博士学位的负责人,也是欧盟资助的泛欧洲项目的首席研究员,之后成为威尔士三一圣大卫大学的威尔士基于工作的学习学院的负责人。电子邮箱:a.fillery-travis@ uwtsd.ac.uk

桑迪·戈登(Sandy Gordon),博士,FAPS(澳大利亚心理学会会员的第四级 Fellow,需要在成为第三级 Member 后,有 10 年心理学方面的工作经验),西澳大学体育与运动心理学教授,注册体育心理学家(PsyBA)和澳大利亚心理学会(APS)的资深会员。他在十个国家从事运动和表演心理学方面的咨询已有 30 多年。他目前的工作包括公共和私营部门的专业运动团队和高绩效团队。

达莎·格拉丰纳(Dasha Grajfoner)，博士，特许和认证的教练心理学家，商业和心理教练中心主任，英国爱丁堡赫里奥特瓦特大学教练心理学研究生课程主任，作为一名学术者和实践者从事于教练、领导力发展和动物辅助干预等领域。电子邮箱：d@grajfoner.com。

安东尼·格兰特(Anthony M. Grant)，博士，公认的教练心理学和基于循证的教练方法的重要先驱。他是悉尼大学教练心理学系的主任，并因其在发展教练科学基础方面的贡献而获得了众多国家和国际奖项。

苏兹·格林(Suzy Green)，临床和教练心理学家，积极研究所的创始人。苏兹是教练心理学和积极心理学相辅相成的领域的领导者。苏兹在澳大利亚拥有很多学术荣誉成就，隶属于剑桥大学幸福研究所，同时也是国际教练心理学会(ISCP)的副总裁。

布鲁斯·格里姆利(Bruce Grimley)，Achieving Lives Ltd的常务董事，专门研究在教练和咨询方面的自然语言处理。Sage在2013年出版了他的新书《NLP教练的理论与实践》，从心理学的角度研究了NLP。他的博士学位论文提出了一个问题：什么是NLP？电子邮箱：bruce@achieving-lives.co.uk。

克里斯蒂娜·吉伦斯滕(Kristina Gyllensten)，瑞典哥德堡萨尔格伦斯卡大学医院职业医学的心理学家和研究员。她特别感兴趣的是工作场所压力、压力管理以及认知行为疗法和教练，还与很多人合著了许多文章和著作。

莉兹·霍尔(Liz Hall)，高级从业教练，训练有素的MBSR教师；出版了关于正念、慈悲和教练的著作(包括《正念教练》，Kogan Page，2013)。她是《工作中的教练》的编辑，也是《国际正念与慈悲杂志》的联合编辑。

卡罗琳·霍纳(Caroline Horner)，专业心理学博士(教练心理学方向)，是一位经验丰富的高管教练、教育专家和组织发展顾问。作为国际教练学院的董事、总经理，她创建了英国最受尊敬的教练计划之一。她是该领域的专家，她帮助组织发展工作文化，使人们感到被授权并恪尽职守。电子邮箱：caroline@i-coachacademy.com。

克里斯·艾恩斯(Chris Irons)，博士，临床心理学家兼平衡思想组织的负责人，该组织旨在为个人、团体和组织提供慈悲聚焦疗法(Compassion-focused therapy，CFT)。他是国际上专注于慈悲聚焦疗法(CFT)的培训师和督导，并且是《慈悲之心》的作者。

斯蒂芬·约瑟夫（Stephen Joseph），博士，注册教练心理学家，是接受过梅勒·坎贝尔（Meyler Campbell）督导的商业教练。他对积极心理学的应用感兴趣，是突破性著作《实践中积极心理学：促进人类在工作、健康、教育和日常生活中的蓬勃发展》的编辑。他的最新著作是《真实：如何做自己以及为何如此重要》。

马克·西蒙·卡恩（Marc Simon Kahn），《轴心教练：在复杂的业务和高管教练中的工作》一书的作者。他是伦敦 Investec Plc 的特许商业教练，临床心理学家和人力资源与组织发展全球负责人。

莱斯利·库恩（Lesley Kuhn），博士，拥有教育、音乐、环境科学和哲学的多重学科背景，并在哲学和社会探究以及西悉尼大学商学院的教学中从事复杂性思维的研究。莱斯利出版了大量出版物，为政府、企业和大学领导着多项研究项目。她对保护灵活性和身心自由的热情为她的所有作品锦上添花。

赖奕伶（Yi-Ling Lai），博士，英国特许心理学家，目前是朴次茅斯大学的高级讲师，在领导力发展方面拥有十年的咨询和学术经验。她的主要研究重点包括有效教练联盟的共同因素以及对教练督导过程的心理影响。她还发表和出版了一些关于循证教练发展的期刊论文和书籍。

大卫·莱恩（David Lane），在全球和国家高级部门的各个部门具有广泛的企业教练经验。他为经验丰富的教练提供硕士学位，并为教练行业的研究和发展作出贡献。他过去是英国心理学会高级注册心理治疗专业资格认证组的主席，召集了 EFPA 心理治疗小组；大卫曾在 BPS、CIPD、WABC 和 EMCC 的委员会任职。他是 BPS 杰出科学贡献高级奖的获得者，并于 2010 年因对教练心理学的杰出贡献而获得 BPS 的嘉奖。

罗厚（Ho Law），博士，英国特许心理学家，特许科学家（CSci），AFISCP（已认证），英国心理学会副院士（AFBPsS），英国高等教育学会资深会员（FHEA）。他是国际知名的执业心理学家，在教练和咨询方面拥有超过 30 年的研究和实践经验。他是科伦坡研究与心理学研究所的研究和心理名誉教授，国际教练心理学会（ISCP）主任，Empsy©剑桥教练心理学小组的创始人。电子邮箱：ho.law@empsy.com。

道格·麦基（Doug MacKie），商业心理学家，高管教练兼加拿大标准协会（CSA）认证咨询公司董事。他在澳大利亚、亚洲和英国顶级公司的高管、领导力和团队能力评估和发展方面拥有超过 25 年的经验，并率先开发以实力为基础的方法来发展转型组织的领导者。电子邮箱：doug@csaconsulting.biz。

约翰·麦克劳德（John McLeod），在奥斯陆大学和都柏林综合咨询与心理治疗研究所担任教授。他在咨询和心理治疗等多领域都发表了颇多著作，致力于发展协作、灵活和研究知情的治疗方法。

埃德·诺丁汉（Ed Nottingham），博士，由美国专业心理学委员会（ABPP）认证，从事组织和商业咨询心理学、行为和认知心理学以及临床心理学。他还被国际教练联合会（ICF）认证为专业认证教练（PCC），并且是董事会认证教练（BCC）。

阿兰娜·奥布罗恩（Alanna O'Broin），博士，特许心理学家，在3i集团从事基金管理工作后，从事教练心理学家工作。她的研究和实践反映了对教练关系的好处及其对教练过程和结果的影响的特别关注。阿兰娜是《教练：国际理论、研究和实践杂志》的联合主编。

比尔·奥康奈尔（Bill O'Connell），刚刚退休，他是"焦点解决教练"项目的督导。他还负责伯明翰大学的焦点解决教练的硕士项目。比尔是《焦点解决疗法》（2012年第3版）的作者，并共同撰写和共同编辑了其他有关焦点解决技术的书籍。

西奥拜因·奥里丹（Siobhain O'Riordan），博士，是教练中心和积极过渡中心的特许心理学家和副主任。她是国际教练心理学会的主席和研究员。她的兴趣涵盖高管教练、健康、幸福和发展教练心理学领域。

希拉·潘查（Sheila Panchal），特许心理学家，同时也是一位母亲和领导力教练。她与艾伦·杰克逊（Ellen Jackson）合著《30岁的人生：如何获得自己真正想要的生活》，并与斯蒂芬·帕尔默合著《发展教练：人生过渡与世代相传》。

亚历克斯·帕斯卡（Alex Pascal），CoachLogix的创始人兼首席执行官。在担任此职务之前，他曾在创意领导力中心（CCL）担任教练和评估产品营销经理。他还是CCL的兼职高管教练。电子邮箱：alex.pascal@coachlogix.com。

乔纳森·帕斯莫尔（Jonathan Passmore），特许心理学家，拥有5个学位，并且是一名认证教练。他是亨利教练与行为矫正中心的主任，并在葡萄牙埃武拉大学担任教授。他撰写了30本书，并撰写了100多篇科学文章。

帕特里夏·里德尔（Patricia Riddell），雷丁大学应用神经科学教授。她获得了牛津大学的心理学博士学位，还在亨利商学院（Henley Business School）教授教练和行为矫正方面的理学硕士课程,在那里她将应用神经科学的知识带到了课程中。她的研究领域包括学习和记忆、动机和领导力。电子邮箱:pmriddell@ reading.ac.uk。

布罗迪·格雷戈里·里奥丹(Brodie Gregory Riordan),工业与组织心理学家,经过 ICF 认证的教练和反馈热心者,其职业生涯包括与 CEB(公司执行董事会)进行人才咨询以及与宝洁公司开展全球领导力发展项目。她发表了两篇有关教练、反馈和领导力发展主题的文章。电子邮箱:brodie.gregory@ gmail.com。

维加·扎吉尔·罗伯茨(Vega Zagier Roberts),独立顾问和教练,对领导力和文化变革特别感兴趣。她是塔维斯托克/埃塞克斯大学"组织咨询与领导"的教工,高级实践和研究专业博士学位的主管,以及塔维斯托克咨询公司的合伙人。电子邮箱:vega@ vzrconsulting.com。

麦琪·萨斯(Maggie Sass),博士(咨询心理学),是经过国际教练联合会(ICF)认证的高管教练和领导者,教练和评估专业知识。麦琪拥有十多年的研究经验,目前重点关注职业实践中的道德规范以及技术在教练中的作用。她目前是圣地亚哥创意领导中心的高级教师和全球投资组合经理。电子邮箱:sassmaggie@ gmail.com。

阿布迪·沙比(Aboodi Shabi),英国和欧洲教练界的先驱,并且是英国 ICF 的创始联席主席。他与世界各地成千上万的教练和领导者合作过。阿布迪经常撰写有关教练的文章,担任《工作教练》期刊的编委会成员,在会议和分会场中发表国际演讲,并且是各种欧洲教练学校的邀请嘉宾。电子邮箱:aboodi@ aboodishabi.com。

马特·谢菲德(Matt Shepheard),在第三部门拥有领导机构的背景,并担任系统教练、促进者和治疗师。他是一家教育信托基金的方案主任,在小组研讨会和一对一会议上与系统协商合作,将工作应用于组织和家庭系统问题。

奥莱·迈克尔·斯潘滕(Ole Michael Spaten),博士,医学硕士,MISPCAccred,奥尔堡大学心理学硕士课程主管和教练心理学系主任。作为丹麦教练心理学研究的先驱,他在斯堪的纳维亚半岛进行了首次随机对照试验,评估了简短认知行为教练的有效性。他也是丹麦《教练心理学期刊》的创始主编。奥莱的研究兴趣和出版物涉及自我和身份、教练心理学中的社会学习和基于经验的过程。

戈登·斯宾塞(Gordon B. Spence),悉尼商学院(卧龙岗大学)商务教练硕士课程的主任,对教练、正念、领导力、员工敬业度和工作场所幸福感特别感兴趣。他有 15 年为一系列组织提供高管/工作场所教练、培训和咨询服务的经验,曾是哈佛大学教练学院科学顾问委员会的联席主席,也是《贤者教练手册》的联合编辑。

埃内斯托·斯皮内利(Ernesto Spinelli),国际公认的当代领先的培训师和存在主义疗法和理论家之一。他是英国心理学会(BPS)的会员,BPS教练心理学专业组的创始成员,以及职业经理人指导与监督协会(APECS)认可的高管教练和教练主管。

理查德·斯特罗兹·海克勒(Richard Strozzi-Heckler),博士,Strozzi研究所的创始人。在过去的四十年中,他已经为业务负责人、高管团队开发并教授了躯体技术。理查德是八本著作的作者(包括《躯体训练的艺术》),并拥有心理学博士学位和合气道七段黑带。电子邮箱:richard@strozziinstitute.com。

卡西亚·希曼斯卡(Kasia Szymanska),注册心理学家,经认证的心理治疗师和国际教练心理学会会员。她是国际职业发展学院的主任,过去是《教练心理学家》的编辑。她撰写并合著了有关认知行为教练各个方面的文章。电子邮箱:info@kszymanska.com。

萨菲娅·安娜·乌特里(Zséfia Anna Utry),理学硕士,是国际教练心理学会的准会员,也是代表匈牙利教练心理学协会的名誉副主席。在她的研究中,她对采用多元化方法指导实践以及使用系统和裁决的案例研究设计评估教练效果感兴趣。

戴安娜·阿吉亚尔·维埃拉(Diana Aguiar Vieira),心理学博士(波尔图大学),葡萄牙波尔图理工学院波尔图会计和商学院(ISCAP)助理教授。她在社会科学和行为科学领域任教,并负责高等教育机构的职业、校友和教练服务。

海伦·威廉姆斯(Helen Williams),英国卫生保健专业委员会(HCPC)注册和英国心理学会(BPS)特许心理学家,与Sten 10 Ltd合作,并且是伦敦教练中心的副顾问。在SHL提供评估和发展咨询服务10年后,海伦成为一名教练心理学家,现在专门研究焦点解决教练技术。

桑德拉·威尔逊(Sandra Wilson),博士,一位专门从事TA组织应用的教学和监督交易分析师。她使用TA担任教练策略师、教练、督导和教练培训员,帮助个人和团队了解无意识在人与人之间互动、沟通和建立关系中的独特作用。

推荐序

教练心理学的新时代

我真的很高兴在这版看到教练心理学领域的迅猛发展。这本书的第一版只有22章,介绍教练心理学新创建的各个领域。而在这一版我们有43章,进一步阐述了该领域最新发展的概念和研究,使这一重要学科不断走向成熟。我们现在有各类教练心理学方法,从认知行为疗法到人本主义(如以人为中心疗法),从存在主义(如格式塔教练、正念)到建构技术(如NLP教练、个人建构疗法)和系统方法(如沟通分析、心理动力教练)。

此外,还有一个关于教练心理学的职业和道德准则的章节,探讨了教练和咨询之间的界限,心理测量在教练技术中的使用,技术的角色,教练心理督导和多样性等问题。在发展一个新的领域时,这些都是需要阐明、辩论和巩固的基本问题,以便对该领域形成一种愿景和理解。

这一新版本进一步巩固和界定了教练心理学的领域,并为帮助人们解决个人、工作和关系方面的困难提供了一个强化的平台。希望这将有助于社会解决亨利·大卫·梭罗(Henry David Thoreau)在1853年提出的问题:"我们满足身体的饥渴是如此迅速,我们满足灵魂的饥渴是多么缓慢!"[1]

卡里·库珀(Sir Cary L. Cooper)爵士、教授
英国人力资源协会(CIPD)主席
英国福利研究院院长
曼彻斯特理工大学曼彻斯特商学院

---

[1] Thoreau, H. D. (1906). Letter, February 27, 1853, to Harrison Blake. In *The Writings of Henry David Thoreau*, vol. 6, p.213, Houghton Mifflin. See:www.gutenberg.org/files/43523/43523-h/43523-h.htm

自序和致谢

为什么要出版第二版《教练心理学手册：从业者指南》？初版于2007年出版后，成为许多教练和教练心理学课程的重点教材，这一修订是否有必要？

2000年，安东尼·格兰特（Anthony Grant）博士宣布教练心理学已经成熟，2007年，当这本手册的第一版出版时，在英国和澳大利亚迅速出现了将教练心理学确立为一门心理学分支学科的框架。自2007年以来，教练心理学领域的发展一直保持着不错的进程。这些框架包括：教练心理学专业机构；全国代表性专业心理学机构的小组；会议；大学课程，从本科到博士提供教练心理学课程；同行评议期刊；以及心理教练的专业实践资格和认证。越来越多的国家在其国家框架内将教练心理学确立为一个分支学科。由于对教练心理学的持续关注，教练心理学课程、实践和研究的深度和广度持续增长，个体受教者和更广泛的客户利益相关者受益良多。

教练和教练心理学专业继续相互影响、共同发展，占据着相似但又不同的领域。尽管在更广泛的专业领域中，这些领域的相同点和不同点的问题不那么常见，因为它们都是在各自的领域中建立和扎根的。

国际教练心理学会（ISCP）和国际教练心理学大会论坛已成为有效的协作平台，将研究者、学生、从业者、学术界和许多国家教练心理学机构连接在这个不断涌现的全球领域。

这一版本的整体框架，包括各版块的结构以及各章的内容和流程都投入了相当多的思考。这本书分四部分，涵盖了专业实践领域相关的各个方面和各类方法。它们包括：教练心理学的观点和研究；教练心理学的方法；教练心理学的应用、背景和可持续性；教练心理学的专业和伦理实践。每一部分都被分成相关的小节，将实践中的主题组合在一起。此外，每一章都遵循一个清晰的流程，以便在不同的方法和框架之间进行比较。我们特别使用了"客户"一词来表示公司这一方，而"受教者"则表示被教练者本人。

这本书的广度和深度是来自全球同仁、客户和受教者以及与我们的出版商深度合作的结果,他们每一方都发挥着关键作用。在此我们要感谢每一位贡献者,感谢他们鼓舞人心的伙伴关系,感谢他们所做的杰出工作,使他们能够作出他们所拥有的贡献。

我们要感谢我们的撰稿人和出版商对本书的耐心编辑制作。此外,如果没有客户和受教者,本书将一文不值,他们通过自己的故事和应用程序的共享,将实践带入生活,以便其他人也可以从他们的见解中学习和受益。最后,我们要感谢国际教练心理学会作为合作伙伴,使本书成为国际舞台上教练心理学发展中的一个里程碑。

国际教练心理学会推荐序

国际教练心理学会(ISCP)致力于在世界各地进一步加强教练心理学专业的学科发展。这包括鼓励在教练心理学领域的理论、研究和实践的发展,并支持教练心理学家的研究。因此,与这样一本开创性著作合作的机会是与我们的主要目标和战略相一致的。

在这及时的第二版中,现有43章的主题的范围和多样性绝对不会令你失望。该结构反映了ISCP在我们的出版物、社交媒体、活动和会议等活动过程中所观察到的议题和偏好、证据基础和实践基础以及教练心理学的一般模式。

无论您是合格的心理学家、教练心理学家、教练、学生,还是对该领域非常感兴趣的人,第二版都将为该领域作出重要贡献。其涵盖了教练心理学的观点和研究以及教练方法,并探索了更多的系统干预、专业领域和道德实践。

回顾教练心理学领域的兴起,我就在想,教练心理学近年来实际上实现的许多目标都是怀有抱负的,即便当时都觉得不可能。新版的《教练心理学手册:从业者指南》象征着该行业发展过程中取得的许多里程碑。未来是令人兴奋的,我们期待教练心理学在更广泛的心理学领域产生更多的潜在影响。

希柏恩·奥里奥丹(Siobhain O'Riordan)
国际教练心理学会主席

目 录

译者序 / 1
编　者 / 1
贡献者 / 1
推荐序 / 1
自序和致谢 / 1
国际教练心理学会推荐序 / 1

教练心理学的观点与研究

引　言 / 3
第一章　过去、现在和未来
　　　　艾莉森·怀布鲁和斯蒂芬·帕尔默（Alison Whybrow & Stephen Palmer）/ 5
第二章　教练辅导与神经科学
　　　　帕特里夏·里德尔（Patricia Riddell）/ 17
第三章　教练和教练心理学中的自我效能感：一个综合的自我效能感教练模型
　　　　戴安娜·阿吉亚尔·维埃拉和斯蒂芬·帕尔默（Diana Aguiar Vieira & Stephen Palmer）/ 31
第四章　目标和教练：目标导向教练和教练心理学的综合循证模型
　　　　安东尼·格兰特（Anthony M. Grant）/ 43
第五章　从积极心理学到积极心理学教练的发展
　　　　希拉·潘查、斯蒂芬·帕尔默和苏西·格林（Sheila Panchal, Stephen Palmer & Suzy Green）/ 65

第六章　研究人员和教练心理学家的实证视角

安妮特·菲耶里-特拉维斯和莎拉·科里（Annette Fillery-Travis & Sarah Corrie）／86

第七章　通过教练心理研究法的分析理解循证教练

赖奕伶和斯蒂芬·帕尔默（Yi-Ling Lai & Stephen Palmer）／100

教练心理学方法

引　言／117

第一部分　行为主义和认知行为方法／121

第八章　行为主义教练

乔纳森·帕斯莫尔（Jonathan Passmore）／122

第九章　认知行为教练

斯蒂芬·帕尔默和卡西亚·席曼斯卡（Stephen Palmer & Kasia Szymanska）／134

第二部分　人本主义方法／161

第 十 章　以人为中心的教练心理学

斯蒂芬·约瑟夫和理查德·布莱恩特-杰弗里斯（Stephen Joseph & Richard Bryant-Jefferies）／162

第十一章　动机性访谈：一种教练心理学方法

乔纳森·帕斯莫尔和艾莉森·怀布鲁（Jonathan Passmore & Alison Whybrow）／180

第十二章　多元化教练

祖索菲·安娜·乌特里、斯蒂芬·帕尔默、约翰·麦克劳德和米克·库珀（Zsófia Anna Utry, Stephen Palmer, John McLeod, & Mick Cooper）／193

第三部分　存在主义方法 / 209

第十三章　存在主义教练心理学
埃内斯托·斯皮内利和卡罗琳·霍纳（Ernesto Spinelli & Caroline Horner）/ 210

第十四章　格式塔教练
朱莉·艾伦和艾莉森·怀布鲁（Julie Allan & Alison Whybrow）/ 225

第十五章　正念教练：自我决定理论的观点
戈登·斯宾塞（Gordon B. Spence）/ 245

第十六章　同理心教练
克里斯·艾伦斯、斯蒂芬·帕尔默和利兹·霍尔（Chris Irons, Stephen Palmer, & Liz Hall）/ 259

第四部分　专注式方法 / 273

第十七章　本体论教练
阿博迪·沙比和艾莉森·怀布鲁（Aboodi Shabi & Alison Whybrow）/ 274

第十八章　躯体教练
尤妮丝·阿奎丽娜和理查德·斯特罗兹-海克勒（Eunice Aquilina & Richard Strozzi-Heckler）/ 289

第五部分　建构主义方法 / 305

第十九章　个人建构心理学教练
基兰·杜伊南（Kieran Duignan）/ 306

第二十章　叙事教练（全年龄段）
罗厚（Ho Law）/ 323

第二十一章　焦点解决教练
比尔·奥康奈尔和斯蒂芬·帕尔默（Bill O'Connell & Stephen Palmer）/ 341

第二十二章　神经语言程式（NLP）教练
布鲁斯·格里姆利（Bruce Grimley）/ 357

第六部分　系统性方法 / 373

第二十三章　TA教练方法

桑德拉·威尔逊(Sandra Wilson) / 374

第二十四章　系统排列取向教练和教练心理学实践

杰克·法尔(Jake Farr)和马特·谢普赫德(Matt Shepheard) / 392

第二十五章　心理动力学和系统心理动力学教练

维加·扎吉尔·罗伯茨和哈利娜·布鲁宁(Vega Zagier Roberts & Halina Brunning) / 410

教练心理学的应用、背景和可持续性

引　言 / 435

第一部分　个人生活和工作的转变 / 439

第二十六章　个人和生活教练心理学

奥莱·迈克尔·斯派滕(Ole Michael Spaten) / 440

第二十七章　跨越人生转型的发展教练

希拉·潘查、希柏恩·奥里奥丹和斯蒂芬·帕尔默(Sheila Panchal, Siobhain O'Riordan, & Stephen Palmer) / 455

第二十八章　成人学习教练

大卫·莱恩、马克·西蒙·卡恩和劳埃德·查普曼(David Lane, Marc Simon Kahn, & Lloyd Chapman) / 468

第二十九章　职业教练

彼得·芬纳(Peter Fennah) / 483

第 三 十 章　压力、复原力、健康和幸福教练

海伦·威廉姆斯、斯蒂芬·帕尔默和克里斯蒂娜·吉伦斯特(Helen Williams, Stephen Palmer, & Kristina Gyllensten) / 501

第二部分　教练、复杂性和系统性干预 / 521

第三十一章　处于混沌边缘的教练：以复杂性为指导的心理学教练方法

莱斯利·库恩和艾莉森·怀布鲁(Lesley Kuhn & Alison Whybrow) / 522

第三十二章　组织内部发展教练：迈向教练文化

艾莉森·怀布鲁和埃德·诺丁汉(Alison Whybrow & Ed Nottingham) / 536

第三十三章　领导力和高管教练

维姬·埃兰-戴森、达莎·格拉夫纳、艾莉森·怀布鲁和斯蒂芬·帕尔默(Vicky Ellam-Dyson, Dasha Grajfoner, Alison Whybrow, Stephen Palmer) / 555

第三十四章　团队教练

桑迪·戈登和道格·麦基(Sandy Gordon & Doug MacKie) / 572

教练心理学的专业与伦理实践

引　言 / 591

第三十五章　教练关系：在教练过程和结果中起的关键作用

阿兰娜·奥布林和斯蒂芬·帕尔默(Alanna O'Broin & Stephen Palmer) / 594

第三十六章　重新审视教练和咨询之间的界限问题

塔蒂阿娜·巴赫基罗瓦和莎拉·贝克(Tatiana Bachkirova & Sarah Baker) / 614

第三十七章　教练和多元化

海伦·巴伦和汉娜·阿齐佐拉(Helen Baron & Hannah Azizollah) / 630

第三十八章　心理测量学在教练中的应用

艾伦·伯恩和艾莉森·怀布鲁(Alan Bourne & Alison Whybrow) / 647

第三十九章　技术在教练中的作用
　　亚历克斯·帕斯卡尔、布罗迪·格雷戈里·里奥丹和玛吉·萨斯（Alex Pascal, Brodie Gregory Riordan, & Maggie Sass）／666

第 四 十 章　受教者心理健康：教练心理学家的实践启示
　　卡西亚·西曼斯卡（Kasia Szymanska）／680

第四十一章　教练发展的认知发展方法
　　塔蒂阿娜·巴赫基罗瓦和伊莱恩·考克斯（Tatiana Bachkirova & Elaine Cox）／694

第四十二章　教练心理督导
　　迈克尔·卡罗尔（Michael Carroll）／712

第四十三章　教练心理学教育与实践的全球活动
　　希柏恩·奥里奥丹和斯蒂芬·帕尔默（Siobhain O'Riordan & Stephen Palmer）／727

后　　记　　斯蒂芬·帕尔默和艾莉森·怀布鲁（Stephen Palmer & Alison Whybrow）／741

附录1　教练和教练心理学专业团体／743
附录2　与教练和教练心理学有关的出版物／746
附录3　大学教练心理学小组及中心／748
附录4　国际教练心理学会（ISCP）／749

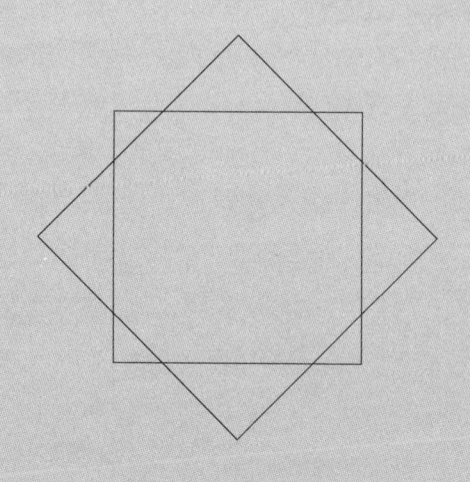

教练心理学的
观点与研究

引言

第一部分的背景设定是介绍这本手册编者的总览,主要从"过去、现在和未来"介绍教练心理学的历史、现在和未来潜力。教练及教练心理学在过去15年的发展中取得了令人瞩目的成绩。展望未来,我们看到教练和教练心理学处于有利的发展地位,因为其实践领域挑战了有关世界现状的现有假设,并提供了一系列基于循证的方法论来支持新叙事的出现,这为营利及非营利的所有组织提供了做好领导、团队和组织的方法。第一部分的内容会关注一些在教练心理学领域的最新研究。我们还探索神经科学(第二章)及神经科学在教练实践中的应用。在"教练辅导与神经科学"这一部分的内容中,帕特里夏·里德尔(Patricia Riddell)研究了我们需要掌握多少关于大脑的知识,来理解教练辅导是如何起作用的,以及我们要如何在指导自己的学员和客户时应用这些知识。戴安娜·阿吉亚尔·维埃拉(Diana Aguiar Vieira)和斯蒂芬·帕尔默(Stephen Palmer)在他们写的章节中让我们对心理学现有领域有了更多的理解。"教练和教练心理学中的自我效能感:一个综合的自我效能感教练模型"(第三章)指出,自我效能感的建构已经能够解释和预测人类行为,还能至少在好几个领域引起改变,教练心理学也不例外。安东尼·格兰特(Anthony M. Grant)在"目标和教练:目标导向教练和教练心理学的综合循证模型"(第四章)中研究了以目标为中心的教练技术这一在教练实践中的主体。作为现代教练心理学之父,安东尼指出,尽管教练技术本质上是一个聚焦于目标的活动,但直到最近,人们才开始将心理学文献中关于目标及目标设定的内容应用到教练实践中。在这章中,他旨在为这一趋势增加进一步发展的动力。积极心理学的成长与发展带动了教练心理学的同步发展,并且对教练技术及教练心理学的成长与发展产生了重要的影响。积极心理学在许多的教练实践中提供了重要的线索。在"从积极心理学到积极心理学教练的发展"(第五章)中,希拉·潘

查（Sheila Panchal）、斯蒂芬·帕尔默和苏西·格林（Suzy Green）展示了丰富的体系并探索了该体系作为教练辅导方法的应用。

第一部分的最后部分致力于帮助读者理解研究基础对实践的支撑，以及如何评估新兴研究以理解它们在实践中的应用。像心理学实践的其他分支一样，关注于什么起作用，与谁合作以及在什么情况下是对心理学研究进行指导的一项持续追求。在更广泛的教练世界中，这一点也很重要。尽管这两章既没有详尽的说明，也没有目标，但它们确实阐明了一些关键问题以及理解当前研究现状的一些方法。在"研究人员和教练心理学家的实证视角"（第六章）中，安妮特·菲耶里-特拉维斯（Annette Fillery-Travis）和莎拉·科里（Sarah Corrie）突出了研究证据的重要性，以促进向受教者和客户提供优质、可持续和个性化的服务。基于这些原则，赖奕伶（Yi-Ling Lai）和斯蒂芬·帕尔默在"通过教练心理研究法的分析理解循证教练"（第七章）中为我们提供了最新的教练心理学的证据基础。

第一章 过去、现在和未来

艾莉森·怀布鲁和斯蒂芬·帕尔默
(Alison Whybrow & Stephen Palmer)

我们2007年第一次编辑这本手册的时候,那时候的情况和现在完全不同。2008年的金融危机、全球权力体系的变化、阿拉伯之春(Arab Spring,指2011年春天,中东和北非地区的一些阿拉伯国家内部,人民掀起的反"独裁"、反腐败和追求"民主政体"的社会运动)、数字世界的中心性、大数据、自动化的兴起、战争性质的改变、糖尿病成为全球健康危机——那时候都还没有这些事。在这些变化之前,教练技术与教练心理学正在四处开花。10年之后的今天,我们发现教练技术和教练心理学依然在蓬勃发展。在更加复杂的全球大环境下,未来的不确定性及模糊性意味着我们对更深层次的自我意识、心理韧性、深度合作,好奇性的谈话和共创的需求都在增长。对于教练技术、教练技巧及教练心理学的需求,自然没有消退,但是却发生了变化。这一领域的成熟与自信在教练技术发展中反映出来,尤其在深度和广度上,从最初的点对点为重点向更全面和系统转变。不过,一个职业并不是仅仅由实践来定义的,其他方面也在随之成熟化。专业框架和标准的发展,是理解实践的依据,带着我们进入新的思考领域和丰富的学习与发展路径,包括硕士和博士这些高学位者参与的相关研究,所有的这些一起打造了教练技术和教练心理学的基础。

尽管教练技术和教练心理学有所区别,但是它们的路径是一致的;共同前进而不是分道扬镳,它们互为促进和发展。尽管有些实践者可能有自己偏爱的理论,但客户和受教者受益于丰富的协作,这本手册本身就是个例子。

在本章中,我们从第一节开始就分享了教练心理学的历史根源,当前状态的关键方面,以及对过去10年趋势的一些探索,以期我们可以在此时作出一些有用的假设,实现在心理实践这一子学科的发展。

从苏格拉底到 21 世纪

可以说,苏格拉底的辩证探究方法,苏格拉底式问话,是我们现在所说的一种正在使用的教练技术的早期描述。这个方法,通过逻辑性提问来促进批判性思维,很多年来应用于各个职业领域,包括心理咨询和治疗。总的来说,心理学家已经践行教练技术数十年(Filippi,1968)。如果我们往回看的话,在 20 世纪 20 年代,美国的运动心理学之父、教育心理学的助理教授科尔曼·格里菲斯(Coleman R. Gruffith),在伊利诺伊大学的运动研究实验室,写了一本奠基性的书:《教练心理学:心理学视角的教练方法研究》(Griffith,1926)。

这个实验室的成立是为了研究三个关键领域,这三个领域清晰地反映了心理学的原则:a)关于纯心理事实和理论的发现;b)关于人类行为与运动技能和运动意识的关系;c)关于提升教练方法的有效性(Griffith,1930,p.vii)。格里菲斯的研究主要关注运动领域的教练心理学。他认为教练不仅仅是辅导员。"他是老师,用古老的话来说,是性格的培育者,他能塑造个性(1926)。"他认为教练还应该是运动员、生理学家、心理学家。在他的《教练心理学》一书中(Griffith,1926)讨论了教练的方方面面,比如面向观众、运动明星和"走霉运"的选手,处理过度教练团队以及学习原则的问题。格里菲斯在学术上非常多产,因为这个理论的倡导者希望在美国将运动心理学建成心理学的一门学科,他在这个领域的出版物和作品在 20 世纪 60 年代被体育心理学的同行重新发现。格里菲斯基于心理学理论强调了心理学在教练辅导中的重要性,基于他的研究,使教练实践更具有依据,这在多年以后仍被认为是教练心理学发展的主要跳板。

格兰特(Grant,2005,2006)回顾了集中在管理、工作及生活中教练关于行为科学等学术方面的论文。早期的学术论文是戈比(Gorby,1937)所写,描写了新员工如何在老员工的指导下减少浪费从而提高利润,这将最大限度地提高分红计划中的奖金。格兰特注意到从 1995 年到 2005 年之间同级评审研究中指数级的增长,表明在工作和生活中教练有效性的实证支撑大量涌现。

心理学原则在教练辅导和教练训练中的影响和有效性,并没有得到充分的关注。

有些教练训练的课程可能是基于心理学原则的,但是含蓄多过外显(Linley & Harringtong,2007)。况且,有些由早期的教练所提供的专利模型并没有经过严格的研究。格兰特认为,对我们今天所知的教练心理学产生影响的包括:人本主义心理学(Maslow,1968)、20世纪60年代的人类潜能运动(HPM),以及后期的积极心理学运动(Seligman & Csikszenmihalyi,2000)。

21世纪的到来标志着教练心理学发展进入了关键阶段。积极心理学的范例(关注人的幸福而不是病态),给源于科学从业者背景的心理学家提供了另外的视角,和当时的临床心理学、咨询心理学和组织心理学有所不同。2005年,教练心理学的兴趣团体在澳大利亚心理学会(APS)和英国心理学会(BPS)中成立。

全球化运动

我们现在可以说教练心理学的理论和实践是全球化的,全世界至少有21个正式的组织(包括APS和BPS,见表1.1)。在有些国家,独立的教练心理学组织没有正式成立,但是兴趣小组存在于正式的心理学组织中。比如,美国心理咨询学会的第13分部,尽管现在还没有一个具体的兴趣小组,但是他们已经积极参与到教练心理学活动中。

表1.1 全球教练心理学兴趣团体

澳大利亚心理学会,教练心理学兴趣小组(APS IGCP)	澳大利亚,2002年
英国心理学会,教练心理学特别小组(BPS SGCP)	英国,2004年
瑞士心理教练学会(SSCP)	瑞士,2006年
南非工业与组织心理学会(SIOPSA),教练与心理学会(IGCCP)	南非,2006年
丹麦心理协会,循证教练学会(SEBC)	丹麦,2007年
国际教练心理学会(ISCP)(2011年之前称为学会指导心理学)	2008年
加泰罗尼亚精神病院,工作和组织科心理学,教练工作组(COPC CGCOP WG)(心理学教练组于2012年正式成立)	西班牙,2008年

续 表

爱尔兰心理学会,工作和组织心理学分会,心理教练小组(PSI-DWOP-CPG)	爱尔兰,2008年
匈牙利心理教练协会	匈牙利,2008年
国际教练心理学会(ISCP,独立),2011年使用"国际"二字	2008年
新西兰心理学会,教练心理学特别兴趣小组(CPSIG)	新西兰,2009年
教练心理学家协会(瑞典心理学会附属机构,2018年)	瑞典,2009年
以色列教练心理学协会(IACP)	以色列,2010年
荷兰心理协会,工作和组织科,教练心理学集团(DPA WO CPG)(CPG于2015年停止)	荷兰,2010—2015年
日本教练心理学会(JCPA,独立)	日本,2011年
意大利心理教练学会(SCP,独立)	意大利,2011年
韩国教练心理协会(KCPA),韩国心理协会(KPA)	韩国,2011年
美国心理咨询学会(第13分部),美国心理协会(APA)	美国,2012年
匈牙利心理协会,教练心理部	匈牙利,2014年
新加坡心理学会,教练心理学特别兴趣小组	新加坡,2016年
塞尔维亚心理教练协会(独立)	塞尔维亚,2018年

全球范围内的教练心理学在有意识地协同发展。2009年,彼得·扎里斯(IGCP的主席)和斯蒂芬·帕尔默(SGCP前主席)在和同仁的交流中,提出了关于积极心理学如何进一步国际化发展的建议。教练心理学国际代表大会(ICCP,2010)成立的目的是:

- 促进教练心理学在世界范围内的专业发展
- 组织运营教练心理学社群
- 在心理学社群中分享教练技术和教练心理学的理论、研究及实践
- 让所有专业人员对教练技术和教练心理学感兴趣

这样的合作极具积极影响。本手册第43章中也描述了全球范围内教练心理学发展的丰富画面。

监管环境

教练心理学的发展受到心理学实践的规范以及世界范围内"心理学家"一词在法律上的使用的影响。术语的使用仅限于那些注册的、有执照的、认证的或者是特许的组织，主要取决于本国的实际情况。在英国，有9个受到保护的心理学称号；在美国，情况会复杂一些，因为州和州之间的许可制度不一样。在有些国家，对于谁可以称自己为心理学家，没有法律上的规定。教练并不是一个法定的职业，所以尽管教练专业群体具有针对教练的实践标准，但是"教练"这个术语并未严格界定。这种情况对教练技术和教练心理学有积极的影响，也带来了挑战。

心理学的监管格局对教练心理学专业机构的发展产生了有益的影响。一个专业机构不可能在全球范围内进行管理；相反，协同发展提供具有地方差异的全球框架，早在这个职业发展的最初就已经被考虑进去了。在这样的背景下，国际教练心理学会（ISCP）已成为全球大多数教练心理学团体的切入点，但它并没有取代或掩盖任何一个专业团体。这是研究教练技术和教练心理学各专业间系统差异中有意思的地方。

定义教练心理学

目前还没有一个关于教练心理学的定义。和咨询心理学、教练心理学和临床心理学相似，教练心理学的定义是在每个国家的专业团体基于政策、社团和专家的投入以及心理学家相关的立法基础上发展起来的。

澳大利亚心理学会（APS）中教练心理学兴趣群体建立于2002年。它的定义突出了积极心理学和教练心理学之间的关联：教练心理学作为积极心理学的应用，其吸取和发展了现有心理学的方法，被视为行为科学的系统应用，对提升个体、团体或者组织的生活体验、工作表现和幸福感具有非常重要的作用，而他们不一定有明显临床心理问题或异常心理困扰（APS，2016）。并不是所有的教练心理学组织和积极心理学的关系都是那么明显的。需要注意的关键主题有：心理学的方法、生活体验、工作表现和幸福感的提升。还有要注意的是，受教者是那些临床上没有任何心理问题的人。不过,在具体实践中,受教者可能遭受心理失调,如惊恐症,教练心理学家或者教练依然会协助受教者度过教练过程,比如,更新他们的简历、寻找新的工作。受教者有可能同时正在接受心理治疗或者心理咨询。这样的情况进行一事一议还是很重要的。

英国心理学会(BPS)的教练心理学特别小组成立于2004年12月。教练心理学的定义,产生并改造自格兰特和帕尔默(2002)的研究成果,定义如下:教练心理学是一门建立在成熟的学习理论和心理学理论框架之上的教练模型,用于提升人们在个人生活和职业领域的表现和幸福感(Palmer & Whybrow, 2006)。与心理方法、增强幸福和绩效有关的关键主题与APS、IGCP定义是类似的。尽管积极心理学各方面为定义提供了依据,但旨在包容各方并鼓励来自各个心理领域成员的意图意味着积极心理学并没有在BPS、SGCP的定义中明显表现。

从2005年开始,更多的教练心理学团体成立了(见表1.1)。他们在各自背景下对教练心理学进行解读。如南非工业与组织心理学会的兴趣团体(SIOPSA)、教练与心理学会的兴趣团体(IGCCP),经注册从业者的实践,对教练心理学的定义是这样的:通过广泛的心理学理论和原则,在工作和个人生活领域促进积极发展和朝着最佳功能、幸福感和更高绩效发展的对话过程。干预措施是以行动为导向的,结果是可衡量的,反映了创造更大的自我意识和意义,并匹配个人、团体、组织和社群的特定文化背景(SIOPSA, IGCCP, 2019, p.8)。比较心理学专业机构定义的教练心理学和教练专业机构定义的教练心理学,不同之处在于一方面更可能包含心理学或心理方法,另一方面更可能缺少心理学或心理学方法。教练心理学定义的多样性丰富了这个领域。

研究—形成因素

随着研究中随机化控制试验的发展及大多数研究继续使用定性分析和不那么严格的定量分析的结合,教练辅导和教练心理学的研究已经百花齐放。

教练研究越来越多地开始揭示教练有效的一些机制,例如,提供对工作联盟性质的洞察,这在教练关系中可能更为重要。同时,某些心理框架已经被证明有积极影响(Green, Oades, & Grant, 2006),工作联盟被认为是教练有效性的关键组成部分,因为它设定于治疗环境。有趣的是,对关系品质的新研究表明了一个重要的区别:在治疗环境中，亲密关系或情感融洽关系的强度显得更为重要（Ackerman & Hilsenroth, 2003），同时，与目标和任务相关的关系方面在指导环境中显得更加强大（de Haan, Grant, Burger, & Eriksson, 2016）。通过那些最密切的参与，似乎工作联盟或教练关系提供了对教练技巧如何转化为有效干预的洞察，但这仅仅是其中的一部分。第六章和第七章将进一步讨论当前的研究趋势和主题。

教练和教练心理学家的实践

在2003年、2004年、2005年和2006/2007年期间，英国每年进行一次调查，探讨教练心理学家在这一新兴实践领域出现时的观点和经验（Whybrow & Palmer, 2006a, 2006b）。早期的调查已公布，并且怀布鲁和帕尔默在过去20年里仍在定期进行调查，以研究实践的趋势。在这本手册的第一版中，帕尔默和怀布鲁（2007）报告了教练心理学家使用的28种不同的心理学方法，其中23种被至少10%的被调查者使用。最近一项针对教练心理学家的全球调查（Palmer & Whybrow, 2017）确定了38种以上基于心理学的方法和整合方法，其中26种方法被10%以上的受访教练心理学家使用（见表1.2）。此外，在一项类似的调查中，教练（而不是专业教练心理学家）也报告说在他们的实践中使用了这些心理学方法。表1.2显示了教练和教练心理学调查参与者中不同方法的普及情况。

表1.2 使用不同心理教练方法的教练心理学家和教练的百分比

方　　法	教练心理学家(%)	教练(%)
积极心理学	63	57
认知行为	57	46
正　念	48	46
焦点解决	43	42
基于优势	42	48
聚焦目标	42	49
成人学习	40	32
行　为	37	40
认　知	31	21

续 表

方　　法	教练心理学家(%)	教练(%)
以解决方案为中心的认知行为	29	21
以人为本	28	41
人本主义	28	28
注重行动	27	30
动机式访谈	27	22
发展心理学	22	31
叙　事	22	17
系统排列	19	17
存在主义	16	11
交叉分析	15	25
共　创	14	25
NLP	14	30
聚焦问题	14	15
心理动力学	13	10
理性情绪行为	12	7
格式塔方法	12	17
同理心	11	13

有趣的是，在这项调查中，6种最常用的方法对于教练心理学家和教练都是一样的，其中积极心理学在这两组从业者的列表中都排在首位。这再次证明了积极心理学和教练心理学之间的联系；然而，这种联系并不是每个人都清楚。与10年前类似的调查相比，正念方法在教练心理学家(48%)和教练(46%)中都变得更加主流。

当被迫只选择一种模式作为核心基础时，35种不同的基于心理学方法和综合方法被视为教练心理学家的核心，大多数受访者注意到认知行为(20%)。以解决方案为中心的认知行为(10%)、积极心理学(8%)和焦点解决(8%)是接下来三个最常被引用的核心基础。对于教练来说，32种不同的方法被认为是核心，焦点解决(10%)、认知行为(9%)和积极心理学(9%)是最常被引用的核心模式。对于每个人来说，选择一种方法并不容易，正如这名受访者在被要求只选择一种基础时所指出的："几乎不可能，因为这取决于个人、角色和整个组织。"这些结果如图1.1所示。

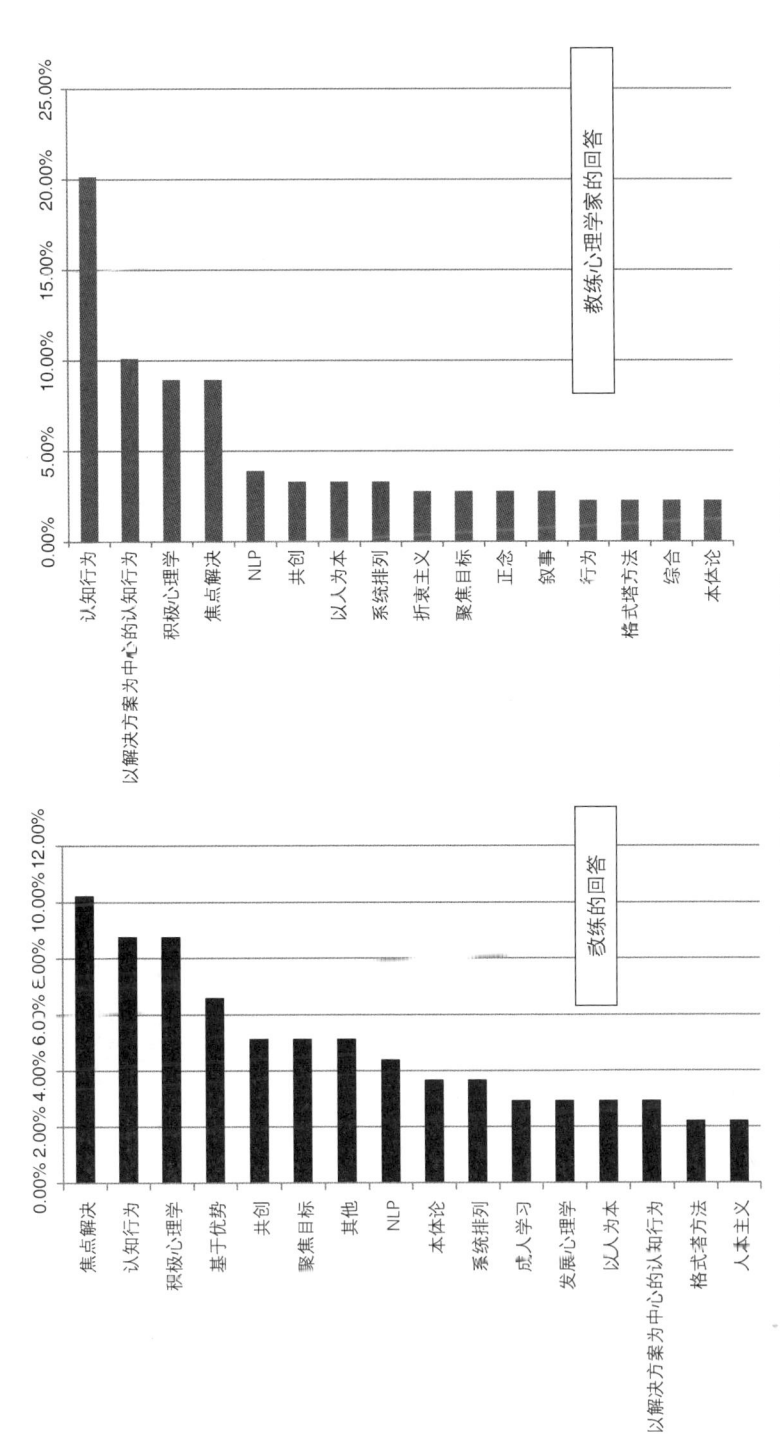

图 1.1 "你在教练/教练心理学实践中最常用的方法是什么？只选一个"问题中占比最高的前 16 个

我们可以看到，教练心理学家和教练都有不同的工作基础，并将一系列的心理学方法融入他们的实践中。

虽然这项调查告诉我们，人们如何选择对自己的实践进行分类，而且完成调查的教练和教练心理学家之间可能存在更多的是类同而非差异，但无论他们资格如何，我们还是不清楚这种明显的差异在实践中意味着什么。这种多样性对被教练者和客户有什么实际影响？从业者使用的分类是否一致？例如，人们将什么归类为积极心理学或正念？这两个词都很宽泛。教练和教练心理学家如何构建他们的教练实践？为了探讨这些问题，需要一种深入的定性方法。

未来会怎样？

本手册详细介绍了调查中提到的 41 种心理学方法和综合方法中的 24 种，为分享如何在教练实践中应用各类方法提供了进一步的帮助。在这个版本的手册中，我们有意识地选择了一些方法，这些方法可以应用于日益复杂的情况，加强从业者的系统意识，使隐藏的模式能够与受教者和客户一起出现。作为更广泛的心理实践的一个子集，教练心理学家通常带着系统的基础来完成他们的教练实践之旅，无论是与组织合作，还是作为环境心理学家与法医系统合作，抑或是其他；更广泛的视角为理解系统和系统动力学带来了优势。

这种对具体方法的细节影响的关注，加上要在复杂的世界中把握新出现的不确定性，为教练心理学家提供了某种似是而非的东西。即，虽然 RCTs 随机对照试验提供了一种有用的具体类型的影响证据，但现实是，在教练课程中寻找合适的前进道路时，出现了一些不确定和复杂的因素，需要了解一般的成熟技术以及远远超出这些技术的个人和专业的方法。

随着我们作为一个物种在资源有限的地球上的生活和工作方式，以及人类活动影响地球进化的新时代（人类世纪）成为人们关注的焦点，这些方法使我们能够放弃我们认为是真实的东西，并允许隐藏或忽略的模式出现，实践中需要的方法不仅要考虑个别受教者，而且要明确考虑他们所属的系统。这就带来了一些有趣的问题：作为教练或教练心理学家，我们仅仅是为了满足被教练的需求和期望吗？如何考量更广泛的系统利益相关者？我们如何扩展焦点，使我们的目光超越眼前的事物？世界需要什么样的领袖、社区、社会、企业和生活，作为教练心理学家，我们如何迎接更大的挑战？如果教练和教练心理学家是人地关系再平衡的一部分，我们会被委托什么研究？我们将探讨哪些问题？我们将如何界定我们的意图？我们如何才能使教练在未来健康的发展中发挥其积极作用？

保持这种紧张状态的同时还能自由舞蹈，也许是我们的目标。

作为本手册的读者，你可能正在开始成为一名教练或像教练一样的领导，或者你可能已经在这一领域工作了很长一段时间——无论你的起点是什么，我们的意图是本手册为你提供一个关于你正在成为的教练或教练心理学家的挑战。你需要拓展什么、需要忘却什么才能前进？你需要如何发展你的技能，才能留住你的客户，并促进他们的成长和增强某心理意识和系统意识？你需要做什么来扩大受教者思考的"思维空间"？

讨论要点

1. 你如何定义教练和教练心理学？
2. 根据你的经验，工作联盟是否是教练有效性的关键组成部分？
3. 你如何看待未来十年教练心理学专业的发展？
4. 教练实践和教练心理学有什么本质的区别吗？

推荐阅读

Allen, K. (2016). *Theory, Research, and Practical Guidelines for Family Life Coaching.* Basel: Springer International Publishing.
Bachkirova, T., Spence, G., & Drake, D. (2017). *The SAGE Handbook of Coaching.* London: Sage Publications.
Law, H. (2013). *Coaching Psychology: A Practitioner's Guide.* Chichester: John Wiley & Sons, Inc.
Passmore, J., Peterson, D.B., & Freire, T. (2013). *The Wiley-Blackwell Handbook of the Psychology of Coaching and Mentoring.* Chichester: John Wiley & Sons, Inc.
van Zyl, L.E., Stander, M.W., & Odendaal, A. (2016). *Coaching Psychology: Meta-Theoretical Perspectives and Applications in Multicultural Contexts.* Basel: Springer International Publishing.

参考文献

Ackerman, S.J., & Hilsenroth, M.J. (2003). A review of therapist characteristics and techniques positively impacting the therapeutic alliance. *Clinical Psychology Review,* 23(1): 1–33.

Australian Psychological Society (n.d.). Definition of Coaching Psychology. Retrieved on 5/9/2018 from www.groups. psychology.org.au/igcp/

de Haan, E., Grant, A.M., Burger, Y., & Eriksson, P.-O. (2016). A large scale study of executive and work place coaching: The relative contributions of relationship, personality match, and self-efficacy. *Consulting Psychology Journal: Practice and Researh*, 68(3): 189–207.

Filippi, R. (1968). Coaching: A therapy for people who do not seek help. *Zeitschrift Fuer Psychotherapie und Dedizinische Psychologie*, 18(6): 225–229.

Gorby, C.B. (1937). Everyone gets a share of the profits. *Factory Management & Maintenance*, 95: 82–83.

Grant, A.M. (2005). *Workplace, Executive and Life Coaching: An Annotated Bibliography from the Behavioural Science Literature (March 2005)*. Unpublished paper, Coaching Psychology Unit, University of Sydney, Australia.

Grant, A.M. (2006). Workplace and executive coaching: A bibliography from the literature scholarly business literature. In D.R. Stober & A.M. Grant (Eds.), *Evidence-Based Coaching Handbook: Putting Best Practices to Work for Your Clients*. Hoboken, NJ: John Wiley & Sons, Inc.

Grant, A.M. (2007). Past, present and future: The evolution of professional coaching and coaching psychology. In S. Palmer & A. Whybrow (Eds.), *Handbook of Coaching Psychology: A Guide for Practitioners*. Hove: Routledge.

Grant, A.M., & Palmer, S. (2002). Coaching Psychology workshop. Annual Conference of the Division of Counselling Psychology, British Psychological Society, Torquay, UK, 18th May.

Green, L.S., Oades, L.G., & Grant, A.M. (2006). Cognitive-behavioral, solution-focused life coaching: Enhancing goal striving, well-being and hope. *Journal of Positive Psychology*, 1(3): 142–149.

Griffith, C.R. (1926). *Psychology of Coaching: A Study of Coaching Methods from the Point of View of Psychology*. New York: Charles Scribner's Sons.

Griffith, C.R. (1930). A laboratory for research in athletics. *Research Quarterly*, 1: 34–40.

International Congress of Coaching Psychology (ICCP). (2010). Aims of the International Congress of Coaching Psychology Forum. Retrieved on 5/9/2018 from https://www.coachingpsychologycongress.net/aims-of-congress/

Linley, P.A., & Harrington, S. (2007). Integrating positive psychology and coaching psychology: Shared assumptions and aspirations. In S. Palmer & A. Whybrow (Eds.), *Handbook of Coaching Psychology: A Guide for Practitioners*. Hove: Routledge.

Maslow, A.H. (1968). *Towards a Psychology of Being*. New York: Wiley-Blackwell.

Palmer, S., & Whybrow, A. (2006). The coaching psychology movement and its development within the British Psychological Society. *International Coaching Psychology Review*, 1(1): 5–11.

Palmer, S., & Whybrow, A. (2007). Coaching psychology: An introduction. In S. Palmer & A. Whybrow (Eds.), *Handbook of Coaching Psychology: A Guide for Practitioners*. Hove: Routledge.

Palmer, S., & Whybrow, A. (2017). *What do Coaching Psychologists and Coaches really do? Results from two international surveys*. Invited paper at the 7th International Congress of Coaching Psychology October 18, . London.

Seligman, M.E.P., & Csikszentmilhalyi, M. (2000). Positive psychology: An introduction. *American Psychologist*, 55(1): 5–14.

Society for Industrial and Organisational Psychology (SIOPSA), Interest Group in Coaching and Consulting Psychology (IGCCP). (2016). Code of Practice for Registered Psychology Practitioners in Coaching. Johannesburg: SIOPSA. Retrieved on September 9, 2018 from https://www.siopsa.org.za/wp-content/uploads/2018/06/IGCCP_Code-of-Practice-for-Registered-Psychology-Practitioners-in-Coaching_V1.1_2016-uploaded.pdf

Whybrow, A., & Palmer, S. (2006a). Taking stock: A survey of coaching psychologists' practices and perspectives. *International Coaching Psychology Review*, 1(1): 56–70.

Whybrow, A., & Palmer, S. (2006b). Shifting perspectives: One year into the development of the British Psychological Society Special Group in Coaching Society in the UK. *International Coaching Psychology Review*, 1(2): 85.

第二章　教练辅导与神经科学

帕特里夏·里德尔（Patricia Riddell）

大脑是我们体验想法、情绪、行动和行为的基础。既然教练的本质涉及改变人们的想法、情绪、行动和行为，那很显然教练技术也必须依赖于大脑神经元网络的变化。因此，更好地了解涉及我们日常行为的神经系统及其变化机制可以为教练如何起效提供有价值的洞察。此外，教练工作常常不如个体期待的那样起那么大的作用，但是对于更好地理解人类大脑或许可以提供一个渠道，让行为的改变更容易发生并且更可靠地持续。这样来讲的话，神经科学的未来前景很重要，是一个值得追求的目标。

未解答的问题是：为了理解教练工作如何产生价值，我们需要知道多少关于大脑的知识？我们目前对于神经科学的了解程度，文献中有各种各样的观点。从那些高度怀疑的（Jarrett, 2014）到那些相信该领域足够领先来为教练们提供有用的信息（Bossons, 2012; Riddell & Sartain, 2015; Boyataiz, Passarelli, Koening, Lowe, Blessy, Stoller, & Philips, 2012; Brann, 2014）。和大多数类似的两难境地一样，我们是否已经了解得足够多的问题，或许是在两者之间的某个位置。在有些方面，我们对于神经科学的现有知识可以提供有用的线索以解释为什么有些教练是成功的，但是对于全面理解大脑是如何工作的或者教练是如何起作用的，我们还有很长的路要走。

教练的领域是非常多样的，因此，从本章开始的定义非常重要。由于此处我们将讨论神经科学方面的辅导，因此使用的定义是：教练心理学用于提高个人生活和工作领域的幸福感和表现，并以基于成熟的成人学习或心理学方法的教练模型为基础。

本章在两种证据间进行了区分：一种证据是基于对大脑越来越多的理解，提供在教练工作中可能起作用的建议（证据支持的教练）；另一种证据基于特意设计的研究，是为某一个特定的教练干预提供支持（循证教练：Stober, Wildflower, & Drake, 2006），通过区分这些类型的证据，最后神经科学在将来是否是基于证据的教练辅导的原因之一会变得清楚,而在现阶段支持教练干预效能的证据特别少,因为它还没有被设计成可以直接测试教练工作的成效,需要相当小心地去解读现有的支持性的神经科学证据。本章也讨论了通过区分证据和解释使读者更了解研究局限性的方法。最后,还提供了一些未来研究方向。

神经科学

神经科学是一个笼统的术语,包含了所有解决脑结构或者脑功能和神经系统的科学,如神经解剖学、神经化学、神经物理学和实验心理学。在这里,神经科学主要指理解和特定行为相关并出现在大脑系统中的脑电流的激活模式。尽管这个领域在进行指数级的扩展,但是还没有什么技术是完美的。它受限于目前测量神经活动的技术,相对处于婴儿期。比如,我们有技术可以提供神经活动和行为之间时间关系方面的优质信息(脑电图:EEG),但没有能力精确确定大脑的哪个部分被激活。相反,我们有技术可以相对精确地发现脑部活动的区域,但是这些技术在事件的时间上又缺少准确度。因此,所有的图像数据都受到某种程度的限制。最近的神经成像结合了两种技术(EEG 和 Fmri),试图最大化事情发生时大脑中时间和地点的信息。

科学是通过观察和实验对物理和自然世界的结构和行为进行的系统研究。科学家用现成的证据建立对世界的假设,然后通过设计实验来验证这些假设。重要的是,要明白无误地理解不可能在科学中证明某些事是正确的——假设只是对可追溯证据的一种可能解释,直到第一条证明其错误的证据出现为止,假设都是正确的。因为这个原因,科学家设计旨在推翻他们假设的实验,寻找那些可以不容置疑地证明他们错误的证据,而不是在没有证明的情况下进一步支持假设。如果一个认真设计的用于证明假设是错误的实验没有证明其错误,那么结果为假设提供了一定程度的证实,因此认为科学是高阶形式的隐喻是合理的——科学家通过最新的理解为世界的真相提供他们最佳的猜测。让科学不同于其他隐喻的是,现在的隐喻常常被挑战和改善以反映最新的研究证据。

重要的是要理解,没有准确的科学事实来说明关于大脑的工作方式,只有科学家基于目前证据的最好猜想。所以,当你读到科学家"证实"的时候,你可以立即推测出这不是科学家的观点。这个可以作为怀疑后面内容的警告。另外，任何一个理论反映的是某个科学家在现阶段某个时间的观点。在同一个领域中，对于一个证据很可能有多种解读，任何一种都有可能被证明是错的。广泛地阅读文献，可以减少把某种观点当权威或者把一种理论当真理的倾向。

还有一点，科学方法会有非意愿的结果出现，它可能有很多负面的发现，科学家既没有证据否定某个特定的理论，也拿不出有说服力的证据支持这个理论。科学期刊会接受那些在某个方向有定论的论文，但他们不愿意出版那些没有定论的论文。这个导致科学家所说的"文件抽屉"现象，即数据既不能充分证明一个理论是对的也不能证明一个理论是错的，所以就无法出版，堆在那里等待更多的研究直到数据充分到可以出版为止（Rosenthal，1979）。因而，文献综述中的内容没有包含所有的研究发现。教练和教练心理学家在解读研究结果的时候，保守一些是很重要的，因为有些研究结论没有被推翻可能只是因为用于验证某一结论的新研究还没有定论。基于这些原因，解读神经科学证据的最佳人选是神经科学家自己。在找这一领域的阅读材料时，要考虑作者的资质，要选择那些在神经科学领域受过专业训练的人写的书和文章，而不是那些从非神经科学的角度解读的文章。确保带有怀疑精神的好奇去接触新的观点很重要，要注意区分那些基于好的研究证据的描述和主要基于观点的表述。要注意神经科学知识的来源（专家是谁）、什么样的证据证明了这个情况（引用了怎样的研究论文）。需要问的重要问题是，当你想证实观点的正确性时，是否有同行审核出版的原始数据可供查看。如果没有的话，那么策略可能更多的是基于观点而不是研究。进一步的阅读，可以参考迪亚斯等人的研究（Dias，Palmer，O'Riordan，de Freitas，Habib，do Nascimento Bevilaqua，& Nardi，2015）。

神经科学如何在教练辅导中起作用？

当教练的知识比受教者丰富，并且知识和受教者的目标相关的时候（Stober & Grant，2006），教练可以将他们的专业知识带到他们进行指导的场合。因此，具备大脑如何工作的知识可以视作教练必备的专业知识，当然还包括了解大脑的区域分工及其功能的知识（见表 2.1）。

表 2.1　大脑各部分的功能简述

脑　区	功　　能
额叶皮层	执行功能：包括工作记忆、注意力、抑制、决策
顶叶皮层	感官之间的联系、空间意识
颞皮质	听觉和记忆
枕皮质	视觉
扣带回皮层	调节情绪和痛苦
海马体	长期记忆
脑岛叶	内脏信息整合(心率、呼吸率等等)体现情绪反应
基底神经节	习惯养成(黑质)；威胁处理(杏仁核)；动机与激励(腹侧纹状体、伏隔核)
丘　脑	感官知觉和注意力
垂体下丘脑	激素控制与生产
顶　盖	视觉和听觉地图
髓　质	睡眠、身体功能、感觉和姿势
小　脑	运动控制、运动学习
脑　干	呼吸、心率、血压

有一些非常棒的 APP，可以免费下载，它们可以提供这些信息(比如：The Cold Spring Harbor Laboratory 3D Brain APP)。

解剖学信息可以从大脑激活的层面来解释行为。比如，当我们对环境有所警惕、反应或者恐惧的时候，神经科学可能显示杏仁核的活跃水平在上升(Whalen & Phelps, 2009)。把这点和教练技术联系起来，受教者在工作场合对某个特定的人有特定的负面反应，其杏仁核的活跃水平在上升，这种水平上升很可能会对其做好工作的能力产生干扰。不过，神经科学也发现当威胁重新评估的时候，杏仁核的激活水平会下降，这个涉及腹侧前额叶皮层的活跃水平增加(Urry et al., 2006)。杏仁核对所有的威胁一视同仁，而腹侧前额叶皮层会考虑背景信息，因此当威胁被放在一个更大的背景下考虑的时候，杏仁核的反应会减少。教练辅导的干预或许可以帮助他们理解自己负面的反应,注意到负面的反应来自于对威胁的评估,是威胁增加了他们杏仁核的活跃水平。通过给他们提供可能的其他选择,腹侧前额叶皮层的活动会增强,从而降低杏仁核的活动,也因此减少威胁的感觉。在这个例子中,神经科学可以提供的是神经活动的变化描述,这种神经活动会通过提供新的行为选择而出现。不过,这种类型的描述,只改变解释的层次(从行为的层面到神经的层面),并没有真正提供任何可能加强教练辅导干预本身的信息,没有提供如何增加腹侧前额叶皮层活跃水平的信息。或者也可以说,神经科学只能被看作是高级颅相学(通过测量人的头骨来推测人的个性),我们在用神经影像学的技术从头脑的内部活跃而不是外部来描述大脑的各部分。因此,仅仅知道大脑的哪个部分驱使我们的行动并不会在很大程度上提高我们对教练辅导的理解。

展示不同脑区知识的这种方法只能增加这个领域的可信度。有时候,当受教者知道自己脑子正在如何处理信息以及可以开发新的处理方式的时候,他们更愿意尝试一种新的思考方式。深入了解对威胁响应中涉及的部分神经机制以及它们是如何被修改的,这是有好处的。不过,很重要的是,要注意神经科学以专业知识出现却没有更深理解时的情景(Weisberg, Keil, Goodstein, Rawson, & Gray, 2008)。要小心解释的一个原因是它们可能会导致对大脑激活方式所描述的教练辅导策略效能的过度信任。如果神经科学的解释只是能说出所涉及大脑的各个部分,那么神经科学可能会失去它的可行性。辨认神经科学的术语是否被那些没有充分理解该领域(没有充分理解用于研究的技术的复杂性、每个技术可否提供证据,以及证据的解读)的人不当解读,这很重要。对神经科学这个方面的使用可能会导致对神经科学的错误认知,这种错误认知因在博客和文章中传播而得以维持。这方面的例子包括,我们只使用了大脑的10%,人分左脑思维和右脑思维,"爬虫类脑"控制我们的情绪反应,有明确的证据证明这些说法是错误的(Jarrett, 2014; della Chiesa, 2006)。神经科学家和公众之间的沟通,对于消除这些错误观点特别重要,可以使神经科学最新和准确的知识出现在公众的视野中。

没有任何一个管理框架可以决定教练辅导领域什么样的人可以称自己是神经科学家,这样的缺失有可能导致神经科学术语被不合格的实践者滥用。因此,当不需要每一个在实践中使用神经科学解释的人都拥有神经科学的博士学位时,在这个领域有专业知识的人和那些只有粗浅理解的人之间能有所区别,就显得很重要。可以改进这一做法的一种方法是,开设严格管理管控的课程。我们有一些教练资格是由训练有素的神经科学家提供的,但这种情况还是比较少的。

有了以上所有的注意事项,现在可以谈论我们对大脑的理解可能给教练实践带来什么。

使用神经科学来支持教练干预

理解神经可塑性

神经可塑性是大脑随着时间变化的能力。为了能够快速有效地改变行为、信念和想法,大脑中就需要有些零部件可以同步变化。因此,每一个行为产生的时候,大脑中需要有一些东西同步改变以便新信息的储存(哪怕是临时的)。大脑中能够快速变化的零件是神经元之间的连接(Nowakowsi, 1987)。大脑中的神经元和其他上千的神经元连接,这个连接叫作突触。当我们学了一些新东西的时候,在合适的神经元之间会形成新的突触来储存这个信息。突触形成之后,它们是永久的——只要两个神经元之间的连接使用是有效的,这种想法是具有诱惑性的,但是事实并非如此。事实上,突触更像是皮肤细胞——它们不断地被更替。实际上,据估计有20%的突触可以在24小时内发生改变(Purves, Voyvodic, Magrassi, & Yawo, 1987)。所以,当两个神经元之间的连接强度可以随着时间的推移保持相对稳定时,保持这种连接的突触会有规律地变化。

突触的形成和破坏是一个很消耗能量的过程,但是对大脑的功能很重要,因为这样可以使大脑进行巨大的改变或者重塑(Purve, White, & Riddle, 1996)。如果大脑形成突触而不清理突触,我们就没有办法忘记我们学过的东西或者那些对我们不再有用的行为。比如,我们在蹒跚学步时学会的行为,或者我们学到的错误的知识(或者那些被近期的新发现所取代的知识),可能对于成年的我们不是那么有用了。实时改变我们对知识和行为的表达要求我们能同时建立新的突触、移除过时的突触,这就需要决定哪些信息是有用的、哪些是不再需要的。当信息被重复呈现或者标志为重要(比如,情绪强烈)的时候,连接两个神经元的突触会予以保留。神经元之间的连接有一阵不活跃了,突触会去除。这种建立和去除突触的能力有着根本性的进化好处,因为它提供给我们在新环境中学习的方式。

大脑不仅仅是建立新的突触,它的某些部分也能建立新的神经元(如海马回:Gross,2000;Van Praag,Kemperman,& Gage,2000)。随着我们对神经元生成的理解加深,我们已经发现,怎样的情况下会生成更多的神经元、怎样的情况下生成的少一些。我们沮丧或者焦虑的时候,生成的神经元要少一些,我们运动时以及在更丰富的环境中生成更多的神经元(Van Praag,Kemperman,& Gage,2000)。

重要的是,证据表明在运动时生成的神经元数量比沮丧或者焦虑所引起的神经元数量减少得要多。事实上,证据表明,更糟的精神健康和较低的神经可塑性有关系,而更高认知的灵活性和更高的神经可塑性相关(Kays,Hurley,& Taber,2012)。此外,尽管神经可塑性在婴儿期更强,但是在整个生命周期都很明显,并且在不断年长的人口中也持续有发现。因此,我们的大脑是为终身学习而设定的,学习让我们保持精神健康和认知活力。

对教练辅导的启示:

如果受教者认为他们出于某种原因无法改变(他们要么觉得自己太老了、太蠢了、太嫩了或其他类似的理念),这种理念会破坏他们对教练干预的投入。这样的话,理解人脑的本性以及产生新学习的机制可以帮助他们克服这些信念。

神经可塑性及学习

个体的差异已经被发现,人们更愿意相信智力和个性是会发展的(成长性理论),而非相信智力和个性是不变的(实体理论:Dweck,2006)。已经有相当多的研究证明,如果儿童和成人相信智力(Blackwell,Tezesniewski,& Dweck,2007)和个性(Yeager,Johnson,Spitzer,Tezesniewski,Powers,& Dweck,2014)是可以随着时间变化而不是固定不变的,他们就有更强的学习动机及更少的失败担忧。举例来说,神经成像研究已经证明,对于智力的信念会影响我们在学习中对正面反馈和负面反馈的处理方式(Mangels,Butterfield,Lamb,Good,& Dweck,2006)。那些相信智力是固定不变的人相比那些相信智力是可以发展的人,对于负面反馈,其额叶皮层更活跃,这个活跃程度和他们对犯错在他人眼中让自己显得愚蠢的担心正相关。这就意味着,那些相信智力是固定不变的人，他们感觉愚蠢的可能性会干扰那些可能防止未来失败的信息处理。相比之下，那些相信智力是可以发展的人，他们和记忆相关的脑区活跃时间更久，在重新测试的时候，他们能更好地记住正确答案。

如果关于智力是否固定不变可以影响我们学习的方式，它或许可以增加我们通过学习改变这个信念的动机和方法。这里有一些表明其可能性的证据，耶格尔（Yeager）和德威克（Dweck）告诉学生，智力和个性都会随着时间而变化，而不是固定不变的。在一系列的学习中，他们证明了其对学业成绩的积极影响，并且当学生受到欺负的时候，可以降低他们的激烈反应和压力。研究者们总结，学习智力是如何发展的，可以提高青少年的抗挫折能力。

在相关的研究中，布莱克韦尔、科泽斯涅夫斯基和德威克（Blackwell, Trzesniewski, & Dweck, 2007）给初中生教授大脑的结构，之后进行关于记忆（控制组）和关于神经可塑性（实验组）的实验，这两组之间在数学成绩上有明显的差异，实验组比控制组的成绩更好。这个效果是通过动机的改变实现的，实验组相当数量的学生在干预后在动机上表现出积极的改变。老师的评语如下：

M 的表现远低于其年级水平。在过去的几周，她主动在午餐时间寻求帮助，意在提高自己的考试成绩。在最近的一场考试中，她的成绩从不及格一下提高到了 84 分（Blackwell, Trzesniewski, & Dweck, 2007, p.256）。

这个研究表明，动机受"智力和个性不是固定的"信念的影响；这个信念可以通过理解神经可塑性及大脑如何学习来养成。据此，忍不住要去猜测，智力和个性是成长型观念还是固定型观念？是否会影响个体参与教练辅导的意愿和教练干预的效果？

对教练辅导的启示：

这个神经科学的研究可以为如何增加教练辅导的有效性提供可能的解释的例子。知道大脑具有改变的能力以及它进化成这样的原因可以帮助促发成长性思维，因而增加改变的动机和意愿。教练辅导可以使用这个发现，提醒受教者"大脑是经验塑造过的"。大脑中用于新任务的区域形成了新的神经连接。通过寻找新的体验提供新的练习机会，假以时日，大脑会建立新的通路使新的行为自动化。神经科学帮助我们理解，学习不是局限于学习的能力，而是缺少寻求练习新技能的相关机会。

尽管此处所说的研究,表明帮助受教者理解大脑如何学习可以增强"改变是可能的"这种信念,但是,到目前为止,没有研究检验这种知识是否可以直接影响教练辅导干预的效果。基于实践的进一步研究被要求结合大脑学习及其引发的神经可塑性程度,对突触机制的理解证明了教练有更多的好处。

神经科学参与性

神经科学可能对教练辅导提供有价值洞见的另一种方式就是其可以用来作为结论,在某种程度上延伸或违背我们当前的认知。有一些事情我们是以直觉的方式知道如何与人打交道是对的。比如,在个人的层面,通过观察模仿行为,早就被视作一种学习的机制——即便是在童年早期,如班杜拉、罗斯和罗斯(Bandura, Ross, & Ross, 1963)的经典实验所示。在这些实验中,儿童观察成人的攻击性行为,之后,给他们模仿的机会,实验发现,儿童会模仿所看到的成人的行为,但当他们没看到大人的行为时,他们不会产生这类攻击性行为。我们从这个研究发现,模仿对成人和儿童来说都是一个有效的学习工具。模仿中涉及的一个系统是镜像神经元系统。这个系统中的神经元在我们观察他人行为以及做出相同行为的时候都活跃,因而可以把观察到的行为转化为行动(Iacoboni, 2009)。

在模仿行为之外,另一个进化的技能是人类社交的能力;如读别人的心思、猜别人可能在想什么,或者他们为什么做出这种行为,也被称作心智理论(Frith & Frith, 2012)。在班杜拉、罗斯和罗斯(Bandura, Ross, & Ross, 1963)实验中的孩子在看到大人的行为受到奖励时更容易模仿攻击性行为,在看到大人的行为受到处罚的时候模仿的可能性变小,表明儿童有能力基于他人的证据推测自己行为的可能后果。相似的,我们很容易想象面部表情、姿势、音调甚至他人近期表达过的观点,我们可以把这些跟我们预期分手的伴侣的模式进行对照。读取他人心思的时候,我们可以用他人的行为预测他们的情绪反应,我们也可以用他人的情绪反应预测他们的行为。这种预测他人行为的能力在童年时期分阶段发展。在婴幼儿期,我们学着理解我们自己身体和情绪对环境的反应。这些经验通过想象我们在相同情况下会作何反应,通过这些反应在他人身上的相似外部信号,来解读他人对环境的反应(Carpendale & Lewis, 2004)。所以,如果我们想象自己升职的时候会微笑,然后我们看到他人在相似的情境下微笑,我们会推测他们的感受和我们的感受一致。这种想象经历的过程会导致情绪传染——我们开始感受到我们想象的他人感受（Decety & Svetlova）。研究已经证实，利用社交网络数据传播数据不仅发生在个体之间，也可以扩散到更大的网络（Fowler & Christakis, 2008）。那些开心的人，他们的朋友将来也更可能开心。分析表明，不仅是一群开心的人和另一群开心的人混在一起，而是开心可以随着时间和距离，积极地通过网络传播。因此，情绪传染不局限于近距离的个体之间，而是一个集体现象。

在童年后期及成年时期，我们学着理解他人的行为，从这个时候开始，我们不再自动感受到他人一样的情绪反应。对情绪理解可以让我们将他人的情绪反应与我们自己的分开——这是指导别人渡过难关的重要能力。不管我们是用情绪感染还是用情绪理解来预测他人的情感反应，如果我们猜得正确的话，共同的体验可以建立个体之间融洽的感觉。不过，需要指出的是，我们并不能总猜对别人的心思。当我们升职时感到兴奋和自豪时，有可能有些人是觉得焦虑，担心自己不具备岗位所需要的能力，或许他们还可能感觉是一种损失，因为他们会离开原来一起愉快共事的团队。核实我们的预测和他人的情绪反应是否一致很重要，只能把预测视为作假设。

因而，我们的社会脑允许我们模仿行为和预测他人的情绪反应。这些能力激活了大脑的整个区域网络，包括注意力控制、情绪的解读和表达、脸部识别（Decety & Jackson, 2004）。所有这些都在大脑潜意识中发生（Lakin & Chartrad, 2003），这一系统激活的效果可以在一群亲密的朋友交谈时观察到——他们的姿势、情绪和声音变得相似，他们通过互相配合来融洽相处。这种相似性被用于测量某个个体是否在群体中被信任，这种潜意识的配合使个体之间更加信任（Singer, Seymour, O'Doherty, Stenpen, Dolan, & Frith, 2006; Xu, Zuo, Wang & Han, 2009），这种信任帮助社会群体建立相互合作。比如，乔纳斯、马腾、凯瑟、弗里切和格林伯格（Jonas, Marten, Kayser, Fritsche, & Greenberg, 2008）发现，目睹他人帮助其他人可以促发在后面的任务中更多的帮助行为。相信他人会向善的感觉，可以从一个场景迁移到另一个场景。这在现实生活中很容易发现。如果你是个司机，有人停下来让你转弯并入车道，想一下，当你下回看到有人想转弯并入车道时，你会怎么做。

关系可以帮助个体之间建立信任，有证据表明，信任也可以在文化层面起作用。

为了研究亲社会影响如何在人际关系中发展,福勒和克里斯塔基斯(Fowler & Christakis)报道了研究结果,在这个研究中,每次和四个不同的参与者玩一系列的游戏。在每一轮游戏中,问参与者愿意拿多少钱分享给他们的团队。结果表明,得到慷慨分享的参与者在下一轮的游戏中会提高他们的给出额。因而,新的参与者是之前慷慨分享的受益人。在三个分离度上都可以看到效果,因此第一轮的慷慨大方可以在第三轮的新参与者上体现。这表明,即使在不同背景下,同一文化中亲社会行为水平的差异也具有传染性。近期的影像数据已经证明,一起工作可以激活大脑的奖励中心,产生合作行为的强烈动机(Krill & Platek, 2012)。

除了建立信任文化之外,还有研究表明,对于集体中某个个人的慷慨行为表示感谢,可以增加团队分享的可能性,从而在同一个组织背景中朝着同一个目标而努力(Jia, Tong, & Lee, 2014),这个研究进一步支持了亲社会传染可以在社会结构中形成重要的粘性这一观点。

一组重要的亲社会情绪是那些"其他称赞",包括升华(我们对高尚品德的反应)、感恩和欣赏,确定这些情绪在大脑中的表现方式很有意思,这或许可以帮助我们理解他们在亲社会行为上的影响。我们检测到故事引发仰视、欣赏及同情的大脑活动,这些情绪有一个共同点,就是可以让自我意识增强,产生更高自我道德水平的冲动。在两个研究中,参与者通过阅读故事中人物真实的行为产生仰视、欣赏和同情的情绪。所有的故事都导致合适的情绪反应,包括心跳加速、排汗加快这种可预期的情绪反应,仰视、欣赏和同情导致确定自我意识的脑部区域活动增加(前额内侧和前额内侧皮层)。

尽管常识让我们预知,社会是因为亲社会行为的奖励而粘合在一起的,我们对其他赞美情绪的反应更违反直觉。神经激活是指,当我们从他人身上感受到仰视、欣赏和同情的时候,我们感到自我意识增强。共同的情绪反应,可能包括自豪感、成就感、社会参与度和自我价值感增强,为我们指出潜在的奖励方式。因此,积极的情绪传染来源于慷慨,这种慷慨可以促使我们在未来做出相类似的行为,提升圈子里总体的亲社会水平。

对于教练辅导的启示:

在教练辅导中,鼓励他人思考唤起他人称赞情绪的场景,通过提供一种激励感和激活其自我价值感,这有可能使他们考虑如何改善自己的行为。

这个研究也表明,教练作为一个活动会产生自己的激励,因为帮助别人成为最好的自己,很可能引发我们作为教练自我欣赏的情绪。难怪,教练这么有价值。

哪类受教者获益最大?

当受教者对事情的工作原理有清晰理解的需求时,神经科学的指导方法就会格外有效。理解教练基础充足的研究证据,显示大脑在处理信息的时候可以减少对所提建议的抗拒心理。

神经科学的方法对于那些对自治权有强烈需求的受教者也带来更大的好处。通过理解大脑工作方式、理解通过新的行为引发的变化,教练可以给受教者提供他们是否愿意这样改变他们大脑的选择。对于没有采取行动带来的潜在损失感,以及进而没有带来神经过程的变化,可以提供最终激励,促使他们致力于新的行为。

讨论要点

1. 如果你在教练中使用神经科学领域的知识,你要考虑你所引用的信息,应确保是最新及可靠的知识。

2. 在教练过程中,考虑是否有些受教者因为了解了大脑本身变化的工作原理,而对新想法减少抵抗力。

3. 作为教练,考虑你将怎样使用情绪传染来帮助受教者处于最佳被教练状态。

4. 在受教者和你作为教练者对自己生活带来的好处中,反思其他赞美的效果。

推荐阅读

Bossons, P., Riddell, P., and Sartain, D. (2015). *The Neuroscience of Leadership Coaching*. London: Bloomsbury Press.
Jarrett, C. (2014). *Great Myths of the Brain*. Chichester: Wiley-Blackwell.
Download the 3D Brain App (Cold Spring Harbor Laboratory) onto your tablet or smartphone.
Sign up to Mindhacks.com for interesting blogs on the latest findings in Neuroscience.

参考文献

Bandura, A., Ross, D., and Ross, S.A. (1963). Vicarious reinforcement and imitative learning. *Journal of Abnormal Psychology*, 67, 601–607.
Blackwell, L.A., Trzesniewski, K.H., and Dweck, C.S. (2007). Theories of intelligence and achievement across the junior high school transition: A longitudinal study and an intervention. *Child Development*, 78, 246–263.
Bossons, P., Riddell, P., and Sartain, D. (2015). *The Neuroscience of Leadership Coaching*. London: Bloomsbury Press.
Boyatzis, R. (2012). Neuroscience and the link between inspirational leadership and resonant relationships. *Ivey Business Journal*, http://iveybusinessjournal.com/topics/leadership/neuroscience-and-the-link-between-inspirational-leadership-and-resonant-relationships-2#.VFZwfPSsV8M
Boyatzis, R., Passarelli, A., Koenig, K., Lowe, M., Blessy, M., Stoller, J., and Phillips, M. (2012). Examination of the neural substrates activated in memories of experiences with resonant and dissonant leaders. *The Leadership Quarterly*, 23, 259–272.
Brann, A. (2014). *Neuroscience for Coaches*. London: Kogan Page.
Carpendale, J.I.M. and Lewis, C. (2004). Constructing an understanding of mind: The development of children's social understanding within social interaction. *Behavioral and Brain Sciences*, 27, 79–96.
Decety, J. and Jackson, P.L. (2004). The functional architecture of human empathy. *Behavioural and Cognitive Neuroscience Reviews*, 3, 71–100.
Decety, J. and Svetlova, M. (2011). Putting together phylogenetic and ontogenetic perspectives on empathy. *Developmental Cognitive Neuroscience*, 2, 1–24.
Della Chiesa, B. (2006). *Neuromyths*. Monterey, CA: Monterey Institute of International Studies.
Dias, G.P., Palmer, S., O'Riordan, S., de Freitas, S.B., Habib, L.R., do Nascimento Bevilaqua, M.C., and Nardi, A.E. (2015). Perspectives and challenges for the study of brain responses to coaching: Enhancing the dialogue between the fields of neuroscience and coaching psychology. *The Coaching Psychologist*, 11, 21–29.
Dweck, C.S. (2006). *Mindset*. New York, NY: Random House.
Englander, Z.A., Haidt, J., and Morris, J.P. (2012). Neural basis of moral elevation demonstrated through inter-subject synchronization of cortical activity during free-viewing. *PLoS One*, 7, e39384.
Fowler, J. and Christakis, N. (2008). Dynamic spread of happiness in a large social network: Longitudinal analysis over 20 years in the Framingham Heart Study. *British Medical Journal*, 337, a2338.
Fowler, J. and Christakis, N. (2010). Co-operative behaviour cascades in human social networks. *Proceedings of the National Academy of Sciences*, 107, 5334–5338.
Frith, C.D. and Frith, U. (2012). Mechanisms of social cognition. *Annual Review of Psychology*, 63, 287–313.
Gross, C.G. (2000). Neurogenesis in the adult brain: Death of a dogma. *Nature Neuroscience Reviews*, 1, 67–73.
Gutchess, A. (2014). Plasticity of the aging brain: New direction in cognitive neuroscience. *Science*, 346, 579–582.
Iacoboni, M. (2009). Imitation, empathy and mirror neurons. *Annual Review of Psychology*, 60, 653–670.
Immordino-Yang, M.H., McColl, A., Damasio, H., and Damasio, A. (2009). Neural correlates of admiration and compassion. *Proceedings of the National Academy of Sciences*, 106, 8021–8026.
Jarrett, C. (2014). *Great Myths of the Brain*. Chichester: Wiley-Blackwell.
Jia, L., Tong, L., and Lee, L.N. (2014). Psychological "gel" to bind individuals' goal pursuit: Gratitude facilitates goal contagion. *Emotion*, 14, 748–760.
Jonas, E., Martens, A., Kayser, D., Fritsche, I., Sullivan, D., and Greenberg, J. (2008). Focus theory of normative conduct and Terror-Management Theory: The interactive impact of mortality salience and norm salience on social judgment. *Journal of Personality and Social Psychology*, 95, 1239–1251.
Kays, J.L., Hurley, R.A., and Taber, K.H. (2012). The dynamic brain: Neuroplasticity and mental health. *Journal of Neuropsychiatry and Clinical Neurosciences*, 24, 118–124.
Krill, A.L. and Platek, S.M. (2012). Working together may be better: Activation of reward centres during a cooperative maze task. *PLoS One*, 7, e30613.
Lakin, J.L. and Chartrad, T.L. (2003). Using nonconscious behavioural mimicry to create affiliation and rapport. *Psychological Science*, 14, 334–339.
Mangels, J.A., Butterfield, B., Lamb, J., Good, C., and Dweck, C.S. (2006). Why do beliefs about intelligence influence learning success? A social cognitive neuroscience model. *Social, Cognitive and Affective Neuroscience*, 1, 75–86.
Nowakowski, R.S. (1987). Basic concepts of CNS development. *Child Development*, 58, 568–595.
Purves, D., Voyvodic, J.T., Magrassi, L., and Yawo, H. (1987). Nerve terminal remodelling visualized in living mice by repeated examination of the same neuron. *Science*, 238, 1122–1126.
Purves, D., White, L., and Riddle, D. (1996). Is neural development Darwinian? *Trends in Neuroscience*, 19, 460–464.

Rosenthal, R. (1979). The file drawer problem and tolerance for null results. *Psychological Bulletin*, 86, 638–641.

Singer, T., Seymour, B., O'Doherty, J., Stephan, K., Dolan, R., and Frith, C.D. (2006). Empathic neural responses are modulated by the perceived fairness of others. *Nature*, 439, 466–469.

Stober, D.R. and Grant, A.M. (2006). *Evidence Based Coaching Handbook: Putting Best Practices to Work for Your Clients*. Hoboken, NJ: John Wiley & Sons, Inc.

Stober, D.R., Wildflower, L., and Drake, D. (2006). Evidence-based practice: A potential approach for effective coaching. *International Journal of Evidence Based Coaching and Mentoring*, 4, 1–8.

Urry, H., van Reekum, C., Johnstone, I.T., Kalin, N., Thurow, M., Scaefer, H., Jackson, C., Frye, C., Greischar, L., Alexander, A., and Davidson, R. (2006). Amygdala and ventromedial prefrontal cortex are inversely coupled during regulation of negative affect and predict the diurnal pattern of cortisol secretion among older adults. *Journal of Neuroscience*, 26, 4415–4425.

Van Praag, H., Kempermann, G., and Gage, F. (2000). Neural consequences of environmental enrichment. *Nature Reviews: Neuroscience*, 1, 191–198.

Weisberg, D.S., Keil, F.C., Goodstein, J., Rawson, E., and Gray, J.R. (2008) The seductive allure of neuroscience explanations. *Journal of Cognitive Neuroscience*, 20, 470–477.

Whalen, P.J. and Phelps, E.A. (2009). *The Human Amygdala*. New York, NY: The Guilford Press.

Xu, X., Zuo, X., Wang, X., and Han, S. (2009). Do you feel my pain? Racial group membership modulates empathic neural responses. *Journal of Neuroscience*, 29, 8525–8529.

Yeager, D. and Dweck, C. (2012). Mindsets that promote resilience: When students believe that personal characteristics can be developed. *Educational Psychologist*, 47, 302–314.

Yeager, D., Johnson, R., Spitzer, B., Trzesniewski, K., Powers, J., and Dweck, C. (2014). The far-reaching effects of believing people can change: Implicit theories of personality shape stress, health, and achievement during adolescence. *Journal of Personality and Social Psychology*, 106, 867–884.

第三章 教练和教练心理学中的自我效能感：一个综合的自我效能感教练模型

戴安娜·阿吉亚尔·维埃拉和斯蒂芬·帕尔默
(Diana Aguiar Vieira & Stephen Palmer)

引 言

自我效能感源于社会认知理论(Bandura, 1986, 1987)，可以被定义为人们对自身能否利用所拥有的技能去完成某项工作行为的自信程度。这种具有前瞻性的心理学概念已经能够在一些领域中解释和预测人类行为及其变化，当然教练心理学也不例外。随后，基于社会认知理论，本章提出的自我效能感教练模型旨在收集运用自我效能感概念结合社会认知理论的实践资料，从各个维度解释和预测教练和教练心理学中的自我效能感。自我效能感模型侧重于教练的自我效能信念，这些信念与教练担任教练的技能、其决定因素和后果有关，后者包括受指导者在受益和对教练技能评估方面的观点。最后，讨论了自我效能感教练模型在实践和研究中的应用。

自我效能感教练模型的发展

班杜拉(1977)提出了自我效能感的概念，指的是一个人相信自己有能力在某一特定领域取得成就。这种自我效能感"来源于成功经验，替代性经验，言语劝说以及生理唤醒"(Bandura, 1977, p.195)。除了上述来源外，班杜拉还解释了自我效能感的作用，它决定了一个人在一件事上会花费多少的努力以及在面对困难障碍或有厌恶情绪时能够坚持多久(Bandura, 1982)。1986年，班杜拉将自我效能感理论和社会学习理论纳入社会认知理论，从那以后人们在人类行为的多个领域对于这一理论进行了大量的研究(Bandura, 2004)。

据我们所知，波普尔和利普希茨（Popper & Lipshitz, 1992）是第一个将班杜拉的理论（1977）与教练领域联系起来的人，这里所说的教练，与运动无关而是领导力发展领域的教练。自从这一次的理论尝试后，专注于教练领域研究的几位作者继而探索了自我效能感在教练领域中所扮演的角色，主要是作为一个输出变量（Baron & Morin, 2009, 2010; Evers, Brouwers, & Tomic, 2006; Grant, 2014; Gyllensten & Palmer, 2014; McDowall, Freeman, & Marshall, 2014; Moen & Allgood, 2009; Pousa & Mathieu, 2015; Stewart, Palmer, Wilkin, & Kerrin, 2008; Wakkee, Elfring, & Monaghan, 2010）。维埃拉（Vieira, 2013）首次尝试将这种知识整合到综合理论模型中。基于之前的努力，在本章中我们提出了自我效能感教练模型。

理论和基本概念

在社会认知理论中，人类的行为是由三个决定因素交互作用产生的：内部因素（例如，认知因素、情感因素），环境因素（例如，外部和背景因素）以及个人行为（Bandura, 2012）。

社会认知理论提出"自我发展，自我调节及变化的主观能动"（Bandura, 2001），即人创造了其所生活的环境，而不是其生活环境的产物。事实上，一个人可以通过自己的行为影响自己的思想、感受以及之后的行为情况（Bandura, 1982）。根据这一理论，个人为自己设定目标并预期未来行动的可能结果以引导和激励自己努力（Bandura, 2005），从而促进自我监督能力。

自我效能感

班杜拉将自我效能感定义为"人们对自身能否利用所拥有的技能去完成某项工作行为的自信程度"（Bandura, 1994）。作者提出自我效能感有助于确定一个人的感受、思维、自我激励和行为方式，通过认知、动机、情感和选择过程产生效果。自我效能感与一个人在判断其处理预期情况所需的行动执行有关，简而言之，自我效能感与你拥有多少技能无关，而是与你在各种情况下相信自己能够利用自己所拥有的技能做出什么有关（Bandura, 1977）。

班杜拉认为自我效能感是人能动性的主要机制,自我效能感高有助于提高成就,增强个人幸福感,即便在很有可能被拒绝或失败的情况下也能够稳定发挥,保持好成绩。相反,自我效能感低总是怀疑自己能力的人,习惯回避他们视为个人威胁的困难任务,表现出较低的抱负和对自己选择追求的目标承诺不足(Bandura,1994)。社会认知理论认为自我效能感略高于个人目前能力水平有助于个人技能发展,因其能让人受到激励,参与和致力于挑战任务,但是如果自我效能感远远超过个人目前的能力水平,它们就很容易导致失败。

自我效能感的来源

根据社会认知理论(Bandura,1997),个人对其效能的信念主要来源于四个方面:1)掌握经验/过往的成功经验(作为能力指标);2)社会模型提供的替代经验;3)言语劝说(以及其他的社会影响,例如别人对自己能力的感知);4)生理和情绪状态(由此推断他的能力、毅力以及面对困难的脆弱程度)。班杜拉(1994)提出亲历的成败经验(即掌握经验)是最强大的自我效能感信息来源,因为它为一个人能否运用自己现有能力实现预期结果提供了最可靠的证据。成功的经验建立了对个人效能的坚定信念,失败则会破坏它,尤其是它出现在坚定的效能信念形成之前。然而如果人们只经历过简单的成功,他们就会期望很快得到结果,这样就很容易被失败击垮。想要提高自我效能感必须通过不懈的努力克服一切困难;困难教会人们如何将失败转化为成功,如何在逆境中坚持(Bandura,1997)。

替代经验是社会模型提供的另一种加强自我效能感的方式(Bandura,1997)。通过观察与自己水平相当的人获得成功可以提高自我效能感,确信自己有能力完成相似的行为,相反,看到他们失败会降低观察者对自我效能感的判断。与被观察者相似程度的多少影响观察者建立自我效能感的效果。换句话说,观察者与被观察者的相似性越高,被观察者的成功与失败对观察者来说就越有说服力(Bandura,1994)。

社会劝说和言语激励同样也对自我效能感有着重大影响,那些被口头上说服有能力掌控困难局面的人比那些没有受到任何外界鼓励的人更有可能调动自己的努力去成功。相反,那些被说服其缺乏能力的人更倾向去避免具有挑战性的活动,并且在面对困难时很容易放弃。提升自我效能感不仅需要赞美,而且开展一个有助于成功的活动是很有必要的,避免将其放入一个可能会失败的境地(Bandura,1997)。然而,口头鼓励引起的效能期望可能比因自己的成就而产生的效能期望要弱一些,因为它不能为自己提供一个真实可信的经验基础(Bandura,1994)。

生理及精神状态也会影响人的自我效能感,因为人们将自己对压力的反应和紧张感理解为容易表现不佳的信号,积极的情绪会提升自我效能感(Bandura,1994)。举例来说,一个活动的表现中如果出现焦虑或者疲劳的迹象会降低自我效能感,而活动中的表现如果是冷静或兴奋的,就很有可能提升感知任务的熟练度(Lent,Brown,& Hackett)。情绪状态也会影响"对事件的判断,情绪与事件的联系方式,以及情绪是如何被理解、组织认知和保留在记忆中的"(Bandura,1977)。

自我效能感的作用

自我效能信念对一个人的行为有明显的作用,效能信念影响着一个人的动机水平和持久性,也影响着一个人的情绪状态,从而导致不同程度的表现。那些在某些领域中怀疑自己能力的人会放弃在这些领域的艰巨任务,他们很难激励自己,很容易在面对困难时选择放弃(Bandura,1997)。

那些对自己能力有强烈信念的人通常会主动处理困难的任务,将其当作挑战去征服而不是当作威胁去逃避,这增加了他们对活动的兴趣和参与度,他们为自己设立挑战目标并保持对目标的坚定承诺,尽其所能投入大量的精力同时提高了他们面对失败和挫折的能力(Bandura,1997)。

自我效能感影响人们的自我发展和变化,它通过人们为自己设立的目标和对结果的期望,在面对困难时在自我激励和毅力方面发挥着关键作用。人们对自己应对能力的信念在情绪的自我调节中也扮演着重要的角色,影响着人们的情绪生活水平以及应对紧张事件时的应急状态、焦虑及抑郁程度。

最后,自我效能感通过影响人们对生活决策点的范围考虑影响人们的选择,正如班杜拉所说,"人们通过对活动和环境的选择,决定了他们的人生道路和未来"(Bandura,2012)。

社会认知理论认为表现的质量高低是自我效能感的作用之一,大量的研究证实了这一观点,在许多绩效领域都是如此,如工作相关的绩效领域(Bandura,1997; Peterson, Luthans, Avolio, Walumbwa, & Zhang, 2011)、团队绩效领域(Chen, Kanfer, DeShon,

Mathieu, & Kozlowski, 2009)和学术成就领域(Caprara, Vecchione, Alessandri, Gerbino, & Barbaranelli, 2011; Robbins, Lauver, Le, Davis, Langley, & Carlstron, 2004)。

目标和结果预期

除了自我效能感外,目标和预期也是社会认知理论中的核心自我参照变量,自我效能感指的是"我能做到吗?"目标指的是"我想做什么或实现什么?"事实上,目标指一个人决心从事某项活动或实现某个特定结果,例如,完成一项艰巨的任务或得到一份特定的工作(Lent, Hackett, & Brown, 1999)。

通过设定目标,人们会组织和规范自己的行为,即使没有外部激励的情况下,也能长时间保持努力,从而增加预期结果的可能性。目标设置是一个重要的机制,人们通过它来实现个人控制及个人自理(Lent, Hackett, & Brown, 1994),主要依据个人能力,设定可以代表我们期望的结果,基于内部绩效标准以自我评价的方式对自己的行为作出反应。当一个人问,如果我这样做会发生什么,那么这个人在质疑自己对某件事的预期结果,也就是说结果预期涉及行为努力的成果(就是结果),这些结果可以是积极的(作为激励),也可以是消极的(对某些行为的抑制),结果预期可能会通过对结果的预测影响行为,可以被分为以下几类:生理上(如感官体验的快乐或身体上的不适),社会外界(如支持、认可、货币补偿)以及自我评估(如自我满足、自豪)(Bandura, 1986, 1997)。与自我效能感一起,目标和结果预期在实际活动中扮演着重要的角色(Evers, Brouwers, & Tomic, 2006)。

自我效能感教练模型

自我效能感是被研究最多的心理学概念之一。在我们看来,它独特的特征群是一个关键因素。首先,自我效能感不是一种人格特质,它是由专注于感知执行某项活动的能力,类似于"我能做到多好?"这种自我判断构成的,而不是由"我就是这样"这种静态的人格特征构成。因此,自我效能感是人们实现特定领域行为目标所需能力的信心或信念,因为人们评估个人能力的方式因活动和表现领域的不同而不同,例如,一个人可能对自己运动方面的能力很有信心,但在说外语方面,可能就会差很多,这就意味着自我效能感的概念几乎可以应用于人类活动的绝大多数领域。

其次,自我效能感对人类的表现有着积极的影响,因为它是在从事某一特定任务或者活动之前进行评估的,是经过深思远虑的,连同之前所说的自我效能感的来源以及建立过程的明确定义,这个嵌入社会认知理论的心理学概念不仅在多个领域给予人类行为的产生以解释,同时也教会了人们提高自我效能感的方式,从而提高个人表现及个人幸福感。

最后,社会认知理论解释了自我效能感与其他自我参照变量之间的关系,如目标期望和结果期望,这两个变量对教练来说是很重要的因素。

本文通过对社会认知理论的一般阐述以及对自我效能感概念及其决定因素和作用的具体分析,提出了自我效能感教练模型(SEC),该模型关注的是教练对自身技能的自我效能感及其影响因素和作用,后者包括从学员的角度来看教练技能的成效及其对教练技能的评估。SEC 模型旨在:1)提供教练发展其技能的方法;2)承认自我效能感在教练表现中的预测作用;3)提供评价教练课程质量的方法;4)提供改进教练训练及专业发展的指导方针和策略。此外,SEC 模型还讨论了将学员学习的成效和对教练技能的评估作为教练教学结果的评估。

如图 3.1 所示,自我效能感教练模型由四个要素组成:教练的自我效能感、其决定因素、教练在教练过程中的表现以及受教者。这四个元素之间的关系用带编号的箭头表示。箭头 1 代表教练自我效能感的决定因素,包括训练、监督、既往表现,以及他的情感智力。

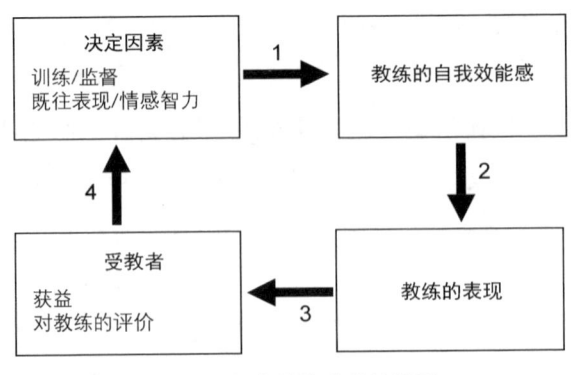

图 3.1　自我效能感教练模型

正如班杜拉之前所指出的,成功经验、替代性经验、言语劝说以及生理唤醒是自我效能感的来源。因此,在 SEC 模型中,教练接受的训练和监督,被确定为教练自我效能感的主要来源,教练训练课程通常包括接触有经验的教练,有机会体验和实践教练的角色。还有一些不那么系统化的学习经历,如观看视频、阅读书籍或与同事讨论实践经验,也或多或少在自我效能感中发挥一些作用。此外,监督的情景通常包括来自监督者的口头鼓励,以及得益于此管理模式的其他教练的社会支持,教练掌握的熟练经验在 SEC 模型中是指其过去的经验,这是教练自我效能感的另外一个来源。尽管有人认为训练对教练有显著的作用(Rider, 2005; Sweeney, 2007),但是将训练过程作为一种或许能提高教练自我效能感的经验并没有在教练文献中被广泛研究过。事实上,回顾我们现有的文献资料,仅有一个研究探讨了以这种方式发展的自我效能感,在这项研究中,过去两年中担任过教练角色的大多数人都认为自己的自我效能感有所提升。最后,虽然情感智力是一个比班杜拉提出的自我效能感来源之一——生理唤醒更为宽泛的概念,但考虑到教练的情境及教练对自己及他人情绪清晰理解的重要性,情感智力在 SEC 模型中是教练效能感的一个重要来源,在这里我们必须要说明一下,这个模型中的情感智力指的是迈耶(Mayer)和萨沃里(Salvory)提出的概念,它由四个不同的技能组成:1)感知自我及他人情绪的能力,2)利用情绪促进思考的能力,3)理解情绪的能力,4)管理情绪的能力(Caruso & Salvory, 2004)。

箭头 2 代表教练的自我效能感对其在教练过程中表现的影响,教练的自我效能感是教练对自己在履行教练职责技能方面所具有的感知能力(Vieira & Palmer, 2012)。教练的自我效能感与其表现之间的关系不仅仅是建立在社会认知理论的基础上(Bandura, 1986),而且还基于一系列强调自我效能感在很多领域中对人类表现的研究(Judge, Jackson, Shaw, Scott, & Rich, 2007; Raub & Liao, 2012)。在有关教练研究的文献资料中一直缺乏对教练自我效能感的研究,一项研究发现,教练的自我效能感是工作的盟友,它促进了学习和结果的产生(Baron & Morin, 2009)。另一项研究发现,教练在教练技能方面的自我效能感与表现的质量密切相关,教练的表现质量是由受教者在教练过程结束之后对其技能方面的报告来衡量的(Vieira, 2013)。

图 3.1 中的箭头 3 表示教练在教练过程中的表现对受教者的影响,受教者可以被视为个人或群体,这种影响以受教者的学习成效形式表现出来,这种形式包含了非常

广泛的内容,它同时也取决于教练对受教者目标结果的干预。一些研究已提出过教练的自我效能感在工作中的表现以及对心理健康的改善方面所产生的影响(Crabb, 2011; Outhwaite & Bettridge, 2009)。在教练学相关文献中最常见的自我效能感涉及受教者,包括教学的结果(Baron & Morin, 2009, 2010; Evers, Brouwers, & Tomic, 2006; Grant, 2014; Gyllensten & Palmer, 2014; McDowall, Freeman, & Marshall, 2014; Leonard-Cross, 2010; Moen & Allgood, 2009; Pousa & Mathieu, 2015; Stewart, Palmer, Wilkin, & Kerrin, 2008; Wakkee, Elfring, & Monaghan, 2010)和预测受教者的性格对教学过程的影响等(de Haan, Duckworth, Birch, & Jones, 2013; Stewart, Palmer, Wilkin, & Kerrin, 2008)。另一方面,受教者评估教练教学技能的方式也可以被认为是教练本身表现的直接结果。

受教者的学习成效以及他们对教学的评估是教练自我效能感的决定因素(箭头4),受教者对教练技能的评估提供了教练必须具备能力的间接信息,这种信息可以帮助教练进一步发展其技能。这种类型的信息,不仅可以作为对教练本身的重要反馈,同时也可以作为对组织提供团体教练的首席教练的重要反馈。

最后,强调自我效能感教练模型的动态本质是很重要的,因为它用一种清晰的方式呈现了教练的自我效能感、它的决定因素、教练的表现以及受教者之间相互作用的过程。

自我效能感模型在实践与研究中的应用

正如班杜拉所说,"心理学理论的价值不仅取决于其解释力和预测力,而且最终取决于其促进人类功能变化的作用力"(Bandura, 2005)。因此,我们通过说明 SEC 模型如何对教练实践有用来开始本节。

从 SEC 模型中得出的实践影响之一与自我效能感及其决定因素有关,考虑到自我效能感与绩效之间的联系,教练在教练技能方面的自我效能感在监督情境中都应该被考虑在内,具体来说,这些情境应该被规划和组织以使自我效能感能够最大限度地发挥其作用,这就意味着教学应该建模、体验教练的角色、接受口头激励、发展情感智力,至少懂得识别自己及他人的情绪。此外,教练在教练技能方面的自我效能感的评估可以作为训练或监督质量的评估。最后,尽管 SEC 模型中未明确表示,教练也应该对自我效能感概念有理论上的理解,因为自我效能感可以将想法转变为实际表现从而直接影响教学。史密斯和赖利(Smither & Reilly,2001)断言教练努力提高受教者的自我效能感信念对其行为变化是至关重要的。此外,马龙(Malone,2001)建议,高管教练也是一种提高自我效能感的方法,因为它将对自我效能感的影响因素——自我思考、掌握经验、建模、社会劝说及生理唤醒的管理很好地融入了其训练中。

教练过程中,无论是在成就之前还是成就之后,受教者都有机会反思他们自己的经验,而教练则在这一过程中提高受教者的实际和建设性能。当受教者对任务进行重点的探索和分析时,教练应该特别关注受教者评估自身能力的方式,在与受教者进步息息相关的情况下,这种意识使得教练能够说服受教者任务是可以完成的。此外,目标设置也是教练的一项重要任务,评估受教者在目标方面的自我效能感是至关照重要的,因为较低的自我效能感可能会阻碍受教者设定他们所重视的目标。鉴于掌握性经验是自我效能感最强大的来源,为了促进受教者的成长,教练应该鼓励受教者从他们能力范围内的任务开始,通过将一个大任务分解成一个个可管理的子目标,增加受教者体验成功的机会。

摩恩和奥古德(Moen & Allgood,2009)解释了教练提高受教者自我效能感的过程,尽管这是在高管教练情境中阐释的。我们认为教练意识到自我效能感对受教者思想及行为的影响是非常重要的,基于自我效能感的来源,不管在何种教练情境下,教练都应该采取行动提高受教者增强自我效能感信念的能力。

SEC 模型对实践的其他影响与教练在教练期间的表现及受到教练干预的受教者有关,考虑到教练课程的保密性,尽管可以通过视频和音频,但直接评估教练的表现或许还是有点困难。然而在不干扰教练课程的情况下,SEC 模型提供了两种评估教练表现的方法:一种是受教者在课程结束后的学习成效,另一种是受教者对教练技能的评估。尽管前者应该与受教者在教练过程开始时所设定目标的实现联系在一起,但后者转化了受教者对教练的教练技能的看法。反过来,这两种与受教者相关的信息也对教练起到作用,教练获得了对其职业发展很重要的反馈信息,不管这些信息是由他自己作出的还是来源于监督和教练的环境下。此外,在机构向使用教练团队的组织提供教练服务的情况下,团队负责人也可以从参与教练课程的受教者对教练表现所作的评估中获取需要的信息。

至于 SEC 模型的研究价值,我们认为它基于图示箭头所代表的四种关系提供了几个简单的假设,就如班杜拉所说,自我效能感的预测能力只有在特定领域中使用特定技能时才会被加强。因此,我们开发并验证了教练技能自我效能感表(CSSES)以评估教练的自我效能感。在之前的研究中,我们验证了 SEC 模型箭头 1 中的以下假设:"教练训练是教练自我效能感的决定性因素"。我们发现,参加训练课程的教练在培训过程中可以提高教练技能的自我效能感(Vieira, 2013)。

在最近的一项研究中,我们对自我效能感表的项目进行了调整,以构建一个拥有受教者评价教练技能的工具,项目在本质内容上相似,但重新增加了受教者的观点。虽然该研究成果仍需进一步验证研究,但我们相信这两个工具将会促进人们对自我效能感教练模型的进一步研究。

综上所述,自我效能感对于教练和受教者来说都是实现专业成长和发展并最终提高表现的关键。理论、研究和实践都是循环中一部分,只有以一种明确的方式看待它才有意义。我们希望自我效能感教练模型对未来的研究,以及对自我效能感在教练和教练心理学中(无论是从理论上还是实践上)的理解都有所帮助。

讨论要点

1. 自我效能感教练模型是如何作用于教练训练的?
2. 讨论自我效能教练模型对促进教练研究的发展。
3. 教练对自我效能感及其来源的理解如何运用到教练过程中?
4. 讨论训练和监督对教练自我效能感的提升。

推荐阅读

Bandura, A. (1997). *Self-efficacy: The exercise of control.* New York: Freeman.
Bandura, A. (2005). The Evolution of Social Cognitive Theory. In K. G. Smith and M. A. Hitt (eds.) *Great minds in management.* Oxford: Oxford University Press.
Baron, L., & Morin, L. (2010). The Impact of Executive Coaching on Self-Efficacy Related to Management Soft-Skills. *Leadership & Organization Development Journal* 31(1): 18–38.
Popper, M., & Lipshitz, R. (1992). Coaching on Leadership. *Leadership & Organization Development Journal* 13(7): 15–18.

参考文献

Bandura, A. (1977). Self-Efficacy: Toward a Unifying Theory of Behavioral Change. *Psychological Review* 84(2): 191–215.
Bandura, A. (1982). Self-Efficacy Mechanism in Human Agency. *American Psychologist* 37(2): 122–147.
Bandura, A. (1986). *Social foundations of thought and action: A social cognitive theory.* Englewood Cliffs, NJ: Prentice Hall.
Bandura, A. (1994). Self-Efficacy. In V. S. Ramachaudran (ed.) *Encyclopedia of human behavior* 4: 71–81. New York: Academic Press.
Bandura, A. (1997). *Self-efficacy: The exercise of control.* New York: Freeman.
Bandura, A. (2001). Social Cognitive Theory: An Agentic Perspective. *Annual Review of Psychology* 52: 1–26.
Bandura, A. (2004). Swimming against the Mainstream: The Early Years from Chilly Tributary to Transformative Mainstream. *Behaviour Research and Therapy* 42: 613–630.
Bandura, A. (2005). The Evolution of Social Cognitive Theory. In K. G. Smith and M. A. Hitt (eds.) *Great minds in management.* Oxford: Oxford University Press.
Bandura, A. (2012). On the Functional Properties of Perceived Self-Efficacy Revisited. *Journal of Management* 38(1): 9–44.
Baron, L., & Morin, L. (2009). The Coach-Coachee Relationship in Executive Coaching: A Field Study. *Human Resource Development Quarterly* 20(1): 85–106.
Baron, L., & Morin, L. (2010). The Impact of Executive Coaching on Self-Efficacy Related to Management Soft-Skills. *Leadership & Organization Development Journal* 31(1): 18–38.
Caprara, G. V., Vecchione, M., Alessandri, G., Gerbino, M., & Barbaranelli, C. (2011). The Contribution of Personality Traits and Self-Efficacy Beliefs to Academic Achievement: A Longitudinal Study. *British Journal of Educational Psychology* 81: 78–96.
Caruso, D. R., & Salovey, P. (2004). *The emotionally intelligent manager: How to develop and use the four key emotional skills of leadership.* San Francisco: Jossey-Bass.
Chen, G., Kanfer, R., DeShon, R., Mathieu, J., & Kozlowski, S. (2009). The Motivating Potential of Teams: Test and Extension of Chen and Kanfer's (2006) Cross-Level Model of Motivation in Teams. *Organizational Behavior and Human Decision Processes* 110: 45–55.
Crabb, S. (2011). The Use of Coaching Principles to Foster Employee Engagement. *The Coaching Psychologist* 7(1): 27–34.
Day, A., de Haan, E., Sills, C., Bertie, C., & Blass, E. (2008). Coaches' Experience of Critical Moments. *International Coaching Psychology Review* 3(3): 207–218.
de Haan, E., Duckworth, A., Birch, D., & Jones, C. (2013). Executive Coaching Outcome Research: The Contribution of Common Factors Such as Relationship, Personality Match, and Self-Efficacy. *Consulting Psychology Journal: Practice and Research* 65(1): 40–57.
Evers, W. J. G., Brouwers, A., & Tomic, W. (2006). A Quasi-Experimental Study on Management Coaching Effectiveness. *Consulting Psychology Journal: Practice and Research* 58(3): 174–182.
Grant, A. M. (2014). The Efficacy of Executive Coaching in Times of Organizational Change. *Journal of Change Management* 14(2): 258–280.
Gyllensten, K., & Palmer, S. (2014). Increased Employee Confidence: A Benefit of Coaching. *The Coaching Psychologist* 10(1): 35–38.
Judge, T. A., Jackson, C. L., Shaw, J. C., Scott, B. A., & Rich, B. L. (2007). Self-Efficacy and Work-Related Performance: The Integral Role of Individual Differences. *Journal of Applied Psychology* 92(1): 107–127.
Lent, R. W., Brown, S. D., & Hackett, G. (1994). Toward a Unifying Social Cognitive Theory of Career and Academic Interest, Choice, and Performance. *Journal of Vocational Behavior* 45: 79–122.
Lent, R. W., Hackett, G., & Brown, S. D. (1999). A Social Cognitive View of School-to-Work Transition. *The Career Development Quarterly* 47: 297–311.
Leonard-Cross, E. (2010). Developmental Coaching: Business Benefit-Fact or Fad? An Evaluative Study to Explore the Impact of Coaching in the Workplace. *International Coaching Psychology Review* 5(1): 36–47.
Malone, J. W. (2001). Shining a New Light on Organizational Change: Improving Self-Efficacy through Coaching. *Organization Development Journal* 19(2): 27–36.
Mayer, J. D., & Salovey, P. (1997). What Is Emotional Intelligence? In P. Salovey and D. Sluyter (eds.) *Emotional development and emotional intelligence: Implications for educators.* New York: Basic Books.
McDowall, A., Freeman, K., & Marshall, S. (2014). Is Feedforward the Way Forward? A Comparison of the Effects of Feedforward Coaching and Feedback. *International Coaching Psychology Review* 19(2): 135–146.
Moen, F., & Allgood, E. (2009). Coaching and the Effect on Self-Efficacy. *Organization Development Journal* 27(4): 69–82.

Outhwaite, A., & Bettridge, N. (2009). From the Inside Out: Coaching's Role in Transformation towards a Sustainable Society. *The Coaching Psychologist* 5(2): 76–89.

Peterson, S. J., Luthans, F., Avolio, B. J., Walumbwa, F. O., & Zhang, Z. (2011). Psychological Capital and Employee Performance: A Latent Growth Modeling Approach. *Personnel Psychology* 64: 427–450.

Popper, M., & Lipshitz, R. (1992). Coaching on Leadership. *Leadership & Organization Development Journal* 13(7): 15–18.

Pousa, C., & Mathieu, A. (2015). Is Managerial Coaching a Source of Competitive Advantage? Promoting Employee Self-Regulation through Coaching. *Coaching: An International Journal of Theory, Research and Practice* 8(1): 20–35.

Raub, S., & Liao, H. (2012). Doing the Right Thing without Being Told: Joint Effects of Initiative Climate and General Self-Efficacy on Employee Proactive Customer Service Performance. *Journal of Applied Psychology* 97(3): 651–667.

Rider, L. (2002). Coaching as a Strategic Intervention. *Industrial and Commercial Training* 34(6): 233–236.

Robbins, S. B., Lauver, K., Le, H., Davis, J., Langley, R., & Carlstron, A. (2004). Do Psychosocial and Study Skills Predict College Outcomes? A Meta-Analysis. *Psychological Bulletin* 130: 261–288.

Salovey, P., & Mayer, J. D. (1990). Emotional Intelligence. *Imagination, Cognition, and Personality* 9: 185–211.

Smither, J. W., & Reilly, S. P. (2001). Coaching in Organizations: A Social Psychological Perspective. In M. London (ed.) *How people evaluate others in organizations*: 221–252. Mahwah, NJ: Erlbaum.

Stajkovic, A. D., & Luthans, F. (1998). Self-Efficacy and Work-Related Performance: A Meta-Analysis. *Psychological Bulletin* 124: 240–261.

Stewart, L. J., Palmer, S., Wilkin, H., & Kerrin, M. (2008). The Influence of Character: Does Personality Impact Coaching Success? *International Journal of Evidence Based Coaching and Mentoring* 6(1): 32–42.

Sweeney, T. (2007). Coaching Your Way to the Top. *Industrial and Commercial Training* 39(3): 170–173.

Tokuyoshi, Y., Iwasaki, S., Vieira, D. A., & Palmer, S. (2014). Development and Validation of the Coaching Skills Self-Efficacy Scale: Japanese Version (CSSES-J). *The Coaching Psychologist* 10(2): 59–66.

Vieira, D. A. (2011). *Evaluating coaching training: The development of Coaching Skills Self-Efficacy (CSSE) scale*. Paper presented at 1st International Congress of Coaching Psychology, Barcelona, Spain 11th and 12th October.

Vieira, D. A. (2013). *Self-efficacy: Contributions to research and practice in coaching psychology*. Paper presented at the 4th European Coaching Psychology Conference Hosted by the British Psychological Society, Special Group in Coaching Psychology. Edinburgh: Heriot-Watt University, 12–13 December.

Vieira, D. A., & Palmer, S. (2012). The Coaching Skills Self-Efficacy Scale (CSSES): A Validation Study among a Portuguese Sample. *The Coaching Psychologist* 8(1): 6–11.

Wakkee, I., Elfring, T., & Monaghan, S. (2010). Creating Entrepreneurial Employees in Traditional Service Sectors: The Role of Coaching and Self-Efficacy. *International Entrepreneurship and Management Journal* 6: 1–21.

Zimmerman, B. J. (1995). Self-efficacy and educational development. In A. Bandura (ed.), *Self-efficacy in changing societies* (pp. 202–231). New York, NY: Cambridge University Press.

Zimmerman, B. J., & Cleary, T. J. (2006). Adolescents' development of personal agency. In F. Pajares, & T. Urdan (eds.), *Adolescence and education (Vol. 5): Self-efficacy beliefs of adolescents* (pp. 45–69). Greenwich, CT: Information Age Publishing.

第四章 目标和教练：目标导向教练和教练心理学的综合循证模型

安东尼·格兰特（Anthony M. Grant）

引 言

尽管教练本质上是一种以目标为中心的活动，但最近才有趋向将心理学文献中关于目标和目标设定的大量文献应用到教练实践中。本章旨在通过借鉴行为科学中的目标设定文献，并提出一个基于循证的目标导向教练综合框架，为这一发展提供额外动力。它讨论了一系列理解目标结构的方法，给出了与教练相关的目标的定义，并详细介绍了一种全新且全面的目标导向教练模式，这种模式对教学和应用教练实践都有帮助。它还概述了实证研究，强调了教练以目标为中心的教练技能在决定成功的教练结果方面的重要作用。这项研究表明，使用目标导向型的教练方式比"共同因素"或以人为本的教练方式更有效地促进教练中的目标达成。有人认为，通过了解不同类型的目标及其与变革过程的关系，专业教练可以更有效地与客户合作，帮助他们实现洞察力和行为变革，从而提高工作绩效、职业工作生活，更重要的是提升了他们的个人幸福感和自我意识。

教练中的目标可能会引起争议

奇怪的是，在教练中使用目标有些争议。反对在教练中使用目标设定的常见论点包括这样的主张，即目标设定是一个极线性的过程，该过程限制了教练对话，并妨碍了在作为教练对话的复杂动态系统中处理突发事件。或者，目标设定会诱导教练在盲目地追求先前设定但不合适的目标，从而导致教练对受教者进行懒惰的机械式辅导。甚至目标通常都集中在可能易于衡量但实际意义不大的问题上（Clutterbuck，

2008，2010）。

一些教练说，他们从来没有在教练中使用目标，而是断言，作为教练，他们的作用是帮助客户发掘自己的价值观，阐明他们的意图，然后帮助他们实现自己的个人愿望。还有一些人似乎坚定地避免使用"目标"一词，而是谈论帮助客户制定路线，驾驭生活的水平，促进变革性变革或重新撰写个人叙述。目标设定甚至在理论心理学出版物的某些章节中也获得了不好的声誉，其中一些作者询问目标和教练目标设定是否变得疯狂，并谴责所谓的目标设定过高（Ordóñez，Schweitzer，Galinsky，& Bazerman，2009）。

尽管这些观点中有一些是有价值的，但目标理论本身可以为教练研究和实践提供很多帮助。关于目标和设定目标的文献很多（Locke & Latham，2013）。利用这一知识体系，本章利用并扩展了以前的工作（Grant，2002；Grant，2006，2012），并利用行为科学中的目标设定文献讨论了目标的概念，提出了目标的定义，可以在教练实践中有所帮助，并描述了以目标为导向的教练的新模型和新的初步研究，这些研究突出了教练以目标为导向的技能在确定成功的教练结果中所起的关键作用。

SMART 原则可以简化教练过程

理论心理学已经对目标和目标构造进行了广泛的研究（Moskowitz & Grant，2009），并且在更广泛的心理学文献中，对目标的复杂理解也很明显。在与教练相关的文献中，情况并非如此。从教练文献的概述看来，许多教练对目标的理解仅限于首字母缩写词，如 SMART（最初由 Raia 于 1965 年提出）。通常，目标等同于具体的、可衡量的、可实现的、相关的和有时间限制的行动计划（注意：SMART 首字母缩略词的确切描述因人而异）。

虽然首字母缩写 SMART 代表的思想确实得到了目标理论的广泛支持（Locke，1996），而首字母缩写 SMART 在教练实践中的某些情况下可能很有用，但人们普遍认为目标是 SMART 行动计划的代名词，阻碍了在教练社区中对目标理论的更复杂的理解和使用的发展，这一点对教练的研究、教学和实践具有重要意义。

值得反思的是，诸如 SMART 之类的缩写可能提供有用的助记符，它是更深层次知识结构的表面标记。然而，在没有明确理解更深层次的基础知识的情况下使用这种助记符，很可能导致决策信息不灵通，并培养关于目标和目标理论的不准确的实践理论和观点。不幸的是,这样的错误认知可能使从业人员更难以接触更广泛的知识基础。显然教练教育者和培训者可以利用更广泛的目标理论文献。我希望本章将为鼓励采取这一行动作出贡献。

何为目标?

如果本章要在教练中更复杂地使用目标和目标理论方面作出有意义的贡献,那么对目标构造的清晰理解至关重要。术语"目标"通常被理解为"努力的目标;目标或结果"。尽管这种理解足够用于日常使用,但是在教练中需要对目标构造有更细微的了解。

多年来,为了尝试更深入地理解目标构成,使用了许多其他术语,包括"参考值"(Carver & Scheier, 1998)、"自我导向"(Higgins, 1987)、"个人努力"(Emmons, 1992)或"个人方案"(Little, 1993)。然而,尽管如此广泛的语言表述可能是有用的,但由于此类定义缺乏精确性,因此难以区分目标构造的各个方面,如"目标"、"需求"或"结果",并且它们也没有抓住目标构造的真正实质。

目标被定义为在从现有状态到期望状态或结果的过渡中起关键作用(Klinger, 1975; Spence, 2007)。因此,根据认知(Locke, 2000),行为(Bargh, Gollwitzer, Lee-Chai, Barndollar, & Trötschel, 2001; Warshaw & Davis, 1985)和情感(Pervin, 1982)(有关这些观点的进一步讨论,请参见 Street, 2002)。三个领域与教练息息相关,对教练所用目标的理解应涵盖以上三个领域。

科克伦和泰瑟(Cochran & Tesser, 1996)对目标进行了全面的描述,即"存储在内心中用以与实际状态进行比较的理想的认知图像;影响当前的关于未来的表述;期望(愉悦和满足来自于目标成功);动力的源泉是对行动的激励"(Street, 2002)。对目标的这种理解对于教练尤其有用,因为正如斯特里特(Street, 2002)所指出的那样,它除了强调目标的目的外,还强调认知(就认知意象而言)以及影响和行为的作用,被作为"动机和激励的源泉"。此定义比将目标定位为 SMART 行动计划的同义词的概念更为复杂。

奥斯汀和温哥华(1996)认为目标的概念是"期望状态或结果的内部表示",这是一个简洁的定义,它抓住了上述问题的本质,并且显然适用于教练。

目标是"期望状态或结果的内部表示",这是教练的核心

尽管教练的定义很多,但都包含共同的主题。教练协会将教练定义为"一个以解决方案为中心,注重结果的系统化协作过程,其中教练可以促进工作绩效、生活经验、自我教练的学习以及受教者的个人成长"(AC, 2012)。国际教练联盟将教练定义为"在发人深省的创新过程中与受教者合作,激发他们最大程度地发挥个人和专业潜力"(ICF, 2012)。世界商业教练协会将商业教练定义为结构化的对话,旨在"增强受教者的意识和行为,从而实现受教者及其组织的业务目标"(WABC, 2012)。欧洲指导和教练委员会将教练(和指导)定义为"在专业和个人发展领域内的活动……以帮助客户……查看并测试提高能力,决策和生活质量的替代方法……旨在为客户提供服务,以改善他们的表现或促进他们的个人发展,或两者兼而有之"(EMCC, 2011)。

显然,专业教练机构内部对教练的性质达成了相当大的共识。所有这些定义表明,教练的过程实质上是帮助个人规范和指导他们的人际关系和人际关系资源,以便在他们的个人或商业生活中创造有目的的积极改变。简而言之,所有教练对话都明确或隐含地关注目标,目的是帮助客户增强自我调节技能,从而更好地创造有目的的积极变化。

以目标为中心的自我调节是教练过程的核心

自我调节的核心结构是一系列过程,在这些过程中,个人设定目标,制定行动计划,开始行动,监控其绩效,通过与标准进行比较来评估其绩效,并根据此评估来改变他们的行为,进一步提高他们的绩效并更好地实现其目标的行动(Carver & Scheier, 1998)。教练的作用是通过自律循环并朝着达到目标的方向促进受教者的运动。图 4.1 描述了自我调节的通用模型。

在实践中,每个阶段都与下一个阶段重叠,并且每个阶段中的教练应旨在促进下一阶段的过程。例如,目标设定应以促

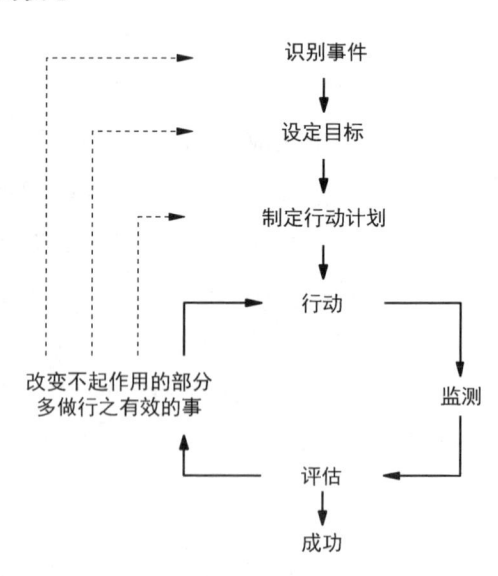

图 4.1 以目标为中心的自我调节的通用模型

进制定和实施行动计划的方式进行。该行动计划应旨在激发个人采取行动,还应纳入监测和评估绩效的手段,从而提供后续教练课程所依据的信息(Grant, 2006)。这种自我调节的周期是教练过程的核心。

知道如何以及何时在教练中设定目标,如何衡量受教者是否准备进行稳健且明确的以目标为导向的对话,或何时使用定义更模糊或更抽象的目标,这些技能可以区分新手、初级教练或更高级的专家从业者(Grant, 2011; Peterson, 2011)。因此,对目标的多面性具有扎实的理解对于使新手转变为专家至关重要,因此与教练的教学和实践都息息相关。现在我们转向这个问题。

目标不是空泛单调的单一存在

如果我们要通过目标理论来理解教练,那么区分不同类型的目标就很重要。教练可以使用20多种目标。这些包括远近目标、结果目标、回避和接近目标、绩效和学习目标以及补充和相互竞争的目标,以及受教者旨在达到的实际结果。这些区别很重要,因为不同类型的目标对受教者的绩效及其在实现目标过程中的经历产生不同的影响。

时间框架:远近目标

目标的时间框架是目标设定过程的重要组成部分,时间框架可能会影响受教者对目标可实现性的感知(Karniol & Ross, 1996)。远端目标是长期目标,与商业或管理文献中经常提及的愿景陈述或生命教练文献中提及的"广泛模糊愿景"(Grant & Green, 2004)相似。近端目标是短期目标,比远端目标更能刺激更详细的计划(Manderlink & Harackiewicz, 1984),因此,当用于行动计划时,它们是重要的目标。本质上,通常在教练课中得出的行动步骤是一系列短期近端目标。

结果目标

许多教练计划完全专注于设定结果目标。这些目标往往是对某些预期结果的简单表述(Hudson, 1999),例如,"在未来3个月内将小部件的销售额提高15%"。这是一种有用的目标设定方法,因为对于那些有决心并具有必要能力和知识的个人,他们对于那些难以实现且明确定义的结果目标可以精确地调节绩效,从而经常获得较高的绩效(Locke,1996)。确实,许多教练计划纯粹专注于设定特定的"SMART"目标,这种方法的确得到了一些目标设定文献的支持(Locke & Latham,2002)。

但是,有时过分具体的结果目标会疏远受教者,并可能实际上导致绩效下降(Winters & Latham,1996)。对于具有高度商议思想的个人,有目的地设定更抽象或相当模糊的目标并专注于发展广泛的"模糊视野"(Grant & Greene,2004),而不是细化具体细节和设定更具体的目标。对于在变革过程中此刻的个人而言,模糊或抽象的目标通常被认为威胁较小,要求较低(Dewck,1986)。

回避和接近目标

回避目标表示为远离不良状态的运动,如"减轻工作压力"。尽管这提供了理想的结果,但作为回避目标,它没有提供特定的结果目标,也没有提供足够的细节来定义那些在目标追求过程中最有用的行为,几乎有无数种方法可以使"压力减轻"。相比之下,接近目标表示为朝着特定状态或结果的运动,例如,"在工作需求和个人放松之间获得充实的平衡",这些确实可以帮助定义适当的目标行为。

毫不奇怪,回避或接近目标会产生不同的影响。研究发现,倾向于设定回避目标的人抑郁水平较高,幸福感较低(Coats, Janoff Bulman, & Alpert, 1996)。其他研究发现,长期追求回避目标与幸福感下降相关(Elliot, Sheldon, & Church, 1997),而接近目标与更高水平的学习成绩和幸福感相关(Elliot & McGregor, 2001)。基于这样的发现,研究文献通常建议在教练中使用接近目标的方法而不是回避目标。

但是,迄今为止,在这一领域中几乎没有针对教练的研究。在一项随机研究中,布劳恩施泰因和格兰特(2016)探索了以焦点解决和以问题为中心的教练问题与方法和回避目标之间的相互作用。尽管制定目标的文献警告不要使用回避目标,但发现,他们在教练中回避目标并没有比接近目标产生更糟糕的结果(Braunstein & Grant, 2016)。相对于目标导向而言,教练"成功"更有效的预测器是使用以焦点解决为中心而不是以问题为中心的教练问题。此类研究强调需要在特定于教练的环境中明确测试目标理论的各个方面。

绩效和学习目标

绩效目标侧重于任务的执行，通常表现为在特定任务上表现出色，收到对他人绩效的积极评价或优于他人的竞争力。绩效目标倾向于将受教者的注意力集中在个人能力上（Gresham, Evans, & Elliott, 1988）。高管或工作场所教练中绩效目标的一个例子可能是"成为我所执业领域中最好的律师"。绩效目标可能是非常有力的激励因素，尤其是当个人在目标实现过程的早期经历成功的情况下。

但是，众所周知，绩效目标实际上会阻碍绩效。当任务非常复杂或目标被认为非常具有挑战性，个人不熟练或自我效能低下或资源匮乏时尤其如此。此外，在竞争激烈的情况下或当赌注很高时，绩效目标可能会助长作弊，并且不愿与同行合作；公司和商业界充斥着这样的例子（Midgley, Kaplan, & Middleton, 2001）。

在许多情况下，学习目标可能会更好地促进任务绩效（Seijts & Latham, 2001）。学习目标（有时称为精通目标）将受教者的注意力集中在与任务精通相关的学习上，而不是任务本身的绩效上。高管或工作场所教练中学习目标的一个例子可能是"学习如何成为我所执业领域中最好的律师"。学习目标往往与一系列积极的认知和情感过程相关联，包括将复杂任务视为积极挑战而不是威胁，对实际任务表现得更多吸收（Deci & Ryan, 2002）以及增强的记忆力和良好的学习能力（Linnenbrink, Ryan, & Pintrich, 1999）。此外，当团队目标主要被定义为学习目标时，个人绩效可以在高度复杂或具有挑战性的情况下得到增强，而团队学习目标的使用可以促进团队成员之间的合作（Kristof-Brown & Stevens, 2001）。设定学习目标的好处之一是，它们往往与更高层次的内在动机相关，而内在动机又与绩效相关（Sarrazin, Vallerand, Guillet, Pelletier, & Cury, 2002）。

这些不同类型目标的表达方式上的差异不仅仅是语义上的问题，因为目标的表达方式对教练的敬业度有重要的意义（Rawsthorne & Elliott, 1999），而且教练需要适应这些细微差别，并明确他们是否要在以目标为导向的教练范式中有效地工作。

补充和相互竞争的目标

教练也需要适应目标之间的冲突。当追求一个目标会干扰追求另一个目标时，就会发生这些情况。一些目标冲突很容易识别，例如"花更多的时间与家人在一起"和

"花更多的时间来获得晋升"这两个目标。但是，目标冲突可能并不总是立即可见，例如，如果受教者（销售经理）发现授权困难并且习惯于"让我的销售人员销售更多产品"的目标，则可能与"具有更多的免责领导风格"的目标相抵触，在与销售人员打交道时应采用更具控制力的管理风格（Grant，2006）。

教练在这里的技能是帮助受教者找到看似矛盾的目标并制定补充目标的方法。谢尔顿和卡塞尔（1995）认为，这种一致性对于促进目标的实现和幸福感很重要。

无意识目标？

人类是面向目标的有机体。没有目标，我们就不可能作为有意识的众生而存在。实际上，卡佛和谢尔认为，所有人类行为都是朝着或远离心理目标表示的持续过程（Carver & Scheier，1998），这并不是说所有目标都是有意识的。在许多情况下，即使我们可能没有有意识地设定特定的目标，我们也会制定复杂的以结果为导向的行为。

例如，我可能坐在家里写一篇有关教练的文章，然后决定步行到街角商店买一些饼干，这样我就可以在家享用下午茶和饼干了。我知道我坐在办公桌前已经写作了几个小时，散步可以帮助保持背部的灵活性，而且我渴望随着年龄的增长，防止出现背部问题。但是，我的首要目标和有意识地设定的目标是要获得饼干，然后制作和享用一些下午茶。考虑到这一目标，我穿上鞋子，从架子上拿走钥匙，检查钱包，打开门，然后关闭并锁上门（以维护家庭安全并避免个人财产损失）。然后，我步行去商店，注意在过马路时要双向看（以免被汽车或其他车辆撞倒），找到通往饼干店的路，从各种各样的饼干中选择我的饼干（我不喜欢其中的某些产品），与商店老板聊天，讨论周六的足球比赛，购买饼干，安全回家（打开门然后关闭我身后的前门），然后放上水壶。

所有这些单独的动作本身都涉及某种目标，并且在任何时间点都影响了我的行为，但是几乎没有任何目标是有意识地设定的。

因为目标状态会影响我们的行为，即使我们可能无意识地设定特定的目标，所以目标理论在教练情境和理解人类行为方面特别有用。目标理论可以提供一个框架,可以帮助受教者探索、识别然后改变无用的隐性目标,以便更好地促进有目的的积极改变(即使我们不知道要实现的目标或其对我们的行为的激励作用,也可以就如何采取行动进行有根据地讨论,具体可参见 Custers & Aarts, 2010)。

自我一致目标

自我一致在目标设定中很重要,因为与自我一致且与受教者的核心个人价值观或发展中的利益相一致的目标更有可能参与并引起更大的努力。自我一致性理论(Sheldon & Elliot, 1998)是一个有用的框架,从中可以理解和研究与目标选择和目标努力相关的原因和动机。

自我一致性是指目标与个人的内在兴趣、动机和价值观相一致的程度,源自自我决定理论(Deci & Ryan, 1980),可以成为理解价值观与目标之间联系的简单而强大的框架。自我决定模型强调个人在多大程度上认为自己的目标是由自己的真实自我决定的,而不是由外力强迫的。

自我一致性方法将因果关系的感知轨迹描述为从受控(外部)因素到内部(自治)方面的连续性变化。这里的关键点在于,个人对因果关系所在地点的了解是确定目标在多大程度上被认为是自我整合的以及它们位于内外部的关键。为了最大程度地提高真正参与和激励行动的可能性,并增加达成目标的机会,重要的是要使受教者的目标尽可能自律,并且教练可能需要在帮助中发挥积极作用——他们的教练会调整目标,以使他们保持个性化和一致。

第一,受教者必须能够从短暂或表面的异想天开或欲望中识别持久和真实。第二,受教者需要个人的洞察力和自我意识,才能区分代表自己利益的目标和代表他人利益的目标(Sheldon, 2002)。鉴于自我意识水平存在显著的个体差异(Church, 1997),一些教练可能会发现这颇具挑战性。第三,目标内容的表达需要使目标与受教者的内部需求和价值观保持一致。第四,教练需要有能力识别目标是否与自身不一致,然后能够重新设定语言并重新构造目标,以使其与教练的需求和价值观保持一致。

目标层次结构：链接价值观、目标和行动步骤

价值观、目标和行动步骤之间的关系通常在教练中并未得到很好的理解，但它们对于教练实践至关重要。目标层次结构框架是明确显示价值、目标与特定行动步骤之间联系的一种方法，也是一种实现目标自洽概念的有用方法（见图 4.2）。

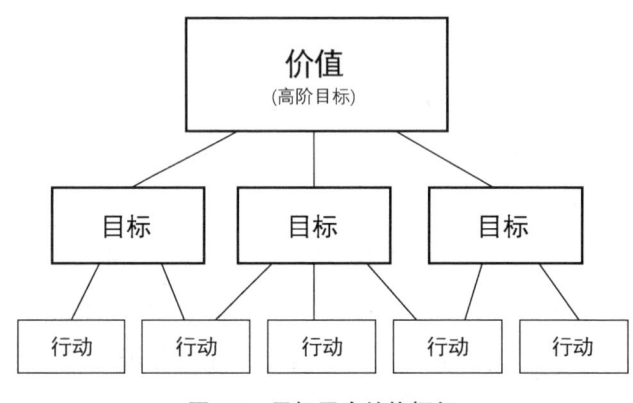

图 4.2 目标层次结构框架

目标可以看作是按等级排序的，具体目标可以归纳为更高层次、更广泛、更抽象的目标（Chulef, Read, & Walsh, 2001），其使用方式类似于"大五"人格特质（Costa & McCrae, 1992）。因此，高阶抽象目标（如"成为出色的商业领袖"）可以理解为垂直于低阶目标，而更具体的目标是"在下一季度将业务利润提高 25%"，并且还有一些这一概念的实证支持（Chulef, Read, & Walsh, 2001；Oishi, Schimmack, Diener, & Suh, 1998）。

从这个角度来看，更高阶的目标等于价值。在教练中使用目标理论的一种有价值的模型涉及将价值视为较高阶的抽象目标，这些目标比较低阶的更具体的目标更为重要，而较低的目标又与特定的行动步骤相对应。的确，以这种方式将价值、目标和行动可视化为层次结构的一部分，为教练提供了一个非常有用的概念化框架，用于教练的实践、教学和监督，并且还使价值观念对于许多受教者而言更加切实。

在教练实践中使用此模型时，重要的是要尝试确保纵向和横向的一致性，即确保目标与受教者的较高价值观保持一致，并且确保为实现目标而进行的任何操作本身也

要保持一致(垂直对齐)。同样重要的是,尝试确保水平一致,以使目标相互补充、相互支持,而不是如上所述,彼此竞争或冲突,从而导致追求一个目标干扰另一个追求。当然,这种对准可能并不总是可能的。尽管如此,仅仅将受教者的注意力吸引到任何竞争或冲突目标的存在上,并强调目标与价值观之间的任何脱节,都可以为受教者提供重要的见解和替代性观点,从而可能为促进变革创造更有用的方式。

此外,在教练和教练心理学的教学方面,该模型可以用作实用模板,以帮助新手教练对目标调整过程形成更复杂的理解。

忽视目标

分层模型对教练也非常有用,因为它可以用来说明忽视目标的影响。忽视目标的概念在教练文献中并不广为人知,但对教练实践却有非常有益的启示。

忽视目标是指无视目标或任务要求,尽管事实已经被理解或认为是重要的(Duncan, Emslie, Williams, Johnson, & Freer, 1996)。本质上,当我们未能注意某个重要目标时,就会忽视目标,而将注意力集中在其他目标或任务上,从而导致达到原始目标所需的动作与实际执行的动作不匹配。

人类实质上是目标导向的有机体。我们所有的行为(此处的行为被广泛定义为包括思想、感觉和身体行为)都是通过我们所持有的目标来塑造和给出方向、目的和含义的,当然,我们的许多行为是通过目标和价值观来塑造的,不在我们的直接意识中。对于目标层次模型,高阶(或上位)值为低阶目标和动作提供了方向、含义和目的。

当目标层次结构上层的自我调节被暂停时(例如,由于对这些值的关注不足),下层目标在教练明显的行为和行动上在功能上变得过高(Carver & Scheier, 1998)。也就是说,人类系统地默认(回归)到较低的级别(见图4.3)。

这种看似技术上的心理观点对教练练习具有重要意义。这是因为,通常层次结构中的低阶目标与高阶值相比本身并无意义。实际上,在许多情况下,低阶目标和行动可能根本不是令人愉快的活动。通常,低目标会激活较高阶值的想法使它们变得更容易实现。

当我们未能始终如一地关注目标层次系统中的较高阶值,而过分专注于实现较低阶目标时,较低阶目标成为认知系统中的上级或主导者,而这些较低阶目标往往对本身就不满意。

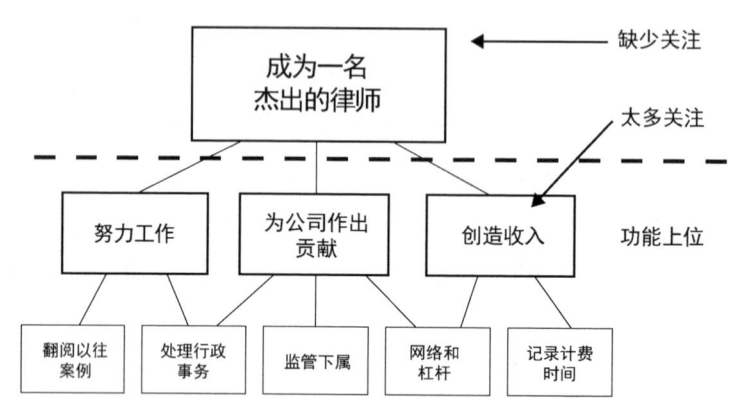

图 4.3　目标层次结构框架说明了忽视目标的结果

在该示例中,较高层级的目标是"成为一名杰出的律师",许多人可能会进入律师行业,以成为一名杰出的律师并确保其客户得到司法公正。为了成为一名杰出的律师,他们需要努力工作,明确表达目标和教练对其公司或实践的贡献,并建立收入来源。这些中级目标的实现又可以通过制定低级目标和行动来实现,例如,处理行政事务、记录计费时间等。但是,随着时间的流逝,人们经常将注意力集中在较低层级的目标上(例如,创收或记录计费时间),而忽略了较高目标值,这很容易导致目标不满和脱离。

分层框架可以使教练及其受教者对目标不满的心理机制产生非常有用的见解,并且可以用于开发实用的工具和技术来帮助客户进行教练过程。例如,通过帮助客户有针对性地将注意力重新集中在其较高阶值上,帮助他们重新与那些较高阶值内在的含义联系起来,在需要时重新定义其目标,从而很可能使他们重获新生并重新投入其中,制定有目的的积极变革。

整合全部:教学和教练实践的整合模型

从这个简短的概述中可以看出,目标理论可以提供很多教练实践。问题是,我们如何以一种在实践中有用的方式来组织这些信息? 在教练课程中可能并未广泛地教授目标理论,因为目标和目标达成过程中有大量的材料,并且在这些知识体系之间建立明确的联系,然后将这些材料与教练实践联系起来并不容易。

整合这种多样化知识体系的一种方法是开发与目标为导向的教练相关的各种因素的可视化表示或模型(如图 4.4 所示)。该模型可能有助于捕获目标导向的教练方法中涉及的关键方面,并强调教练在参与教练过程中可能考虑的一些因素,因此该模型可用于指导教练和教练心理学。

请注意,与所有模型一样,这仅是这些因素与教练过程相关的某些可能方式的广泛表示。这个模型代表了我个人的经验和理解,我鼓励读者通过参考自己的理解和教练经验来探索该模型的局限性,然后对其进行调整和扩展,以创建自己的框架。实际上,这种个性化模型的开发可以是有用的教练工具。

通过检查此模型,可以看出教练过程是由需求驱动的(在模型的左侧)。个人因素和背景/组织因素在决定对教练的感知需求方面都起着重要作用,这导致个人有意参与目标选择过程。这里起作用的个人因素包括感知到的不足/机会、个人需要、个性风格/特点和资源(或缺乏)。背景或组织因素包括系统复杂性、社会和心理契约、奖励/惩罚以及资源(或缺乏)。

目标选择过程通常并不简单,即使教练是由一个考虑到具体结果的组织授权的,目标设定过程也可能繁琐而复杂。在教练过程中过早地抓住并设定特定目标,是一个主要的脱轨方式,对于新手来说,这是一个常见的陷阱。当然,在教练的引导过程中,应该尽早讨论关键问题和广泛的初始目标,以便给出谈话的方向和目的,但教练在选择目标的过程中也应该注意一些因素,包括受教者对教练过程的理解和参与。

一些受教者在第一次参加教练辅导时就对教练的性质一无所知。教练协议(正式的或非正式的)的适当性和明确性将会在受教者参与目标选择过程中发挥重要作用,受教者在目标选择中的自主程度也将发挥重要作用。

目标选择调节:受教者的特征

有许多调节变量会影响教练目标与教练最终结果之间关系的强度,包括受教者专注于手头任务的能力、面对逆境时的适应能力、目标的感知目的以及他们在目标选择过程中拥有自主权的程度。

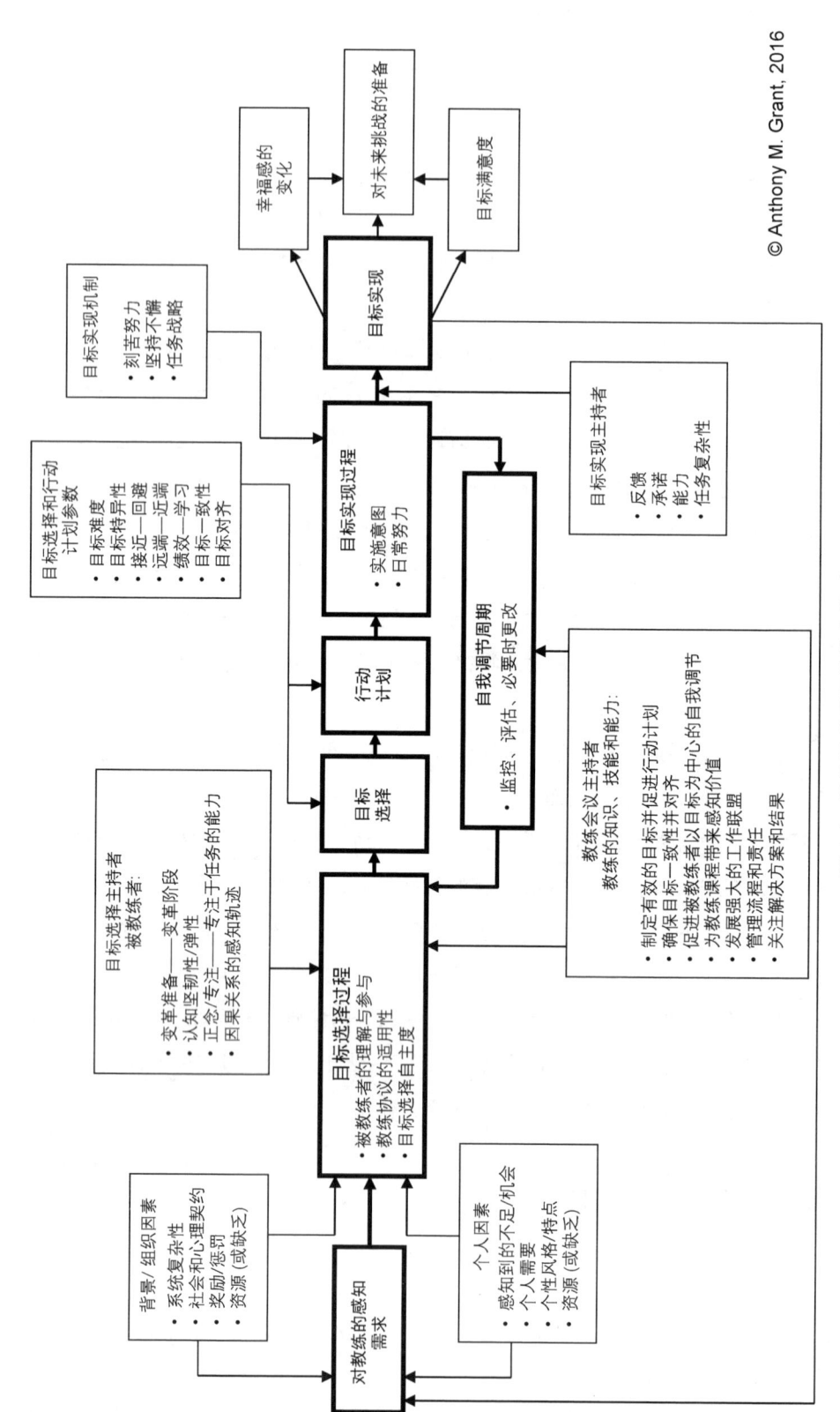

图 4.4 教练促成目标的综合模型

© Anthony M. Grant, 2016

改变的意愿

受教者准备改变的意愿是另一个会影响目标选择过程的因素。教练需要考虑受教者是否处于变革前的思考、准备或行动阶段（Prochaska，Norcross，& DiClemente，1994）。变革的跨理论模型假定变革涉及通过一系列可识别但有些重叠的阶段进行的过渡，其中五个阶段与教练设定目标有直接关系。这些阶段如下：

1. 预先考虑：在可预见的将来无意改变。
2. 思考：正在考虑进行阶段，但尚未进行任何更改。
3. 准备：对变更的承诺增加，打算在不久的将来进行变更，并且开始经常进行一些小的更改。
4. 行动：参与新的行为，但仅在短时间内进行了此类更改（通常少于六个月）。
5. 维护：在一段时间（通常六个月）内保持一致的新行为。

阶段性专注的教练策略

对于处于思考阶段的个人，总的原则是提高认识，增加受教者可获得的信息量，以便他们能够采取行动。有许多提高意识的方法，包括多评分者反馈销售、定性反馈、销售或绩效数据或其他相关信息。

思考阶段的关键特征是矛盾，即共同持有两种或两种以上相互矛盾的愿望、情感、信仰或观点。在思考阶段，个人的一般原则是帮助受教者探索他们的矛盾情绪，而不是在他们准备好之前就迫使他们制定具体目标。在此阶段过早设定特定目标或扩大目标通常会导致受教者脱离目标选择过程。

在准备阶段，受教者已准备好进行更改，这里的目的是树立对变革的承诺。在目标方面，教练应帮助受教者专注于对未来的清晰愿景（抽象目标），并使用较小、易于实现并有一致的行动步骤的目标。应密切监控整个阶段的进展，并通过认可和庆祝实现小目标来积极加强新的期望行为。显然，在教练中有效地运用目标是很有意义的。

在行动和维护阶段，关键是要建立在过去的成功基础上，最大程度地进行自我教练的变革，努力使用更多的扩展目标并制定策略来维持变革的持续时间。

教练对话的调节变量：教练的技能

还有许多其他与教练对话本身有关的因素，它们会影响目标选择过程并充当调节变量。这包括教练制定有效目标和促进行动计划的能力，以及教练最大化目标一致性的能力，同时还促进了受教者针对目标的自我调节。

上述成功与否还取决于教练能在多大程度上为受教者带来价值，并与受教者建立强大的工作联盟（Gray，2007）。除非教练可以将这一理论付诸实践，管理目标达成过程，同时让受教者负责，以解决方案和结果为重点，否则世界上关于目标理论的所有理论知识都不重要。

目标选择和行动计划

目标选择和行动计划是目标选择过程的结果。重要的是要注意，尽管模型将这些过程表示为线性过程，但实际上它们是迭代的，并且各阶段之间有一定的来回移动。目标选择和行动计划参数包括目标难度和目标特异性，无论目标是接近目标还是回避目标，时间框架（远端或近端）或绩效或学习方向。

目标选择是教练过程的必要但不充分的部分，必须制定行动计划。行动计划是建立系统性手段来实现目标的过程，对于自我调节能力低的人尤其重要（Kirschenbaum，Humphrey，& Malett，1981）。教练在这里的作用是培养教练制定现实可行的行动计划的能力，并帮助他们定义任务策略，以促进目标实现过程，同时在逆境中保持毅力，这样受教者可以增强他们的自我调节能力和适应能力（Grant，Curtayne，& Burton，2009）。

成功的行动计划的一个关键成果是，受教者从深思熟虑的思维方式转变为敏捷思维（Gollwitzer，1996；Heckhausen & Gollwitzer，1987）。敏捷思维的特点是权衡行动的利弊，并研究竞争目标或行动路线（Carver & Scheier，1998）。一旦决定采取行动，就将采取实施的心态。这种心态具有坚定、专注的素质，偏向于思考成功而不是失败，这些因素通常与更高水平的自我效能、自我调节和目标达成相关（Bandura，1982）。

自我调节周期，反馈和目标满意度

在受教者经历自我调节周期的过程中，对其行为进行监视和评估以及生成反馈是教练过的生成程的重要组成部分。但是，对很多人来说，自我反省并不会很自然的发生(Jordan & Troth, 2002)，因此教练可能需要找到方法来制定侧重于可观察、易于监控的行为的行动计划。

当然，所监视的内容将根据受教者的目标和环境而变化。某些行为将比其他行为更易于监视。基于锻炼或身体活动的动作可以相对简单地进行监控；工作环境中的人际关系问题、人际交往能力或沟通方式可能更难监控，教练和受教者在设计监控和评估手段时可能必须非常有创造力。

应谨慎设定将产生有用反馈的目标的种类，因为正确的反馈对于提供有关如何(或是否)修改后续目标和相关行动的信息至关重要，并且如果执行得当，此过程将最终成功实现目标(Locke & Latham, 2002)。与受教者的内在兴趣或个人价值观相一致的目标在实现时更可能使个人满足，并且与目标满足感相关的积极情绪很可能在引导受教者应对未来挑战中起重要作用(Sheldon, 2002)。

目标理论在实践中真的有用吗？

尽管从上面的讨论中可以清楚地看到，目标理论可以指导教练对话中发生的事情，并且与更广泛的教练过程具有极大的相关性，但问题仍然存在：目标理论在实践中真的重要吗？教练专注于目标的能力与教练的成绩有关吗？这是进一步发展循证教练实践的关键问题。

心理治疗学文献中的大量研究认为，决定治疗结果的最重要因素是所谓的共同因素：治疗师与客户建立工作联盟的能力，体现了对客户的信任、热情和尊重(Lampropoulos, 2000)，故而在教练文献中常常认为教练也是这种情况(McKenna & Davis, 2009)。但是，教练不是治疗，教练和治疗的目的和过程是不同的。

两项针对教练的重要研究表明，针对目标的强有力方法对教练"成功"的影响更大,而不是支持性的关系。在一项大规模的教练研究中,德汉(de Haan)等研究人员使用了来自1895对教练—受教者配对的数据,发现工作联盟的"任务"和"目标"比"互信关系"更有力地预测积极的教练结果,这凸显了任务和目标重点在教练与受教者关系中的重要性。相似的,格兰特(2014)发现,即使从统计学上控制了以人为中心的教练风格,教练的成功与以目标为中心的教练风格之间的相关性仍然显著。这些发现强烈表明,在教练中使用目标,确实具有实际重要性,因为在教练环境中,以目标为导向的教练方式比以人为中心的教练方式更有效。这并不是说以人为本的关系并不重要。相反,这提醒我们,教练关系是天生以目标为导向的关系,目标确实是教练理论和实践的组成部分。

结 论

教练经常使用一系列隐喻,例如,帮助受教者规划课程,在生活中努力或重新编写他们的生活故事,这样的隐喻是促进变革的强大工具。其他教练更喜欢在帮助受教者探索其价值观或阐明其意图方面谈论他们的角色,而不是使用目标理论的术语。显然,教练应该完全自由地表达自己,并根据自己的意愿描述他们的工作。但是,我们不应该忘记,无论语言技巧或有意义的观点如何变化,教练的核心必然是针对目标的活动。因此,目标理论确实可以为理解教练提供有用的视角。

本文介绍的以目标为中心的综合模型是一种基于证据的多方面方法,可帮助个人和组织创造并维持有目的的积极变化。因为教练对话是天生的迭代,并且经常是不可预测的,所以教练的关键问题是使用目标理论时要有灵活性:目标在教练中的用途远不止是简单的SMART原则那么简单。

通过了解目标的不同类型及其与变化过程的关系,并通过促进目标调整和目标追求过程,熟练的专业教练可以与客户进行更有效的合作,帮助他们获得必要的见解和行为改变,以提高他们的专业工作能力,最重要的是增加他们的个人幸福感和自我意识——这无疑是教练企业本身的首要目标:帮助客户实现他们的目标。

致　谢

本文利用并扩展了作者先前于 2012 年 5 月在澳大利亚悉尼举行的 2012 年国际教练心理学大会上发表的文章和介绍,文章如下：Grant（2012）. An integrated model of goal-focused coaching：An evidence-based framework for teaching and practice. *International Coaching Psychology Review*, 7(2), 146 - 165, and a chapter by the author in Clutterbuck, D.; Megginson, D.; David, S. (Eds.) (2013). *Beyond Goals: Effective Strategies for Coaching and Mentoring*. Gower Publishing, London.

讨论要点

1. 在教练实践中如何使用目标？
2. 您如何观察本章中讨论的问题,从而在自己的生活中发挥作用？
3. 如何扩展知识和目标理论的运用？
4. 目标在教练中真的那么重要吗？如果是这样,为什么？如果没有,又为什么呢？

推荐阅读

David, S., Clutterbuck, D., & Megginson, D. (Eds.). (2013). *Beyond goals: Effective strategies for coaching and mentoring*. Surrey, UK: Gower.
Gregory, J. B., & Levy, P. E. (2015). *How feedback and goals drive behavior: Control theory*. Washington, DC: American Psychological Association; US.
Locke, E. A. (Ed.). (2002). *Setting goals for life and happiness*. New York, NY: Oxford University Press.
Sheldon, K. M. (2002). The self-concordance model of healthy goal striving: When personal goals correctly represent the person. In E. L. Deci & R. M. Ryan (Eds.), *Handbook of self-determination research* (pp. 65-86). Rochester, NY: University of Rochester Press.

参考文献

AC. (2012). Association of coaching definition of coaching. Retrieved 19th April 2012, from www.associationforcoaching.com/about/about03.htm

Austin, J. T., & Vancouver, J. B. (1996). Goal constructs in psychology: Structure, process, and content. *Psychological Bulletin, 120*(3), 338–375.
Bandura, A. (1982). Self-efficacy mechanism in human agency. *American Psychologist, 37*(2), 122–147.
Bargh, J. A., Gollwitzer, P. M., Lee-Chai, A., Barndollar, K., & Trötschel, R. (2001). The automated will: Nonconscious activation and pursuit of behavioral goals. *Journal of Personality and Social Psychology, 81*(6), 1014.
Braunstein, K., & Grant, A. M. (2016). Approaching solutions or avoiding problems? The differential effects of approach and avoidance goals with solution-focused and problem-focused coaching questions. *Coaching: An International Journal of Theory, Research and Practice, 9*(2), 93–109.
Carver, C. S., & Scheier, M. F. (1998). *On the self-regulation of behavior*. Cambridge, UK: Cambridge University Press.
Chulef, A. S., Read, S. J., & Walsh, D. A. (2001). A hierarchical taxonomy of human goals. *Motivation & Emotion, 25*(3), 191–232.
Church, A. H. (1997). Managerial self-awareness in high-performing individuals in organizations. *Journal of Applied Psychology, 82*(2), 281–292.
Clutterbuck, D. (2008). What's happening in coaching and mentoring? And what is the difference between them? *Development and Learning in Organizations, 22*(4), 8–10.
Clutterbuck, D. (2010). Coaching reflection: The liberated coach. *Coaching: An International Journal of Theory, Research and Practice, 3*(1), 73–81.
Coats, E. J., Janoff-Bulman, R., & Alpert, N. (1996). Approach versus avoidance goals: Differences in self-evaluation and well-being. *Personality and Social Psychology Bulletin, 22*(10), 1057–1067.
Cochran, W., & Tesser, A. (1996). The "what the hell" effect: Some effects of goal proximity and goal framing on performance. In L. Martin & A. Tesser (Eds.), *Striving and feeling* (pp. 99–123). Hoboken, NJ: LEA.
Costa, P. T., & McCrae, R. R. (1992). *Revised NEO personality inventory and NEO five-factor inventory: Professional manual*. Lutz, FL: Psychological Assessment Resources.
Custers, R., & Aarts, H. (2010). The unconscious will: How the pursuit of goals operates outside of conscious awareness. *Science, 329*(5987), 47.
Deci, E. L., & Ryan, R. M. (1980). Self-determination theory: When mind mediates behavior. *Journal of Mind & Behavior, 1*(1), 33–43.
Deci, E. L., & Ryan, R. M. (Eds.). (2002). *Handbook of self-determination research*. Rochester, NY: University of Rochester Press.
de Haan, E., Grant, A. M., Burger, Y. D., & Eriksson, P.-O. (in press). A large-scale study of executive and workplace coaching: The relative contributions of working relationship, personality match, and self-efficacy. *Consulting Psychology Journal: Practice and Research*.
Dewck, C. S. (1986). Motivational processes affecting learning. *American Psychologist, 41*(10), 1040–1048.
Duncan, J., Emslie, H., Williams, P., Johnson, R., & Freer, C. (1996). Intelligence and the frontal lobe: The organization of goal-directed behavior. [doi: 10.1006/cogp.1996.0008]. *Cognitive Psychology, 30*(3), 257–303.
Elliot, A. J., & McGregor, H. A. (2001). A 2 X 2 achievement goal framework. *Journal of Personality and Social Psychology, 80*(3), 501–519.
Elliot, A. J., Sheldon, K. M., & Church, M. A. (1997). Avoidance personal goals and subjective well-being. *Personality & Social Psychology Bulletin, 23*(9), 915–927.
EMCC. (2011). European mentoring and coaching council code of conduct for coaching and mentoring. Retrieved 19th April 2012, from www.emccouncil.org/src/ultimo/models/Download/4.pdf
Emmons, R. A. (1992). Abstract versus concrete goals: Personalstriving level, physical illness and psychological wellbeing. *Journal of Personality and Social Psychology, 62*, 292–300.
Gollwitzer, P. M. (1996). The volitional benefits of planning. In P. M. Gollwitzer & J. A. Bargh (Eds.), *The psychology of action*. New York, NY: Guilford.
Grant, A. M. (2002). Towards a psychology of coaching: The impact of coaching on metacognition, mental health and goal attainment. [Emprical, PhD, outome, RC, BS, WS]. *Dissertation Abstracts International Section A: Humanities and Social Sciences, 63*(12), 6094 (June).
Grant, A. M. (2006). An integrative goal-focused approach to executive coaching. In D. Stober & A. M. Grant (Eds.), *Evidence based coaching handbook* (pp. 153–192). New York, NY: Wiley-Blackwell.
Grant, A. M. (2011). Is it time to REGROW the GROW model? Issues related to teaching coaching session structures. *The Coaching Psychologist, 7*(2), 118–126.
Grant, A. M. (2012). *Making a real difference: Insights and applications from evidence-based coaching research in the lab, workplace and reality TV*. Paper presented at the Second International Congress of Coaching Psychology, Sydney, Australia.
Grant, A. M. (2014). Autonomy support, relationship satisfaction and goal focus in the coach-coachee relationship: Which best predicts coaching success? *Coaching: An International Journal of Theory, Research and Practice, 7*(1), 18–38.
Grant, A. M., Curtayne, L., & Burton, G. (2009). Executive coaching enhances goal attainment, resilience and workplace well-being: A randomised controlled study. *The Journal of Positive Psychology, 4*(5), 396–407.

Grant, A. M., & Greene, J. (2004). *Coach yourself: Make real changes in your life* (2nd ed.). Harlow, UK: Pearson Education Ltd.

Gray, D. E. (2007). Towards a systemic model of coaching supervision: Some lessons from psychotherapeutic and counselling models. *Australian Psychologist, 42*(4), 300–309.

Gresham, F. M., Evans, S., & Elliott, S. N. (1988). Academic and social self-efficacy scale: Development and initial validation. *Journal of Psychoeducational Assessment, 6*(2), 125–138.

Heckhausen, H., & Gollwitzer, P. M. (1987). Though content and cognitive functioning in motivational versus volitional states of mind. *Motivation and Emotion, 11*, 101–120.

Higgins, E. T. (1987). Self-discrepancy: A theory relating self and affect. *Psychological Review, 94*, 319–340.

Hudson, F. M. (1999). *The handbook of coaching*. San Francisco, CA: Jossey-Bass.

ICF. (2012). International coach federation code of ethics. Retrieved 19th April 2012, from www.coachfederation.org/ethics/

Jordan, P. J., & Troth, A. C. (2002). Emotional intelligence and conflict resolution: Implications for human resource development. *Advances in Developing Human Resources, 4*(1), 62–79.

Karniol, R., & Ross, M. (1996). The motivational impact of temporal focus: Thinking about the future and the past. *Annual Review of Psychology, 47*, 593–620.

Kirschenbaum, D. S., Humphrey, L. L., & Malett, S. D. (1981). Specificity of planning in adult self-control: An applied investigation. *Journal of Personality & Social Psychology, 40*(5), 941–950.

Klinger, E. (1975). Consequences of commitment to and disengagement from incentives. *Psychological Review, 82*, 1–25.

Kristof-Brown, A. L., & Stevens, C. K. (2001). Goal congruence in project teams: Does the fit between members' personal mastery and performance goals matter? *Journal of Applied Psychology, 86*(6), 1083–1095.

Lampropoulos, G. K. (2000). Definitional and research issues in the common factors approach to psychotherapy integration: Misconceptions, clarifications, and proposals. *Journal of Psychotherapy Integration, 10*(4), 415–438.

Linnenbrink, E. A., Ryan, A. M., & Pintrich, P. R. (1999). The role of goals and affect in working memory functioning. *Learning & Individual Differences, 11*(2), 213–230.

Little, B. R. (1993). Personal projects: A rationale and method for investigation. *Environment and Behavior, 15*, 273–309.

Locke, E. (2000). Motivation, cognition, and action: An analysis of studies of task goals and knowledge. *Applied Psychology, 49*(3), 408–429.

Locke, E. A. (1996). Motivation through conscious goal setting. *Applied & Preventive Psychology, 5*(2), 117–124.

Locke, E. A., & Latham, G. P. (2002). Building a practically useful theory of goal setting and task motivation. *American Psychologist, 57*(9), 705–717.

Locke, E. A., & Latham, G. P. (2013). *New developments in goal setting and task performance*. New York, NY: Routledge.

Manderlink, G., & Harackiewicz, J. M. (1984). Proximal versus distal goal setting and intrinsic motivation. *Journal of Personality & Social Psychology, 47*(4), 918–928.

McKenna, D., & Davis, S. L. (2009). Hidden in plain sight: The active ingredients of executive coaching. *Industrial and Organizational Psychology: Perspectives on Science and Practice, 2*(3), 244–260.

Midgley, C., Kaplan, A., & Middleton, M. (2001). Performance-approach goals: Good for what, for whom, under what circumstances, and at what cost? *Journal of Educational Psychology, 93*(1), 77–86.

Moskowitz, G. B., & Grant, H. (Eds.). (2009). *The psychology of goals*. New York, NY: Guilford Press.

Oishi, S., Schimmack, U., Diener, E., & Suh, E. M. (1998). The measurement of values and individualism-collectivism. *Personality & Social Psychology Bulletin, 24*(11), 1177–1189.

Ordóñez, L. D., Schweitzer, M. E., Galinsky, A. D., & Bazerman, M. H. (2009). Goals gone wild: The systematic side effects of over-prescribing goal setting. *Academy of Management Perspectives, February*, 6–16.

Pervin, L. A. (1982). *The stasis and flow of behavior: Toward a theory of goals*. Lincoln, NE: University of Nebraska Press.

Peterson, D. B. (2011). Good to great coaching. In G. Hernez-Broome & L. A. Boyce (Eds.), *Advancing executive coaching: Setting the course of successful leadership coaching* (pp. 83–102). San Francisco, CA: Jossey-Bass.

Prochaska, J. O., Norcross, J. C., & DiClemente, C. C. (1994). *Changing for good*. New York, NY: Avon Books.

Raia, A. P. (1965). Goal setting and self-control: An empirical study. *Journal of Management Studies, 2*(1), 34–53.

Rawsthorne, L. J., & Elliott, A. J. (1999). Achievement goals and intrinsic motivation: A meta-analytic review. *Personality & Social Psychology Review, 3*(4), 326–344.

Sarrazin, P., Vallerand, R., Guillet, E., Pelletier, L., & Cury, F. (2002). Motivation and dropout in female handballers: A 21-month prospective study. *European Journal of Social Psychology, 32*(3), 395–418.

Seijts, G. H., & Latham, G. P. (2001). The effect of distal learning, outcome, and proximal goals on a moderately complex task. *Journal of Organizational Behavior, 22*(3), 291–307.

Sheldon, K. M. (2002). The Self-concordance model of healthy goal striving: When personal goals correctly represent the person. In E. L. Deci & R. M. Ryan (Eds.), *Handbook of self-determination reserach* (pp. 65–86). Rochester, NY: University of Rochester Press.

Sheldon, K. M., & Elliot, A. J. (1998). Not all personal goals are personal: Comparing autonomous and controlled reasons for goals as predictors of effort and attainment. *Personality & Social Psychology Bulletin, 24*(5), 546–557.

Sheldon, K. M., & Elliot, A. J. (1999). Goal striving, need satisfaction and longitudinal well-being: The self-concordance model. *Journal of Personality and Social Psychology, 76*(3), 482–497.

Sheldon, K. M., & Kasser, T. (1995). Coherence and congruence: Two aspects of personality integration. *Journal of Personality & Social Psychology, 68*(3), 531–543.

Spence, G. B. (2007). GAS powered coaching: Goal Attainment Scaling and its use in coaching research and practice. *International Coaching Psychology Review, 2*(2), 155–167.

Street, H. (2002). Exploring relationships between goal setting, goal pursuit and depression: A review. *Australian Psychologist, 37*(2), 95–103.

WABC. (2012). Worldwide Assoication of Business Coaches definition of business coaching. Retrieved 19th April 2012, from www.wabccoaches.com/includes/popups/definition.html

Warshaw, P. R., & Davis, F. D. (1985). The accuracy of behavioral intention versus behavioral expectation for predicting behavioral goals. *The Journal of Psychology, 119*(6), 599–602.

Weldon, E., & Yun, S. (2000). The effects of proximal and distal goals on goal level, strategy development, and group performance. *Journal of Applied Behavioral Science, 36*(3), 336–344.

Winters, D., & Latham, G. P. (1996). The effect of learning versus outcome goals on a simple versus a complex task. *Group & Organization Management, 21*(2), 236–250.

第五章　从积极心理学到积极心理学教练的发展

希拉·潘查、斯蒂芬·帕尔默和苏西·格林
（Sheila Panchal, Stephen Palmer & Suzy Green）

引　言

积极心理学被称为"激发人类最大潜能的条件与方法的科学"（Gable & Haidt, 2005）。它是一个涵盖包括教练在内不同领域的多重学科的总称（Linley & Joseph, 2004）。积极心理学教练（PPC）可定义为"基于积极心理学的理论与研究，以提高适应力、成就感和幸福感为目的的循证教练实践"（Green & Palmer, 2014）。

国际教练心理学实践调查报告（Palmer & Whybrow, 2017）中强调指出，在过去的10年里，积极心理学同教练心理学理论和实践已经融为一体。调研中，当被问到在教练/教练心理学实践中，你使用了以下哪种方法和基础模型（勾选所有适用的选项）？积极心理学的得分最高，占63.27%；其次是认知行为，占57.08%；第三是正念，占47.79%；第四是焦点解决，占42.92%（详见第一章）。许多教练和教练心理学家正在将积极心理学和不同版本的积极心理学教练（PPC）应用在横跨不同领域的环境和群体中。

本章包括积极心理学和积极心理学教练的发展、理论和基本概念，以及一系列的积极心理学技术、干预和方法。

积极心理学教练的发展：积极心理学与教练心理学视角

林利和哈林顿（Linley & Harrington, 2005）将积极心理学和教练心理学描述为"应用心理学领域的天生一对"，作为心理学中相对较新的领域，它们联系紧密，协同增效，都关注于如何最大程度地激发人类潜能。

专业机构也清楚积极心理学和教练心理学之间的联系。例如，澳大利亚心理学会有一个关于教练心理学的兴趣小组（APS–IGCP），它将教练心理学定义为"一种积极心理学的应用，借鉴和发展已有的心理学方法，可理解为行为科学的系统应用，其重点是增强个人、团体和组织的人生经历、工作绩效和幸福感"（APS–IGCP，2003）。但是，格兰特和卡瓦纳（2007）怀疑上述教练心理学的定义能否反映现实。"教练心理学不仅仅是对简单的现有心理学理论的提炼，践行者和研究者一直致力于建立和验证其理论与实操模型的有效性"。积极心理学教练可以被认为是从过去20年中的非正式理论发展出的新技术和新模型。

罗伯特·比斯瓦-迪纳和本·迪恩（Robert Biswas-Diener & Ben Dean）（2007）在他们的基础教材《积极心理学教练：让幸福学为客户服务》中首次使用了"积极心理学教练"一词，此书为积极心理学教练的发展创造了条件。然而，据比斯瓦·迪纳所说，针对亚马逊的一篇负面、深入的书评，他最初的回应态度糟糕；后来，经过反思，他意识到积极心理学理论和研究需要以更明显的方式融入教练实践中。这篇评论促进了变革。比斯瓦-迪纳（2010）在他后来出版的书中提到，教练"想要的是工具，而不是概念或想法"。这本书的重点是策略评估和积极心理学在教练环境中的应用。

作为一门逐渐综合的学科，积极心理学教练被作家、学者和"学术实践者"使用了一系列的定义去描述它。考夫曼、博尼韦尔和西尔伯曼（Kauffman, Boniwell, & Silberman, 2010, 2014）将积极心理教练定义为"帮助受教者提高幸福感、发挥并增强自身优势、提升绩效并实现价值目标的一种基础方法"。他们将教练描述为积极心理学的"发源地"。采用积极心理学手段有助于积极而持续地推进各类教练本身的变革过程，帮助减轻许多人对变革的天生抗拒感。奥德斯和帕斯莫尔（Oades & Passmore, 2014）将积极心理学教练定义为"使用来自积极心理学和幸福科学的循证方法，寻求提高短期幸福感（即快乐主义幸福观）和可持续幸福感（即完善论幸福观）的教练方法，使得受教者在教练结束后仍能保持同一状态"。在格林和帕尔默（2014）、考夫曼、博尼韦尔和西尔伯曼（2014）以及奥兹和帕斯莫尔（2014）的定义中，除了"教练"和"积极心理学"，另一个关键词是"幸福感"。幸福感通常被作为积极心理学教练短期或长期的目标，即使受教者目的不在于此。

积极心理学主要理论

积极心理学于1998年由马丁·塞利格曼（Martin Seligman）教授正式引入，在他2000年出版的《真实的幸福》一书中，他介绍了一种新的心理学理念，其重点是提高幸福感，而非治疗疾病。马丁·塞利格曼认为，早期的心理学家荣格（1951），马斯洛（1954，1962），贾霍达（Jahoda）（1958），埃里克森（1963，1982），瓦兰特（1977），德西和瑞安（Deci & Ryan）（1985）以及瑞夫和辛格（Ryff & Singer，1996）的开创性工作，也让我们更能意识到积极心理对人类的作用（Martin Seligman，2005）。

在积极心理学的早期阶段，塞利格曼（2002）提到了幸福生活的三个关键途径，即快乐、投入和有意义。从那时起，基于积极心理学领域的工作蓬勃发展。在最近的文献回顾中，腊斯克和沃特斯（Rusk & Waters，2013）发现，积极心理学集中讨论生活满意度/幸福感、动机/成就、乐观和组织/公平的话题。

很大程度上来说，积极心理学是一门应用科学，研究领域也在不断地发展壮大。那些应用类型的干预被称为"积极心理干预"（PPIs）。PPIs被定义为"旨在培养积极情感、行为或认知的治疗方法或刻意行为"（Sin & Lyubomirsky，2009）。PPIs的类型包括感恩、友善、说服和辅导。

到目前为止，已有两项关于PPIs的元分析。辛和柳博米尔斯基（Sin & Lyubomirsky，2009）对51个PPIs的4266个人进行了元分析。结果表明，积极的心理干预确实能显著提高幸福感（r值5.29），减少抑郁症状（r值5.31）。2013年，博利耶（Bolier）等人完成了另一项PPI，发现积极的心理干预可以有效地提高主观幸福感和心理幸福感，并有助于减轻抑郁症状。在这两个元分析中，教练干预被纳入并确定为PPIs（Green，Oades，& Grant，2006；Spence & Grant，2007）。

值得注意的是，积极心理学理论、研究和实践在教育和工作领域的应用也迅速增长（Seligman et al.，2009；Green，Dulagil，& Ahern，2016）。

幸　福

目前有不同的理论和方法来解释什么是幸福，"幸福"和"丰盈"这两个词常被互换使用。积极心理学的早期,人们关注享乐幸福感,把"主观幸福感"作为"幸福感"的概念和衡量标准(Diener,2000)。随着时间的推移,人们呼吁拓宽幸福感的概念边界和方法,如心理幸福感(Ryff,1989)。争论一直在继续,科学为幸福感的讨论提供了许多模型。我们将回顾以下两个关键理论:PERMA 和自我决定理论。

PERMA 模型

2011 年,塞利格曼(2011a,2011b)更新了他最初的理论,并概述了 PERMA 模型。这个模型提供了一个关于成就感的重要方面的概述:要有积极的情绪(positive emotion)、要投入(engagement)、要有良好的人际关系(relationships)、做的事要有意义和目的(meaning and purpose)、要有成就感(accomplishment)。积极情绪是指如何看待过去、现在和将来,那些满怀成就的人感激过去、期盼未来、享受现在。投入意味着沉浸于当下时刻,并让这种状态延续。无论对家人、朋友、邻居还是同事来说,人际关系在支持他人的生活中扮演着重要角色。意义是把时间奉献在超越自身更伟大的事情上,如慈善事业、宗教或家庭。最后,成就是指发展的需要和追求的目标,这是大多数循证教练已经意识到并积极参与教练实践的一个方面。PERMA 是学校和组织中的一种常用模型,可以用作教练辅导的框架。

自我决定理论

自我决定理论(SDT)历史悠久,早于积极心理学,或者可以说它是关于成就感的关键理论,在工作、教育、医疗保健、体育、宗教和心理治疗等不同领域,对提高动机和幸福感方面具有非常重要的影响(Baard, Deci, & Ryan, 2004; Deci & Ryan, 2008; Deci et al., 2001; Kasser, 2002; La Guardia & Patrick, 2008; Meyer & Gagné, 2008; Gagne & Deci, 2005; Williams et al., 2000)。斯彭斯和奥德斯(2011)认为,SDT 既是教练实践的相关理论框架,也是发展和深入该领域问题研究的有用视角。

SDT 提出,人类只有三种心理需求,即胜任力、自主性和交往需求,这三种需求对幸福和健康至关重要。不能满足这些基本需求据说会导致疾病和孤僻感(Deci & Ryan, 2000; Vansteenkiste & Ryan, 2013)。SDT 非常强调社交、工作、教育、城市和政治环境的重要性,这些元素使人们有胜任感、社会支持感和自主性。

丰 盈

凯斯(2002)在论文中试图通过概述精神健康的症状来定义"丰盈",从生活中的萎靡不振到奋发向上。凯斯认为心理健康是一种"生活中积极情绪和积极功能的症状的综合……心理健康的存在被描述为丰盈,心理健康的缺失被描述为生命的萎靡"(Keyes,2002)。

赫波特(Hupert)和索(So)(2011)指出,幸福感与常见的精神障碍(如抑郁、焦虑)正好相反。他们确定了积极幸福感的10个主要特征(丰盈)。

它包含了感觉和状态,即基于快乐主义和完善论的幸福观:能力、情绪稳定、专注、有意义、乐观、积极心态、积极关系、适应力、自尊和活力。塞利格曼(2011a,2011b)断言,丰盈的状态能让我们感觉到快乐和幸福,这三个方面是齐头并进的。

RAW:丰盈的新模型

如上所述,教练有无数理论、模型和方法可以帮助自己和学员更好地理解与创造幸福。相信人人都能为积极心理学教练提供意见,但我们提供了一种综合而全面的新丰盈模型,能为积极的心理学教练实践提供指导。前义提到过 PPC 的几个定义,本章则采纳了格林和帕尔默(2014)的定义,即"积极心理学理论和研究,为提高韧性、成就感和幸福感提供的循证教练实践"(Green & Palmer,2014,2018a,2018b)。这源于他们的 RAW 丰盈模型(见图5.1),该模型为积极心理学和教练心理学的融合提供了框架。

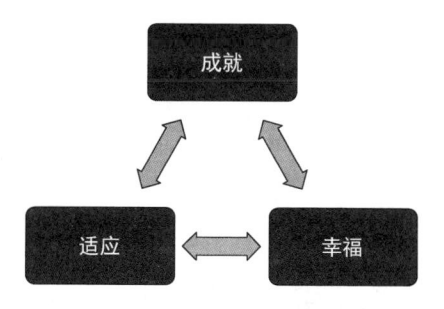

图5.1 丰盈的基础模型

RAW 模型包含三个相互作用的核心元素,即适应、成就和幸福。有关这三个元素的研究强调了它们对圆满相关的积极心理学概念的贡献。使用 RAW 模型,实践者可以在教练实践中借助技术、干预和策略的相关知识,使其趋向适应(来自临床、健康和运动心理学)、成就(来自教练心理学)和幸福(来自积极心理学)构建的丰盈。该模型可与受教者讨论。格林和帕尔默(2014)描述了另一种 WAR 模型(讥讽、阻碍成功和破坏幸福),如果受教者在教练之初对自我状态持非常否定的态度,这个模型可作为通往 RAW 模型的基石。

积极心理学关键理论

正念:丰盈的基础

正念逐渐被认为是丰盈的基础,有助于通向幸福;然而,它也影响到积极心理学许多其他理论的有效性。尽管正念主要起源于东方的冥想传统(尤其是佛教),有着悠久而古老的历史,但它在西方已经得到了广泛的认可和报道(Brown, Ryan, & Creswell, 2007)。越来越多的科学文献表明正念在不同应用环境下发挥的作用,特别是在治疗抑郁、焦虑和疼痛的临床环境中,有助于提高整体幸福感(Kabat Zinn, 2013)。正念与教练的相关性受到了学术界的一些关注(Cavanagh & Spence, 2013; Passmore & Marianetti, 2007),然而,迄今为止,鲜见实证调查报告(Spence, 2006; Spence, Cavanagh, & Grant, 2008)。

帕斯莫尔和马里亚内蒂(2007)认为,正念在教练应用中形式多样,但主要有三个关键方面:教练、受教者及其关系。他们认为教练和受教者都可以从日常的正念练习中受益,从而减轻压力并快乐生活。另外,有效的教练辅导要求教练和受教者都全神贯注。如此种种,正念可以使双方的注意力都集中在有助于个人发展和自我实现的课程和学习上。

优 势

确认和发挥自身优势是积极心理学的一个主要原则,这与塞利格曼的 PERMA 模型中的"投入"部分(Engagement)密切相关,当然优势也可用于改善 PERMA 的其他部分。他认为个体可以通过了解自己的特殊优势,将其更多地应用于生活的不同方面,从而提升自己的幸福感。PERMA 可以为教练提供一个指导框架。《行动的价值(VIA)》一书中(Peterson & Seligman, 2004)概述了跨文化领域的 24 种性格优势,并将其归类为智慧、超越、正义、人性、节制和勇气。发挥自身优势与提高幸福感、自信、自尊、活力、韧性、目标成就和绩效有关(Linley, 2010; Linley et al., 2010;

Niemiec,2013)。《行动的价值(VIA)》是一本可用于指导和探索受教者优势的有效工具书。

麦奎德等(2018)称最近的研究表明,帮助客户找到各优势间的"平衡表现"也很重要(Young, Kashdan, & Macatee, 2014)。通过帮助受教者了解他们被过度使用或未被开发的优势(Biswas Diener, Kashdan, & Minhas, 2011; Grant & Schwartz, 2011; Linley, Willars, & Biswas Diener, 2010),探索如何整合各类优势(例如,好奇和感激的结合可能比单纯的好奇或感激更有力量)并发展自己未意识到的或较小的优势(Linley, Willars, & Biswas Diener, 2010)来实现优势的"平衡表现"。麦奎德等(2018)认为教练需要加深对优势使用的认知,从"更多利用优势"的普遍性建议到细化的"发挥更多优势"的方法,将客户的优势与其独特的个性和情景因素相结合。

乐 观

乐观是积极心理学运动研究和建立的另一个重要概念。尽管研究乐观有两种主要的方法(倾向性和解释性风格),但塞利格曼早期从解释性风格的角度对悲观和乐观的研究为预防抑郁症的研究奠定了基础(Seligman et al., 1979)。这也促使他将积极心理学推广到更广阔的范围。例如,宾夕法尼亚韧性项目(Penn Resilience Programme, PRP)作为广义积极心理学的一种措施,已被学校和美国军队使用。塞利格曼(2006)提出,乐观是一种可学习的技能,许多研究者发现乐观的解释方式对提高幸福感和生活满意度有益。例如,Yee Ho, Cheung 和 Cheung(2010)通过对香港一组青少年的研究,发现乐观与意义和生活满意度之间有显著的关联。

积极的情绪

积极心理学研究的另一个不断发展的关键领域是积极的情绪。有大量证据表明,积极情绪的增强有无数好处(Green et al., 2016)。芭芭拉·弗雷德里克森(Barbara Fredrickson, 2001)的"拓宽和构建"理论表明,积极的情感,如爱、自豪和兴趣,拓宽了思维活动的表现力,并为生理、智力、社会和心理领域提供了源源不断的支持。因而积极的情绪能够在任何特定情况下,提高个体的创造性思维能力,并增强他们的整体适应力,这在循证教练实践中都是至关重要的。

柳博米尔斯基和同事(Lyubomirsky & Associates, 2005)同时注意到积极情绪与更高的收入、更少的病假、更好的同事关系、来自经理和客户的更高评价以及更强的组织稳定性之间的关联。对健康的好处,如更快的心血管恢复也被记载在案。

循证教练

对积极心理学教练来说,同样重要的是要注意到,教练本身已经被确定为积极心理干预(Sin & Lyubomirsky, 2009)。首次公布的随机生活教练实验表明,教练可以提升奋斗目标、幸福感和希望(Green, Oades, & Grant, 2006),随后的一项研究比较了专业人士和同僚的生活教练,为目标奋斗和幸福感的提高提供了证据(Spence & Grant, 2007)。

我们认为,普通的教练也可以提高成就感和幸福感,但在循证教练环境下,积极心理学教练(无论对个人或团体)更能利用如感恩、仁慈、宽容一类的积极心理学概念,帮助受教者达到圆满。我们还可以断言,教练能让一个学习过积极心理学理论的人,将教练的方法应用到日常生活中去设定目标并为之奋斗,使其具有更大的意义。例如,在一项最近的创新性研究中,古斯曼和同事(Guzmán & Associates, 2016)发现,培训员工时利用电影和戏剧元素进行积极的心理学教练,可以增进员工与养老院居民之间的沟通。居民发现,因为干预,工作人员与他们互动频次更多,看起来更愿意融入团队,同时工作人员报告说,团队合作意识提高了,工作人员对居民的态度也更为积极。研究还需继续,但这些初步的研究结果突出了积极心理学教练在各种环境中的作用。

本节包含不同的理论、模型和概念,值得注意的是,积极心理学和积极心理学教练仍处于发展阶段,随着新研究成果的发布,理论与概念还在被不断地补充和完善。因而我们加倍鼓励积极心理学教练专业方面的不断发展和进步。

积极心理学的批评

考夫曼、博尼韦尔和西尔伯曼(2010,2014)指出对积极心理学和积极心理学教练的两个批判。首先,存在着一种潜在的失衡现象,即对负面情绪和深层次潜意识问题缺乏足够的关注和接受。其次,过于强调个体,得出个体应该为自己幸福负责的假设,意味着影响个体幸福感的广泛的背景因素会被忽视。结果就是,自己如果无法使自己"感觉良好"时,他们会归因为自身能力不足。

我们认为这两种批评都与积极心理学教练有关。首先,虽然我们认为积极心理学只关注积极情绪提升的益处是一种误解,但这是积极心理学教练的一个重要考虑因素。卡什丹和比斯瓦·迪纳(2014)在《阴暗面的好处》一书中为解决人类全部情感的需要提出了一个强有力的论点。他们认为,过多的积极情绪可能会导致个体的崩溃,而消极情绪有助于增强个体对不幸的承受力(Kashdan & Biswas Diener, 2014),进而帮助个体增强适应性和幸福感。同样,接纳和承诺疗法(ACT)的倡导者断言,推崇积极情绪的社会论调会导致人们期望"快速解决"和消除负面情绪。正如韦格纳(1997)所强调的那样,压抑体内的情绪可能会使情绪加重,通过类似暴食和/或酗酒来改善痛苦症状的策略可能会对身心健康产生长期有害的影响。接纳与承诺疗法及教练(Skews & Palmer, 2016)的一个关键要素是观察、体验并接受认知和情绪。因此,给认知和情感贴上"积极"或"消极"的标签就显得多余了。

其次,关于积极心理学过于关注个人方面,我们应当注意塞利格曼和契克森米哈(2000)的首创论文中概述的积极心理学应考虑的初步目标有三个层面:1)主观层面,如幸福感、满足感和满意度;2)个人层面,如爱、勇气、毅力、宽恕;3)团体层面,如推动个人成为更好公民的积极品德,包括文明、节制、宽容和职业道德。我们还建议积极教育运动(Seligman, 2009; Green, 2014)和积极组织奖学金(Cameron, Dutton, & Quinn, 2003)也提到需要关注更广泛的体系因素,而非只关注个人。

最后,本节有一个悬而未决的问题,曾被许多学术和媒体宣传。弗雷德里克森和洛萨达(Fredrickson & Losada, 2005)在《美国心理学家》发表的论义中提出 Losada 比率(或称临界正性比率)时,得到了积极心理学界的高度评价。通过一个非线性动态模型来解释他们的数据,作者坚信他们发现积极对消极的影响比率为 2.9∶1,这个比率将丰盈的人生和煎熬的人生区分开来。这篇有影响力的论文被引用了数百次,特别是弗雷德里克森在 2009 年出版了一本名为《积极性:顶尖研究揭示了 3∶1 的比例将改变你的生活》的书之后,其中的发现广受非专业人士的欢迎。然而,后来发现用于推导临界积极性比率的非线性动力学模型存在缺陷(Brown, Sokal, & Friedman, 2013),随后弗雷德里克森和洛萨达(2013)发表了一份修正报告。作者写到:"……故而,本文的建模元素和基于模型的预测关于2.9和11.6的特定积极性比率被正式撤回并视为无效。本文其他内容仍然有效,不受本更正通知的影响。"

尽管布朗、索卡尔和弗里德曼(Brown, Sokal, & Friedman, 2014)继续就有关比率的说法发表评论,但值得注意的是,在二分体程度上支持P/N比率。戈特曼(Gottman)等利用P/N比率区分贫困夫妇和非贫困夫妇(Gottman, Markman, & Notarius, 1977)。他们发现,较低的P/N比率(1∶1)预示着较高的婚姻破裂风险和较低的婚姻满意度(Gottman & Levenson, 1992),而成功的婚姻的特点是积极性比率约为5∶1(Gottman, 1994)。弗里德曼(2013)总结道:"要更好地理解积极性比率的动态和非线性特性,找到最合适算法,还需要做大量的实证工作。"

我们建议积极心理学教练应当仔细思考使用什么研究来指导实践,并保持对文献的最新理解。受教者提出他们在书籍、文章或在互联网上看到的信息中的任何问题都应当得到解答,因为他们可能不会再读任何有关问题的更正。

实 践

积极心理学以研究为基础,这对积极心理学教练中应用的模型、技术和干预措施都有影响,循证认知行为方法和模型就具实践特征。具体的积极心理学技术和干预措施已经研究并建立完善,可被用于教练任务。

考夫曼、波尼韦尔和希尔伯曼(2010, 2014)提到以下关键技术:

(1) 三件好事。记录一天中进展顺利的三件事情,这种方法简单却有效。

(2) 拜谢。此练习中,受教者被要求写一封信给他们想要感谢的人,告诉他们曾做过什么并如何影响了自己的生活。接下来和这个人见面,把信读给他们听。

(3) 享受。有关发现和享受日常乐趣。

(4) 未来最好的我。受教者被要求想象他们所期待的未来生活,帮助他们明确目标并乐观地面对未来。

(5) 换个方法发挥优势。此练习中,受教者被要求在一周的时间里,每天用一种新的方法发挥自身最大的优势,也可以考虑如何利用自己的关键优势去应对挑战。

越来越多的研究为这些干预措施的有效性提供了证据。一个关键的发现证明了"三件好事"的价值,这是最简单的干预措施,即受教者写下三件当天进展顺利的事情。塞利格曼等(2005)发现,这一干预措施至少在 6 个月内帮助受教者增加了幸福感,同时减轻了抑郁症状。森(Sin)和柳博米尔斯基(Lyubormirsky)(2009)对 51 种积极的心理干预进行了元分析,发现它们都能显著增加幸福感和减轻抑郁症状。莱昂托普洛(2015)通过对 18—30 岁的青年样本进行评估,确认了积极心理干预(包括表达感激和描述最好的自我)的影响,发现幸福感有显著的变化,特别增强了人们的希望、对社会支持的看法以及有效应对社会压力的能力。六种性格优势中的三种性格(勇气、人性和超然)的水平也有显著提高。

在这部分,我们还包括两个额外的模型(INSIGHT 和 PRACTICE 模型)建议积极的心理学教练使用(不包括 PERMA 模型,因为它在理论部分中有描述)。

INSIGHT 模型

越来越多的教练模式得到了积极心理学的指导或支持。例如,INSIGHT 模型(见表 5.1)作为帮助教练度过人生转折的工具(Palmer & Panchal, 2011a, 2011b),专为教练而开发。他们把人生转折点定义为"……我们许多人在一生中可能经历的关键转折点,面临着不同程度的机会和挑战",可以是换工作之类的事件,也可以是诸如第一次成为父母之类的泛生活化转变。它们受各种理论的影响,特别是寿命发展理论的影响。这一领域的重要理论家埃里克森(1950)和列文森等(1978)提出了生命周期中转折点的概念,将其作为反思和重新评估的阶段。在帕尔默和潘查(2011a)的书中,关注了以下关键阶段:童年(Fox Eades, 2011)、少年(Puri, 2011)、青年(Panchal, 2011)、为人父母(Liston Smith, 2011)和退休(O'Riordan, 2011)。帕尔默和潘查(2011a,2011b)也认识到社会、文化和代际影响可能会对个体经历的转变产生作用。INSIGHT 模型结合了许多不同传统的观点和技术,如认知行为方法、压力、适应力和承受力。积极心理学是 INSIGHT 模型的核心,认识到学科通过两个关键机制影响积极的转变。首先,在日常生活中建立更多的积极情绪可以缓解过渡时期与不确定性相关的压力。此外,对优势的认知和对意义的关注可以帮助我们在过渡期作出深思熟虑的决策。

表 5.1　发展型教练：INSIGHT 框架体系（Palmer & Panchal, 2011b）

教练的发展：INSIGHT 体系		
目标：促进积极的转变，未来将转向自我管理		
元　素	目　　标	相　关　实　例
增加个体知识储备	获得更强的自我洞察力，并突出价值将其作为生活决策的基础（与外界的期望）。	做有关表面价值、优势、动机、驱动力等方面的练习和心理测试，生命线工具帮助从过去的转变中获取经验。
正常化过渡	将生命中的转变作为个人发展整体的一部分，并认识到相关的各种情感，用以对抗孤独感。	讨论发展模式（Erikson, 1950）或过渡模式（Bridges, 1995）。
积极适应支持	建立有效的策略，以应对转型带来的挑战。	策略可以包括健康（养生/锻炼）、社会支持、放松和认知再评估。
过去、现在与未来的整合	促进对过去、现在和未来的正面评价。	感恩过去的历练，目前的拥有与乐观，未来的愿景与目标。对可能的自我、时间导向和生活故事（有关自我转变的过程）的讨论。
给足时间与空间	有充足的时间与空间完成过渡。	专注（信念）、接受和承诺技巧；创造反思的机会。
更开放的背景	吸引更广泛的影响和期望，对转变过程的影响。	回顾相关的文化和代际因素，确认关键个人/社会的期望和受教者表面的期望。
定制解决方案	通过目标、战略和解决方案实现可持续改变。	目标设定、解决问题的提问、行动计划、理解变革的过程和庆祝成功。

* 注：并非上述所有元素都与转变及个体相关，教练可从中选择一些帮助受教者最有效的元素。

　　INSIGHT 是一种灵活的模型，教练与受教者可对任何类型的过渡一起进行协商。它是结构化的工具（如心理测量学），以及更常用的指导方针/建议，如鼓励教练审视自己和他人的期望。教练可以根据各自的任务从 INSIGHT 模型中选择相应的概念和工具。例如，他们可能会决定使用 VIA 来"提高自我意识"，或要求受教者反思如何用"正常化过渡"和"支持积极应对"有效地适应过去的转变。促进感恩（如三件好事）、乐观和意义的练习也可以"支持积极应对"，并有助于"整合过去、现在和未来"。

PRACTICE 模型

　　另一种基于关注优势的教练模型是 PRACTICE（Palmer, 2007a, 2007b, 2008,

2011),这是在瓦西克(1984)解决问题的七步法和帕尔默早期著作(Palmer & Burton, 1996;Palmer,1997a,1997b)的基础上进行的改编和发展。缩略词 PRACTICE 代表七个步骤:识别问题(Problem identification);建立恰当的、切实可行的目标(Realistic, relevant goals developed);制定替代性解决方案(Alternative solutions generated);考虑后果(Consideration of consequences);确定最佳方案[Target most feasible solution(s)];实施选定方案[Implementation of chosen solution(s)];评估(Evaluation)。根据受教者问题,实践模型中的"P"也可以表示"提出问题(Presenting issues)"或"教练目的(Purpose of coaching)"或"首选方案(Preferred options)"或"首选结果(Preferred outcome)"(Palmer,2011)。帕尔默(2008)强调 PRACTICE 模型中关注优势和问题的解决方面:教练对话之初,受教者有机会谈论他/她自己,而不必关注在问题、麻烦或担忧上,使教练能够了解他们(O'Connell,2003);在教练过程中,教练和受教者建立"教练期望",当受教者提出的困难或麻烦不成问题时,提请受教者将注意力放在有关他们的能力、优势和素质的案例上。在教练会议的整个过程中,评估问题被用于监控受教者的进度、是否取得进展以及为提高评分需要做些什么。PRACTICE 模型已用于指导与业务和职业发展、高管培训、领导力表现、压力、健康和生活及个人问题相关的教练(Palmer,2011;Palmer & Cooper,2013),在咨询、治疗和压力管理领域也有广泛应用。七步法的灵活性使其能够适应不同的文化和语言,包括葡萄牙语(Dias et al., 2011)、西班牙语(Sanchez Mora García et al.,2012)和丹麦语(Spaten, Imer, & Palmer, 2012)。

增效工具

积极心理学工具还包括大量经验性验证的评估工具,用于评测生活满意度、意义、乐观等方面的水平。在教练任务开始时,这些工具可有效提高自我意识和洞察力,同时也可以测量进程。PERMA 侧写(Butler & Kern,2016)就是这样一种基于塞利格曼的 PERMA 模型的测量方法,帮助测量 PERMA 五个领域的丰盈程度。

应用积极心理学的优势档案模型核心(Linley,2010)可用于优势的评估和发展。它评估了 60 类专注于能量、表现和使用三方面的品质,并确定这些品质是否为已发挥的优势、未发挥的优势、习得行为或弱点(Linley, Biswas Diener, & Trenier, 2011)。

哪类受教者获益最大？

积极心理学教练可以应用于组织、健康和教育等一系列环境。没有最受益的受训者或客户群体。事实上，这种方法可以从儿童时期开始有效地使用。例如，麦登、格林和格兰特(2011)通过基于优势的教练项目评估了一组10—11岁的小学男生。包括使用适用于青少年的性格优点量表进行问卷调查，让孩子们了解自己的优势。要求他们制定各自有意义的目标，以全新的方式发挥自身优势，并写一封"来自未来的信"看到最好的自己。该项目与学生针对参与度和希望的自我评估标准的显著提高有关。范·尼沃伯格和格林(2014)建议，在学生和教师中进行心理适应性训练，可以帮助学生在学业上取得更大的成功，并提高幸福感。扎雷基(2014)对6名过渡到"平民生活"的军事人员进行了定性研究，利用优势干预帮助他们从军事集体身份转变为个人身份，并帮助他们确定未来职业需求，使用词汇进行描述。PERMA和INSIGHT等积极的心理学模型对个人转变时期可能有很大助益，帮助个体应对从童年到退休的不同生活阶段经受的不同压力(Panchal et al., 2017)。

案例研究

教练开始时，道恩描述了生活中的不安感和迷失感。她谈到由于时间紧迫和缺乏资源，工作压力很大，有时接近崩溃。睡不着觉，没有时间锻炼或社交，她觉得自己的整体情绪在慢慢变坏，但又希望能做些改变使情况好起来。教练在INSIGHT模型的基础上，利用积极的心理学指导帮助道恩洞察和关注内心。

增加自身知识储备

教练使用基于优势的干预开始了任务。性格优点量表评估可以让道恩了解自身优势，她的五大优势是好奇心、社交智慧、善良、审美力和爱。道恩最初对这种方法持怀疑态度，但她发现讨论是有用的，并说以前从未将这些特性视为优势，因而也发现自己的一些关键优势没有被应用到工作和生活中去，特别是社交智慧、善良和爱等面向关系的优势。

过去、现在和未来的整合

道恩通过积极心理学的更多方法积极地回顾过去，展望未来。回顾过去时，道恩觉得在过去十年里"一无所获"。教练让她列出自己的成就，重点放在 PERMA 模型的"成就"方面。通过回顾自己的事业、友谊和旅行，道恩感到自己更为积极了。她发现这项练习开始很有挑战性，一旦集中精力就能够列出一份详单。比起沉湎于毫无成就的生活领域，更多的是让自己想起了先前的目标、努力的工作和适应力。

接着，教练让道恩展望未来，并给自己写一封"来自未来的信"（Grant & Greene, 2008）。这个练习展示了芭芭拉·弗雷德里克森（Barbara Fredrickson）的"拓宽和构建"理论，这要求道恩提出关于她的未来的各种创造性想法，使她能够从"我没有方向"的角度转变为"我的生活能有许多有趣的转变"。道恩不必专注于一个未来的计划，而是让那些未来许多有趣的、吸引人的选择鼓舞她，为她打开各种可能性，让她能够超越世俗及其他人（包括她的父母和亲密朋友）对她的期望。

为了培养目标感和意义感，还有更多着眼于未来的问题，诸如"你想让别人记住什么？"和"想象你已经 80 岁了，回顾你的生活：什么是重要的？你最引以为豪的是什么？"道恩迫切希望自己的思维尽可能多地受到挑战，因为这些问题激发了她比"来自未来的信"更广泛的思考。讨论的结果帮助她认识到：自己生活中的关键是人际关系，通过感兴趣的环境问题来改变世界才是自己想要的，与社会的连接和留下一笔遗产是体现自己价值的新主题。

积极的适应力

对道恩来说，最具挑战性的领域是工作。她发现很难适应和平衡自己的工作量，因为资源有限，在规定期限内完成任务越来越吃力。过去几年发生的许多公司架构变化也叫她感到不安。尽管老板很重视道恩，但道恩还是觉得找不到对工作的热情，没什么动力。教练让道恩在工作中完成"三件好事"的练习，并在工作中运用她的社交智慧、善良和爱。起初道恩发现这些任务很困难，但随着时间的推移，它们变得容易了。道恩发现自己为同事花了更多时间，而不仅仅是"低头工作"，结果，她比前几个月更加享受工作。对社交智慧的关注也帮助她增进了与经理之间的关系，使她更容易提出对自己工作量的担忧和需要何种支持。她的经理建议为她安排一位导师，这种导师关系给了道恩无价的支持。道恩再次运用她的人际关系优势，迅速与导师建立了融洽的关系和信任感。

定制化解决方案

道恩很享受积极心理学练习带来的反思机会，感觉自己和很多主题都产生了共鸣。她决定把事情做得更进一步，把重点放在行动上。关键是，她想增加生活中的目标感，增进与他人的联系。抱着这种期望，她责成自己找一个当地的环保组织加入，在那里可以遇到志同道合的人，参与她热衷的活动。这让她找到了自己期望的工作和生活的平衡。此外，她努力在工作中运用自己的人际关系优势，与她的一些同事（和她的新导师）迅速成为朋友。在教练关系结束时，道恩感到了一种新的活力、专注和归属感。

教练反思

教练任务完成后，教练会在同伴监督的情况下对过程和结果进行反思。他相信积极的心理学教练能帮助受教者，将她从关注问题和缺乏正常平衡感的循环中解救出来。他对自己使用性格优点量表评估（VIA）和目的/意义问题的决定特别满意，显然受教者从这些练习中获得了最有价值的见解。无论是对短期的行动还是对未来的方向感而言，他认为教练的整体影响深远。当被质疑完成过程中还能有什么改进时，他作出两个关键的点评：首先，在教练开始时，他是否给受教者足够的时间和空间来表达她的负面情绪。其次，他怀疑给予性格优点量表评估（VIA）的时长；也许对受教者来说，更持续地关注优势会帮助他们考虑用更广泛的方式来进一步发挥自己的优势。

讨论要点

1. 积极心理学就是积极思考。对此进行讨论。
2. 为什么教练和教练心理学领域对积极心理学越来越感兴趣？
3. 比斯瓦斯·迪纳（2010）表示，教练"想要的是工具，而不是概念或想法"。对此进行讨论。
4. 积极的心理学教练的定义众多，哪个定义最接近你认为的积极心理学教练？

推荐阅读

Biswas-Diener, R. (2010). *Practicing positive psychology coaching: Assessment, activities, and strategies for success*. Hoboken, NJ: John Wiley & Sons, Inc.
Driver, M. (2011). *Coaching positively: Lessons for coaches from positive psychology*. Maidenhead: Open University Press.
Green, S., & Palmer, S. (2018). *Positive psychology coaching in practice*. Abingdon, Oxen.: Routledge.
Kauffman, C., Boniwell, I., & Silberman, J. (2014). The positive psychology approach to coaching. In E. Cox, T. Bachkirova & D. Clutterbuck (eds.), *Sage handbook of coaching*. London: Sage Publications.

参考文献

Australian Psychological Society, Interest Group in Coaching Psychology (APS IGCP) (2003). About us. Retrieved 5th September 2018 from www.groups.psychology.org.au/igcp/about_us/
Baard, P. P., Deci, E. L., & Ryan, R. M. (2004). Intrinsic need satisfaction: A motivational basis of performance and well-being in two work settings. *Journal of Applied Social Psychology*, 34, 2045–2068.
Biswas-Diener, R. (2010). *Practicing positive psychology coaching: Assessment, activities, and strategies for success*. Hoboken, NJ: John Wiley & Sons, Inc.
Biswas-Diener, R., & Dean, B. (2007). *Positive psychology coaching: Putting the science of happiness to work for your clients*. Hoboken, NJ: John Wiley & Sons, Inc.
Biswas-Diener, R., Kashdan, T. B., & Minhas, G. (2011). A dynamic approach to psychological strength development and intervention. *The Journal of Positive Psychology*, 6(2), 106–118.
Bolier, L., Haverman, M., Westerhof, G. J., Riper, H., Smit, F., & Bohlmeijer, E. T. (2013). Positive psychology interventions: A meta-analysis of randomized controlled studies. *BMC Public Health*, 13(1), 119.
Brown, K. W., Ryan, R. M., & Creswell, J. D. (2007). Mindfulness: Theoretical foundations and evidence for its salutary effects. *Psychological Inquiry*, 18(4), 211–237.
Brown, N. J. L., Sokal, A. D., & Friedman, H. L. (2013). The complex dynamics of wishful thinking: The critical positivity ratio. *American Psychologist*, 68(9), 801–813.
Brown, N. J. L., Sokal, A. D., & Friedman, H. L. (2014). The persistence of wishful thinking. *American Psychologist*, 69(6), 629–632.
Butler, J., & Kern, M. L. (2016). The PERMA-Profiler: A brief multidimensional measure of flourishing. *International Journal of Wellbeing*, 6(3), 1–48.
Cameron, K. S., Dutton, J. E., & Quinn, R. E. (2003). *Positive organizational scholarship*. San Francisco: Berrett-Koehler.

Cavanagh, M. J., & Spence, G. B. (2013). Mindfulness in coaching: philosophy, psychology, or just a useful skill?. In J. Passmore, D. Peterson & T. Freire (Eds.), *The Wiley-Blackwell handbook of the psychology of coaching and mentoring* (pp. 112–134). New York, NY: Wiley-Blackwell.

Deci, E. L., & Ryan, R. M. (1985). *Intrinsic motivation and self-determination in human behavior*. New York: Plenum.

Deci, E. L., & Ryan, R. M. (2000). Self-determination theory and the facilitation of intrinsic motivation, social development, and well-being. *American Psychologist*, 55(1), 68.

Deci, E. L. & Ryan, R. M. (2008). Self-determination theory: A macrotheory of human motivation, development and health. *Canadian Psychology*, 49(3), 182–185.

Deci, E. L., Ryan, R. M., Gagne, M., Leone, D. R., Usunov, J., & Bornazheva, B. P. (2001). Need satisfaction, motivation, and well-being in the work organisations of a former eastern block country: A cross-cultural study of self-determination. *Personality and Social Psychology Bulletin*, 27, 930–942.

Dias, G., Gandos, L., Nardi, A. E., & Palmer, S. (2011). Towards the practice of coaching and coaching psychology in Brazil: The adaptation of the PRACTICE model to the Portuguese language. *Coaching Psychology International*, 4(1), 10–14.

Diener, E. (2000). Subjective well-being. *American Psychologist*, 55(1), 34–43.

Erikson, E. H. (1950). *Childhood and society* (2nd ed.). New York: W.W. Norton.

Fox-Eades, J. (2011). Childhood transitions and celebrating strengths. In S. Palmer & S. Panchal (eds.), *Developmental coaching: Life transitions and generational perspectives*. Hove: Routledge.

Fredrickson, B. L. (1998). What good are positive emotions? *Review of General Psychology*, 2(3), 300–319.

Fredrickson, B. L. (2001). The role of positive emotions in positive psychology: The broaden-and-build theory of positive emotions. *American Psychologist*, 30(3), 218–226.

Fredrickson, B. L. (2009). *Positivity: Top-notch research reveals the upward spiral that will change your life*. New York: Harmony Books.

Fredrickson, B. L. (2013). Positive emotions broaden and build. In P. Devine & A. Plant (eds.), *Advances in experimental social psychology* (Vol. 47, pp. 1–53). Burlington: Academic Press.

Fredrickson, B. L., & Losada, M. F. (2005). Positive affect and the complex dynamics of human flourishing. *American Psychologist*, 60(7), 678–686.

Fredrickson, B. L., & Losada, M. F. (2013). "Positive affect and the complex dynamics of human flourishing": Correction to Fredrickson and Losada (2005). *American Psychologist*, 68(9), 822. doi.org/10.1037/a0034435

Gable, S. L., & Haidt, J. (2005). What (and why) is positive psychology? *Review of General Psychology*, 9(2), 103–110. doi:10.1037/1089-2680.9.2.103

Gagne, M., & Deci, E. L. (2005). Self-determination theory and work motivation. *Journal of Organizational Behavior*, 26, 331–362.

Gottman, J. M. (1994). *What predicts divorce? The relationship between marital processes and marital outcomes*. Hillsdale, NJ: Erlbaum.

Gottman, J. M., & Levenson, R. W. (1992). Marital processes predictive of later dissolution: Behavior, physiology, and health. *Journal of Personality and Social Psychology*, 63(2), 221–233.

Gottman, J. M., Markman, J., & Notarius, C. (1977). The topography of marital conflict: A sequential analysis of verbal and nonverbal behavior. *Journal of Marriage and the Family*, 39, 461–477.

Grant, A. M., & Cavanagh, M. J. (2007). Evidence-based coaching: Flourishing or languishing? *Australian Psychologist*, 42(4), 239–254.

Grant, A. M., & Greene, J. (2008). *Coach yourself: Make real change in your life*. New York: Basic Books.

Grant, A. M., & Schwartz, B. (2011). Too much of a good thing: The challenge and opportunity of the inverted u. *Perspectives on Psychological Science*, 6, 61–76.

Green, L. S. (2014). Positive education: An Australian perspective. In M. J. Furlong, R. Gilman & E. S. Huebner (eds.), *Handbook of positive psychology in schools* (2nd ed., pp. 401–415). New York, NY: Routledge.

Green, L. S., Dulagil, A., & Ahern, M. (2016). Evidence-based coaching to enhance senior students' wellbeing and academic striving. *International Journal of Wellbeing*, 6(3).

Green, L. S., Oades, L. G., & Grant, A. M. (2006). Cognitive-behavioral, solution-focused life coaching: Enhancing goal striving, well-being, and hope. *The Journal of Positive Psychology*, 1(3), 142–149.

Green, L. S., & Palmer, S. (2014). *Positive psychology coaching: enhancing resilience, achievement & well-being*. Workshop presented at the 4th International Congress of Coaching Psychology, Melbourne, Australia, 15 November.

Green, L. S., & Palmer, S. (2018a). *Positive psychology coaching in practice*. Abingdon, Oxon: Routledge.

Green, L. S., & Palmer, S. (2018b). Positive psychology coaching: science into practice. In L.S. Green & S. Palmer (eds.), *Positive psychology coaching in practice*. Abingdon, Oxon: Routledge.

Guzmán, A., Wenborn, J., Ledgerd, R., & Orrell, M. (2016). Evaluation of a staff training programme using positive psychology coaching with film and theatre elements in care homes: Views and attitudes of residents, staff and relatives. *International Journal of Older People Nursing*, 12, e12126. doi:10.1111/opn.12126

Ho, M. Y., Cheung, F. M., & Cheung, S. F. (2010). The role of meaning in life and optimism in promoting well-being. *Personality and Individual Differences*, 48, 658–663.

Hupert, F. A., & So, T. T. C. (2011). Flourishing across Europe: application of a new conceptual framework for defining well-being. *Social Indicators Research*. Published online 15 December. doi: 10.1007/s11205-011-9966-7

Jahoda, M. (1958). *Current concepts of mental health*. New York: Basic Books.

Kabat-Zinn, J. (2013). *Full catastrophe living, revised edition: How to cope with stress, pain and illness using mindfulness meditation*. London: Hachette.

Kashdan, T., & Biswas-Diener, R. (2014). *The upside of your dark side: Why being your whole self-not just your "good" self-drives success and fulfillment*. New York: Penguin.

Kasser, T. (2002). Sketches for a self-determination theory of values. In E. L. Deci & R. M. Ryan (eds.), *Handbook of self-determination research* (pp. 123–140). Rochester, NY: University of Rochester Press.

Kauffman, C., Boniwell, I., & Silberman, J. (2010). The positive psychology approach to coaching. In E. Cox, T. Bachkirova & D. Clutterbuck (eds.), *The complete handbook of coaching*. London: Sage Publications.

Kauffman, C., Boniwell, I., & Silberman, J. (2014). The positive psychology approach to coaching. In E. Cox, T. Bachkirova & D. Clutterbuck (eds.), *The complete handbook of coaching* (2nd ed.). London: Sage Publications.

Keyes, C. L. M. (2002). The mental health continuum: From languishing to flourishing in life. *Journal of Health and Social Behavior*, 43(2), 207–222.

La Guardia, J. G., & Patrick, H. (2008). Self-determination theory as a fundamental theory of close relationships. *Canadian Psychology*, 49, 201–209.

Leontopoulou, S. (2015). A positive psychology intervention with emerging adults. *The European Journal of Counselling Psychology*, 3(2), 113–136.

Levinson, D. J., Darrow, C. N., Klein, E. B., Levinson, M. H., & McKee, B. (1978). *The Seasons in a Man's Life*. New York, NY: Knopf. Linley, P. A. (2010). *Realise2: Technical report*. Coventry, UK: CAPP Press.

Linley, P. A., Biswas-Diener, R., & Trenier, E. (2011). Positive psychology and strengths coaching through transition. In S. Palmer & S. Panchal (eds.), *Developmental coaching: Life transitions and generational perspectives*. Hove: Routledge.

Linley, P. A., & Harrington, S. (2005). Positive psychology and coaching psychology: Perspectives on integration. *The Coaching Psychologist*, 1(1), 13–14.

Linley, P. A., & Joseph, S. (2004). Applied positive psychology: A new perspective for professional practice. In P. A. Linley & S. Joseph (eds.), *Positive psychology in practice* (pp. 3–12). Hoboken, NJ: John Wiley & Sons, Inc.

Linley, P. A., Nielsen, K. M., Wood, A. M., Gillett, R., & Biswas-Diener, R. (2010). Using signature strengths in pursuit of goals: Effects on goal progress, need satisfaction, and well-being, and implications for coaching psychologists. *International Coaching Psychology Review*, 5(1), 8–17.

Linley, P. A., Willars, J., & Biswas-Diener, R. (2010). *The strengths book: What you can do, love to do, and find it hard to do-and why it matters*. Coventry, UK: CAPP Press.

Liston-Smith, J. (2011). Becoming a parent. In S. Palmer & S. Panchal (eds.), *Developmental coaching: Life transitions and generational perspectives*. Hove: Routledge.

Lyubomirsky, S., King, L., & Diener, E. (2005). The benefits of frequent positive affect: Does happiness lead to success? *Psychological Bulletin*, 131(6), 803–855.

Madden, W., Green, S., & Grant, A. M. (2011). A pilot study evaluating strengths-based coaching for primary school students: Enhancing engagement and hope. *International Coaching Psychology Review*, 6, 71–83.

Maslow, A. H. (1954). *Motivation and personality*. New York: Harper and Row.

Maslow, A. H. (1962). *Towards a psychology of being*. Princeton: D. Van Nostrand Company.

McQuaid et al. (2018). A character strengths-based approach to positive psychology coaching. In S. Green & S. Palmer (eds.), *Positive psychology coaching in practice*. London: Routledge.

Meyer, J. P., & Gagné, M. (2008). Employee engagement from a self-determination theory perspective. *Industrial and Organizational Psychology*, 1, 60–62.

Niemiec, R. M. (2013). VIA character strengths: Research and practice (The first 10 years). In H. H. Knoop & A. Delle Fave (eds.), *Well-being and cultures: Perspectives on positive psychology* (pp. 11–30). New York: Springer.

Oades, L. G., & Passmore, J. (2014). Positive psychology coaching: A complete psychological toolkit for advanced coaching. In J. Passmore (ed.), *Mastery in coaching*. London: Kogan Page.

O'Connell, B. (2003). Introduction to the solution-focused approach. In B. O'Connell & S. Palmer (eds.), *Handbook of Solution-Focused Therapy*. London: Sage.

O'Riordan, S. (2011). Looking forward to retirement. In S. Palmer & S. Panchal (eds.), *Developmental coaching: Life transitions and generational perspectives*. Hove: Routledge.

Palmer, S. (1997a). Problem-focused stress counselling and stress management training: An intrinsically brief integrative approach: Part 1. *Stress News*, 9(2), 7–12.

Palmer, S. (1997b). Problem-focused stress counselling and stress management training: An intrinsically brief integrative approach: Part 2. *Stress News*, 9(3), 6–10.

Palmer, S. (2007a). *Cognitive Coaching in the Business World*. Invited inaugural lecture of the Swedish Centre of Work-Based Learning, Gothenburg, Sweden, 8 February.

Palmer, S. (2007b). PRACTICE: A model suitable for coaching, counselling, psychotherapy and stress management. *The Coaching Psychologist*, 3(2), 71–77.
Palmer, S. (2008). The PRACTICE model of coaching: Towards a solution-focused approach. *Coaching Psychology International*, 1(1), 4–8.
Palmer, S. (2011). Revisiting the P in the PRACTICE coaching model. *The Coaching Psychologist*, 7(2), 156–158.
Palmer, S., & Burton, T. (1996). *Dealing with people problems at work*. Maidenhead: McGraw-Hill.
Palmer, S., & Cooper, C. (2013). *How to deal with stress* (3nd ed.). London: Kogan Page.
Palmer, S., & Panchal, S. (2011a). *Developmental coaching: Life transitions and generational perspectives*. Hove: Routledge.
Palmer, S., & Panchal, S. (2011b). Life transitions and generational perspectives. In S. Palmer & S. Panchal (eds.), *Developmental coaching: Life transitions and generational perspectives*. Hove: Routledge.
Palmer, S., & Whybrow, A. (2017). *What do coaching psychologists and coaches really do? Results from two International Surveys*. Invited paper at the 7th International Congress of Coaching Psychology 2017, London, 18 October.
Panchal, S. (2011). From twenties to thirties. In S. Palmer & S. Panchal (eds.), *Developmental coaching: Life transitions and generational perspectives*. Hove: Routledge.
Panchal, S., Palmer, S., O'Riordan, S., & Kelly, A. (2017). 'Stress and wellbeing: A lifestage model'. *International Journal of Stress Prevention and Wellbeing*, 1 (5), 1–3. Retrieved from: http://www.stressprevention.net/volume/volume-1-2017/volume-1-article-5/
Passmore, J., & Marianetti, O. (2007). The role of mindfulness in coaching. *The Coaching Psychologist*, 3(3), 131–137.
Peterson, C., & Seligman, M. E. P. (2004). *Character strengths and virtues: A handbook and classification*. New York: Oxford University Press.
Puri, A. (2011). Coaching through the teenage years. In S. Palmer & S. Panchal (eds.), *Developmental coaching: Life transitions and generational perspectives*. Hove: Routledge.
Rogers, C. (1951). *Client-centered therapy: Its current practice, implications and theory*. London: Constable.
Rusk, R. D., & Waters, L. E. (2013). Tracing the size, reach, impact, and breadth of positive psychology. *The Journal of Positive Psychology: Dedicated to Furthering Research and Promoting Good Practice*, 8(3), 207–221. http://dx.doi.org/10.1080/17439760.2013.777766
Ryff, C. D. (1989). Happiness is everything, or is it? Explorations on the meaning of psychological well-being. *Journal of Personality and Social Psychology*, 57(6), 1069–1081.
Ryff, C. D., & Singer, B. (1996). Psychological well-being: Meaning, measurement, and implications for psychotherapy research. *Psychotherapy and Psychosomatics*, 65, 14–23.
Sánchez-Mora García, M., Ballabriga, J. J., Celaya, J. V., Dalmau, R. C., & Palmer, S. (2012). The PRACTICE coaching model adapted to the Spanish language: From PRACTICE to IDEACIÓN. *Coaching Psychology International*, 5(1), 2–6.
Seligman, M. E. P. (2002). *Authentic happiness: Using the new positive psychology to realize your potential for lasting fulfilment*. New York, NY: Free Press.
Seligman, M. E. P. (2005). Positive psychology, positive prevention, and positive therapy. In S. J. Lopez & C. R. Snyder (eds.), *Handbook of positive psychology*. Oxford: Oxford University Press.
Seligman, M. E. P. (2006). *Learned optimism: How to change your mind and your life*. New York: Vintage Books.
Seligman, M. E. P. (2009). *What you can change . . . and what you can't: The complete guide to self-improvement*. New York, NY: Vintage Books.
Seligman, M. E. P. (2011a). *Flourish: A new understanding of happiness and well-being-and how to achieve them*. London: Nicholas Brealey Publishing.
Seligman, M. E. P. (2011b). *Flourish: A visionary new understanding of happiness and wellbeing*. New York: Free Press.
Seligman, M. E. P., Abramson, L. Y., Semmel, A., & von Baeyer, C. (1979). Depressive attributional style. *Journal of Abnormal Psychology*, 88, 242–247.
Seligman, M. E. P., & Csikszentmihalyi, M. (2000). Positive psychology: An introduction. *American Psychologist*, 55(1), 5–14. http://dx.doi.org/10.1037/0003-066X.55.1.5
Seligman, M. E. P., Ernst, R., Gillham, K., & Linkins, M. (2009). Positive education: Positive psychology and classroom interventions. *Oxford Review of Education*, 35(3), 293–311.
Seligman, M. E. P., Steen, T., Park, N., & Peterson, C. (2005). Positive psychology progress: Empirical validation of interventions. *American Psychologist*, 60, 410–421.
Sin, N. L., & Lyubomirsky, S. (2009). Enhancing well-being and alleviating depressive symptoms with positive psychology interventions. *Journal of Clinical Psychology: In Session*, May, 467–487.
Skews, R., & Palmer, S. (2016). Acceptance and commitment coaching: Making the case for an ACT-based approach to coaching. *Coaching Psychology International*, 9(1), 24–28.
Spaten, O. M., Imer, A., & Palmer, S. (2012). From PRACTICE to PRAKSIS: Models in Danish coaching psychology. *Coaching Psychology International*, 5(1), 7–12.
Spence, G. B. (2006). *New Directions in the Psychology of Coaching: The Integration of Mindfulness Training into Evidence-Based Coaching Practice*. (Unpublished Doctoral thesis) School of Psychology, University of Sydney, Sydney, Australia.

Spence, G. B., Cavanagh, M. J., & Grant, A. M. (2008). The integration of mindfulness training and health coaching: An exploratory study. *Coaching: An International Journal of Theory, Research and Practice*, 1(2), 145–163.

Spence, G. B., & Grant, A. M. (2007). Professional and peer life coaching and the enhancement of goal striving and well-being: An exploratory study. *Journal of Positive Psychology*, 2, 185–194.

Spence, G. B., & Oades, L. G. (2011). Coaching with self-determination theory in mind: Using theory to advance evidence-based coaching practice. *International Journal of Evidence-Based Coaching and Mentoring*, 9(2), 37–55.

Suzy, G., & Palmer, S. (2018). *Positive psychology coaching in practice*. Abingdon, Oxon: Routledge.

Valiant, G. E. (1977). *Adaptation to life*. Boston: Little, Brown.

Van Nieuwerburgh, C., & Green, S. (2014). Developing mental toughness in young people: Coaching as an applied positive psychology. In D. Strycharczyk & P. Clough (eds.), *Developing mental toughness in young people: Approaches to achievement, well-being and positive behaviour* (pp. 81–97). London: Karnac Books Ltd.

Vansteenkiste, M., & Ryan, R. M. (2013). On psychological growth and vulnerability: Basic psychological need satisfaction and need frustration as a unifying principle. *Journal of Psychotherapy Integration*, 23, 263–280.

Wasik, B. (1984). *Teaching parents effective problem-solving: A handbook for professionals*. Unpublished manuscript. Chapel Hill, NC: University of North Carolina.

Wegner, D. M. (1997). When the antidote is the poison: Ironic mental control processes. *Psychological Science*, 8, 148–150.

Williams, G. C., Cox, E. M., Hedberg, V., & Deci, E. L. (2000). Extrinsic life goals and health risk behaviors in adolescents. *Journal of Applied Social Psychology*, 30, 1756–1771.

Young, K., Kashdan, T.B., & Macatee, R. (2014). Strength balance and implicit strength measurement: New considerations for research on strengths of character. *The Journal of Positive Psychology*, 10 (1), 17–24.

Zareckey, A. (2014). How strengths-focussed coaching can help military personnel in their transition to "civvy street". *International Journal of Evidence Based Coaching & Mentoring*, Special Issue 8, 54–66. 13p.

第六章　研究人员和教练心理学家的实证视角

安妮特·菲耶里-特拉维斯和莎拉·科里
（Annette Fillery-Travis & Sarah Corrie）

引　言

人们常说，教练实践胜过教练研究。这种说法常见于新兴领域，新领域的做法需要有别于以往。我们通过开发一种新的知识体系来实现，以便界定哪些工作在其范围内（哪些不在）。教练心理学已在尝试将心理治疗实践与援助性的干预和咨询相分离。基本的常识是告诉实践者如何去做、为谁去做，而后他们才能为客户及组织提供优秀的、可持续的、个性化的高标准定制服务，这才是研究的意义所在。稳固而连贯的知识背景下产生的循证实践的应用使得认证、培训和实践的标准得以发展。因此，研究被认为是所有实践专业化的关键部分。

诸如医学、化学和法律类的专业和学科，其知识体系是由该领域的从业人员通过学术研究建立起来的。如果要设计知识开发的最佳路径，我们会先假设实践与研究双方的合作参与，从而使研究成果对实践者直接而有用。笔者自己的工作横跨实践和学术界，却并未看到双方有如此紧密的合作。相反，学者和实践者不同的说法，表明了在调和两方阵营时固有的窘境。对于实践者来说，通用理论是不实用的；对于学者来说，知识必须具有普遍性，他们对个案没有兴趣，除非是在可预测模式中。当然这看起来特别简单，并且已有一些有影响的尝试来调和两者。即便如此，这样的说法使互动变得糟糕。

自第一所商学院出现在大学里（van de Ven, 2007），管理学和商业学科的"学术与实践分歧"就一直广受批评。在教练领域中，其发展是由实践的先驱者领导的，而研究者在问题的解决和调查环境方面都相对落后。或者说，教练做有效性陈述超过用有效案例去支持理论（Briner, 2012）也常被诟病。

我们能否更好地发展我们的知识体系？尤其是我们能否清楚地知道自己想从文字中得到什么，以及如何使用它？为了回答这些问题，我们需要思考什么是证据，它是如何得来的。本章中我们将通过回顾证据并确定一些标准来探讨上述问题。第一个标准是受亚里士多德的修辞学规则启发的关于作品说服力的意见（Roberts & Bywater, 1954）。第二个更为现代的标准是对心理学和其他学科常用的证据的分类。

作为准备，请思考目前你在实践中使用的证据来源，以下问题可作为指导：

1. 作为教练，你上一次改变做法是什么时候？
2. 什么样的证据来源（文章、演讲、训练、监督、观察等）使你的做法改变？
3. 该证据的特征是什么，使你能足够相信它并因此改变做法？
4. 哪种来源的证据会使你改变未来的教练实践？

当我们问教练专家这些问题时，他们的反馈模式反映了巴图内克（Bartunek）（2007）的一个发现。根据亚里士多德（Roberts & Bywater, 1954）的修辞学分类，巴图内克将学术写作定义为强调逻辑自洽并且论述清晰的理性诉求；情感诉求则通常用价值观、信仰和感情来激起听众的情感共鸣，并促使他们产生行动；人品诉求是指诚实和可信。亚里士多德认为，一个有说服力的文本需要包含这三个要素，然而不同的传播途径，其要素比重也各有不同。巴图内克（2007）认为情感诉求是吸引听众的必需，我们自身的经验也证明了这一点。实践者在实践中参入个人情感，通过个人实践来评估"反馈"信息。很多研究也证实，人们以自我印证的方式来寻找和解释信息（Dunning et al., 1991）。

如果我们对研究有这种多视角的要求，我们如何知道什么是有用和证据，什么是"单纯"的观点？什么样的循证实践适合我们的教练和客户？为了解决这些问题，我们需要思考"证据"和"循证实践"的确切含义。这些术语的含义既不客观也不中立，我们需要将自己（个人或集体）定位在应用的认知范围之内。然后通过快速了解教练知识的最新情况，以确定当前可用的证据类型。包括由经理和内部教练以及外部教练进行的教练实践，但医疗保健措施或运动环境中进行的教练不在其内。①

---

① 我们的回顾由于字数限制可能并不全面，但是对一些人的深入观点作了突出强调，如 Fillery-Travis & Passmore（2011）；Passmore & Gibbes（2007）；Grant & Cavanagh（2007）等人。

近观证据的本质

循证实践自成立起(参见 Sackett et al., 1996)已是各式服务的基础。这主要包含两重含义：1) 组织提供经验性的干预类服务正在不断增加,2) 服务在部分层面提供有效的证据。尽管循证实践起源于并被积极应用于医疗保健领域,但它已被包括教练在内的各领域广泛接受(Jarvis et al., 2006)。专业人士越来越需要证据证明他们的实践和所得结果,"循证"的说法即源于这一合理要求(Plath, 2006；Calie, 2010；PalMe & Curre, 2013)。

寻求循证实践的核心在于道德责任的延伸,使实践者确保他们所提供的干预对预期接受者最为有利。其他可见的好处(Corrie, 2003, 2010；O'Donohue & Henderson, 1999)包括：

(1) 确保我们的知识不断更新,最新的知识是循证决策的基础；

(2) 标准的保持,我们的客户始终能得到有效的结果；

(3) 通过权威的认证,增强客户对我们服务的信心(包括我们之间和教练服务购买者之间)；

(4) 通过提供专业的实践,使决策更为严谨而非依赖经验和直觉,保护客户免受敷衍的技术应用；

(5) 提供服务时,收费有一个道德标准。

实践者的服务应该基于最新、最好的知识这一理念,至少在表面上你很难提出异议。然而,背后却有几重问题。首先,循证实践依赖于研究者和实践者阵营之间的协作,正如上文所说这种协作通常是缺乏的。面对这种沟通的断层,有心的实践者如何建立一个"鉴别透镜"来评估和整合新方法用于实践？其次,如何定义"证据"决定了循证实践在多大程度上能够实现所支持的目标？

将知识来源分类为等级已成为一种被广泛接受的做法。英国卫生部(1999)确定的五层证据是：

Ⅰ类：至少一个良好的系统评价,最少含一个 RCT；

Ⅱ类：至少一个良好的随机对照试验；

Ⅲ类：至少一项精心设计的研究,不随机；

Ⅳ类：至少一项精心设计的观察性研究；

V类：专家、服务使用者和护理人员的意见。

需要注意的是，所有研究方法都有一席之地，"最佳选择"将取决于所提出的问题类型。因此，不能将证据理解为以任何单一类型数据的形式，而且等级位置不应与有用性混淆（Roth & Fonagy，2005）。然而，在等级层次的建立中，科学方法比其他形式的认知更权威；知识所得结果毫无疑问能够被转换为专业的实践背景，这是典型的理性诉求和潜在假设。如上文所述，这可能不会与实践者及客户重视的"证据"产生共鸣，也可能会阻止研究结果在实践环境中的传播。

当前知识水平对教练的影响

现在让我们来看看教练在这个等级体系中的地位。它能在多大程度上可被称作是基于证据的？

在过去的20年，教练知识体系有长足的发展，目前拥有数百篇期刊文章和书籍。贾维斯等人提供了一个简单的框架来理解这些激增的文献（Jarvis et al., 2006）（见图6.1）。

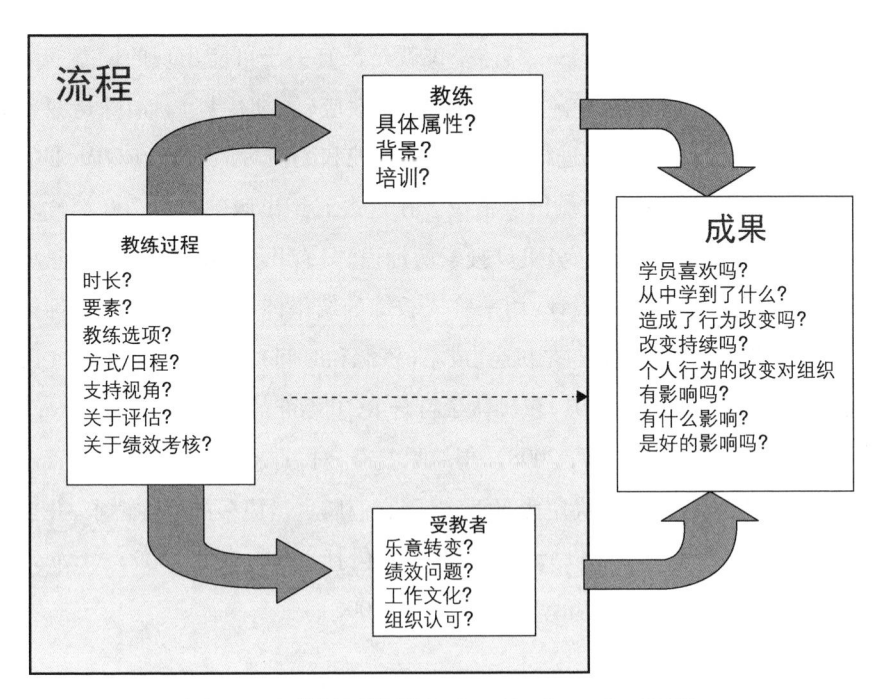

图6.1 文献框架原理图（after Jarvis et al., 2006）

我们通过借鉴三个关键领域的文献，探讨了教练心理学在多大程度上是以证据为基础的问题。首先考虑一个问题，这个问题一直是繁复工作的重点——教练的结果是什么？其次，这个问题将引导我们思考教练课程中实际发生的情况，以及通过对流程的回顾思考哪些因素影响课程的设计和实施。最后，我们来看最近的研究领域，即教练互动本身——教练和受教者之间的相互影响，是在教练过程中发生的。

通过对过程的回顾，指导我们考虑证据在等级层次中的位置，以及如何根据理性诉求、情感诉求和人品诉求来定位。具体的问题类型是否适合特定类型的证据？证据是否令人信服？

教练成果

过去20年，人们一直在搜寻教练行为的投资回报率（ROI）数值用于教练的市场营销（Bennett，2006）。最早的研究采用客户满意度调查等方法，通过这些方法确认了对教练行为超90%的高满意度水平（Fillery-Travis & Lane，2006）和大量投资回报率指标的估算（如400%；McGovern et al.，2001）。

然而，此类研究所得整齐划一，具体来说就是没有关于可能出现的偏差的影响描述，如霍桑效应（正在研究的影响）或皮格马利翁效应（预期优势）。消除这些影响并产生概括性调查结论的方法是进行更多的随机失控和受控对照试验（RCTs；Ⅱ类实证的一个范例），但此类研究的数量仍然很少。在过去五年出版的超过700篇学术文章和论文中（如2014年12月的PsyINFO搜索所标识）只有几百例证据研究，在这些研究里只有11例包含随机受控的设计，用来验证教练的结果能帮助提升绩效指标这一假设。① 限制这些研究的主要问题是机会、成本（资源和时间）和控制操作中多元因素的设计难度。格兰德（Grand，2001）仅确认了符合RCT标准的两项研究（DeVyy，1994；Duijts；van den Brandt & SWEN，2008），但结果复杂，对主要措施没有明显改善。有趣的是，随着研究越来越多地被确定为Ⅲ型实证，它们展示出更多的理性诉求，并变得更有说服力（de Haan et al.，2011）。这里的例子包括Levenson（2009），Evers et al.（2006），Orenstein（2006）和Wasylyshyn et al.（2006）。

---

① 我们注意到大量关于健康关怀环境下的面谈研究——仅2011年就有197例（Billett et al.，1998；Allen & Eby，2011；Underhill，2006），但我们对工作环境里发生的教练仍持保留意见。

最常用的收集有效性信息的工具是包含360度反馈法的定制调查（Thach，2002；Smither et al.，2003；Kombarakaran et al.，2008）。尽管诺瓦克（2009）提出警告说使用这些调查对情绪和持续行为改变有潜在负面影响，然而还是鲜见对有效性工具的使用，如杜伊茨等人（2008）使用的领导力风格测评和目标实现比例（Sinclair，2003）。

常被引用的奥利弗罗等人（Olivero et al.，1997）的研究就是一个使用"精准"生产率度量的例子。世界卫生组织确认除了在管理发展项目中只提供培训外，教练的应用对公共部门管理者的生产力也有积极影响。这项研究构想在一个普通的场景（培训后固有行为的改变）下进行教练调研，借以引起读者的高度共鸣。但在人为的干预中，试图将这些措施规范化为一个投资回报率数字本身就很困难，因为大量潜在的影响因素是无法量化的，或是未知的。规避这一问题的标准方法是进行meta分析（临床医学：荟萃分析），以将证据"提供"给Ⅰ类研究。德缪斯、戴和李（De Meuse，Dai，& Lee，2009）进行了首次尝试，但他们总共完成了6项研究（Evers et al.，2006；Luthans & Peterson，2003；Peterson，1993；Smither et al.，2003；Togel & Nicholson，2005；Lew et al.，2003）。读者可以直接阅读他们的论文进行全面分析，但总的来说，1.27的投资回报率是极小的。尽管所采用的方法是稳健的，对结果的描述也是适当而克制的，然而与教练的经验却并不一致，最终使读者认为研究的可信度较低。

总之，无论从实践或学术角度，关于教练结果的文献水准还不足以发布正式声明。无论如何，结果不是全部。此外，对结果的评估取决于（1）对被评估对象的清晰可用的定义和（2）对什么是好的结果的一致释义（Corrie，2010；Fillery-Travis & Lane，2006）。然而极度多元化的问题与教练干预的重点相关，意味着根据研究人员、实践者、教练和其他在项目中投入精力的利益相关者的不同需要，决定了评估结果会有多种可能性。教练类型的多元，使得教练实施过程中内容的多样性也得到迅速扩展。考虑到这些因素，很难确定结果评估同样适用于整个教练干预范围（Grcif，2007）。对客户来说，每位实践者都有自己的真实利益诉求。在我们回顾文献讲述的教练过程之后，将回到这个难题。

过程研究

到目前为止，我们已经确认实验Ⅲ型或Ⅱ型研究中需要控制的因素的信息不足，也正是这些因素对教练的过程产生了影响。人们对这个研究领域的兴趣逐渐浓厚，其本质的问题是"究竟发生了什么?"定量研究未能恰当解决这个问题,还需要深入的案例分析,其中包含使用混合或单纯的定性研究法(Ⅲ型和Ⅳ型实证)。尽管定性法不能给出通用的结论,但这并不是判定它是否有用的唯一标准。即使理性诉求可能占主导地位,情感诉求也能提供足够的说服力。作为实践者,我们可以找到一个团队教练的研究(Peters & Carr, 2013),它使用了两个大相径庭的案例——一个在公共部门的团队和一个在私人部门的团队——在提供"好的实践"模型方面同样有用。这些实例中的抗干扰性标准是真实、可靠、有益和可信的,也就是说,研究对提出的问题的现象的探索是否以一种结构完整、显而易见的方式进行,并且是否对研究结果提出了合理的主张(Peters & Carr, 2013)?这些标准在情感诉求领域得到最有效地运作,因为实践者将他们的经验作为确定可信度的依据。

根据教练互动的运行因素的有用结构,一位成员将潜在因素分为如下几项:(a)教练属性,(b)客户属性,(c)教练实践本身,(d)背景(Fillery-Travis & Lane, 2006)。下面我们依次讨论这些项目。

在雇佣和任命教练时,教练属性这一概念很重要。大多数专业机构在丁曼(Dingman, 2004)和摩根等人(Morgan et al., 2006)工作的基础上,特别从能力结构的角度考虑到了这一点。其中包括外部教练和建立关系所需的人际交往技能、沟通技能和工具支持。对主管教练要求的研究表明:授权、助力和无畏是具体的附加因素(Wenzel, 2001; Graham et al., 1993; Ellinger & Bostrom, 1998; Ellinger, 2003; Ellinger et al., 2008)。这些研究都未确定所使用的教练风格或教练模式。本文撰写时,EMCC最近的报告在循证基础上确认的胜任力全列表将被公布给成员,并为感兴趣的读者提供网站参考。

对缺乏心理理论支持和缺乏改变准备的受教者而言(Carey et al., 2011; Seamons, 2006; Wasylyshyn, 2003),受教者属性同样也需要探讨。基尔堡(Kilburg, 2001)是早期关于教练的作者之一,他研究服从性问题,并在研究中提出了一个因素模型,在模型中大量引用了心理治疗的文献。

虽然很容易认可大多数教练模型能够很好地适应不同的进程阶段(包括如关系的建立、评估、形成、行动计划和监测等要素),但还是没有对个体或组合所产生相关影响的系统研究。现有研究包括:(1)教练—客户关系;(2)过程的持续时间;(3)目的和实践模式的确认。在坎帕科克什(Kampa-Kokesch)和安德森(Anderson)(2001)的影响深远的评论中,教练—客户关系被认为是至关重要的。德汉(De Haan)使用关键事件法对此进行了全面探索(De Haan, 2008a, 2008b;De Haan & Stewart, 2011)。拜伦和莫林(Baron & Morin, 2009)探讨了治疗文献中"工作联盟"概念的相似性,并在随后的工作中,进行了30名受教者和他们的内部教练设计的前后测研究,探讨了与自我效能感的关系。格雷戈里和利维(Gregory & Levy, 2011)讨论了主管作为教练的互动。最近,德汉和帕杰初步发现,从被他们称作"有史以来最伟大"的教练结果项目(2014)提供重要的证据表明,教练关系仍然是教练结果的最佳预测。他们的研究(其中初步调查约占最终研究的75%)整理了来自超过34个不同国家的1100多名教练、1800名教练客户和82名组织倡议者(直线经理或总监)的数据,发现并强势证明了教练关系是教练结果最有力的决定因素。确定教练关系的"质量"以做好归类还需要进一步的分析。这种影响大到可以超越教练模式本身等因素(De Haan et al., 2011)。

研究中,教练关系的持续到过程的结束(Cox, 2010)经常被假定为随意选择的结果(从1个电话到12个月的结构化工作)。只有少数小范围的研究是关于教练完成后行为变化的可持续性(Grand et al., 2010)或为达到最佳影响的教练时长(Research, 2003)。

教练互动

文献中的最后一个主题是最近几年才出现的,这是对教练互动本身的探索。伊莱恩·考克斯(Elaine Cox)的工作在这里特别有意义(Cox, 2013),她发现这个领域明显缺乏研究。具体而言,她认为,研究者一直偏爱干预过程中更明显的进程因素却忽视了关系因素,研究关系发展的方式以及它是如何对教练的过程和结果起作用的这两个方面至关重要。然而,这方面的研究尚未展开。她提出的一个原因是,需要新的方法论和道德实践来探索这种互动,而不要对正在调查的现象进行显著的干扰。关于在互动中使用反馈的新博士学位研究(Lewis, 2014)就是这类研究的一个例子。这项实践者研究使用教练从业者对其工作的生活经验的描述来构建一个模型,该模型描述了在教练参与中提供适当反馈的条件。这项研究引出了一个问题,即研究者是否需要成为一个充分探索这种现象的教练?

更深入的思考：有目的的定义和创造循证基础

虽然教练和教练心理学的知识基础在不断增加，但关于教练的基本问题仍然没有答案，包括教练是否真的"有用"？对谁以及对什么类型的人有用？同时在更广泛的范围内收集实证也很重要。证据是在特定的政治、经济和专业背景中出现的社会现象。因此，显然是直截了当的问题（比如，教练有用吗？）对复杂而晦涩的研究更为有用。

教练所做的很多事情都很复杂，反映了多层次的优先级和关注点。在这种情况下，证据并不明确，须从一系列可用的数据中构建、解释甚至制造出来（Newnes, 2001）。教练实践者的决策势必包含广泛的思考——涵盖背景和相关者的利益、教练和组织的价值观、时间限制、成本以及受教者的偏好和目标等实际问题。

如何定义、收集和传播证据，是教练团队必须认真考虑的问题。尽管需要教练在一个充满正能量的氛围中定义和区分自己，然而作为一个独特的新兴职业，教练同样可以质疑、批判和挑战过去。在寻找证据基础和确定适合的研究方法时，有必要仔细考虑我们希望用证据去做什么。教练实践者有机会（也有责任）通过新的视角来完成创造知识的任务。正如教练本身一样，通过批判性分析与反思，我们寻求并鼓励用成熟的理解与创造性的解决方式去应对生活与工作中的挑战。因此，这些类似的技能可以有效应用于以循证实践为基础的成熟论证，并且在发展教练心理学中发挥作用。通过这样做，该领域也有可能支持其他学科审核其发展知识的方法。

麦克唐纳（2001）认为，循证实践的成功，必须满足一系列的潜在标准。其中包括对高质量研究的投资、了解最新的研究以及在实践中应用证据的能力。然而，在肖（Shaw）和肖（Shaw）（1997）之后，实际情况是实践者使用各式来路不明的证据来指导他们的决策。作为证据库的贡献者、消费者和批评者，迄今为止教练实践者之间的关系仍是论辩和调研中一个考虑不周、需要关注的方面，它本身就值得研究。可以说，我们需要了解教练和其他利益相关者如何看待相关的新兴研究机构以及它们（究竟）是如何完成实践的。实践者在完成任务时是如何综合理性诉求、情感诉求和人品诉求的,这对我们理解什么使教练有效,并伴随教练结果、过程研究和教练互动产生新的认知非常重要。

本着支持学术实践者研究文献的精神,我们鼓励在研究和实践之间建立更紧密的伙伴关系,并提出关于未来需要什么样的证据的重要问题。表 6.1 提出了一些问题,我们希望可以鼓励并能反映当下的研究和复杂情况下进行的实证研究。

表 6.1 为实践型学者所准备的问题

---

1. 教练实践者作为被研究对象:有关循证基础上的个人参与问题。
   (1) 证据对你来说意味着什么? 根据个人的实践经验,你如何定义教练环境中的证据?
   (2) 关于普通教练和个人的具体实践,你想寻求哪些问题的答案?
   (3) 多大程度上,你能够获得希望的证据,并且确信该证据可以有助于实践的运行和发展?
   (4) 你是如何从大量的信息和证据来源中确认哪些是可信的,哪些是不可信的? 你的知识管理和决策的标准是什么?
2. 对于教练实践者来说:支持我们塑造该领域的问题。
   (1) 什么问题让你感兴趣并想获得答案?
   (2) 你研究的目的是什么? 是作为实践者通过提升个人知识与技能来加强贡献吗? 还是调查对具体受教者采取措施的有效性? 或者是评判特殊情况下的实际做法? 又或者是与其他供应商进行有效竞争?
   (3) 你的证据对谁来说是好消息?
   (4) 你的证据对谁来说是坏消息?
3. 对于那些实践或/和研究教练服务的团体:如何制定和完善我们的研究议题。
   (1) 我们为什么要寻求证据? 在 Sturdee 之后,有哪些不同的议题安排,谁在安排?
   (2) 我们希望和需要数据做些什么? 我们最希望和需要与利益相关者沟通什么信息?
   (3) 当前我们最需要问的是什么类型的问题?
   (4) 采集证据的过程中,最需要什么类型的教练活动?
4. 对于那些实践或/和研究教练服务的团体:我们如何鼓励参与更广泛的教练研究的问题。
   (1) 如何将我们的研究更好地扩散(传播)出去?
   (2) 谁是我们证据研究的受众?
   (3) 我们希望鼓励教练服务的买家以何种方式参与文献研究中? 为使他们参与,什么样的资源、知识和技能是必要的?
   (4) 不同利益相关者寻求证据的目的是什么? 他们如何使用证据?

结　论

本章我们试图提供基于教练心理学的研究概述，同时鼓励参与一些面向该领域的关键挑战。我们也尝试鼓励思考研究过程中的各种复杂缘由，以及循证实践的概念是如何将教练心理学的发展塑造成一个独特的学术活动领域的。

虽然关于"有效性"的基本问题仍未得到解决，但鉴于教练在市场上的迅速扩大，这在某种程度上是不可避免的。正如本章开头所述，新兴的专业实践领域始终需要将自己与其他相关学科区分开来，关键的方法是发展一套特定的学科知识和坚实的循证基础，以巩固成果的有效性。不过，同样重要的是，要避开试图通过重复过去的研究来寻求认同这一陷阱。为研究我们所做的工作进行的调查实践和新的创造性方法的传播，教练心理学领域作出了重要贡献并提供了新的视角。

作为一个整体，教练实践者、研究者和利益相关者需要协同工作以确定调查中的优先事项，并有对这些优先事项作出反应的能力，同时还有审慎使用各种调研方法的能力。实践者和研究者需要熟练掌握并真正理解不同方法的相对作用，并能够选出解决问题的最佳方式，这对他们自身及相关人士来说才是最紧迫的。正如菲利普(1993)警告的那样，学科一旦被狭义定义，研究者就会"……倾向于将个人局限在有限的一类问题，使用的研究方法经不起实践的检验，而且不能很好地适应不确定的实践环境"。如果注意到这一警告，最终我们或许能够将学术界与实践界所有相关利益做到统一。

讨论要点

1. 你认为教练心理学实践在研究中起了什么作用？
2. 作为实践者，你的工作在多大程度上受到研究文献的影响，为什么？
3. 用知识来源的层次分类，实证的哪些层次对你的实践发展影响最大？为什么？
4. 思考你对本章首尾问题的回答。你的回答如何能够帮助你更有效地评估和发展你的工作？

推荐阅读

Corrie, S. (2010). What is evidence? In R. Woolfe, S. Strawbridge, B. Douglas & W. Dryden (Eds.) *Handbook of Counselling Psychology*, 3rd Ed. Thousand Oaks, CA: Sage Publications.
Fillery-Travis, A., & Passmore, J. (2011). A critical review of executive coaching research: A decade of profess and what's to come. *Coaching: An International Journal of Theory, Research and Practice*, 4(2), 70–88.
Jarvis, J., Lane, D., & Fillery-Travis, A. (2006). *The Case for Coaching: Making Evidence-Based Decisions on Coaching*. London UK: CIPD.
Nutley, S.M., Walter, I., & Davies, H.T.O. (2007). *Using Evidence: How Research Can Inform Public Services*. Chicago, IL: Policy Press.

参考文献

Allen, T.D., & Eby, L.T. (2011). *The Blackwell Handbook of Mentoring. A Multiple Perspectives Approach*. Hoboken, NJ: Wiley-Blackwell.
Baron, L., & Morin, L. (2009). The coach-coachee relationship in executive coaching: A field study. *Human Resource Development Review* 20: 85–106.
Bartunek, J.M. (2007). Academic-practitioner collaboration need not require joint or relevant research: Toward a relational scholarship of integration. *The Academy of Management Journal* 50: 1223–1333.
Bennett, J.J. (2006). An agenda for coaching-related research: A challenge for researchers. *Consulting Psychology Journal: Practice and Research*, 58, 240–249. doi:10.1037/1065-9293.58.4.240
Billett, S., McCann, A., & Scott, K. (1998). *Workplace Mentoring: Organising and Managing Effective Practice*. Brisbane: Griffith University.
Briner, R.B. (2012). Does coaching work? *OP Matters* 16: 4–11.
Carey, W., Philippon, D.J., & Cummings, G.G. (2011). Coaching models for leadership development: An integrative review. *Journal of Leadership Studies* 5: 51–69.
Corrie, S. (2003). Keynote paper: Information, innovation and the quest for legitimate knowledge. *Counselling Psychology Review* 18(3): 5–13.
Corrie, S. (2010). What is evidence? In R. Woolfe, S. Strawbridge, B. Douglas, & W. Dryden (Eds.) *Handbook of Counselling Psychology*, 3rd Ed. Thousand Oaks, CA: Sage Publications.
Cox, E. (2010). Last things first: Ending well in the coaching relationship. *The Coaching Relationship: Putting People First*: 159.
Cox, E. (2013). *Coaching Understood: A Pragmatic Inquiry into the Coaching Process*. London: Sage Publications.
de Haan, E. (2008a). I doubt therefore I coach: Critical moments in coaching practice. *Consulting Psychology Journal: Practice and Research* 60(1) March: 91–105.
de Haan, E. (2008b). I struggle and emerge: Critical moments of experienced coaches. *Consulting Psychology Journal: Practice and Research* 60: 106.
de Haan, E., Culpin, V., & Curd, J. (2011). Executive coaching in practice: What determines helpfulness for clients of coaching? *Personnel Review* 40: 24–44.
de Haan, E., & Stewart, S. (2011). *Relational Coaching: Journeys towards Mastering One-to-One Learning*. Hoboken, NJ: John Wiley & Sons, Inc.
de Meuse, K. P., Dai, G., & Lee, R. J. (2009). Evaluating the effectiveness of executive coaching: Beyond ROI? *Coaching: An International Journal of Theory, Research and Practice*, 2(2): 117–134.
Department of Health. (1999). *National Service Frameworks for Mental Health: Modern Standards and Service Models*. London: Department of Health.
Deviney, D. E. (1994). The effect of coaching using multiple rater feedback to change supervisor behavior. Dissertation Abstracts International Section A, 55, 114.
Dingman, M. (2004). *The effects of executive coaching on job-related outcomes* (Doctoral Dissertation, Regent University London UK, 2004). Dissertation Abstracts International, AAT 3141539.
Duijts, S.F., Kant, I., van den Brandt, P.A., et al. (2008). Effectiveness of a preventive coaching intervention for employees at risk for sickness absence due to psychosocial health complaints: Results of a randomized controlled trial. *Journal of Occupational and Environmental Medicine* 50: 765–776.

Dunning, D., Perie, M., & Story, A.L. (1991). Self-serving prototypes of social categories. *Journal of Personality and Social Psychology* 61: 957–968.
Ellinger, A.D. (2003). Antecedents and consequences of coaching behaviour. *Performance Improvement Quarterly* 16: 5–28.
Ellinger, A.D., & Bostrom, R. (1998). Managerial coaching behaviours in learning organisations. *Journal of Management Development* 18.
Ellinger, A.D., Hamlin, R.G., & Beattie, R.S. (2008). Behavioural indicators of ineffective managerial coaching. *Journal of European Industrial Training* 32: 240.
Evers, W.J., Brouwers, A., & Tomic, W. (2006). A quasi-experimental study on management coaching effectiveness. *Consulting Psychology Journal: Practice and Research* 58: 174–182.
Fillery-Travis, A., & Lane, D. (2006). Does coaching work or are we asking the wrong question? *International Coaching Psychology Review* 1: 23–36.
Fillery-Travis, A., & Passmore, J. (2011). A critical review of executive coaching research: A decade of profess and what's to come. *Coaching: An International Journal of Theory, Research and Practice* 4(2): 70–88.
Graham, S., Wedman, J.F., & Kester, B.G. (1993). Manager coaching ckills: Development and application. *Performance Improvement Quarterly* 6: 2–13.
Grant, A. M. (2003). The impact of life coaching on goal attainment, metacognition and mental health. *Social Behavior and Personality: An International Journal*, 31(3), 253–263.
Grant, A.M., & Cavanagh, M.J. (2007). Evidence-based coaching: Flourishing or languishing? *Australian Psychologist* 42: 239–254.
Grant, A.M., Green, L., & Rynsaardt, J. (2010). Developmental coaching for high school teachers: Executive coaching goes to school. *Consulting Psychology Journal: Practice and Research* 62: 151–168.
Gregory, J.B., & Levy, P.E. (2011). It's not me, it's you: A multilevel examination of variables that impact employee coaching relationships. *Consulting Psychology Journal: Practice and Research* 63: 67–88.
Grief, S. (2007). Advances in research on coaching outcomes. *International Coaching Psychology Review*, 2(3), 222–249.
Jarvis, J., Lane, D., & Fillery-Travis, A. (2006). *The Case for Coaching: Making Evidence-Based Decisions on Coaching*. London UK: CIPD.
Kampa Kokesch, S., & Anderson, M.Z. (2001). Executive coaching: A comprehensive review of the literature. *Consulting Psychology Journal: Practice and Research* 53: 205–228.
Kilburg, R.R. (2001). Facilitating intervention adherence in executive coaching: A model and methods. *Consulting Psychology Journal: Practice and Research* 53: 251–267.
Kombarakaran, F.A., Yang, J.A., Baker, M.N., et al. (2008). Executive coaching: It works! *Consulting Psychology Journal: Practice and Research* 60: 78–90.
Levenson, A. (2009). Measuring and maximizing the business impact of executive coaching. *Consulting Psychology Journal: Practice and Research* 61: 103–121.
Lew, S., Wolfred, T., Gislason, M., & Coan, D. (2003). Executive coaching project: evaluation of findings. In *Proceedings of the First ICF Coaching Research Symposium* (pp. 62–69).
Lewis, L. (2014). *Feedback in coaching* (Doctoral Dissertation Institute for Work Based Learning). Middlesex University, London, UK.
Luthans, F., & Peterson, S.J. (2003). 360 degree feedback with systematic coaching: Empirical analysis suggests a winning combination. *Human Resource Management* 42: 243–256.
Macdonald, G. (2001). *Effective Interventions for Child Abuse and Neglect: An Evidence-Based Approach to Planning and Evaluting Interventions*. Chichester, West Sussex: Wiley-Blackwell.
McGovern, J., Lindemann, M., Vergara, M., et al. (2001). Maximizing the impact of executive coaching. *Manchester Review* 6: 1–9.
Morgan, H., Harkins, P., & Goldsmith, M. (2006). The right coach. In J. V. Gallos (Ed.) *Organization Development*. San Francisco, CA: Jossey-Bass.
Newnes, C. (2001). On evidence. *Clinical Psychology* 1: 6–12.
Nowack, K.M. (2009). Leveraging multirater feedback to facilitate successful behavioral change. *Consulting Psychology Journal: Practice and Research* 61: 280–297.
O'Donohue, W., & Henderson, D. (1999). Epistemic and ethical duties in clinical decision-making. *Behaviour Change* 16(1): 10–19.
Olivero, G., Bane, K., & Kopelman, R.E. (1997). Executive coaching as a transfer of training tool: Effects on productivity in a public agency. *Public Personnel Management* 26: 461–469.
Orenstein, R.L. (2006). Measuring executive coaching efficacy? The answer was right here all the time. *Consulting Psychology Journal: Practice and Research* 58: 106.
Page, N., & de Haan, E. (2014). Does executive coaching work? *Psychologist*, 27(8): 582–586.
Palmer, S., & Corrie, S. (2013). An international perspective on the development of coaching psychology as a profession and evidence-based discipline. Keynote at 3rd International Congress of Coaching Psychology, Rome.

Passmore, J., & Gibbes, C. (2007). The state of executive coaching research: What does the current literature tell us and what's next for coaching research? *International Coaching Psychology Review* 2(2), Jul: 116–128.

Peters, J., & Carr, C. (2013). Team coaching. Doctoral Disseration In *Institute for Work Based Learning*. London: Middlesex.

Peterson, D.B. (1993). Measuring change: A psychometric approach to evaluating individual coaching outcomes. Annual Conference of the Society for Industrial and Organizational Psychology, San Francisco, CA.

Philips, B. N. (1993). Challenging the stultifying bonds of tradition: Some philosophical, conceptual and methodological issues in applying the scientist-practitioner model. *School Counseling Quarterly* 8: 27–37.

Plath, D. (2006). Evidence-based practice: Current issues and future directions. *Australian Social Work* 59(1): 56–72.

Harder+Company Community Research (2003). Executive coaching project: Evaluation of findings. *Report*. Retreived from https://www.performanceconsultants.com/wp-content/uploads/maximizing-the-impact-of-executive-coaching.pdf 21 August 2018.

Roberts, W.R., & Bywater, I. (1954). *The Rhetoric and the Poetics of Aristotle.* New York, NY: Modern Library.

Roth, A., & Fonagy, P. (2005). *What Works for Whom? A Critical Review of Psychotherapy Research.* New York: Guilford Press.

Sackett, D.L., Rosenberg, W.M.C., Gray, J.A.M., Haynes, R.B., & Richardson, W.S. (1996). Evidence-based medicine: What it is and what it isn't. *British Medical Journal* 312: 71–72.

Seamons, B.L. (2006). *The Most Effective Factors in Executive Coaching Engagements According to the Coach, the Client, and the Client's Boss.* Oakland, CA: Saybrook Graduate School and Research Center.

Shaw, I., & Shaw, A. (1997). Keeping social work honest: Evaluating as profession and practice. *British Journal of Social Work* 27: 847–869.

Sinclair, C. (2003). Mentoring online about mentoring: Possibilities and practice. *Mentoring & Tutoring: Partnership in Learning* 11: 79–94.

Smither, J.W., London, M., Flautt, R., et al. (2003). Can working with an executive coach improve multisource feedback ratings over time? A quasi-experimental field study. *Personnel Psychology* 56: 23.

Sturdee, P. (2001). Evidence, influence or evaluation? Fact and value in clinical science. In C. Mace, S. Moorey, & B. Roberts (Eds.) *Evidence in the Psychological Therapies: A Critical Guide for Practitioners.* Hove, East Sussex: Routledge.

Thach, E.C. (2002). The impact of executive coaching and 360 feedback on leadership effectiveness. *Leadership and Organization Development Journal* 23: 205–214(210).

Toegel, G., & Nicholson, N. (2005, August). Multisource feedback, coaching, and leadership development: Gender homophily in coaching dyads. In *Academy of Management Proceedings* (Vol. 2005, No. 1, pp. F1–F6). Briarcliff Manor, NY: Academy of Management.

Underhill, C.M. (2006). The effectiveness of mentoring programs in corporate settings: A meta-analytical review of the literature. *Journal of Vocational Behavior* 68: 292–307.

Van de Ven, A.H. (2007). *Engaged Scholarship: A Guide for Organizational and Social Research.* Oxford; New York: Oxford University Press.

Wasylyshyn, K.M. (2003). Executive coaching: An outcome study. *Consulting Psychology Journal: Practice and Research* 55: 94–106.

Wasylyshyn, K.M., Gronsky, B., & Haas, J. (2006). Tigers, stripes, and behavior change: Survey results of a commissioned coaching program. *Consulting Psychology Journal: Practice and Research* 58: 65–81.

Wenzel, L.H. (2001). *Understanding Managerial Coaching: The Role of Manager Attributes and Skills in Effective Coaching.* Fort Collins, CO: Colorado State University.

第七章 通过教练心理研究法的分析理解循证教练

赖奕伶和斯蒂芬·帕尔默
(Yi-Ling Lai & Stephen Palmer)

引 言

自20世纪初以来,循证教练实践越来越受关注;格兰特的教练文献综述(Grant, 2001)是一项开创性研究,强调了心理学原理在教练实践中的重要性。不同于其他类似的辅助性干预(如咨询和治疗),教练被认为是跨学科的干预(如管理学、心理学、社会科学等)。因此,整合最佳的既有知识到循证教练实践中是一项大挑战。与教练相关的一些专业机构(如英国心理学会、欧洲指导与教练委员会等)开始关注如何区别定义教练和其他类似干预,这是确定循证教练实践最适合规则的关键步骤(Briner & Rousseau, 2011)。一些特定的教练心理学兴趣小组也被建立起来(如2002年澳大利亚心理学学会组织的教练心理学兴趣小组和2004年英国心理学会组织的教练心理学特别小组),用以提升和强调心理学在教练与教练心理学实践中的基础作用。经过十多年在循证教练基础上的努力,通过三个元分析研究和四个结构性评估,心理学在教练领域占有了一席之地(Theeboom, Beersma, & van Vianen, 2014; Lai & McDowall, 2014; Jones, Woods, & Guillaume, 2015; Sonesh et al., 2015; Grover, & Furnham, 2016; Athanasopoulou, & Dopson, 2018; Bozer, & Jones, 2018)。然而,因为证据质量的不确定性,使得一些循证实践的支持者依然对教练干预的有效性存疑(Briner, 2012)。比如,大多数教练研究依赖于定性研究法,但随机对照试验(RCT)却被认为是检查干预有效性的最合适的方法(Guyatt et al., 1995; Guyatt et al., 2000)。因此,单纯的定量研究(如具有明确结果的试验)预计将会大幅增加。

根据布里默(Brimer)和卢梭(Rousseau)(2011)所说,用来评估所有证据有效性的结构性评估(SR)被认定是循证实践发展中最严格的方法。因此,本章的目的在于,通过整合对教练心理学的两个结构性评估(Lai & McDowall,2014; Lai,2016),提供最新的教练心理学研究证据的概述。这一分析主要是细审当今的教练研究方法(1995—2016年)并对两种评估进行比较,让我们深入了解循证教练过去10年的发展历程,并确定未来的研究领域。

什么是循证实践?

在深入讨论循证实践的演化发展之前,重要的是先定义它的范围。根据本章开篇的总述,循证教练实践最早于2001年由格兰特(Grant)提出,并有许多的支持者讨论最优的实践规则(Rousseau, Manning, & Denyer, 2008; Briner & Rousseau, 2011)。如下列举了循证实践的一些关键特性,并为后续章节对当今教练证据的分析提供了参考准则。

循证实践是通过明确和审慎地使用四种信息来源而进行的决策过程。这四种信息来源分别为——实践者的专业知识和判断、来自当地环境的证据、对现有最佳研究证据的批判性评估,以及会受决定影响的人的观点(Sackett et al., 1996)。布里默和卢梭(2011)定义了循证实践的三个特性:

(1)结合实践者的专业知识与外部研究证据。
(2)让所有学者、教育者和实践者参与到获取与使用最佳可用证据的活动过程。
(3)使用结构性评估以评估既有的所有相关证据,而非依赖单项研究。

结构性评估(SR)是一种特定方法。它通过严格易懂的手段来找出现有的研究,然后选择和评估这些研究发挥的作用,分析并合成研究证据中的数据和报告,进而得出明确合理的结论——是什么? 什么是不知道的? (Denyer & Tranfield, 2011)"证据层次"(研究质量)是被用于考量结构性评估方法的研究,它通过检测研究方法的合适性(也称为方法学质量)来为所研究的问题或假设进行排序。证据层次的概念通常用于评估"干预措施的有效性"。

因此,教练研究方法的选择及严谨程度被认为是关键评判标准,用以评估教练研究设计能否达到循证实践的目标。表7.1是临床研究中研究方法论层次的通用准则,已被广泛采用,但这不是最终确定的层次结构。我们根据不同的研究目的,将使用不同类型的层次结构。例如,回答有关过程或干预平均值的问题(Petticrew & Roberts, 2006),随机对照试验(RCT)可能不是最合适的研究方法。因此,本章对这两个结构性评估的评价主要集中在对研究方法选择的分析上。这些回顾包括定性和定量两种研究,它们不仅验证了心理教练干预的有效性,还确定了会影响教练关系建立的常见因素。

表 7.1 证据层次(Guyatt et al., 1995;Guyatt et al., 2000)

干预措施的有效性	
(1) 结构性评估和荟萃分析	(2) 有明确结果的随机对照试验
(3) 无明确结果的随机对照试验	(4) 队列研究/横断面(观察)研究
(5) 病例对照研究	(6) 横断面调查
(7) 案例报告	

循证教练发展中的困境

很多人都在讨论循证教练推广中遇到的挑战(Briner, 2012)。此节整合了前面的讨论并归纳了阻碍教练干预达到循证实践标准所遇到的困境。这些分析为我们未来的研究重点指明了方向。

教练是一种跨学科干预

根本挑战在于,如何加速基于教练干预的循证教练的发展。如果我们回顾表 7.2 的下述关键定义就会发现,尽管教练干预的研究领域多样,但可分为四类:管理、教育/成人培训、哲学与心理学。首先,教练的定义大多都与工作绩效、工作成果、领导力及策略意识的提升相关,这一点最能体现教练成果(Parsloe, 1999;Grant, 2000;Kampa-Kokesch & Anderson, 2001;Crane & Patrick, 2007;Smither, 2011;Lai, 2014)。

教练活动实际上常由受教者所在的企业委托发起,雇主企业通常希望从一个有效的教练项目中获得工作绩效和组织生产力的提升。然而,有一些重要前提,比如,教练过程中的积极影响(教练关系)和核心输出(教练的态度和行为)是促成最终结果的有效因素,如公司生产率(Greif, 2013)。

表 7.2 教练定义参考

参 考	定 义
Kilburg(1996)	教练是指在组织内履行管理职责的受教者,与运用一系列行为策略帮助实现协同定义目标的顾问之间的一种帮助关系。教练是一种旨在提高个人和职业幸福感及绩效的干预措施,其基础是以成熟的成人学习或心理方法为基础的教练模式。
Parsloe(1999)	教练是一个关注解决方案和结果的协作过程。通过这个过程,它致力于促进受教者的工作表现、自主学习、充实生活和个人成长。
Grant(2000)	教练是一种注重结果的活动,旨在通过合作设定目标、进行头脑风暴并制定行动计划来鼓励自主学习。
Greene & Grant(2006) Hamlin et al.(2008)	教练旨在通过有意识或潜意识的行为,帮助个体提高在各个领域的表现,并提升他们的个人效率,促进发展与成长。
Passmore & Fillery-Travis(2011)	教练是推动者(教练)和参与者(受教者/客户)之间关注未来的诘问式(苏格拉底式①)对话。目的是激发参与者的自我意识和个人责任感。
de Hann & Duckworth (2012)	教练是一种领导力发展形式,"通过与合格教练进行一系列一对一的合约式谈话",为受教者带来相关、可行和及时的行为结果。
Lai(2014)	教练是一个思辨过程,通过教练和受教者之间的持续对话与谈判,帮助或促进受教者体验积极的行为改变,实现受教者的个人或工作目标。

在达成绩效之前需要学习(Greif, 2013),因此这些定义(Parsloe, 1999; Grant, 2000; Greene & Grant, 2006; Passmore & Fillery-Travis, 2011; Lai, 2014)也强调了"个人发展"、"自主学习"和"自我意识与个人责任"。这也表明,教练过程中成人学习理论可以有效地促进学习。如上所述,简单讲就是个人发展和组织绩效/生产力是教练活动的关键成果,这两个预期成果都依赖于受教者作出一些改变,如态度、动机、自信或行为。因此,与心理原则相关的"行为改变和策略"或"自我意识和自我效能",通常被看作积极教练产出的开始(Parsloe, 1999; Pass-more & Fillery-Travis, 2011; Lai, 2014)。不管需要达成哪种预期成果或采用哪种心理学原则,有效教练流程的实施都

---

① 苏格拉底和人讨论有关问题时,常用诘问法,又称苏格拉底法。指在谈话过程中,谈话人偏重于问,但不轻易回答对方的问题。只要求对方回答问题,并以谦和的态度持续发问,由对方回答中导引出其他问题的资料。

需要通过教练和受教者之间的对话与互动(Passmore & Fillery-Travis，2011；Lai，2014)。帕斯莫尔和菲利·特拉维斯(2011)将教练过程定义为一种苏格拉底式的、着眼于未来的对话,这种对话能激发受教者的自我意识觉醒和对积极变革的反思。此定义确实阐明了教练实践中的哲学立场。

综上所述,教练无疑是一个至少包含了管理学、成人学习理论、哲学和心理学的跨学科的干预。由此产生的教练干预的多样性,为整合相关证据以建立循证实践的理论知识体系增加了难度,同时也说明了促进教练向标准化职业发展需要面临的挑战。

教练研究中研究方法和评估手段的多样性

基于教练学科的多样性,教练研究会采用不同的研究方式和评估方法。根据循证教练的最佳实践,结构性评估(SR)被认为是最严格的方法,通过综合相关证据向实践者提供最佳的可用知识。在证据评估过程中,研究方法的设计是决定证据质量的一个关键因素。很长一段时间以来,循证实践的倡导者(Briner，2012)对教练干预的有效性有所怀疑,他们质疑教练研究中的随机对照试验数量不足以证明教练对学习和组织绩效的作用。尽管随机对照试验被认为是检验干预有效性的最佳方法(Guyatt et al.，1995；Guyatt et al.，2000),但这种方法对检验调查干预的过程或意义可能并不适用(Petticrew & Roberts，2006)。教练心理学的结构性评估(Lai & McDowall，2014)确认了10项随机对照试验研究(1995—2010年);基于相同的搜索条件,2016年进行的一项半结构性评估,概述了14项随机对照试验(2011—2016年)。然而,与其他类似的帮助干预措施相比,结构性评估进展相对缓慢。对教练研究领域随机对照试验不足的解释总结如下:

(1)教练研究人员和实践者的背景各异,他们偏好在自己的领域内进行实践和研究。举个例子,社会科学或管理研究为主的期刊一般更喜欢发表定性方法论(如解释性现象学分析,也称为IPA和案例研究)去解读在特定背景下的个人经验或看法,并用更深层次的信息解释在教练过程中出现的现象。另一方面,根据我们的经验,心理学相关的期刊更喜欢刊发定量研究,这些研究通过RCT或实验检验了某些获得最佳结果的教练方法。

（2）与其他类似的专业帮助干预措施（如咨询和心理治疗）相比，教练的背景以及利益相关者更加复杂和多元化。大多数教练活动都是由受教者的雇主委托进行的，因此个人发展和组织目标的平衡决定了教练主题和预期结果。因而我们面临的挑战是在特定的教练环境下进行科学实验，同时减少所有潜在因素和偏见的影响以检验确定的结果。

综上所述，研究的焦点和方法的选择因为教练专业人员背景的广泛性而多样化。此外，更复杂的背景和不同的利益相关者使得减少纵向实验性研究的潜在影响因素增加了难度。

心埋学在当代教练实践中的地位

一些教练评论和书籍章节发表了心理学原则在教练中的作用（Bachkirova，2008；Grant，2001；Passmore & Fillery Travis，2011；Whybrow，2008）。实际上，自20世纪90年代以来，心理学家越来越多地公开加入教练行业；部分原因可能是管理或生活中的教练意图推动认知、情感和行为的持续改变（Douglas & McCauley，1999）。在教练课程中，应用心理学原则被认为是加强循证实践的一个关键要素（Grant，2008）。一部分原因在于：首先，心理学是一门理论基础科学，它基于人性改变的过程与理解。循证教练干预措施（通常采用治疗方式）满足教练的基本目的，即通过动机和态度的改变促进受教者在工作场所的持续学习和成长（Whybrow，2008）。例如，西蒙斯和克利利（Simons & Cleary）在2006年提出，成功的领导基于高度的自我认知。因此，教练要素的整合有益于教练从业者确认受教者过去一系列的态度、感觉和信仰对行为带来的影响。其次，心理学是公认的学术领域和专业，因而在相关政府协会（如相关的注册或执照颁发机构）的监督下，受过心理学专业培训的教练能够确保教练过程遵守道德规范。此外，对有潜在心理健康问题的受教者来说，接受过心理学和心理健康方面专业培训的教练，能够最大程度地降低可能造成的伤害（Berglas，2002；Cavanagh，2006；Nouton，2002）。尽管教练的目的通常是促进个人的行为改变和提高工作绩效，但研究表明，25%—50%参加生活教练课程的人可能有心理健康问题（Green，Oades，& Grant，2005；Spence & Grant，2005）。这些研究暗指，对教练从业者来说，拥有心理学背景或基本的心理学知识、能够确定受教者是否有任何潜在的心理健康问题,并提供适当的转介支持非常关键。

1995—2010 年间,进行了一项综合相关证据的对教练心理学研究文献的结构性评估(Lai & McDowall, 2014)。心理学教练原则的应用被强调为关键因素,使得专业教练能够识别和管理受教者的情绪困难,促进教练过程中建立更好的关系(de Haan, 2008; Day, 2010; Freedman & Perry, 2010; Gregory & Levy, 2010)。不仅如此,教练关系被确定是评估积极教练结果的关键指标,反映了在咨询和治疗研究中工作联盟的重要性,但 70%的相关研究是通过定性研究方法(如病例报告和访谈)进行的。因此,这一结构性评估初步认为,对专业教练有效性贡献的持续研究,有助于未来教练心理学的研究。严格的研究与探测需要不断阐明专业教练培训计划包括心理干预或概念的种类。

为评估 2010 年后教练心理学研究的质量,2016 年起开展了半结构化研究用以调查教练研究中采用的研究方法(2011—2016 年)是否已接近循证实践的标准。

循证教练实践的进展? 我们走到哪一步了?

本节总结与比较了有关教练心理学的两个结构性评估,来评估教练研究的数量和研究设计方面的进展。表 7.3 概述了这两个结构性评估的评估过程和初步发现。

表 7.3 教练心理学的定义

参 考	定 义
Grant & Palmer(2002)	基于知名的治疗方法中的教练模型,提高常规人群中普通人的个人与专业表现。
英国心理学会教练心理学特别小组(2002)	基于成熟的成人学习理论或心理学方法中的教练模型,提高个人的职业幸福感与表现。
澳大利亚心理协会教练兴趣小组(2003)	教练心理学是应用积极心理学,它借鉴和发展已有的心理学方法,一般被认为是行为科学在提高个人生活体验、工作表现和幸福感方面的系统应用。它针对的是没有精神健康问题或异常程度痛苦的个人。

续 表

参 考	定 义
澳大利亚国际心理教练学会（前心理教练学会）(2008)	教练心理学实践可以被描述为在个人生活和工作领域提高幸福感和表现的过程。它是基于成熟的成人和儿童学习或心理学理论与方法上的教练模式，由合格的教练心理学家实施——所谓合格是指持有心理学研究生学位和相关研究生学历，并实施过恰当的持续专业发展和监督实践。教练心理学家为个人、团队、组织和社区提供服务。
Passmore（2010）	对教练实践中的行为、认知和情感进行的科学研究，可加深我们对教练实践的理解和提升教练实践水平。
Lai（2014）	教练心理学旨在通过心理循证干预和过程，帮助或促进非临床人群实现持续的行为改变。这些干预措施将有助于教练在实践过程中对受教者的行为、动机、价值观和信念有更深入和更丰富的了解，并帮助受教者实现他们的目标。

教练心理学首次结构性评估的阶段（1995—2010年）

2010年进行了教练心理学的首次结构性评估，总共使用了58个搜索词（如个人差异性和教练）在9个电子数据库上（PsyINFO & Business Source Complete）进行搜索。该研究报告包括141篇论文（1995—2010年间发表的定性和定量研究）供最终分析。评估过程和结果的详细情况见2014年《国际教练心理学评论》（Lai & McDowall, 2014）。

过半数的研究（57%，141篇论文中的81篇）发表在以心理学为主的期刊上，如《国际教练心理学评论》（ICPR），其中44篇来自商业和管理期刊。就本研究所采用的研究方法而言，大多数研究是通过定性方法进行的（45个案例研究和23个访谈研究），仅23%（10个随机对照试验，10个受试者间研究和13个受试者内研究）采用了实验设计方法。

大多数研究（69%）验证了某些心理教练方法和心理测量手段在促进积极教练结果方面的有效性。这篇综述中最常见的三种心理教练方法或模式包括：行为认知教练（CBC）、GROW模型和焦点解决教练（SF）。然而，只有少数研究是通过严格的实验设计方法进行的。根据结构性评估方法中的证据层次，随机对照试验（RCT）和类实验被认为是检验干预措施有效性的最合适的研究方法(Guyatt et al., 1995; Guyatt et al., 2000)。该分析表明,1995—2010年的结构性评估中包含的教练证据与标准循证实践要求之间仍存在相当大的差距。因此,结构性评估需要更严格的研究来确定特定心理学方法在教练实践中的有效性。

教练心理学半结构性评估阶段(2011—2016年)

根据以上论述,第一作者决定审查最近的(2011—2016年)教练研究中采用的研究方法在多大程度上符合循证实践的标准。因此,基于相同的58个搜索词和标准,通过对三个主要相关数据库(PsyINFO、BSC和ISI知识网)上的搜索,进行了半结构性评估。

本研究共包含140篇论文供最终评审(含113篇外部和27篇内部教练相关研究)。本节主要关注113篇关于外部教练参与的有效性的论文。被收录的论文中,大多数(64%)发表在以心理学为主的期刊和书籍上,34篇论文来自管理学相关期刊。关于这些研究中所采用的方法,可以确认使用了两个元分析(meta-analysis)和一个结构性评估,同时超过三分之一(113篇论文中的34篇)的研究通过实验设计方法(随机对照试验和类实验)进行;访谈和案例研究等定性研究仍然占三分之一以上(37篇论文);过半数的研究(113篇论文中的69篇)对教练过程中具体的因素进行了调查或检验,如干预措施、工具和模型。此外,与教练关系相关的研究在半结构性评估中占比较大,其中近四分之一(113篇论文中的25篇)研究了教练与受教者之间的互动因素。在半结构性评估中,最常被审视的心理学教练方法排名前三的分别是——行为认知教练(CBC)、焦点解决教练(SF)和基于优势的教练。上述心理教练方法主要通过了随机对照试验、受试者间研究和受试者内研究的检验。表7.4列出了审核这三种方法的手段。该评估初步发现教练研究者对循证实践有了更强的认识和理解,他们在研究设计中主要考虑研究方法的严谨性。然而,根据不同的研究目的,又会使用不同类型的方法。随机对照试验(RCT)可能不是最合适的研究方法,用于回答有关过程或干预意义(如教练关系)的问题。因此,有必要对这些研究进行更深入的分析。

表 7.4　2010 年两种系统性评估的评估过程与最初发现

	结构性评估（2010 年）	半结构性评估（2016 年）
论文发表时间	1995—2010 年	2011—2016 年（4 月）
搜索数量	58	58
数据库数量	9	3
涉及论文数量	141	113（外部教练）+27（内部教练）=140
公众期刊的发表	心理学为主的期刊：81 商业/管理类期刊：44	外部教练相关： 心理学为主的期刊：73 商业/管理类期刊：34
结构性评估/荟萃分析	0	3（1 个结构性评估，2 个荟萃分析）
研究方式概述	随机对照试验：10 受试者间研究：10 受试者内研究：13 主要方法：案例研究	随机对照试验：14 受试者间研究：13 受试者内研究：7 主要方法：面谈
心理学手段	行为认知教练 GROW 模型 焦点解决教练	行为认知教练 基于优势的教练 焦点解决教练

教练心理学中两种结构性评估的比较

2011—2016 年，尽管在半结构性评估中只使用了三个主要数据库进行搜索（PsyINFO、BSC 和 ISI 知识网），教练心理学研究的数量还是显著增加。1995—2010 年，平均每年有 9.4 项初级研究符合纳入标准，而 2011—2016 年这一比例增加了 30%，平均每年发表 25.4 篇关于教练心理学的初步研究，这些研究符合结构性评估的标准。图 7.1 显示了两个结构性评估之间不同方法的数量比较。值得注意的是，与教练相关的问题越来越受心理学家的关注——最初的结构性评估中 57% 的研究发表在以心理学为主的期刊上，这一比例在半结构性评估中上升到 64%。这一发现可能表明，更多的教练学者和实践者认为心理学原理支持的研究是有益的,并将其作为研究生学习的一部分。整体来看,实验设计研究的数量在半结构性评估中有所增长。首次结构性评估中实验设计研究占23%,而在半结构性评估中比例上升到31%。此外,2011—2016年,研究的重点略有转移,探索包括影响教练过程和教练关系的因素。图7.2总结了1995—2016年基于4个教练维度的教练研究重心的转变(Bachkirova, Cox, & Clutterbuck, 2014)。

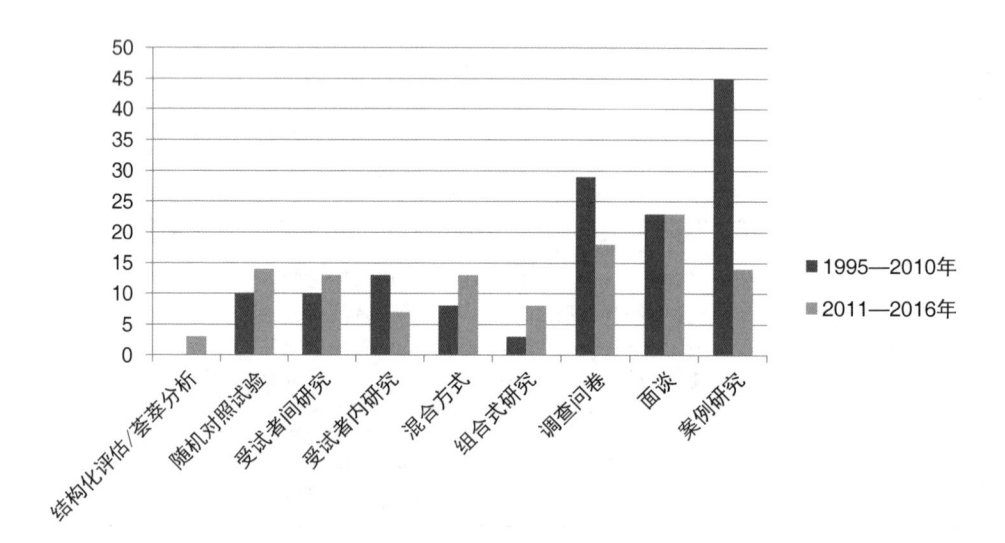

图7.1 结构性评估不同研究方法比较

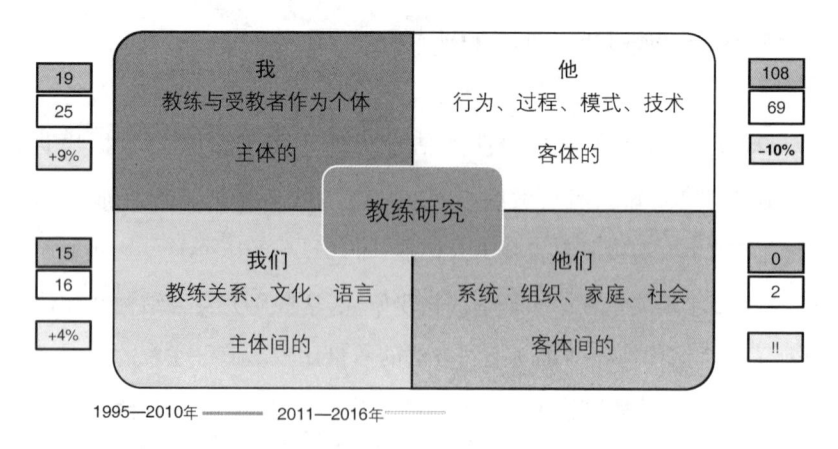

图7.2 教练研究关注点的改变(Clutterbuck et al., 2014)

综上所述，2011—2016 年教练证据的质量随着随机对照试验和类实验的增长而提高。此外，尽管教练实践的学科多样（如涉及管理和健康），但越来越多的教练专业人员认识到心理学对有效教练效果的重要影响。不同于其他类似的帮助干预，由于利益相关者、目标设置和外部因素的复杂性，循证教练实践的过程相对缓慢并更具挑战性。我们越来越接近循证实践的标准，但在教练和教练心理学研究方面，我们还需要不断改进以持续地达到这一标准。

讨论要点

1. 在将教练证据和研究应用于实践之前，需要考虑什么？
2. 从循证教练心理学实践的演化来有，结构性评估是最严格的方法吗？
3. 教练研究方法在循证实践中是否重要？为什么？
4. 在近年来的研究中，影响教练过程与教练关系的因素受到更多关注。对此进行讨论。

推荐阅读

Breakwell, G. M., Smith, J. A., & Wright, D. B. (2012). *Research Methods in Psychology* (4th ed.). London: Sage Publications.

Grant, A. M. (2008). Past, present and future: The evolution of professional coaching and coaching psychology. In S. Palmer & A. Whybrow (eds.), *Handbook of Coaching Psychology: A Guide for Practitioners*. New York, NY: Routledge/Taylor & Francis Group.

Lai, Y., & McDowall, A. (2014). A systematic review (SR) of coaching psychology: Focusing on the attributes of effective coaching psychologists. *International Coaching Psychology Review*, 9(2), 118–134.

Rousseau, D. M., & Gunia, B. C. (2016). Evidence-based practice: The psychology of EBP implementation. *Annual Review of Psychology*, 67, 667–692.

参考文献

Athanasopoulou, A., & Dopson, S. (2018). A systematic review of executive coaching outcomes: Is it the journey or the destination that matters the most? *The Leadership Quarterly*.

Australian Psychological Society (2007). Definition of coaching psychology. Retrieved 5/9/2018 from www.groups.psychology.org.au/igcp/

Bachkirova, T. (2008). Role of coaching psychology in defining boundaries between counselling and coaching. In S. Palmer & A. Whybrow (Eds.), *Handbook of Coaching Psychology: A Guide for Practitioners* (pp. 351–366). Hove: Routledge.

Bachkirova, T., Cox, E., & Clutterbuck, D. A. (2014). Introduction. In E. Cox, T. Bachkirova, & D. Clutterbuck (Eds.), *The Complete Handbook of Coaching* (p. 5). London: Sage.

Berglas, S. (2002). The very real dangers of executive coaching. *Harvard Business Review*, 80(6), 86–93.

Bozer, G., & Jones, R. J. (2018). Understanding the factors that determine workplace coaching effectiveness: A systematic literature review. *European Journal of Work and Organizational Psychology*, 27(3), 342–361.

Briner, R. B. (2012). Does coaching work and does anyone really care. *OP Matters*, 17, 4–12.

Briner, R. B., & Rousseau, D. M. (2011). Evidence-based I-O psychology: Not there yet. *Industrial and Organizational Psychology*, 4(1), 3–22.

British Psychological Society (2007). The aims of the special group in coaching psychology. Retreived from www.sgcp.org.uk/coachingpsy/rules.cfm.

Cavanagh, M. (2006). Coaching from a systematic perspective: A complex adaptive conversation. In D. R. Stober & A. M. Grant (Eds.), *Evidence Based Coaching Handbook: Putting Best Practices to Work for Your Clients*. Hoboken, NJ: John Wiley & Sons, Inc.

Crane, T., & Patrick, L. (2007). *The Heart of Coaching: Using Transformational Coaching to Create a High Performance Coaching Culture* (2nd ed.). San Diego: FTA Press.

Day, A. (2010). Coaching at relational depth: A case study. *Journal of Management Development*, 29(10), 864–876.

de Haan, E. (2008). *Relational Coaching: Journeys towards Mastering One-to-One Learning*. Chichester: John Wiley & Sons, Inc.

de Haan, E., & Duckworth, A. (2012). The coaching relationship and other 'common factors' in executive coaching outcome. In E. de Haan & C. Sills (Eds.), *Coaching Relationships: The Relational Coaching Field Book* (pp. 185–196). Oxfordshire: Libri.

Denyer, D., & Tranfield, D. (2011). Producing a systematic review. In D. Buchanan & A. Bryman (Eds.), *The Sage Handbook of Organisational Research Methods* (2nd ed., pp. 671–689). London: Sage Publications.

Douglas, C. A., & McCauley, C. D. (1999). Formal developmental relationships: A survey of organizational practices. *Human Resource Development Quarterly*, 10(3), 203–220.

Freedman, A. M., & Perry, J. A. (2010). Executive consulting under pressure: A case study. *Consulting Psychology Journal: Practice and Research*, 62(3), 189–202.

Grant, A. M. (2000). Coaching psychology comes of age. *PsychNews*, 4(4), 12–14.

Grant, A. M. (2001). *Toward a Psychology of Coaching: The Impact of Coaching on Metacognition, Mental Health and Goal Attainment*. Sydney: Coaching Psychology Unit, University of Sydney.

Grant, A. M. (2008). Past, present and future: The evolution of professional coaching and coaching psychology. In S. Palmer & A. Whybrow (Eds.), *Handbook of Coaching Psychology: A Guide for Practitioners* (pp. 23–39). Hove: Routledge.

Grant, A. M., & Palmer, S. (2002). Coaching psychology workshop. Annual conference of the Division of Counselling Psychology, BPS, Torquay, May.

Green, S., Oades, L. G., & Grant, A. M. (2005). An evaluation of a life-coaching group program: Initial findings from a waitlist control study. In M. Cavanagh, A. Grant & T. Kemp (Eds.), *Evidence-Based Coaching* (pp. 127–142). Bowen Hills, Qld, Australia: Australian Academic Press.

Greene, J., & Grant, A. (2006). *Solution-Focused Coaching: Managing People in a Complex World* (2nd ed.). London: Pearson Education Ltd.

Gregory, J. B., & Levy, P. E. (2010). Employee coaching relationships: Enhancing construct clarity and measurement. *Coaching: An International Journal of Theory, Research and Practice*, 3(2), 109–123.

Greif, S. (2013). Conducting organizational-based evaluations of coaching and mentoring programs. In J. Passmore, D. B. Peterson & T. Freire (Eds.), *The Wiley-Blackwell handbook of the psychology of coaching and menoring* (pp. 443–470). Chichester: John Wiley & Sons, Inc.

Grover, S., & Furnham, A. (2016). Coaching as a developmental intervention in organisations: A systematic review of its effectiveness and the mechanisms underlying it. *PloS One*, 11(7), e0159137.

Guyatt, G. H., Haynes, R. B., Jaeschke, R. Z., Cook, D. J., Green, L., Naylor, C. D., Wilson, M. C., & Richardson, W. S. (2000). Users guide to the medical literature XXV: Evidence-based medicine: Principles for applying the users guides to patient care. *JAMA*, 284, 1290–1296.

Guyatt, G. H., Sackett, D. L., Sinclair, J. C., Hayward, R., Cook, D. J., & Cook, R. J. (1995). Users' guide to the medical literature: IX. A method for grading healthcare recommendations. *JAMA*, 274, 1800–1804.

Hamlin, R. G., Ellinger, A. D., & Beattie, R. S. (2008). The emergent 'coaching industry': A wake-up call for HRD professionals. *Human Resource Development International*, 11(3), 287–305.

Jones, R. J., Woods, S. A., & Guillaume, Y.R. (2015). The effectiveness of workplace coaching: A meta-analysis of learning and performance outcomes. *Coaching: Journal of Occupational and Organizational Psychology*, 89(2), 249–277.

Kampa-Kokesch, S., & Anderson, M. (2001). Executive coaching: A comprehensive review of the literature. *Consulting Psychology Journal: Practice & Research*, 53(4), 205–228.

Kilburg, R. (1996). Toward a conceptual understanding and definition of executive coaching. *Consulting Psychology Journal: Practice and Research*, 48(2), 134–144.

Lai, Y. (2014). *Enhancing Evidence-Based Coaching through the Development of a Coaching Psychology Competency Framework: Focus on the Coaching Relationship.* Guildford, UK: School of Psychology, University of Surrey.

Lai, Y. (2016, December 8–9). Five years after the systematic review on Coaching Psychology: Evidence-based coaching? Where are we now? British Psychological Society, Special Group of Coaching Psychology Conference, London, UK

Lai, Y., & McDowall, A. (2014). A Systematic Review (SR) of coaching psychology: Focusing on the attributes of effective coaching psychologists. *International Coaching Psychology Review*, 9(2), 118–134.

Naughton, J. (2002). The coaching boom: Is it the long-awaited alternative to the medical model? *Psychotherapy Networker*, 42, July/August, 1–10.

Parsloe, E. (1999). *The Manager as Coach and Mentor.* London: CIPD.

Passmore, J. (2010). A grounded theory study of the coachee experience: The implications for training and practice in coaching psychology. *International Coaching Psychology Review*, 5(1), 48–62.

Passmore, J., & Fillery-Travis. A. (2011). A critical review of executive coaching research: A decade of progress and what's to come. *Coaching: An International Journal of Theory, Research and Practice*, 4(2), 70–88.

Petticrew, M., & Roberts, H. (2006). *Systematic Review in the Social Sciences: A Practical Guide.* Oxford: Wiley-Blackwell.

Rousseau, D. M., Manning, J., & Denyer, D. (2008). Evidence in management and organizational science: Assembling the field's full weight of scientific knowledge through syntheses. *The Academy of Management Annals*, 2(1), 475–515.

Sackett, D. L., Rosenberg, W. M., Gray, J. M., Haynes, R. B., & Richardson, W. S. (1996). Evidence based medicine: What it is and what it isn't. London: The Association.

Seijts, G. H., & Latham, G. P. (2012). Knowing when to set learning versus performance goals. *Organisational Dynamics*, 41, 1–6.

Simons, L., & Cleary, B. (2006). The influence of service learning on students' personal and social development. *College Teaching*, 54(4), 307–319.

Smither, J. (2011). Can psychotherapy research serve as a guide for research about executive coaching? An agenda for the next decade. *Journal of Business Psychology*, 26(2), 135–145.

Sonesh, S. C., Coultas, C. W., Lacerenza, C. N., Marlow, S. L., Benishek, L. E., & Salas, E. (2015). The power of coaching: A meta-analytic investigation. *Coaching: An International Journal of Theory, Research and Practice*, 8(2), 73–95.

Spence, G. B., & Grant, A. M. (2005). Individual and group life-coaching: Initial findings from a randomised, controlled trial. *Evidence-Based Coaching*, 1, 143–158.

Theeboom, T., Beersma, B., & van Vianen, A. E. (2014). Does coaching work? A meta-analysis on the effects of coaching on individual level outcomes in an organizational context. *The Journal of Positive Psychology*, 9(1), 1–18.

Whybrow, A. (2008). Coaching psychology: Coming of age? *International Coaching Psychology Review*, 3(3), 219–240.

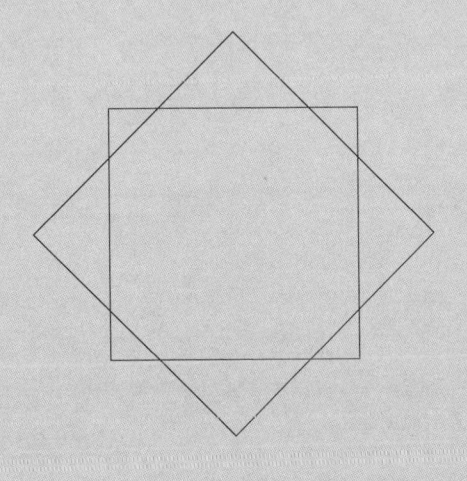

教练心理学方法

引言

第二部分介绍了一些心理学理论和方法,这些理论和方法经常被应用于心理医生和教练进行教练时的心理技巧当中。我们归纳的方法并不详尽,但一些较受欢迎的方法都有讨论到,如认知行为、行为主义和焦点解决教练(Palmer & Whybrow, 2017)。此外,还包括一些不太常用的方法,如叙事教练、存在主义和格式塔教练(Palmer & Whybrow, 2017)。我们从哲学起源的纬度将这些心理理论和框架(第八章至第二十五章)大致作了如下分类。

行为主义和认知行为方法

乔纳森·帕斯莫尔(Jonathan Passmore)在巴甫洛夫、斯金纳和班杜拉等心理学家的研究基础上提出了"行为主义教练"(第八章),强调利用这种方法,受教者最终可以建立他们自己的激励、自我奖赏的行为体系,其方法与设计组织体系的方法大致相同。从人类活动的行为视角出发,认知行为方法是教练和教练心理学家最常用的基础之一。"认知行为方法"包含广泛的技术和模型,斯蒂芬·帕尔默和卡西亚·席曼斯卡(Kasia Szymanska)提出了"认知行为教练"(第九章)。在这一章,我们将讨论一些支撑这个方法的不同框架和核心概念,以及非常实用的技巧。

人本主义方法

斯蒂芬·约瑟夫(Stephen Joseph)和理查德·布莱恩特-杰弗里斯(Richard Bryant-Jefferies)提出了简单而深刻的教练方法——"以人为中心的教练心理学"(第十章)。这种方法有一种纯粹的促进导向:认为"人是自己最好的专家",这种观点对教练来说并不新奇,然而,该观点的哲学和理论深度可能会让那些不加思索地将这一方法应用到教练领域的人感到惊讶。"动机性访谈:一种教练心理学方法"(第十一章)同样是一种以人为中心的教练方法,旨在激励和增强改变的动机,乔纳森·帕斯莫尔和艾莉森·怀布鲁提出了这一方法,旨在增强受教者自身改变个人行为的内在动机。对应到改变周期中推进教练的对话,和促进一个人参与到教练过程的专业技巧的对话同时进行。

这一部分的最后一章:"多元化教练"(第十二章)是一种从整体出发,支持受教者的方法,通过教练干预来最有效地服务于受教者的目标。在这种方法中,祖索菲·安娜·乌特里(Zsófia Anna Utry)、斯蒂芬·帕尔默、约翰·麦克劳德(John McLeod)和米克·库珀(Mick Cooper)强调,教练合作的深度既包括尽可能有效的教练方法,又包括教练过程的其他方面。有一种观点认为,以受教者为中心的方法可能会带来更好的参与和结果。

存在主义方法

埃内斯托·斯皮内利(Ernesto Spinelli)和卡罗琳·霍纳(Caroline Horner)在"存在主义教练心理学"(第十三章)中提出"存在主义教练"的概念。作为一种明确承认并运用了基本哲学假设的方法,存在主义与其他方法并不相同,提出者为这种复杂的、现象学的实践方法作了简单实用的说明。在此基础上,朱莉·艾伦(Julie Allan)和艾莉森·怀布鲁提出了教练的第二个存在主义方法——"格式塔教练"(第十四章)。此方法借鉴了格式塔治疗哲学(弗烈兹·伯尔斯是其中一位较知名的人物),提出了尤其是在关系和模式的背景下,进一步建立在现象学方法上的基础假设的视角。

"正念教练:自我决定理论的观点"(第十五章)中介绍了由戈登·斯宾塞(Gordon B. Spence)提出的"正念"。斯宾塞指出,正念本身不是一种方法,而是一种对意识质量的描述。大多数心理学方法认为提高注意力是一个重要的结果,正念可能被认为是教练领域中几乎固有的一个共性因素,这为正念价值和正念实践的流行提供了一个新的洞察,因此,也着重提及了基于正念的实践和其广阔前景。克里斯·艾伦斯(Chris Irons)、斯蒂芬·帕尔默和利兹·霍尔(Liz Hall)通过"同理心教练"(第十六章)进一步加深了人们对正念的关注。这种综合性的方法借鉴了心理学的许多分支,对于那些在工作中极度痛苦和苦恼的人、自身内在特别挣扎的人或害怕失败和高度忧虑的人可能特别有用。

专注式方法

本部分的两章是本书第二版的新增章节。第一章是"本体论教练"(第十七章),由阿博迪·沙比(Aboodi Shabi)和艾莉森·怀布鲁提出,这种方法的基础是受教者对世界的解释以及他们自身存在的探索。本体论是对存在的研究,通过了解受教者如何使用语言、什么样的情感影响着他们对世界的理解、他们如何在空间中移动以及他们可能成为什么样的人等,了解受教者存在的核心。其目的是通过产生从前得不到或看不见的新的可能性来促进改变。"躯体教练"(第十八章)是由尤妮丝·阿奎丽娜(Eunice Aquilina)和理查德·斯特罗兹-海克勒(Richard Strozzi-Heckler)提出的一个整体的方法。与本体论教练类似,躯体教练更关注人的存在方式,当一个人的"存在"被处理时,观察其可持续的变化。这个方法适用于具体的模式,干预通常是在物理层面而不是对话层面。

建构主义方法

"个人建构心理学教练"(PCP)(第十九章)由基兰·杜伊南(Kieran Duignan)提出。PCP将建构主义、人本主义和环境心理学的主题与心理测量技术、软系统方法论和行为强化技术融合在一起,是一个从非常实际的角度来讨论的系统的教练方法。总行法中介绍了"叙事教练(全年龄段)"(第二十章)。叙事教练特别适合在多元文化背景下应用,在讲故事的基础上,通过积极倾听,提高个人和组织对自身优势、知识和技能的认识。这一节的第三章是以结果为导向和以能力为基础的"焦点解决教练"(第二十一章)。比尔·奥康奈尔(Bill O'Connell)和斯蒂芬·帕尔默指出,这种方法非常符合当前流行的的积极心理学范式,这种方法为受教者的现有技能、优势、知识和经验提供了舞台,并促进受教者在未来不断成长。这一节的最后一章是"神经语言程式(NLP)教练"(第二十二章)。布鲁斯·格里姆利(Bruce Grimley)清晰而务实地阐述了NLP的含义,它与存在主义现象学和格式塔心理学有着深厚的渊源,尽管教练和实践者熟悉其中的一些核心结构,但可能对构建我们解释世界的更深层次的存在框架知之甚少。

系统性方法

系统性方法意味着带上一个特殊的视角。在许多方面,第二部分中的每个方法都有系统性的视角,然而,这里详细介绍的方法是非常目的性的、系统性的。桑德拉·威尔逊(Sandra Wilson)分享了"TA教练方法"(第二十三章)。沟通分析(TA)是一种强有力的系统性教练方法,它提出了从人的需求和行为之间的联系来观察和理解,以及对这些联系在建立关系、一起解决问题、实现目标时如何影响组织中人的有效性或无效性的研究。

系统教练,或者更具体地说,"系统排列取向教练和教练心理学实践"(第二十四章)由杰克·法尔(Jack Farr)和马特·谢普赫德(Matt Shepheard)提出。通过使用投射方法来观察受教者以及他们所在系统给环境造成了什么影响,使投射方法揭示出线性方法通常看不到(或不可用)的深层动态、信息和资源。系统教练不但可以揭示更复杂、纠结的模式,且这些模式很可能是一些表面经历的根源。

维加·扎吉尔·罗伯茨(Vega Zagier Roberts)和哈莉娜·布鲁宁(Halina Brunning)对"心理动力学和系统心理动力学教练"(第二十五章)提供了深刻的见解。心理动力学教练的基础是,理解个体和群体之间的心理力量如何影响他们的思维和行为,系统心理动力学方法结合了开放系统理论的要素,其理论关注角色、权威、工作系统和过程的设计。这种整合使其成为一种非常实用和有效的教练方法,旨在为受教者提供更深入的见解。

第二部分的每个理论贡献者都通过他们综合的专业知识积累有效地帮助读者理解概念和理论背景,而且在案例材料中,每种方法的核心概念都被引入到了生活中。不管这种方法是否适合个人实践,每一章都为读者提供了一份礼物,即通过清晰的方法为读者提供了一种宝贵的视角,让他们了解对于成为一名教练从业者来说,什么可能是有趣的,什么可能不那么有趣。

参考文献

Palmer, S., & Whybrow, A. (2017). What do Coaching Psychologists and Coaches really do? Results from two international surveys. Invited paper at the 7th International Congress of Coaching Psychology 2017. Theme: Positive and Coaching Psychology: Enhancing Performance, Resilience, and Well-being. Presented on 18 October in London.

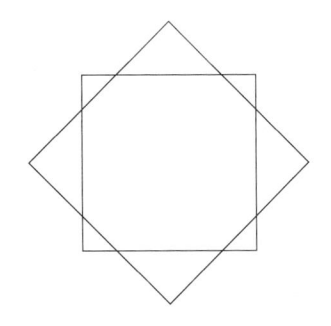

第一部分

行为主义和认知行为方法

第八章 行为主义教练

乔纳森·帕斯莫尔(Jonathan Passmore)

引 言

行为主义教练是教练与受教者或团队之间的一种结构化、过程驱动的关系,包括:评估、检查价值观和动机、设定可测量的目标、制定有针对性的行动计划以及使用有效的工具和技术,来帮助受教者发展能力、消除障碍,从而在他们的职业和个人生活中实现有价值和可持续的变化(Skiffington & Zeus, 2003)。

基于行为的教练中,GROW 模型可能是最受英国教练欢迎的教练模型(Whitmore, 2009; Alexander, 2016)。当 GROW 及其大量相关行为模式(Macintosh, 2003; Caplan, 2003; Hardingham, Brearley, Moorhouse, & Venter, 2004; Peltier, 2009)成为主导模式时,很少有教练留意这种模式的行为基础,或者反思这种模式对他们教练实践的影响。

本章对行为教练模型的理论基石进行了说明,并对心理学家和教练如何将其构建在他们的实践中加以运用,进行了讨论。

行为主义教练的发展

行为主义教练的发展与巴甫洛夫、沃森、斯金纳和班杜拉的研究具有很深的渊源,且这些理论渊源不再属于一些现在所谓的"非心理"的教练模式。这些以奖惩为基础的行为模式构成了商业实践的核心,随着教练技术在组织内部的发展,它也会遵循这种基于行为主义的教练方法。

最受欢迎的行为主义教练模式是成长(GROW)模式。GROW 是格雷厄姆·亚历山大(Graham Alexander)于20世纪80年代开发的一个四阶段教练模型,教练工作共有四个阶段:确定受教者的目标、回顾现实、生成选择和确定前进的方向。这种方法已经演变出了许多类似的模型,其核心是通过新的学习和调整个人行为来提高绩效。

除了这些简单的模型之外,还有更为复杂的行为教练框架(Skiffington & Zeus, 2003),该框架包含了许多GROW的概念,并将这些概念与行为主义传统内涵中人类学习和行为的循证研究相结合。

理论与基本概念

行为主义的流行源于20世纪20年代巴甫洛夫(1927)的研究。巴甫洛夫提出了条件反射的概念——条件反射是对刺激的反应,而反应是一种对环境条件的适应。在巴甫洛夫的经典实验中,狗的流涎不是食物造成的,而是由铃声引起的。狗一开始对食物产生流涎反应(无条件刺激),然后将中性刺激(铃声)与食物相关联,起初铃声对狗没有影响,在持续的食物和铃声同时出现后,狗学会把铃声和食物联系起来。食物和铃声之间的联系如此强烈,以至于铃声响起,即使是没有食物,狗也会流口水。巴甫洛夫认为,通过在行为和奖惩之间建立类似的联系,条件反射可以在狗或人的身上发生。

这一理论对管理学著作产生了重要影响——只要有适当的刺激,就可以改变行为。只是大部分著作没有承认它所蕴含的行为学基础。

20世纪60年代和70年代,通过斯金纳(1974)的进一步研究,行为主义仍然是心理学的主导力量。斯金纳区分了两种行为类型:一种是反应行为,延续了巴甫洛夫的经典条件反射模型,在这种模式中,狗或人学会将新的反应(如流涎)与存在的刺激(铃声)联系起来。另一种是操作性行为,在这种模式中,个体通过尝试和犯错学习一种新的行为,并通过成功的结果得到强化。

由此,斯金纳认为,强化(奖励)和惩罚都可以用来鼓励学习。对行为的奖励等强化措施可以鼓励这种行为重复出现;惩罚也可以用来催生期望的行为,可以通过在一个行为发生之后立刻实施惩罚措施来实现,也可以通过取消积极强化的措施来实现,比如,扣发绩效奖金。斯金纳的理论在组织管理中发挥了重要的作用。

在今天的管理中,绩效工资和评价的增长都与对"个人的行为可以通过奖励和惩罚来改变"有着直接的联系,无论是在财务方面的奖金还是心理方面的表扬。此外,绩效管理、目标设定和能力框架的运用都与行为理论有关。

班杜拉(1969)的研究将社会学习加入其中,从而将行为理论拓展到了一个新的领域。他认为,在巴甫洛夫和斯金纳的理论中,个体必须经历刺激或反应、获得奖惩,从而认识到奖惩与行为之间的关系。巴甫洛夫和斯金纳的行为主义理论可能适用于低阶物种,但是对于具有抽象思维能力的人来说,学习也可以在没有强化的情况下进行。

班杜拉认为,学习也可以通过观察他人的成功和失败来实现,实现方式有两种。第一,通过观察和模仿行为。例如,当看到其他员工对顾客微笑时,个体可能会模仿这种行为。第二,只有当奖励与行为相关联时,行为可以被观察和学习,例如,一个人可能知道微笑能增加销售额,但只有当销售目标与销售奖金挂钩时,他才会微笑。此外,班杜拉认为,个体能够观察他人的错误并从中吸取教训,例如,他们可能会在同事的行为中学到,与老板发生争吵可能对工作不利。

班杜拉提出的最有趣的概念或许是自我效能感——个体对自身能力的信念。这一概念基于自我认知,并考虑人们如何评价他们的任务表现。班杜拉认为,自我效能感高的人表现更好,因为他们能够坚持更长时间,而且不会增加压力。后续的研究(Locke & Latham, 1990; Gist & Mitchell, 1992)表明,高自我效能感与高工作绩效之间存在着密切的关系。

上述行为理论对我们在管理、人类学习和教练思想的培养和实践中作出了巨大贡献。大多数情况下,我们思想的行为学基础是毋庸置疑的,因为它们已经深深融入我们的文化当中。

实　践

行为主义理论如何影响着教练模式?当前许多关于学习和发展的管理思想的行为主义根源都促使我们倾向于运用"软硬兼施"的管理技巧。首先,我们的焦点在于观察行为,再进一步,我们通过能力要求来评估这些行为。其次,随后的绩效表现通过薪酬考核体系得到奖励(或惩罚)。最后,通过指导和榜样作用鼓励学习。

基于行为的教练模式鼓励受教者设计自己的方式来学习和成长,受教者被鼓励设计自己的绩效评价体系,再观察其行为对实现目标的影响。大多数人感到满意的因素,如成就、控制和成长,都包含在基于行为的教练模式中。因此,受教者最终形成了他们自己的激励和自我奖赏的行为体系。

GROW 模型

GROW 模型可能是最著名的教练模式。GROW 共有四个阶段,传统上被认为是一种非心理模式,比较适合没有受过心理学训练的教练使用。运用这个模型时,教练采用苏格拉底式的学习方式,用开放式问题帮助受教者完成四个行动聚焦阶段(见表 8.1)。这四个阶段的目的是,帮助受教者明确能够提高绩效或实现既定目标的具体行为。

表 8.1 GROW 模型的开放性问题示例

阶 段	可 能 的 问 题
目 标	• 你想实现什么? • 你想从这次会面中得到什么? • 你需要知道什么?
现 实	• 发生了什么? • 为什么它是个问题? • 你想表达什么?可以给我举个例子吗? • 你尝试过什么?是怎样去尝试的? • 你对此感觉如何?
选 择	• 你认为有哪些选择? • 你尝试过什么? • 这有什么利弊? • 你还能做些什么吗?
前进方向	• 你能总结一下你打算做什么吗? • 你觉得会遇到哪些阻碍和反对意见? • 你要如何克服它们? • 你会从哪里得到帮助? • 你需要哪些资源? • 我们应该什么时候检查进展情况?

确定目标

GROW 模型的第一个阶段是确定目标。如果教练关系的目的是帮助受教者实现个人发展并提高工作绩效,那么制定什么样的目标最有效?大量实践研究为我们提供了这方面的指导。

第一,目标应尽可能具有挑战性,同时保持可实现性(Locke & Latham, 1990)。在实际情况下,只要受教者致力于实现目标并且有能力达成,就可以制定有高度挑战性的目标。

第二,目标应该非常具体(Locke & Latham, 1990)。目标定得越具体,受教者越能运用他们的能力来实现目标,并知道目标在何时已经实现。有效的方法是在截止日期前,对特定任务的表现进行量化评估。此外,更清楚的目标可以促进教练和受教者的相互理解。

第三,受教者必须致力于实现目标。目标应该有意义,并能激励受教者。如果目标承诺不明显,教练可以帮助受教者明确目标的可能好处。教练过程中的对话会引发更深刻的认知,进而提高目标实现的可能性(Gollwizer, Heckhausen, & Ratajczak, 1990)。

第四,受教者必须相信自己有能力实现目标。这种信念必须是基于现实的:了解受教者过去的表现、认识自己的能力、了解成功完成任务所需的技能、了解学习必要的新技能所需的时间,对商业环境和个人动态有着更清晰的了解也很重要。

第五,教练目标需要包含短期和长期的目标成就。长期目标会随着时间的推移影响承诺的程度(Lerner & Locke, 1995)。通过在教练的中间阶段建立里程碑式的目标,可以追踪进度,并维持自我激励和奖赏的行为体系。需要统一短期和中期目标,以创造一个长期的愿景。

回顾现实

GROW 模型的下一步是探索受教者的现实情况,以及他们的目标如何与此相适应。根据现有的表现、受教者的能力以及影响当前环境的个人和工作动态,评估现实的情况。这一过程可能包括受教者的自我反省、从受教者那里收集关于他们表现的量化数据、邀请受教者完成 360 度能力测评或其他评估(如心理测量测试)。上述活动的结果为实现目标的现实性提供了一个有效的框架。这些结果促进了对不同行为的反应,以及这些不同行为是否能够支持实现目标的思考。

一旦清楚地观察到现在的表现,以及它是如何受行为影响的,就可以看到期望的表现与当前表现之间的差距。利用这些信息,教练和受教者可以共同探索目标是否真的现实,特别是在期望和当前表现之间的差距显著时,可能会影响到调整实现目标的时间框架。这可能会导致目标的重设,或是为最终目标建立一系列的子目标。

生成选择

对有助于实现目标的行为和子目标的探索,是 GROW 过程中的一部分。教练将利用问题解决技术和创造性技巧,促进更多想法和选择的产生,以促进目标的实现。然后通过评判来确定更加现实的选择,教练可能会鼓励受教者制定明确的标准来评估不同的选择。选择的范围可能包括在与组织/文化行为或个人价值观保持一致的同时,为适应组织管理而采取的行为调整。通过仔细询问,教练与受教者均衡评估,并充分探索与特定行动方案相关的可能后果。

促进行动

最后一个阶段是确定前进的道路。这可能是一个单一的过程,但更可能是由受教者尝试和检验的一系列过程。对行为的反复检验与斯金纳的研究相呼应,在一种情况下,行为调整可能起作用,但在另一种情况下可能完全不起作用,它源于我们工作和个人生活的复杂性。

由受教者(而不是教练)总结未来的行动计划,并与他们的教练对合适检验进展达成共识,通过后续的教练,可以看到:什么有效?为什么?什么没用?为什么?然后,受教者能够以此来确定未来的行动,来尝试和继续那些可能对实现目标有积极影响的行为。

因此,GROW 模型引导受教者朝着目标前进。它通过对行为的反复检验来观察什么是有效的,受教者可以从自身过去的经验、对他人的观察以及现在的尝试中学习,能力框架或其他相关的行为框架可用于确定期望的行为。虽然对 GROW 模型的四个阶段按照顺序作了介绍,但在实际运用中,教练和受教者可以根据教练过程的重点,前后移动四个阶段的顺序。GROW 模型的核心理念是,受教者能够通过发展和实施正确的行为来达到他们的目标。

行为四阶段教练模型

在 GROW 模式的基础上,其他行为主义学者也发展了自己的行为教练模式,如四阶段行为模型（Skiffington & Zeus, 2003）；其他模型包括 T‐GROW 和 I‐GROW 的发展。在 T‐GROW 中，更明确地包含了核心或主题。在 I‐GROW 中，"I"与问题相关。实际上，这两种模式在实践上都没有重要的变化，重要的一点是将选择阶段分为两个子阶段，选择生成和选择评估，以便经验不足的教练更清楚地了解这两个阶段。

斯基芬顿和宙斯（Skiffington & Zeus）在他们的教练模型中提出了四个阶段和七个步骤（见表 8.2）。除了与 GROW 模型相似的是反思、准备和行动阶段，还增加了一个初步步骤——教练关系的契约化和教练职责的范围界定。此外，还包括一个正式的维持阶段，这是一个重要但 GROW 缺少的阶段。他们的模型整合了目标设定、现实性检验、选择生成和行动等方面，形成了一个线性的行为教练过程，对于缺乏经验的教练来说更好掌握。

表 8.2 四阶段模型

阶　　段	步　　骤	可　能　的　问　题
1. 反思	a. 教育	• 你用的哪个改变模式？ • 你意识到过程的界限和教练的益处了吗？ • 你的组织和个人的目标是什么？ • 有哪些支持力量，哪些可以帮助你实现目标？
2. 准备	b. 数据收集	• 你从关键的利益相关者那里得到了什么信息？ • 哪些能力会有助于你达成目标？ • 你从别人那里得到了哪些工作表现上的反馈？
	c. 计划	• 哪些行为有助于你最大程度地实现目标？ • 还有其他可能支持目标实现的行为吗？ • 哪些事件会触发这些行为？ • 这些行为有什么后果？ • 你认为谁会成功实现目标？ • 你如何计划监管你的过程？
3. 行动	d. 行为改变	• 你如何掌握一个新行为所需的技能？
	e. 测量	• 通过什么样的证据来测量新行为的影响？
	f. 评估	• 新行为如何影响最初设定的目标？
4. 维持	g. 维持	• 你如何将这些新技能融入每天的行为？ • 你如何继续发展这些技能？ • 如果这些行为不再利于实现目标，你怎么办？

斯基芬顿和宙斯(2003)提出的模型包含了一些可能被更传统的行为学家认为是认知元素的概念,它鼓励受教者不仅要反思行为,而且要思考信念和情感的"黑匣子"。

可以说,教练在实践中形成了一系列不同的模型和过程。因此,行为主义教练通过运用人本主义概念,与他们的受教者建立融洽关系,创造同理心,进行非判断性的操作。同样地,他们运用认知教练的理念,鼓励受教者反思那些能提高或降低他们表现的信念。教练还可能激发受教者反思过去的经验,并将无意识的问题带入有意识的思考中。

哪类受教者获益最多?

基于行为的教练提供了一个积极的、简单的框架,在直观上符合管理者在工作场所和大多数人在生活中的西方哲学发展理念。管理者对其简单直接、基于过程的伪科学框架作出回应(Dembkowski & Eldridge, 2013),以下几个因素特别吸引人:

(1) 设定目标以激发高绩效。
(2) 使用行为框架检验当下和过去的表现,以明确改进的空间。
(3) 集思广益,借鉴他人和自身成功和失败的经验。
(4) 根据一套标准评估备选方案,实行试验计划并检验它是怎样完成的。

从受教者的角度看,基于行为的教练方法非常适合已经在西方组织中占据主导地位的行为传统。行为教练的目标理论有助于促进计划、绩效目标的设定和持续提高,这些理论反映了当下管理实践的日常。几乎所有的管理者都有与更广泛的业务和组织目标、战略相结合的个人目标,对于想要积极提高绩效的管理者来说,行为教练提供了一个现成的框架。

行为模型包含强大而明确的学习概念,得到了关于创建学习型组织的持续学习理论的支持(Senge, 1994)。对于管理者来说,模型提供了一个通过观察他人来反思和学习的空间。

总而言之,基于行为的教练模式不仅适用于那些在西方主流组织文化中的人,也与管理者每天的日常工作相适应。

单一的行为教练方法可能不太适用于教练有更复杂情况的管理者,比如,信念体系对行为产生不利影响,或管理者缺乏改变的动机。管理者不可能总是意识到问题,承认问题妨碍了他们的表现,或者有动机去做些什么。在这些情况下,教练心理学方法通过探索驱动个人行为的基本信念和价值观,可以提供更有效的教练干预。

案例研究

克里斯汀(Christine)是一位表现出色的地方政府教育主管。我们第一次见面的时候,她刚受到新的任命,我被邀请去为克里斯汀提供教练,陪她一起适应新任命的高级经理角色。该组织的人力资源部门签订了6次时长2小时的会面,间隔4—6周,以支持克里斯汀头6个月的任职。人力资源经理签订了保密条款,确保在教练关系中谈话的保密性。

在这次任命之前,克里斯汀曾在一个邻近的议会担任助理主管,并在6年期间扭转了教育服务业务的处境。在她担任新职务时,当地的教育服务业务正在衰落,委员会受到了检查员的严厉批评,克里斯汀的任命被视为纠正问题的一步。

第一阶段是发现事实和建立关系阶段。我能和受教者建立一种信任的合作关系吗?受教者愿意透露信息吗?从受教者的角度来看,关键问题是什么?作为教练,我能为他们提供什么帮助?他们对情况的评估有哪些一致性/不一致性?有哪些证据支持或质疑他们的观点?

在与克里斯汀的第一次会面中,我们专注于建立我们的关系。我请克里斯汀告诉我她迄今为止的职业生涯、成功与低谷、任命过程以及上任后的头40天的情况。克里斯汀的反馈消息总是很积极,她有一连串的成功经历,从教育背景,到教育政策主管的任职,再到高级管理职位。克里斯汀在最后的委员会任职中,担任了6年的助理主管,这次的变动是由于一个猎头的来电,使她关注到了这个岗位的招聘广告。克里斯汀也曾经历过与难缠的政治家和管理者共事的困难时期,但她通过专注于自己的工作和实现自己的目标熬了过来。

克里斯汀51岁了,她把这看作是她最后一份工作,并希望能在7—10年的任命期间产生一些影响。她认识到,高层职位岌岌可危,有时不管个人的效率如何,政治或首席执行官的变动会导致整个高层团队的变动。

克里斯汀主要关心的是解决团队中的人员问题,以及更有效地管理个人时间。克里斯汀说,她每周工作75小时,早上7点工作到下午8点才回家,她定期开会,大约在晚上11点结束。如果晚上8点前到家,她会吃晚饭,然后继续工作,并在睡觉前阅读委员会的材料。她周末工作4—5个小时。作为一个有孩子的女性,这样的工作节奏对她的伴侣和家庭生活都造成了影响。

作为选拔过程的一部分,克里斯汀完成了个人简介。作为我们初步讨论的一部分,我对此进行了回顾,并探讨了与关键利益相关者及其团队的关系。

讨论的初始阶段大约花了50分钟。它提供了很好的背景资料,意味着我们在后续的会面中有了共同的话题。

我总结了克里斯汀提出的问题,并列出了第一次讨论的议程,主要围绕三个问题:人员配备、时间管理和工作与生活的平衡。工作人员的问题比较紧急,因为试用期的内部审核下周截止。很明显,时间管理和工作与生活平衡问题是息息相关的,将贯穿我们的6次会议。我将重点放在时间管理上,使其成为一个如何运用行为教练框架探索问题的示例。

我请克里斯汀将她的问题告诉我。克里斯汀描述了由于工作压力,她是如何长时间工作的,她已经开始作一些改变,比如,缩短每周的部门管理团队会议,但影响有限。我问克里斯汀想实现什么?她如何知道自己什么时候已经改善了时间管理?成功的改变会是什么样子?

克里斯汀把这种感觉定义为她没有浪费时间。我又问她,工作与生活的平衡,这看起来也会不同吗?克里斯汀觉得对于她的工作,应该每周平均工作60个小时。我再次问这是基于什么呢?克里斯汀参考了她前一任主管的工作时间。我问她,这会对她的家庭生活产生何种长期可持续性的影响。克里斯汀觉得这没关系。最后,我鼓励克里斯汀围绕这个时间管理目标收集相关的信息,她的配偶是怎么想的?她的孩子对此作何感受?

我们接着反思了她目前正在做的一些行为,以及这些行为有多成功。我向克里斯汀提出挑战,鼓励她反思这些行为的含义,当她带着工作去开会时,别人会怎么看她?我请克里斯汀提出一些在一天中可以挤出更多时间的可能的选择,并思考在这个角色上应该投入多少时间合适,以及花多少时间陪伴家人比较合适。

在初步讨论和对克里斯汀的性格进行回顾后,浮现的一个问题是,她对自己的行为和他人的行为缺乏反思。她非常专注于工作,很少考虑别人的行为,我鼓励她思考别人是如何看待她的行为的。她给员工传达了什么信息?给她的家人传达了什么信息?她和谁讨论过当前的工作时间?未来几个月内这种情况会如何变化?

克里斯汀明确了一系列需要尝试的新行为——更多的工作授权和在某些方面保证质量。她参加需要自己参加的会议,每天参加优先级靠前的活动,花一些时间制定一个长期计划,帮助分配优先权。她明确了不承担任务带来的结果,并且不去做不重要的任务。由此,克里斯汀制定了一个行动计划。

在会面期间,我的目标是:第一,建立一段关系;第二,了解克里斯汀本人,以及她担任的管理者的角色。有了这些要素,我就像克里斯汀一样,掌握了最重要的事。我渴望创造一些时间进行反思,并回顾反思的成果,特别是考虑到克里斯汀对行动的行为偏见。

会面快结束时,我请克里斯汀总结她制定的行动计划,我对行动计划作了一些说明,以作为下次会面回顾的基础。最后一步是请克里斯汀评估会面和她的学习情况。

讨论要点

1. 因为其简单直接的方法,行为教练是在商业情境下的理想选择。对此进行讨论。

2. GROW 模型是否不够成熟？

3. 行为教练不适合无法制定明确目标的受教者。对此进行讨论。

4. GROW 模型真的是与受教者进行教练对话的框架吗？

推荐阅读

Alexander, G. (2016). Behavioural coaching: GROW model. Chapter 5. In J. Passmore (ed.) *Excellence in Coaching: The Industry Guide* (3rd edition). London: Kogan Page.
Dembkowski, S., & Eldridge, F. (2013). Behavioural coaching. Chapter 18. In J. Passmore, D. Peterson, & T. Freire (eds.) *The Wiley Blackwell Handbook of the Psychology of Coaching & Mentoring*. Chichester: Wiley-Blackwell.
Starr, J. (2002). *The Coaching Manual: The Definitive Guide to the Process and Skills of Personal Coaching*. New York: Prentice Hall.
Whitmore, J. (2009). *Coaching for Performance: Growing People, Performance and Purpose* (4th edition). London: Nicholas Brealey Publishing.

参考文献

Alexander, G. (2016). Behavioural coaching: GROW model. Chapter 5. In J. Passmore (ed.) *Excellence in Coaching: The Industry Guide* (3rd edition). London: Kogan Page.
Bandura, A. (1969). *Principles of Behaviour Modification*. New York, NY: Holt, Reinhart and Winston.
Caplan, J. (2003). *Coaching for the Future*. London: CIPD.
Dembkowski, S. & Eldridge, F. (2013). Behavioural coaching. Chapter 18. In J. Passmore, D. Peterson, & T. Freire (eds.) *The Wiley Blackwell Handbook of the Psychology of Coaching & Mentoring*. Chichester: Wiley-Blackwell.
Gist, M. & Mitchell, T. (1992). Self efficacy: A theoretical analysis of its determinism and malleability. *Academy of Management Review*, 17(2), 183–211.
Gollwitzer, P., Heckhausen, H. & Ratajczak, K. (1990). From weighing to willing: Approaching a change decision through pre or post decisional mentation. *Organisational Behaviour & Human Decision Processes*, 45(1).
Hardingham, A., Brearley, M., Moorhouse, A. & Venter, B. (2004). *The Coach's Coach*. London: CIPD.
Lerner, B. & Locke, E. (1995). The effects of goal setting, self efficacy, competition and personal traits on the performance of an endurance task. *Journal of Sports & Exercise Psychology*, 17(2).
Locke, E. & Latham, G. (1990). *A Theory of Goal Setting and Task Performance*. Englewood Cliffs, NJ: Prentice Hall.
Macintosh, A. (2003). *Growing on grow: A coaching model for sales*. www.pmcscotland.com
Pavlov, I. (1927). *Conditioned Reflexes*. Oxford: Oxford University Press.
Peltier, B. (2009). *The Psychology of Executive Coaching: Theory and Application* (2nd edition). New York, NY: Brunner-Routledge.
Senge, P. (1994). The leaders new world: Building learning organisations. In C. Mabey & P. Iles (eds.) *Managing Learning*. London: Pitman.
Skiffington, S. & Zeus, P. (2003). *Behavioural Coaching: How to Build Sustainable Personal and Organisational Strength*. North Ryde: McGraw-Hill.
Skinner, B. F. (1974). *About Behaviourism*. London: Jonathan Cape.
Whitmore, J. (2009). *Coaching for Performance: Growing People, Performance and Purpose* (4th edition). London: Nicholas Brealey Publishing.

第九章 认知行为教练

斯蒂芬·帕尔默和卡西亚·席曼斯卡
(Stephen Palmer & Kasia Szymanska)

引 言

认知行为教练(CBC)是一种综合性的方法,通过在认知行为框架内综合运用认知、行为、想象和解决问题的技巧和策略,帮助受教者实现他们的现实目标。它可以提高绩效、增强心理弹性、增进幸福感、防止压力,并有助于克服改变的障碍。

这是一种双系统方法,它运用问题解决、寻求解决方案和认知行为方法来帮助受教者克服实际问题,并处理情绪、心理和行为障碍,以实现绩效和目标(Palmer & Neenan, 2000)。认知行为教练的一个重要原则是简约原则,即通过最少的努力获得最大的收益(也称为奥卡姆剃刀定律)。

认知行为教练的发展

CBC 的发展与认知行为和问题解决疗法的发展有着内在的联系。历史上,认知行为疗法和教练的概念可以追溯到哲学家埃皮克提图(Epictetus)的理论,他曾在 1 世纪说过,"个人不受事物的影响,而是受他们对事物的看法的影响"。20 世纪 50 年代,心理学家阿尔伯特·埃利斯(1962)提出了现在被称为理性情绪行为疗法(REBT)的技术,他提出了情感调节的 ABCDE 模型。与此同时,认知疗法在 20 世纪 60 年代由亚伦贝克(1967)发展起来,后来,唐纳德·梅肯鲍姆(1985)强调了自我对话在认知行为疗法和压力预防训练中的重要性。阿诺德·拉扎勒斯(Arnold Lazarus, 1981)开发了多模式疗法(MMT),这是一种在技术上兼收并蓄的系统方法,运用了从不同方法中广泛吸收的技术,他认为 MMT 疗法适用于教练。

20 世纪 80 年代和 90 年代,认知疗法和行为疗法逐渐融合,发展成为认知行为疗法(CBT)(Curwen et al., 2018)。REBT 已被应用到非临床群体,如理性教练(Ellis & Blum, 1967)、高管领导(Ellis, 1972)、工作生产力(Dimattia & Mennen, 1990)、管理和高管发展(Kirby, 1993)、绩效(Dryden & Gordon, 1993 年)和压力管理项目(Palmer, 1995, 2002; Ellis et al., 1998)。

在美国,认知教练(Costa & Garmston, 2002, 1985)侧重于支持对卓越教学的追求(Sawyer, 2003)。它采用一种督导或同辈教练模式,增强教师的认知过程,提高教师效能(Dutton, 1990)。

20 世纪 90 年代以来,CBC 的发展整合了认知行为、多模式、理性情绪行为以及专注于问题解决方案等方法的理论概念和策略(D'Zurilla, 1986; Dryden, 2016; Neenan & Palmer, 2001, 2012; Palmer, 2008; Palmer & Burton, 1996; Palmer & Neenan, 2000; Palmer & Gyllensten, 2008)。

本章的其余部分将着重于认知行为方法。

理论与基本概念

认知行为教练有两个基本前提:第一,一个人解决问题和寻求解决方案的能力不强,或者在压力下不能很好地发挥自己的能力;第二,一个人的感觉或行为在很大程度上取决于他们持有的信念,和他们对某一特定情况或问题的评价。此外,由此产生的焦虑等负面情绪会影响他们的表现,减少成就感。该方法旨在帮助个体提高解决问题的能力、意识到自己的想法,并帮助他们改变表现易受干扰、产生压力和目标受阻的观念。CBC 鼓励受教者为未来制定行动计划,最终目标是帮助他们成为自己的教练。

这些计划可能包括寻求解决方案的策略。在工作环境中,这种方法通常侧重于压力下提高或最大化绩效。

CBC 与目标设定理论(Locke & Latham, 1990)、问题解决理论(D'Zurilla, 1986; Dostél, 2015)、信息处理理论(Beck & Clark, 1997)、心理互动理论(Dryden, 2015; Milner & Palmer, 1998)和社会认知理论(与自我效能感和模型有关键联系;Bandura,

1986)相联系。在接下来的章节中,我们将重点讨论这些理论所提到的模型。

问题解决和寻求解决方案的框架:PRACTICE 模型

由于 CBC 以问题为导向、以目标和解决方案为中心的性质,如果教练和受教者认为这些不必要,则不必在深度的认知评估和干预上花太多时间。这体现了双重系统方法,侧重于帮助受教者在所涉及的心理和实践问题上实现目标(Palmer & Neenan,2000)。因此,在教练一些阶段,可能会运用一个有效的寻找解决方案的框架,如 PRACTICE(Palmer, 2007a, 2007b, 2011; Wasik, 1984),步骤如下。

如果提议的解决方案成功,那么受教者可以选择他们希望解决的另一个问题,然后再次执行步骤 1—7。一次有条理地解决一个主要问题,而不是同时解决几个问题,这是很重要的。然而,如果受教者由于情绪或心理障碍(例如,对实施商定的策略变得非常焦虑)而陷入框架内的某一个特定步骤,那么教练可以运用 ABCDEF 模型帮助评估、克服阻碍来改变这种情况。

步骤问题/行动

1. 问题识别: 问题是什么?
   你想改变什么?
   它什么时候不是一个问题,或值得担心的事情?有例外吗?
   可以从不同的视角看待这个问题吗?
   我们怎么知道情况是否有所改善?
   在 0 到 10 的区间,"0"为完全没解决,"10"为已被解决,你现在离解决问题还有多远?
   可以从不同的视角看待这个问题吗?
   你能想象明早醒来,这个问题或担忧就不复存在了吗?你会注意到哪里有什么不同?

2. 制定 2 个现实的相关目标 你想实现什么?
   (如 SMART 目标)

3. 生成可能的解决方案 你都有哪些选择?
   让我们一起把它们写下来!

4. 考虑结果 可能发生什么?

	每个可能的解决方案有多大帮助？
	让我们为每个解决方案划分一个"有用性"等级，其中"0"为根本没有用，"10"为非常有用。
5. 选择最可行的解决方案	哪个是最可行的解决方案？
	既然我们已经考虑了可能的解决方案，哪个是最可行的解决方案或最实际的解决方案？
6. 实施选择的解决方案	让我通过拆分步骤的方式来实施选择的解决方案。
	现在行动起来吧！
7. 评价	它有多成功呢？
	从0—10进行打分。
	从中学到了什么？
	我们现在可以结束教练了吗？或者你想解决或讨论另一个问题或担忧吗？

PRACTICE模型中的"P"也可以表示"提出问题"、"教练的目的"、"偏好的方案"或"偏好的结果"（Palmer，2011）。PRACTICE模型已经适用于跨文化和语言的环境，如葡萄牙语（Dias et al.，2011）、西班牙语（Sánchez-Mora García et al.，2012）和丹麦语（Spaten et al.，2012）。

尼南和帕尔默（2001）认为，一旦受教者熟练地使用七步骤模型，他们可能希望使用步骤更短的模型来加快问题解决的过程。例如：

- STIR：选择问题（Select a problem）；确定解决方案（Target a solution）；实施解决方案（Implement a solution）；评估结果（Review the outcome）
- PIE：定义问题（Problem definition）；实施解决方案（Implement a solution）；评估结果（Evaluate the outcome）。

这些步骤较短的问题解决模型通常用于快速解决问题，以便应对危机或快速作出决策。由于这些较短的模型中，速度代替了深思熟虑的思考，个体可能会得到一个不太满意的结果。

五种互动方式：SPACE

四种模式，即生理（Physiology）、行为（Action）、认知（Cognitions）、情绪（Emotions）

与社会环境(Social context)之间存在着相互作用。认知行为教练可以关注这五个方面来帮助受教者实现他们的目标。Edgerton 创造了一个简便的缩写[Edgerton & Palmer, 2005：社会环境(S)、生理(P)、行为(A)、认知(C)、情感(E)]。

SPACE 模型可以作为一种教育工具,来加强评估目的和制定教练方案之间的联系。例如,一个准备参加工作面试的(社会环境)人可能认为很困难(认知/评估),这种消极的评价很可能引发焦虑(情绪),而他们对焦虑的生理反应可能是出汗和身体紧张(生理),开始在等候室来回踱步(行为)。这可以用图表的形式在纸上或白板上用 SAPCE 模型记录下来。在 SPACE 模型中有许多几个阶段,在每个阶段使用三种不同颜色的笔(蓝色、红色和绿色)来完成 SPACE 图表的绘制：1) 促进受教者完成目标,通常是改变他们对特定情况的反应;2) 对一种情况进行初步的 SPACE 分析(蓝色);3) 通过识别思维误区、过度认知和自我挫败行为(红色)加深理解;4) 协同制定更有用的策略和干预措施,如现实的想法(绿色)(Williams et al., 2010; Williams & Palmer, 2013; Weiss et al., 2017)。

评 估

CBC 的一个关键特征是评估和案例概念化,在第一次教练时已经开始,如果需要的话,在整个教练过程中都可以进行修改。从本质上讲,在认知框架内收集受教者的个人资料、参与教练的原因和目标,并概念化,与受教者分享。简言之,SPACE 框架、ABCDEF 框架和七步骤 PRACTICE 寻求解决方案的框架可以作为一个简单概念化的例子(Palmer, 2002, 2007)。认知行为案例概念化有助于将理论与实践联系起来,并为以系统化地应用技术和策略提供参考或模板。在教练过程中,除非某个特定问题难以解决,没有必要进行深入的评估和案例概念化。一般来说,概念化是发展的,并与受教者分享,因为它有助于协作,并为受教者提供了通过认知行为框架理解问题的机会,从而最终成为他们自己的教练。

ABCDEF 教练模型

埃利斯(Ellis, 1962)发展了 ABC 情绪模型,其中"A"代表应激事件或逆境,"B"代表对事件的信念,"C"代表情感、生理和行为反应。埃利斯认为,在"B"处产生干扰的信念通常是僵化的、非经验的、不合逻辑的和非功能性的。他称之为"非理性信念",并将其与人们对情况的判断加以区分(后者在他看来不那么重要)。工作面试的例子可以用 ABC 表示为:

A(应激事件,Activating event)	• 工作面试
B(对于 A 的信念,Beliefs about A)	• 这次面试将会很困难,可能很糟糕 • 我必须在面试中表现出色 • 我无法忍受面试失败
C(结果,Consequences)	• 高焦虑(情绪) • 在等候室来回踱步;影响面试表现(行为) • 出汗、心悸、背部和肩部紧张(生理)

在实践中,教练将与受教者合作,并在白板或图表上记录对受教者问题的认知行为评估,以帮助受教者对认知模型的概念理解。通常在教练的开始阶段,对于受教者来说,是他们的思维在很大程度上导致了情绪困扰和较差的表现,而不是情况本身。然而,情绪或"直觉"洞察力需要更多的时间来发展,因为受教者需要将新形成的有益的、改善压力的和提高绩效的思维和信念付诸实践,然后观察他们自己的苦恼程度如何降低,以及绩效如何提高。"非理性信念"一词不能在教练中使用,因为受教者有时会认为"非理性"是贬义的,甚至是一种侮辱。思维误区、无益思维、目标阻碍思维和绩效干扰思维(PITS)是比较好的术语。

Ellis 的 ABC 模型包括两个附加阶段:"D"(Disputation)代表对无用信念的批判和修改,"E"(Effective new approach)代表处理应激事件的有效的新方法,在教练中,"D"(Discussion)同样也可以代表讨论(Palmer,2009)。帕尔默(2002)为教练增加了一个新的阶段:"F",代表未来对个人或工作目标的关注,以及从 ABCDE 过程中学习,这可能会提高未来的绩效,并防止未来的压力。因此,受教者从理智的洞察力转变为情感的洞察力。

D(讨论和批判,Discussion and Disputation)	• 面试真的会很糟糕吗?实际上,面试可能很难但却没那么可怕。 • 为什么你一定要表现出色?最好是表现很好,但我不一定非要如此。

	• 你真的不能忍受失败吗？尽管不是事事如我所愿,但我现在依然很好,就是一个很好的证明。
E（有效的新方法,Effective new approach）	• 专注于面试的目标信念;感觉担心但并不焦虑;停止踱步;减少生理反应,例如,不那么紧张。
F（对未来的关注,Future focus）	• 重点仍然是实现工作目标。学会减少焦急地参加面试。变得不那么严格地执行主义,学会了不要求"我必须表现好"。

完整的模型包含最开始的制定具体目标,这就变成了 G‑ABCDEF。教练的 G‑ABCDEF 模型,通常被称为压力、绩效、复原力和幸福感的模式。这使得教练模型不仅仅是处理当下的情况,而是通过关注积极因素（比如,提高绩效）进入新的领域。与上述 Ellis 的情绪障碍 ABCDE 模型不同,基于 Beck 研究的认知方法（Curwen et al.,2018）认为,需要解决三个层次的认知：

自动化思维	• 大脑弹出的想法或图像：我可能会犯错误
中间的信念	• 原则：我一定不能犯错
	• 假设：如果我犯了错,证明我很愚蠢
	• 态度：我不能忍受犯错
核心信念	• 通常形成于童年或青春期早期,可能是僵化的：我是个失败者

因此,教练实际使用的认知行为方法可能取决于他们所受的训练,并可能影响他们对教练的评估和实践。一个关键的认知行为教练内容,包含理论驱动、演绎埃利斯方法和归纳贝克尔方法,尽管这对未经教练的读者来说是陌生的（Neenan & Dryden, 2014）。其他认知行为方法则更广为人知,如帕尔默等人的研究（2003）,提出了多模型自我教练。值得注意的是,虽然认知行为教练主要是非历史性的,侧重于现在和未来,但它确实在有关联的时候考虑到了成长经历的影响。在上面的例子中,这些信念可能是由于童年时与挑剔的父母生活在一起形成的。受教者可能希望在教练中花一部分时间讨论他们的信念是如何形成的,教练则强调他们可以在此时此地改变。

改变的过程

对于受教者来说,改变的过程包含以下几个步骤：

1. 掌握并完善实际的和情感的解决问题和聚焦问题的能力。
2. 识别、战胜和改变他们僵化的、影响表现的和引起压力的思维方式、态度和信念。
3. 发展灵活的思维方式,鼓励形成提高绩效,缓解压力的思维、态度和信念。
4. 发展高挫折耐受性,更大的自我接纳性,并增强生理弹性。

认知行为教练的有效性

自 CBC 提出以来,关于 CBC 和焦点解决(SF)的 CBC 对教练过程和结果的影响的研究不断增加,本部分将进行简述。

格兰特(2001)的研究发现,以认知为基础的教练能有助于学生的心理健康、自我调节和自我概念,而行为教练能提高学生的学习成绩。认知和行为教练的结合提高了表现,并随着时间的推移而保持,同时提高了幸福感。格兰特(2003)发现,对20名研究生进行团体 SF-CB 生活教练可以促进心理健康、生活质量的提升和目标的实现。格林和他的同事们(2005,2006)采用 SF-CB 生活教练方法,结果发现,为目标奋斗会使得积极的情感和心理幸福感都有所提高。贡克西奇(Grbcic)和帕尔默(2007)对102名中层管理运用 CB 自我教练手册进行教练,显著降低了压力,增强了任务、情绪和容易分心倾向的应对能力。在一个案例研究中,里布里(Libri)和肯普(Kemp)(2006)发现,CBC 提高了男性财务主管的销售业绩、核心自我评价和全方位的自我评级。贝德多斯-琼斯(Beddoes-Jones)和米勒(Miller)(2007)发现短期 CBC 提高了工作绩效,显著增加了个人价值。格林和他的同事们(2007)运用生活教练提高了女校高中生的希望和韧性,同时减少了抑郁。基恩斯他的同事们(2007)指出,CBC 减少了完美主义和自我设限。斯彭斯和格兰特(2007)发现,专业的 CB-SFC 教练显著提高了目标达成率,而同辈教练则没有。格兰特(2008)发现,针对个人生活的 SF-CBC 教练提高了目标达成率、洞察力和学习能力,减少了焦虑,增强了认知抗逆性,提高了个人洞察力水平,而且参与者的期末成绩也更高。格兰特、库塔恩(Curtayne)和伯顿(2009)发现,对高管的 CB-SF 教练提高了目标达成率、弹性和工作幸福感,减少了抑郁和压力。在 CBC 的一个简短的项目中,卡拉斯(Karas)和斯巴达(2009)发现,所有的参与者在决策和行为拖延上都有了显著的改善,并在后续的研究中保持了下来。

吉伦斯滕(Gyllensten)和他的同事们(2010)在一项研究中发现,CBC能改善情绪调节能力,并发展出更自信的策略。斯帕滕(2010)在一项关于大学生的短暂CBC的研究中发现,到实验结束时,他们的幸福感增强,而焦虑和抑郁水平均有所降低。格兰特(2014)发现对高管的CB－SF教练提高了目标达成率,强化了专注于问题解决方案的思维,提高了应对变化的能力、领导力、自我效能感和韧性,并减少了抑郁。托布兰德(Torbrand)和埃兰·戴森(Ellam Dyson)(2015)发现,针对学生的团体CBC教练降低了拖延水平。大卫和他的同事们(2016)指出,对高管的CBC教练提高了绩效。尽管还有其他一些研究(Hultgren et al.,2016;Barry et al.,2017),但其结果是初步的,还需进一步的研究。

实 践

认知行为教练的目标

认知行为教练的总体目标是帮助受教者:

(1)实现其现实目标;

(2)改善和解决问题或困难;

(3)掌握新技能和建设性的应对策略;

(4)改变思维误区、压力思维(SIT)、表现干扰思维(PITs)、自动化消极思维(NATs),以及中间信念和核心信念;

(5)培养思维技巧、缓解压力思维(SAT)、提高绩效思维(PETs),以及现实的和有帮助的中间信念与核心信念;

(6)成为他们自己的"自我教练"。

教练的结构和教练中的任务

结构化方法可能很有用,因为它允许受教者与教练协商教练的日程规划,以便最大限度地利用时间(Curwen et al.,2018)。两者都能提出他们认为与当前阶段和整个教练计划相关的问题。它也反映了认知行为教练的专注于问题解决方案的特点,结构如下:

（1）简要了解受教者的当前状态，例如，"最近过得如何？"
（2）协商教练日程，例如，"你今天想把什么列入教练的日程？"
（3）回顾教练中的任务，例如，"上周你的任务进展如何？"
（4）专注于一个问题，例如，"让我们现在处理今天的日程项目。"
（5）在两次教练之间进行协商。
（6）教练反馈，例如，"对今天的教练有什么反馈吗？"

在教练过程中要避免"家庭作业"这个词，因为对许多受教者来说，家庭作业往往有不好的回忆，术语"任务"或"教练中的任务"更可取。回顾前一次教练中商定的任务是教练的一个重要方面，如果忽略了这一点，那么受教者可能会获得这样的信息——任务并不重要，何必费心去做。认知行为教练可能要提醒受教者，在教练时间之外的167小时对于将计划、技巧和策略付诸行动是多么重要。重要的信息往往是关注如何完成任务，遇到的问题或没有完成的任务都是"磨练"出来的，在教练中是有帮助的学习点。

掌握问题与维持

认知行为理论认为问题的形成是多种因素造成的。促成因素包括生活事件，如婚姻问题、裁员、欺凌、丧亲、疾病；社会因素，如孤独、住房条件差、工作与生活失衡以及应对策略的欠缺或无效性，如饮酒、攻击性行为、认知和行为回避；工作问题，如与工作有关的压力、管理工作负荷、工作时间增加、工作表现不佳以及环境压力，如嘈杂的工作场所。生理缺陷、遗传因素和童年经历都可能导致或加剧问题，在个人层面上，尽管这些问题中的一部分可以通过教练的方式解决，但由于上述一些问题带来的痛苦程度，专业治疗可能是更合适的干预措施。

在处理担忧的问题时，问题通常会因为回避、技能欠缺、压力诱导和表现干扰思维（SITs 和 PITs）、思维误区、阻碍人实现目标的中间信念和核心信念而持续存在。这些可能是认知行为教练的重点，对于具有临床症状的非常痛苦的个体，建议进行治疗。

认知行为教练的典型结构

帕尔默（2007）提出了一个典型的教练结构：

阶 段

1—2 简单的双体系案例制定(如 ABCDEF、SPACE、PRACTICE 模型)、目标设定和交流,尽可能专注于实现 SMART 目标。(谈话可能持续 60—120 分钟。)

2—4 必要的话,进行一些持续性评估,不然教练的重点是实现目标。

2—6 如果心理障碍阻碍了目标实现或任务进展,则关注心理障碍,需要对特定问题进行全面的评估。

1—8 教练可能会在大多数受教者觉得有效时结束。

(Gyllensten & Palmer, 2005)

根据处理工作相关问题的时间紧迫性,谈话的时间长度可能在 30—120 分钟之间,而生活或个人教练的时间可能是 60 分钟。教练一共可能只有 1—3 次。

认知技术与策略

教练有很多认知技巧和策略,在这一节中,我们将讨论一些主要的。

识别思维误区

思维误区最初在认知治疗中被称为"认知扭曲"(Curwen et al., 2018; Szymanska & Palmer, 2015),在认知行为教练的情境下,常被称为思维误区(Palmer et al., 2003)。这些都是处理过程中的错误,人们在认知上关注不充分或不适当的数据,并得出不合逻辑的结论,作出不准确的推论,或者根据很少的或没有经验的证据得出预先预测的结果。通常会为受教者提供讲义或认知行为自我教练手册(Palmer & Cooper, 2013),帮助他们理解和识别常见的不同的思维误区。

常见的思维误区包括:

- 读心术/仓促下结论:在没有相关信息的情况下盲目下结论。例如,"如果我不加班,我会被解雇。"
- 绝对化思考:根据"优秀"或"糟糕"等极端情况进行评价。例如,"她总是迟到。"
- 指责:不承担责任,把问题归咎于某人或某事。例如,"都是她的错,她应该提醒我把信寄出去。"
- 个人化：个人化地处理事件。例如，"如果我们的小组报告没通过，那是我的错。"
- 命运：假设你总是知道未来会怎样。例如，"我知道我下周会被炒鱿鱼。"
- 情绪化推理：将情绪与事实混为一谈。例如，"我感到很紧张；我知道这次合并破裂了。"
- 标签化：使用标签或全面的评级来描述自己和他人。例如，"我完全是个白痴"或"因为我考试不及格，这说明我是个彻底的失败者。"
- 绝对化要求：用僵硬或不灵活的思维方式，如"应该"和"必须"来表述你的语言，从而要求你自己。例如，"他应该把那个项目做得更好。"
- 放大或扭曲：夸大或扭曲事实。例如，"那次会议是我参加过的最糟糕的，太可怕了。"
- 缩小：弱化某一部分在一个情境中发挥的作用。例如，"这次的考试一定很简单，因为我的成绩很好。"
- 低抗挫性/"我不能忍受它"：通过告诉自己，"我受不了"，来降低对挫折或压力情况的容忍度。
- 假象主义：觉得可能会被重要的其他人发现你是装的或冒名顶替者。例如，"如果我表现不好，他们会看到真正的我——一个彻头彻尾的骗子。"

思维技巧

有一系列的思维技巧练习可以帮助受教者纠正他们的思维误区，下面是对其的总结（Palmer & Strickland，1996）：

记下你的思维误区

当你表现不佳、拖延或感到压力时，问问自己犯了什么样的思维错误，并记下来，这样你就能更好地避开他们。

善待自己

如果一个朋友或同事犯了同样的错误，你会像对待自己一样挑剔或严厉吗？把你内在的批评声音端正过来，不要忽视自己积极的一面。

相对思考

如果你以绝对化的视角看待一个情况或结果,如糟糕与优秀,试着找到一个中间的评价,这将有助于你正确地看待形势。一般来说,情况和人太复杂了,不能用这样极端的方式来看待。

寻找证据

有时我们对情况的评估是不足的。如果你认为自己的表现很差,问一问他人的意见,而不是作出一些可能不准确的判断。如果你不相信自己能应付某种情境,试着在这种情境下停留几分钟。

去标签化

避免对自己或他人进行全面的评级。我们太复杂了,不能用简单的"完全的白痴"或"完全的失败"来评价。一旦你用一种特定的行为给别人或自己贴上标签,就要质疑标签的有效性。例如,如果你因为没有达到最后期限,而称自己或同事为"傻瓜",那么这一次失败是否能够证明标签的正确性?你可能有着强烈的改变的动机,学习自我接纳,真正地接纳你自己,接纳缺点和你的全部,但不一定非要这样做。

冷静思考

情绪化的语言,如"必须""应该""很糟糕"和"我受不了",往往会增加压力,影响表现。不那么情绪化的表达方式有助于我们保持冷静,例如,"这是更好的""这是非常可取的",等等。

拓宽视野

当你觉得自己对某个情况或问题负有全部责任时,写一份所有其他相关问题的清单,弄清楚你是否真的应该百分百完全对此负责。可以画一个饼图,划分每个人或每个部分的责任。如果你完全指责别人,你可以重复这个过程,包括所有其他相关因素。很少有人会完全责怪他们。

引导发现和苏格拉底式问题,以检查思维和战胜干扰表现思维(PITs)

引导发现是教练和受教者协同工作,从不同的角度看待世界和问题的一个过程。它是在5世纪哲学家苏格拉底的系统提问和归纳推理的基础上提出的,用于帮助识别和修正PIT。问题可能包括,如何证明你的信念?有证据表明你的信念不成立吗?你是在以绝对化的方式思考吗?

测量方法

为了避免乱作假设,妄下结论,鼓励受教者征求其他人的意见(如同事或朋友),以证实或反驳他们自己的想法(即受教者)。

运用表格

可以借助表格聚焦、评估的方法,将适用于提高绩效的 PETs 代替 PITs。这些用于认知行为教练的 PIT/PET 模型是由尼南和帕尔默在教练中心(2001)开发的,有两列和五列版本(见案例研究)。这些形式已经被改编,适用于当受教者对特定情况感到压力时,重点是将压力诱导思维(SIT)改为压力缓解思维(SAT)。

情感标记

情感标记是让受教者说出他们在真实或想象的情境中所体会到的情感。虽然这通常在 CBC 中被用来帮助受教者看清情绪和认知之间的联系,但它也可以通过增加右前额叶腹外侧皮质活动,从而降低杏仁核活动(杏仁核是大脑边缘系统的一部分,在情绪处理中起着重要作用),来帮助调节恐惧的情绪(Burklund et al., 2014; Lieberman et al., 2007)。在 CBC 中,教练也会让受教者对情绪进行 0—10 的评分,其中 10 分表示非常高,0 分表示没有情绪。如果情绪得到了调节,强度就会降低。

向下箭头

揭示潜在假设或核心信念的过程被称为向下箭头技术,由伯恩斯(1990)开发,包括解释受教者的自动化消极思维(NATs)的可能影响,在一定时期被认为是有意义的。

受教者:我知道这次升职面试我会失败的。

教练:假设真的发生了,对你来说意味着什么?

受教者:我将永远被困在这份工作中,无处可去。

教练:如果是这样,那对你意味着什么?

受教者:我不够好,即使升职对我来说也是不可能的。

在上面的例子中,核心信念是"我不够好"。在引出我的核心信念后,接下来教练可以与受教者一起修正它(见下文)。

推理链

如前所述,当进行 ABCDEF 评估和干预时,教练可能会采用一种称为推理链的技术来发现问题或应激事件(A)的哪个方面(即关键的"A")是受教者真正困扰的。通常,最开始提到的问题并不是真正的潜在恐惧。在推理链中,受教者可能会产生恐惧,它只是暂时的,不会构成挑战。教练加强 B－C 思维(即信念和情绪后果之间的联系),避免使用 A－C 表达(即应激事件和情绪后果之间的联系)。在案例分析中给出了一个例子。

信念的成本效益分析

成本效益分析强调坚持这种信念的优势和劣势,可以作为一种中间信念或核心信念,下一步是形成一种更有帮助的反向信念,然后重复这个过程。

阅读治疗与图书训练

阅读治疗是指受教者在教练的建议下,使用相关的自助手册、书籍、视频、DVD、数字录音和网站,以获得有关其特定问题的知识。然而,在教练和训练环境下,由于术语包括"治疗"一词,通常从业者会将其改为阅读训练或阅读教练(Palmer & Burton, 1996)。

想象技术

认知行为教练使用的关键想象技术包括动机想象、应对想象、时间投射想象、暴露想象、积极想象、掌握想象、内疚减少想象、愤怒减少想象、理性情绪想象(Lazarus, 1984; Palmer & Dryden, 1995; Ellis et al., 1998; Palmer et al., 2003; Palmer & Puri, 2006)。下面我们重点介绍两种关键的想象技术。

动机想象

动机意象分为两部分(Palmer & Neenan, 1998)。最开始,鼓励受教者想象他们的余生，而不去解决他们的特定问题，也不去实现他们期望的目标（静止想象），然后想象在经过努力解决了特定问题后（行为想象），他们的未来是如何展开的。这种技巧被用来鼓励那些不愿意解决生活中问题的受教者。

应对意象

鼓励受教者将自己想象成面对压力和焦虑的问题或情况（Palmer et al., 2003），包括想象他们会如何处理可能出现的令人害怕的问题，例如，参加一个重要的会议迟到了。

行为策略

认知行为教练运用一系列的行为策略来支持受教者处理心理问题，并测试他们的 PETs 和信念。本节列出了一些较为常见的策略。

时间管理策略

糟糕的时间管理技能是认知行为教练中常见的问题。除了解决与拖延相关的问题（例如，"这太难了，我稍后再做。"）外，受教者还会使用有效利用时间的策略教练，如优先矩阵、列表制作等。

断言训练和沟通技巧

在受教者的心中，断言常常被误认为是有攻击性的，尤其是在欺负人的情况下，表现得更明显。认知行为教练让受教者区分关于断言和攻击性之间的差异。教练引导并帮助受教者评估断言的 PITs 或阻碍，并使用角色扮演或实验的方式来强化新的期望行为。

放松和正念

放松和正念策略通常用于促进放松和正念状态。放松或正念可以在谈话中运用，还可以鼓励受教者下载合适的放松或正念 APP，里面有关于放松和正念的过程的内容，很容易在智能手机上使用。

行为实验

行为实验是认知行为教练的重要组成部分。作为受教者教练过程的一部分,他们可以在教练谈话、与朋友在外时或工作场所应用。实验以协作的方式设计、记录和回顾。例如,一个相信当他作报告(预测)时声音会变干的受教者设计了一个实验,即给工作的同事作一个模拟报告并将结果记录下来。

哪类受教者获益最多?

以认知行为、实际问题解决和寻求解决方案为基础的 CBC 方法,对希望改善工作或学习表现、公开演讲、幸福感、时间管理、决策、问题解决以及情绪管理的人有很大帮助。它有助于克服拖延、缺乏自信、跳槽优柔寡断、压力和焦虑(如表达焦虑)的情况。该方法可用于儿童、青少年、成人和老年人,并适用于个人、团体、学校、医疗卫生机构、体育机构和工作环境。

在 CBC 中没有达成目标(改编自 Neenan & Palmer, 2000)可能是由于受教者:

(1) 不承担情感责任——责怪其他因素(例如,他们的经理、工作或合作伙伴)造成他们的问题,并期望这些因素在他们改变自己之前会改变;

(2) 不承担教练责任——他们不想或拒绝作出解决实际或情感问题,以及改变障碍所需要的努力;

(3) 具有临床症状——一些临床疾病,如抑郁症,可能显著减少动力和目标导向行为。

案例研究

马克是个 35 岁的顾问,他已婚并有两个孩子。他在一家大型石油公司工作,最近有一个升迁机会,他很想接受这个职位。然而,他需要每月向总部的高层团队作报告,尽管他在演讲时通常不会遇到太多困难,但他对这项任务感到焦虑,为此他来寻求帮助。

预 约

由于马克很想接受这份工作,他决定请教练来解决他的演讲焦虑。最开始是由 HR 通过邮件联系的教练,教练心理学家和马克在他现在的办公室见面。需要指出的是,马克以前曾接受过咨询,但他觉得并没什么帮助。他们商定在 3 次(每次持续 2 小时)教练谈话后回顾进度。如果有必要的话,再增加额外的谈话。

演讲焦虑

在听马克描述问题时,在最开始的 10 分钟内,他就明显表现出了很好的演讲技巧,而他的压力水平更可能来源于他对演讲的思考,而不是他的能力和技巧。根据简约原则,教练心理学家认为,在教练的这个阶段没有必要使用 PRACTICE 模式。

教练心理学家和马克一起完成了一个 SPACE 图,以显示各因素之间的关系(见图 9.1)。

SPACE

社会环境
给高层管理团队演讲

手冷、手心出汗、心跳加快、呼吸加快、肾上腺素增多

压力、焦虑

生理 — 情绪 — 行为 — 意识

演讲时手足无措

"我会搞砸的",脑海中紧张的想象

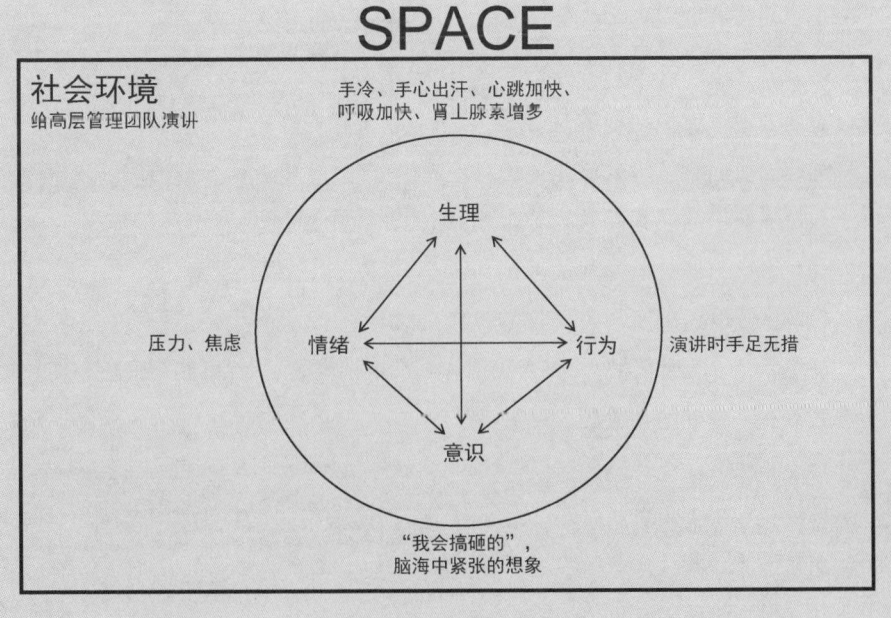

图 9.1 SPACE 模型

马克可以看到这四种因素与社会环境之间的联系。然而，马克无法轻易掌握他的信念。作为评估的一部分，为了确保专注于联系最密切的的问题和认知，他们作了一个推理链。

教练：我想，当你对演讲感到压力时，你脑子里可能还有其他相关的想法，这对我们非常有帮助，我们可以发现它是什么，并且帮助我们判断是否在关注正确的问题。我会再问你几个问题，看看我们能不能得到这些信息，可以吗？

马克：好的。

教练：你得到了新工作，对给高层团队做演讲有什么情绪上的感受？（认清情绪）

马克：非常焦虑。

教练：假设你开始给高层团队演讲，你会担心什么？（关注相关情绪）

马克：我会搞砸的。

教练：假设你现在确实搞砸了。闭上眼睛想象你真的搞砸了，你能看到它发生了吗？（帮助受教者在讨论的环境中了解自己的想法）

马克：可以。

教练：现在你最担心的是什么？

马克：他们会认为我没用。

教练：如果他们真的认为你没用，那又怎样呢？

马克：我想这会危及我的新工作。

教练：假设这确实危害了你的工作，你担心什么呢？

马克：经济上会很糟糕，因为我把什么都抵押出去了，我可能会失去一切。

教练：还有别的相关因素吗？

马克：没了。

教练：现在我来总结一下主要的干扰因素（教练开始在白板上写字）。你的焦虑是因为：

1."我会搞砸的。"

2."他们会认为我没用。"

3."可能会危及我的新工作。"

4."经济影响可能很糟糕。"

5."我可能失去一切。"

当你给高层管理团队演讲感到焦虑时,这1—5点,你最担心的是什么?

马克:坦白讲,我不认为我会失去一切。我以前也经历过困难,我的一些朋友也经历过,但我们并没有失去一切。我真的很想得到这份工作,一旦我得到我就想保住它,我已经想要这份工作很久了。我想我对任何危及我工作的事感到有压力。

教练:现在我们可能已经找到了你最担心的因素,或者称为关键的"A",让我们看看你对它有什么样的信念。现在你能在脑海中想象,你搞砸了演讲会危及到你的工作吗?(通过想象引出"关键"认知)

马克:可以。

教练:当你想象因为你的原因,工作受到了危及时,你现在在想什么?

马克:我不能失去这份新工作。

教练:如果失去了呢?

马克:那太可怕了,他们会看不起我的。

教练:你认为他们是怎么想你的?

马克:我完全没用。

教练:你也这么觉得吗?

马克:是的。

教练:"我完全没用"的想法与你欠缺演讲技巧有关,还是与你的新角色有关?(理清问题)

马克:两者都有,但重要的是他们如何看待我的新工作。

教练:好的。所以导致压力的关键信念是(将它们写在白板上):

B:信念(Beliefs)

1."我不能失去这份新工作。"

2."那太可怕了。"

3."我完全没用"。

如果你持有这些信念,你会继续感到压力还是变得放松?(强调他的思想和感觉之间的联系)

马克:我会持续感到压力。

教练:这会对你的演讲有所帮助还是形成阻碍?(提问以强调对失去工作的恐惧与他在演讲中的行为或举止之间的联系)

马克:更糟了!

教练:你觉得压力这么大应该怎么办?(寻求解决方案的问题)

马克:我可以决定不接受新工作,避免演讲,但这是不可能的,也许我可以改变我的想法。

教练:既然你想保住这份工作,你想做什么?

马克:改变我的想法。

(由于本次谈话还有充足的时间,教练介绍了表现提升表)

教练:为了帮助受教者认识并发展新的提升表现的想法,我们简称为PETs,我通常会建议一起来完成表现提升表。你想试试吗?

马克:好呀!

教练和马克利用他们在之前谈话中掌握的信息,完成了表现提升表的前三列。他们还额外增加了与演讲直接相关的PITs。然后,他们在第二列提出了提高表现的想法,以对抗表现干扰的想法,并在第四列写下这些想法。马克发现把教练问他的一些问题放在第四栏很有用,这样他可以在谈话后使用表格。最后,他们完成了最后一列(见表9.1)。

中间阶段任务

在第一次谈话快结束的时候,协商决定马克可以记下他在演讲中,以及从现在到下一次谈话可能会危及他工作的任何PITs和PETs。马克拿到了一本认知行为自我教练手册用来学习,并重点阅读第2章"改变你的思维以克服压

表 9.1 表现提升表

目标问题(A)	表现干扰想法(PITs)(B)	情绪/行为反应(C)	表现提升想法(PETs)(D)	影响以及针对问题的新方法(E)
糟糕的演讲会危及我的工作。	1) 我不能失去这份新工作。	焦虑	我可能会失去这份工作,但不可能是因为一次糟糕的演讲。	我会接受新工作。
	2) 那太可怕了。	非常焦虑	真的很糟吗?失去工作很痛苦但我知道这绝对不是世界末日。	我会认真准备演讲,并且大声地讲出来。
目标:做一个合理的演讲,专注于演讲本身,而不是他们如何看待我或者演讲。	3) 我是完全没用的。	沮丧	我怎么可能完全没用呢?我只有些事上是没用的。	在演讲时,我不在乎别人。
	4) 我必须表现完美,做一个很棒的演讲。	焦虑	为什么我一定要表现得很好?我不必这样。我怎么会有这种想法?这让我压力更大,也不太可能表现得好。真的有完美的演讲吗?还是我的期望太高了?我会集中精力做一个足够好但不完美的演讲。	我将在书的第48页上读到关于应对想象的内容。

力",其中包括识别思维误区,以及发展思维能力和想象能力(Palmer & Cooper, 2013)。本次教练对话被录音,以便马克再听一遍。

第二和第三阶段

在第二次谈话中,马克反馈了他经常犯的一些思维误区。他们在 SPACE 图上进行绿色部分的工作,讨论在演讲之前或演讲过程中使用 Benson 放松法减缓压力的可能性。这个方法在自我教练手册中有介绍,需要在日常实践的基础上,才能成为"第二天性"。尽管"应对想象"在之前的表现提升表上有写,

> 但还没有时间深入讨论它。教练讨论了马克可以如何运用"应对想象"来应对演讲,例如,马克看到自己说话时,手在表达,而不是在他的笔记本电脑上摇晃和盘旋,同时他也看到自己在处理难题。
>
> 两次谈话之间有一些电子邮件联系,第三次也是最后一次谈话是电话的形式。演讲很顺利,没有危及他的工作。

讨论要点

1. 在教练中,简约原则在哪些方面很重要?案例是否反映了这一原则?
2. 认知行为教练是浅显的。对此进行讨论。
3. 在教练中,没有深入发展认知行为案例概念化是懒惰和不道德的。对此进行讨论。
4. 以何种方式鼓励受教者阅读自我帮助或自我教练的材料才能有助于实现目标?

推荐阅读

Dryden, W. (2016). *Very Brief Cognitive Behavioural Coaching (VBCBC)*. Abingdon: Routledge.
Neenan, M., & Palmer, S. (2012). *Cognitive Behavioural Coaching in Practice: An Evidence Based Approach*. Hove: Routledge.
Neenan, S., & Dryden, W. (2014). *Life Coaching: A Cognitive-Behavioural Approach*. Hove: Brunner-Routledge.
Palmer, S., & Cooper, C. (2013). *How to Deal with Stress*. London: Kogan Page.

参考文献

Bandura, A. (1986). *Social Foundations of Thought and Action: A Social Cognitive Theory*. Englewood Cliffs, NJ: Prentice Hall.
Barry, M., Murphy, M., & O'Donovan, H. (2017). Assessing the effectiveness of a cognitive behavioural group coaching intervention in reducing the symptoms of depression among adolescent males in a school setting. *International Coaching Psychology Review*, 12(2): 101–109.
Beck, A. T. (1967). *Depression: Clinical, Experimental, and Theoretical Aspects*. Philadelphia, PA: University of Pennsylvania Press.
Beck, A. T., & Clark, D. A. (1997). An information processing model of anxiety: Automatic and strategic processes. *Behaviour Research and Therapy*, 35(1): 49–58.

Beddoes-Jones, F., & Miller, J. (2007) Short-term cognitive coaching interventions: Worth the effort or a waste of time? *The Coaching Psychologist*, 3(2): 60–69.

Burklund, L. J., Creswell, J. D., Irwin, M. R., & Lieberman, M. D. (2014). The common and distinct neural bases of affect labeling and reappraisal in healthy adults. *Frontiers in Psychology*, 5: 221.

Burns, D. (1990). *The Feeling Good Handbook*. New York: Plume.

Centre for Coaching (2019). *Completed ABCDE Form*. London: Centre for Coaching.

Costa, A. L., & Garmston, R. J. (2002). *Cognitive Coaching: A Foundation for Renaissance Schools*. Norwood, MA: Christopher-Gordon.

Curwen, B., Palmer, S., & Ruddell, P. (2018). *Brief Cognitive Behaviour Therapy*. London: Sage Publications.

David, O. A., Ionicioiu, I., Imbarus, A. C., & Sava, F. A. (2016). Coaching banking managers through the financial crisis: Effects on stress, resilience, and performance. *Journal of Rational-Emotive & Cognitive-Behavior Therapy*, 34: 267–281.

Dias, G., Gandos, L., Nardi, A. E., & Palmer, S. (2011). Towards the practice of coaching and coaching psychology in Brazil: The adaptation of the PRACTICE model to the Portuguese language. *Coaching Psychology International*, 4(1): 10–14.

DiMattia, D. J., & Mennen, S. (1990). *Rational Effectiveness Training: Increasing Productivity at Work*. New York: Institute for Rational-Emotive Therapy.

Dostál, J. (2015). Theory of problem solving. *Procedia: Social and Behavioral Sciences*, 174: 2798–2805.

Dryden, W. (2015). *Rational Emotive Behaviour Therapy: Distinctive Features*. 2nd edition. Hove: Routledge.

Dryden, W. (2016). *Very Brief Cognitive Behavioural Coaching (VBCBC)*. Abingdon, Oxon: Routledge.

Dryden, W., & Gordon, J. (1993). *Peak Performance: Become More Effective at Work*. Didcot, UK: Mercury Business Books.

Dutton, M. M. (1990). Learning and teacher job satisfaction (staff development). Doctoral dissertation, Portland State University, Portland, OR. *Dissertation Abstracts International* 51/05-A, AAD90-26940.

D'Zurilla, T. J. (1986). *Problem-Solving Therapy: A Social Competence Approach to Clinical Intervention*. New York: Springer.

Edgerton, N., & Palmer, S. (2005). SPACE: A psychological model for use within cognitive behavioural coaching, therapy and stress management. *The Coaching Psychologist*, 2(2): 25–31.

Ellis, A. (1962). *Reason and Emotion in Psychotherapy*. New York: Lyle Stuart.

Ellis, A. (1972). *Executive Leadership: A Rational Approach*. New York: Institute for Rational-Emotive Therapy.

Ellis, A., & Blum, M. L. (1967). Rational training: A new method of facilitating management labor relations. *Psychological Reports*, 20: 1267–1284.

Ellis, A., Gordon, J., Neenan, N., & Palmer, S. (1998). *Stress Counselling: A Rational Emotive Behaviour Approach*. New York: Springer.

Grant, A. M. (2001). Coaching for enhanced performance: Comparing cognitive and behavioural approaches to coaching. Paper presented at the Third International Spearman Seminar, Extending Intelligence: Enhancement and New Constructs, Sydney.

Grant, A. M. (2003). The impact of life coaching on goal attainment, metacognition and mental health. *Social Behavior and Personality*, 31(3): 253–264.

Grant, A. M. (2008). Personal life coaching for coaches-in-training enhances goal attainment, insight and learning. *Coaching: An International Journal of Theory, Research and Practice*, 1(1): 54–70.

Grant, A. M. (2014). The efficacy of executive coaching in times of organisational change. *Journal of Change Management*, 14(2): 258–280.

Grant, A. M., Curtayne, L., & Burton, G. (2009). Executive coaching enhances goal attainment, resilience and workplace well-being: A randomised controlled study. *Journal of Positive Psychology*, 4(5): 396–407.

Grbcic, S., & Palmer, S. (2007). A cognitive-behavioural self-help approach to stress management and prevention at work: A randomised controlled trial. *Rational Emotive Behaviour Therapist*, 12(1): 21–43.

Green, L. S., Oades, L. G., & Grant, A. M. (2005). An evaluation of a life-coaching group programme: Initial findings from a waitlist control study. In M. Cavanagh, A. M. Grant & T. Kemp (eds.) *Evidence Based Coaching: Volume 1, Theory, Research and Practice from the Behavioural Sciences*. Bowen Hills, Qld, Australia: Australian Academic Press.

Green, L. S., Oades, L. G., & Grant, A. M. (2006). Cognitive-behavioral, solution focused life coaching: Enhancing goal striving, well-being and hope. *Journal of Positive Psychology*, 1(3): 142–149.

Green, S., Grant, A., & Rynsaardt, J. (2007). Evidence-based life coaching for senior high school students: Building hardiness and hope. *International Coaching Psychology Review*, 2(1): 24–32.

Gyllensten, K., & Palmer, S. (2005). The relationship between coaching and workplace stress: A correlational study. *International Journal of Health Promotion and Education*, 43(3): 97–103.

Gyllensten, K., Palmer, S., Nilsson, E-K., Regnér, A. M., & Frodi, A. (2010). Experiences of cognitive coaching: A qualitative study. *International Coaching Psychology Review*, 5(2): 98–108.

Hultgren, U., Palmer, S., & O'Riordan, S. (2016). Developing and evaluating a virtual coaching programme: A pilot study. *The Coaching Psychologist*, 12(2): 67–75.

Karas, D., & Spada, M. M. (2009). Brief cognitive-behavioural coaching for procrastination: a case series. *Coaching: An International Journal of Theory, Research and Practice*, 2(1): 44–53.

Kearns, H., Forbes, A., & Gardiner, M. (2007) A cognitive behavioural coaching intervention for the treatment of perfectionism and self-handicapping in a non-clinical population. *Behaviour Change*, 24(3): 157–172.
Kirby, P. (1993). RET counselling: Application in management and executive development. *Journal for Rational-Emotive and Cognitive-Behavior Therapy*, 11(1): 51–57.
Lazarus, A. A. (1981). *The Practice of Multimodal Therapy*. New York: McGraw-Hill.
Lazarus, A. A. (1984). *In the Mind's Eye*. New York: Guilford Press.
Libri, V., & Kemp, T. (2006). Assessing the efficacy of a cognitive behavioural executive coaching programme. *International Coaching Psychology Review*, 1(2): 9–20.
Lieberman, M. D., Eisenberger, N. I., Crockett, M. J., Tom, S. M., Pfeifer, J. H., & Way, B. M. (2007). Putting feelings into words: Affect labeling disrupts amygdala activity to affective stimuli. *Psychological Science*, 18: 421–428.
Locke, E. A., & Latham, G. P. (1990). *A Theory of Goal Setting and Task Performance*. Englewood Cliffs, NJ: Prentice Hall.
Meichenbaum, D. (1985). *Stress Inoculation Training*. New York: Pergamon.
Milner, P., & Palmer, S. (1998). *Integrative Stress Counselling: A Humanistic Problem Focused Approach*. London: Cassell.
Neenan, M., & Palmer, S. (2000). Problem focused counselling and psychotherapy. In S. Palmer (ed.) *Introduction to Counselling and Psychotherapy: The Essential Guide*. London: Sage Publications.
Neenan, M., & Palmer, S. (2001). Cognitive behavioural coaching. *Stress News*, 13(3): 15–18.
Neenan, M., & Palmer, S. (2012). *Cognitive Behavioural Coaching in Practice: An Evidence Based Approach*. Hove: Routledge.
Neenan, M., & Dryden, W. (2014). *Life Coaching: A Cognitive-Behavioural Approach*. Hove: Brunner-Routledge.
Palmer, S. (1992). Stress management interventions. *Counselling News*, 7: 12–15.
Palmer, S. (1995). A comprehensive approach to industrial rational emotive behaviour stress management workshops. *Rational Emotive Behaviour Therapist*, 1: 45–55.
Palmer, S. (2002). Cognitive and organisational models of stress that are suitable for use within workplace stress management/prevention coaching, training and counselling settings. *Rational Emotive Behaviour Therapist*, 10(1): 15–21.
Palmer, S. (2007a). Cognitive coaching in the business world. Inaugural lecture given at the Swedish Centre for Work Based Learning, Goteburg, Sweden, 8 February.
Palmer, S. (2007b). PRACTICE: A model suitable for coaching, counselling, psychotherapy and stress management. *The Coaching Psychologist*, 3(2): 71–77.
Palmer, S. (2008). Multimodal coaching and its application to workplace, life and health coaching. *The Coaching Psychologist*, 4(1): 21–29.
Palmer, S. (2009). Rational Coaching: A cognitive behavioural approach. *The Coaching Psychologist*, 5(1): 12–18.
Palmer, S. (2011). Revisiting the P in the PRACTICE coaching model. *The Coaching Psychologist*, 7(2): 156–158.
Palmer, S., & Burton, T. (1996). *People Problems at Work*. London: McGraw-Hill.
Palmer, S., & Cooper, C. (2013). *How to Deal with Stress*. London: Kogan Page.
Palmer, S., Cooper, C., & Thomas, K. (2003). *Creating a Balance: Managing Pressure*. London: British Library.
Palmer, S., & Dryden, W. (1995). *Counselling for Stress Problems*. London: Sage Publications.
Palmer, S., & Gyllensten, K. (2008). How cognitive behavioural, rational emotive behavioural or multimodal coaching could prevent mental health problems, enhance performance and reduce work related stress. *The Journal of Rational Emotive and Cognitive Behavioural Therapy*, 26(1): 38–52.
Palmer, S., & Neenan, M. (1998). Double imagery procedure. *Rational Emotive Behaviour Therapist*, 6(2): 89–92.
Palmer, S., & Neenan, M. (2000). Problem-focused counselling and psychotherapy. In S. Palmer & R. Woolfe (eds.) *Integrative and Eclectic Counselling and Psychotherapy*. London: Sage Publications.
Palmer, S., & Puri, A. (2006). *Coping with Stress at University: A Survival Guide*. London: Sage Publications.
Palmer, S., & Strickland, L. (1996). *Stress Management: A Quick Guide*. 2nd edition. Dunstable, UK: Folens.
Sánchez-Mora García, M., Ballabriga, J. J., Celaya, J. V., Dalmau, R. C., & Palmer, S. (2012). The PRACTICE coaching model adapted to the Spanish language: From PRACTICE to IDEACIÓN. *Coaching Psychology International*, 5(1): 2–6.
Sawyer, L. (2003). Integrating cognitive coaching[SM] with a framework for teaching. In J. Ellison & C. Hayes (eds.) *Cognitive Coaching: Weaving Threads of Learning and Change into the Culture of an Organisation* (pp. 151–162). Norwood, MA: Christopher-Gordon.
Spaten, O. M. (2010). *Coaching Forskning – Effekt af Coaching på Nystartede Studerende*. Aalborg: Aalborg University.
Spaten, O. M., Imer, A., & Palmer, S. (2012). From PRACTICE to PRAKSIS: Models in Danish coaching psychology. *Coaching Psychology International*, 5(1): 7–12.
Spence, G. B., & Grant, A. M. (2007). Professional and peer life coaching and the enhancement of goal striving and well-being: An exploratory study. *Journal of Positive Psychology*, 2(3): 185–194.
Szymanska, K., & Palmer, S. (2015). Cognitive behavioural therapy. In S. Palmer (ed.) *The Beginner's Guide to Counselling and Psychotherapy*. 2nd edition. London: Sage Publications.
Torbrand, P., & Ellam-Dyson, V. (2015). The experience of cognitive behavioural group coaching with college students: An IPA study exploring its effectiveness. *International Coaching Psychology Review*, 10(1): 76–93.
Wasik, B. (1984). *Teaching Parents Effective Problem-Solving: A Handbook for Professionals*. Unpublished manuscript, University of North Carolina, Chapel Hill, NC.

Weiss, R., Edgerton, S., & Palmer, S. (2017). The SPACE coaching model: An integrative tool for coach therapists. *Coaching Today*, October, 12–17.
Williams, H., & Palmer, S. (2013). The SPACE model in coaching practice: A case study. *The Coaching Psychologist*, 9(1): 45–47.
Williams, H., Edgerton, N., & Palmer, S. (2010). Cognitive behavioural coaching. In E. Cox, T. Bachkirova & D. Clutterbuck (eds.) *The Complete Handbook of Coaching*. London: Sage Publications.

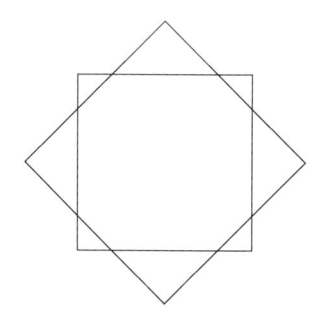

第二部分

人本主义方法

第十章 以人为中心的教练心理学

斯蒂芬·约瑟夫和理查德·布莱恩特-杰弗里斯
(Stephen Joseph & Richard Bryant-Jefferies)

引　言

设计以人为中心的教练心理学的目的是帮助人们最大化利用他们的天赋、长处，激发更多的潜能，使他们在个人和职业生活中达到最佳状态。以人为中心的教练心理学基于以下假设来影响人们：人会自发地激励自身朝着更加自主的、对社会更有建设性的、更好发挥作用的方向努力。因此，以人为中心的教练心理学家认为，受教者是他们自己最好的专家，如果心理学家给予受教者一种可接受的、真实的、不会受到评判和强迫的关系，那么受教者会激发出他们的内在动力。本章我们将概述以人为中心方法的发展，并介绍一个在生活教练中应用该方法的案例。

以人为中心的发展

以人为中心疗法最初由心理学家卡尔·罗杰斯(1951,1961)提出。起初他将他的方法称作非指导性治疗，因为治疗师不会主导疗程，而是努力顺着客户走。这个做法令人难以理解，例如，人们会觉得在治疗中没有相应的指导。罗杰斯将他对这个方法的描述改为以客户为中心的疗法，指明治疗师为了以客户为中心而需要具备非指导性。在这之后，以人为中心的说法渐渐取代了以客户为中心的说法，以人为中心被认为是一种不局限于治疗心理疾病患者，并且可以应用在诸多环境中（保健、教育、争端解决以及教练）的哲学手段。

尽管在教练界，教练自身与咨询的关系尚存争议，以人为中心的方法却是特殊的,它因既不涉及"修复"或"治愈"功能失调,也没有采纳治疗师是专家的医疗模型的"诊断"观点而区别于其他治疗手段。以人为中心的从业人员,无论受教者处于心理功能的哪个层面,都致力于促进他们自我决定,从而使他们进一步达到最佳状态(Joseph, 2003, 2015)。

因此,以人为中心的方法可以很容易地应用于教练心理学,两者都有一个共同的哲学观点:人们是他们自己最好的专家(Kauffman, Joseph, & Scoular, 2015)。许多教练可能在实践非指导性方法或受非指导性理论影响时,并不知道他们实践的本源是以人为中心的疗法。

以人为中心的元理论观点是公认的,它得到了六十多年的研究和理论支持(Barrett-Lennard, 1998),以及积极心理学的最新发展(Joseph, 2015)。这份"人类天生倾向于成长、发展,达到最佳状态"的假设提出了这样一个理论基础,即受教者而非教练知道什么是最好的方法(Joseph, 2003; Levitt, 2005)。该理论基础充当了以人为中心的实践的指导方针,以人为中心的实践在本质上,只是一个尊重他人自我决定原则的立场。以人为中心的心理学并不是一套教练技巧,而是基于每个人是自己最好的专家的理论观点的态度(Joseph, 2003; Levitt, 2005)。正是这个观点构成了非指导性方法的基础。

理论及基本概念

卡尔·罗杰斯提出了元理论观点,即人类天生倾向于成长、发展,达到最佳状态。他称之为"自我实现倾向"(Rogers, 1959, 1963)。但这些倾向不会自动出现。因为人们需要正确的社会环境以自我实现其内在的最佳本质。罗杰斯指出,正确的社会环境是指人们能够感受到被理解、有价值,自己本来的样子被他人所接受。罗杰斯推断,在这种环境中,人们想用与他们自身实现倾向相称的方式来实现自我,从而达到心理健康及最佳状态。但当人们觉得自己不被理解,没有价值,自己本来的样子不被他人认可,只能成为他人想要的样子才觉得有价值时,他们以与自身倾向相悖的方式进行自我实现,这将造成心理压力及功能失调。

必要和充分条件

教练需要做的是提供正确的社会环境。心理学家应该很熟悉罗杰斯理论的术语(1957,1959),他们不会没有听说过"无条件积极关注,共情及真诚透明"。但有时,这三个要素太过熟悉以至于理论的深度被忽视甚至被错误地认为是更加浅显的方法。罗杰斯(1957)描述了6种情形,并提出这些情形是在治疗中,性格积极转变所需要的必要和充分条件(见方框10.1)。这些情形在任何成功的帮助关系中构成性格转变的基础。因此,它们也能够应用于教练。

方框 10.1　性格积极转变所需要的必要和充分条件

1. 两个人建立了心理学联系。
2. 被称作客户的1号正处于不一致、易受伤或焦虑的状态中。
3. 被称作治疗师的2号则在这个关系中是和谐、完整的。
4. 治疗师无条件地积极关注客户。
5. 治疗师要具有同理心地理解客户所说的内在框架,并努力与客户交流这个心理过程。
6. 上文提到的治疗师同客户具有同理心的交流,以及无条件积极关注要以最小的程度完成。

(Rogers, 1957, p. 96)

情形1是指一个先决条件:如果两者没有联系,那么其后的5个情况就是多余的。罗杰斯所指的心理学联系是两个人是否意识到彼此及一个人的行为影响到了另一个人。例如,如果一个人正处于紧张状态,我们会很难判断两个人之间是否具有心理学联系。

在情形2中,不一致性指包含形成情感与感知情感的不一致或者感知情感与表达情感的不一致。例如,如果受教者表现出焦虑,但自身并没有意识到焦虑,他们将被称为不一致,因为其形成情感与感知情感之间不符;再者,如果受教者意识到他们很焦虑但却说他们现在很轻松,他们将因感知情感与表达情感之间不符被称为不一致。

在情形3中,教练是一致的,这是指他们准确地明白他们的内心体验、想法和情感,并能够在这个背景下适当地表达(Bozarth,1998；Wyatt,2001)。即教练具备内在认知与情感表达的一致性,以及清醒认识情感以及清楚表达情感状态的一致性。

在情形 4 中,教练能够无条件积极地关注受教者,即教练能够热情地接受受教者且并不会将条件强加于受教者。

在情形 5 中,教练要能够具有同理心地理解受教者,即教练能够感知并了解受教者的经历是什么。

最后,在情形 6 中,受教者意识到教练的共情和无条件的接纳。罗杰斯认为如果这六种情形存在,那么就会发生建设性人格转变,并且仅在这六种情形全部存在时,这些情形出现得更多,客户的建设性人格转变会更加显著。

> 最后一种情形……是客户认为治疗师向他表达了最小程度的接纳及共情。除非关于这些态度的沟通已经完成,并且就客户而言这些态度并不存在于关系之中,我们假设不应开始治疗过程(Rogers, 1957)。有趣的是罗杰斯使用了"最低程度"这个字眼,暗示客户不需要完全意识到咨询者向其表达的或是同其沟通的全部的同理心和无条件积极尊重。准确听到和共情理解的一瞥就足以产生积极的治疗效果,尽管逻辑上人们可能认为感知得越多,治疗效果就越好。但是,如果这是一个强度和准确性的问题,那么治疗师共情理解客户内心世界经历的至关重要的部分,无论对于客户,或是治疗,都比带着较弱的治疗师理解感且不准确地听了一大堆的做法更加有意义。受客户欢迎的治疗师的共情、一致性和无条件的积极态度,为建设性人格转变创造了条件。
>
> (Bryant-Jefferies, 2005a, p. 11)

罗杰斯(1957 年)所概述的必要和充分条件很好地描述了以人为中心的教练的态度品质和他们的做法对受教者努力保持一致、共情和传达无条件的接纳。以人为中心的教练方法的基本思想是,这些核心态度品质有利于表达自我实现倾向的社会环境。在这种环境中,受教者没有感到被评判或评价,他们不再感到需要自我防卫,因此一致的自我实现将因此开始。

非指导性

以人为中心的教练在实践中意味着一个对自己有深刻理解,能够以真实的方式同受教者表达的人。教练努力从受教者的角度去理解受教者的世界,他们接纳受教者的生活方式,而不将自己的计划强加给他们。也就是说,受教者的自我决定是至高无上的。

因此,以人为中心的教练方法的关键,不是提供关系情形本身,而是教练的元理论假设,即人们本身会自发地朝着建设性和最佳功能的方向发展。在适当的社会环境条件下,这种力量将会被释放。正如格兰特所述:

> 以客户为中心的治疗师对人们需要什么或应该如何实现自由不作任何假设。他们试图促进自我接纳、自我决定、积极成长、自我实现、现实或自我感知之间的真诚透明……以客户为中心的治疗方法仅仅是尊重他人自我决定的做法。
>
> (Grant, 2004, p. 158)

虽然我们讨论的是治疗,但这些观点同样适用于教练,即尊重他人的自我决定是教练无条件接纳及其非指导性原则立场的基础(Levitt, 2005)。正如布莱德利(Brodley)所描述的:

> 非指导性观点在心理学上是深刻的。它不是一种技术。在治疗师发展的早期,它可能是肤浅的,是约定俗成的——"不要这样做"或"不要那样做"。但随着时间的推移以及自我检查和治疗经验的积累,非指导性观点成了治疗师的特点之一。它代表深切地尊重人的建设性潜力以及极其敏感地对待他们的脆弱性。
>
> (Brodley, 2005, p. 3)

认同受教者的方向而不强加自己的指导,这一点正如我们已经看到的那样,是以人为中心的教练方法(即条件4)的关键所在,并出现在通过治疗师的一致性和同理心沟通中(Bozarth, 1998)。这是以人为中心的教练不干涉,也无意干预的根本,因为他们相信实现倾向是人类动机的一个根本来源,正如博扎思(Bozarth, 1998)所说:

> 治疗师顺从客户,按照客户的步伐,用客户自己的思维方式、体验方式或处理方式。治疗师不能决定其他事情,不违反以人为中心的治疗的本质的目的。决定其他事情——不管它们是什么——是对这个方法的本质的一种"是的,但是……"反应。这一定意味着,当治疗师有意图制定治疗计划、治疗目标,或使客户去哪里或为客户做某一件事的干预策略时,他们就违反了以人为中心的治疗本质。

在真实和有感的实际关系中,人们能够卸下心防,更好地了解自己,并自由地在生活中作出新的选择。以人为中心的教练关系的另一个更重要方面是受教者能够有对教练的,并可用来沟通的移情能力、沟通能力、无条件的积极态度和一致性。当受教者更多地体会并从教练那里获得这些品质时,他们体会教练,与教练的沟通适应能力得到了发展与提升。在以人为中心的背景下的教练关系假定具有一种真正相互协作的品质,受教者和教练的经验都在这种关系中,朝着最佳的运作方向发展。

调查支持

对于任何心理学家的听众的一个核心问题是,以人为中心的心理治疗是否是一种有效帮助人的方法。贯穿整个 1960 年代和 1970 年代的早期研究提供了与罗杰斯关于必要和充分条件的假设一致的证据(Barrett-Lennard, 1998)。然而,在接下来的 20 年里,以人为中心的心理治疗的研究传统渐渐减少,在很大程度上是因为下一代活跃的心理学家更感兴趣于开发心理治疗的认知方法,以人为中心的心理治疗在主流心理学中日益边缘化(Joseph, 2003)。因此,罗杰斯所提出的六种情形是否为必要和充分的问题在很大程度上仍未得到回答,不同的研究人员对现有数据的解释确实非常不同。以人为中心的传统以外的研究人员倾向于解释证据以证明这些情形可能是必要的,但那些情形并不总是充分的。所以,其他流派的治疗师可能需要以某种方式进一步干预,例如,使用各种认知或行为技巧。

然而,以人为中心的治疗师解释相同的数据时,他们表明有些情形可能不是必要,但是充分的。他们认为个人的发展和成长也可以通过各种变革手段出现,例如,通过宗教皈依到创伤性经历,因此某些情形可能不是必要的,但当它们存在时,它们就是充分的(Bozarth, 1998),因此没有必要进一步干预。现在有压倒性的证据表明,治疗关系的重要性用以支持以人为中心的观点(Bozarth & Motomasa, 2005; Duncan & Miller, 2000; Hubble & Miller, 2004; Murphy & Joseph, 2016; Wampold, 2001)。

在处理以人为中心的治疗条件是否必要和充分的问题时,一部分难点在于经常为了解决特定的不适情况而进行治疗或教练。罗杰斯所定义的建构人格变化是人的一种总体的发展,影响整个人,而不是指导其达到治疗目的或解决一组特定情绪或心理问题。以人为中心的做法旨在促进人们在其生活中表达和体验得更加真实(Wood, Linley, Maltby, Baliousis, & Joseph, 2008)。

实　践

现在，我们将根据这种关于元理论观点的重要性的讨论来描述以人为中心的教练心理学的实践，该观点认为受教者是他们自己的最佳专家，并考虑如何将这个观点应用于教练心理学。

以人为中心的工作方式认为人们的心理功能水平方面没有显著区别，因为减少压力和功能障碍的过程与促进健康和最佳运作功能的过程相同（Joseph，2015）。功能幅度的两端都与自我实现与实际倾向一致的程度有关。更大的一致性将导致极好的心理健康和更佳的功能。但是，当不太一致时将导致更大的压力和功能障碍（Ford，1991；Wilkins，2005）。

积极心理学

以人为中心的方法提供了积极的心理学观点，因为它全面、统一地关注人类功能消极和积极的方面（Joseph & Worsley，2005）。教练心理学也需要应用与焦虑和功能失调所要求的相同的理论基础和实践技能。从医学模型的视角看，以人为中心的教练心理学认为理解和增强最佳功能，以及缓解不适应功能作为一项任务，而不是两个单独的任务（Joseph，2015）。以人为中心的教练本质上并不是减轻苦恼和功能障碍，而是促进幸福和最佳功能状态。然而，从以人为中心的角度来看，这些实际上是一个统一的任务，而不是两个单独的任务。因此，咨询与教练之间没有理论上的区别。人从哪里开始并不重要，正如以人为中心的心理学的创始人之一——什利安（Shlien）在1956年最初给出的一次谈话中所说：

> ……如果心理咨询所发展的技能能够释放有障碍的人的建设性能力，使他们变得更健康，那么这也应同样可以帮助健康的但未达到最佳功能状态的人。如果我们转向幸福的积极目标，我们将不关心人从哪里开始，而更关心如何实现积极目标的预期终点。

（Shlien，2003，p. 26）

咨询与教练的对比

因此,在决定以人为中心的教练心理学家所工作的功能范围时,训练的深度和持续时间是唯一需要注意的问题。在以人为中心的教练心理学实践中,教练的任务是培养一种社会关系,这种社会关系被受教者认为是真实的体验,并且他们觉得被接纳和理解。但是,尽管治疗过程与咨询相同,但我们基于医疗模式开发了这些不同的专业领域的这一事实,在内容上造成了差异(Joseph,2015)。简单来讲就是我们使用什么术语将决定谁寻求我们的帮助。公众的理解是,咨询就是回顾过去生活中做错了什么,而教练则着眼于未来能做对什么。如果我们提供心理咨询,我们吸引那些想回头看看的人;如果我们提供教练,我们将得到那些想要向前看的人。以人为中心的从业者的任务在这两种情况下都是一样的,即在关系中真诚透明、共情理解和无条件接纳,他们必须理解,这样做将促进个人的自我决定。因此,在理论过程层面,以人为中心的心理学家,无论被雇用作为教练、咨询,或临床心理学家,他们的任务总是相同的,但在实际内容层面,这部分将会是不同的,只是因为与教练相比,寻求帮助的人通常会给咨询者带来不同的信息。

以人为中心的疗法坚信,与其说你怎样对待你的客户,不如说你对你的治疗很重要,而这个"你是如何"必须被客户接受的。

(Bryant-Jefferies,2005b)

哪类受教者获益最多?

在本节中,我们将描述哪种类型的受教者会认为这种方法有帮助,以及他们在教练过程中将遇到的问题类型。正如我们所见,以人为中心的咨询方法基于一种基本的哲学,即人们基本知道,无论在个人生活还是在商业生活中,他们在生活中的最佳方向是什么。正如罗杰斯对什么是建构型关系的描述所传达的一样(见方框10.1),如果受教者处于在一个能被接受和理解的社会环境中,那他们能够充分放下他们的心防,深入地顺从他们内心的智慧——即罗杰斯所谓的"有机价值过程"(OVP)。因此,他们能够更客观地分析自己的情况,更好地了解自己的需要,更加信任自己,并能够找到自己的方向。因此,这种方法对广泛的客户都很有帮助,因为对这些人来说,他们正在寻求自我指导。例如,在商业生活中,这可能涉及选择新的职业道路,决定是否作出重要的商业决策,或考虑作为管理者的战略。在个人生活中,它可能涉及是否建立一个新的关系,如何处理婚姻中的冲突,或如何重新计划疾病后的生活。以人为中心的教练本质上是一种帮助人们更真实地生活的方式。

然而在实践中,一些受教者可能发现这种方式很难配合。例如,对于一个真实性和自我指导水平很低的受教者,或者一个在人际关系中无法与他人充分交流的受教者来说,这种方法可能会让人感到难以接受。一位技术娴熟的教练才能与这些客户合作,比如,对于教练来说,在前期阶段中介绍一些活动或技巧来建立信任和融洽关系可能很有效果,这样受教者就能够找到自己的节奏和方向,而不会感到惊慌失措。当受教者是儿童和年轻人时,这种情况经常出现,例如,使用艺术材料或沙盘可能会有效果。本章的第一作者采用这种方法作为业务和领导教练,第二作者作为生活教练。接下来,我们将演示这种方法在生活教练中的应用。

生活教练中的案例学习[①]

安妮坐在心理医生的房间里。这是她的第三次治疗。前两次,她一直在思考她最近的生活:她与丹尼斯离婚,他是如何离开她的,她是为什么变得如此痛苦和沮丧。除了悲伤于她已失去了的过去和他们本可以拥有的未来之外,安妮什么都不想做。这一切都太突然了。46 岁的她,生活已是分崩离析。她的朋友、女儿和父母都支持她,但她却觉得动弹不得。直到现在,在丹尼斯离开她 12 个月之后,她才觉得她需要尝试,以更可持续的方式重建她的生活。

前几次治疗结束时,她说到自己需要开始向前看。她非常感激迈克尔如何倾听她的讲述,给她所需要的空间。她感到迈克尔已经了知道她的挣扎和困惑。但她知道她不想再沉浸在挣扎和困惑中了。

迈克尔坐在对面看着安妮。"所以,上次你说过你想把更多的精力放在未来的道路上,现在仍是这样吗?"他不想作出假设。作为一个以人为中心的教

---

① 理查德·布莱恩特-杰弗里斯(Richard Bryant-Jefferies)在他的《生活教练》(*Living Therapy*,以人为中心的教练系列书籍)中发展了使用虚拟对话的这种方式,该书由 Routledge 出版。

练心理学家,他想与受教者一起克服困境,而不是强加过程或强迫他们。这个方法的核心是坚定不移地接受实现倾向的存在,他相信这能够使人们走向他们需要或可以接触到的最充实和令人满意的经历。

"是的。我必须这样做。我不能继续悲伤于过去。虽然我可以感觉到它在那里,那是我的一部分,还有很多的感觉也在,特别是愤怒和羞愧。但我需要向前走了。"

"嗯,需要向前走了,摆脱这些感觉。"迈克尔一直保持着有同理心的回应。

"我也许需要开始一段新的生活,你知道吗?"

"需要开始新生活的感觉"。迈克尔略重读了"新";这是他在听到安妮如何说话。

安妮点了点头。她觉得可以继续说下去。"我不知道会是什么样子,我很不安,又有点兴奋,但主要还是不安。"

"是的,主要是不安,有点兴奋。未来会是什么样子呢……"(1)

安妮耸了耸肩。她欣赏迈克尔说话的方式。他似乎不慌不忙,让她听到她自己的话,不知怎么,听到自己说的话似乎给予她时间来真正接触到她现在拥有什么。

她觉得自己深吸了一口气,她的心开始怦怦跳。她感到焦虑,有点紧张不安。她不喜欢这种感觉,她紧闭嘴唇,低下了头。

迈克尔感到了这股仿佛突然出现的沉默。他注意到安妮的头在动,即便只是突然的一个小动作。

"我无意打扰,"迈克尔轻声说到,"但感觉好像你身上发生了些什么。"

安妮正沉浸于她自己现在的想法中。虽然她还没弄明白。只是不知何故,刚才说的话让她的内心感到……焦虑,这是唯一能用来形容的字眼了。但她不知道为什么,也什么都没说。实际上,是在她的意识边缘的感觉,正在开始变得更清晰,使她自己感受到,这份感觉可能与她自我意识相矛盾——凭她自己就可以成为一个有能力和自信的女人。近几个月来,她的自我意识受到了打击,但她得到了很好的支持,她一直坚信自己会好起来的,她需要找到一个方法来度过这一切。(2)

迈克尔尊重这已经形成的沉默。对他来说,沉默需要特别的共情——认同它的存在。他知道了他的已经开始的感觉,现在他将让安妮面对发生在她身上的一切,同时保持他自己的热情接受她作为一个人,他的敏感性,无论她可能会说什么,以及他自己的内心体验。

安妮深呼吸后叹了口气。她抬起头,看着迈克尔的眼睛。他的存在似乎非常真实。但是,她内心的东西也是这样非常真实的存在。她咽了一下口水。心中的焦虑正在变化,变成了一个新词:恐惧。她提到过,但更多的是仅仅作为一个单词的"恐惧"。它现在存在于她的感觉和意识中。"我很害怕。"

安妮小声说出这句话,迈克尔非常专注地听到了,他以类似的语气说到。"它吓到你了。"

安妮有些无力,她感到手臂有些刺痛,并且沉重和麻木了起来。她觉得很热,咽口水并摇了摇头。"我,实际上我觉得我没有,怎么说,没有过快乐。我不知道我自己要怎么快乐。我不知道和别人在一起该怎么……"她的声音渐渐地变小。

"然后?"迈克尔没有去共情安妮的话,这会使安妮偏离整个引导着她的方向。他在等着她说出更多,比如,她能行,或她觉得她想怎么做。

"我必须,不是吗?我必须,必须找到一种方法。一部分的我想要退缩,但我知道,知道我必须向前走。"

"嗯嗯,一部分想退缩的你和另一部分知道你必须向前走的你在对立。"

"就像我内心在打架一样。我害怕被夹在中间。"

"害怕夹在自己内心的争斗中。"

听见迈克尔的话语,安妮觉得想说的话正在一个字一个字地串起来。"害怕夹在斗争的,就是我自己。"

迈克尔点了点头。"就是你自己。"安妮正在为自己作出一个非常重要的选择。他信任她这样做的过程,他陪伴着她,保持他简单的同理心回应,并保持他对她的温暖,他接受她作为一个人,一个处于如此艰难阶段的背景下,正在努力走出非常困难的阶段的人。

安妮发现自己在点头。"这是我自己,我感觉就像它出现了,我能更清楚地感受它,感受如何选择,感受心理的斗争,我知道我必须向前走,我知道。"她停顿了一下。"然而我还是感觉如此不确定,如此害怕。"

"你知道你必须向前,但你觉得它是如此可怕。"

"就像一部分的我想向前看,但想退缩,另一部分想只是,嗯,不向前看,但我已经在,在那里太久了。我必须向前走。"

"感觉你在那个地方停留太久了,所以不管多么可怕,你都得向前走。"

安妮点了点头,意识到她的焦虑已经缓解,虽然惊恐仍然存在,但没有那么强烈了。"我需要这么做。我女儿真的很支持我。她希望我和她一起去度假。嗯,我有点不确定,但是,我知道我需要,她是对的,这对我有好处,不是吗?"(3)

迈克尔不想肯定地说,事实上他并不知道。对他来说,重要的是安妮是根据她对她的需求的评估而不是别人认为对她好的想法而作出了决定。"看来虽然你觉得不确定,但你也知道,你女儿是正确的。我说的对吗?"

安妮点了点头,再次深吸了一口气。"是的,对,现在有个机会,我必须要是一个新的自己。我必须给自己一个机会,成长起来。这并不总是容易的,不是吗?"

迈克尔笑着说。"是不容易,但这是一个使你成长的机会。"这在安妮说的话中不知如何有点突出。他因理解而微笑着,这使得安妮更清楚地感到希望和方向感,因为她感到自己心中不容易和成长的感觉被迈克尔聆听到了。

"那么,我该怎么做?"

"嗯?你想要怎么做呢?"迈克尔不打算提供建议,也不会采用指导性的教练方法。以人为中心的教练方法的独特性在于,它保持了非指导性的立场,信任每个个体能为自己作出他们需要作出的建设性选择。(4)

这个问题留给了安妮。"我必须努力多与朋友外出,不要找借口待在家里闷闷不乐。"

"好吧,所以多与朋友外出。"

"而且,我想,结交新朋友。我是说,我有点想了解一下夜校课程。我已经多年没有做过那样的事了,但这是一个想法,尽管我曾经退缩过。"

"这个想法一直围绕着你,但你却退缩了。"

"不知道我会如何应付,我能行吗?你知道吗?"

"嗯,很重要的问题,你能行吗?你会没事吗?"

"但我必须这样做。我会更认真地看看有什么东西可以提供给我。你认为这是个好主意吗?"

"这听起来非常不错。"这听起来确实很不错,并且迈克尔也真诚地回应。但他再次肯定不会给安妮以"因为他同意,她应该做一些事情"的印象,他想让她确信,这是她自己想做的事。当她知道的和她想要的事物重合时,对她的激励会更强大。(5)

安妮点了点头。"我会和我女儿一起计划度假。我想只是和朋友多外出,我不想自己一个人做事。"

"对,现在自己已经做了这么多事情,你想和朋友或女儿在一起。"

安妮点了点头,对,她想到,对,不知为何感觉有点安全了。嗯,虽然没有那么安全,但这感觉更现实、更可信了。"我必须做到这一点,对吗?"

"我对此的回答是：'在适合你的时间并以适合你的方式。'"

"是的,人们很善于告诉你应该做什么,但我不喜欢这样,我不想感到被逼迫。人们一直告诉我,但他们说了太多。现在,我感觉它是可能的。"安妮停顿了一下,整理了下她的想法。"对,我需要找到我自己的方式、节奏。我已经在一旁待得太久了。"

"嗯,那种在一旁待了很久感觉听起来非常清晰。"(6)

安妮感到新的激励感。是的,她去过那里,做过这样的事,这在她接受事情的过程中起到了一定的作用,但现在她需要向前走,并对如何、从哪里开始有一些想法。

评 论

这个案例说明,以人为中心的方法不规定受教者应该做什么,而是基于元理论假设,即人们有成长、发展和最佳机能的内在倾向,因此,教练信任受教者找到自己的方向。它说明了教练的同理心和真诚接纳对受教者的作用,关系建立作为教练过程前奏的重要性,以及教练信任受教者找到自己方向的能力的重要性。此外,我们之所以选择此示例是因为它说明了咨询和教练之间是有结合点的。在结合点处,焦点发生了转变,因为受教者从在过去寻找问题转向作出新的决定和为自己设定未来目标。

虽然案例研究表明,以人为中心的教练心理学不是由使用技巧所定义,而是由建立的关系来定义,但我们要强调,技术本身并没有被禁止使用。近年来,以人为中心的治疗领域在理论和实践上有了许多发展,受教者作为专家的思想在实践中可以有多种解释。教练心理学家能够得出多种想法和工作方式(Sanders,2004),从坚持原则,跟随受教者节奏的传统的以人为中心的治疗(Merry,2004),到更加过程定向的治疗方法(Worsley,2001;Worsley,2004)。以人为中心的方法的不同在于,当技术被使用时,它们成为以人为中心理论的元理论假设的表达(Joseph,2015)。问题不在于教练使用特定的技术或评估设备,而是如何使用它。

过程描述

在(1)之前,以人为中心的教练正在掌握受教者所面临的困境,让她听到他所听到的,并使自己(如果你接受的话)成为一面映照她的话语和感情的镜子。她的未来看起来有点可怕,令人兴奋,不确定;他让她停下来思考未来会是什么样子,让她向前看,并考虑未来对她意味着什么。倾听她的话语让她更加愿意分享她的感受。在(2)处受教者的焦虑出现,我们看到情感开始从受教者的意识边缘出现。虽然她的意识尚未变得清晰,但焦虑的存在表明,正在出现的东西在某种程度上很不舒服地冲击着她的自我概念。麦恩斯(Mearns)和索恩(Thorne)(2000)指出,"意识的边缘"情感,即生物体能够体会得到,但不存在于人的意识的情感。

当内容出现并被受教者掌握和理解时,焦虑会减轻(3)。但情况并非总是如此。出现的情感会深刻地颠覆一个人的自我概念。以人为中心的教练不会强迫这种情感出现；他们的角色是提供治疗和关系条件，在这个条件下受教者会给自身形成一个过程，使这种情感出现。受教者在向前看，寻找一个积极的方向，但她现在变得更加理解自己的感受，也因此更加能够表达出来。从此开始，通过内在矛盾，她可以更现实地接受她对未来的愿景，并且她的动机可能更加集中，不那么零散。在这种情况下，她内在的矛盾源于那些试图使她止步不前的情感。

受教者仍然有一个疑问——"该怎么做？"(4)，以人为中心的教练心理学家允许这个问题存在，教练不应该回答它。以人为中心的非指导性立场至关重要。教练相信受教者能够找到自己的方向(5)，这与罗杰斯的说法一致，即"个人拥有巨量的资源来理解自我，并改变自我概念、基本态度和自我教练的行为；如果能够提供可界定的促进心理态度的氛围，那么这些资源是可以被开发出来的"(Rogers，1980)。

受教者开始认识到她需要做什么，并且知道她需要如何想出第一个策略。她也想要做到这些，尽管她承认她的另一部分想阻止她，拉她回来。以人为中心的教练知道与受教者成为一体的需要，以及这个认识的重要性，但是让受教者能够识别和体验那些拉她回来的因素，她的意识需要更充实、更完整，这样她才能找到能够让她行动起来的动力和清晰的方向。再次强调，当然，必须是适合她的时机。

当受教者确信需要作出改变以及她愿意作出改变时，她正在本次治疗中面对自己意识中的那份感受。在第(6)点处，受教者已经思考很久了，教练并没有有力地回答那些由"同理思考"产生的激励话语，而是开始关注受教者思考的过程带她去了哪里。这是非常有力的。它把受教者保持在了她自己已经达到的地方，并且它确信从这个位置，她可以继续前进或发现一些她心中阻碍她前进的事物。这样做会给予她空间，以便她理解和探索。以人为中心的教练知道，如果事物出现，那么它出现的及时性应该得到信任。

人们常常以突飞猛进的方式成长，有时甚至很激进地成长。似乎麦恩斯和索恩所说的"社会调解的制约"被打破，让每个人从实现自身潜力中退缩的价值条件被打破。当然,这种突飞猛进的状态可能并不总是可持续的,它们强调也许需要一个健康的平衡、一个渐进的行动,这包括实现倾向和社会调解制约之间持续的对话过程(2000, p. 180)。以人为中心的教练心理学家将在与受教者的会谈中提供这方面的空间。在这里,以人为中心的教练心理学家的方法在教练领域可能独一无二的地方,就是他们愿意让这种对话充分完整地存在,而不是站在被视为成长方面的一边,尝试和强迫他人成长。另一种看待这个过程的方式可能是从自我内部"能够成长"和"不是为了成长"的配置的角度(Mearns & Thorne, 2000, pp. 114-116)。

归根结底,教练的角色是:

> 使用任何形式为个体提供治疗性情境、治疗性关系,并因此提供建设性人格转变的机会。

(Bryant-Jefferies, 2005c, p. 20)

这句话阐明了以人为中心的方法的核心。上文的例子说明了该方法在生活教练中的应用。然而这并不意味着以人为中心的方法只适用于生活教练。非指导性或以人为中心的方法的概念在商业或高管教练中同样非常重要,因为商业或高管教练的目的是帮助培养自我决定和真实性(Kauffman, Joseph, & Scoular, 2015)。

结 论

以人为中心的方法在教练心理学方面有很多贡献。它为定义和理解心理过程(包括那些限制和增强人的心理过程)提供了一个强大的理论系统。它在其理论中包含一个实现倾向的核心概念,该概念呼吁个人实现更充实和更满意的生活体验。它强调了一套经过深入研究的关系原则,当这些原则出现时,会促进这种趋势在人内部和通过人得到更充分的显现,并带来实现更大人类潜力的可能性,并不强加任何事物于任何人。受教者在个人强化、人与人之间的教练关系中的心理过程是值得信任和鼓励的。

这是一种非指导性的方法，旨在帮助培养受教者的自我决定。

讨论要点

1. 对于有效的以人为中心的教练，需要展现哪些关键因素？
2. 以人为中心的教练怎样确保受教者在其认为正确的路上发展？
3. 从以人为中心的方法的视角看，教练与咨询有什么区别？
4. 使用非指导性方法的教练，其优点和缺点分别是什么？

推荐阅读

Joseph, S. (2015). *Positive therapy: Building bridges between positive psychology and person-centred psychotherapy*. London: Routledge.

Levitt, B. E. (Ed.) (2005). *Embracing non-directivity: Reassessing person-centered theory and practice in the 21st century*. Ross-on-Wye: PCCS Books.

Rogers, C. R. (1959). A theory of therapy, personality, and interpersonal relationships as developed in the client-centered framework. In S. Koch (Ed.), *Psychology: A study of a science, Vol. 3: Formulations of the person and the social context* (pp. 184–256). New York: McGraw-Hill.

Rogers, C. R. (1961). *On becoming a person*. Boston, MA: Houghton Mifflin Co.

参考文献

Barrett-Lennard, G. T. (1998). *Carl Rogers' helping system: Journey and substance*. London: Sage.

Bozarth, J. D. (1998). *Person-centred therapy: A revolutionary paradigm*. Ross-on-Wye: PCCS Books.

Bozarth, J. D., & Motomasa, N. (2005). Searching for the core: The interface of client: Centered principles with other therapies. In S. Joseph & R. Worsley (Eds.), *Person-centred psychopathology: A positive psychology of mental health*. Ross-on-Wye: PCCS Books.

Brodley, B. T. (2005). About the non-directive attitude. In B. E. Levitt (Ed.), *Embracing non-directivity: Reassessing person-centered theory and practice in the 21st century* (pp. 1–4). Ross-on-Wye: PCCS Books.

Bryant-Jefferies, R. (2005a). *Counselling for problem gambling*. Abingdon: CRC Press, p. 11.

Bryant-Jefferies, R. (2005b). *Counselling for eating disorders in men*. Abingdon: CRC Press.

Bryant-Jefferies, R. (2005c). *Counselling victims of warfare*. Abingdon: CRC Press.

Duncan, B., & Miller, S. (2000). *The heroic client: Doing client-directed, outcome Informed therapy*. San Francisco, CA: Jossey-Bass.

Ford, J. G. (1991). Rogerian self-actualization: A clarification of meaning. *Journal of Humanistic Psychology*, 31, 101–111.

Grant, B. (2004). The imperative of ethical justification in psychotherapy: The special case of client-centered therapy. *Person-Centered and Experiential Psychotherapies*, 3, 152–165.

Hubble, M. A., & Miller, S. D. (2004). The client: Psychotherapy's missing link for promoting a positive psychology. In P. A. Linley & S. Joseph (Eds.), *Positive psychology in practice* (pp. 335–353). Hoboken, NJ: John Wiley & Sons, Inc.

Joseph, S. (2003). Client-centred psychotherapy: Why the client knows best. *The Psychologist*, 16, 304–307.

Joseph, S. (2015). *Positive therapy: Building bridges between positive psychology and person-centred psychotherapy*. London: Routledge.

Joseph, S., & Worsley, R. (2005). A positive psychology of mental health: The person-centred perspective. In S. Joseph & R. Worsley (Eds.), *Person-centred psychopathology: A positive psychology of mental health* (pp. 348–357). Ross-on-Wye: PCCS Books.

Kauffman, C., Joseph, S., & Scoular, A. (2015). Leadership coaching and positive psychology. In S. Joseph (Ed.), *Positive psychology in practice: Promoting human flourishing in work, health, education and everyday life*. Hoboken, NJ: Wiley.

Levitt, B. E. (Ed.) (2005). *Embracing non-directivity: Reassessing person-centered theory and practice in the 21st century*. Ross-on-Wye: PCCS Books.

Mearns, D., & Thorne, B. (2000). *Person-centred therapy today*. London: Sage Publications.

Merry, T. (2004). Classical client-centred therapy. In P. Sanders (Ed.), *The tribes of the person-centred nation: An introduction to the schools of therapy related to the person-centred approach* (pp. 21–44). Ross-on-Wye: PCCS Books.

Murphy, D., Cramer, D., & Joseph, S. (2012). Mutuality in person-centered therapy: A new agenda for research and practice. *Person-Centered and Experiential Psychotherapies, 11*, 109–123.

Murphy, D., & Joseph, S. (2016). Person-centered therapy: Past, present and future orientations. In D. J. Cain, K. Keenan & S. Rubin (Eds.), *Humanistic psychotherapies: Handbook of research and practice* (pp. 185–218). Washington, DC: American Psychological Association.

Rogers, C. R. (1951). *Client-centred therapy: It's current practice, implications and theory*. Boston: Houghton Mifflin Co.

Rogers, C. R. (1957). The necessary and sufficient conditions of therapeutic personality change. *Journal of Consulting Psychology, 21*, 95–103.

Rogers, C. R. (1959). A theory of therapy, personality, and interpersonal relationships as developed in the client-centered framework. In S. Koch (Ed.), *Psychology: A study of a Science, Vol. 3: Formulations of the person and the social context* (pp. 184–256). New York: McGraw-Hill.

Rogers, C. R. (1961). *On becoming a person*. Boston, MA: Houghton Mifflin Co.

Rogers, C. R. (1963). The actualizing tendency in relation to "motives" and to consciousness. In M. R. Jones (Ed.), *Nebraska symposium on motivation*, Vol. 11 (pp. 1–24). Lincoln, NE: University of Nebraska Press.

Rogers, C. R. (1980). *A way of being*. Boston, MA: Houghton Mifflin Co.

Sanders, P. (2004). *The tribes of the person-centred nation: An introduction to the schools of therapy related to the person-centred approach*. Ross-on-Wye: PCCS Books.

Shlien, J. M. (2003). Creativity and psychological health. In P. Sanders (Ed.), *To lead an honourable life: Invitations to think about client-centered therapy and the person-centered approach* (pp. 19–29). Ross-on-Wye: PCCS Books.

Wampold, B. E. (2001). *The great psychotherapy debate: Models, methods, and findings*. Mahwah, NJ: Lawrence Erlbaum.

Wilkins, P. (2005). Person-centred theory and "mental illness". In S. Joseph & R. Worsley (Eds.), *Person-centred psychopathology: A positive psychology of mental health* (pp. 43–59). Ross-on-Wye: PCCS Books.

Wood, A. M., Linley, P. A., Maltby, J., Baliousis, M., & Joseph, S. (2008). The authentic personality: A theoretical and empirical conceptualisation and the development of the authenticity scale. *Journal of Counselling Psychology, 55*, 385–399.

Worsley, R. (2001). *Process work in person-centred therapy*. Basingstoke: Palgrave.

Worsley, R. (2004). Integrating with integrity. In P. Sanders (Ed.), *The tribes of the person-centred nation: An introduction to the schools of therapy related to the person-centred approach* (pp. 125–148). Ross-on-Wye: PCCS Books.

Wyatt, G. (Ed.) (2001). *Rogers' therapeutic conditions: Evolution, theory and practice, Vol. 1: Congruence*. Ross-on-Wye: PCCS Books.

第十一章 动机性访谈：一种教练心理学方法

乔纳森·帕斯莫尔和艾莉森·怀布鲁
(Jonathan Passmore & Alison Whybrow)

引 言

动机性访谈是一种以人为中心的协作式教练形式，旨在激发和增强变革的动机(Miller & Rollnick, 2009)。教练与受教者合作，通过帮助他们解决面对变化的矛盾情绪以增强他们改变个人行为的内在动机(Resnicow, DiIorio, Soet, Borrelli, Hecht, & Ernst, 2002; Miller & Rollnick, 2002)。动机性访谈(MI)起源于罗杰斯式的、人性化的咨询风格。

与基于行为概念(即行为是外部强化或外在激励因素作用的结果，如薪酬、奖励和地位)的行为教练方法不同，MI 明显侧重于增强内在动机。MI 方法的基本观点是，当个人具有内在动机时，才会发生持久而有意义的变化。使用 MI 技术，教练挖掘受教者的价值观和目标，分析他们当前的行为如何与其理想行为不一致，并帮助受教者解决此矛盾。MI 旨在让受教者开始对教练阐述为什么改变的益处，而教练提供了一个共情、反思的环境，帮助受教者保持专注于这种"改变谈话"(Miller & Rollnick, 2012)。

整个过程中的一个核心是，个体在被接受和支持的条件下，利用自己的积极、创造性的能力和观察力，能够自然地朝着健康的方向发展(Miller & Rollnick, 2012)。

MI 的发展

MI 是由美国心理学家威廉·米勒(William Miller)在致力于回答"人们为什么改变？"的过程中创建的，他的工作借鉴了他在治疗中观察酗酒者的经验。他发现，治疗中的变化过程反映了治疗之外的自然变化。人们是否会改变的一个关键预测因素是他们在治疗中如何谈论变化。他认为，那些表明自己具有高度动机和承诺改变的对某些事物成瘾的客户最有可能作出改变。此外，治疗师在与客户接触时应当发挥作用，帮助他们增强他们改变的责任感（Miller & Rollnick，2002）。米勒观察到，治疗性互动的风格影响"改变谈话"的次数，具有同理心的方式将促进改变谈话，反之，对抗性的方式会产生阻力，降低改变的活跃性。

　　MI 的大部分证据基础来自临床心理学情境，在该情境中，MI 在成瘾文献中被引用，并且强有力的数据说明 MI 成功应用于酒精和其他物质成瘾的咨询（Burke，Arkowitz，& Menchola，2003；Miller & Moyers，2002；Solomon & Fioritti，2002）。MI 还应用于慢性病管理领域，例如，帮助糖尿病患者实现更好的血糖控制（Channon，Smith，& Gregory，2003；Prochaska & Zinman，2003）。MI 还被证明能有效地鼓励青少年改变他们的行为（Cowley，Farley，& Beamis，2002）。

　　最近，作者（Miller & Rollnick，2012）根据多项评价研究的结果，编制了核心文本和新方法的修订版。

　　自本书第一版以来，MI 在教练中的具体应用已有所发展，如一些已经发表的关于 MI 理论应用的论文、书籍（Anstiss & Passmore，2012，2013；Passmore，2014）以及实践（Passmore，2011，2012a，2012b，2013a，2013b）。

　　然而，关于 MI 教练方法的应用的研究仍然很少。但更广泛的 MI 研究是丰富的（Project Match，1997），该研究已经证明，MI 在酗酒和毒瘾治疗等领域具有显著疗效。此外，在更常见的教练领域中应用 MI 的一个例子是使用 MI 教练方法对治疗心脏病的患者取得更好的治疗效果（Kazel，1998）。

　　随着我们持续在教练时使用 MI 方法，我们看到在教练中应用 MI 方法的价值，以及 MI 方法、CBC 方法和行为方法已日益成为教练心理学的主流方法。

MI 的理论与概念

　　MI 方法汇集了更广泛的心理学以及心理学变化文献中的一些概念（这些概念被编织到这一节中）。我们仅具体讨论该方法的三个基本原则。一是教练的风格需要与受教者的改变意愿相匹配。二是改变动机的概念及它的发展。在这里,我们将改变动机视作"准备、愿意并能够作出改变"的个人。在"准备、愿意和有能力"的三点中,无论多少的"准备"都无法弥补已经了解到的能力不足(Rollnick,1998),这导致了第三个概念,即自我效能。教练需要帮助受教者共同增强这三种能力。

首先,这需要教练不断评估受教者对目标行为的准备状态。最初开发的跨理论模型(The Transtheoretical Model of Change,TTM)是一个经过深入研究和有影响力的模型(Prochaska & DiCle-mente,1992),描述了人们如何准备改变自己的行为,以及如何保持成功的变革。该模型认为,作为变革周期的一部分,个人通过特定阶段的进步来实现变革(见表11.1)。

表 11.1　改变循环

阶　　段	表　　现
预　想	受教者尚未开始考虑改变的可能性
沉　思	受教者开始权衡改变的利弊,从而引发矛盾心理
准　备	受教者作出改变的准备
行　动	受教者尝试去改变
保　持	受教者的行为成功发生改变并已维持了6个月

改变的过程并不总是一条从预想到保持,经过各个阶段的直线,在取得长期保持之前会经常发生倒退回早期阶段并螺旋式上升的过程。跨理论模型认为,人们在不同的变化阶段经历不同的思维模式,在这个过程中自我意识逐渐提升,在沉思阶段他们会体会到支持他们改变的新的事实或想法,在行动阶段他们会体会到自我解放并坚定地致力于改变(Perz, Diclemente, & Carbonari, 1996)。同样,特定行为的利弊之间的平衡也因个人的变化阶段不同而变化。例如,处于准备阶段的受教者比处于沉思阶段的人体验更多的负面认知和情绪(Prochaska & Zinman, 2003)。

在整个改变循环中,人们改变的动机各不相同。因此,教练的干预和帮助风格需灵活改变,以满足受教者不同的变化阶段。动机性访谈对克服改变的矛盾情绪特别有效。矛盾情绪会使人们停留在他们目前不理想的行为中,并且无法作出改变(即使他们愿意)。从 MI 的角度来看,矛盾情绪被视为改变过程中的一个自然部分,其实,阻力也称为改变的核心。识别和挖掘这一障碍是动机性教练所面临的关键挑战。对抵抗的探索采用非对抗性的方法(如协作和移情)进行管理,而不是使用更具有指导性的方法(如权威)(Miller & Rollnick, 2002)。

矛盾心理被认为特别容易发生在预想、沉思或有时甚至在准备阶段。矛盾心理能够从受教者通常涉及诸如"我想少工作几小时,但如果我停下来,那么我就不能……"这类对话中发现。此时,来自教练的指导性的回复(例如,提供建议或行动选项)可能会增加受教者的抵抗。受教者可能通过诸如争论、打断、否定、忽视和"对,但是……"回答的行为来表达(Miller & Rollnick, 2002)。一部分抵抗行为被认为是由于受教者的变化阶段与教练的方法不匹配造成的,并且这会导致教练和受教者感到沮丧。

研究发现,一个人越是反对改变,改变发生的可能性就越小(Miller, Benefield, & Tonigan, 1993),部分原因是人类希望被视为与他人一致的(Hargie & Dickson, 2004)。

总之,如果一个人对改变持矛盾态度,那么对抗性的方法——例如,夸大特定行为的消极后果用来进行威胁——更有可能稳固而不是减少目标行为,因为个体会识别表达维持现状的好处。所以,也许当教练强调改变的紧迫性或潜在好处时,即便用温和的说法,也通常会增加受教者的对抗,降低改变的可能性(Miller & Rollnick, 1991)。

除了注意受教者的语言外,教练还可以简单地让受教者以 0—10 的评分标准来评价他们对变化的准备程度,0=完全不感兴趣,10=他们已经作出了改变。

有研究认为,受教者改变的动机源于受教者感知到了其价值观和目标与其当前行为之间的差异。要成功改变,个体需要明确目标行为是非常重要的,例如,目标行为要符合他们的价值观,并准备将改变作为他们生活中的优先事项。"MI 不会诱导行为改变,除非受教者认为这种改变具有更高的内在价值,并且符合他们的最佳利益"(Miller & Rollnick, 2002)。同样,除非个体觉得与自身一致(Hargie & Dickson, 2004),否则不会去进行改变。

从人文的角度看,MI 有助于促进受教者明确"现在的自己"和"理想的自己"以及如何做才可以推动"现在的自己"变成"理想的自己"。受教者可能意识到,他们目前的行为也许是有问题的,这些行为满足了某些短期需求,但却不能符合更深刻的价值观或达成长期的满意。通过一般教练的技术,如开放式问题和积极倾听,受教者会向教练描述当前行为和理想行为之间的差异。关注受教者的价值观会使个体更加重视改变的重要性,并能帮助他们发现他们现在的行为将如何和他们的理想行为相关联(Miller & Rollnick, 2002)。

使用 MI 方法的教练不应以牺牲其他 MI 的原则来发展差异。教练有同理心并逐渐令受教者的注意力集中在他们自己发现的差异上,这些差异是受教者自身矛盾的核心。

关注受教者的主题可以减少他们的防御,通过将注意力从消极行为转移到积极的生活方式和可能更令人满意的绩效目标上来增加改变的欲望(Miller & Rollnick, 2002)。

前文提到的 MI 的第三个要素涉及自我效能的概念,即一个人对自己执行和成功完成一项任务能力的自信程度(Bandura, 1977)。如果没有这种对作出预期改变的能力的设想,改变就不会发生。

MI 的这三个概念是相互关联的。例如,"准备"取决于对内在重要性和改变的信心的看法。一个认为变化不重要的受教者不太可能准备去改变。此外,认为变革不可能的受教者不太可能认为自己做了很好的准备。通过 MI 挖掘受教者的矛盾性有助于阐明这三个概念中的哪一个使客户滞于矛盾心理中,进而使教练明确成为改变谈话的焦点需要哪些方面。

MI 方法与其他关于改变的心理学方法一致,不存在一个正确的方法来进行改变,如果给定的改变计划不起作用,受教者仅受其创造力的限制,而没能尝试许多其他方法(Miller & Rollnick, 2002)。

实　践

在这里我们将探讨教练心理学家如何使用动机性访谈这一方法。

为了使 MI 方法起作用,教练关系需要非常融洽。与强制的或等级关系相比,这一基础可能更会赢得受教者的信任(Miller & Rollnick, 2002)。这种方法提倡共情和支持,而不是批评受教者的努力。这种关系被比作伙伴关系(Miller & Rollnick,

1991),受教者对自己的进步负责。

改变的目标和方法需要来自受教者以增加长期成功的可能性。总体而言,教练感觉更像和受教者在"共舞",而不是"摔跤"。只有当受教者准备好考虑这些反馈和建议,解决了矛盾情绪并准备采取行动时,教练的反馈和建议才被视为有效。

MI 有两个不同的阶段,第一个阶段可以比作"登山",包括挖掘矛盾情绪,为改变建立内在动力和自我效能。在这个阶段,有如下几个特别有效的方法:

(1)开放性问题;
(2)印证式倾听陈述;
(3)使用测量方法评估改变的信心;
(4)提供认同。

开放式问题有助于为受教者提供信息,并推动教练过程。例如,"我想了解你如何看待事物,你为什么来这里?"毕竟,受教者应该在谈话中多说话,而教练应当积极倾听。

印证式倾听陈述应构成教练的大部分回答。印证式倾听的本质是,教练去确认,而不是假设受教者所说话的含义。例如,受教者可能会说:"如果有更多的时间能花在项目上"。受教者这么说的含义可能包括:

我想用更多的时间来思考这个项目——讨论这个项目——计划这个项目——或者这个项目本就没有很高的优先级。下文展示了一个印证式倾听陈述的例子:

   受教者:我的老板把这个教练辅导介绍给我。
   教练:你被你的老板要求参加这个讨论。
   受教者:我真的觉得这不公平。事实上,他所做的大部分事都是不公平的。
   教练:这在你看来是不对的,你老板这样的行为使你感到受挫。

米勒和罗尔尼克(2002)将问题分为两种类型,一种是语调在结尾上升,另一种与印证式陈述相比,语调是下降的。

印证式陈述表现出积极的倾听和对受教者的共情,并鼓励后续会出现的改变谈话(Miller & Rollnick, 2002)。反馈不是一个被动的过程,而是教练决定回复什么,忽略什么。巧妙的反馈向前推进,而不是重复受教者所说的话,这种反馈能为探索过程增加动力,但不要推进过猛,以避免形成潜在的对抗。

当改变的需要很高(变化很重要),但改变的信心很低时,受教者将会表达矛盾心理(Miller & Rollnick, 2002)。使用"信心标尺"可以轻松评估这种情况。在这种方法中,受教者要以 0—10 的分数(0 = 改变的信心很小;10 = 改变的信心很大)对信心进行评分。为了理解什么在支撑受教者的信心,或使其缺乏信心,教练使用两个问题来研究受教者在"信心标尺"中的自我评估:

(1) 为什么你的信心程度是 X 而不是 0?

(2) 你要怎么做才能让你的 X 变得更高?

在 MI 方法中,给予肯定也非常重要。肯定有助于营造接受的氛围,有助于建立受教者改变的信心,并使他们相信能够克服目前的状况。

在第一阶段,上面强调的技术有助于弄清楚和探索矛盾;然而,受教者也有陷入矛盾的危险。教练可以使用上文的一些技巧小心地指引受教者走向改变。然而,当受教者停滞不前时,为了保持或重新找到动力,教练可以使用更多的指导性技巧来引出和鼓励对改变谈话的反馈。

识别改变谈话的能力是 MI 教练技能的关键部分。改变谈话可以有所不同,从关注当前情况到有明确意图要改变(Miller & Rollnick, 2002)。受教者可能会开始讨论现状的弊端,如"我不能做他们想让我做的事",或者认识到改变的好处,"我会开始像过去一样享受工作",或涉及表达乐观或改变的意图,如"我可以重新安排我的一些日常任务"或"我不能永远这样下去"。

改变谈话可以通过教练的有意识的关注来激发或引起。为了引起改变谈话,教练可以使用上文描述的标尺方法。例如,阐明受教者对改变的重要性评分,然后询问:

(1) 为什么你对改变的重要性的评分是 X 而不是 0?

(2) 你要怎么做才能让你的 X 变得更高?

对于受教者来说,填写决策平衡表来思考和加强矛盾情绪的解决(这种解决方法是之前与客户探索和讨论过的)可能很有效果。决策平衡表简单列出了当前情况的利与弊,并与改变后新行为或目标的利与弊进行比较。

一个人能否继续进行改变谈话取决于教练的回复。然而,娴熟的处理对抗将增加或减少改变谈话的发生。当对抗发生时,它表示教练和受教者之间不匹配。因此,教练认为对抗是一个机会,而不是谁的性格缺陷。

再者,与其依赖简单的印证性陈述,不如适当放大对结果的强调,从而放大反应,鼓励受教者提出与其矛盾情绪相反的论点。例如:

受教者:我不能继续接受教练了,如果我这样做,我的同事会怎么想?

教练:你不能处理同事的反应吗?

重要的是,放大的反馈必须具有支持性的、事实性的语气,不可以具有急躁或讽刺性的暗示,这很可能会引起对抗(Miller & Rollnick, 2002)。

最后,重构是一种承认受教者主张有效性的技术,它使信息就像一束新的光线被折射回来,并且这种信息更加支持改变。例如:

受教者:我尝试了很多次来改变,但失败了。

教练:听起来你正在下决心面对挑战;这种变化肯定对你很重要吧。

把焦点从对抗转移到强调个人选择和控制是另一种有用的策略,它将帮助教练继续推进,而不是反对受教者所表达出的对抗。

动机性访谈方法的第二阶段就像沿着山的另一边下山。它包括加强受教者对共同改变计划的责任感。教练需要在与受教者讨论改变谈话时寻找其准备就绪的迹象。这些迹象包括:

(1) 对抗减少;

(2) 有关改变的问题增加;

(3) 从受教者的角度减少对问题的讨论。

迹象出现之后,教练可以转向加强改变的责任感。为了最大化动机,这涉及确立受教者驱动的目标,即受教者渴望追求的目标。如果目标不合适,受教者就会很快知晓。教练不能把自己的目标强加给受教者。目标也必须具有现实意义;太大的目标和当前行为之间的落差可能会降低改变的自信心(Miller & Rollnick, 2002)。

明确目标之后,下一步是考虑实现目标的方法。途径之一是头脑风暴,列出很多备选方案;受教者的任务是选择一个喜欢的方案。这种讨论会产生改变计划,例如,为什么改变很重要,如何实现具体的目标,预测会有什么障碍并如何评估衡量变化。制定好改变计划后,教练必须获得受教者对计划的责任感。从经验来看,受教者说出越多的计划,越能表示他坚定的责任感。

动机性访谈是一种人际交流的技巧,是一种指令和以客户为中心的内容的平衡,旨在解决矛盾心理。如果它成为一种控制他人的技术，MI 方法的灵魂就会消失（Miller，1994）。

MI 的关键方面可以概括为：
(1) 通过总结的方式对受教者的观点展现共情；
(2) 通过印证受教者的改变谈话,使受教者专注于改变；
(3) 持续监控对改变的准备情况；
(4) 肯定并强化受教者提出的改变方法。

哪类受教者获益最多？

作为心理教练和一般教练框架的一部分，MI 的基本观点可以增强所有教练互动的活力，并促进实现教练目标的无缝衔接。MI 作为一种方法，也是我们下文概述的特定教练任务的宝贵工具。

动机性访谈侧重于克服矛盾情绪,适用于受教者可能不是主动委托的客户,而是被他人推荐来的情况。这在组织环境中常以两种方式产生。第一种情况是,作为更广泛计划的一部分,组织已委托对经理团体进行教练,而团队中的个人对其组织或他们的能力产生很大忧虑,但不愿意将教练视作解决问题的潜在资源。这对个体的影响是,在中短期,组织将通过能力评估或制度程序解决个人态度或绩效问题。

我们遇到了反映了这一情况的受教者,在早期阶段,更传统的行为和认知干预并没有使他们能够向前走。在这些情况下,受教者似乎非常抗拒改变,但他们因组织要求,仍需要参加教练。此类情况往往出现在组织合并或重组中,这个过程中组织已经确定了他的新角色并为了支持变革而委托一个开发或教练计划。

第二种情况是,受教者距离被淘汰或纪律处分仅一步之遥,必须进行教练。在这种情况下,结果的威胁显而易见,但根据经验,受教者要么拒绝他的老板认为他需要被教练的观点(即拒绝改变),要么认为他的老板是不公平的,他会认为"上帝会做一些事",带来光明以证明他的想法才是真正有价值的。因此,受教者显然在矛盾心理中被"牢牢卡住"。

在这些情况下,客户经常要求受教者有明显的行为改变,但在基于行为的教练开始之前,教练需要研究和解决受教者所面临的情况或威胁的矛盾心理(使他们愿意去做),并帮助他们形成改变的内在动机(使他们准备就绪)。然后,使用行为教练培养他们新的技能或完成态度(使他们能够做到)。

案例研究

安迪是 ICT 服务主管,他向一个小型地方机关中的战略主管汇报工作。在我们第一次会面时,他刚就任了新职位,有了更多的责任和新的直线汇报关系。

教练受邀指导安迪,这次教练辅导是组织在任命几位新董事和服务主管(作为组织重组的一部分)之后,内部更广泛的教练计划的一部分。目前已商定了六次教练服务,但没有为团队或其中的个人设定明确的目标。此外,客户已签署保密条款,教练辅导的内容不需要报告给组织。隐藏的目标是使团队成员适应新角色以支持团队,并有效开展团队工作。

安迪和其他团队成员一样,被"邀请"参加教练辅导,但是正如安迪在第一阶段所表明的那样,虽然组织希望每个人都参加,但他没有看到这种教练有什么好处。安迪在该组织工作了十多年,对于他没有被辞退,而被辞退的人获得了巨额遣散费的情况感到失望。

在第一阶段,建立了基础规则后,安迪被邀请分享有关他的岗位的情况以及他如何利用这次教练服务。最初的目的是借鉴行为模型来帮助安迪建立明确的目标,并通过问题解决技术来识别解决绩效问题。

很快就可以看到,虽然建立了融洽关系,但安迪并未了解到他需要适应新的环境。在第 次见面期间,安迪一直主张他应该被裁掉,留住他的决定是不公平的,他想离开,他不想改变或适应。他最大的愿望是在他 50 岁生日后 18 个月中的某个时候退休,并在财务补偿上达成和解。

在见面结束时,教练问这次教练服务对安迪是否有用,以及他是否希望继续参加。他说他认为这是有价值的,组织也希望他参加,所以他会继续来。

第二次见面是在第一次之后的六个星期,教练在思考了他总体上没有产生参与感后,专注于挖掘安迪与教练交流的心理障碍。他们还讨论了安迪对工作的价值观和信仰,以及工作对他意味着什么。这种方法进一步证明了安迪不想继续工作,工作是支付假期和其他奢侈品的资金来源。在本次见面期间,教练对不切实际的假设进行了质问,并鼓励安迪对看待工作的其他方式进行思考。

会面结束时,安迪对他的价值观和信念有了更清楚的看法。然而,教练认为,认知方法不太可能促进安迪进一步的思考。安迪对需要向理事会汇报发展日程一事含糊其辞,并仍然认为他目前的角色不适合他,他在50岁时就应该被裁掉。

在第三次会面中,教练在保持认知方法的同时,引入了部分MI技术。安迪被要求以0—10的分数来评价他感知到的改变准备程度。安迪打出1分,并重申了他的理由。然后教练探讨了他打10分需要做到什么。安迪起初拒绝这个问题,但几次错误的开始后,他暗示如果他真的喜欢他的工作,那将是一个激励。教练在这次会面中利用MI技术继续探索如何让他喜欢上他的工作,直到在见面结束时,安迪都在积极谈论他享受的工作,为什么目前的岗位阻止他参与到工作中,但他也谈到如果他设计组织结构,这个理想的环境是什么样子的。

在第四次会面时,安迪重新审视对改变的信心。在对信心尺度打分时,安迪打出了4分(范围是0—10分)。经过进一步的讨论后,教练回到这个打分问题,请安迪思考,为什么他给自己打4分,而不是0? 他需要做什么才能从4分升到更高的分数?

在会议期间,平衡表被用来回顾"等待被裁"的优缺点,并与充分利用当前工作、试图重塑这份工作,以更好地适应安迪技能和兴趣的概念对比。这个过程强调安迪很有可能被解雇,因为他的雇主发现他糟糕的工作态度和他的工作表现令人失望。团队成员也因为安迪士气低落而感到不适,如果他继续向妻子表达对工作的不满,他的家庭生活也会受到影响。安迪不能保证他会得到裁员补贴;事实上,安迪可能要继续工作5—10年才能离开(这也许代表他余生 20%—50% 的时间）。从积极的方面来说，安迪认识到过去的工作很有趣，并开始相信他确实有信心和潜在的力量来影响组织结构，并再次让工作变得有趣。

在第四次见面结束时，通过 MI 和认知技术，安迪谈话的内容已经从"他没有被裁掉，认为工作是件坏事，缺乏在新的环境中向前迈进的愿望，不想考虑其他方法"这种沮丧的感觉中开始转变。同时也产生了对他目前的处境作一些改变的内在动力。

在第五次和最后一次会面中，教练在保持 MI 和认知意愿的同时，回到更强烈的行为方法，集中于如何做才能成功进行改变。

讨论要点

1. 参考本章中概述的改变周期，回想一下你自己最近发生的具有挑战性的情况。描述你的情况和你的变化。将你的改变经历与改变周期进行对应，每个阶段最有帮助／最无效的干预措施是什么？

2. 回顾一位最近的受教者案例，描绘出他们的改变之旅。你在改变周期的每个阶段采取了哪些干预措施？你会对未来的客户使用哪些干预措施？这可能产生什么影响？

3. 在你的教练实践中，会采取哪些方法来进一步调整自己，以适应改变周期的各个阶段以及每个阶段中受教者的谈话方式？

4. 动机性访谈如何与你现有的教练方法互补或相悖？在本章中，你会将哪些内容融入你的实践？如何融入？

推荐阅读

Anstiss, T., & Passmore, J. (2013). Motivational interview approach. In J. Passmore, D. Peterson, D., & T. Freire (eds.), *The Wiley-Blackwell Handbook of the Psychology of Coaching and Mentoring* (pp. 339–364). Chichester: Wiley-Blackwell.
Diclemente, C. C., & Prochaska, J. O. (1998). Toward a comprehensive, transtheoretical model of change: Stages of change and addictive behaviours. In W. R. Miller, & N. Heather (eds.), *Treating Addictive Behaviours* (2nd edn., pp. 3–24). New York: Plenum Press.
Miller, W. R., & Rollnick, S. (2012). *Motivational Interviewing: Helping People Change* (3rd edn.). New York: Guilford Press.
Passmore, J. (2016). Integrative coaching. In *Excellence in Coaching: The Industry Guide* (3rd edn.). London: Kogan Page.

参考文献

Anstiss, T., & Passmore, J. (2012). Motivational interview. In M. Neenan, & S. Palmer (eds.), *Cognitive Behavioural Coaching in Practice: An Evidenced Based Approach* (pp. 33–52). Hove: Routledge.

Anstiss, T., & Passmore, J. (2013). Motivational interview approach. In J. Passmore, D. Peterson, & T. Freire (eds.), *The Wiley-Blackwell Handbook of the Psychology of Coaching and Mentoring* (pp. 339–364). Chichester: Wiley-Blackwell.

Bandura, A. (1977). Self-efficacy: Towards a unifying theory of behaviour change. *Psychological Review*, 84, 191–215.

Burke, B. L., Arkowitz, I. I., & Menchola, M. (2003). The efficacy of motivational interviewing: A meta analysis of controlled clinical trials. *Journal of Consulting Clinical Psychology*, 71, 843–861.

Channon, S., Smith, V. J., & Gregory, J. W. (2003). A pilot study of motivational interviewing in adolescents with diabetes. *Archives of Disease in Childhood*, 88(8), 680–683.

Cowley, C. B., Farley, T., & Beamis, K. (2002). "Well, maybe I'll try the pill for just a few months".... Brief motivational and narrative-based interventions to encourage contraceptive use among adolescents at high risk for early childbearing. *Families, Systems and Health*, 20, 183.

Hargie, O., & Dickson, D. (2004). *Skilled Interpersonal Communication: Research, Theory and Practice* (4th edn.). London: Routledge.

Kazel, R. (1998). Cardiac coaching produces better health savings. *Business Insurance*, Oct. 19, 1998.

Miller, J. H., & Moyers, T. (2002). Motivational interviewing in substance abuse: Applications for occupational medicine. *Occupational Medicine*, 17(1), 51–65.

Miller, W. R. (1994). Motivational interviewing: III. On the ethics of motivational intervention. *Behavioural and Cognitive Psychotherapy*, 22, 111–123.

Miller, W. R., Benefield, R. G., & Tonigan, J. S. (1993). Enhancing motivation for change in problem drinking: A controlled comparison of two therapist styles. *Journal of Consulting and Clinical Psychology*, 61(3), 455–461.

Miller, W. R., & Rollnick, S. (1991). *Motivational Interviewing: Preparing People to Change Addictive Behaviour*. New York: Guilford Press.

Miller, W. R., & Rollnick, S. (2002). *Motivational Interviewing: Preparing People for Change* (2nd edn.). New York: Guilford Press.

Miller, W. R., & Rollnick, S. (2009). Ten things that motivational interviewing is not. *Behavioural and Cognitive Psychotherapy*, 37, 129–140.

Miller, W. R., & Rollnick, S. (2012). *Motivational Interviewing: Helping People Change* (3rd edn.). New York: Guilford Press.

Passmore, J. (2011). Motivational interviewing: A model for coaching psychology practice. *The Coaching Psychologist*, 7(1), 35–39.

Passmore, J. (2012a). MI techniques: Typical day. *The Coaching Psychologist*, 8(1), 50–52.

Passmore, J. (2012b). MI techniques: Recognising change talk. *The Coaching Psychologist*, 8(2), 107–111.

Passmore, J. (2013a). MI techniques: Agenda mapping. *The Coaching Psychologist*, 9(1), 32–35.

Passmore, J. (2013b). Ethics in motivational interviewing. *The Coaching Psychologist*, 9(20), 112–115.

Passmore, J. (2014). Motivational interviewing. In J. Passmore (ed.), *Mastery in Coaching: A Complete Psychological Toolkit for Advanced Coaching*. London: Kogan Page.

Perz, C. A., Diclemente, C. C., & Carbonari, J. P. (1996). Doing the right thing at the right time? The interaction of stages and processes of change in successful smoking cessation. *Health Psychology*, 15, 462–468.

Prochaska, J. O., & DiClemente, C. C. (1992). Stages of change in the modification of problem behaviours. In M. Hersen, R. Eisler, & P. Miller (eds.), *Progress in Behaviour Modification*. Sycamore, IL: Sycamore Press.

Prochaska, J. O., & Zinman, B. (2003). Changes in diabetes self care behaviours make a difference in glycemic control: The Diabetes Stages of Change (DISC) study. *Diabetes Care*, 26, 732–737.

Project MATCH Research Group. (1997). Matching alcoholism treatments to client heterogeneity: Project MATCH post-treatment drinking outcomes. *Journal of Studies on Alcohol*, 58, 7–29.

Resnicow, K., DiIorio, C., Soet, J. E., Borrelli, B., Hecht, J., & Ernst, D. (2002). Motivational interviewing in health promotion: It sounds like something is changing. *Health Psychology*, 21(5), 444–451.

Rollnick, S. (1998). Readiness and confidence: Critical conditions of change in treatment. In W. R. Miller, & N. Heather (eds.), *Treating Addictive Behaviours* (2nd edn.). New York: Plenum.

Solomon, J., & Fioritti, A. (2002). Motivational intervention as applied to systems change: The case of dual diagnosis. *Substance Use and Misuse*, 37(14), 1833–1851.

第十二章　多元化教练

祖索菲·安娜·乌特里、斯蒂芬·帕尔默、
约翰·麦克劳德和米克·库珀
(Zsófia Anna Utry, Stephen Palmer, John McLeod, & Mick Cooper)

引　言

多元化教练方法鼓励可以有很多正确的教练方式,我们需要与受教者交谈,讨论他们认为对他们最有帮助的事情。起初,这听起来不像"高难度的事"。然而,如果我们仔细考虑,就会发现一些问题。我应该了解多少个目标?如何付诸实践?如果我的受教者的要求与我的主张不一致,该怎么办?如果我问受教者他们认为什么是最不适合的,我会显得不称职吗?

本章的目的不是迷惑从业者,而是提出一个合乎道德、理论和研究依据的框架,它可以加强教练和受教者的合作。这里,有观点认为,对教练过程的所有方面(包括教练活动)的协作性元沟通可以带来更好的参与度和结果。

多元化教练的发展

詹金斯(Jenkins, 2011)认为,知识的整合是教练中一个尚未解决的问题。技术折衷主义(只要有效,任何事物都可以使用)是考夫曼解决这一专业挑战的想法之一(Jenkins, 2011)。奥哈拉(O'Hara, 2011)指出,技术折衷主义不可避免地促进现代主义思维,并无法激励教练思考他们实践的基本哲学。然而,他建议,像多元主义和批判现实主义这样的方法对于思考教练知识是有用的。

多元主义有不同的版本,但这种多元化教练方法源于2006年由米克·库珀和约翰·麦克劳德首次构思的多元化咨询和心理治疗领域(Cooper & Dryden, 2016)。这是对各自领域流行的学派的反馈,并且这种方法旨在制定一种灵活的思路,以客户个人的喜好和治疗目标为中心。

他们在最初的论文《咨询和心理治疗的多元化框架：对研究的影响》(Cooper & McLeod, 2007)提出了基本原则,同时设立课程和研究诊所,以进一步调查和发展多元化实践。他们的第一本带有实践指导的完整书籍于2011年出版。在罗汉普顿大学举行的一次国际会议之后,他们在2012年《欧洲心理治疗和咨询杂志》上发表了一期特刊(第14卷,第1期)。这之后,在英国相关出版物的数量有所增加,这表明咨询和心理治疗专业人员受到了多元化思想的启发和激励。

乌特里等人(2015)强调了如何利用多元化框架指导教练心理学实践。同时,彭德尔(2015)的定性研究调查了教练对多元化方法潜力的看法。他发现研究参与者没有学派主义,而是欣赏于这种帮助教练组合他们的知识和职业身份的方法。最后,彭德尔(2015)得出结论,多元化教练方法有潜力使实践更加以受教者为中心,只要它适应教练的语言和背景。

理论与基本概念

帮助关系中的权力问题

多元主义植根于后现代主义思想(Gergen, 1991)。这说明没有一个客观的真理可适用于一系列类似的情况。人们在自身所处的具体情况中,通过汇集人们的观点,进行协商和共同创造,从而产生有用的知识与适合环境的真理(Stelter, 2014)。多元主义还纳入了基于人本主义和存在主义价值观的道德观点,深切承认和尊重人的主观能动性和世界观(Cooper & McLeod, 2011)。因此,多元观既具有关系性,又尊重人性的独特性。

基于对话的教练专业领域的多元化方法被概括为3个主要主张(Cooper & Dryden, 2016)。第一,"教练方向的多元性",这意味着有许多正确的方法来理解为什么人们感到苦恼,没有一个最优解。因此,有许多正确的方法与人合作,以实现他们的目标。第二,"客户的多元化"。这表明,从业者需要对这种多样性持开放态度,并努力为每位客户提供量身定制的服务。第三,承认在客户和从业者的这种教练关系之中,权力应该平衡。在具体情形中,双方的协作应该产生不同但同样有价值的观点、目标、任务和方法。

以受教者为中心及人类的本质、障碍、目标

与心理治疗相比(Cooper & McLeod, 2011; Cooper, 2015; Cooper & Dryden, 2016),多元化教练方法在定义上旨在帮助那些在生活中没有重大痛苦的人学习和发展。尽管如此,多元化教练方法积极邀请受教者不仅为教练内容作出贡献,而且认可他们参与有关教练流程的决策的重要性。鉴于没有关于教练的一般准则,在每个具体案例中,只能共同创造当下"准则",使教练过程发挥作用。

因此,有人认为,有很多正确的方法来指导人,因为不同的东西在不同的时间点可以帮助不同的受教者。要找出哪种方法在特定时间对特定受教者最有帮助,我们需要和他们谈谈(Cooper & McLeod, 2011)。

无论一个人处于心理健康范围的哪个部分,多元方法都假定人们不仅可以理解他们的困难,而且能理解他们的长处和资源。人们以目标为导向,具有主观能动性,有能力对自己的生活作出选择,包括教练。

受教者生活中的障碍可以使用具有同等价值的各种教练心理学来解释。因此,多元化的教练方法并不假设人们是如何停滞于发展中的。相反,案例是在合作对话中制定的,这种对话参照了教练和受教者的各种心理理论和经验。

目标实现也可以用许多方法完成和解释。多元化方法假定元沟通以及介于教练和受教者间定期反馈的关于教练目标、任务、方法的共同决策,能够取得更积极的成果并加深教练过程中双方的参与度。

元沟通

元沟通是教练和受教者谈论教练过程的协作行为。教练可能会在课上问,"你希望我们怎样一起朝着你的目标努力?"受教者回答,"我不知道……你是专家。"教练可能会回答,"我感兴趣的是你的喜好,因为有一系列好的方法来合作。然而,不同的东西对不同的人起作用。"或者,一个受教者对这个问题可能这样回答,"嗯,我真的希望有人给我的想法予以反馈,也许是这个想法不蠢……也许是一些建议。"元交流致力于成为教练参与者之间的真正对话,以探索和理解对方的观点,即哪些观点最有可能帮助受教者实现目标,哪些工作将支持他们实现这些目标,以及可以使用哪些方法推进这些工作(Utry et al., 2015)。

共同决策

只有通过元沟通才能在指导过程中就共同决策进行交流。教练可能会说,"我不想当一个建议者,但我很高兴和你反馈一下,你对我说的话于我而言是什么样的,如果这对你有帮助的话。让某人给予你反馈的好处通常是……"共同决策可以促进道德实践,有证据表明,它可以提升用户服务体验和在医疗保健与心理健康领域的参与度(Cooper et al., 2016)。共同的决定是基于从业者的专业知识和受训者对以下过程的知情同意。

反馈文化

埃利等人(2010)发现,高管教练更有可能要求受教者临时反馈,而不是在实践中建立一个系统的反馈文化。埃利等人(2010)建议定期观察受教者的发展情况,以提高受教者的实践和满意度。也有证据显示,教练和受教者对教练过程可能有不同的看法(Gessnitzer & Kauffeld, 2015)。但是,对受教者进度和工作同盟的系统监控在精神卫生领域取得了积极成果,降低了辍学率,提高了工作同盟和关系满意度(Duncan & Sparks, 2016)。因此,这表明,建立一个反馈机制可能有帮助,有时甚至至关重要。建立这个机制意味着与受教者就流程的哪些方面以及应该以何种形式(书面或口头)交换反馈达成一致,以提高流程和结果的满意度。

协作能力

多元化方法的另一个好处是,参与上述机制和关于教练流程的交流可以总体提高受教者的协作能力(Utry et al., 2015)。受教者可以潜在地发展和完善他们的人际交往能力,变得更加自信,更好地对话,并能提高他们的思考能力。此外,当从业者重视自己作为专家的观点和所处过程时,也可以增加他们的自信心(Cooper et al., 2016)。

一位受教者在评估环节结束时反思了她不断变化的话题偏好,教练特意表达了她对这个过程的看法：

受教者：我知道我主要专注于我的职业选择和途径，其次是管理压力……

教练：你现在怎么想？

受教者：嗯，我看到压力管理无处不在……（并笑了出来）……也许我们应该首先关注这一点。

教练：我一开始也在考虑这个问题，但能由你提出来真的很棒……我不想过早地假设什么对你更重要。压力很可能对你的决定产生整体影响，首先理解这一点听起来是个好主意。

实　践

在实践中，多元化教练不是一组特定的选定方法、模式和技术。多元化教练的总体目标是促进受教者的主观能动、优势和资源，帮助他们实现目标，并让他们了解如何实现这些目标。这意味着不仅要共同决定教练的目标和任务，而且要讨论潜在的方法，例如，利用文化资源（如书籍、朋友、散步等），这些方法可能作为教练过程中的潜在有用因素。

这并不是简单的综合或折衷的工作方式，因为它建立在受教者选择干预方法的偏好之上，如果受教者发现其毫无帮助，它可以进行改变。在从业者看来，单一方向的教练仍然可以是多元化的（Cooper & McLeod，2011），如果他们意识到自己方法的局限性，可以尽可能根据受教者调整其方法，并在无法提供受教者想要的情况下明智地将这些人转交给其他教练。

这种思路对一些教练和教练心理学家来说可能是显而易见的，他们天生以多元化的方式进行工作。对于他们来说，这种方法的主要好处可能是彭德尔（Pendle，2015）在他的研究中所宣扬的，即有助于用丰富的职业认同感阐明和组织他们的知识和实践。

教练中的多元评估

评估主要基于受教者的优势和资源。案例提出的前提是假设有多种解释来说明挑战和阻碍是如何发生的、它是什么，以及如何解决。对案例的有效理解是通过谈话共同创造的,且来自受教者和教练的观点。教练可以根据知识对案例提出替代解释,受教者可以选择在当时与他们产生共鸣的理论和实践方法。除了谈话,标准的心理措施可以用来丰富对案例的理解。

教练不应在其活动中提供所有方向,但他们应提供一系列选项、一个清单(Cooper & McLeod, 2011),并向客户解释这些选项,以便他们可以就可能发生的情况作出明智的选择。

在白板或足够大的纸上勾勒出带有时间表、主题和联系的想法可以帮助教练和受教者解决评估初始的混乱,反思并阐明共同教练计划(McLeod & McLeod, 2016)。

多元化教练框架

在协商和建立教练联盟时(O'Broin & Palmer, 2010a),库珀和麦克劳德(2011)的多元化治疗框架可以进行调整。该框架(见图12.1)的基础是受教者在教练中想要获得哪种开放的协作和对话。它包括三个广泛的、相互影响的部分:目标、任务和方法。目标部分被分成了"人生目标"和"教练目标"。

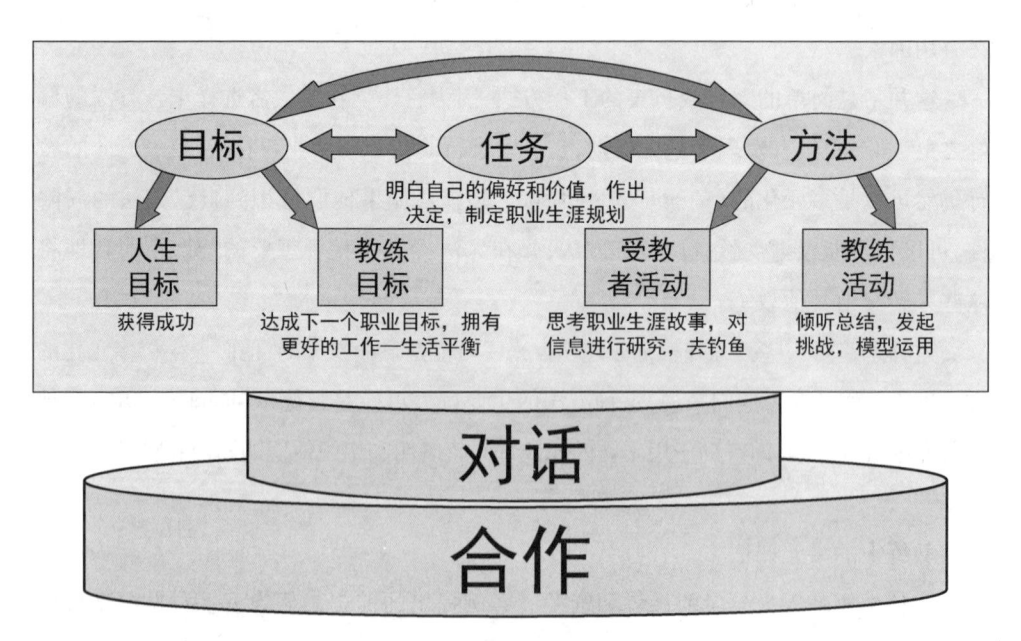

图 12.1 多元化教练框架

"人生目标",从广义上指受教者在生活中的一般目标,特指价值观;"教练目标",指在教练结束时可能实现的目标的集合。任务部分,强调教练活动中的发展性,发展性将使受教者达到他们的教练目标并更接近人生目标。方法部分被分为"受教者活动"和"教练活动",其中,"受教者活动",即受教者将做什么,负责什么;"教练活动",代表教练承诺为受教者提供什么以促进他们的进步。在"受教者活动"中,必须考虑到文化资源因素的影响。在日常生活中,受教者可以使用一些额外的教练资源来维持或提高他们的幸福感和达到目标的能力,如听音乐、看书、锻炼或其他爱好。

这种教练框架可以增强透明度、受教者中心度和观察联动,是元沟通的有效方法。格斯尼策(Gessnitzer)和考夫德(Kauffeld)(2015)关于工作同盟的研究支持了受教者声音的重要性。尽管就目标和任务达成了一致,只有受教者提出的目标和任务才与短期教练目标的实现密切相关。

参与元沟通

受教者的偏好可能会随时间变化。因此,元沟通不是教练开始时的一次性行为。相反,它是教练流程的一个持续部分,旨在根据受教者在特定时间点努力实现目标时发现最有帮助的教练流程进行个性化定制和调整。

并非所有受教者都希望获得相同的元沟通水平(Cooper et al., 2016)。从一开始他们就应该知道,在教练设计中,他们的观点和自我了解与教练或心理医生的专业知识同样重要。

在描述教练清单时,受教者决定教练是否可以举例说明他们不同的观点在实践中是如何应用的,最好再加上相关的研究内容来作为补充。

建立反馈文化

询问后得到反馈和诚实回答都很困难。故这个过程可以在流程开始时引入,并且教练和受教者可以就提供或交换反馈的频率和形式共同作决定。因此,它可以成为这个过程中很自然的部分,让教练了解受教者的进步、经历和对教练过程的投入度。对于相互提供建设性反馈所需的人际交往技巧而言,这也是一个练习和提高的绝佳机会。

改变过程和教练关系

根据教练研究文献，教练关系被认为是影响改变和教练结果因素中的关键，有时甚至是最关键的（Gyllensten & Palmer, 2007; O'Broin & Palmer, 2010b; Jones, 2015）。多元化教练强调对话、元沟通、合作和反馈文化，其内在目的是加强教练与受教者之间的关系，以实现改变。

琼斯（2015）的研究表明，多元化的视角和实践对教练活动来说可能非常重要。琼斯认为，受教者选择教练时，往往对教练技术的了解有限。然而他在研究结果中发现，两者的匹配是至关重要的。这表明应该付出更多的努力来传达实际的教练内容。此外，琼斯还质疑了受教者是否觉得在组织环境中有足够的能力来挑战教练的专业知识，并是否要求他们真正想要的东西。

琼斯还发现，受教者的偏好和需求会随着时间而改变，在特定时间有帮助的东西在其他时间可能不会再那么有帮助。考克斯（as cited in Jones, 2015）指出，一个好的教练可以适应受教者不断变化的需求。另一方面，琼斯指出还需要对"教练能否真正适应受教者的需求，或者他们的适应技术和这个技巧的能力是否有限制（以及这些可能是什么）"进行更多的研究（2015, p. 100）。

总之，多元化教练是时刻准备挑战自己作为教练或教练心理学从业者，真正愿意与我们的受教者及其观点接触的方法（Cooper, 2015）。多元化教练认识到受教者的多样性和主观能动性，努力根据受教者的需求调整教练流程，并邀请受教者共同为找到最佳目标、任务和教练方法作出贡献。通过这种元沟通，教练和受教者之间可以形成真正的对话，两位"专家"将他们的知识发挥到极致，以便就如何帮助受教者学习和发展达成一致。通过系统化地征求反馈来建立反馈文化，可以帮助教练随时了解受教者的进步，并防止他们脱离教练流程。这种方法的附加价值，除了提高透明度和适应个别受教者的需求，也带来了提高受教者协作能力的机会，这本身就是一种发展性成就，是一种日常工作生活被期待能掌握的技能。

哪类受教者获益最多？

多元化教练的对象是那些想要体验主观能动的人，以及身处 VUCA 世界中有归属感的人(Rodrigez & Rodrigez, 2015)。目前还没有关于谁从这种方法中受益最多的可靠数据。但是,基于理论基础,那些希望成为教练活动中的一部分,认为力量平衡很重要,能够进入复杂环境中的受教者很可能适合多元化教练。

这种方法的局限性是,它没有为实践提供明确的答案。然而,它却包括了当前环境给定的非常复杂、不确定性和偶然性条件(Stelter, 2014),并努力有效地应对这一问题。因此,多元化方法旨在帮助从业人员做好准备,应对受教者及其环境的复杂性。

这种方法还需要培养谈判和协作的技能。教练向受教者表明他们是平等的合作伙伴,表达出他们在教练过程中的需求非常重要,这也会给教练带来持续的挑战。教练需要意识到,他们真正能够适应的灵活性是什么水平,这需要他们不断反思自己的实践和职业哲学。

案例研究

关于受教者

桑德拉,女,33岁,有一个6岁的女儿,是一名个体户。在教练辅导前的沟通中,她表示,总体而言,她的心理健康水平良好。

在教练辅导开始前五个月,桑德拉与她相处八年的长期伴侣,即她孩子的父亲订婚。在教练辅导开始前一个月,她打破了婚约,因为她不确定那位伴侣对他们之间的承诺是否有足够的责任感。

技术流程

第一步,教练评估桑德拉对教练辅导的准备情况,并在电话采访中告知她多元化方法在实践中的含义。五次会面,每次持续约1.5小时,为期三周。桑德拉同意在第一次会面时填写教练偏好表,并在每次会面后填写反馈表。这些需要她评价和描述教练流程中哪些方面有帮助,哪些没有帮助。这些形式源自从多元化咨询到多元化教练的各种方法(Cooper & McLeod, 2011)。

改变过程

在第一阶段,桑德拉确定教练辅导的目标是提升她的自我关照能力,并更好地处理亲密关系。桑德拉确定的任务是更客观地看待她面临的挑战(包括她自己),并理解她的理性思维和情感思维之间的相互作用。她形容自己是一个非常情绪化的人,但会在社交情景中特别注意自己的行为。最后她和教练共同讨论了教练和角色的首选方法。

在第二阶段,应桑德拉的兴趣,教练引入了认知行为 ABC 模型(见第 9 章),作为探索和培养她想改变的行为背后的思维和情绪的控制感的可能方法。例如,当桑德拉孤独自处时,她不太关心自己的健康,抽很多烟,但很少锻炼。

当她激烈地谈论与她过激行为有关的情况和想法时,桑德拉回想起太多令她不知所措的往事。教练想给桑德拉思考的空间,但是当教练看到桑德拉在这个过程中变得心烦意乱时,便决定启用元沟通。因此,他们改变为更关注解决方案的方向(见第 21 章)。桑德拉被问有哪些积极的例外情况,以及当时她是怎么建设性地控制负面情绪的。在这里,桑德拉透露了她的文化资源,解释到当其在家里跳舞并沉浸其中就很有效。教练要求,桑德拉要允许在未来,教练更频繁地打断她,这样她就不会陷入负面的叙述中。桑德拉还被要求关注自己未来出现的冲突关系,而不是其中的过程。

桑德拉将双方就教练方法进行的对话进行了书面反馈,在之后的会议中没有出现进一步的分歧。虽然桑德拉后来又出现了言辞激烈的情况,但教练立即提出了更明确的问题,这帮助他们之间建立了融洽的关系。在第三次教练快结束时,桑德拉开始注意到,在她进行人际冲突之前,她最先会陷入自我矛盾,这是她首先需要关注的地方。

在第四次见面中,改善自我关照的目标再次成为重点。桑德拉认为她最大的任务就是让自己在出现负面情绪时体验到它们,而不是试图用吸烟、忙里忙外、给朋友打电话闲聊来逃避这些情绪。之后,人际冲突的话题开始出现,在教练应用了格式塔空椅子技术后(见第十四章),她开始意识到,她可以对自己更加负责,并在社会环境中更加具有自我意识。

在最后一节中，桑德拉报告说，她在社交环境中开始更冷静和更有耐心，而以前她却会因为批评而心烦意乱。她觉得她的人际交往能力得到了发展，这让她松了一口气；她不再向朋友抱怨。她觉得在说话之前需要多想想；她似乎在暗示她可以更好地调节自己的情绪，但她仍然在是否要与伴侣分手的事上犹豫不决。

关于教练的有益方面，起初桑德拉说道，在她试图控制自己的情绪时，能够把它们拿出来探讨对她很有帮助。第三阶段后，当教练调整她的风格时，她评价道，"我能够清楚地说出我的基本问题，但在某种程度上，我并不觉得自己很可怜。"在剩下的两个阶段，桑德拉注意到，整个过程帮助她变得更加诚实、开放和愿意去相信。

桑德拉对教练的评论最多的是，她发现合适的好问题多么的有用，总结的作用，以及教练将她的注意力引回到关键问题的方式。她举一个例子："……她没有用尖锐的方式指出或总结我痛苦的地方，事实上，她是在总结我的观点。"她在这个部分最突出的评论是："她告诉我，她对吸烟的态度和我一样的时候是让我感觉很舒适的……"

多元化概念和策略的使用

在最初的环节，桑德拉就被问到她对教练技术的看法，以及总体而言对她有帮助的方式。在电话交流和第一次见面时，讨论了多元化方法对实践的影响，例如，与教练一起进行流程设计、她反馈的重要性以及什么是元沟通。受教者在她的第一次反馈中也提到："我对即将到来的会面很感兴趣。她让我很想知道如何用多种不同的方式进行个人教练辅导（并且我们共同寻找解决方案）。"

教练对多元化教练框架的目的也作了解释：使教练和受教者对整个过程有共同的理解，并探索未来在方向和偏好方面可能出现的变化。表 12.1 显示了桑德拉在第一次教练会面中沟通的框架情况。桑德拉还填写了教练偏好表，并对她的答案进行了讨论；当一个问题不清楚时，比如，教练和受教者之间的关系是什么意思，教练都会予以解答。表 12.2 显示了桑德拉对她喜欢的教练风格中对不同方面的评分（如是否布置作业、关注现在还是将来、谁应该领导流程、是否打断她等）。

表 12.1 使用中的多元化教练框架

目 标		任 务	方 法
人生目标	教练目标	受教者行为	教练行为
家庭生活和谐	1. 自我关照/自我发展	更加有自我意识，客观看待自己	分享以及反思，进行口头及书面流程反馈	帮助桑德拉倾听自己的心声，帮助桑德拉坚持作出的决定
	2. 更好的人际关系，学会处理矛盾	理解感性与理性思维的机制	参加教练活动	（教练偏好表反映了进一步的细节）
对 话			
合 作			

表 12.2 受教者偏好

5-最强偏好	4	3	2	1	0-无偏好（实践中的空白）
表现自己的个性和幽默；构建教练课程的结构；描述在教练过程中发生的思考过程	使用很多技巧和实践；在每一步教练过程中占据主导；给我建议；注重特定目标；布置作业；主要关注我的优点和能力；关注我觉得什么是最好的；告诉我有关教练们自身的一些事情	关注现在的生活；打断我并使我集中注意；不让我太无话可说	就事论事，而不是质疑我的信念	主要关注我的感受；关注我们之间的关系	关注我的过去/关注我现在的问题/关注更深层次的基础问题

关于反馈文化,桑德拉同意在每次谈话期间和结束时口头就有关流程的信息进行元沟通。此外,她还在会谈期间通过电子邮件交回了反馈表。图12.2显示了受教者在帮助性、教练感受、取得多大进步以及她是否看到不同内容方面的整体体验随着时间推移而不断改善的情况。

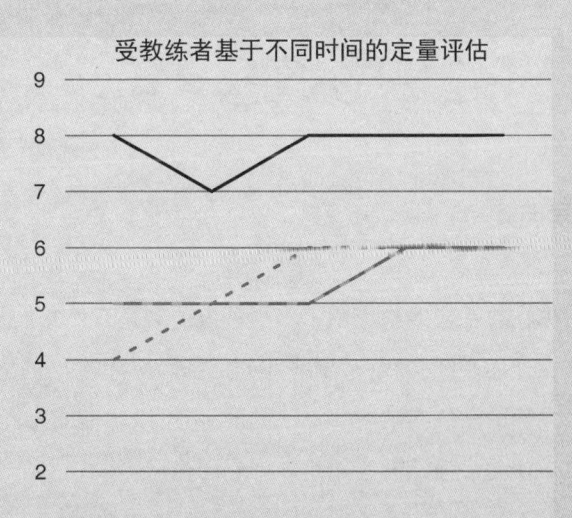

受教练者基于不同时间的定量评估

	第一次	第二次	第三次	第四次	第五次
——— 感觉如何 (1-7)	5	5	5	6	6
— — 看法发生变化 (1-7)	5	5	5	6	6
- - - 进度 (1-7)	4	5	6	6	6
——— 整体有益性 (1-9)	8	7	8	8	8

图 12.2 受教者对教练体验的评价

当第二次教练会谈变得至关重要时,反馈是最有帮助的。桑德拉确信这对她来说是一个挑战:"我在谈论对我来说很困难的事情。"在下一次教练会谈中反馈的最开始,被讨论到如,"我担心我的个人因素在压垮我的教练,而且我越来越不知道该如何好好参与……"和"我很乐意做更多技术的和实际的练习。"在讨论这些时,桑德拉提出做更多的练习,成为一个好的参与者,但她真正感兴趣的是继续深挖她的困难和冲突。

> 关键时刻进行元沟通,以及立即关联相关的方法,有助于教练围绕受教者的偏好,对流程进行个性化设置。此外教练还意识到,问元问题变得越来越容易,感觉越来越自然(例如,"这听起来像一个不同的话题,你想切换主题,还是回到原来的话题?"或者"我觉得这是一个新的故事。谈论这个问题比我们之前一致讨论的内容更有用吗?"),基于受教者的书面反馈增加的元沟通似乎也与更好的过程体验和结果相关联。

讨论要点

1. 你在教练实践中应用了多少种方法和模式?它们是如何相关联的?
2. 在你的教练实践中,哪些部分是可以协商的?
3. 在你的教练实践中,哪些部分是不可以协商的?
4. 你认为多强的元沟通是一个好的做法?

推荐阅读

Cooper, M., & Dryden, W. (Eds.). (2016). *The Handbook of Pluralistic Counselling and Psychotherapy*. London: Sage.
Cooper, M., & McLeod, J. (2011). *Pluralistic Counselling and Psychotherapy*. London: Sage.
Jenkins, S. (2011). Coaching Philosophy, Eclecticism and Positivism. *International Journal of Sport Science and Coaching: Annual Review of High Performance Coaching & Consulting*: 1–27.
Pendle, A.P. (2015). Pluralistic Coaching? An Exploration of the Potential for Pluralistic Approach to Coaching. *International Journal of Evidence Based Coaching and Mentoring* 9: 1–13.

参考文献

Cooper, M. (2015). *Existential Psychotherapy and Counselling: Contributions to a Pluralistic Practice*. London: Sage.
Cooper, M., & Dryden, W. (2016). Introduction to Pluralistic Counselling and Psychotherapy. In M. Cooper and W. Dryden (Eds.), *The Handbook of Pluralistic Counselling and Psychotherapy*. London: Sage.
Cooper, M., Dryden, W., Martin, K., & Papayianni, F. (2016). Metatherapeutic Communication and Shared Decision-Making. In M. Cooper and W. Dryden (Eds.), *The Handbook of Pluralistic Counselling and Psychotherapy*. London: Sage.
Cooper, M., & McLeod, J. (2007). A Pluralistic Framework for Counselling and Psychotherapy: Implications for Research. *Counselling and Psychotherapy Research* 7: 135–143.

Cooper, M., & McLeod, J. (2011). *Pluralistic Counselling and Psychotherapy*. London: Sage.
Cox, E. (2005). For better, for worse: The matching process in formal mentoring schemes. *Mentoring & Tutoring: Partnership in Learning*, 3: 403–414.
Duncan, B.L., &Sparks, J.A. (2016). Systematic Feedback through the Partners for Change Management System (PCOMS). In M. Cooper and W. Dryden (Eds.), *The Handbook of Pluralistic Counselling and Psychotherapy*. London: Sage.
Ely, K., Boyce, L.A., Nelson, J.K., Zaccaro, S.J., Hernez-Broome, G., & Whyman, W. (2010). Evaluating Leadership Coaching: A Review and Integrated Framework. *The Leadership Quarterly* 21: 585–599.
Gergen, K.J. (1991). *The Saturated Self: Dilemmas of Identity in Contemporary Life*. New York: Basic Books.
Gessnitzer, S., & Kauffeld, S. (2015). The Working Alliance in Coaching: Why Behavior Is the Key to Success. *The Journal of Applied Behavioral Science* 51: 177–197.
Gyllensten, K., & Palmer, S. (2007). The Coaching Relationship: An Interpretative Phenomenological Analysis. *International Coaching Psychology Review* 2: 168–177.
Jenkins, S. (2011). Coaching Philosophy, Eclecticism and Positivism. International Journal of Sport Science and Coaching: Annual Review of High Performance Coaching & Consulting 7: 1–27.
Jones, C.W. (2015). Choosing Your Coach: What Matters and When: An Interpretative Phenomenological Exploration of the Voice of the Coachee PhD, Oxford Brookes University. Retrieved on 29/9/17 from: https://radar.brookes.ac.uk/radar/file/5f4a52f7-efc5-4530-9134-ac62660bd0e7/1/jones2015choosing.pdf
McLeod, J., & McLeod, J. (2016). Assessment and Formulation in Pluralistic Counselling and Psychotherapy. In M. Cooper and W. Dryden (Eds.), *The Handbook of Pluralistic Counselling and Psychotherapy*. London: Sage. O'Broin, A., & Palmer, S. (2010a). The Coaching Alliance as a Universal Concept Spanning Conceptual Approaches. *Coaching Psychology International* 3: 3–5.
O'Broin, A., & Palmer, S. (2010b). Exploring Key Aspects in the Formation of Coaching Relationships: Initial Indicators from the Perspective of the Coachee and the Coach. *Coaching: An International Journal of Theory, Research and Practice* 3: 124–143.
O'Hara, D. (2011). Coaching Philosophy, Eclecticism and Positivism: A Commentary. *International Journal of Sport Science and Coaching: Annual Review of High Performance Coaching & Consulting*: 58–58.
Pendle, A.P. (2015). Pluralistic Coaching? An Exploration of the Potential for Pluralistic Approach to Coaching. *International Journal of Evidence Based Coaching and Mentoring* 9: 1–13.
Rodrigez, A., & Rodrigez, Y. (2015). Metaphors for Today's Leadership: VUCA World, Millennial and "Cloud Leaders". *Journal of Management Development* 34: 854–866.
Stelter, R. (2014). *A Guide to Third Generation Coaching*. London: Springer.
Utry, Z.A., Palmer, S., McLeod, J., & Cooper, M. (2015). A Pluralistic Approach to Coaching. *The Coaching Psychologist* 11: 46–52.

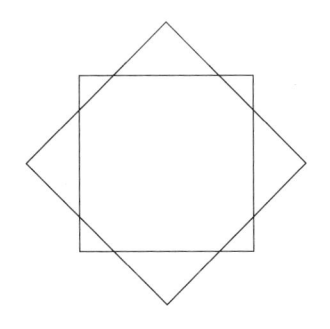

第三部分

存在主义方法

第十三章　存在主义教练心理学

埃内斯托·斯皮内利和卡罗琳·霍纳
(Ernesto Spinelli & Caroline Horner)

引　言

存在主义教练心理学的核心,是对受教者通过他们所产生的价值和他们在世界上所采用的关系表现出来的存在方式进行结构化的探索。存在主义方法直接源于其哲学基础,认为人类的经验不可避免地存在不确定性,从而总是对新奇的事物和不可预测的可能性敞开怀抱。

所有的教练方法都依赖于不同的哲学基础和假设,即使在许多情况下它们对教练实践者仍然是含蓄且隐蔽的。然而,一种存在主义的教练方法最先从其他方法中脱颖而出,因为它明确承认并公开运用了基本的哲学假设。

同时,并非是它的哲学基础,而是"它所支持的一套特定的哲学假设集合",使得教练的存在主义方法与目前其他与其竞争的模式区分开来。由此,存在主义方法对当代教练心理学的理论和实践的许多基本假设提出了根本性挑战。

理论与基本概念

存在主义理论反对西方以个人主义为边界的二元模式看待人类存在的主流趋势。自我/他人、主体/客体、内在/外在、思想/情感都是这种特别分裂的西方二元反思方式的例子(Gergen, 2009)。与此相反,存在主义思想试图从一个总是相互协调的视角来理解人类存在的问题和影响,这种范式转换可以通过三个关键的存在主义原则来表达:关联性、不确定性和存在性焦虑。

三大原则

关联性原则可以分别从表层和深层两个层次进行理解。从简单的表层看,关联性原则认为存在的一切总是与其他东西有着不可分割的关系。即使仅在表层,这一原则仍挑战了西方关于独立主义主观性的假设,但尽管如此,这种关联性的观点仍被许多其他方法所认同——最明显的是有关系统性的方法(Hills,2012)。只有当考虑到关联性的深层含义的时候,才能让那些存在主义对关联性有显著不同看法的原因变得更加清晰。更深层次意义上的关联性认为,只有基于一个众生共有的基础的关联性,我们每个人才能是独一无二且不可复制的。社会建构主义理论家肯·格根(Ken Gergen)相当贴切地总结了这一观点:"并没有孤立的自我或完全私人的经验。相反,我们存在于一个共同组成的世界"(Gergen,2009)。

存在主义理论的第二个关键原则:不确定性,是关联性的直接结果。它断言,没有一个人——"我"或者本身——能够以完完全全的确定性或控制力去充分确定是什么催生了他的人生经验,以及他将如何体验与应对它。并非仅仅是有时候我们会在生活中对某些事情感到不确定,存在主义意义上的不确定性是要我们察觉所有经历过的新颖、独特和不可重复的东西——甚至是那些我们已将之标记为习惯的东西。

存在性焦虑的原则是前两个原则的直接结果,它表达了"关系不确定性的生存体验"。存在性焦虑不仅仅是紧张、忧虑和压力的表现,虽然它确实包括着这些干扰和紊乱,但它试图表达一种更普遍的感受,即不完整性和长久的可能性,这对未知的生命体验中的可能性表达了一种内在开放性。从这个更广泛的意义上说,存在性焦虑既令人振奋又使人衰竭,它刺激了我们去创造、联系和关怀,也激起了恐惧所导致的麻痹。存在性焦虑的困境不仅在于此,更在于我们每个人如何与之生沽在一起。在我们试图抵制、拒绝或否认存在性焦虑的潜在不良影响以致弱化自己能力的过程中,我们迫使自己接受僵化且限制性的思维和行为模式,这些模式通常以无聊、厌倦、强迫行为、恐惧症和成瘾性疾病显现,这揭示了人们焦虑情绪。存在主义思想并没有提出或声称提供减少或消除我们生活中焦虑的方法,而是要求我们重新考虑逃避焦虑的策略,更准确地权衡它们的"代价"是什么、它们产生了怎样的后果,并评估在试图采取更开放的姿态去面对或体验生存性焦虑时可能存在的其他"代价"。

这三个主要原则的影响渗透进所有的存在主义思想中,也许对于教练来说最有针对性的是,它挑战了更多关于意义和选择的常见假设。

意义/无意义

与其他观点一样,存在主义理论认为我们是创造意义的生命体(Spinelli, 2005, 2014)。许多存在主义作家,尤其是那些最受维克多·弗兰克尔(Viktor Frankl, 1988)思想影响的作家,充分地强调了意义的重要性,以及当我们的意义变得不充分或失去意义甚至找不到意义时会遇到的困境。同时,那些被严格维护的不可替代的意义,可以变成消极衰弱的东西甚至带有破坏性,也可能促使变革并提高生活质量。同样,失去意义的经历或长时间失去意义的时刻可能会让人感到可怕且迷失方向,但也可能是用来从过去经验解脱出来进行新的尝试的麻醉剂或工艺法。这种矛盾的经历揭示了我们会去假设意义的复杂性。同样,它们也说明了无意义的重要作用。

通常,我们似乎难以容忍毫无意义的事,但那些与我们存在矛盾的意义不明、模棱两可、特别新奇的事却能刺激我们去找出它们的意义。如果意义无法辨别,那么拒绝、诋毁或否认它们的价值是一种常见的立场(Cohn, 2002; Spinelli, 2005; Strasser & Strasser, 1997)。由于艺术、建筑和音乐领域的动向所引起的对"新事务的冲击"的不断轻蔑的文化反应(Hghes, 1991),不过是伴随我们的无意义体验而出现的不安状况的一个明显例子。

存在主义思想不主张我们把意义和无意义区分开来。相反,它认为人类寻找意义的倾向与我们对声称已经找到的意义仍持续开放探索无意义可能性的能力是平衡的。创造力、觉察力、游戏性和想象力的可能性是通过对现有意义的质疑和挑战而出现的。同样,在避免无意义的情况下,既定的意义僵化、停滞,就会成为培养文化、政治、宗教、性和知识原教旨主义的僵化的真理或信条。

我们寻找意义的重要性可能不在于寻找意义本身,而在于寻找意义是如何施行的。我们对无意义的永恒挑战所带来的宽容程度——或者说缺乏宽容——使一切都变得不同。

选 择

围绕选择的问题往往是从一种非关系性的"有界"偏见来理解的。这种观点总结为:"我在生活中作出选择,你在生活中作出选择。而且,我们每个人也都可以选择目前情况的替代方案"。

与此相反,存在主义理论对选择的解释依赖于它的三个关键原则。首先,它避免从假设"我"和"其他"等不同和独立实体的立场来审查选择问题,不认为这些实体各自单独为自己选择。这种区别有着广泛的含义。从这个存在主义理论的角度来看,"没有选择可以是我的或是你的,没有选择的经验影响可以从'我的责任'和'你的责任'中分离出来,没有人的自由感可以真正避免它的人际维度"(Spinelli, 2001)。

存在主义思想将选择问题与起源问题分开。选择不是一种在生命中任何时刻引起、控制或决定事件刺激点的能力。相反,我们的选择取决于我们对这些刺激的反应。我们所做的选择总是处于不同的环境中,或是在不同的语境中,如我们的出生时间和地点、我们的生物构成、我们的社会文化背景、我们的国籍,这些情况就是我们的真实性。我们的选择总是以事实为基础。如果说选择中有一对矛盾关系,那就不是选择和事实本身之间的矛盾,而是在于我们对认同其所含事实性的立场选择,或者在声称存在另一种事实性或不存在事实性之间的立场选择。在选择第二种立场时,我们会作出错误的选择,也就是说,只有在事实性的环境与现实不同的情况下,才可能存在选择。错误的选择往往是诱人的,我们的许多困境都是由于我们决心追求错误的选择而产生的。

存在主义思想把选择和真实性结合起来,认为在许多情况下,我们的选择可能不像我们通常假设的那样是多重的。请参考以下示例:

> 乔治是一家高度认同道德投资的投资公司的首席执行官。他在个人和职业上都对公司的道德策略深信不疑。这家公司在当前的经济环境中倍受考验,其未来岌岌可危。其实有一种可能性能让公司处于平稳之地,但只有当公司将自己与一项包含道德上模糊的投资提案联系起来时,这种可能性才能实现。

原则上,乔治有几种选择。但是,同样地,除了一个选择之外,所有的选择都是"错误的"选择,因为除非乔治身处其他别的身份,才能做其他选择;他必须是一个事实条件允许不同选择可能性的人。

乔治当然可以想象各种各样的选择,但有些选择只有乔治转换为其他具备可能性条件的身份才可行。这里就出现了一个差异选择的困境:乔治是否准备成为另一个乔治，一个可以选择将自己和他的公司与道德上模棱两可的投资联系起来的人？为了继续做他目前自我承认的乔治，乔治必须在现有条件下选择适合他的东西。当然，乔治可以玩"假设"游戏，假设一个理论上对他来说是可行的替代方案，也会导致错误的选择。但是，只有当乔治准备放弃现在的乔治，不再持有他所持有的道德投资的观点和价值观时，这些替代选择才成为真正的选择。

存在主义观点强调，在许多情况下，提出选择是需要作出选择的"我"也从一个不确定的状态作出选择，因为选择的结果会延伸到作出选择的"我"并对其产生影响。

这种更为复杂的选择观念清楚地表明，选择并不仅仅是一项独立的事情，甚至连一件令人愉快或向往的事都算不上。相反，选择会引发焦虑。事实上，放弃或否定选择的尝试，可能会使紧张气氛得到预期的缓解，也能逃避因选择常伴随的困难和不确定需求而引起的遗憾。

存在主义思想认为，选择可以成为谴责的问题，也可能是庆祝的原因（Sartre，1991）。每一个选择都有其回报和代价。即使是最好的、最理想的并且最令人满意的选择，也会引起某种程度的遗憾，因为每一个选择都会让我们面对"本来可能是什么"的问题，而这一问题正是因为我们作出了这样的选择而失去的。

实　践

与其他关注每个受教者广泛积极的、自我实现的品质和可能性的教练观点不同，存在主义方法承认并同等强调可能存在的不同立场、目标和愿望，以及每个受教者持有的相互竞争的价值观和信念。这种方法有助于受教者澄清和重新考虑构成其个人和职业生活的各种相互关系的内在含义和价值观，以及他们采取的关系立场如何影响他们自己和他人的生活质量和生活乐趣。

因此，存在主义教练方法一部分表达了一种承诺，即帮助受教者在基于意识和理解到相互关系的协调上达成个人决定和生活改变。

这种方法强调的是一种生活在世界上的方式，而不是着眼于以变革为中心的"行动"干预措施，它不依赖于某套独特的工具和技术。虽然存在各种与生存方法相关的"技能"，但它们的价值取决于它们所基于的"专注"的基础。教练的存在主义方法依赖于教练和受教者处于人际关系的经验,以及这种经验作为其主要"工具"或"技能"如何解释受教者的整个世界观。

教练关系的中心地位

存在主义的教练方法提倡对受教者的世界观进行描述性的探索,作为有益干预的关键因素。因此,教练过程的重点是试图进入受教者当前正在体现和经历着的生活世界,这样能更充分地进行调查,由此呈现的问题和冲突可以被理解为该世界观的表达,而不是被视为异类或被边缘化。

这种探索的成功取决于建立一种可信赖的教练关系。这一观点正开始慢慢被其他教练模式所认可,并与心理治疗研究得出的关于关系中心性的结论相类似(Cooper,2003;Spinelli,2005,2014;van Deurzen & Hanaway,2012)。

当目标设定或计划变更策略被视为有效教练的核心时,存在主义方法关注于受教者世界观的具体结构和所包含意义的相关问题。因此,从存在主义的角度来说,教练愿意帮助受教者描述世界观,这种世界观体现在受教者更广泛的相互关系和与教练的具体相互关系中,这对教练过程至关重要。

通过这种关系本身,具有存在主义理念的教练试图揭开并明确存在于受教者的世界观中的大部分隐藏的紧张的相互关系。下面,简要总结两项探索受教者世界观相关的核心"技能"。

现象学方法

帮助教练保持与受教者当前生活世界观的一致性的一个强有力的方法是应用所谓现象学的调查方法。在这个过程中有三个描述性的"步骤"(Idhe,1977;Spinelli,2005,2014)。

第一步:时期规则

这条规则促使教练抛开其初始偏见,暂停期望和假设——简而言之,尽可能将所有关于受教者的预设包括在内。时期规则敦促教练调节受教者的注意力,使其呈现出自己本来的样子,以便更充分地揭示受教者目前的世界观,这样也使其任何后续的重构符合其意义和价值。

第二步：描述规则

这条规则的实质是："描述，不要解释"。描述规则不是试图根据受教者的偏好或假设立即分解或转换受教者的关注点，而是促使教练从最开始就去关注对受教者的世界观进行具体描述性探索而产生的信息。这条规则的焦点更多地集中在受教者"经历了什么"和"如何经历"上，而不是"为什么"。

第三步：水平化规则

现象学方法的第三步被称为水平化规则。该规则进一步督促教练避免在描述项上设置任何具有重要性区分的初始等级，应在一开始就平等对待每一项。

在试图描述的过程中，在避免任何等级假设的同时，教练能够以更少的偏见和更大程度的充分性更好地了解受教者的世界观，以便尽可能避免基于误导的等级判断而严重误解受教者世界观的可能。

正如现象学家自己所指出的那样，现象学方法的三个步骤中的每一个都不可能完全地坚持或实现，我们也不能相信任何这样的主张（Merleau Ponty，1962）。即便如此，尽管教练仍然不可能完全实现绝对平等且纯描述性，但他们通过认真尝试每一步这样做，从而在调查的每一个"步骤"中更加意识到自己的偏见。此外，承认偏见的行为，将会警示教练者不要过于不加思考地依赖于早期调查阶段了解到的直接偏见，从而减少其影响。

现在可以明确的是，现象学方法中的每一个"步骤"，都不会是区别另外两个的完全独立的活动。

话语的相互关系领域

第二种解释受教者世界观的方法，是探索话语的四个相互关系领域或话语的关注焦点（Spinelli，2005）。

关注"我"

以"我"为中心的关注领域试图描述和澄清"我在任何给定关系中做'我自己'的经历"。这要问："我该怎么告诉自己目前在这次期遇中的自我体验？"

使用关注"我"的方式，可以让受教者向自己和他的教练表达当前关于自我与自我关系的经验。

关注"你"

以"你"为中心的关注领域试图描述和澄清"'他人'与我的关系"。具体问题是："在任何特定的期遇中,我如何告诉自己关于别人与我在一起时的经历?"

使用关注"你"的方式,可以让受教者向自己以及他的教练表达当前正在经历的关于自我与他人的关系,这个在场的他人特定为教练。

关注"我们"

以"我们"为中心的关注领域试图描述和澄清每个参与者的关于"我们"相互之间的联系。具体会问："在这次期遇中,我如何告诉自己关于'我们'的经历?"

虽然上述三个领域都有助于教练获取和理解受教者目前的生活经历,但关注"我们"的领域在存在主义方法中特别重要,因为它具有直接性的特点,它关注并表达了在与另一个人交往的"当下"正在经历的事情。因此,它明确地表达了关注"我"和关注"你"的语句中存在(更隐含地表达)的相互关系的基础。

关注"他们"

以"他们"为中心的关注领域试图描述和澄清"我对那些构成我的更广阔的'他人'世界的人(超越了作为教练的其他人),是如何体验他们对我相互关系领域的理解,以回应我当前的存在方式,也可将开始呈现的新存在方式作为教练活动的成果"。

当受教者已经到了考虑和选择替代"生存方式"的地步时,对第四个关系领域的探索可能会特别有意义。

这时要问的是："我该如何告诉自己,我的立场正在或将要对我和那些我认为重要的人的关系产生的意义和影响?"此外,还要问："我该如何告诉自己,我的决定正在或将要对彼此的关系产生的意义和影响?"

关注"他们"的目的既不是要改变或阻止受教者的决定,也不是要把教练或其他人的道德立场强加给受教者,亦不是要揭露受教者的世界中对"其他人"的实际观点。相反,它的考虑有助于暗示受教者选择新的存在方式,这种方式包括其对这个世界和生活在世界上的其他人的生活经验,而不允许"排除世界"的可能性。

以上总结的两项技能的核心在于试图确保受教者准确地"被倾听",无论是在公开陈述的层面上,还是在暴露潜在隐含的价值观、信念和假设的层面上,这些价值观、信念和假设都会产生并被告予受教者。

教练的这一尝试创造了一定的条件,使得受教者通过与教练的相互关系准确、非防守地"倾听自己"。

从这个意义上说,这种关注不是针对受教者所持有的价值观和信仰的合理性与否,相反,核心是揭露受教者世界观中的连贯性和不连贯性,以及由此引发的混乱、不安和冲突。

通过这种方式所呈现的问题、冲突,以及它们可能的解决方案,可以从受教者的世界观上着手解决。提出问题是受教者世界观内因或成因层面相互关系困境的直接表现,因此它已无法脱离受教者世界观的整体,也不能孤立处理,而该从相互关系基础重新考虑,这是一种存在主义教练方法的关键特点。

哪类受教者获益最大?

我们认为,存在主义的立场和方法与各种教练形式都是兼容的。然而,这种方法在与那些处于转型期的人合作时尤其有用,例如,生活阶段的转型,如中年期的退休、工作的上升期或危机点、个人或职业环境的突然变化。困境通常与重新获得意义、处理失去的可能性、拥有选择和因此而引发的焦虑有关。虽然在这种方法中,对快速改变行为和表现的技能或技巧的关注有限,但根据我们的经验,致力于扩大受教者理解其生活态度以及它如何影响他们的行为,确实会促使表现上的改变。

这种方法会使得个体与他们的生活经历更加保持一致;更清楚自己是谁和不是谁;增强对复杂、模糊和焦虑的适应性;增强自我责任感并提高生活质量和生活乐趣。对存在主义教练应用的研究还指出了其适用于领导力发展(Jopling, 2012)、职业发展(Pullinger, 2012)、重大生活和工作决策(Lebon & Arnaud, 2012)和减少工作压力(Krum, 2012)等方面。

对反思性、探索性和极具挑战性的过程持开放态度的受教者,很可能会对存在主义方法产生热情。同样,那些重视处理复杂和矛盾问题的机会,并在"此时此地"接受反馈,同时努力将其对个人人生立场的理解扩展到生活中的人,也可能受益;那些不太关心常规改变或目标设定的人也一样。虽然儿童和青少年确实要面对存在主义的问题,但这种方法更适合成年人。

总的来说,这种方法强调的是"品质化的"对世界观的探索,而不是发展和完善教练"做"的干预技能,这与教练领域的许多方法所理解的多数普遍假设和强调背道而驰。这种分歧最终是否会被证明是存在主义方法的最大优势或劣势,还有待观察。

显然,还需要更多的研究来检验这一观点。但我们认为,存在主义方法的相互关系假设很可能会对教练职业的发展作出重大贡献。

案例研究

玛丽安娜：存在主义方法的一小次尝试

玛丽安娜在一家知名的英国市场研究机构担任高级职位已有4年多。尽管玛丽安娜已建立了强大的形象并展现出许多令人满意的品质,但她与团队和直线经理的关系一直不太好。因此,尽管各种结构化评估表明,她拥有与组织长期战略相一致的技能和潜力,但她始终没有被提拔。为了留住玛丽安娜并创造升职机会,公司为玛丽安娜安排了教练辅导,以培养她的人际交往能力。玛丽安娜在挑选本作者之前考虑了多位教练,并强调了在初步阶段建立关系的情况是她选择的依据。面对面会议安排为每两周1.5小时,一共8次,同时商定了一份合同来具体说明会议的频率、持续时间和费用,以及从多个利益相关者的角度处理保密事项的具体要点。

在第一次正式会议开始时,玛丽安娜表明,她接受教练辅导是因为她想证明自己是组织中最有能力和最值得尊敬的一员,从而使她得到提拔,或者在她打算离开时能让公司觉得失去她是一件非常可惜的事情。玛丽安娜表示,她期望教练确定具体的结果导向的目标,并就如何实现这些目标提出建议。

对此,教练表示,他不愿意在教练开始时确定具体目标,因为他还不了解玛丽安娜如何陈述她的世界观,以及在组织中的期望领导行为。对此,他提议,他们可以一起着手解决这些问题,以便对任何结果目标进行一致性测试。玛丽安娜当下的反应是愤怒,她并不理会这种价值观念,并质疑教练的能力,威胁要中断与教练的关系,找一个更有能力的替代者。

教练没有与她争论或试图改变她的观点,而是敦促玛丽安娜去想一想,她对教练"愚蠢"的解释和请求的回应是否与她对团队成员的"愚蠢"的建议的回应有相同之处。这番话使玛丽安娜感到惊讶,她的愤怒平息下来,她开始认真考虑这一对她而言的挑战。总的来说,她认为,确实非常有相似之处。因此,教练建议他们一起研究教练关系中产生的冲突问题,因为冲突是他们之间直接存在的,然后考虑他们发现的冲突是否适用于玛丽安娜更广泛的人际冲突问题。

　　这次讨论揭示出,玛丽安娜的强烈反应是由于她没有立即理解教练声明的要点和价值而产生的鲁莽评判。她应对愚蠢和片面的方式是指责教练也是如此。

　　教练接着重复了玛丽安娜的结论:当我感到对方的愚蠢和片面时,我会指责对方的愚蠢和片面。听了这句话,玛丽安娜会生气吗?玛丽安娜思索的结论,令她自己和教练都感到惊讶,她透露,如果她理解并接受对方的评论是有效的和恰当的,她会有一种"输了"的感觉,因为她感觉是向对方的观点和要求让步,即使这些观点和要求是有意义和有价值的。玛丽安娜现在明白了,更为复杂的是如果教练同意了她设定具体目标和策略的要求,她可能就再也不会回来了,因为和教练一起走也意味着是"输了"。为什么呢?因为这会让她感觉教练是一个没有自己想法的人,简单地就同意了教练的观点,并且教练自己就是"一个失败者",如果选择了他,玛丽安娜也会成为失败者。

　　简言之,玛丽安娜意识到,她无论是对教练还是工作团队的批判和抗拒的姿态,都很奇怪地是为了避免所谓的"失败"。它提供了一种"赢了"的感觉吗?有趣的是,事实并非如此。在玛丽安娜的世界观中,"赢"是只有其他人才能获得的潜在结果。

　　在第二次谈话开始时,玛丽安娜澄清说,每当发生应该感觉像是赢了的事情时,实际上她什么也感觉不到,且她总是把"赢的结果"解释为偶然的结果,或是她责任外或控制外的其他外部因素导致了"赢"。相反,"失败"总是因为玛丽安娜的所作所为而出现。

经过进一步的探索,玛丽安娜的世界观认为"赢"等同于"好",但同时也感到被切断、不真实和不定形的,而"输"则意味着"坏",但也感到有联系、真实和实质。

考虑到这种区别,玛丽安娜开始探索她与其他人的关系:她的工作团队、她的父亲,以及过去两个重要的恋人。这些经历中,她都与自己的"失败感"联系在一起,但同时也意识到,这种"失败感"以及与之相关的"坏"的判断为她提供了"真实"的强大体验。如果关系以适当的方式发展(即接近"赢"),玛丽安娜理论上应该"感觉良好",但实际上,她只会感到越来越疏离、空虚和自我割裂。

在这一点上,玛丽安娜非常疑惑她为什么要这样做,什么导致了她形成对自己的这种固定看法和对他人的这种相互关系?但教练并没有去鼓励她关注早期过往的经历以揭示起源,而是鼓励她通过描述她的自身状态和所伴随的这种情绪或判断,以此来帮助她解决问题。在如此尝试时,玛丽安娜开始揭露关于自我、他人以及自我与他人之间关系的反复出现的固定态度、信念和假设,这些与她的身体感觉、情绪和行为形成呼应。玛丽安娜在与教练的谈话中以及在两次谈话之间独自练习了这个描述过程。

由于玛丽安娜发现通过别人是最直接影响她领导力潜力的方法,所以她和教练就在接下来的教练阶段关注于她与工作团队的关系达成一致。

探索从一项练习开始,促使玛丽安娜描述性地探索她对其他人对她的各种观点的看法。随后,玛丽安娜从自己对自己的看法出发,对这些进行了描述性的探索。由此,玛丽安娜意识到,在这两种情况下,出现的观点都是高度批判性的,因为每个人包括玛丽安娜在内,都是"坏的和失败的"。这些是"真实的"吗?玛丽安娜承认了,她感到至少它们都是"真实的"。

在这里,教练再次敦促玛丽安娜把注意力集中在她对当下教练关系的体验上。她觉得这是真实的吗?是的。坏吗?不。她觉得自己输了吗?不,事实恰恰相反。那么,这种关系有什么不同之处,甚至打破了她关于自我、他人以及他们之间相互关系的固有世界观呢?

在玛丽安娜表达的各种重要变量中,有一个是沟通方式的变量。她意识到,在她与他人以及与自己的更广阔的世界互动时,她可以识别出各种因素,如她愤怒的声音、紧张的身体、保持情感距离的愿望、对微妙的批评信息的疑神疑鬼。同样,她得出结论,她的沟通,无论是对他人还是对自己,都是典型的意会型性质,既不清楚,也容易混淆。同时,玛丽安娜发现因为这些因素,她无法准确地听到别人对她陈述事情的反应。相比之下,教练阶段则引发了一系列"更简单、更紧密联系、更容易理解"的交流。

因为在她识别的那些变量中,这是一个很容易操作的变量,教练和玛丽安娜把重点放在互相练习不"打电报"和不引起混淆的陈述上。这一体验激起了玛丽安娜的一种反应,她立刻意识到自己的重要性:她开怀大笑,不再有防备。伴随着笑声,她感到"很好,很真实,成为了赢家"。

在下一阶段开始时,玛丽安娜说她已经在团队尝试了她所学到的东西,他们之间的互动开始有所改善,以至于其他人包括她的直线经理,都对她的变化发表了评论。玛丽安娜是怎么经历这一切的?不太好,事实上,几乎糟透了。

这一真实的披露让玛丽安娜和教练回到了玛丽安娜在教练关系中所经历的不同体验。通过这次讨论,玛丽安娜意识到,虽然她继续感到"真实而美好,成为一个赢家"——所有这些都是她非常珍视的——但她也感受到极度的自我暴露和开放——也许有些时候过于开放。这段经历与因她与团队之间的新奇关系而激起的那种"几乎糟透了"的感觉再次形成了一种明确的关联。"真实、美好、赢"是有代价的,就玛丽安娜而言,这个代价值得付出吗?

这一问题成为本阶段剩余时间的讨论焦点,这些细节大大扩展了讨论的范围。八节会谈结束后,玛丽安娜对自己的情绪反应有了更深入的了解,她觉得自己有权在与工作团队的关系中选择自己的反应。她继续运用她在教练辅导中学到的技能,并在四个月内获得晋升。玛丽安娜继续以个人身份参与教练辅导,以支持自己更好的过渡,从而胜任更复杂的领导角色,毕竟新的岗位更需要她培养广泛的影响技能。

讨论要点

1. 存在主义的教练方法旨在培养教练和受教者之间的直接体验。你如何比较这一立场与你目前所坚持的立场？

2. 找到一个同伴，通过现象学方法的三个步骤，轮流探索最近在各自的生活中发生的一个特定事件，说出它对于你个人而言的意义。当你完成练习后，讨论一下你从这种询问方法中体验到的价值（如果有的话）。

3. 思考存在主义理论提出的选择观，并思考这一观点对你理解受教者的表现有什么价值？

4. 在挑战你目前作为教练的工作方式的案例中，你最突出的地方是什么？

推荐阅读

Jacobsen, B. (2007). *Invitation to Existential Psychology*. Chichester: Wiley.
Spinelli, E. (1997). *Tales of Un-Knowing: Therapeutic Encounters from an Existential Perspective*. Hay-On-Wye: PCCS Books.
Spinelli, E. (2014). *Practising Existential Therapy: The Relational World*, 2nd edition. London: Sage.
van Deurzen, E. & Hanaway, M. (Eds.) (2012). *Existential Perspectives on Coaching*. London: Palgrave Macmillan.
Yalom, I.D. (2001). *The Gift of Therapy*. London: Piatkus.

参考文献

Cohn, H.W. (2002). *Heidegger and the Roots of Existential Therapy*. London: Continuum.
Cooper, M. (2003). *Existential Therapies*. London: Sage.
Frankl, V. (1988). *The Will to Meaning: Foundations and Applications of Logotherapy*. New York, NY: Penguin Books.
Gergen, K.J. (2009). *Relational Being: Beyond Self and Community*. Oxford: Oxford University Press.
Hills, J. (2012). *Introduction to Systemic and Family Therapy*. London: Palgrave Macmillan.
Hughes, R. (1991). *The Shock of the New: Art and the Century of Change*. London: Thames and Hudson.
Idhe, D. (1977). *Experimental Phenomenology: An Introduction*. Albany: State University of New York (1986).
Jopling, A. (2012). Coaching leaders from an existential perspective, in E. van Deurzen & M. Hanaway (Eds.), *Existential Perspectives on Coaching*. London: Palgrave Macmillan, pp. 72–83.
Krum, A.N. (2012). How can ideas from the existential approach enhance coaching for people with work-related stress? *International Journal of Evidence Based Coaching and Mentoring* Special Issue No.6, pp. 57–71.
LeBon, T. & Arnaud, D. (2012). Existential coaching and major life decisions, in E. van Deurzen & M. Hanaway (Eds.), *Existential Perspectives on Coaching*. London: Palgrave Macmillan, pp. 47–59.
Merleau-Ponty, M. (1962). *The Phenomoneology of Perception* (trans. C. Smith). London: Routledge & Kegan Paul.
Pullinger, D. (2012). Career development as a life changing event, in E. van Deurzen & M. Hanaway (Eds.), *Existential Perspectives on Coaching*. London: Palgrave Macmillan, pp. 60–71.

Sartre, J. P. (1991). *Being and Nothingness: An Essay on Phenomenological Ontology* (trans. H. Barnes). London: Routledge.
Spinelli, E. (2001). *The Mirror and the Hammer: Existential Challenges to Therapeutic Orthodoxy*. London: Sage.
Spinelli, E. (2005). *The Interpreted World: An Introduction to Phenomenological Psychology*, 2nd edition. London: Sage.
Spinelli, E. (2014). *Practising Existential Therapy: The Relational World*, 2nd edition. London: Sage.
Strasser, F. & Strasser, A. (1997). *Existential Time-Limited Therapy: The Wheel of Existence.* Chichester: Wiley.

第十四章　格式塔教练

朱莉·艾伦和艾莉森·怀布鲁
（Julie Allan & Alison Whybrow）

引　言

格式塔教练是一个强调充分觉察并将这种觉察转化为行动的过程。这种方法正被越来越多的教练使用，特别是执行力和领导力教练，以及那些花时间培养自身创造能力的教练。从业者可能需要对格式塔心理学和格式塔心理治疗有所了解，这两者的出现都早于格式塔教练。

描述格式塔教练是什么，是一个不同寻常的挑战，有如雷斯尼克（Resnick，1984）在相关著作中就提到："每个格式塔治疗师都可以停下用任一个已经用过的格式塔技术，并仍能继续做格式塔治疗。如果他们做不到，那么他们一开始就不是在做格式塔治疗，他们在耍花招。"那么格式塔教练会怎么做呢？格式塔教练体验起来如何？为什么受教者会选择它并从中受益？

在写这句话的那一刻，写文章的人经历了一些困挠，担心这个定义有明显的不足，就想要使解释更具体一些。她选择了以下几个词：

格式塔训练关注的是一个全面觉察的过程，然后将觉察转化为行动，这样就形成了从一个问题解决到下一个焦点出现的积极周期。

在格式塔训练中，教练会在训练期间特意利用自己的意识（思想、感情、知觉），并将其反馈到过程中，以便发起挑战、支持和问询。尤其是当他们认为受教者在某种程度上阻碍了体验，限制了他们的潜力，且未能推动完整的经历周期形成的时候，教练就会通过这样做来促生转变。这就像是维持生命的呼吸过程，一般来说，如果一个人彻底地吸气再彻底地呼出，会让下一次吸气更有效。这种理念更强调"现在发生了什么",而不是"当时发生了什么"。

在写了这些之后,作者觉得已经作出了一些合理的解释,她注意到该如何将这一点与一些基本理论联系起来,特别是与更具体的格式塔实例联系起来。用格式塔的语言来说,她已经注意到了从一个"基础意象"出现的"图形",且这个"图形"可以自由地开始处理下一个需要注意的问题。

格式塔训练的发展

格式塔心理学由韦特海默(Wertheimer,1880—1943)、科勒(Köhler,1887—1967)和科夫卡(Koffka,1886—1941)开创。格式塔意味着一个统一的或有意义的整体。弗烈兹·伯尔斯(Fritz Perls,1893—1970)是格式塔疗法中有个别争议的创始人,他的思想在20世纪发展起来,他的妻子劳拉也积极参与其中。格式塔教练可能不同于伯尔斯的实践,实际上也不同于格式塔治疗,因为伯尔斯的观点是,对治疗师与受教者的关系的"真实性"有非常严的要求,且毫不妥协。然而,格式塔教练中,更看中受教者、教练在"此时此地"关系的"全面"体验,这无疑是格式塔教练框架的一部分。

格式塔方法一般是以个体的主动意识为基础的,不同于20世纪初出现的另外两种主要的心理学方法:专注于学习机制的行为主义或认知行为方法;以及专注于生物学驱动的精神分析传统,伯尔斯认为这些是在以不充分的方式看待人类发展。20世纪30—50年代,伯尔斯和他的同事们继续将人作为一个整体并在语境中(整体主义)来看待,将格式塔(完形)理解融入知觉、个体意义的形成和解决/终结中。"整体主义"一词最初是由斯马茨(Smuts,1936)创造的。从20世纪60年代起,因为组织的出现,个人的工作形式发展为群组化(Nevis,1987;Issacs,1993)。所以此时,尽管格式塔从前没有这样操作,但也开始被放入公司的语境中。

近年来,用格式塔作为教练方法的案例激增。格式塔的本质是必须禁止对"格式塔"方式的阐述开展,而是允许(且只允许)某些共同主题的出现。斯波思、托曼、莱克特曼和艾伦(Spoth, Toman, Leichtman, & Allan, 2013)跟踪了克利夫兰和科德角方法在美国的不同演变,同时也回顾了格式塔教练在世界各地的发展,以及帕尔默和怀布鲁(Palmer & Whybrow, 2007)发现其未成为一种特别普遍方法的潜在原因。然而,他们也注意到关于格式塔教练的文献在一定程度上有所增加。从 2009 年第一次出版到这次更新的《教练心理学手册》之间发现的文献包括西蒙（Simon，2009）；吉利（Gillie，2009）；布卢克（Bluckert，2009，2014）；以及帕特里奇和斯波思（Partridge & Spoth，2013）。特别值得注意的是，其中首次在著作中全篇围绕这一主题的，是利里·乔伊斯（Leary Joyce，2014），其次是布卢克（Bluckert，2015）。

格式塔教练的理论与基本概念

借助格式塔心理学和心理治疗，格式塔教练关注提高觉察和我们组织/感知周围世界的方式。所以它也被认为与人本主义、存在主义和现象学相关。

格式塔心理学的观点是，我们所看到的东西和我们如何看待事物的方式是我们在某一时刻觉知自己是谁的结果。有意义的东西（变成图形）在特定的环境（基础意象）瞬间改变。在试图处理经验的动态复杂性时，我们倾向于按照我们当前的思维、先前的经验或优先考虑的方式来安排事物，我们也倾向于寻找对称、平衡或"封闭"。通过对视觉过程的实验，我们对自己感知世界的方式有了一些了解。

在人脸/烛台图片中，我们可以体验到人脸或烛台变成图形和另一个基础意象，这种感觉也许会再扭转。在另一张照片中，我们看到三个没有连接的线围成了一个三角形——我们填补空白创造了整体（见图 14.1）。

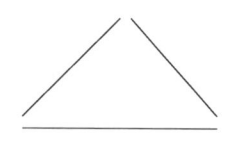

图 14.1 感知模式

我们也有偏爱相似性的倾向，以从中看到模式，将相似的东西组合在一起，并将它们与其他东西区分开来。例如，在图 14.1 中，O 组成的对角线从 X 组成的水平线中脱颖而出。

此外，我们根据新的经验重新解释我们的世界，因此我们对我们是谁的理解，基于我们的经验而不断变化。格式塔教练的目的是探索这个主观世界，使受教者能够获得更广泛的选择,并充分发挥他们的能力。用罗杰斯疗法的术语来说,这相当于实现一个人的潜能。

传统的格式塔治疗观是,作为个体,我们对自己的决定和行动负责,也对自己的优柔寡断和不作为(存在主义)负责,人与人之间的关系可以是发展的而不需要任何种类的共有神论(人道主义)。也可以说,格式塔的早期受到了禅宗的一定影响。

现象学与三个定义原则

现象学是通过参照当前现象中立即可见的事物来寻求理解情况的实践。例如,当我吃这个橘子的时候,我完全意识到此时此地的体验:闻到、看到橘子,触摸到橘子皮,尝到橘子的味道,还有吃它时发出的吧唧吧唧的声音。我在所有的感官中都能觉察到橙色,而不会被先前或未来的事件所干扰。如果我一边吃着橘子,一边专注于别的东西、另一个物品或"图形",我就不会完全意识到橘子的存在。在现象学的方法中,当过去和未来存在时,需要充分关注当下,以便获得最直接、最有力的信息,以帮助提升意识并决定行动。在教练场景中,受教者可能希望教练详细关注会谈中实际发生的感觉、身体动作、姿势等,并对其进行探问或反映。格式塔教练是活泼又充满活力的,因为教练将始终寻求发现现在在这个房间里什么是必须改变的,以便可以在外面的另一个时间里发生有效的变化。

根据扬特夫(Yontef)(1980, cf Clarkson)所指出的,现象学是格式塔治疗的三个定义原则之一。根据现象学的这一原则,格式塔训练将意识作为其唯一目标和方法论。

第二个原则认为格式塔完全基于对话存在主义。在教练设置中,这可能会引用"此时此地"的教练—受教者对话。在对话中,从希腊语的 dia(通过)和 logos(单词/意思)来看,对关系和探究精神的关注意味着在对话开始时,任何一方都不会想到的新事物会出现。正是以这种潜在的非常有创意的方式,才产生了完全适合当前形势的东西。对"现在"的关注在格式塔的术语中是有意义的,因为这也是整体主义的基础假设——也就是说,教练关系将重建或容纳阶段之外的模式。因此,在直接对话中的创造性转变可以有效地改变更广泛的体系。

第三个原则是格式塔的概念基础是格式塔——以整体论和场域理论为基础。我们存在于一个语境或"场"中,并且我们理解自己与那个场域的关系,因此离开该场域我们就不能被理解。应用于教练技术时,这一原则强调了教练/受教者关系的重要性。教练不能不在场。教练和被教练是对方场域或语境的一部分,从而使教练和被教练之间的关系得到关注。

扬特夫认为这三个原则是相互联系和相互包含的。

根据这些原则的"基础意象",格式塔教练有助于我们意识到是什么阻止了我们去充分参与我们的日常经验。识别、探索和潜在消除一些"意识障碍"使我们能够在行为和功能上更有效地作出更好的选择。

伯尔斯(Perls, 1969)认为自我觉察是人变得健康的关键,因为自我觉察创造了一种环境,在这种环境中,个人对自己的反应能力更强,超越环境支持,变为成熟的自我支持(不要与孤立的自我吸收效应混淆),在这种环境中,个人变成完全的自己,全力以赴地投入生活。在教练活动中,觉察创造了条件,使受教者能够接触到更广泛的可能行为,在行动和关系中给予更大的选择和能力。在格式塔教练中,实验和演练的第一步就是在教练关系中与教练合作。

应用案例解析

一位高级管理人员的岗位职责是:通过与一家公司的接洽,促成有效合作关系。有次,他打电话去约见一位目标公司的女士。但他也不知道为什么感到不太舒服,所以他需要一些帮助以准备这场会议……

教练:你说你感到不舒服,那和我多说说怎么回事。

经理:好吧,我只是觉得她不想见我……(他的双手放在面前,手掌向外,手肘朝下,手指向上;教练巧妙地模仿了这种姿势以示倾听,经理做了点头的动作)

教练:你感觉到的不舒服,如果我理解正确的话,就是有退却的感觉,但只是稍微退后一点……(教练再次模仿了观察到的姿势,将身体稍微前后移动)

经理:是的,是的;有点担心。(交叉双腿,双臂放在肚子上)

教练:你感到担心。(询问的表情)

经理:对……我来这里是为了把事情做好,如果她不想和我说话,那我就有麻烦了。

教练:(教练注意到了身体姿势和"来这里""把事情做好"和"如果")你还有什么感觉?

经理：实际上是害怕，我可能会失败。

教练：（教练的笔记从"不舒服"变成了对失败的恐惧；选择调动受教者的积极性，模仿受教者的手势）所以你害怕你可能失败，我注意到你看起来有点像在保护你的肚子，你有一种正在会议现场的感觉。

经理：我想大概就是焦虑吧。

教练：你的焦虑让你的肚子不舒服了。（询问的面部表情）

经理：对。

教练：你感到恐惧，肚子里也有焦虑，搞清楚这一点非常好。我们是否应该思考下如何在焦虑中与你要见的这个人建立有效的联系？

经理：（微笑，坐起来，移动双手）

教练：这想法似乎可以让你动起来。

经理：是的，我想我做不到……但那还是挺有趣的……

教练：有趣？

经理：事实上，我想她可能也很着急……我们可能都会焦虑。（微笑）

教练：有趣的是你们都很焦虑。（也笑）你现在感觉如何？

经理：实际上有点兴奋。

教练：兴奋……哪里兴奋？

经理：我真的不知道，只是，嗯，对这种情况有点兴致了。

教练：对形势更加乐观了……那么要去见的这个人叫什么？（微笑着）

经理：安德里亚。（笑）

然后，教练继续与受教者讨论如何建立有效的联系，包括如何将他们经历的负面情绪或身体反应联系起来。就格式塔思维而言，这个小练习包括：

- "此时此地"场景中的对话；
- 呈现问题或"图形"；
- 通过使用现象学获得清晰事实或与该图形"联接"的过程，完全联接允许整体图像的一部分呈现一定程度的分辨率，并允许另一个图形出现。

对现象学的关注有助于将受教者与他们自己以及他们与他人联系的能力关联起来。这也有助于教练区分他们有的焦虑和其他人可能（或不可能）有的焦虑，这再次提供了一个更好的潜在会谈空间。

经典的格式塔周期,可以在一个谈话中多次进行,并且在整体画面中会有周期产生。人道主义和存在主义在干预之前在工作中表现出来的是,教练已经设法脱离了人类的状态以及他们自己的感情,所以要远离与他人亲密接触的潜力。

关键概念

接触边界现象是基于格式塔的概念,即"自我"是一个与环境相关的过程——区分什么是自我,什么不是自我。接触边界是自我区别于非自我的实际点(Perls,1957),并且随着我们对自我的理解和意识的改变而每时每刻都在改变。伯尔斯(1969)经常使用不踏入同一条河两次的意象,这一意象来自赫拉克利特的一个中心隐喻(Clarkson,1993):"当一个人踏入同一条河时(在踏入过程中)会遇到不同的水流"(Heraclitus in Guerrière,1980)。

悖论的变革理论认为,为了从 A 到 B 的过渡,首先需要与 A 完全接触(Beisser,1970)。克拉克森(Clarkson,1989)是追随格式塔观点的人,认为只要是充分而完全的事物,其正相反的也是真实的。换言之,一旦你完全意识到"A"是什么,你就会意识到相反的情况以及两者之间的替代选择(B1,B2……Bx)。格式塔教练帮助受教者充分提高和探索他们所处状态的意识,因为有了这种敏锐的经验,受教者也能被调动起来。

我们对自己意识的关注是通过经验循环而得出的。这七个阶段的循环曾被许多作家描述(Clarkson,1989;Zinker,1978)。应用到上面的例子中,这个循环可能始于受教者感觉"不舒服"(感觉)和"实际上是害怕,我可能会失败"(意识),了解到他们如何在充满焦虑的情况下与人进行真正有效的联系(调动),意识到"她可能也很着急"(行动),对会面感到"兴奋"(最后联系),"有点兴致了"(满足),最后,在循环再次开始之前进行休息(退出)。在任何一点上,一个周期可以进入许多其他周期,因为觉察引发更大的觉察。

意识阻碍

格式塔疗法描述了七个完全意识的阻碍。虽然有些简化主义,但我们在表 14.1 中列出了阻碍和周期阶段。其中,内射和回射与教练在处理自我批判性思维模式和未完成的任务方面尤其相关。

表 14.1　意识障碍

阻碍意识和 它中断的循环部分	这对客户意味着什么
脱敏——中断感觉	感觉或情感被稀释、漠视或忽略。疼痛或不适不再浮现于脑海中(而是具象化)。在较低水平上,脱敏可能有助于实现短期目标,但长期来看会变得不健康并且不可持续,如饮酒、失眠、服用止痛药和其他阻止感知感觉的行动。
偏离——中断意识	一个人拒绝与另一个人或一种状况直接接触,谈话的主题可以进行微妙的改变,例如,一个人对于问题"你对你完成的项目获得如此积极的赞誉感觉如何?"的回答是:"我什么也没做,是团队让项目成功了"。与其分享强烈的直接情绪感受,不如选择抽象的语言("一个人可能会变得有点混乱")或者避免眼神交流。习惯性缺陷是指人不能从自己、他人或环境中获得有用的反馈,包括积极的反馈,一些偏离可能是一个健康的选择。
内射——中断调动,阻止人员采取适当行动满足其需求	他人传递的思想、情感和信息没有经过任何批判性的评价或深思熟虑的选择,就被"照单全收"。内向往往是童年留下的一笔"遗产",那时我们可能还没有办法去辨别灌输给我们的东西:"你必须一直努力工作""你不能表现出你的感情""你很愚蠢""我们家所有的女人都待在家里,并以正确的方式养育了家庭"。这些就变成了一个僵化的极权主义、内化的"你应该永远如此⋯⋯"的观念。内射可能有助于学习某些技能,但之后需要重新检查以调查它们是否仍然适用。
投射——中断行动	从别人的个性或行为中看到自己不承认或看不到的东西。例如,当客户经历来自他人的批判性时,其实是客户对自己具有批判性。投射显示了一个受教者探索和工作的领域。它还可以通过创造性地将自己投射到不同的情景,并在回到现在之前的时刻发挥效用,帮助规划和预测未来。
回射——这可能会特别中断意识周期的最终接触阶段	回射有两种类型。第一种是你的客户对自己做了他们想对自己或希望对别人做的事,例如,你的客户可能不会对他人表达消极情绪、愤怒、伤害,而是将攻击性转嫁到自己身上:"难怪我会被欺负,那时我太没用了。"始终不去表达自己的受伤或愤怒通常是不健康的原因。第二种是客户对自己做了他们自己想做的或希望别人为他们做的事。这可能是一种自我支持的形式,但也可能妨碍当前真正的人际需求。例如,在回答"你希望从这次会面中取得什么成果?"时,你的客户可能会回答:"哦,我很乐意去做一个协助者,帮助主席团发表观点",而不是说"我需要感到被包括在内",或者"我在这个问题上有很好的想法,我希望你能倾听这些想法"。

续　表

阻碍意识和 它中断的循环部分	这对客户意味着什么
利己主义——中断满意	其特点是个人走出自己,成为自己经历的旁观者或评论员。这个人能够理解正在发生的事情,但却不能根据这种理解采取行动,结果是他们似乎缺乏同理心,无法从更多的实际参与的满足中获益。就像一个老板会注意到一个压力很大的员工,但只是记录其精神状况,而不会伸出援手去帮助他,就好像有这种注意就已经足够了。
合流　　中断撤回	这是一个人不区别于环境或另一个人的情况。"我们这样想,不是吗?"显示了关系中的合流,合流也出现在"群体思维"中。在这种情况下,考虑边界、冲突或分歧被认为是对重要关系的威胁,甚至是对"生存"的威胁。在组织中,你可能会听到"不要制造麻烦""勇敢直言"或其他一些短语。关注边界和允许冲突被视为对组织及其生存的威胁,而合流有助于促进发展同理心和丰富生活体验;在健康良好的接触中,这样的时刻会被重现,因为这是一种自信的"放手"。如果没有"放手",发展就会受阻。受教者可能与他们的职位融合在一起,因此他们不会将自己与工作角色区分开来。

　　自我现象在这里很有趣。运用场域理论的语言,我们可以认为自我构成了场。我们不断地(虽然不明确)致力于理解如何在特定时刻构建现实、如何安排我们的"生活空间"、如何管理我们的经验。我们根据特定的意义来组织(或配置)这个方面来完成这些事情,这是个人的过程,在这个过程中,我们整体经验的某些部分变成了图形,而其他部分则是围绕它们组织起来的基础。这个过程可以理解为工作中的自我(Latner, 1986)。因此,自我是一个过程,而不是一个静态的抽象的心理实体;它提供了一种方式来描述一个持续的、进化的和转变的过程,在这个过程中,我们不断地参与、配置经验场或选择我们的现实(Parlett, 1991)。休斯顿(Houston, 2003)指出:"没有人或事是真正可以与他们的环境背景分离的"(p. 6)。

　　所有这些要素——自我、我们的经验、图形、基础意象——都被感知过程、我们对世界的假设、刻板印象和紧随的期望所扭曲。我们不认为事情是这样的。我们看到我们想看的(Anais Nin 等引自 Anon; Nin, 1961, p. 124),我们倾向于看到我们所期望的。

　　格式塔教练培训的目的是提高个人经验,促进对假设和刻板印象的认识并挑战它们,以便对实际发生的事情作出反应,而不是对我们认为正在发生的事情作出反应。

　　通过教练—受教者关系中的对话过程,因为会要求受教者去揭露或发现(或可能从中恢复),所以能以这样一种方式提高认识,就会有新的思维出现。未经检阅的组织和个人的意义创造模式已经不再有用,但仍然不容置疑且往往是看不见的。

本节最后的引用可能有一定意义:"我认为这是存在主义和禅宗哲学的融合,这种有机人格理论以及现象学经验的工作方式,是定义格式塔方法的必要和充分条件"(Smith,1976)。

格式塔教练心理学家的实践

格式塔教练的目标是如何实现的? 也许本章一开始写到的雷斯尼克的警示值得反思。

考虑到这一点,以下材料指出了可能性(而不是直接解决方法),这些可能性甚至与教练—受教者之间的关系一样多,每个关系都是独特的,但每个关系都有相同的目的。对于成功的格式塔训练所需的创造力和潜能的高度关注,要求教练每次都从基本原则出发,同时:

(1) 充分理解格式塔的理论和实践历史;
(2) 有能力负责任地使用现象学为他人服务;
(3) 遵守适当的实践和道德标准;
(4) 用一堆花招来糊弄是不合适的。

格式塔教练鼓励受教者通过所有五种感官与他们自己、他们的思想、他们的背景和他们的关系进行互动,体育运动和游戏(如建模和绘画)可能是教练的一部分,同时也需要一个舒适的空间。

格式塔教练将自己带入教练关系,它们是存在的、真实的,并且是受教者所在情境的一部分,教练在培训的场地所经历的是教练过程的一部分。最主要的"工具"是教练关系,信任、自我意识和创造性实验的发展使教练能够培养一种更健康的世界观——通过教练和受教者之间的真实关系来实现。

对 话

一个有助于格式塔教练的观点是,通过对话使得秘密模式因为发生而公开,可以出现一些新的理解。

通过对话,教练鼓励受教者为自己找出假设和模式。受教者对如何使用语言得到了提高,他们被鼓励使用反映他们自我控制以及对自己的思想、感情和行动所负责任的语言。教练辅助受教者,他们的意识变得更清楚,能够找出他们以前了解过的模式。在教练阶段之外,受教者也会采用同样的辅助方法。

与对所发生的事情的全部感官感受相结合,受教者将学到在教练阶段以及广泛的生活和工作中时刻意识到自我以及他们不断变化的经验。教练关系中的一个实验可能是接受积极或消极的反馈而不是转移它,并充分体验与之相关的思想、情感和身体感知。

实 验

实验是格式塔方法的关键,它与经验周期的行动阶段密切相关,尽管在现实中,它是整个经验周期的基础。鼓励受教者在教练关系的安全范围内尝试新的想法、信念或行动。

教练需要创造力和时间来决定被教练进行创造性实验的时机。实验可能会两极分化,即立场之间的差异(如价值观、信仰、受教者的自我批评部分等)被突显出来或加以强调和探索。提高对受教者所持价值观、假设和信念的认识,是摆脱自我限制的思想、感情和行为的重要方面。通过鼓励受教者与他们自己的关键部分对话,或是与那些不在场的让他学习到信念、假设和价值观的其他人进行对话,常被作为一种提取潜在感知模式的方法。一旦受教者意识到这些模式,他们就可以重新审视那些引导他们的思想、情感和行为的假设,并有意识地选择保留什么和放弃什么。这将受教者从内在价值观和偏见的"暴政"中解脱出来(Clarkson,1989)。许多技巧如"空椅技术""镜映"或"演示"都是格式塔工作中这一元素的例子。

形象化可以用在实验中,鼓励受教者以不同于他们的方式形象化自己,比如好像他们的目标已经实现,或许是思考成为他们想要成为的人是什么感觉。

讲故事和隐喻可以作为一种实验手段,鼓励受教者创造一个故事,用来反映他们自己实际或期望的个人故事。在潜在困难情况出现之前进行演练,有助于受教者在教练阶段之外建立自己的个人资源。在教练和受教者之间设计的实验可以在教练阶段完成或者作为家庭作业,或者两种方式融汇使用。

教练关系

教练关系是格式塔教练有效性的关键,无论是否在场,教练这个角色都会留在受教者的场域中。面对面和其他形式的人际接触都适用于格式塔教练。在电话教练阶段中，因为所有五种感官体验的机会相比面对面接触或视频会议形式减少了，所以有必要注意不同的信息要素（如语调或具体语言）。真正限制了完全接触（电子邮件、文本等）可能性的媒体最好尽量少用于间断任务。

应用和过程

格式塔教练的应用显然不存在什么标准格式，只有教练所带来的教练关系中的内容会生成会议格式。任何阶段都可以包括各种各样的工作方法，因为这种方法是用来充分展示和充分提高认识的。

巧妙地运用格式塔方法、哲学理念和概念，可以帮助团队提高对团队中任何时刻发生的事情的认识。人们关注的是什么？人们在说什么？这组模式是否可复制到更广泛的领域？

哪类受教者获益最大？

格式塔教练最适合那些倾向于将自己整体视为"工作机器"并且有兴趣将自己的存在作为变革催化剂的人。高级管理人员和那些处于领导地位的人经常出现在受教者群体中，因为这是一种对于整体有效的方式，而不是（必然地）仅限于缩小业绩差距。他们也经常对系统观点感兴趣，这也是格式塔教练的一个特点。还有一个问题就是要改变自己的矛盾性驱动，因为他们在任何时候都是如此。格式塔方法可能不会吸引那种更倾向于使用严格的基于差距分析和/或认知行为的方法，而不是公开、整体、系统的方法的人。

> **案例研究**
>
> 格式塔案例研究提出了挑战——当整体大于部分之和时，有效地说明个别元素，或者在回顾过去时尊重重要的"活在当下"。下面的教练片段展示了格式塔教练在实践中的部分情况，以作为试金石或思想的开端而非处方式的方案。

受教者

卡琳娜是一家大公司的高级管理人员,这家公司最近进行了合并。她被视为具有担任董事(董事会,两级以上)或部门主管(一级以上)的潜力。卡琳娜有一个360度的反馈过程(合并前)和最近的评估(新老板,合并后)。在第一次教练会议之前,她提出需要解决两个方面的问题:

1. 在领导层中被视为更具战略能力(该组织的首要能力要求)。

2. 她已经受到了足够的扰乱(裁员、退出、道德和绩效问题),感觉此时迫不得已但又不得不"亲自上阵",并认为这尽管必要但可能不是战略性的。

阶段1摘要:探索受教者的情况

在第一次会议上,卡琳娜重申了第一个目标,但描述了许多负面的工作经历,并想知道她自己是否想留在公司。

教练:我们今天花时间对你来说最重要的意义在于什么?

卡琳娜:有人告诉我,我需要在战略领导方面做得更好,也许我确实需要,可能就是这个吧。

教练:(注意到"可能"以及"确实")嗯?战略和领导力可以有各种不同的含义……或者没有……我想知道它们对你或你的工作意味着什么?它们对你有什么重要的?让我们把时间花在对你重要的事情上。

卡琳娜:很准确。我真不知道他们说的是什么意思。

教练:他们的意思……"他们"是谁?

卡琳娜:(仍然语速很快,坐在座位上转来转去,眼睛经常抬到天花板)好吧,这是公司的问题,说到底就是指董事会是怎么看待我的,他们希望我们都更具战略眼光。

教练:(停顿)我感到有点困惑。我注意到你提到董事会时的语气,以及你说战略时脸上的表情……

卡琳娜:(点头)嗯。我被发现了,对吗?很好。

教练:好吧,也许你"被发现"了?

卡琳娜：好吧。只是我不知道我是否想做别人要求我做的事，你看，我不像他们。

教练：你不像"他们"。那你是什么样的？

卡琳娜：（侧身靠在椅子上，转动椅子，一只胳膊靠在椅背上，用那只手支撑着她的头，向下看，看向一边，清了清嗓子，听到呼气声）我一点也不确定自己是否合适。

教练：你觉得这种合适有什么重要的？

卡琳娜：在我看来，做得好的人只是把时间花在毫无道理的自我推销上，而我就不这样做。

教练：你不会无理地推销自己吗？

卡琳娜：（微笑）是的。很明显，我不会无理地推销自己。我明白你的意思……只是那不是我的风格。

教练：正当地提升自己？

卡琳娜：我不是提升自己，而是优秀的工作是不言而喻的证明。

教练：你确实工作做得很好。

卡琳娜：是的，但这正是我对自己的期望，不应该到处告诉别人。

教练：谁说的？

注　释

关于格式塔干预周期，教练对感觉和意识（伴随着脱敏和偏转）进行了探索，并对有可能限制教练行动选择（调动）的外来物提供了重要信息。谈话给受教者带来了不适的情绪，并意识到了自己的"责任"：你应该做好工作；人们不应该自夸；人们应该在适当的时候给予赞扬；人们应该乐于安静地（准确地）知道自己的价值；人们不应该如此轻信、肤浅……这些阻止了行动和交流。在教练阶段中，与潜在的自我限制方面的充分交流是在受教者没有反省的情况下实现的（例如，他们认为自己是"坏的"或"愚蠢的"）。他们对"他们是什么样的"有了一个有意义的认识。

作 业

这项实验的目的是在不引起干扰的情况下增加感觉和意识的潜力。受教者同意去关注自己和他人关于"信用"的行为或观点而不去试图改变,以及她对来自以上要求的回应,即团队应该传递她所要求的内容而不是花时间自顾自工作。

在阶段 2 中,卡琳娜报告了她在明确自己对团队的期望方面取得的巨大成功——她有效地修正自己的行为,团队也作出了回应。她又讲述了和伴侣的互动,是她回家之后,当她的伴侣问她今天过得如何时,她哭了起来。教练邀请卡琳娜把这段经历带回到当下房间里,并采取了与上一节课类似的方法:"现在你想想,有没有一个特别的时刻出现在脑海里?"教练注意到并分享了他们自己经历过的情绪(悲伤),并且对有没有被看到和听到的情况进行了深刻的探索。

作 业

简单地让受教者注意到她感觉得到倾听或没有被倾听时的交流、她感觉被看见或不被看见时的交流,以及当她感觉自己真的在倾听和融入对方时的交流。

阶段 3 摘要:更多连接

教练:所以,你已经注意到了沟通方面。领导力方面进展如何了?你更具战略眼光了吗?

卡琳娜:我想谈谈这个。我已经注意到当我和一些人包括董事会成员交谈时,我并不开放。我认为我的承诺受到质疑是因为我没有表现出足够的"融入性",我想这与我认为人们应当在我表达战略能力时注意到我的想法有关,我不应该把它说出来……但不知怎么的,这很让人困惑。

教练:实际上我看你有点不高兴。你感到沮丧吗?

卡琳娜:我很难过,好像没人看得到我。但我看不出我能做些什么。

教练:你愿意做点不同的事情吗,来看看周围会发生什么?(受教者看上去很感兴趣,但并不热情)我想的是花几分钟的时间用某种方式勾勒出一些东西——看看能看到什么。

卡琳娜：哦，你一开始就提醒过我了，不是吗？好吧，但我不会画画。

教练：幸运的是这一点都不重要。你所需要做的就是画一些东西——任何你喜欢的东西——如果你喜欢的话，画一些没被人看到抑或是被人看到的情景。

（10分钟过去了，受教者画了4张图画。教练基于这4张画可以说，"和我聊聊这4幅画"，"你认识这些人吗？"或者其他的形容词如"那一点上的颜色非常强烈"，"我看到X和Y之间有很长的距离"等。）

卡琳娜：那是我的家人，那是我。我总是在五人中间，赢不了。

注释：

从教练的角度来看，这节课感觉很不一样。受教者在许多方面的交流更清晰了，并且表现出较少的中断/边界干扰。所提供的实验是以某种方式使事物更加直观——绘图/映射，这使我们能够谈论"可见性"的真实性或隐喻，这对这位受教者很有用，她通常对单词有很好的理解力，但在此时此刻却有些迷茫——她记录了"困惑"。

卡琳娜探索了如何被人看到和听到，如何以一致的方式"吸引"董事会的注意力，而不是"战胜他人"。

卡琳娜在会议结束时非常明确地表示，她可以以一种适合于支持其下属和向董事会提供信息/支持的方式履行领导职责。

作　业

卡琳娜以某种方式捕捉自己的新的个人愿景，并从信任的其他人那里寻求关于如何看待她的反馈。关注她的责任感和这种责任感是否被注意到。

阶段4摘要：规划、结束一个周期并开始新的周期

到了这个阶段，教练注意到了各种各样的环境变化，在探索过程中，这些变化是被教练煽动的，原因与建立关系和保持愿景有关。卡琳娜被董事会有效地注意到了,但她怀疑自己的活跃水平有多可持续,尽管她有很高的热情。

教练:能这么清楚非常好。那么是否值得探索一下你将如何继续取得成功、展示战略领导力,并以一种你能维持的方式获得赞赏?

卡琳娜:我不确定是否可能。

与其他受教者相似的几点上,教练经常发现两种类型的探索是有帮助的,这里简要介绍一下。第一种是"两张椅子"式的谈话(空椅子),这可以用来让受教者与他们认识的但不在场的其他人交谈,在这里,它被用来允许受教者交谈"赞成"和"反对"两个角度的话题。第二个是在一个"时间线"类型的实验中运用感官,在这个实验中,受教者进行想象,比如,一年后他们取得成功,然后按季度将他们的时间回溯到现在。这涉及身体和感官,并通过所需的"计划"来实现。

教练:所以让我们在"能行"(can-do-u)和"陷阱"(pit)之间进行交谈,这是你给他们起的名字(指满肚的焦虑)。谁先发言?

卡琳娜:陷阱(pit)。

教练:好吧,那就去坐"陷阱"椅吧。说"能行"时移到"能行"椅子上。

卡琳娜(陷阱):我很担心你一直在做的这些好事,这付出了太多的努力,你也知道不能继续下去。

卡琳娜(能行;已经换了座位):我很抱歉,你很担心,虽然在此我付出了很大的努力,但我认为这是非常值得的。

卡琳娜(陷阱):也许值得,但你不能坚持下去。

卡琳娜(能行):我可以。

卡琳娜(陷阱):那不是真的。

卡琳娜(能行):你说得对。(转向教练)现在怎么办?

教练:我不偏袒任何一方。过来坐在"陷阱"椅上。我注意到你让"陷阱"有了第一个词,也许不是最后一个词,但它是朝那个方向发展的。

卡琳娜：好吧，再来一次。（去"能行"椅）

卡琳娜（能行）：即使你很焦虑，我们也必须想办法保持成功。

卡琳娜（陷阱）：好啊。我喜欢焦虑，这是我的工作。

卡琳娜（能行）：焦虑是你的工作吗？为什么？

卡琳娜（陷阱）：所以你不能解决问题。

卡琳娜（能行）：如果你不再焦虑，你会认为我将解决问题吗？

卡琳娜（陷阱）：对。

卡琳娜（能行）：对。好吧，你可能有点焦虑，所以我不能解决问题，但只是一点点，因为当你很焦虑时，我不得不努力工作，事实上可能太努力了。

卡琳娜（陷阱）：那好。我保持一点点焦虑，只要你能倾听我片刻，我就不会喊了。

卡琳娜（回到她自己的椅子上）：好吧，现在这太荒谬了。

教练：荒谬吗？

卡琳娜：好吧，看在上帝的份上，我在自言自语，同意我自己是多么焦虑，我需要做一点决定是好的，我不需要如此努力工作。

教练：那么现在"能行"和"陷阱"可以达成一致了吗？

卡琳娜：对。我真不敢相信我竟然跟自己能这样好好谈话。

教练：也很好地倾听了！

然后，教练重新审视协议，并建议从未来倒推时间表。卡琳娜选择了一个非常特别的只有3个月时间线的关注点。为了节省空间，这里没有记录，但方法是：

1. 指定所期望的结果。

2. 想象一下在那个位置的自我，全神贯注，运用想象中的所有感官，在那里的感觉是什么？例如，在那里你看到了什么？听到了什么？穿了什么？

3. 后退一个月，重复该过程，然后确定当时需要执行的操作顺序以获得一个月内的成功。

4. 重复选择的步骤数。在这种情况下，回到一个月之前，然后回到今天。

5. 查看并记录步骤。

注 释

到本次阶段结束时,受教者意识到他们的努力其实增加了焦虑、减少了成功,同时提高了他们对可持续成功的认识。她觉得有趣的是"陷阱"是为了让人焦虑,于是她玩笑似地叫它"布拉德陷阱"[1],提醒自己偶尔也可以和它一起出去逛逛。

焦虑可以与调动阶段相关,也可以与兴奋相关。焦虑确实是一个驱动,但与布拉德交朋友也是有益的。

附 言

卡琳娜越来越可持续地体现了她的领导能力。不时有人讨论她如何保持自己的界限,她也开始研究成为董事会成员和做她自己的可能性。她觉得自己已经学会了如何注意自己和其他人、如何作出选择、如何不受过时的内射作用(或她称之为"旧信息出错")的束缚。

讨论要点

1. 将雷斯尼克的引述应用到教练实践中,这对你自己和他人的教练实践有何影响?

"每一个格式塔治疗师都可以停止使用任何格式塔技术,继续进行格式塔治疗。如果他们做不到,那么他们一开始就没有做格式塔治疗,他们在耍花招。"(Resnick, 1984, p. 19)

2. 当你考虑到意识的循环,并将其应用到你与你的一位受教者的关系中时,这个循环中相互联系的方式有哪些模式?哪些特定的问询导致了这种模式?

3. 考虑到你的教练过程和格式塔方法,你通常如何与你的受教者建立实验?

4. 回顾本章中的概念和讨论,你现在可以如何开展不同方式的工作?

---

[1] 译者注:此处的原文 Brad pit 与明星布拉德·皮特发音相似,故采取"布拉德陷阱"的译法,指一种玩笑式的昵称。

推荐阅读

Bluckert, P. (2015). *Gestalt Coaching: Right Here, Right Now*. Maidenhead: Mc Graw Hill.
Clarkson, P. (1993). 2,500 Years of Gestalt: From Heraclitus to the Big Bang. *The British Gestalt Journal*, 2, pp. 4–9.
Leary-Joyce, J. (2014). *The Fertile Void: Gestalt Coaching at Work*. St Albans: AOEC Press.
Whybrow, A., & Allan, J. (2014). Gestalt Approaches. In J. Passmore (ed.). *Mastery in Coaching: A Complete Psychological Toolkit for Advanced Coaching* (pp. 97–126). London: Kogan Page.

参考文献

Beisser, A.R. (1970). The Paradoxical Theory of Change. In J. Fagan, & I.L. Shepherd (eds.). *Gestalt Therapy Now* (pp. 77–80). New York: Harper and Row.
Bluckert, P. (2009, 2014). The Gestalt Approach to Coaching. In E. Cox, T. Bachkirova, & D. Clutterbuck (eds.). *The Complete Handbook of Coaching* (pp. 77–90). London: Sage.
Bluckert, P. (2015). *Gestalt Coaching: Right Here, Right Now*. Maidenhead: McGraw Hill.
Clarkson, P. (1989). *Gestalt Counselling in Action*. London: Sage.
Clarkson, P. (1993). 2,500 Years of Gestalt: From Heraclitus to the Big Bang. *The British Gestalt Journal*, 2, pp. 4–9.
Gillie, M. (2009). Coaching Approaches Derived from Gestalt. In D. Megginson, & D. Clutterbuck (eds.). *Further Techniques for Coaching and Mentoring* (pp. 29–48). Amsterdam: Elsevier.
Heraclitus, qtd. in Guerrière, D. (1980). Physis, Sophia, Psyche. In *Heraclitean Fragments: A Companion Volume to the Heidegger/Fink Seminar on Heraclitus*. Alabama: University of Alabama Press.
Houston, G. (2003). *Brief Gestalt Therapy*. London: Sage.
Issacs W. N. (1993). Taking Flight: Dialogue, Collective Thinking, & Organizational Learning. *Organizational Dynamics Special Issue on the Learning Organisation* (autumn), 22, pp. 24–39.
Latner, J. (1986). *The Gestalt Therapy Book: A Holistic Guide to the Theory, Principles, & Techniques*. Gouldsboro, ME: Gestalt Journal Press.
Leary-Joyce, J. (2014). *The Fertile Void: Gestalt Coaching at Work*. St Albans: AOEC Press.
Nevis, E.C. (1987). *Organizational Consulting: A Gestalt Approach*. New York, & London: Gestalt Institute of Cleveland Press published by Gardner Press Inc.
Nin, A. (1961). *Seduction of the Minotaur*. Chicago, IL: The Swallow Press. See also (https://quoteinvestigator.com/2014/03/09/as-we-are/) accessed 31 August 2018.
Palmer, S., & Whybrow, A. (2007). Coaching Psychology: An Introduction. In S. Palmer, & A. Whybrow (eds.). *Handbook of Coaching Psychology* (pp. 9–11). Hove: Routledge.
Parlett, M. (1991). Reflections on Field Theory. *The British Gestalt Journal*, 1, pp. 68–91.
Partridge, C., & Spoth, J. (2013). Deepening Awareness: A Gestalt Approach to Coaching. In *Coaching Today* (April, pp. 5–9). Lutterworth: BACP.
Perls, F. (1957). Finding Self through Gestalt Therapy. *The Gestalt Journal*, 1(1).
Perls, F. (1969). *Gestalt Therapy Verbatim*. Gouldsboro, ME: Gestalt Journal Press.
Resnick, R.W. (1984). Gestalt Therapy East and West: Bi-Coastal Dialogue, Debate or Debacle? *Gestalt Journal*, 7(1), pp. 13–32.
Simon, S. (2009). Applying Gestalt Theory to Coaching. *Gestalt Review*, 13(3), pp. 230–240.
Smith, E.W.L. (1976). *Growing Edge of Gestalt Therapy*. Maine: Gestalt Journal Press.
Smuts, J.C. (1936). *Holism and Evolution*. London: MacMillan.
Spoth, J., Toman, S., Leichtman, R., & Allan, J. (2013). Gestalt Approaches. In J. Passmore, D.B. Peterson, & T. Freire (eds.). *The Wiley-Blackwell Handbook of the Psychology of Coaching and Mentoring* (pp. 385–406). Chichester: John Wiley & Sons Ltd.
Yontef, G. (1980). Gestalt Therapy: A Dialogic Method. Unpublished manuscript.
Zinker, J. (1978). *Creative Process in Gestalt Therapy*. New York: Vintage Books (first published in 1977).

第十五章 正念教练：自我决定理论的观点

戈登·斯宾塞（Gordon B. Spence）

引 言

正念其本身并不是教练的一种方法，因为它描述的是一种意识的特质，类似于一种独立的心理自由状态（Martin，1997）。这种状态下当前的经历（包括会意、思维、情感或行为的习惯）能被意识感知并被人的好奇心和开放性注意到（Brown & Ryan，2003；Cavanagh & Spence，2013）。由于大多数心理干预（无论是通过认知行为、心理动力学还是人本主义理论来实现）认为更强的注意力和意识是一个十分重要的结果，那么它就不是任何一种方法所独有的。相反，正如在心理治疗文献中所说的正念似乎更像是一个共同因素（Martin，1997），这也是教练反思性和增长导向性这两种本质所共有的。

在本章中，我们将论证：任何教练性质的对话的价值都会受到正念存在与否的影响。根据卡瓦纳和斯彭斯（2013）的研究，正念在教练过程中的发展可以在受教者内在、教练内在以及在教练对话中进行。对于受教者和教练来说，培养正念的方法表面上是相同的。冥想以及其他形式的正规、结构化的实践被认为是尤其有效的（Van Gordon，Shonin，Zangeneh，& Griffiths，2014）。除了探讨这些值得实践的做法外（因为它们有助于训练有目的性的使用注意力），本章的大部分内容将重点关注正念是如何从教练和受教者的互动中产生的，以及如何使它对两者都有帮助。在此番讨论中，我们将引用自我决定理论（SDT；Deci & Ryan，1985）以辅助解释正念如何通过支持和满足教练过程中双方的基本心理需求来发挥最大的作用。

正念在教练心理学中的发展

正念的历史可以追溯到两千年以前，这是因为它在几种东方冥想传统中占据核心的位置(如佛教、印度教)。比如,在佛教中,正念之所以具有重要意义是因为佛祖观察到生命无常且世界始终以不可预测的方式不断变化。正念在心理上的重要性与其可以减轻痛苦的作用相关。当人们开始接受现实的真实本质并放下为生活的稳定和可预测性所注入的心理依附(物品、人和/或思想)时便会发生这种情况(Gunaratana,2011)。在过去的四十年中,正念越来越受到西方学者和从业者的关注,新兴的文献也不断涌现。它们涉及在各种应用环境中使用正念教学和实践的内容(Kabat-Zinn, 2013)。

随着一些学者专注于研究正念在教练关系中的动态及其对教练结果的影响,正念与教练的相关性也逐渐受到关注。例如,卡瓦纳夫和斯宾塞(Cavanagh & Spence, 2013)近来声称,正念在教练中的作用可以从多达五个反思空间或"对话"类型中考虑。其中,两种类型的对话涉及受教者(即与自身和他们的周遭世界),两种类型的对话涉及教练(同样是与自身和他们的周遭世界),剩余一种对话涉及"在教练与受教者之间创建的共享空间——外部教练对话"。

这一模型认识到教练的结果受受教者和教练带入教练对话的内容(即他们有用和无用的信念、假设、行为等)以及他们能够共同创造的思维和行动质量的影响。例如,教练若以相对较低的正念水平工作就可能不会注意到他对受教者产生的厌恶感,同时也不会注意到这些感觉如何影响他所提出问题的类型以及对他倾听能力下降的影响。相比较而言,一个正念水平较高的受教者会注意到她自身对教练不满情绪的困惑,同时感觉到她自己有退出对话的意愿。但是,与其对自己的困惑和沉默倾向有所保留,受教者选择与教练分享她的感受,并要求他们花些时间了解这段关系出了什么问题。

自我决定理论:帮助你了解正念在教练中的重要性的工具

正念反映出一种意识的特质,其典型特征是对转瞬即逝的经历具有轻松、非判断性的意识。培养正念所提供的反思空间的一个结果是,人们对自我的重要方面(价值、兴趣、直觉等)变得更加敏感,并开始思考它们如何与行动保持一致(Niemiec & Ryan, 2013)。由此可以产生一种选择意识和自我指导(或个人自主性)意识,为健康的人格发展奠定基础,并让其有意识地真诚处世。

自我决定理论(Deci & Ryan,1985)是人类动机和人格发展的宏观理论,它在教练相关文献(Spence & Deci,2013)中引起了越来越多的关注。尽管构成 SDT 的六种微型理论阐释了动机和人格过程的不同方面(Spence & Deci,2013),但其核心论断是人类具有一系列普遍的基本心理需求,必须满足这些需求才能实现健康发展、积极处世、有效行为和心理健康。更具体地说,该理论提出,一个人的行为能力和幸福水平取决于三个基本心理需求的满足程度:自主性、能力和关联性(Deci & Ryan,2008)。当人们生活中的社会文化条件(如家庭关系、友谊、工作场所文化、政治制度、文化规范)满足内在需求时,人们会表现良好,并保持最佳状态,这种需求的满足体现在感受到自身行为是自主且有选择余地的(即自主性),利用他们的优势和个人能力(即能力)产生有价值的结果,并感觉与重要的人紧密而牢固地联系在一起(即关联性)。

内在动机和外在动机

SDT 的核心主张是,区分动机的类型对于理解不同经历和预测不同行为的性质很重要。该理论提及的主要区别在于自主动机与受控动机之间。自主动机是指利用充分的选择感、意愿和意志来行事。当人们有自主性时,他们往往会认同自己所做的事,并且更有可能受到积极的影响,对自己认可和满意。自主动机包括两种特定类型的动机——内在动机和充分内在化的外在动机。内在动机意味着参与一项活动是因为该活动本身有趣且令人愉快。内在动机是自主动机的原型(如游戏中的儿童),其动机是内在固有的,且使人达到最高的满意度。相比之下,外部动机是为了获得一些其他的结果而让主体产生行为。之后我们将探讨,在 SDT 框架中,正念似乎在外在动机的内在化中发挥了作用,这代表了朝着更高水平的自主动机发展的趋势。

主观所有权的连续性:内在化和整合

根据德西和里安(Deci & Ryan,2008)的观点,内在化是指人们"接受"外部价值或约束,但最终可能接受也可能不接受而将其融入自身的过程。有机整合的过程是一个基本的发展过程,其涉及更充分的内在化,即人们接受外部动机行为的价值和约束并将其与自我意识整合在一起。更具体地说,当前共存的四种外部动机,它们在内在化程度和所导致行为的自主程度上各有不同(见表 15.1)。

表 15.1　外部动机不同层次的整合和所属权意识

原因	类型	动机	示例
外部	受控	其他人想让你这么做,或是你这样做了之后会得到奖赏,而不这样则会受罚。	"我会教练我的员工是因为这能增加我晋升的机会。"
内射	受控	如果你不这样做会感到羞耻、愧疚和焦虑,而做了之后能自我满足。你认为自己应该这样并用一些自我惩罚来促进这一行为。	"我会教练我的员工是因为这是一个优秀经理应该做到的。"
认同	自发	你个人接受了这一行为对你自身的价值。尽管行为本身或目标是从他人身上获取的,你现在能够将其视为自己的需求或目标。	"我会教练我的员工是因为这是开发他们潜力的一种有效且低成本的方式。"
整合	自发	行为的重要性已整合成为构成你人格的一个方面。这一动机的产生已不仅仅是关于行动本身的趣味性,它的重要性更在于它是对你自己的尊重。	"我会教练我的员工是因为看到他人良好发展对我来说有重要意义。"

如表 15.1 示例所示,相同的活动或目标可以由完全不同的动机来支撑。重要的是,SDT 发现出于实现目标的原因,所有类型的动机会经常(以不同的程度)同时出现。它还认为,这些动机的强度会受到用以适当支撑的社会文化条件存在的影响。在当前的讨论中,这意味着如果教练过程帮助实现自主性、能力和关联性上的满足,那么教练可以帮助个人朝着更加自主的(确定和整合的)目标选择迈进。正如我们接下来要解释的,这种情况只有当参加的受教者、教练和教练对话中都存在高度的正念时才更可能发生。

有机辩证法和基本的心理需求

如前所述,SDT 的观点将人类视为积极进取且以增长为导向的个体,这一点体现在人类的内在动力和机体融合中。从这个角度来看,自我能被看作一种积极的经历处理器,也就是一套动态的心理过程和结构。它不断尝试为构成一个人生活的无数内部和外部事件赋予相应的意义,并将其整合到一个连贯、统一的自我感知中。因此,它代表了人类天生固有的对事物的积极看法。尽管如此,SDT 明确承认人类经验的有机辩证法(Deci & Ryan, 1985)并将其大部分重点放在此处。简而言之,辩证法是一对冲突的力量或观念的并置。SDT 的核心辩证法是人们对增长和发展的自然取向与各种社会语境力量（如父母控制、同伴压力、限制性法规）的潜在破坏力相互作用时所产生的冲突，这些冲突可能会阻止并削弱积极向上的发展趋势和自主动机。

内在化和整合是有机辩证法的一个方面，也是可以被不同的社会文化的存在（构成辩证法的另一方面）所辅助或阻碍的发展过程。正是这种联系使基本的心理需求再次变得突出。SDT 曾假设了一个论断，表述为对自主性、能力和关联性的满足感有助于维持内在动机，并促进外在动机的内在化和整合。该论断随后获得了大量研究支持（Baard, Deci, & Ryan, 2004; Deci, Eghrari, Patrick, & Leone, 1994）。这意味着任何以某种方式进行监督、建议或指导他人的社会行为体（如教练），若能用满足对象基本心理需求的方式提供支持，那么他将与他人之间建立更高程度的连接。通过在特定情况下提高对这些需求的满足程度，社会行为者可以支持与他们互动的人们的自主动力。由于人的成长过程需要基本的心理需求满足感才能使他们克服在环境中遇到的挑战，该理论研究了个体在与环境的持续交互中能够满足或挫败其需求分别需要达到什么样的程度。当他们的基本需求受到一定程度的阻碍，人类的阴暗面就会显现出来。其形式包括更低的能动性、负面影响、攻击性行为和心理病理学。当然，这一点对于教练至关重要，因为它突出了教练在教练过程中提供需求支持的必要性。

理论与实践结合

正念与自主动机在概念上具有相关性，因为了解自主动机需要一个人对其生命中有价值和重要的东西有一种清晰的认识，这种自我理解通常与正念联系在一起。在本节中，我们将关注教练如何在促进正念状态中发挥作用并帮助达到更高水平的自主性。

正念和教练

和大多数形式的专业协助（如咨询、心理治疗）一样，教练与受教者之间关系的质量在教练过程中至关重要。虽然教练带来的任何积极成果通常都建立在受教者的努力和配合下，教练在人际关系建立中的个人素质也为这种结果作出了重大贡献。实际上,教练的个人素质是教练关系中最敏感的"工具"。也就是说,参与教练过程的程度是建立在一套基本沟通和人际交往能力之上的,这些技巧和能力决定了教练能够更有效地听取受教者的忧虑,处理信息,表现同理心,建立信任,提供反馈,注意思维和行为模式以及移情和反移情,等等。正念虽然是所有这些技能的核心,但可以说其最重要的贡献在于稳定了教练的注意力(增强了长时间聆听的能力)并使其注意对象的思想和行为模式(深入了解并有助于未来的计划和行动)。就像其他提供帮助的专业人员一样,定期参加各种形式的专业和个人发展活动(如正式的督导、咨询或心理治疗)对于新手教练来说很重要,这能帮助他们培养对人际事务的元认知意识。若缺少这种发展则可能会影响一个教练联盟的整体质量和有效性。这样一来,教练可以通过参加某种形式的正式、结构化的正念训练(如基于正念的减压;Kabat-Zinn,2013)和/或建立旨在使从业人员进入更高正念状态的规范或仪式来进一步提高他们的正念能力。这些活动与五个反思性空间模型相关(Cavanagh & Spence,2013),它们代表了在教练中增强第三和第四个反思性空间(即教练与自身和他们的周遭世界进行对话)的尝试。

正念和受教者

如前所述,从 SDT 的角度出发,教练的主要目标是通过激发受教者自然成长的趋势使他们走向成长和自我完善的方式来为其提供支持。这一说法并不是说人们需要被推向目标或其他理想的结果,而是随着人们对基本的心理需求更加满意,人们将会有更多动力为实现这些目标而努力。当可以通过教练的行为产生的需求满足量有明显的限制(教练在受教者的社交网络中只是一种联系)时,教练至少可以通过三种方式提供帮助。首先,可以在教练关系的范围内为基本的心理需求提供高质量的支持。其次,他们可以使受教者认识到自主性、能力和关联性这些基本需求的存在和重要性。最后,可以鼓励受教者采取可能激发更高需求满足感的行动(例如,向老板要求更有挑战性的工作任务以增强对自身能力的认识)。在接下来的部分中,讨论将集中于教练如何增强受教者的正念(特别着重于教练的行动)以及反过来又如何激发他们对基本心理需求的满足。这对应于卡瓦纳夫和斯宾塞(Cavanagh & Spence,2013)模型中的第一和第二反射空间(即,受教者与自身和他们的周遭世界进行对话)。

满足对自主性的需求

SDT 提出,对自主性的满足始于采用另一种观点或去理解观点本身(Spence & Deci, 2013)。在教练过程中这很重要,因为人们并不总是清楚自己的观点。每当发生这种情况时,如果有一个人准备好不加判断地倾听,全神贯注并充满好奇心想要理解这一观点,那将非常有帮助。鼓励受教者清晰表达他们对事物的看法是有用的,因为这样做可以更充分地帮助他们有独特观点,包括构成观点的价值观、信念和假设。如果教练要保持这种聆听(例如,注意到并摆脱偏见),则需要高度的正念。随着受教者变得越来越倾向于反思并公开探求他们如何构建自己的内心世界,这种聆听也可以在他们心中引起更高层次的正念。从动机的角度来看,他们如何主观地构建自己的世界很重要,因为更好地理解一个人的价值观、兴趣和信念会使它们更有可能被用作建立更多自主目标的基础(Cavanagh & Spence, 2013)。

鼓励人们反思自己的独特观点(作为塑造自己的承诺和目标的一种手段)无疑是教练过程的积极起点,但支持人们按照这种观点行事则可能是一个很缓慢的过程。正如斯宾塞和奥兹(Spence & Oades, 2011)所指出的,这可能是因为受教者不习惯认真对待自己的观点,导致缺乏动力和消极应对(反积极性),或持有一种尊重他人的偏好和兴趣的模式而忽略了自己的(被控制的动机)。尽管信任显然是改变这种情况的关键,但如果不首先帮助受教者发展对这些动机模式的公开(非防御性)意识,就不可能改变这一情况。

满足对能力的要求

教练的基础建立在这一假设下:人们具有基本的能力并具有在支持性条件下会出现的潜力(Stober & Grant, 2006)。例如,以解决方案为重点的教练(Berg & Szabo, 2005)假设人们有一定能力,并会尽力而为,且已经参与了他们寻求创造的变革的一部分(即使只是很小的一部分)。这些技术的使用往往会创造条件,使人们在面对当前正在运行或过去运行良好的事物时增强胜任感。可以看出正念至少以两种方式发挥了能力支持的作用。首先,通过保持开放并乐于持续性接受经验,受教者和教练不太可能忽略主要和次要成就或达成成就所贡献的力量。其次,随着人们越发掌握自己思维的运作方式,参加结构化的正念训练通常会增强他们对自身能力的意识。

满足对关联性的需求

我们一般认为教练是建立在以人为本的核心罗杰主义原则基础上的（Stober & Grant, 2006），并可以通过使用关键的微技能（如积极倾听、同理心、无条件积极关注、专心和反应迅速的肢体语言等）得到加强（Starr, 2011；van Nieuwerburgh, 2013）。用 SDT 的术语来说，这些技能营造了一种气氛，有助于通过建立温暖、相互信任的关系来满足受教者关联性的需求，并专注于他的突出关注点。此外，斯宾塞和奥兹（Spence & Oades, 2011）指出："虽然受教者在教练过程之外可能与他人有密切的关系，但在这些关系中他们可能不会一直感受到被倾听、理解、重视和/或得到真正的支持"。如果不是这样，他们就不太可能与他人建立牢固而积极的联系，并且为了满足这一基本需求，他们可能会尝试根据他人的偏好而不是根据自己的偏好行事（从而损害对自主性需求的满足）。例如，员工由于担心老板可能将其行为视为背叛而决定不申请内部晋升，在这种情况下，教练可以给予没有安全感的人足够的安全感，以探索更多自洽的行为方式（例如，申请该职位，然后计划管理此职位的人际关系）。

哪类受教者获益最大？

具有正念的生活涉及对意识和注意力的有目的性的培养（这有助于消除自发性、触发性的行为模式），因此，它对所有受教者都有潜在的价值。不过，正念对以下人群可能有特殊的价值。

（1）尝试应接繁重的工作并希望同时应对其相关挑战的受教者，如急性压力。在这种情况下，请参加某种形式的正念训练（如 MBSR）。这可能有助于稳定注意力（如果注意力不集中成为问题）和管理自身精力储备（如果认知、情感和身体都很疲劳）。

（2）寻求改变领导或管理风格以更好地融入员工、更有效地交流或管理争端的受教者。在这里，正念的培养可能会更加非正式，并有一系列视觉提示、自我对话、手机应用程序等的支持。

（3）处于某种形式的个人或职业过渡（如职业、人际关系）的受教者，希望支持他们朝着新建立的个人或职业目标的方向前进。在这种情况下，与教练进行反思性对话可能会加深自我意识，并帮助他们阐明重要的价值观和利益。

案例研究

受教者

杰克是一位36岁的电视节目行业高管,他在行业中已经工作了12年。2003年获得了通讯与媒体的学士学位之后,他在一家小型制片公司度过了3年时间。在此期间他担任了各种不同的制片相关的岗位,掌握了在行业中所需的各种技能。杰克是个很有雄心的人,他在这些岗位中投入了极高的热情。经常长时间工作的他也迅速建立了一个刻苦专注工作的员工形象。虽然他认为自己的工作很有趣,但他依然希望自己最终能拥有一家制片公司并在行业中留下属于自己的印记。2007年,杰克对自身工作的擅长以及所拥有的光明前景已得到充分证实。然而,他虽然有极高的热情去给行业留下自己的印记,却始终没能在培养和他人的良好工作关系上取得进展。尽管人们普遍认为杰克并无恶意且有追求卓越的品质,但很多人认为他过于追求完美,较为学究,这使他倾向于在进展不顺时接管并压迫他们。当杰克时不时收到他人的此类反馈时,他会表达(看上去)真诚的关切并愿意为此道歉。而他所拥有的幽默感能令人放下戒备,从而缓和他的人际关系。而令他同事失望的是,杰克似乎从未(也不愿意)去改变他的这一行为模式。长此以往,人们应对杰克的这种霸道要么是退避三舍(随他掌控局势),要么是产生正面冲突(通常会引发一场争吵,且杰克决心要取胜)。尽管杰克认识到自己的人际交往方式对很多人来说存在问题,他却认为这并不会对他的远大目标构成威胁且能够通过他所谓的"关系修复"来解决。2008年初期,杰克有了一位新上司鲍勃。出于某些原因,鲍勃一来便对杰克没什么好感且经常被他惹恼。杰克不清楚这是为何,他很想知道鲍勃从别处听到了关于他的什么消息,他后来想到可能是行业里的某个人向鲍勃灌输了自己的负面形象。杰克由此感到惴惴不安,他决定努力向鲍勃证明自己的价值。有一天,为了证明自己的权威领导地位和对卓越的追求,他(以错误的方式)公开指责了一位员工生产拖延。鲍勃看见之后,立即把杰克叫进办公室,他要求杰克向那名员工道歉并突然变得很有敌意,同时要求杰克要么放下这副领导架子,要么直接走人。不久之后,杰克在妻子的建议下雇请了一名高管教练。

教练过程

教练的首要任务是通过收集案例中的背景信息来将其用 SDT 的术语重新概念化。这一步的目的并不在于预判对杰克进行教练时所使用的方法,而在于从动机立场(包括他的人生目标及各自的重要性)去分析杰克目前处于一个什么样的状态,并去了解从他看来他的基本心理需求在多大程度上得到了满足。表 15.2 展示了将杰克案例概念化后的示例笔记,同时还展示了正念意识与注意力与之相关的一些可能性。然而,由于正念仅指代意识的一种特质,它可能出现在教练对话中的任何一处,那么仅仅案例中特定的一些地方并不一定能明确指出对正念的培养是如何产生裨益的。

表 15.2　杰克案例概念化的示例笔记

主　题	基本需求满足	正　念　相　关
展现出完美主义倾向并吹毛求疵	可能与过度担心失败以及对自己和他人的胜任(能力)缺乏信心相关,同时有被他人敬仰的先入为主的观念(关联性)。	由于这些忧虑可能在意识的边缘,杰克可以在他试图吹毛求疵时通过将注意力放在他当前的思维和感受上来避免。
对改善人际关系的抵触	表现上来看不愿意改变与他人相处的方式,或是因为他正努力对工友产生共情(关联性),或是因为他几乎不懂如何做出改变及没有足够信心去改变(能力)。	杰克可能从未有过考虑自己行为对他人的影响这样的换位思考能力。他需要花时间停下并去观察他与别人互动的本质,这能帮助他在下次做出行为前先行选择,从而维持更高质量的人际关系。
渴望得到掌权人的赞许	尽管杰克有一个长期的且看起来根植于自身利益的理想(自主性),他却对权威人物的否定异常敏感(联系性),这可能是因为他担心这样的冲突会成为他实现最终目标(即他自己的制片公司)的障碍。	如果杰克确实感觉到与上级的冲突会对自己达成长期目标形成障碍,那么他需要开始注意这种担忧是否频繁存在,以及是由什么导致的。同时他也需要审视他渴望鲍勃的赞许和他想拥有自己的公司这两点是否存在矛盾,这样的思考对他也很有帮助。

初步参与及明确目标

一旦开始初步尝试将案例概念化,一个很自然的起始点便是理解杰克通过教练想达成什么目的。他是想另找一份工作吗(正如鲍勃所提出的)？还是决定改善这一状况？最近发生的事对他产生了什么影响？他是如何注意到自己的反应的？他希望自己如何去回应？回溯过去三个月,他觉得自己对这件事的处理如何？尽管这一教练的初始阶段还可以问很多其他方面的问题,从SDT的角度来说最有益的是让杰克明白教练的整个安排可以由他来决定,同时提出一些问题,从而让他能反思并表达他的核心价值和发展利益将如何引导他自身的未来行为。这样一来,教练不仅能够建立一个支持其自主性的环境,她/他同时能通过发出一些反思性的提问来帮助杰克将意识和注意力放在自身核心价值上,从而培养其正念能力。

使用长远目标来支持眼前的改变

针对教练的 SDT 方法也需要关注杰克的核心人生目标。在他当前处境的背景下,这一话题的讨论可能由他渴望拥有自己的公司这一长期目标来主导。通过花时间去了解为什么这一目标对杰克来说很重要,教练同时也应该充分了解是什么使他有这一动机,他管理自身行为是依靠什么标准(自己还是他人)以及他总体上如何看待这个世界。再次,由于了解杰克的个人观点是这一征询的核心目标,那么所提出的问题需要满足他自主性的需要并持续鼓励他反思自己的核心观念。探寻他的人生目标在这里还有另一项作用。考虑到近来的事件(他动机式晤谈倾向于吹毛求疵且不尊重他人)已经表明了改变的本质和需要的改变程度,也许让杰克来探索一下这一目标的启发性会有些作用。这至少能提供两方面的帮助。首先,它能帮助杰克改变自身行为的重要性成为背景铺设在目标之后。也就是说,这能帮助他意识到那些对他人产生同理心的能力以及避免对制片团队吹毛求疵这两者对电视行业的企业家来说十分重要。其次,与这一目标相关联的积极情绪能够被普遍化并为针对改变所制定的计划提供动力来源,否则他将始终对这一改变持矛盾的态度。

为改变所做的准备及对行动所作的承诺

基于当前对杰克事件的了解,鲍勃发出最后通牒这一行为变化有大量的信息暗示。也就是说,工作场所已经建立完善的行为监管机制,且这并不是杰克作出很大努力去修改的那一套。因此,他很可能会对自己作出这些改变而感到矛盾,这使得评估他是否准备好作出改变成为前期教练阶段的一个重点。当然,这一点能通过让杰克说出改变的优劣来简单探明。如果杰克依然陷在很深的矛盾之中,那么教练应该尽量帮助他搞清矛盾在何处。如果没有这一过程,那么杰克很可能不作出任何改变且会进一步与鲍勃和其他人在工作中产生冲突。

在这里,被证实有效的行为变化模型工具是跨理论模型(Prochaska, Prochaska, & Levesque, 2001),它清楚地阐释了集中改变过程中的关键动作。同时,动机式晤谈(MI; Miller & Rollnick, 2012)被广泛认为作为一种诊疗的类型能够与 SDT 相呼应(Patrick & Williams, 2012)。在此阶段使用的一种有用的动机式晤谈工具是决策平衡矩阵,它能帮助杰克为作出改变与否说出各自的优劣,从而让他自己产生改变的想法。

这一工具在经过这样的使用后能提供很强的自主性支撑。如果杰克最终决定不愿意作出任何改变,教练依然要尊重这一选择并帮他梳理这一选择意味着什么。值得一提的是,教练给予受教者充分的自主性通常意味着受教者不会按照教练所想的那样去做。这可能会导致教练本身极大的不悦。在杰克的案例中,这会让教练直接宣扬改变的好处或是反过来暗示以推进达成改变的计划[比如,"那么你觉得理查德·布兰德(维珍集团创始人)会不会有时间对员工进行过于细致的管理呢?"]。在这种情况下,教练正念的能力就显得十分关键,因为她/他的不悦和试图说服受教者的动机将引发自发性的反应(如说教),这会消除受教者自主性的决策并很可能增加她/他对作出改变的抵触。

对改变的持续支持

另一种情况下,如果决策平衡矩阵消除了杰克的矛盾心理(使他进入了改变过程中更为活跃的阶段),教练就能够用各种不同的工具和技巧来支持他改变所做出的努力。这可以包括：告诉他，他正接近目标而不是远离目标；把目标细化为小的分支；自我观察的机制，用以监控重要时刻时自身的情绪反应（例如，当得知有人犯错时）；专注于遏制强烈情绪的策略，并制定章程来抑制自我耗竭（Baumeister & Vohs，2007），如经常休息、运动等。

讨论要点

1. 你认为一个高正念水平的教练能用什么方法创造支撑受教者自发性动机的背景？

2. 你认为哪种教练技巧能被用来在某一方面支撑自主性、能力和关联性这三种基本需求？

3. 你认为在教练进程中，什么样的困难会让你很难保持正念？

4. 当你在教练过程中失去对当前时刻的意识时，你认为哪种策略能帮你重新获得意识？

推荐阅读

Deci, E. L., & Flaste, R. (1995). *Why We Do What We Do.* New York: Putnam Publishing Group.
Miche, D. (2008). *Buddhism for Busy People: Finding Happiness in an Uncertain World.* Ithica, NY: Snow Lion Publications.
Pink, D. H. (2009). *Drive: The Surprising Truth about What Motivates Us.* New York, NY: Riverhead Books.
Spence, G. (2008). *New Directions in Evidence-Based Coaching: Investigations into the Impact of Mindfulness Training on Goal Attainment and Well-Being.* Saarbrucken, Germany: VDM Publishing.

参考文献

Baard, P. P., Deci, E. L., & Ryan, R. M. (2004). Intrinsic need satisfaction: A motivational basis of performance and well-being in two work settings. *Journal of Applied Social Psychology, 34*(10), 2045–2068.
Baumeister, R. F., & Vohs, K. D. (2007). Self-regulation, egodepletion, and motivation. *Social and Personality Psychology Compass, 1*(1), 115–128.
Berg, I. K., & Szabo, P. (2005). *Brief Coaching for Lasting Solutions.* New York: W.W. Norton.

Brown, K. W., & Ryan, R. M. (2003). The benefits of being present: Mindfulness and its role in psychological well-being. *Journal of Personality and Social Psychology, 84*, 822–848.

Cavanagh, M., & Spence, G. B. (2013). Mindfulness in coaching: Philosophy, psychology, or just a useful skill? In J. Passmore, D. Peterson & T. Freire (Eds.), *The Wiley-Blackwell Handbook of the Psychology of Coaching and Mentoring* (pp. 112–134). New York: Wiley-Blackwell.

Deci, E. L., Eghrari, H., Patrick, B. C., & Leone, D. (1994). Facilitating internalization: The self-determination theory perspective. *Journal of Personality, 62*, 119–142.

Deci, E. L., & Ryan, R. M. (1985). *Intrinsic Motivation and Self-Determination in Human Behavior.* New York: Plenum Press.

Deci, E. L., & Ryan, R. M. (2008). Facilitating optimal motivation and psychological well-being across life's domains. *Canadian Psychology, 49*, 14–23.

Gunaratana, H. (2011). *Mindfulness in Plain English.* Somerville, MA: Wisdom Publications.

Kabat-Zinn, J. (2013). *Full Catastrophe Living: Using the Wisdom of Your Body and Mind to Face Stress, Pain, and Illness.* New York: Bantam Books.

Martin, J. R. (1997). Mindfulness: A proposed common factor. *Journal of Psychotherapy Integration, 7*(4), 291–312.

Miller, W. R., & Rollnick, S. (2012). *Motivational Interviewing.* New York: Guildfor Press.

Niemiec, C. P., & Ryan, R. M. (2013). What makes for a life well lived? Autonomy and its relation to full functioning and organismic wellness. In S. David, I. Boniwell & A. C. Ayers (Eds.), *Oxford Handbook of Happiness* (pp. 214–226). Oxford: Oxford University Press.

Patrick, H., & Williams, G. C. (2012). Self-determination theory: Its application to health behavior and complementarity with motivational interviewing. *International Journal of Behavioral Nutrition and Physical Activity, 9*(18).

Prochaska, J. M., Prochaska, J. O., & Levesque, D. A. (2001). A transtheoretical approach to changing organizations. *Administration and Policy in Mental Health and Mental Health Services Research, 28*(4), 247–261.

Spence, G. B., & Deci, E. L. (2013). Self-determination with coaching contexts: Supporting motives and goals that prmote optimal functioning and well-being. In S. David, D. Clutterbuck & D. Megginson (Eds.), *Beyond Goals: Effective Strategies for Coaching and Mentoring* (pp. 85–108). Padstow, UK: Gower.

Spence, G. B., & Oades, L. G. (2011). Coaching with self-determination theory in mind: Using theory to advance evidence-based coaching practice. *International Journal of Evidence-Based Coaching and Mentoring, 9*(2), 37–55.

Starr, J. (2011). *The Coaching Manual: The Definitive Guide to the Process, Principles and Skills of Personal Coaching.* Harlow, UK: Pearson.

Stober, D., & Grant, A. M. (2006). *Evidence-Based Coaching Handbook: Putting Best Practices to Work for Your Clients.* New York: Wiley & Sons.

Van Gordon, W., Shonin, E., Zangeneh, M., & Griffiths, M. D. (2014). Work-related mental health and job performance: Can mindfulness help? *International Journal of Mental Health and Addiction, 12*(2), 129–137.

van Nieuwerburgh, C. (2013). *An Introduction to Coaching Skills: A Practical Guide.* London: Sage.

第十六章 同理心教练

克里斯·艾伦斯、斯蒂芬·帕尔默和利兹·霍尔
(Chris Irons, Stephen Palmer, & Liz Hall)

引 言

同理心教练(CFC)是一种综合的教练方法,它借鉴了许多科学分支,包括进化心理学、神经科学、依恋理论、发展心理学和社会心理学。其目的是帮助个人、团体和组织更加了解和熟练地处理困难、压力和苦难,并找到减轻困难和促进成长的方法。

CFC旨在帮助受教者发展一种特殊类型的舒缓性情感,帮助他们更好地处理自己的困难,并随着时间的推移,培养出一种共情意识用于处理外部困难(例如,困难的人际关系或组织动态变化)或内部斗争(如高强度的自我批评、反省、忧虑、信心不足或恐惧失败)。

同理心教练的发展

最近从慈悲聚焦疗法(CFT)中衍生的CFC是由保罗·吉尔伯特(Paul Gilbert)教授及其同事开发的一种心理治疗方法。最初,它被开发用来帮助那些有高度羞耻心和自我批评的人,因为这些人在标准疗法中总是很难取得进展,但现在CFC主要应用于广泛的临床和非临床演示。CFC利用从CFT获得的见解,利用各种干预措施,旨在帮助受教者认识并理解(经常的)负面情绪、自我批评、反省、忧虑和自我监控的负面影响,并自己创建一个不同的、更支持、鼓励和共情的关系。CFC还帮助受教者考虑如何培养对同事及其管理人员的共情,以及如何从组织中的其他人那里获得共情和关怀的能力,这有助于减少压力并提高绩效。现在有各种证据表明,以共情为重点的干预措

施可以为个人、团体和组织带来积极的变化(Barnard & Curry, 2011; Leaviss & Uttley, 2015; Dutton et al., 2006)。

理论和基本概念

CFC处于理解人类压力和幸福的进化心理学框架内,它包括关于我们的大脑、生活的本质和我们面临的困难的一些关键心理教育思考(Gilbert, 2009, 2014; Gilbert & Choden, 2013),以下将总结一些要点。

我们的思想是数亿年进化过程的产物,包含我们与其他动物共有的各种动机(如地位和依恋)、情绪处理(如焦虑、愤怒、悲伤、喜悦)和行为本领(如战逃反应、停战、投降)。然而,大约两百万年前,人类的祖先沿着进化的分支演化,复杂的认知系统因此迅速发展。"变得聪明"的想法为复杂的思维、想象、规划、心理化、元认知和自我监测提供了脑内架构。这些"更新"的能力(我们称之为"新大脑")可以与我们的旧情绪和动机(称为我们的"旧大脑")相互作用,并一起陷入无益和非理性的"循环"。我们帮助受教者了解这些循环本质的一个方法是给出指导性示例。例如,想象一只斑马在非洲大草原的草地上愉快地吃草,这时一只狮子走近它。看到狮子后,斑马会经历旧大脑反应(如战斗、逃跑),然后逃跑。当斑马远离狮子,变得安全时(威胁的刺激不再存在),斑马可以冷静下来,回到它原来所做的事(如吃草)。然而如果我们想象我们从狮子的追赶中逃脱出来,我们不可能很快冷静下来。这时,旧大脑的焦虑感通过塑造我们的想象力(如果我被它抓住了会怎么样)、担心(也许它仍然在那里)和计划(我接下来怎么离开这地方)来影响我们新大脑的能力,继而,通过(重新)刺激旧大脑的情绪(如焦虑)将威胁留在我们的大脑和身体中。再接下来还继续对我们的新大脑施加基于压力的影响。这类"循环"不是我们的错,但会给我们带来很多问题。问题的关键是要了解我们如何利用这种心理教育来帮助我们的受教者开始认识到自己"头脑中的循环",以及这些循环如何对他们的生活产生消极的影响。

第二个概念涉及社会建构理论,因为我们的"自我"感是由我们在生活中的经历所塑造的。所以,如果我们在生活中有过不同的经历,那么当今世界上的"我们"的版本只是无数不同的版本之一。理解这一点的一个方法是帮助受教者反思,如果他们在生活中经历了不同的情况(例如,被暴力贩毒团伙抚养长大,而不是被家庭抚养大,或者被邻居抚养大,而不是在他们家由他们的父母抚养大),他们会变成什么样的人。人们通常能够从中得到的是一种感觉,即如果他们经历了这些不同类型的环境,他们很可能会成为一个很不一样的人(例如,就被贩毒团伙抚养的例子而言,人会更倾向于愤怒、攻击性和残忍,或焦虑和顺从)。因此,CFC帮助人们认识到,他们已被社会通过无法控制的事件所塑造。所以,与其责怪自己的害羞或不自信,受教者可能会开始认识到,他们在生活中的经历是可以被理解的。这有助于减少他们感到的自我羞愧感,并进一步理解我们面对的诸多困难"不是我们的过错"造成的。然而,正如我们将看到的,在学习和接触这些观念时,我们也会开始认识到,我们可以承担继续做下去的责任感和培养一个不同版本的自己。

第二个概念是帮助受教者理解我们情绪的进化功能,这些功能是如何与基本动机和行为联系在一起的,以及它们在生活中是如何失衡的。基于他人的成果(Depue & Morrone-Strupinsky,2005;LeDoux,1998),CFC建议我们建立三种基本类型的情绪调节机制。

  威胁和自我保护机制:该机制的进化是为了检测世界上的威胁,并提醒我们的身体对这些威胁作出反应。该机制与存在威胁时的各种神经生物学/生理反应有关,它还与某些关键威胁情绪(如焦虑、悲伤和愤怒)和行为(如战逃反应、停战、投降)相关联。威胁机制是我们最具统治力的情感处理机制,它旨在使我们更快捷地专注于负面记忆、事件和触发因素,并影响我们的思想变得有备无患。

  驱动、寻求和获取机制:该机制由寻找和关注对我们和他人有利的资源进化而来,并激励我们追求并尝试实现这些目标。为了促进行动,该机制与一种特定类型的激活和激励积极情绪(如兴奋、快乐)相关联。我们的许多受教者在工作环境中都认识到了这一机制,例如,如果我们赢得一份大合同并因此成功晋升时,就会出现这种情绪。

  满足、舒缓和亲和机制:该机制涉及平静、安心和安详的积极情绪状态。当个体不再专注于威胁、追求实现目标或消耗资源时,该机制便会出现。它与"休息和消化"反应有关,在这种反应中,动物会经历放缓、休息和休养的时期。这很重要,因此,该机制与寄生神经系统相连,有助于情绪平静、安全和舒缓。随着哺乳动物出现在世界上,该机制调整为对情感、关怀、养育和依恋的信号高度敏感。也可能该机制与神经肽催产素有关。研究表明,该机制在调节我们的威胁机制方面可能起着重要作用。

三个机制的交互关系如图 16.1 所示。

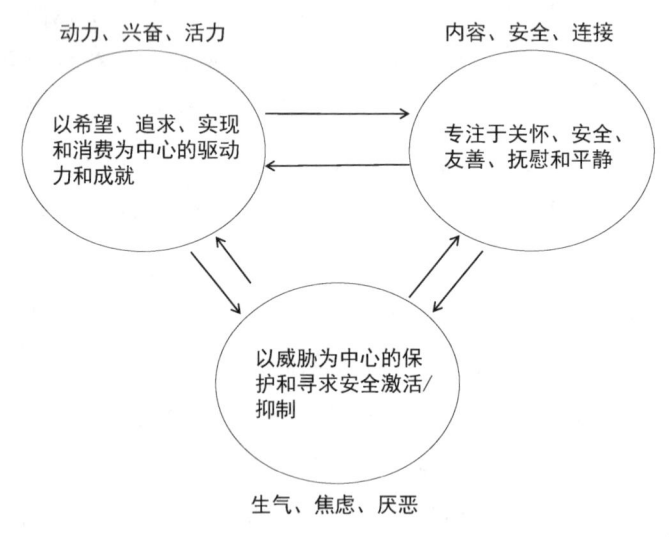

图 16.1　影响调节机制的三种类型(Gilbert, 2009)

依恋和归属的重要性

虽然从属关系可以与威胁和驱动机制联系在一起,但舒缓—亲和机制与亲社会情感的温暖、友好和支持相关,并植根于哺乳动物关怀予取的依恋系统中。在 CFC 中的一个关键的概念是,一种特定类型的亲和关系往往在我们感到放心、支持、安全和安慰的能力方面起着显著的作用。事实上,在悲伤的时候,我们首先寻求的往往是他人的关心、安慰和支持,而关心、亲和的关系和反应的特质对我们威胁情绪的调节有着强大的影响,并经常带来舒缓、安全和满足。

事实证明,这些类型的关怀—亲和关系可以对我们威胁情绪的调节产生重大影响,并能改变我们的大脑发育方式、基因表达方式以及免疫系统的反应。因此,CFC 的目标是帮助我们培养关怀和亲和互动的力量,以此帮助受教者更好地管理他们在生活中面临的许多困难。

CFC表明,有许多因素阻碍人们实现自己的目标并与其价值观保持一致,其中包括以下四个方面。

(1)过度活跃的威胁机制。通常这可能是由于人们在过高的水平上体验了该机制中的特定情绪(如愤怒、焦虑、羞耻)。

(2)过度活跃的驱动机制。这里,人们通常太沉迷于追求目标,这导致过多的痴迷行为、过度关注所求之事及贪婪(如成功、金钱、认可)。对于有些人来说,隐藏于此的威胁系统会激活——这些人认为如果他们不能实现目标的话,他们会在某些方面处于劣势。

(3)缺乏活跃的驱动机制。有些人可能缺乏动力,这可能与多种因素有关,如无法达到/不可实现的目标,或过度激活威胁机制(如羞耻感或焦虑感、自我批评、消沉),这些因素阻止了基于驱动的动机和快乐感的激活。

(4)不活跃的舒缓—亲和机制。在该机制下,人们缺乏社会安全,以及缺乏向他人寻求支持和安慰的能力。另外很常见的还有人们难以产生一种内在感受,使自己放松或安下心来,或者更宽泛地说,难以产生能够自我共情的内在感受。

CFC建议,当帮助人们克服生活中的障碍以达到个人目标并蓬勃发展时,共情的培养可能即是关键。CFC在一种进化背景下看待同理心,这种背景关乎于我们进化的激励系统能够照顾他人(或被照顾)并寻求亲和关系。我们在这里引用了共情的标准定义(Gilbert,2014):

共情是一种对自我和其他人的痛苦的敏感性,并有责任去试着减轻痛苦或防止它出现。

从这个角度看,共情有以下两种不同但相关的心理概念。

(1)关注、处理和面对痛苦和苦难的能力,而不是回避、避免或试图阻止或忽视痛苦。这里起重要作用的品质有幸福关怀、痛苦察觉、同理心、痛苦耐受、共情、不评断。

(2)发展和剖析以减轻和预防痛苦的智慧。这涉及处理痛苦和增加幸福的能力、技能和实践的培养,在CFC中,受教者的训练包括意识集中练习、推理和观点采择能力、思考和参与有益行为(包括力量和勇气的发展)以及各种感官的实践和使用、深呼吸和(共情)想象练习。

图16.2说明了这两种心理,其中内圈反映了产生第一种同理心理的品质,外圈是通过多模式技能教练和属性产生的第二种心理,即同理心理。

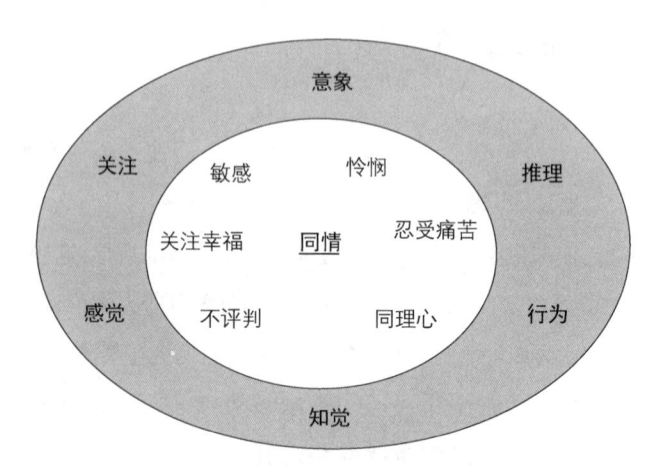

图 16.2　同理心的属性（Gilbert，2009）

通常，受教者可能会受阻或难以参与其中一种或两种心理活动，而 CFC 流程的一部分涉及帮助受教者培养技能和属性，从而产生巨大的能力来培养"共情意识"并用它来处理和减轻自己和他人的痛苦和困难。

实　践

CFC 的目标反映了共情的定义：帮助受教者更加敏锐地了解自己和他人的痛苦，并通过发展动机和获得各种技能来减轻这种痛苦，并带来幸福。教练通过以下措施促进此过程。

1. 教练关系：发展有益的教练—受教者关系能推进受教者与痛苦和苦难打交道的过程，并促进减轻压力的技能发展，提高幸福感，实现个人目标。注重共情的教练会努力建立一个安全的关系，遏制受教者的困难扩展，同时通过提升技能来减轻痛苦，激发改变。教练努力创造一个"共同体"，即协作和支持的环境，意识到自己以及受教者"三个系统"的平衡，当自己在威胁或驱动机制反应过激时可以自我反省。

2. 共情洞察：上文提到，注重共情的（CF）教练普遍有一些关于作为人的核心思想，包括我们的大脑非常"棘手"，容易产生无益的循环和预感，我们的自我意识是我们基因和社会环境/经验的共同产物，无法选择。CF 教练可以利用这些观点来帮助减少受教者对于困难的羞耻感和自责感，同时仍然强调为我们能够做的事承担责任的重要性。CF 教练辅导受教者在 CFT 核心原则和理论的基础上建立分享关键心理教育的意识,对他们(作为人)的痛苦的本质形成不加责备的共情洞察。

3. 培养注意力的稳定性并体验和发展同理心的能力,包括以下三个方面。

(1) 注意力训练和正念:当我们训练自己注意我们的思想如何运作,以及从中产生的思想、感觉和信仰的类型时,可以参考前文的观点(1 和 2)。理解注意力的一种方式是把它比作聚光灯,"照亮"它所关注的一切。例如,我们可以要求我们的受教者专注于他们感到愤怒或快乐时的记忆。专注于这个记忆时,大多数人会注意到出现了各种身体感觉(如心率变化、呼吸、肌肉紧张或整体的"感觉")。在这里,需要让受教者明白的一个重要信息是"注意力影响身体"。CF 教练帮助受教者学习如何使用各种注意力和正念,这些练习将建立这种洞察力,并帮助他们走出上文描述的循环。

(2) 舒缓呼吸节奏:在注意力和正念训练之后,舒缓呼吸节奏可以有助于受教者练习和培养呼吸节奏(一般)比平常更慢更深。CFC 强调帮助受教者学习如何体验身体具有稳定性和踏实感地慢下来的感觉。发现这些类型的呼吸节奏被发现与各种积极的健康结果,以及刺激副交感神经的"镇静"系统有关。这种呼吸节奏可以为受教者在感受到威胁或驱动系统激活时放慢速度提供一种有用的方法,而且它们通常有助于提高"重回正常"的思考和解决问题的能力。

(3) 意象:研究发现,使用意象比文字可以更有力地刺激情绪(Holmes & Mathews, 2010),并对我们的大脑和生理反应产生有力影响。如果你想象你最害怕的事情,或者专注于性幻想,你的身体会产生明显但不同的生理反应。我们新大脑以这些方式关注和"想象"的能力很重要,因为它可以被引导来刺激特定类型的情感机制,如舒缓—亲和机制,并最终导致共情。在这里,要求人们从塑造一个"安全"或"平静"的形象开始是有帮助的,他们可以感受到一种平静、满足、平静甚至喜悦。

4. 使用各种情感、图像、身体和拟人化/行为实践,在不同的"过程"中培养同埋心,包括以下三个方面。

(1) 共情他人;

(2) 他人共情自己;

(3) 自我共情。

以这些方式培养同理心已证明与各种健康和心理益处有关。CFC 基于共情这一核心，采用了各种做法。

（1）发展一个理想的有共情的他人：CF教练与受教者讨论他们希望在别人身上看到什么样的理想品质或共情属性，然后看看他们是否可以具象化或想象这个人/事物/对象会是什么样子。基于一些核心素质（如关心责任感、智慧、力量），教练帮助受教者学习如何利用这个形象作为一种管理或处理困难和苦恼的方式。例如，教练可能会问："对于工作中的困难情况，你的有同理心的形象会对你有什么帮助？"这种类型的想象可以帮助体会共情"流入"，并帮助受教者拥有"解决困难的另一种想法"。

（2）培养理想的有同理心的自我：在这种练习中，CF教练帮助受教者提升与想象、具象化相关的各种技能，并运用"理想共情最好"来创造自我感。鼓励支持受教者考虑他们理想的共情属性类型（如深深的关怀责任感、智慧、力量），以及这些属性如何影响他们的思想（如他们的思考和感受）、动机、面部表情、音调、身体姿势、动作等。一旦这个轮廓形成并发展，富有同理心的自我就可以集中在以下两个重要方向。

第一个方向：共情他人（共情流出）

在这里，富有同理心的自我被指导去看待受教者认识的人。这可能从他们认识或喜欢的人开始，想象或希望他们有一种快乐、幸福和安好的感觉。从富有同理心的自我的角度，受教者可以想象他们想要与他们所关心的人面对、交流和互动的方式。

第二个方向：自我共情（共情流入）

在这种做法中，受教者能够进入他们富有同理心的自我，并将这些品质导入自身。最初，这可能涉及将富有同理心的自我的品质引导至他们更自然地具有同理心的自我的一部分（如父母或同事）。焦点也许在于想象自己有力量忍受面临的痛苦或困难，对快乐或成长也是如此。久而久之，共情的自我可能参与到自己那些不太喜欢的部分。我们将在下面深入探讨这一点。

把共情用于工作——将共情运用到我们的困难中

当受教者开始发展他们"共情的头脑"的构建基石时，即获得共情的各种品质（如关怀承诺、智慧、力量），那么CF教练就可以开始帮助他们更具体的、磨练的方式，无论受教者在生活中如何挣扎。CFC是一种多式联运教练方法，采用许多其他教练和心理治疗方法中使用的经调整的干预措施(Gilbert，2014)，下文将介绍其中三项干预措施。

为我们不同的感情"自我"共情

我们生活中的许多困难不是通过困难的情况本身产生的，而是通过在情况期间和之后相互冲突的情绪和动机产生。例如，如果我们在工作中与同事发生争执，或者做项目遇到挫折时，我们会焦虑于我们对于这些事的愤怒反应，或者害怕于我们对所发生的事情感到的悲伤情绪。在这里，教练可以帮助受教者理解和探索，而不是塑造他们成为一个完整的自我，这些不同的自我模式会决定我们关注什么——我们如何思考、我们的感觉、我们做什么。例如，在争论中，一部分焦虑的我们可能会根据处于愤怒阶段的情况而有非常不同的思考、感受和行为。这里最困难的事情是，一种情绪可以"阻止"另一种情绪，使得我们很难使用我们所能发现有帮助的重要反应来处理。在这种情况下，我们可以使用一种被称作多重自我的技术，轮流发声，对各种情况（如愤怒、焦虑、悲伤、羞耻、内疚）发出共同的情绪反应，轮流给这些反应以空间，把它们视作是自我的不同部分，或不同的自我。对于每一个情绪，我们可以确定各种想法、身体感受、行为需求、期望的结果和它们曾经有过的和怎样相互冲突的记忆。这个练习的关键是回到共情基础，在这里，富有同理心的自我能够帮助我们理解、容忍和处理不共情感的"自我"（如悲伤的自我、愤怒的自我、焦虑的自我）。

共情书信写作

书写关于我们在生活中发现的困难事情的信被证明是能带来积极身心健康变化的有效方法。在CFC中，我们以这种富有表现力的写作为基础，略微改动一点，来帮助受教者学习并练习书写富有同理心的信函。本方法中，鼓励受教者给自己写信，从有同理心的自己（或他人）的视角讲述他们最近遇到了什么困难。写信的目的是识别和关注某个特定的困难，并使用共情的技能（如同理心和理解、鼓励等）参与到困境的现实中，明白困境是如何出现的，并思考如何处理、应对和克服困境。

改变过程

CFC的变化过程包括受教者更加意识到并适应他们或其他人在生活中经历的困

难,从而能去容忍、接受并与困难相伴。受 CFC 教练的人还能表现出更高的动力和能力,通过一系列基于共情的品质,如关怀责任感、智慧和力量/勇气,开始改变这些困难。对一些人来说,这种变化从教练的早期开始,对另一些人来说,这是一个渐进的、有时是艰难的过程,但随着时间的推移,它会带来好处。通常,在 CFC 视角下,教练涉及帮助受教者理解、容忍和克服许多恐惧、障碍和对共情的抵制。这有时是教练工作的核心,并且对受教者而言,他们能够越来越多地了解围绕这些共同困难及其处理方式的参考资料的出现,可能对他们有所帮助(Gilbert et al.,2011)。

哪类受教者获益最多?

CFC 可以帮助受教者在生活、人际关系和工作场所中处理各种困难和痛苦的经历。其中许多都与基于系统经验的困难威胁有关,包括思维模式(如自我批评、反省、忧虑),情绪(如焦虑、愤怒、羞耻)和行为(如回避、顺从、侵略)。CFC 还可以帮助当下存在威胁经验但又持有与驱动机制相关的目标或价值为基础的行为的受教者(如在工作和生活中有动力的奋斗、完美主义,或为了成功和成就保持健康的奋斗)。

CFC 还可以帮助受教者培养对员工或同事的共情,并更加开放地接受组织中其他人的共情和支持。这可以使他们感到更加自在、安全地去与更多的同事建立联系。以共情为中心的方法可以增进幸福,减少负面影响,提高应对挑战的能力。

虽然 CFC 来自一种广泛的、基于实证的心理治疗方法(Leaviss & Utley,2015),但是作为一种新的教练方法,CFC 仍需要进一步研究,以确认谁在什么情况下从该方法中受益最大。

> **案例研究**
>
> 纳杰玛是英国的中学教师,她寻求教练帮助她决择是否留在学校工作,如果留校,那么是否要申请系主任职位。她形容自己雄心勃勃,说这个职位是她下一步合乎逻辑的去处,但她已经"失去了信心",感觉"有点失落,压力巨大"。

教练明确说要进行长期的专注冥想练习,并在适当的时候使用正念和共情。一旦纳杰玛开始分享她的故事,很明显,CFC方法可能特别有用并且得当。纳杰玛说,她的母亲最近被诊断出患有乳腺癌,她发现支持她母亲和她的弟妹的生活压力很大(她的父亲几年前就去世了)。她感到"糟糕",因为她只是希望大家都让她一个人待着,她埋怨即使她如此忙碌仍然经常被期望放下一切。当教练轻轻地说:"听起来好像你的负担很重"时,纳杰玛严厉地回答说:"是的,但我必须挺身而出。我真的可以自私,我知道我可以。当我的父亲生病时我也是这么自私。"

她的父亲患有酒精依赖症,纳杰玛觉得自己没有尽力帮助父亲。她幻想着如果她不是那么自私,她是可以救父亲的。她那严厉的妈妈用这个幻想来刺激她,说纳杰玛不知感恩,只想着自己。

纳杰玛说到她对自己、对父母都感到愤怒,她也说到自己悲伤于让妈妈失望和现在她为妈妈做的也不够多。所有的阐述为教练提供了向她解释三种情感机制模型的机会。教练表示可以理解的是,纳杰玛非常努力地在远离威胁机制,表现出典型的威胁情绪,包括愤怒和焦虑,以及相关行为(如顺从于母亲)。教练与纳杰玛一起探索了人脑是如何进化的,有时她的"旧大脑"过度作用并不是她的错。教练说:"大脑这么做只是想保证你的安全。人类大脑就是这样工作的。"

在另一场教练会话上,教练与纳杰玛探讨了她的生活经历如何塑造了她(社会构建理论)。教练请纳杰玛画出标上关键"起伏"的"生命线",随后进行探究,鼓励她反思这些事如何影响她。教练请她思考,如果她处于一个完全不同的生长环境,她会变成什么样的人。这强调了我们的经历塑造我们的自我意识的观念,这种观念开始帮助纳杰玛反思她关于自我的一些消极的自我评价是她的经历使然,而不是通过她自己的选择或个人缺陷塑造的。教练鼓励她谈谈她与父母的关系,以及她父亲生病和去世后她的感受(她对父亲即将死亡并抛下他们感到愤怒,现在仍然如此),她的母亲当时和现在是如何对待她的。

纳杰玛开始了解到在这个"故事"中,不仅仅是她,她的父母都起到了关键的作用。有一次,她沮丧地回忆起父亲生命即将结束时的情形。教练帮助证实这些令人痛心的感受,并支持纳杰玛包容和处理这些感受。教练利用自己的正念和自我共情的实践来保持存在感和共情,使自己的威胁机制包容纳杰玛的痛苦。这使得纳杰玛有回转的空间,面对她的"困难"感受,并注意到这些情绪,更好地了解它们对她的负面影响,这是CFC中的一个重要方法。

鉴于纳杰玛正在经历的困难,以及她童年的大部分时间都无法感到照顾和自我舒缓,教练引导她度过难关,并鼓励她练习一些富有同理心意识的训练技能。其中包括注意和正念练习,以及舒缓的呼吸节奏练习。虽然有时很难,但纳杰玛认为随着时间的推移,这些技能帮助她更能意识到来自父母和她的工作的基于威胁的"意识循环"。这些练习现在也帮助她变得更加能够放慢心态和感到踏实,例如,使用舒缓的呼吸节奏减少焦虑。

教练解释说,可以训练自己对自己和他人更富有同理心,并概述这样做的潜在好处。纳杰玛同意去学习这种特定的技巧,以帮助她继续注意和理解自己的情绪和行为,并改变她与自己和身边其他人的关系。纳杰玛受助去建立她富有同理心的自我,并开始探索如何引导和共情自我(即,共情外流—流向他人),接受他人的关怀和照顾,最重要的是,自我共情)。纳杰玛发现这些做法很难,但教练帮助她探究并理解各种恐惧如何阻碍和拒绝共情。这帮助她认识到,鉴于她的经历和目前的家庭困境,给予和接受共情时感到压迫感并不奇怪。随着时间的推移,在支持和指导下,教练帮助她克服了许多此类困难。

随着教练过程的推进,教练注意到纳杰玛自己非常苛责,表现出高度的自我批评情绪,这常常妨碍她使自己更加富有同理心。当教练建议她把自己看成她的一个正在经历困难时期的学生时,她笑了,说"这不可能"。

教练认为,纳杰玛母亲严厉批评的经历导致纳杰玛的高度自我批评情绪,教练与纳杰玛探讨了自我批评的普遍性、性质和功能,例如,作为一种防卫姿势来帮助我们生存。自我批评容易关注在自卑感上,或与自我憎恨和轻视的感觉有关(Gilbert et al., 2004)。教练与纳杰玛一起探索这一点,很明显,她的困难与自卑感和有自我缺陷感有关,她很快开始认识到,自我批评(作为自我监督的一种形式)确实起到了一种保护自己免受被包括她在内的他人(包括她母亲)批评的方法。教练向纳杰玛介绍了富有同理心的思维技巧如何帮助她从自我批评中脱离,同时也帮助她包容并最终减少她的不足感。其中包括引导式想象练习和共情的写作。

为了与 CFC 方法保持一致,教练引入了多个自我的概念。纳杰玛被引导去探索她的愤怒、焦虑和羞愧部分如何与她目前的困境有着截然不同的思维、感受和行为方式。教练以富有同理心的自我为指导,帮助她验证这些不同的部分,并试图从智慧和力量的层面参与当前的情况,而不是愤怒和羞耻地躲避,以找到一种自信但关怀的方式使她表达她的担忧。

在教练活动结束时,纳杰玛分享道,她已可以更宽容母亲的行为,并更坚持她自己的需要,她对自己和她的兄弟姐妹更富有同理心。她强调,她感到安全和不受教练批判非常有帮助,教练"非常支持我,而不是批评我,有点像我心目中的智人"。

之后的阶段中,教练与纳杰玛探讨了接下来的打算,包括她想从事什么职业。她最终决定留在学校,并且非常想争取到部门主任的职务,后来她如愿以偿。

讨论要点

1. 从业者要想成为具备同理心教练或教练心理学家,需要哪些资质?
2. 反思你自己的教练实践,回忆有哪些受教者可能从接受同理心教练中受益?
3. 你如何将同理心教练融入你目前的教练方法中?
4. 哪些因素可能阻碍你对自己使用同理心教练技巧?

推荐阅读

Gilbert, P. (2009). *The Compassionate Mind: A New Approach to the Challenges of Life*. London: Constable & Robinson.
Gilbert, P., & Choden, K. (2013). *Mindful Compassion*. London: Constable & Robinson.
Irons, C., & Beaumont, E. (2017). *The Compassionate Mind Workbook: A Step-By-Step Guide to Developing Your Compassionate Self*. London: Little, Brown Book Group Limited.
Ricard, M. (2015). *Altruism: The Power of Compassion to Change Yourself and the World*. London: Atlantic Books Ltd.

参考文献

Barnard, L. K., & Curry, J. F. (2011). Self-compassion: Conceptualizations, correlates, & interventions. *Review of General Psychology*, 15, 289.
Depue, R. A., & Morrone-Strupinsky, J. V. (2005). A neurobehavioral model of affiliative bonding. *Behavioral and Brain Sciences*, 28, 313–395.
Dutton, J. E., Worline, M. C., Frost, P. J., & Lilius, J. (2006). Explaining compassion organizing. *Administrative Science Quarterly*, 51, 59–96.
Gilbert, P. (2009). *The Compassionate Mind*. London: Constable & Robinson.
Gilbert, P. (2014). The origins and nature of Compassion Focused Therapy. *British Journal of Clinical Psychology*, 53, 6–41.
Gilbert, P., & Choden, K. (2013). *Mindful Compassion*. London: Constable-Robinson.
Gilbert, P., Clarke, M., Hempel, S., Miles, J. N. V., & Irons, C. (2004). Criticizing and reassuring oneself: An exploration of forms, styles and reasons in female students. *British Journal of Clinical Psychology*, 43, 31–50.
Gilbert, P., McEwan, K., Matos, M., & Rivis, A. (2011). Fears of compassion: Development of three self-report measures. *Psychology and Psychotherapy: Theory, Research and Practice*, 84, 239–255.
Holmes, E. A., & Mathews, A. (2010). Mental imagery in emotion and emotional disorders. *Clinical Psychology Review*, 30, 349–362.
Leaviss, J., & Uttley, L. (2015). Psychotherapeutic benefits of compassion-focused therapy: An early systematic review. *Psychological Medicine*, 45, 927–945.
LeDoux, J. (1998). *The Emotional Brain*. London: Weidenfeld and Nicolson.

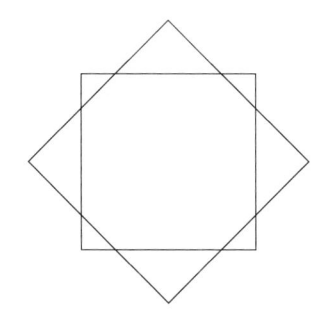

第四部分

专注式方法

第十七章　本体论教练

阿博迪·沙比和艾莉森·怀布鲁
(Aboodi Shabi & Alison Whybrow)

引　言

本体论教练,是基于受教者对于世界及他们存在方式的解释,并对此进行的探索。本体论是对存在的研究,而本体论教练的目的即是以受教者为中心,进入他们的内心。

本体论教练以好奇和询问的方式探讨受教者:受教者如何使用语言;是什么情绪正在塑造他们对世界的解释;他们如何行走于世间,以及他们可能会变成什么样子。本体论教练的目的是通过创造以前不可及或不可见的新可能性,促进受教者的转变,因此新的学习和行为被允许出现。

沙龙·莱贝尔(Sharon Lebell)指出,哲学的主要任务是对灵魂的呼喊作出回应。基于此理论,本体论教练工作专注在客户的精神层面,而不是行为层面。在这种情况下,精神通常是指有深刻意义和高度充实的生活。西勒提到:"当我们的灵魂得到滋养时,我们更有创造性,也更高效"(Sieler, 2003, p. 11)。正如胡里奥·奥拉拉(Julio Olalla)和拉斐尔·埃切韦里亚(Rafael Echeverria)所指出的,本体论教练旨在产生"我们灵魂的改变"。这只有在我们愿意观察、质疑并且足够好奇去改变自我时才会发生。

本体论教练的发展

本体论教练有很强的哲学基础,源于存在主义哲学家马丁·海德格尔(Martin Heidegger)的著作。正是海德格尔(Heidegger, 1927/1996)指出:两千年来,哲学忽视了对存在的研究,因为它被认为是显而易见的。对海德格尔来说,存在的本质是值得被研究的。海德格尔的作品强烈影响了另一位20世纪的哲学家、现象学家莫里斯·默劳-庞蒂（Maurice Merleau-Ponty）。他认为身体不仅是一种东西，而且是一种体验性的存在。通过我们的身体现象学，我们体验这个世界。莫里斯·默劳·庞蒂指出，我们的身体是我们拥有世界的媒介（Merleau-Ponty，1962）。

20世纪后半叶是本体论教练发展的重要时期。哲学家约翰·兰肖·奥斯汀（John Langshaw Austin）发表了他的威廉·詹姆斯演讲（Austin，1975），首次明确地提出了言语行为理论，阐释了语言是活跃且可生的观点，而非简单的描述性质。言语行为理论由约翰·塞尔（Searle，1977）进一步发展和改造，该理论的具体表述与此并无关联，但语言作为行动的概念却是本体论教练的核心。当我们说话时，我们不只是在描述，也是在行动。

与此同时，智利神经生理学家，亨贝托·马图拉纳（Humberto Maturana）正在研究认知生物学（Maturana，1980），创造了结构决定论的概念。结构确定论是一种观念，认为事物的运作取决于它们是如何被制造的。就像机械物体按照它们的结构运作一样，我们人类也是按照我们被塑造的方式来行动。例如，与一个常年不运动的人相比，一个非常健康的人会有一个不同的结构，并能够作出非常不同的行为。举一个文学例子，在狄更斯的小说《远大前程》（1861）中，郝薇香小姐是由一位在祭坛上被抛弃、憎恨男人的母亲抚养和"训练"的，这可以说是她的一种结构，导致她无法去爱别人。

这些观点——存在本身的重要性；语言是生成性的，我们叙述的方法塑造了我们的行动能力；作为一种躯体现象的默劳-庞蒂的知觉概念；以及马图拉纳提出的，我们在世界上的行为取决于我们是如何被塑造的——都是由另一位智利人、前财政部长和政治犯费尔南多·弗洛雷斯（Fernando Flores），为了创作出对语言和交流的新理解而综合而成的。

1976年，弗洛雷斯从监狱获释，去了美国。他和特里·维诺格勒（Terry Winograd）一起工作，在沃纳·埃哈德（Werner Erhard）的资助和约翰·塞尔以及其他著名思想家的领导下，完成并获得了综合博士学位。之后，他继续发展自己的理解和洞察力，了解人们是如何一起完成工作的。弗洛雷斯的大部分作品都集中于《行动对话与散文集》（Flores，2013）。弗洛雷斯对沃纳·埃哈德的思想产生了重大影响，他们共同努力将这些想法应用于商业和个人发展中。另一名智利难民，胡利奥·奥拉拉，也加入他们的行列,他与拉斐尔·埃切韦里亚、詹姆斯·弗莱厄蒂(James Flaherty)一道,继续发展语言、情绪和情感的本体论,以此作为专业"本体论教练"的基础。

这些早期的思想家经常在未发表的文章、访谈和手稿中提出他们的观点。后来的实践者和作者,如西勒(2003,2007)、弗莱厄蒂(1998)和沙比(2015),抓住了这些想法,并将其纳入了训练和教练心理学实践的领域。

本体论教练的理论和基本概念

本体论教练的核心,是以"我们如何看待世界塑造了我们的行动能力"为前提。我们根据对世界的解释采取行动。詹姆斯·弗莱厄蒂写道:"每个人的行为都与他所带来的解释完全一致,这种解释将跨越时间、事件、环境而持续存在。我们作为教练的工作将是理解客户的解释结构,然后通过合作改变这一结构,从而使随后的行动产生预期的结果"(Flaherty, 1998, p. 9)。

在本体论教练中,我们最关心的就是这种解释的结构。关于这种解释的结构,需要提出两个要点。

(1) 我们的解释大多是无意识的;我们是在塑造我们一生的叙述中长大,甚至在我们意识到自我或世界之前。

(2) 我们的解释不仅仅基于纯粹的语言叙述,也会受到情感和身体叙述的影响。

首先延伸第二点,在纽菲尔德网络的作品中(由胡利奥·奥拉拉建立的教练学校),这种解释结构被称为观察员(Shabi, 2015; Sieler, 2003)。我们采取行动,然后产生结果。通常当我们不喜欢我们所产生的结果时,我们观察我们所采取的行动,并试着改变它们。我们可能会做得更多,可能会做得更少,或者我们可能尝试一个新的行动。但是,如果我们不去观察我们的观察者,不质疑我们的结构性解释,那么我们仅仅可能产生出更多相同的结果。

我们的结构解释,我们的叙述,不仅仅是语言上的。当我们在语言和故事中长大、生活的时候,我们也在情感和身体的叙述中成长。我们可以说,作为观察者,我们生活在三个领域:语言、身体和情感,它们共同创造了一种一致性。以下是三个领域的描述。

(1) 通过语言,我们表达学到的有关于生活的故事,我们所生活于其中的叙述,以及我们的价值观或核心信念——如"世界是危险的""独立是很重要的""你可以相信人们是乐于助人的""钱是很难得到的"等。我们从周围的世界中学习和吸收这些东西,并让它们成为我们的一部分。

(2)通过身体,我们表达我们穿越空间的方式。一个重视效率的人可能会迅速而有效地行动,这会使得他们完成任务。然而与此同时,他们可能更难与他人建立联系。其他人可能行动要慢一些,花费时间和其他人联系。但是他们可能做不好事情,或者因为他们把人际关系放在优先位置,所以可能会失去对任务的关注。无论哪一种都没有绝对的好坏,而是它们都会给某些结果带来好处。同样,这些通过空间的方法也是值得被学习的。当我们关注来自不同文化的人是如何与世界和其他人进行身体上的接触和互动时,我们可以观察到这一点。

(3)通过情感,在本体论指导的背景下,我们指的是使我们事先放弃行动的行为。奥拉拉把处理情绪描述为本体论教练的一个关键部分(Hall,2010)。在我们的方法中,我们关注的是哲学意义上的情感,即情感如何塑造我们生存的方式。例如,我处于反感情绪下,当你请求我的帮助时,我会采取完全不同于我处于感激情绪下的行动。情感,被视为"告诉你不同事情"的线索(Hall,2010)。

这三个领域我们都在学习。我们从我们的家庭,从我们周围的文化中学习关于这个世界的故事和叙述;同时,我们也学习情感和如何穿越空间。我们可以说在我们一生中发生的一切学习,形成了弗莱厄蒂(1998)所描述的"解释结构"。当我们把这三个领域放在一起看时,一个完整的人的形象就出现了。

我们以马丁为例进行说明。马丁认为这个世界是危险的,导致了他对风险的厌恶和对潜在机会的拒绝。来自语言领域的马丁,应该从生活中学到一些叙述。也许他是在一个冲突地区长大的,或者家庭环境充斥着很多愤怒,或者占主导的家庭叙述方式可能是"你不能相信别人"或者"生活很艰难"。马丁对世界的看法在身体上表现出来,因为他学会了在成长过程中保持低调和克制。现在,当我们看着他移动时,我们注意到他犹豫不决,当他遇到一群人时,他会克制自己。当他冒险发表意见时,他会紧张地四下张望。在情感领域,马丁可能害怕、胆怯或焦虑。马丁表现出了一种连贯性。我们看到,在生活中不太可能冒太大风险的人,他会克制自己。他很可能感到安全,但从另一个角度来看,他也可能被视为错失了无数的机会和可能性。

首先,我们的解释在我们的意识之外表现出来。这些叙述对马丁来说是透明的,他没有注意到他所看到的世界是经过过滤的,并在此基础上作出行为。对马丁来说,很明显,"世界是危险的,我必须小心"。除非我们意识到我们是如何解读这个世界的,否则我们就不会看到我们需要进一步研究的东西——我们的"风险厌恶",看不到我们的"存在"。

西勒(2007)指出,我们的意识水平是我们作为观察者运作的基础。这种与人的发展相联系的本体论教练,为基根(Kegan, 1982)的工作和成人发展理论提供了坚实的联系。支撑增长理念的另一条线索是由胡里奥·奥拉拉和他提到约瑟夫·坎贝尔(Joseph Campbell, 2010)的作品所提供的,透过复杂性思考的能力。

本体论教练的目的是帮助受教者看清,他们是谁并不是固定的,他们中的许多已经被学习,因此也可以被遗忘。亨贝托·马图拉纳(1980)首先提出了这种结构可塑性的概念。

本体论教练的实践

这一章节我们提供了一些实践的核心要素。然而,本体论教练更明确的,是教练干预的整体形态,而不仅仅是实践的任何一个方面。因此,以下并不能成为对本体论教练实践详尽或完整的阐述。

教练的角色

因为我们经常对我们的结构化解释视而不见,所以他们的运作往往是下意识的。我们需要局外人来帮助我们看到我们看不到的东西——揭露我们的盲目。我们可以说,一个本体论的教练就是那样一个人。

教练的作用是帮助受教者揭示她/他的结构解释,以及它们是如何形成的,之后打开对于受教者来说,之前是不可及或不可见的新的学习领域。或者像弗莱厄蒂指出的那样,与受教者合作,改变这个结构,以此产生新的结果(Flaherty, 1998)。

在提高了人们的认识水平之后,教练与受教者合作,确认新的生存方式,从字面上说,几乎是想出如何构建一个新的结构,从而超越旧的学习自我,发现旧自我所无法利用的新的生存方式。对于受教者来说,意识到我们所认为的自己,在很大程度上取决于我们所学到的东西。我们现在可以接受学习一些新事物的可能性,通过本体论教练对话中出现的实践,我们可以真正地学会成为一个新的自我。

本体论教练干预的实践,使本体论教练能发挥他们的作用。下面我们依次探讨五个实践:

1. 为调查创造条件

本体论教练需要对教练充满热情的兴趣。我们需要对我们面前的自我充满热情的好奇。他们学到了什么故事?他们有什么解释?他们的结构决定论是如何塑造他们的?为了运用这一技巧,教练必须对受教者应该如何表现有着正确的精神态度,以及仅仅是愿意去了解受教者是如何成为现在的样子,保留所有的评估和判断。同样需要的还有受教者的特殊情绪,能愿意且开放地看待和质疑他们一直认为是理所当然的存在方式。

尽管训练在很大程度上是一个共同创造的过程,但值得注意的是,在提供给受教者新的实践与方向的同时,在受教者不能简单看出来的事物上,教练也会利用受教者的存在方式来看待,因为教练不会忽略受教者所忽略的信息。我们可以说,本体论教练之所以奏效,是因为教练和受教者忽略的方面是不同的。事实上,如果教练和受教者看到了完全相同的世界,或者分享了同样的叙述方式,那么训练的影响就会变得非常有限。

由于这种强烈的好奇心,训练工作可能会遇到很大的挑战。在本体论指导实践中,明确本质和调查的目的及参与的作用和规范,是十分重要的。

2. 深入询问观察者

实践中的热情好奇,要求我们培养倾听和好奇的能力,以便尽可能充分地与受教者在一起,关注和帮助他们注意到谁在说话,以及他们说话时所揭示了什么。这需要从满足中退出来,并且注意到受教者是如何出现在谈话中的。

我们可能会有这样的问题:

(1)受教者是如何走进房间并开始产生联接的?

(2)当受教者在谈论她/他的问题时,我们注意到了什么?

(3)她/他是如何说话的?

（4）她/他是如何约束自己的？

（5）当她/他说话时,我们在她/他的声音/呼吸/姿势中注意到了什么？

（6）她/他在说话时作出了什么样的假设,无论是说出来的还是未说出来的？

（7）她/他对这个世界持什么信念？

（8）导致她/他生存方式的世界观或结构化解释是什么,如何影响她/他所经历的情况？

（9）受教者的情感世界可能是什么？

（10）她/他表现出什么样的情感节奏或状态？

（11）当她/他说话时,坐在椅子前的她/他会表现什么？

我们还需要对受教者的一致性(或缺乏一致性)而感到好奇。连贯性的缺乏需要进一步唤醒我们的好奇心。例如,一个受教者在谈论对他们重要的事情时会笑,那么我们就应对那笑声所揭露或隐藏的东西而感到好奇。

3. 全身心地倾听

作为教练,保持疑问是很有用的:"当我在教练时,受教者是如何作用于我的？"或"在我面前的这个人对我的影响是什么？"从这个意义上讲,教练是谁、他们对自我的使用对这段关系至关重要。教练不仅仅是一个中立的被动观察者,本体论教练是一种亲密的关系,教练需要为她/他的客户提供服务。

作为一名本体论教练,对倾听质量的要求超出了对我们的技术能力和人际交往技巧的要求,它需要更强的自我意识。我们需要了解我们关心的是什么,以此来理解我们是如何倾听的。这需要自我工作。我们借鉴了张美仁(Mee-Yan Cheung)法官的作品和自我"作为工具"的概念来说明这一点。正如张法官所描述的,它需要通过投入时间和精力去了解自己,从而拥有你自己的工具;培养终身学习习惯,解决权力和控制的问题;建立情感和直觉的自我意识,并致力于自我关照(Cheung-Judge, 2001)。作为教练,我们需要自愿去发现我们是如何被塑造的,我们的叙述是什么,我们自己的盲点是什么。我们对自己的研究越多,我们就越愿意质疑我们所认为的绝对的自我,也更容易服务于我们的受教者。

倾听我们倾听的方式是至关重要的,因为教练的倾听构成了我们所提出的问题,继而形成了可能性的空间。作为一个倾听者,教练可能会问以下所提供的问题

(Sieler, 2003):

(1) 我发生了什么?
(2) 我现在是如何倾听的?
(3) 我听到了什么?
(4) 我是从哪里倾听到的?
(5) 我的偏见会如何干扰我的倾听?
(6) 这些解释对我的情绪有什么影响?
(7) 我应该如何移动我的身体以听到不一样的信息?
(8) 我是不是将受教者当作一个合法存在的他人?

全神贯注地倾听需要很深层次的技巧。在倾听我们如何倾听的同时,我们也需要倾听受教者的声音,对他们和他们的生活方式提出问题。

由此,一张关于自我的画像开始在教练面前显现。

4. 浮现学习

这是为了帮助受教者发现本体论领域,或者说他们存在的领域,以及是什么叙述方式塑造了他们。如果你愿意的话,我们需要找出受教者已学习到的东西以及他们的学习方式,来回答这个问题:他们如何在自己的生活中达到现在的状态?与其做心理治疗方面的探索,这次关于学习的调查有助于揭示受教者的背景和他的结构解释(Flaherty, 1998),并提高他对于今天的自己的认识,至少部分是一个学习的功能。

这就是我们需要浮现出来的学习,让受教者可以认识到她/他的存在方式已经被学习了。一旦我们确定了受教者可能已经学会了某种存在方式,我们就可以开始介绍学习新事物的可能性,并帮助受教者识别有助于建立起一个不同观察者的实践。这被道格·西尔斯比(Doug Silsbee)描述为一次重组:"新的行为……需要我们在行为上、认知上和身体上进行重组"(Silsbee, 2008, p. 54)。

如果我们继续以现在的状态前进的话,探讨未来的问题是很重要的。这个过程,以及它所产生的理解,可以激励受教者作出现在看来不舒服或困难的改变,以创造一个不同的未来。

我们用一个简短的例子来说明。罗宾是一位高级管理人员,他抱怨自己压力太大,有太多的工作要做。如果我们在行为层面不作深入研究,搜寻可行的解决方案,罗宾可能会考虑通过使用技术来处理太多的事情,或者可能会雇佣秘书或助理。这些解决方案都是聚焦在他可能采取的实际行动上,并且在短期内工作一段时间可能效果很好。但这些方案不探索,也不记录观察者或像罗宾那样的人。很可能他很快就会再次表示压力太大,因为他是谁、他的存在方式,并没有改变。如果他继续保持同样的观察状态,不管技术如何、雇佣了多少秘书,他的未来很可能会继续是压倒性的。

一位本体论教练将探索支撑压倒性的学习。我们可能会发现,他已经学到了要"独立",却不知道如何"独立",也不愿意去寻求帮助。或者,他可能已经学习善良和乐于助人到不能说"不"的地步。这些是压倒性的本体论解释——关于罗宾个人或存在方式。值得注意的是,还有许多其他同样有效的解释,而我们选择这种可能的解释单纯作为例子。

我们可能注意到罗宾总是坐在椅子的边缘,因为他对忙碌的价值有一种叙述,或者他经常因为"有太多的事情要做"而焦躁不安,无法休息。所有的这些观察将帮助我们建立一个观察者的形象,只能通过"更加努力"来应对压力感,而不是采取任何其他的策略,比如,寻求帮助,说"不",或者花时间休息和充电。教练在这里不仅仅是一个中立的观察者。受教者如何作用于我们,他们对我们产生的影响,也是一个重要的关于受教者生存方式"信息"的来源(Shabi, 2015)。

我们将这些发现提请罗宾注意,并证明,他无法说"不"或"寻求帮助",是他学到的东西,也是他现在的一部分,而不是他一直的阻碍。如果这是他学到的东西,那么他就可以学习一些新的东西。

这个意识可以是训练中的一个重要时刻,一个强大的觉醒。它可以把受教者的情绪从一个绝望的地方转移到一个充满希望和好奇心的地方,他可以学习变得不一样,建立一种新的生存方式,以及拥有一种不同的生活体验。

5. 实践新的存在方式

有了这种意识只是个开始。为了加强这一新的学习,教练将帮助受教者设计新的实践,以帮助建立一个新的自我或存在方式。例如,一个受教者如何开始建立一个可以说"不"的自我?其中有些建立在语言上,学习到他们有权说"不"。

但是这不仅仅是说"不",而意味着以一种表达承诺的方式说"不",意味着建立一个可以保持"不"的身体。这可能需要学会如何坚守阵地。西勒称之为"将自己视为合法存在的人"(Sieler,2003)。我们可能会让我们的受教者调整姿势,探索伴随新的身体状态的是什么叙事方式或可能性,或者新表达的"不"是如何落地和产生影响的,而不仅仅是谈论不同的身体状态。这可以提供即时的学习,也可以成为指导阶段之外的、为世界设计新实践的基础。

关于实践的另一个重要问题是,我们需要做的不仅仅是孤立地练习。当我们独自学习和通过学习别人而受益,尤其是那些在理想的新生存方式中有能力的人时,我们通常学到的很少。部分原因与刘易斯、阿米尼和兰农(Lewis, Amini, & Lannon, 2001)所称的肢体修正有关,即我们对其他人进行的情感学习。我们通过经验,通过在现实世界中练习,通过与他人形成真正的关系中学习——通过参与游戏,而不是简单地站在场外或阅读游戏。

受教者必须学会适应新的训练方法带来的不适。也许坚持下去是"不自然的",也许当他们第一次练习说"不"时会感到内疚,尤其是当别人失望的时候。让受教者意识到这种可能性是好的。新的学习需要一种意愿,来适应这种新实践带来的不适应。

实践是为了产生一个新的自我而在一致的基础上采取的行动。与关于一个具体问题的一次性操作不同,为了建立持久的变化,实践是长期的。事实上,新事物的实践可以被看作是一次终生的旅程:在任何学习中,我们都要学习以培养练习能力和熟练度,并注意到我们将永远更加熟悉老的观察者或语言。如果我们不练习,就总会有回到原来的生活方式的危险。正如斯图尔特·海勒(Stuart Heller)所指出的,我们就像习惯的官僚机构。"官僚机构不理解愿景。他们保护自己不受变化的影响。这是他们的工作——阻止新事物的发生"(Heller, 2002)。通过实践,我们可以建立一个不同的结构。

当我们不需要的时候,练习依旧很重要,所以当压力来临时,我们的肌肉已经得到了很好的锻炼。在感到压力之后,练习深呼吸是没有用的。很显然你可以在压力下平静,因为之前有规律、连续地练习冥想。实践是新学习和新发展的重要组成部分。没有练习,教练活动只能培养出闪念。正是在新实践的生活中,变革才真正开始形成,而教练的好处才开始远远超出教练本身。

设计出的第一批练习可能需要调整。教练是一个不断探索、反馈和校准的过程。在每一阶段开始时回顾实践是很重要的。回顾受教者的实践经验,他们注意到了什么,对最初教练问题有什么具体作用,以及更广泛的影响。

哪类受教者获益最大?

本体论教练可以产生非常有力的结果。

但是客户必须做好准备。如果一个客户想要一个快速的结果,或者不愿意去质疑他们自己是谁,那么他们可能会不耐烦,这种方式也不太可能产生任何益处。他们甚至可能将这种指导方法描述为无效。

因此,当受教者真正认可,或受到别人的建议时,愿意承认更多相同的不再是一种选择,本体论教练才是真正有价值的。当受教者准备好反思他们在这个世界上的存在,以及这种存在方式是否在很好地为他们服务时,这才很有价值。本体论教练是在生活和工作中创造一个可持续的自我转变,而不是为了实现短期的目标。

> **案例研究**
>
> 布里特是一位40岁出头的丹麦妇女,有着非常成功的事业。她前来寻求教练辅导,想寻求一段充满爱的感情关系。到目前为止,她生活中的这一部分几乎毫无进展。我(作者)开始询问她到目前为止尝试过什么。
>
> 布里特:嗯,我试过所有常规的事情,网上约会,找我的朋友帮忙,去参加社交活动,等等,但都没有起作用。
>
> 作者:(当她说话的时候,我注意到她的外表——她留着很短的头发,一身黑色的衣服,穿着马丁靴,且一直保持着相当正式的姿势。)多和我聊聊你为什么选择采用这种穿着,以及展示自我的方式。
>
> 布里特:哦,我总是穿成这样。我喜欢独立。你决不能妥协,尤其是为了一段关系。

作者：(当她说话的时候，她的身体会紧绷，使她看起来很严肃——这肯定会给人留下这样的印象：她不会乱糟糟的。与她分享这一观点很重要。)我注意到当你说话的时候，你的身体会紧绷，这给我你不会杂乱的印象。

布里特：当然！没有人会逼我做任何我不想做的事！

作者：好的，让我们再看看你的情况。首先告诉我，你单身多久了？

布里特：说实话，我从来没有处于一段认真的关系中。

作者：(当听到她的回答时，我感到很惊讶。我开始探讨她的不愿妥协和独立性。)你从哪里学到了独立和不妥协的价值观？

布里特：嗯，我小时候就学会了。我的家庭充满压力，我从来没有过多的空间。所以，我必须为自己挺身而出，为我所相信的事而奋斗。如果我不争取，我就不会被认真对待。

她又重复了一遍："我一直不想在任何事情上妥协，不妥协是非常重要的。"

她的做法使她在工作上非常成功，并使她成为了她生活中的样子。当她与人建立不同的关系时，她的结构化叙述手法对目的又有多合适呢？

一些温柔的询问之后，她承认，虽然她不想妥协，但她并没有对得到一段感情寄予多少希望。

布里特：我只是不知道还能尝试什么。

作者：在尝试其他做法之前，让我们更深入地看看你"永远不妥协"的信念。这真的是生活的"真谛"吗？还是你为了处理你特殊的家庭经历而学习的东西？

她思考了很久。

布里特：好的。也许你说的有道理。也许这不是真的。

作者：我看得出来，这让你在生活中走得很远。你现在已经非常成功了。但每件事都要付出代价，无论它能带来什么好处。不妥协会给你带来什么代价呢？

又一次，她思考了很久。

布里特：嗯，也许，这一直是阻碍我找到一段感情的障碍。我从来不想让一个人改变我，所以当我觉得我可能需要放弃我的独立时，我总是选择离开。

现在，我们对她的存在方式有了一个开放的认识，认识到她的自我，而不是她的行为，这可能在影响她找到关系的能力——她愿意承认她成为观察者所付出的代价。

现在是时候开始谈论改变了。我接着建议，也许可以试着去探索，在这种情况下成为一个不同的观察者，一个能给人留下不同印象的人，也许是一种更柔和的印象。她反对这个主意，但现在我已经能够挑战她让她考虑，更多的相同只会让她得到更多她已经经历过的东西。"好的，"她同意了，"也许值得一试。"

我的下一个教练谈话，是问布里特在她已有的生活中，有没有在这种新可能性方面的"好友"。所以我问她，她是否有哪些朋友，他们乐意接受这种柔和且不认为这是一种妥协。她说有一两个，而且也表示愿意向他们学习，和他们一起去买衣服，试着穿更多五颜六色的衣服。对于这是否会产生变化，她有一点怀疑，但我让她试一试，仅仅本着尝试新事物的精神，而不要对成功报有任何期望。

在接下来的几个月里，她会不时地汇报她的进步。她承认自己的抵抗和在这一过程中所面临的挑战，但在朋友们的支持下，她继续前行。

6个月后，我们又一次见面了。我被她身上的变化所打动——她穿着鲜艳的衣服，留着长头发，身上有一种以前没有的温柔。当我问她关于这些变化的感觉，她告诉我，"我开始喜欢正在出现的新的自己，而且我意识到我不必在每件事上坚持。"

又过了几个月，我很高兴收到了她发来的一封电子邮件："我男朋友让我写信给你，说'谢谢'。我简直不敢相信，我被如此深爱着。"

教练的反思

这个故事说明，通过改变自我，有效地成为一个与你想象中完全不同的人，可能会引导一个客户得到他们真正渴望的东西。我们甚至可以说，他们所采取的行动可能是相同的，但是采取行动的人是不同的，这就是产生完全不同结果的原因。

讨论要点

1. 回到观察者的概念,在你解释世界的方式中,意识到了什么结构叙述?是什么让你意识到自己的存在方式?在你的训练实践中,这对你有什么帮助?

2. 在考虑到你的训练实践时,你能想到哪个具体的例子,能对受教者做到有效干预,让他们意识到他们的生活方式?在案例研究中,你可能会发现它是有用的。布里特的"存在"最让你印象深刻的是什么?关于她使用语言的方式,她的心情,她的身体?你还会问她什么问题?你可能建议采取哪些措施?

3. 作为一名教练,你可以参与哪些活动,以确保你树立了自己作为倾听者的意识?你会对所听到的事情,在事前、事中以及事后,分别作出怎样的反应?

4. 本体论教练如何补充或与你现有的教练方法形成对比?从这一章开始,你如何将其与实践进行一体化?

推荐阅读

Flaherty, J. (1998). *Coaching: Evoking Excellence in Others*. New York: Routledge.
Lewis, T., Amini, F., & Lannon, R. (2001). *A General Theory of Love*. New York: Vintage, Random House.
Strozzi-Heckler, R. (1984). *The Anatomy of Change a Way to Move through Life's Transitions*. Berkeley, CA: North Atlantic Books.
Winograd, T., & Flores, F. (1987). *Understanding Computers and Cognition: A New Foundation for Design*. Boston: Addison Wesley.

参考文献

Austin, J. L. (1975). *How to Do Things with Words* (Second ed.). Harvard: Harvard University Press.
Cheung-Judge, M.-Y. (2001). The Self as Instrument: A Cornerstone for the Future of OD. *OD Practitioner*, 33(3), pp. 11–16.
Dickens, C. (1861). *Great Expectations*. London. Chapman and Hall.
Echeverria, R., & Olalla, J. (Unpublished). The Art of Ontological Coaching Part 1. Unpublished manuscript. The Newfield Group.
Flaherty, J. (1998). *Coaching: Evoking Excellence in Otheres*. New York: Routledge.
Flores, F. (2013). *Conversations for Action and Collected Essays: Instilling a Culture of Commitment in Working Relationships*. North Charleston, SC: Create Space Independent Publishing Platform.
Hall, L. (2010, July/August). Mystery Man. *Coaching at Work*, 5(4), pp. 26–29.
Heidegger, M. (1927/1996). *Being and Time* (J. Stambaugh, Trans.). New York: State University of New York.
Heller, S. (2002). *The Body's Language of Leadership, Changing the Bureaucracy*. Interview with Camilla Rockwell: http://roundstoneintl.com/the-bodys-language-of-leadership-changing-the-bureaucracy/ (Accessed 24 January 2016).
Kegan, R. (1982). *The Evolving Self*. Cambridge, MA: Harvard University Press.

Lebbell, S., & Epictetus. (2004). *The Art of Living: The Classical Manual on Virtue, Happiness and Effectiveness.* San Francisco, CA: Harper Collins.
Lewis, T., Amini, F., & Lannon, R. (2001). *A General Theory of Love.* New York: Vintage, Random House.
Maturana, H. R. (1980). Biology of Cognition. In H. J. Maturana, & F. J. Varela (Eds.), *Autopoiesis and Cognition: The Realization of the Living* (pp. 5–58). Dordecht: D Reidel Publishing Co.
Merleau-Ponty, M. (1962). *Phenomenology of Perception* (C. Smith, Trans.). London: Routledge & Kegan Paul Ltd.
Olalla, J. (2010, December 1st). *What Coaching Really Mean.* Retrieved from You Tube: www.youtube.com/watch?v=8-7u9vNo-WE.
Searle, J. R. (1977). *Speech Acts: An Essay in the Philosophy of Language.* Cambridge: Cambridge University Press.
Shabi, A. (2015, May). Ontological Coaching. *The Listener New Series* (7), pp. 2–5. Retrieved from: http://www.kensmithcoaching.co.uk/NS7.pdf
Sieler, A. (2003). *Coaching to the Human Soul: Ontological Coaching and Deep Change* (Vol. 1). Blackburn, Victoria, Australia: Newfield.
Sieler, A. (2007). *Coaching to the Human Soul: Ontological Coaching and Deep Change* (Vol. 2). Blackburn, Australia: Newfield.
Silsbee, D. (2008). *Presence-Based Coaching: Cultivating Self-Generative Leaders Through Mind, Body, and Heart.* John Wiley and Sons.

第十八章 躯体教练

尤妮丝·阿奎丽娜和理查德·斯特罗兹-海克勒
（Eunice Aquilina & Richard Strozzi-Heckler）

引 言

躯体教练是一个变革的过程，它通过改变一个人的体态，加深他们对习惯模式和叙述的认识，支持他们走向自己希望在生活和工作中成为的人。它假定一个人的存在方式，即他们是谁，作为教练的基础，当这个人的"存在"（而不是行为）得到解决时，此人就会发生可持续的变化。

躯体教练将身体作为改变、学习和转换的基本源泉。躯体教练把身体以及身体姿态，看作是我们行动、感知、思考、感觉、感受和表达情绪情感的统一空间。它认为一个人的外在自我和内在自我是不可分割地联系在一起的，我们通过与躯体进行的工作，来与内在自我一起工作。在这个解释中，身体是我们建立信任和亲密，创造有意义的工作，创造家庭和社区，在语言中创造世界，并实现我们的精神抱负的能量空间。

躯体教练的基本工作是引导人们去感觉并与这种使他们鲜活涌动的力量相适应。调动身体与生俱来的才能，作为智慧和深度的源泉。

躯体教练是与身体一起，在身体上或通过身体进行努力的过程，因此个人或团队可以自我生成、自我教育和自我修复。这将建立基于身体、情感、心理和精神幸福的领导才能。

躯体教练的发展

20世纪60年代末期，教育家乔治·伦纳德（George Leonard）创造了"人类潜能运动"（Human Potential Movement，1972）一词，自我发展有了新的转变。一种新的人文主义使心理学得以复兴，使人成为治疗过程的中心，而非其症状。这些早期思想家和实践者中的许多人（Maslow，1954；Perls，1951\1994；Rogers，1961）受到生物控制论和身体活动以及东方冥想实践的影响，诸如"整体健康"之类的术语应运而生。

1970 年，合著者理查德·斯特罗兹-海克勒开创了冥想、身体和运动实践的整合，并开创了基于格式塔治疗的身心疗法。在对标准的心理实践失望之后，他看到客户的症状被他们的整体性所掩盖，他们的行动、情绪、思维和能量状态之间有着不可分割的联系。他就去了解他们的问题如何围绕目的、意义、真实性和生活丰富的情感生活展开。对于一个只是对如何进入不同职业角色感到困惑的人而言，提交人格障碍诊断的不匹配结果对他来说是不能接受的。

弗洛伊德的学生威廉·芮奇（Wilhelm Reich）看到了身体与我们意识之间的联系。芮奇观察了他的客户如何收缩身体以抑制情感表达的冲动。他提出了"身体甲胄"的想法，"……一种能量束缚于肌肉收缩而不允许其流过身体的状况"（Catone，2014，p. 92）。个人所继承的未经审查的社会模式被整合到他们的肌肉、器官和神经系统中。海克勒认识到，如果不直接通过身体工作，就不可能解开各种问题。他认为，在我们的细胞水平上有一种先天的智力，只要稍加鼓励，它就会变得显著。培养这种核心的躯体敏感性成为这种工作方式的首要原则。这是躯体教练的开始。

海克勒将他作为躯体心理治疗师的经验与他和那些开创性的躯体研究者们，尤其是兰道夫·斯通（Randolph Stone）、伊达·罗尔夫（Ida Rolf）和莫什·费尔登克拉斯（Moshe Feldenkrais）的研究相互贯通。通过将合气道武术的术语与他的长期冥想实践相结合，他继续发展了他的躯体疗法。此外，在与智利商务顾问费尔南多·弗洛雷斯（Fernando Flores）博士（2012）合作期间，他将语言和语言的体现方式融入他的躯体疗法中，形成了用于变革的综合方法。

越来越多神经科学领域的研究开始提供科学依据，说明为什么与人体一起学习以及通过人体进行学习会产生一致且可持续的结果。研究不仅基于我们的神经通路，还基于我们的心脏、肠道和结缔组织中发现的神经递质，论证了大脑与身体之间建立的联系。我们的肠神经系统由大约 1 亿个神经元组成，可以向大脑发送尽可能多的信息。神经科学家和药理学家坎迪斯·佩尔特（Candace Pert，1988，p. 12）说，科学表明，我们的大脑延伸到我们的整个身体："使我不再能在大脑和身体之间作出强烈区分。"

躯体教练的理论与方法

躯体学是托马斯·汉纳(Thomas Hanna, 1970)最早提出的一个概念,源于早期的希腊语(soma),他意指活体是完整的,这个观点的出现甚至早于笛卡尔思想中的"身心分裂"概念。躯体教练认为身体形态是我们体验情感、情绪、思维、感知和直觉以及采取行动的空间。

我们的身体是我们经验的形状,代表着一个人的全部历史。赖希(Reich)的同事亚历山大·洛文(Alexander Lowen)表示:"个人的特征也体现在他典型的行为模式中,这是通过身体的形态和运动在躯体层面上描绘的。在精神层面上,典型的情感表达是性格。在身体的两个层面上,防御都表现为肌肉甲胄"(1976, p.137)。正如坎迪斯·珀特(Candace Pert)所说:"身体是我们的潜意识!"(1997, p.141)。躯体教练要观察和注意体内的条件,以及一个人的身材如何体现他的生活方式。在这种解释中,身体与自我密不可分,并且这种方法的核心要素是躯体意识、躯体开放和躯体实践,它们发生在社会环境中,并受到自然和精神的影响。这些核心要素是相互依存、相互支持的。它们不是顺序发生的,而是一致发生的。

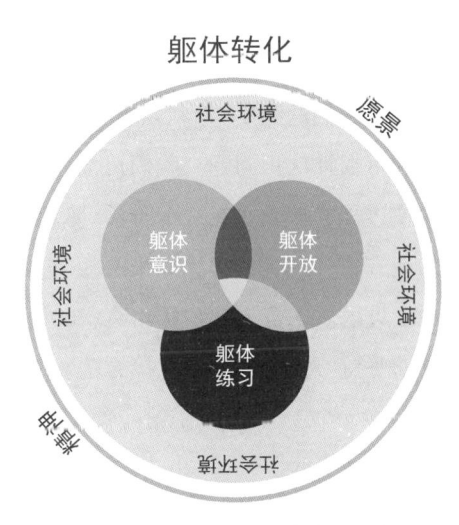

图 18.1 躯体方法论的核心要素

躯体意识

躯体意识是将我们的注意力转移到我们的身体经历上并首先去了解当下躯体所呈现出来的状况。如果选择跟随躯体意识,当我们意识到的越多,在应对新的形式时我们将有越多的选择。"互感是科学家用来描述我们的内脏经历的术语。我们的心脏、肠、肺、皮肤和结缔组织都向大脑提供有关我们内部状态的独特信号"(Blake, 2018,

p. 47)。发展身体意识始于感觉、温度、压力、形状和运动,以了解我们的内在世界。

轻视、麻木和与我们的感觉隔离是对困难生活经历(如损失和创伤事件)的常见反应。保持感觉可以使服务对象的注意力集中在身体的感受上,使他们发展身体意识,并开始治愈过去的伤口和创伤。

躯体开放

躯体的打开包括身体和身体细胞的"打开",以及将长期性的身体紧缩、情感、心理结构和表达方式的释放。

在躯体开放中,我们颠覆了我们的历史肌肉组织、器官对应、组织电体和呼吸模式,这些模式支配着我们的行为,以及我们如何理解世界。这一方面可能令人不安,因为开放我们的陈年"形状"(随着时间的推移我们经历的物理表现)可能使我们陷入认同和习惯性认识问题。我们可能会觉得"我不知道我是谁了"。但是,这种"撤销"是转换过程的核心。在这个阶段,陈年的形状(方法论和叙述)被带到了我们现在所在的地方,我们承认,它已经失去了作用。现在是时候放手了,允许出现新形状的可能性。贝塞尔·范·德·沃尔克(Bessel van der Volk, 2014)认为,通过身体进行锻炼是长期坚持习惯模式的最直接方法。

躯体实践

我们是自身实践的集合,我们一生的习惯性行为模式已发展成为我们的日常生活方式。如果我们进行足够长时间的练习,那么无论是体现真实性还是长期焦虑,我们都会成为所练习的样子。躯体实践使我们能够体现与我们当前的承诺和我们目前的生活愿景相关的新技能、新能力和新的生活方式。当我们有规律地随着时间实践一些不同的东西时,我们开始重新构建神经通路(Price et al., 2006)。但是,仅重复是不够的(Zull, 2002)。我们的实践必须与那些我们在工作和生活中真正关心和渴望的事物连接在一起。

新的做法有助于形成一种新的形态,使我们更加注重现在、更加开放,以及与他人建立联系。没有脚踏实地的真诚做法,我们改变的意图只会是好的想法。承诺的做法有助于发挥我们的韧性,开发更多的选择以做应对,而不是在充满压力的情况下作出反应。

社会背景
我们成长和生活的社会情境一直伴随着我们,并且不断塑造着我们的世界观、行动、选择、默认习惯、人际关系以及我们所体现的一切。

风景/自然
我们与自然界的关系和我们与身体的关系是一致的。我们有可能忽视环境如何影响我们的身体形态,从而影响我们对生活的看法。

精神/奥秘
精神问题包括敬畏、惊奇、爱、永恒、无知、生活的神圣、非二元论、对事物的直接理解以及遭受同情之苦的经历。个体自我变得不那么重要,我们之间的相互联系变得更加基础。小的"我"被更大的整体归属感所掩盖。

躯体教练的核心原则
躯体教练的承诺是使个人、团队和组织朝着实现和满足愿景而行动。同时,这段旅程中的情感体验和实践所产生的实用主义的智慧、合理的同情心以及熟练的行动将内化为一种良好的行为习惯。

躯体教练与身体一起工作,在身体上工作,并贯穿身体。

解决身体问题
当个人出现非常强烈的症状时,如慢性头痛、背痛等,在解决任何其他问题之前,必须先注意这些症状。除非拥有医学背景,否则身体教练只会训练以帮助释放体内储存的紧张情绪,如果是器质性原因,请转介给专业人士。

通过身体展开工作
当个人的情感、社交生活得到解决时,对人和处境的情感反应就在他的身体上显现出来。教练和受教者从专注于减轻症状表现转变为对特殊关系如何产生使人衰弱、痛苦的询问。教导人们在与特定的人相处或特定的对话中时,如何在身体、精力、情感和关系上塑造自己，从而引起不同程度的关注和责任，然后创造替代的生活方式。

当我们通过身体工作时，我们会与生命的基本能量互动，从而塑造自我。强调通过身体工作并不一定要减轻症状，保持某种姿势，能够以某种方式运动或能够表达、包含一种特定的情感，尽管所有这些都可能发生。可以使用所有在身体上或与身体一起工作的技术，但是从根本上讲，重点是形成自我的能量。通过身体进行自我修养最终会导致精神层面的思索，即超越自我的事物是什么，我们谈论的这个自我是谁？躯体教练的基本工作是引导人们感受并与这种使他们活着的生机力量相适应。

我们的活力有其独特的活力节奏，在手势、表达情感、建立联系、建立亲密关系、兑现承诺、履行我们在家庭或团队中的角色时表现出来。我们称这为"能量节奏"，这在教练个人、团队和组织时是有用的躯体差别。我们的能量节奏有四个不同的阶段：唤醒、增长、遏制和完成。

（1）唤醒：将我们的注意力转移到身体的生命是唤醒的第一步。我们将学习如何识别自己在哪里阻碍和麻木，在哪里以及如何抑制自己的感受能量。我们发现浅呼吸模式如何压缩我们的存在，肩膀松弛如何阻碍氧气的充分运输，喉咙的窒息如何抑制自信。

（2）增长：这是结构的构建，使我们的能量发展和成熟。在这个阶段，我们开始倾听日益增长的能量，并参与其扩张。

（3）遏制：当我们大踏步前进并充满信心和能力地前行时，不再是往前推动或需要一定程度的认可，而是在知道自己已经走了多远时，感到满意和自由。

（4）完成：从充满活力的经历和从逻辑思考的过程中得出的结果，对完成某件事（项目、对话、关系）的完全满意。我们知道自己的贡献，就可以接受自己建立的遗留问题，体验自己的成就感。

变换的躯体弧度

在躯体教练中，变革的旅程始于支持受教者脱离其历史形态和不再为他们服务的存在方式，因此他们可能会参与生成与他们的理想、价值观和信念相符的新体现。四个不同的阶段如下。

1. 历史阶段；
2. 无界空间；
3. 新形态；
4. 新形态的体现。

该过程不是线性的,而是通常从支持受教者处于他们即将放弃的历史形态与他们在发现过程中对未来的承诺之间建立密切关系开始。在这段时间里,结束与开始之间有着密切的关系。在这一刻,受教者表达对特定未来的愿景、意图和承诺。这种对未来的宣告使躯体教练得知其在共同工作中想要实现的目标。

1. 历史阶段

躯体教练向人们介绍了身体与自我密不可分的联系,向他们展示了人体中的感觉体系结构,这些感觉如何产生叙事和故事以及某些叙事如何产生感觉。他们将探究这些叙事如何成为信仰,并将信仰巩固为品格和气质。这个角色以行为、情绪和情感存在于体内。在这个过程中,要求个人将注意力从思考的自我转移到感觉的自我。这并不意味着一个人就失去了清晰思考和分析的能力,而是增加了生活在头脑下方的身体智力的维度。

当受教者与自己对生活的感受联系起来时,他们开始认识到这些反应是自发的,是自动化的反射,并存在于我们的肌肉系统中(van der Volk, 2014)。他们对被察觉到的攻击或背叛的反应还不够敏捷。这些是我们的习惯性行为,源于我们的历史经验,体现在我们的身体形态。

塑造的站点——我们如何随时间塑造

我们的家庭生活、邻里关系、学校、社区、机构、社会规范、信仰体系和历史力量,以及环境,都影响着我们是否(如何)允许能量通过我们并且塑造我们。身体姿态被我们的经验所塑造,它揭示了我们与生活的关系。

"塑造的站点/变化的站点"是一个框架,该框架基于第五代组织 Alan Greig 和 Staci K Haines 的公共卫生模型(Strozzi-Heckler, 2014)。对于教练来说,这是一个有用的工具,可以区分其中的一些影响,并与受教者一起确定制度、社会规范所造成的条件如何在制度、社区、家庭和个人层面上得以延续。

在这个阶段,教练受教者看到他们身上沉淀的生活经验总和。在心理学或哲学上,这当然不是一个新概念,但是是关于身体科学的研究揭示了这种历史经验确实存在于我们的身体组织中。躯体教练会帮助他们的客户觉察他们的生活经历如何存在于肌肉、器官和神经系统中,以及如何通过叙事、感觉、情感、世界观和生存方式的探索让这一切得以显化。

躯体教练通过对受教者进行身体的训练,以扩大受教者对他们长期保有的习惯进行认识,因为现在这已经体现在他们的日常生活中。受教者将了解到那些为了保持安全和归属感所做的自动化反应已经不再能够服务于他们的愿景。

通过探索受教者的惯性行为、长期形成的独特模式,他们开始结束这个已经不再适用但却是自动化的行为之路。

2. 无界空间

从历史形态开始,我们进入了无限的阶段,即开放的阶段。与他们以前的生活方式分离可能会使受教者感到停滞。他们已经抛弃了已知的东西,但尚未达到新的形状。

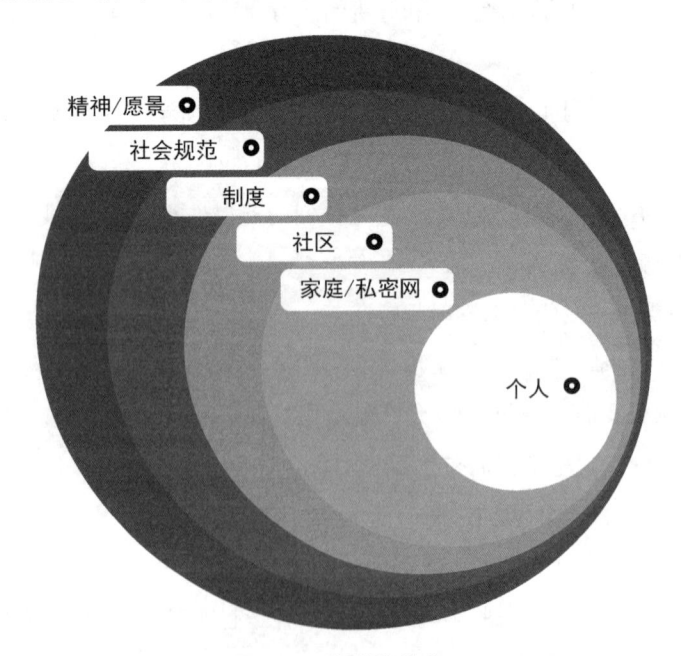

图 18.2 塑造的站点

这是在熟练的躯体教练的支持下,受教者有机会进入新的领域并发现自己内心的新深度。他们开始看到自己的恐惧感和无助感如何成为变革领域的一部分。他们以前的身份正在瓦解,他们惯常的自我认知概念不在眼前。好像他们不知道如何应对这么多的生活。感到恐惧是很自然的,他们以为"我"即将消失。随着世界观的转变,他们感到不安。

躯体教练将引导受教者适应这种巨大的感觉、图像、感知和情感膨胀。当他们接触到自己的活力时,就会被超出常理解释的事物所感动。鼓励受教者保持平静、倾听和等待,以了解需要什么。他们的训练不是仓促进行,而是要体验新的深度和广阔的生命力。他们学习如何利用丰富的新资源来生活。他们接受了如何控制生活的教练,例如,如何让生命经验不受旧有的自动化反应模式阻碍而通过身体。

尽管这种经历似乎与以前所经历的一切都大为不同,但受教者却被证明它是在一种深深的支持下自我产生的。还要求躯体教练要严格关注受教者,以体现他们的中心地位,为他们奠定基础。在这个身体开放的过程中,受教者开始认识到他们可以进入成为自我、自我接受和自我修复的过程。

3. 新形态

从无限的阶段开始,冲动就开始形成,预示着一种新的存在方式、一种新的形态的开始。躯体教练现在提出的问题是:"你必须具备哪些技能,以维持这种新的生存方式?","你的支持体系中有谁?"和"你想拓展什么新行为?"当受教者开始形成新的姿态时,他们将被教练如何自我收集和自我激励。这也向他们揭示了个人存在如何与普遍存在紧密地交织在一起。他们学会了把所在地和宇宙作为一个精神的、内在的连续体来体验,而不是把自我分成孤立的思想、身体和精神。这些将向他们展示如何在深层的躯体驱动力经验中停留,从而使他们成长为自己热切渴望的姿态,尽管随着新姿态的发展可能会出现起伏,摇摆不定,但现在已经基本有了信心,可以推动他们的成长。

对一些人来说,穿越无界空间可能会感到不安,因为他们对不断变化的边界和忠诚缺乏确定性,因此经历无限阶段可能会感到不舒服。但是,进入无界空间可以帮助受教者学习克制。克制不是因为恐惧或反射性收缩,而是一种深刻的成熟,在这种成熟中,一个人可以包含更多的生命、爱、矛盾,拥有更多的承担能力。躯体教练支持受教者容忍并以肯定智慧、同情心和选择性行动的能量为准。受教者开始理解他们如何成为创造生活的充分参与者,而不必为改变而牺牲。能够相信这种更深的智慧,可以帮助我们所有人在我们的一生中进行改变和转变,这也是令人着迷和无比自在的地方。

4. 新形态的体现

随着新姿态的形成,将通过新的实践支持受教者体现或"融合"他们的愿景和承诺。这是实施的过程。在这个阶段,他们的新姿态正在加深,具有充满活力的与世界互动的感觉。他们开始学习有助于将梦想、抱负转变为可观察的、显性的、现实的实践。他们受过训练,以肌肉和精力调动自我,以一种新的方式生存。

实施阶段需要实践、好奇心和实验。在开发新的生活方式时,对于受教者而言,重要的是要学习如何具有不同的感觉,以及这些不同的感觉如何以特定的方式进行组织。当他们熟悉自己的新形态并采取使自己更满意的生活方式时,他们不可避免地会遇到反映其历史生活方式的挑战。在那些时刻,躯体教练鼓励受教者在挑战中得到对不同事物的练习。

体现一种新的存在方式需要花费较长的时间。这与我们要求的快速解决背道而驰。我们只能通过长期实践达到精通,没有捷径。即使在雷电般的转变瞬间,我们突然发现自己发生了变化,我们也忘记了之前已经为此走了一万步。

躯体学是一条道路、一个不断修养的过程、一种存在的方式。这是个人和组织变革的理论。它为以下客户提供服务:

(1) 愿意在根本上作出改变。

(2) 准备专注于他们在工作和生活中的表现方式,而不是他们正在做什么。

(3) 反思自己对生活的满意度,以及如何过上自己想要过的生活。

这是一种能适应儿童和青少年进入成年时期的方法,因为它支持成为世界公民的基本原则。

它也适用于小组和团队。个人和集体的转变是相互依存和密不可分的。如果我们要领导他人的变革和转型,那么我们必须从我们自己的内部工作开始。

案例研究

受教者

珍妮从一个加勒比海全球性组织的工作任务中回来后,就开始接受教练。在我们的探索性谈话中,她告诉我:"我正处于人生的十字路口,不确定该去哪里,并怀疑我是否有能力沿着其中某条路走下去。"

珍妮是一位非常有成就的职业女性。她刚刚进入一家大公司的中央枢纽工作,担任公司的海外会计职位。这是一个非常引人注目的角色,它为董事会和高级管理层带来了巨大的知名度。当她谈到自己的工作时,她能明显展示出她的专业能力,使我很容易知道为什么她要担任这个职务。她谈到了自己如何与不同的利益相关者保持联系,尽管他们的资历很高,其中包括企业的创始人,一个非常自信且极具魅力的人物。然而,她所说的内容似乎与我面前看到的人不一致。她显得畏缩、压抑,语调轻柔,声音轻得几乎听不见。

观察珍妮以及她与我的关系,当她说出根深蒂固的自我怀疑时,我并不感到惊讶。她准备返回英国,但回家意味着离开她在岛上那个能展示她拥有扎实技术专长的庇护所。回到生活的主流意味着面对自己的自我怀疑。她说:"我记得我们谈到了我目前的状况以及我希望从教练课程中获得的成果。我清楚地记得我无法表达自己的愿望和渴望,尽管我能够表达对自己不够出色的恐惧和自我怀疑。很明显,这一点困扰着我。"

教练过程

在第一次会面上,我们讨论了我们将如何一起工作,包括在躯体层面意味着什么。我们首先探索随着时间的流逝,珍妮的塑造方式。我邀请她分享她想让我知道的关于她的一切,珍妮告诉我很多关于她的童年、家庭和个性的信息。她在中东地区一个充满爱的家庭长大,唯一艰难的时光就是她父亲出差的日子。珍妮形容自己是一个非常敏感的人,看来她的成长环境加剧了她的脆弱性。她制定了保持低调、不放松警惕的策略,通过与他人疏离来掩饰自己的脆弱,确保自己不受伤害。我能感觉到她的身体充满了恐惧。"这些恐惧在我的生活中表现出几种方式:与人交往是一种挣扎,我不想谈论自己;我不会让人们进入(我的生活),无法分享我正在经历的事情,因为担心会显示出可能对我不利的脆弱性;我保持沉默。"

我向珍妮介绍了居中的方法,以帮助她融入自己的自我感觉。在探索她的历史形态的过程中,我们进行了另一种练习,这将有助于她发现自己的身体状况如何出现。"在第一堂课中,我们进行了一次练习,尤妮丝站在我的身边,抓住我的手臂,她让我注意到我身上发生了什么,脑海中开始发生什么故事,以及我心中流淌着什么情绪。我意识到我最初的反应是肩膀紧张,感觉胸口翻腾,孤僻和孤立。接着是一个分离——我变得分离,竖起墙作为我的防御机制。重复了几次练习,并添加了一些我在脑海中听到的短语……'不要那样做,你会失败的,你还不够好'。"珍妮谈道,她感受到了一种非常熟悉的愿望,不是随着身体移动,就是脱离接触。我们探讨了这种模式如何出现在她的生活中,以及她和她想成为的样子有何重要性。我们共同努力的方向是珍妮宣称的未来:"我承诺要忠于自己,以求在生活中找到幸福。"

在接下来的几个月中,我和珍妮继续致力于将她的注意力吸引到她的身体上,以便她可以接触到更深的智慧,尤其是在充满挑战的情况下。我们开始包括动手上装——一项躯体教练的组成部分,这是一种开放过程,它分解了具体化的模式和叙事,使受教者摆脱其历史塑造的局限性。在这个无边无际的空间穿行对于受教者来说可能会感到混乱,就我而言,对她的教练要体现出集中的存在并与正在发生的事情保持一致,这对我很重要。

我邀请珍妮注意她是如何与人交往的,时刻关注此时此地发生的一切。在这次探索中,她开始注意到她是如何与当下分离的,她是如何变得紧缩的,以及伴随着恐惧而瞬间开始的叙述(珍妮称之为"叽叽喳喳的猴子")。"一旦能力建立起来,就可以进行更深入的挖掘,而不是撕掉粘性的灰泥,还让我留在里面,即使感觉并不舒服。"

我们先让珍妮从胸部位置开始放松,紧接着放松喉咙和肩膀,练习一种不同的发声和呼吸模式组合,帮助珍妮松开了喉咙。随着时间的推移,随着她对旧模式的解构,她的紧缩部位开始逐渐变得柔软,从而为新的身份和新的姿态腾出空间。她学会了如何缓解紧张,感受自己更深的智慧,让自己活在当下,并以一种新的和不同的方式与外界联结。

我们开始研究可以支持珍妮完全适应她的新姿态和新身份的做法。我向珍妮介绍了手工木匠乔。乔的木工体验课帮助珍妮学会了以当下为中心。"我现在注意到的是,我能够停止或改变我曾经被困住的自我毁灭旋转木马的方向,这变得越来越容易,有时只需要深呼吸或作一些练习。当我知道自己正处于压力状态并感觉到我的胸部和肩膀紧缩时,我发现这些练习非常有力,例如,最近我作一些公开演讲(这是我过去一直努力而无法实现的)。我发现,事先做些练习,确实有助于巩固我对自己的承诺,使我有力量以清晰和自信的方式表达自己的观点。"

她的日常生活中也有机会可以练习。例如,她想完成另一项专业资格,但仅想到这一点便触发了她习惯性的默认退出模式。"在准备过程中以及考试当时,我采取的做法包括轻松地进入自己的内在,并通过练习来帮助我学会在不断变化的环境中集中注意力或者拉回飘走的注意力,让我的呼吸下沉并体会到自己的脚在地面上,帮助我克服对未知事物的恐惧而专注于考试,我所做的这些能够使我有条不紊,镇定自若,当我离开考场的时候我感到自己已尽力而为,很显然,我做到了比我期望的要高得多的分数而通过了考试。躯体教练使我获得了一种能力和力量去面对以往我可能会逃避的情境。"

珍妮走上了转型之路,为自己宣告了一个新的、有意义的未来,不再受恐惧和自我怀疑的驱使。她可以尝试一些有助于她作出选择的做法,并继续朝着愿景前进。随着珍妮继续练习,她塑造了自己的新姿态,她正在变得自学成才、自我成长和自我修复。珍妮反映:"虽然我认识到这是一个持续的过程,将不断需要练习和发展我在新情况下的能力,但我感到叽叽喳喳的猴子现在变得安静多了,我既不把拒绝当作针对个人的,也没有陷入负面的破坏性思想模式。"

通过躯体教练,受教者可以学到:

- 在维持人际关系的同时如何表现自己的立场；
- 如何发表有力的声明；
- 如何建立信任；
- 如何实施新行为和新生活方式；
- 如何区分自动的、历史的反应和理智的选择；
- 如何联系我们身体中深厚的智慧、同情心和直觉；
- 如何建立领导力。

躯体教练是支持可持续变化和转型的强大方法。它邀请我们充分居住在我们的躯体中，并在我们本自的充实中与世界互动。

讨论要点

1. 作为教练，你和你自己的实践暴露出哪些问题？
2. 你所看到的这些对你作为教练的效能有什么价值？
3. 当你阅读了躯体教练过程时，你看到身体在你的个人发展中扮演什么角色？
4. 你从自己的实践和这种方法中可以得出哪些异同？

推荐阅读

Aquilina, E. (2016). *Embodying Authenticity a Somatic Path to Transforming Self, Team and Organization*. London: Live it Publishing.
Lewis, T., Armini, F., & Lannon, R. (2001). *A General Theory of Love*. New York: Random House Inc.
Blake, A. (2018). *Your Body Is Your Brain*. Truckee, CA: Embright LLC.
Strozzi-Heckler, R. (2014). *The Art of Somatic Coaching: Embodying Skillful Action, Wisdom and Compassion*. Berkeley, CA: North Atlantic Books.

参考文献

Blake, A. (2018). *Your Body Is Your Brain*. Truckee, CA: Embright LLC.
Cotone, C. (2014). *Interpreting Body Psychology How to Interpret and Change Your Body*. Bloomington, IN: Balboa Press.

Feldenkrais, M. (2010). *Embodied Wisdom: The Collected Papers of Moshé Feldenkrais*. Berkley, CA: Somatic Resources and North Atlantic Books.
Flores, F. (2012). *Conversations for Action and Collected Essays: Instilling a Culture of Commitment in Working Relationships*. North Charleston, SC: Create Space Independent Publishing Platform.
Hanna, T. (1970). *Bodies in Revolt: A Primer in Somatic Thinking Holt*. New York: Rinehart and Winston.
Leonard, G.B. (1972). *The Transformation: A Guide to the Inevitable Changes in Humankind*. New York: Delacorte Press.
Lowen, A. (1976). *Bioenergetics*. New York: Penguin Books.
Maslow, A.H. (1954). *Motivation and Personality*. New York: Harper (Harper Collins).
Perls, F., Hefferline, R.E., & Goodman, P. (1951\1994). *Gestalt Therapy: Excitement and Growth in the Human Personality*. London: Souvenir Press.
Pert, C. (1988). The Wisdom of the Receptors: Neuropeptides, the Emotions, and Bodymind. *Advances: Institute for the Advancement of Health*, Vol. 3, No. 3, Summer, 8–16.
Pert, C. (1997). *Molecules of Emotion: The Science Behind Mind-Body Medicine*. London: Simon & Schuster UK Ltd.
Price, D., Verne, N., & Schwartz, J.M. (2006). Plasticity in Brain Processing and Modulation of Pain. *Progress in Brain Research*, Vol. 157.
Reich, W. (1980). *Character Analysis*. New York: Farrar, Straus and Giroux.
Rogers, C. (1961 Reprinted 2004). *On Becoming a Person*. London: Constable & Company Ltd.
Rolf, I.P. (1979). *Rolfing: Re-Establishing the Natural Alignment and Structural Integration of the Human Body for Vitality and Well-Being*. Rochester, VT: Healing Arts Press.
Stone, R. (1954 Reprinted 1986). *Polarity Therapy the Complete Collected Works on This Revolutionary Healing Art*. Volume One. Reno, NV: CRCS Publications
Strozzi-Heckler, R. (2014). *The Art of Somatic Coaching: Embodying Skillful Action, Wisdom and Compassion*. Berkeley, CA: North Atlantic Books.
Van der Volk, B. (2014). *The Body Keeps the Score*. St Ives, London: Penguin.
Zull, J. (2002). *The Art of Changing the Brain: Enriching the Practice of Teaching by Exploring the Biology of Learning*. Sterling, VA: Stylus Publishing.

第五部分

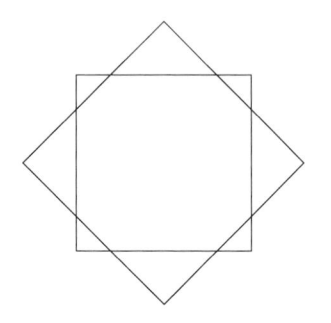

建构主义方法

第十九章　个人建构心理学教练

基兰·杜伊南(Kieran Duignan)

引　言

本章介绍了一个关于个人建构心理学(从业者社区内的"PC")教练的故事。它汇集了有关 PC 理论和实践的信息,因此你可以"彻思(think through)"选项,帮助受教者将自我、他人和团体,工作、运动、生活表现同战略目标三个层面进行统一。

尽管行为受个人思想和情感影响的理念在专业心理学家的观点中已经司空见惯,但在俄亥俄州立大学教授乔治·凯利(George Kelly)撰写《个人建构心理学》(Kelly, 1955/1991)时,心理学的主要影响因素是激进的行为主义和精神分析。在这种情况下,凯利在其心理治疗设计中概述了多元化策略。他以在美国海军任人为因素心理学家的专业经验为基础,并选择了美国人约翰·杜威(John Dewey, 1910/1991)的任务分析实用主义,奥匈帝国人雅各布·莫雷诺(Jacob Moreno)的心理剧技巧(Moreno & Fox, 2000),以及英国人威廉·斯蒂芬逊(William Stephenson, 1953)提出的 Q 方法论。

与教练有关的个人建构心理学的发展

1955 年标志着个人建构心理学(PCP)作为一种治疗干预手段和一种离散的心理研究方式的问世,并很快在美国、英国和澳大利亚传播开来。凯利采用的方法是基于一系列关于人类行为的命题建立一个开放的系统,受教者作为合作实验者,其行为可以根据这些命题进行测试。这个系统的结构由 1 个"基本假设"和 11 个推论或原则组成,这些推论或原则可被视为行为原则,受到受教者解释模式的影响;这种结构至今仍然保留，而近年来在社会认同、创造力、判断、市场研究、商业战略、人力资源管理/开发（HRM/D）等同质领域的实证已经研究出了一个合理的方式来测试凯利的猜想，扩展其中一些猜想，为 PCP 理论拓展到教练领域提供依据。

在 20 世纪最后一个季度，先驱者发展了 PCP 理论，并通过会议和出版物来推动应用，这些会议和出版物由独立的小型企业"个人建构心理学中心"牵头，该中心于 1990 年代合并在赫特福德郡大学（University of Hertfordshire）内，在伦敦西部的布鲁内尔大学（Brunel University）从事人类学习研究，该研究于 20 世纪 90 年代终止。

凯利将心理学的三个子学科——临床、人格和人为因素——融合在一起，预示了教练心理学的发展。将 PCP 与教练心理学联系起来的文字可以追溯到班尼斯特（Bannister，1982），迄今为止，在奥林匹克标准教练巴特勒（Butler，1996）的体育心理学指南中找到了最清晰的表达。

理 论

教练干预设计

巴特勒精辟地表达了有关个人建构教练技术的公认观点，他对比了个人和教练技术的归因模式，个人是将问题和困难归因于事件本身或个体自身之外超出自我控制的外部因素，而教练技术则将此归因于个体是否能够从内心获取卓越、耐性以及心理恢复能力，无论在心理上还是生理和生物学上，这种双重视角的方法与教练组织行为的元老埃德加·沙因（Edgar Schein，2005）对教练的定义相一致。埃德加·沙因将教练确定为具有"能够在过程咨询、内容专家和诊断师/处方者之间轻松转换"的能力的人。

PC 心理学学者弗兰塞拉（Fransella，1995）仔细查阅了凯利的职称背景和他的传记，揭示了他对教练心理学的丰富预示。PCP 的基本假设——"一个人的心理过程通过他预料事件的方式被引导"（Kelly，1955/1991）可被视为他从人为因素领域中得到的一个原则，在第二次世界大战期间，他曾在美国海军担任军官。从这个意义上讲，这可以解释为一个命题，即一个正常的、"健康的"人可以通过最佳的互动以在他/她的环境中减少可预见的风险并实现可能的机会，这个命题可以作为上级、更高的命题 PCP 教练的"水平"目标。根据他的"基本假设"，凯利得出了 11 个人类行为的推论或原理。尽管它们每个都可能与教练相关,但是其中一些对于教练设计尤其重要。例如,"建构"原则主张:"一个人通过解释其复制来预料事件……只有当一个人(原文如此)将他的耳朵调谐到单调的事件流中反复出现的主题时,宇宙才对他有意义。像音乐家一样,他必须表达出自己的经历以使之有意义。这些短语是杰出的事件。事件的分离是人决定将时间缩短为有意义的时长所产生的结果。在这些以反复出现的主题为基础的事件中,人类开始发现相似和差异的基础……建构使一个人能在生命的喧嚣和愤怒中听到反复出现的主题"(1995)。凯利选择详述一个音乐家如何"表达"他的经验,与一个有效的教练如何关注受教者的特定行为模式产生共鸣,一般这些行为模式与商业、体育或表演艺术的某一特定学科中的指定训练目的特别相关;这也呼应了凯利在美国海军服役五年期间许多军乐表演中的音乐表达。他将受教者与音乐家进行了亲切的类比,这提供了一个深远的文化对比,即强调一个受教者就像一个"科学家"的观点(Kelly,1995/1991)。音乐家的角色表明,在教练中需要具有社会想象力和心理敏捷性的属性,以辨别在不同环境下演奏不同作品时,受教者如何"表达"自己的经历,并促进他/她发现这种"措词"在多大程度上适合于各种目的。思考一下下文中兼职音乐家的表达差异,该兼职音乐家的日常工作是在军乐队演奏单簧管,包括为女王与王室的其他成员定期表演,与此形成鲜明对比的是,他在俱乐部、酒吧、舞厅和公共花园里演奏萨克斯管,或者在休假期间在家庭活动中演奏小提琴(女儿演奏钢琴);他反复改变自己的音乐表达,如姿势,以适应乐谱和听众。如今,PC 教练可以受益于威尔逊(Wilson)于 2002 年对音乐演奏心理学进行的研究,从而更能欣赏凯利在音乐类比方面的威力,该研究突显了各种音乐与一系列人类情感之间的联系。这个隐喻向教练心理学家强调的是,受教者不仅需要大量的体力、认知能力和身体灵活性来完成他们的工作,而且如果要加入不同的管弦乐队、乐队和合唱团,还需要对他们的性格特征、人际交往和团队协作能力进行年复一年相当程度的控制。

图 19.1 展示了从基本假设和构建推论的角度,PCP 教练通过调整取得的三组成果。

凯利的干预设计的第三个方面是他自己的"经验推论——个人的构建系统随着他对事件的不断重复而变化"(1955/1991)的应用。通过互相选择来实现他对"建设性另类主义"的信念,只要你活着就没有最终的死胡同,因为在音乐创作中,生活中必

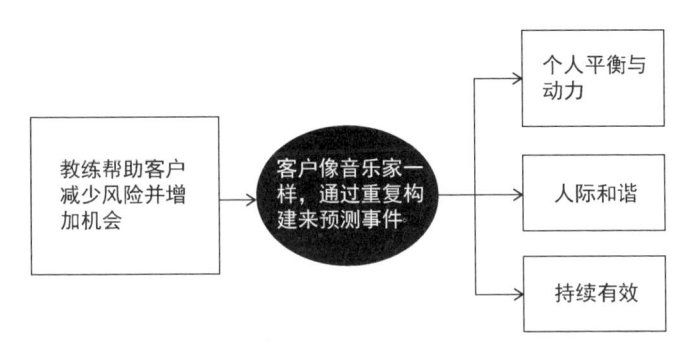

图 19.1　结盟教练的动态结果

然会有更多的选择、解释和表现。如上所述,凯利本人选择了杜威的任务分析实用主义以及莫雷诺和斯蒂芬森的技巧。弗兰塞拉(Fransella,1995)在他的传记中记录了他对使用心理计量学的强烈拥护,也表述了这种选择的作法,这一特征在当今的 PCP 社区中被许多人所忽视。

个人平衡和动力的教练

从历史上看,凯利的基本假设意味着一个人的思想是其性格的主要组成部分,因为它解决了作为体验和行为控制中心的个人身份问题。基于对心理协调功能的这种描述,班尼斯特(1982)的 PCP 与实用主义心理学家米德(Mead,1925)在"作为自我的我"和"呈现给他人的自我"之间的区分仍然是关于教练作为一种过程的激进陈述,使受教者能够适应自我。实用主义心理学家詹姆士(James)提出了一种二元论,即作为"我"的自我是呈现给他人的自我,是关于人的客观事物的集合,而与作为"我"的自我相反,后者暗示了一种核心的自我意识、经验的组织者和解释者,由意识、代理、连贯性和连续性构成(Butler & Gasson,2004)。图 19.2 表示了受教者与他/她的自我对齐的过程。

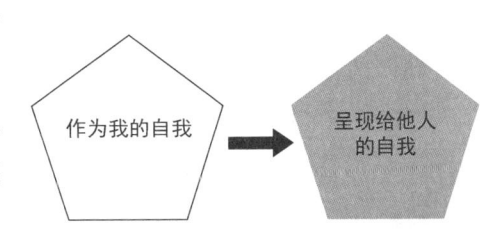

图 19.2　通过使服务对象与其自我保持一致来实现个人平衡和动力

这些关于对话形式的反思有助于使一个人与他/她自己保持一致,由沙因(Schein,1987)所确定的教练的过程顾问角色从一开始,在"情绪智力"这个术语之前的一代就已经是 PCP 的核心。为了追求教练指导使受教者与他/她的自我保持一致的意义，教练心理学家可以借鉴 PCP 原则，即所谓的"转型维度"，特别是"恐惧"，"焦虑"，"威胁"和"内疚"。"由于压力或创伤而从自我中脱离"以及自我破坏是扭曲的相关证据之一，被称为"敌意"（Kelly，1955/1991）。情绪在个人自我体验中影响的这些概念，由麦考伊（McCoy，1977）从凯利最初的经历扩展到十七岁，并得到基亚里（Chiari，2013）的认可。

个人主动性理论和绩效评估研究的工具和结果，丰富了当代的 PCP 教练。

与他人和谐相处的教练

关于受教者与他人互动的结构，PCP 学说提供了与教练有关的两个原则，作为使人们与他人和谐相处的过程。

"共通性"原则提出，"如果一个人使用的经验结构与另一个人使用的经验结构相似，那么他的心理过程与另一个人的相似"（Kelly，1955/1991）。

凯利的"社会性"原则提出："只要一个人解释另一个人的建构过程，他就可能在涉及另一个人的社会过程中发挥作用"（Kelly，1955/1991）。这激发了人格心理学家罗伯特·霍根（Robert Hogan）的评论："没有哪位其他人格心理学家能提供比这更好的人际互动理论"（Hogan & Smithers，2001）。

与他人的有效协调至少取决于与他人的价值协商。杜基南（Duignan，1989）和布罗菲（Brophy，2003）研究了结合约束企业文化的价值观，如何使用 PCP 使管理层和股东能够与员工协商利益差异。在这里，教练作为诊断师/处方师以及过程顾问的角色尤为突出。

通过选择工具和社会认同方法的结果，当代 PCP 教练变得更丰富。

绩效和战略目标教练

PCP 具有巨大的潜力，可以帮助受教者确定绩效和战略目标，并有系统地朝着实现这些目标迈进。图 19.3 概述了贯穿基本假设、构造原理和螺旋式过渡的过程。

使受教者与他们的目标保持一致是 PCP"基本假设"的应用，对于个人和组织而言，只要对可预见事件之间的心理转变进行预期和管理，就可以支持对绩效和战略目

反馈 > 基于目标的行动

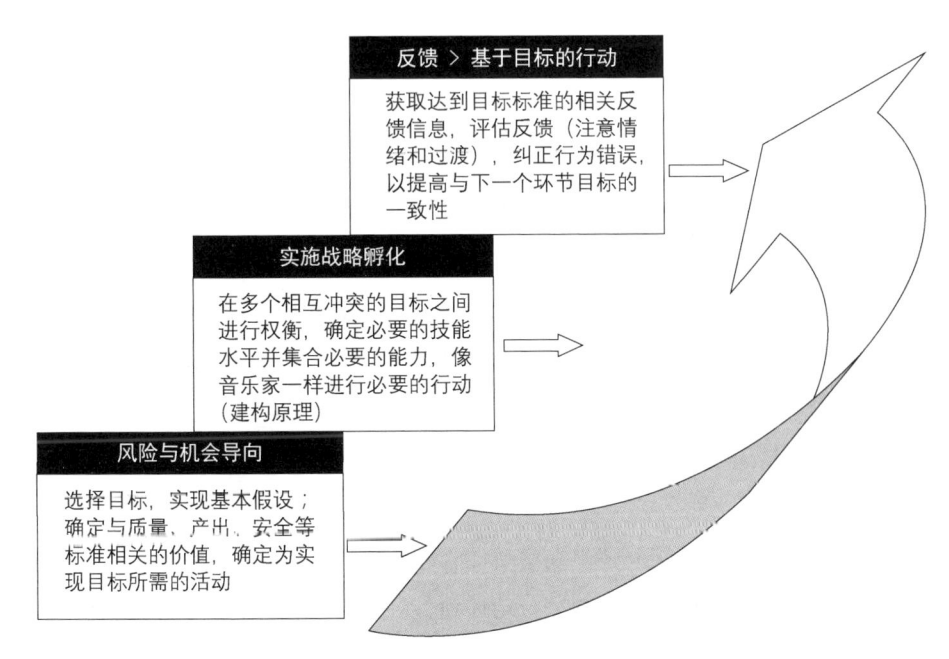

获取达到目标标准的相关反馈信息，评估反馈（注意情绪和过渡），纠正行为错误，以提高与下一个环节目标的一致性

实施战略孵化

在多个相互冲突的目标之间进行权衡，确定必要的技能水平并集合必要的能力，像音乐家一样进行必要的行动（建构原理）

风险与机会导向

选择目标，实现基本假设；确定与质量、产出、安全等标准相关的价值，确定为实现目标所需的活动

图 19.3 实现绩效和战略目标的过程

标一致的内在个人需求进行连贯的分析。这对个人和组织具有深远的影响。凯利在建构推论中对教练作为音乐家的隐喻与本大纲中隐含的各种变化有关，因为所包含的乐器和音乐形式的多样性是令人敬畏的，他的隐喻集中体现了机会和风险的规模以及相关的情感需求的本质。在这里，可能需要教练作为内容专家、诊断师/处方师和过程顾问的角色。

巴特勒(1996)的教练指南揭示了 PCP 教练如何通过使用贮备格来与每个受教者一起开发个性化的以任务为中心的探查器，从而在受教者与其目标保持一致的阶段进行工作(Butler et al., 1993)。罗森博格(Rosenberger)和弗雷塔(Freitag, 2009)表明，贮备格也可以用作组织变革和可持续组织绩效的任务分析方法。在更大的事物方案中，这样的贮备格栅法可以照亮格拉尼(Grenier, 1972)绘制的关于企业生命历史中进化和革命的周期性模式的拐点。罗斯韦雷(Roseveare, 2006)的研究描绘了与自雇人士"独立"的战略目标保持一致的经历，这也许是这种生活史形式的第一阶段。

选拔工具和行动规范理论的成果丰富了当代 PCP 教练。

实　践

PCP的流体理论与表征该理论的6种方法之间的联系概述如下：促进性对话；受教者通过"自我表征"的故事讲述；贮备格栅法方法论；心理测量；任务分析和角色制定。

虽然PCP的开放系统特性适合通过电话、电子邮件和会议进行远程教练，但其反直觉风格通常需要在教练和受教者之间的"现实世界"个人会议中花费一些时间，以便从一开始就相互理解。

促进性对话

无论是在诊断性访谈期间还是在主动性管理阶段，教练使受教者能够现场亲自参与或通过电话或平板电脑设计和测试行动计划，以便在突出的三个领域中的任何一个领域保持一致，对于教练与被受教者来说都是非常宝贵的。施尼特曼（Schnitman，1996）写的关于与PCP进行心理治疗对话的内容可以同等地归因于与PCP一起进行的教练：获得发展的可能性，变化的非线性模型（以及适当的线性模型），无缺陷的做法，共同参与的设计以及人类的多维视角经验。

琼斯（Jones，1992）描述了一种移情的结构化方法来解开他们的经历。弗朗西斯（Frances，2008）展示了教练如何使用对小组对话的敏锐观察来解释其个人和集体预期以及实验行为的模式，从而得出关于小组发展阶段的假设。

简而言之，说教行为可以在PCP教练中占有一席之地，但很少脱颖而出。正如一名足智多谋的音乐导师也承担着培育更多的新兴音乐家的责任，而她仍然负责学员进步的总体方向和心理安全一样，PCP教练心理学家也这样做，如果需要甚至会用新的方式使用相同的工具。

受教者通过"自我表征"的故事讲述

在一次会议中，受教者的行为可能会挑战PCP教练心理学家在沙因所确定的每个教练角色之间无缝切换，通常只是简单地说道："如果你觉得可以，我们可以换一个角度来看看这件事情吗？"协商受教者如何在其特定情况下为其自己构建心理健康，是 PCP 教练心理学家面临的初步挑战；这种强调受教者的主观观点是 PCP 的一个特点，通过沙因（Schein，2013）所说的"谦虚的询问"，询问受教者的需求来确定。

由于 PCP 重视受教者对自己世界的主观建构，因此在设计诊断时，最好包括密切关注他们希望就其困境所作的表达；为此，产生了一种称为"自我表征"的工具。凯利（Kelly，1955/1991）创造了这个术语，指的是在第三人称中有关一个人的故事。这类个人故事中使用的内容和视角总是透露出人们对教练辅导的期望，以及他们打算如何参与其中。"轻信地"倾听受教者对其经验的特权描述是有效教练的基础，因为被教练者可能会创造自己的"自我共同体"故事，通过这些故事来理解自己的世界，并以自信的方式揭示他们对他人隐瞒的愿望（Mair，1977）。

贮备格栅法方法论

凯利根据 Q 型—方法论（Stephenson，同前文引用）设计并由他根据"心理空间的数学结构"（Kelly，1955/1991）引入了"格栅"。干预最常与个人建构的心理学有关。因此，教练心理学家可以通过精心设计的格栅与受教者协作交付大量内容，这些格栅倾向于与受教者在上述 PCP 理论的三个领域中的任何一个领域有关的第一个想法的表象之下形成对比。简而言之，有关贮备格的三种观点值得考虑。

首先，剧目和其他格栅（如弗兰塞拉等人在 2003 年讨论的二元格栅、依赖格栅和隐含格栅）可用于为受教者提供结构化的框架，以便于在任何领域系统地探索他们如何感知和体验所概述的内容。在当一个不透明的情况发生时，尝试分析一个受教者的需求过程中，教练发现很难理解或体会到为什么受教者会感到"卡住了"，扬科维奇（Jankowicz，2003）、弗洛姆（Fromm，2004）和帕舍雷尔克（Paschelelke，2011）对此进行了阐述。

其次，并非所有格栅都涉及数字。普罗克特和普罗克特（Procter & Procter，2008）优雅地展示了"感知器元素格栅"可以使用关于关系的定性数据生成。

再次，如果教练心理学家希望使用计算机程序来分析格栅数据，则 Idiogrid[①]（Grice，2002）可以免费提供在线软件。使用格栅（Fromm，2007）时，统计计算仍保留

[①] 译者注：一种用于分析相关数据的软件。

在后台，以便教练和受教者可以详细了解有关受教者如何在自己的个人经历中定位自己。肖（Shaw）和给恩斯（Gaines，2018）在 RepPlus 的设计原理仍然有效，而软件本身已经有了很大的发展。

心理测量

如果这种教练方法潜在的弱点是有过度依赖受教者对问题的构建的倾向，冒着两人像"二联性精神病"似的氛围中进行教练的风险，那么明智的诊断过程可能包括精心选择的心理测量工具以及来自受教者选择的人作为观察者的反馈。正如弗兰塞拉（Fransella，1995）在他写的凯利的传记中指出的那样，他强烈主张有选择地使用心理测量工具，尽管在 PCP 社区中，人们显然对这些工具缺乏兴趣，而且现在在教练心理学家中使用这些工具已经司空见惯（Passmore，2012）。PCP 教练巴特勒开发了一种心理测量仪器——"成人自我影像探查器"（Butler & Gasson，2004），以 1303 名英国成年人为样本进行了标准化。

任务分析

与其他实际干预方法相反，任务分析要求教练心理学家坚定而清晰地进入"真实"的客观世界，并可能由不熟悉任何心理学流派（包括 PCP）的独立第三方进行验证。任务分析技术在最近的几十年里如雨后春笋般涌现，人为因素和人机工程学已经在此领域扎根，这一过程由国家和国际标准和准则的谈判而规范化，由斯图尔特-巴特尔（Stuart-Buttle，2006）总结。有用的培训和参考资料已经发展（Reason，1990；Kirwan & Ainsworth，1992；Moggeridge，2006）；反映 PCP 的任务分析的相关插图也已具备（Brophy，1988；Jankowicz，1995；Jankowicz & Dobosz-Bourne，2003；Jankowicz，2003）。

角色制定

凯利从雅各布·莫雷诺（Jacob Moreno）的创造性偶像崇拜中衍生出的 PCP 干预的角色设定方法已经被迪伦（Dillen et al.，2009）和韦尔霍夫施塔特·丹尼夫（Verhoftstadt Denève，2003）所应用。凯利本人使用莫雷诺的"表演出来"的心理戏剧性概念，解释如何使用一个受教者建构中被"淹没"极点，来解释他/她在我们现在所称的"双重束缚情境"中的社会理想建构，而不是口头或语义描述。威尔逊(Wilson, 2002)提供了一些有价值的资源，可以用来设计富有想象力的角色扮演形式，特别是在工作环境中。

尾注："全面 PCP 教练"概念

本章的故事围绕三位一体的对齐、教练的角色和实用技巧，讨论了 PCP 教练的必要条件。可行的 PCP 教练还具有专业水平、业务和文化才能，可以很好地欣赏受教者，就好像他们是凯利建议的音乐家一样。

哪类受教者获益最多？

可以从带有四个圆圈的维恩图中表示从 PC 教练心理学中受益最大的学员群体。

一个圆圈代表 CEO 和董事会成员，他们可以将组织的自我特征和贮备格混合使用作为战略任务分析的工具，以查明关键的业务风险和机会领域。

另一个圆圈代表第二组中小型企业的领导者和管理人员，他们愿意考虑采取一种战略方法，通过绩效管理机制(Marlow, 2000)和线上学习机制(Rolfe, 2004)，最大化地提高员工的生产能力，并根据需要区别对待家族企业和托管企业(de Kok, 2006)。

第三个圆圈代表了一群人力资源和职业健康/医学从业人员，他们渴望促进社会认同感和相对适应度，以适应适度的工作压力与雇员的调整关系。

第四个圆圈代表可以直接作为个人受益的人，主要有以下三类。

(1) 中年和晚年的男女愿意在不断发展的社会认同和就业能力的成功和失败经验上创造性地发展。

(2) 处于职业转型阶段的年轻男女，包括英国人事与发展学会在全英国组织的无偿分步前进教练计划中的男女。

(3) 希望协调工作和家庭生活，并为自己和家人安排有趣味性的时光以便共同开展活动的男女。

案例研究

席亚拉在诊断阶段想知道，在向她提出的教练要求中，多大程度上面临着相互冲突的"结构"问题。

受教者

一家拥有112名员工的医疗电子公司阿尔法的人事经理朱莉打电话给席亚拉，让她请运营总监迈克尔担任受教者。迈克尔几个月前就已经被任命，这对公司的稳定至关重要，但是在最近的团队建设活动中，很明显，向他报告的人发现要与他交流非常困难。朱莉报告说，财务总监杰拉德也经常与迈克尔意见不合，而医学博士亚当则对迈克尔评价很高。就亚当而言，该公司旗舰产品的未来依赖于迈克尔。她解释了迈克尔如何不愿意参加"任何在公司外的活动，以他的有趣希望，我们希望他改变想法，和我们更多接触！"

席亚拉将此解释为一种评估，认为亚当觉得迈克尔与核心任务保持一致，因为他通过格拉尼（Grenier，同前文引用）所谓的"方向性增长"，在一个成长中的相对较小的公司里满足了重要的短期需求。朱莉报告的发展方向和行为症状可以解释为格拉尼革命的"自主危机"阶段的指标。

迈克尔适时到了席亚拉的办公室。他穿着随意却衣着得体，以正式的礼仪向她打招呼，不带一丝微笑地直视她。他开始说话，"我了解到您对阿尔法很熟悉，您在那里工作了几年？"席亚拉回答。不久之后，迈克尔接着询问席亚拉建议他们该如何一起工作。当她要求他写一个在自己的工作环境中的自我陈述时，他同意在下一次见面之前拿给她看。他信守诺言，在会议开始前48小时，她拿到了在标有"机密"字样的信封中的自我陈述。

席亚拉观察到迈克尔对如何运用通用性和社会性原则几乎一无所知，尽管他还为自己从教练中受益的动机提供了非常可信的理由。一开始，就迈克尔而言，这件事很明确。向他报告的人都没有表现出必要的主动性。他强调，在我们与教练打交道时,个人的主动性是他所期望的。他写道:"他们的行为就像代表我们所服务的医院的医生和麻醉师从未犯过错误一样,在通常情况下,过去我们支付的罚款中有 65% 至 75% 都几乎并不是我们自己的错误。我感到烦恼的是,我不得不独自承担这些经常性的混乱。"PCP 理论的建构和个性原则在自我塑造中像演员一样在舞台上脱颖而出。

教练过程

根据朱莉的观察以及她在阿尔法咨询和教练的数年经验,加上迈克尔的自我描述,席亚拉的初步评估是,在格拉尼(1972)的组织进化和革命模型的第二阶段之后,迈克尔代表了处于转折点的典型经理人。虽然他提供了阿尔法在被招募时所急需的领导力水平,但已经到了"自主危机"的阶段,她的挑战是让迈克尔可以通过更深入的理解向他汇报的经理和技术人员的想法,来重新构建他对个人主动性的看法。首先,她邀请他做一个简单的过程评估,来评估他们的合作,实际上发展了相互的社会性。她向他展示了表 19.1 中所示的"风险矩阵"的副本,提醒相关的 PCP 原则,尤其是"选择和分割"原则。"如果你带到这里的问题与你员工的个人主动性水平有关,你会说这个问题对公司的业务有什么影响?"

表 19.1 教练开始时和之后的情况(由受教者选择)的风险等级

			压力对项目团队的影响					
			非常低	低	中等	高	非常高
			1	2	3	4	5
逆境概率	非常高	5	5	10	15	20	25
	高	4	4	8	12	16	20
	中等	3	3	6	9	12	15
	低	2	2	4	6	8	10
	非常低	1	1	2	3	4	5

她记录迈克尔的评级为 25,结果是他对这个问题影响的看法非常高,而进一步出现问题的可能性也很高。鉴于此,他们同意迈克尔的观点,即在一对一的基础上教练的公平完成点将是任何少于 25 的数字。她的下一个决定是邀请他对自己的创造力完成一项经过充分研究的评估,一方面是为了分享与他有关的创造力成分的数据,另一方面是要观察这项特质可能在多大程度上可以成为一种替代方案,帮他提升社交和协作。

毕竟,他的自我特质显示出他以青少年时代出色的团队合作能力为傲。图 19.4 总结了他的创造力测评数据。

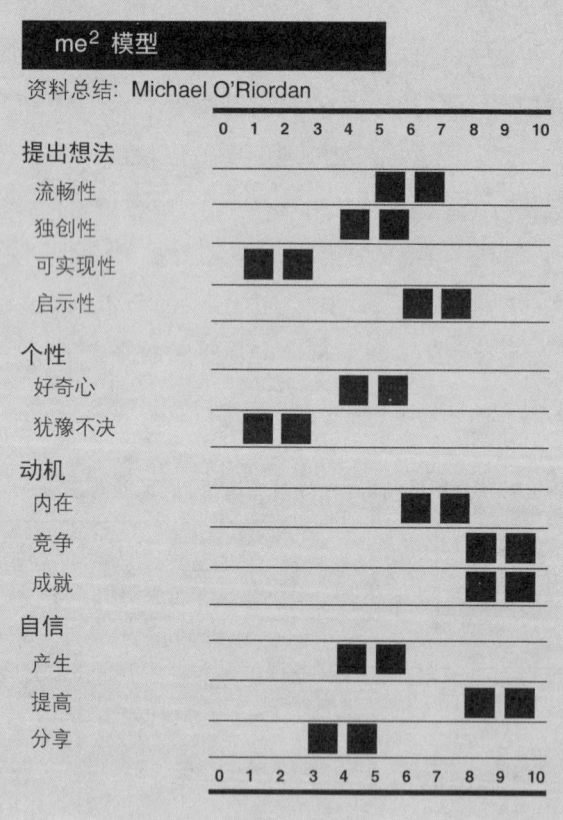

me^2 模型

资料总结:Michael O'Riordan

	0 1 2 3 4 5 6 7 8 9 10
提出想法	
流畅性	6-7
独创性	5-6
可实现性	2-3
启示性	6-7
个性	
好奇心	6-7
犹豫不决	2-3
动机	
内在	6-7
竞争	8-9
成就	8-9
自信	
产生	4-5
提高	8-9
分享	3-4

图 19.4 给迈克尔的简要概述

版权声明:me^2 调查表中包含的副本、数据和信息、创造力的一般要素以及支持材料均为 E-Mettrix 的版权。

片刻之后,她补充说:"也许你最好将重点放在关注个人可以解决的问题上。当一个人的个人主动性与另一个人的个人主动性有很大差异时会发生什么?你不参与讨论关于每个优点的问题吗?这是否就变成了你个人喜好的选择?"

"是的",他笑着说:"当然,几乎没有一个简单的选择。当我真正想到它时,我认识到,它们中的大多数个体如何在'me^2'上具有一些可以贡献的属性,甚至在某些方面比我的有价值,这一点我得实话实说!"

"因此,也许这是你考虑如何将'创造力'作为一种共同的方法来测试团队间相对契合性的机会。你可以先向他们每个人提供'me^2'创造力问卷,相比于什么也不做,这是一个积极的前进方向!"

"嗯,让我看看。我可以看到,我一直在期待其他人拥有和我一样水平的激励因素,特别是竞争性和成就感,而自己却没有表现出太多的分享自信。也许行动还在孵化听起来有点太像'拖延',但我知道当变化出现时有些人确实需要时间来考虑。对!好的。"

"是的。它们确实是我可以解决的我自己行为的一部分。席亚拉,我能和你说一些吗?""什么?""当我想到这个 me^2 反馈后,我的脑海里闪现了两个念头。一个是,即使接受了我的反馈,我也能看到你给我看的风险矩阵上的评级开始下降,肯定会下降到20,如果我们坚持下去,可能会逐渐降低。另一件事是我必须问,我的意思是'问'!我团队的成员参加 me^2,所以我可以开始教练他们,使他们了解他们的个人概况及整个团队的概况。真正的变化是从个人教练到更大的事情……"

"我想知道,迈克尔,你和你所领导的团队是否有可能对公平感格外看重?"

席亚拉写下了该案的记录:迈克尔似乎愿意调整自己作为领导的核心角色,从一个主要的驱动力型领导转向一个更灵活的角色,开始理解向他汇报的人受到他与他们沟通方式的影响。而且他可能开始意识到,他们之间可能也存

> 在着积极的差异,而不仅仅是以统一的"主动性低"来作为评价。她回顾了阿特金森(Atkinson,2007)关于在小型企业中建立高绩效关系的心理契约的报告,并指出下一阶段如何使他能够利用每个小组成员的 me^2 数据发展自己的目标设定和反馈技能。

讨论要点

1. 一家拥有 60 名员工的公司中最近被任命的首席执行官,已要求同你讨论"心理契约"作为差异化竞争战略,该如何进行操作,以增强该公司在其利基市场电子分销市场中的领导者地位。运用凯利的基本假设,建构和情感上的"转型维度"原则,根据需要,利用克鲁(Kirkul,2001)和帕周(Pajo)等人的理论(2010)来教练她如何处理相关的战略和战术问题。

2. 你已同意领导一个项目,是为在海外为跨国公司服务数年后返回英国的外籍员工提供职业和裁员培训。为这项工作制定一个使用 PCP 技术的计划,包括自我表征和贮备格栅法,并在必要时连同希尔薇安和拉姆萨(Silvanen & Lämsä,2009)的外派员工类型一起制定计划。

3. 一家人数为 9 人的小型专业服务公司的董事要求你就一位销售人员的极端不合作行为提供教练,这位销售人员业绩良好,曾因拒绝每天早上参加定期的团队简报会而屡遭质疑。根据 PCP 的相关原则和"转型维度",并借鉴德格里普和西恩(de Grip & Siehen,2009)在中小企业人力资源管理方面的对比研究结果,概述如何为协助董事提供教练辅导。

4. 人力资源总监乔伊斯·莱西(Joyce Lacey)要求你教练管理者对绩效进行公正和建设性的评估,尤其要重视评估的实践技能。概述在应用公共性和社会性原则的 PCP 理论和转型维度方面的教练如何使管理者能够设计"贴士",当他们使用杜基南和布里(Duignan & Bury,2018)的贮备格栅法和个人网络分析指南进行评估时,可以很容易地回忆起来。

推荐阅读

Butler, R.J. (1996). *Sports Psychology*. Oxford: Butterworth Heineman.
Kelly, G.A. (1977). The psychology of the unknown. In Bannister, D. (ed.) *New Perspectives on the Theory of Personal Constructs*. London: Academic Press.
Jankowicz, D. (2003). *The Easy Guide to Repertory Grids*. Chicester: John Wiley & Sons. Ltd.
Duignan, K., & Bury D. (2018). *Network Coaching with Repertory Grids and Personal Network Analysis*. Croydon: Be Engaging.

参考文献

Atkinson, C. (2007). Building high performance employment relationships in small firms. *Employee Relations*. 29(5). 506–519.
Bannister, D. (1982). Knowledge of self. In Holdsworth, R. (ed.) *Psychology and Career Counselling*. Pp. 130 142, Leicester: British Psychological Society.
Brophy, S.A. (1988). *Quality of service in banking: A study of perceptions of relationships with customers and the organisation in a retail bank*. Unpublished Ph.D. dissertation. Dublin: Trinity College.
Brophy, S.A. (2003). Clarifying corporate values: A case study. In Fransella, F. (ed.) *International Handbook of Personal Construct Theory*. Chicester: John Wiley and Sons Ltd.
Brutus, S., Fletcher, C., & Baldry, C. (2009). The influence of independent self-construal on rater self-efficacy in performance appraisal. *International Journal of Human Resource Management*. 20(9). 1999–2011.
Butler, R.J. (1996). *Sports Psychology in Action*. Oxford: Butterworth-Heinemann.
Butler, R.J., & Gasson, S.L. (2004). *Manual for The Self Image Profiler for Adults*. London: Harcourt Assessment.
Butler, R.J., Smith, M., & Hardy, L. (1993). The performance profile in practice. *Journal of Applied Sport Psychology*. 5. 48–63.
Chiari, G. (2013). Emotion in personal construct theory: A controversial question. *Journal of Constructivist Psychology*. 26(4). 249–261.
De Grip, A., & Siehen, T. (2009). The effectiveness of more advanced human resource systems in small firms. *International Journal of Human Resource Management*. 20(9). 1914–1928.
De Kok, J., Uhlaner, L.M., & Thurik, A.R. (2006). Professional HRM practices in family owned-managed enterprises. *Journal of Small Business Management*. 44(3). 441–460.
Dewey, J. (1910/91). *How We Think*. New York: Prometheus Books.
Dillen, L., Siongers, M., Helskens, D., & Verhoftstadt-Denève, L. (2009). When puppets speak: Dialectical psychodrama within developmental child psychotherapy. *Journal of Constructivist Psychology*. 22. 55–82.
Duignan, K. (1989). *From financial accountants to commercial advisers, with the help of repertory grids*. An unpublished report for Philips Commercial. Croydon: Mid-Career Development Centre.
Duignan, K., & Bury, D. (2018). Network Coaching with Repertory Grids and Personal Network Analysis. Croydon: Be Engaging.
Frances, M. (2008). Stages of group development: A PCP approach. *Personal Construct Theory & Practice*. 5. 12–20.
Fransella, F. (1995). *George Kelly*. London: Sage Publications.
Fransella, F., Bell, R., & Bannister, D. (2003). *A Manual of Repertory Grid Technique*. Chichester: John Wiley and Sons Ltd.
Fromm, M. (2004). *Introduction to the Repertory Grid Interview*. Munich: Waxmann.
Fromm, M. (2007). *Manual for Gridsuite 4 and 4+*. Stuttgart: Institute of Personal Construct Psychology.
Fromm, M., & Paschelelke, S. (2011). *Grid Practice: Introduction to the Conduct and Analysis of Grid Interviews*. Norderstedt: Books on Demand GmbH.
Grenier, L.E. (1972). Evolution and revolution as organizations grow. *Harvard Business Review*. July–August. 37–46.
Grice, J.W. (2002). Idiogrid: Software for the management and analysis of repertory grids. *Behavior Research, Methods & Computers*. 34(3). 338–341.
Hogan, R., & Smithers, R. (2001). *Personality: Theories and Applications*. Boulder: Westview Press.
Jankowicz, A.D. (1995). Negotiated shared meanings of the management process: A discourse in two voices. *Journal of Constructivist Psychology*. 8. 117–128.

Jankowicz, A.D. (2003). *The Easy Guide to Repertory Grids*. Chichester: John Wiley and Sons Ltd.
Jankowicz, A.D., & Dobosz-Bourne, D. (2003). How are meanings negotiated? Commonality, sociality and the travel of ideas. In Scheer, J. (ed.) *Crossing Borders: Going Places: Personal Constructions of Otherness*. Giessen: Psychosozial-Verlag.
Jones, H. (1992). The core process interview: EPCA newsletter 1992, 19–20: Summarised. In Fransella, F. (ed.) *The International Handbook of Personal Construct Psychology*. Pp. 119–120. Chichester: John Wiley and Sons Ltd.
Kelly, G.A. (1955/1991). *The Psychology of Personal Constructs*. Volume 1. London: Routledge.
Kelly, G.A. (1977). The psychology of the unknown. In Bannister, D. (ed.) *New Perspectives on Personal Construct Theory*. London: Academic Press.
Kirkul, J. (2001). Promises made, promises broken: An exploration of employee attraction and attention practices in small businesses. *Journal of Small Business Management*. 39(4). 320–355.
Kirwan, B., & Ainsworth, L. (1992). *Handbook of Task Analysis*. London: Taylor and Francis.
Mair, J.M.M. (1977). The community of self. In Bannister, D. (ed.) *New Perspectives on Personal Construct Theory*. Pp. 125–149. London: Academic Press.
Marlow, S. (2000). Investigating the use of emergent strategic human resource management activity in the small firm. *Journal of Small Business and Enterprise Development*. 7(2). 125–148.
McCoy, M. (1977). The reconstruction of emotion. In Bannister, D. (ed.) *New Perspectives on Personal Construct Theory*. Pp. 93–124. London: Academic Press.
Mead, G. (1925). The genesis of the self and social control. *International Journal of Ethics*. 35. 251–273.
Moggeridge, B. (2006). *Designing Interactions*. Cambridge, MA: MIT Press.
Moreno, J., & Fox, J. (2000). *The Essential Moreno's Writing: Psychodrama, Group Method and Spontaneity*. Berlin: Springer.
Pajo, K., Coetzer, A., & Guenole, N. (2010). Formal development opportunities and withdrawal behaviours by employees in small and medium-sized enterprises. *Journal of Small Business Management*. 48(3). 281–301.
Passmore, J. (ed.) (2012). *Psychometrics in Coaching: Using Psychological and Psychometric Tools for Development*. 2nd edition. London: Kogan Page.
Procter, H.G., & Procter, M.J. (2008). The use of qualitative grids to examine the development of the construct of Good and Evil in Byron's play, 'Cain, a mystery'. *Journal of Constructivist Psychology*. 21. 343–354.
Reason, J. (1990). *Human Error*. Cambridge: Cambridge University Press.
Rolfe, I. (2004). E-learning for SMEs: Competition and dimensions of perceived value. *Journal of European Industrial Training*. 29(5). 440–445.
Rosenberger, M., & Freitag, M. (2009). Repertory grid. In Kuhl, S., Strodholz, P. & Taffertshofer, A. (eds.) *Handbuch Methoden der Organisationsforschung: Quantitative und Qualitative*. Pp. 477–497. Wiesbaden: VS Verlag fur Socialwissenschaften.
Roseveare, J. (2006). *The independence index: A proposed diagnostic for isolated functioning ability grounded in a study of current human needs in an increasingly solitary society*. Unpublished D. Occ. Psych. thesis. London: University of East London.
Schein, E.H. (1987). *Process Consultation: Issues for Managers and Consultants*. London: Addison-Wesley.
Schein, E.H. (2005). Coaching and consultation: Are they the same? In Goldsmith, M., Lyons, L. & Freas, A. (eds.) *Coaching for Leadership: How the World's Greatest Coaches Help Leaders to Learn*. San Francisco: Jossey Bass/Pfeiffer.
Schein, E.H. (2013). *Humble Enquiry*. San Francisco: Berrett Koehler Inc.
Schnitman, D.F. (1996). Between the extant and the possible. *Journal of Constructivist Psychology*. 9. 263–282.
Shaw, M., & Gaines, B. (2018). RepPlus 1.1. for Windows and OS X. downloadable form http://cpsc ucalgary. ca/~gaines/repplus
Silvanen, T., & Lämsä, A.M. (2009). The changing nature of expatriation: Exploring cross-cultural adaptation through narrativity. *International Journal of Human Resource Management*. 20(7). 1468–1486.
Stephenson, W. (1953). *The Study of Behavior: Q Technique and Its Methodology*. Chicago: University of Chicago Press.
Stuart-Buttle, C. (2006). Overview of national and international standards and guidelines. In Karwowski, W. (ed.) *Handbook of Standards and Guidelines in Ergonomics and Human Factors*. Boca Raton: CRC Press.
Verhoftstadt-Denève, L. (2003). The psychodramatical 'social atom method': Dialogical self in dialogical action. *Journal of Constructivist Psychology*. 16. 183–212.
Wilson, G.D. (2002). *Psychology for Performing Artists*. 2nd edition. London: Whurr Publishers Ltd.
Wright, R.P. (2008). Rigor and relevance using repertory grid technique in strategy research. *Research Technology in Strategy and Management*. 3. 295–348.

第二十章　叙事教练(全年龄段)

罗厚(Ho Law)

引　言

斯泰特(Stelter, 2013)提出了(叙事)教练的定义,即发展性沟通和对话,教练与受教者之间的共创过程,目的是给(特别是)受教者一个空间和让他沉浸的机会,对以下方面进行反思和新的理解:1)他/她在特定情况下的经历;2)他/她在特定背景和情况下与他人的互动、关系和谈判。这种教练性对话启发受教者特定背景下产生新的应对行动的可能。

上述定义强调了一个共同创造的过程(教练与受教者之间的平等和社会合作),在该过程中,教练邀请受教者通过积极倾听来分享他们的生活经历。确定隐藏的含义、价值、技能和优势,并为行动计划重新制定新的故事情节。叙事教练帮助受教者实现他们的愿望、真正的希望和梦想,这些都与他们的自我认同一致。

该方法是特定情境的(特别是对受教者的文化方面敏感),因此特别适用于不同的社区环境。该定义与菲利普·罗辛斯基(Philippe Rosinski, 2003)的建议一致,即通过将文化层面纳入教练,可以帮助我们的教练释放更多的潜力来实现有意义的目标。

叙事教练的发展

叙事教练的发展有三位倡导叙事教练的先驱者:澳大利亚(和美国)的戴维·德雷克(David Drake, 2015),丹麦的赖因哈德·斯泰特(Reinhard Stelter, 2013)和英国的作者罗(Law,2006;Law et al.,2006;CIPD,2006),然而这三种叙事方法的基础训练都是独立发展的。德雷克方法论的理论基础是属于精神动力传统并与社会建构主义相结合的依恋理论。罗和斯泰特的方法论体现了已故的迈克尔·怀特(Michael White)的方法,该方法进一步融合了植根于学习和社会/文化基础的叙事合作(Stelter & Law,2010)。斯泰特(2013)称其为"第三代教练";作者和他的同事称其为教练心理学的元模型或通用集成框架,简称UIF(Law et al.,2005,2006)。

自人类文明诞生以来,讲故事已成为我们日常生活的一部分,但叙事实践的起源可以追溯到维果斯基(1962[1926])的最近发展区和社会文化学习理论(Hall,1976;Hofstede,1991;Trompenaars & Hampden-Turner,1997);使用诸如"成人仪式"之类的隐喻,这些仪式标志着通过"狭窄界限"的某种转型(van Gennep,1960;Turner,1967;Turner & Brunner,1986);以及将故事演出来(Myerhoff,1986)。这些隐喻被运用于心理治疗的应用中,因为它们是改变人类感知、情感、认知和幸福的强大工具。叙事疗法是在20世纪80—90年代在澳大利亚开发的,并在社区、团体、儿童和家庭疗法中得到广泛应用(White & Epston,1990;Epston & White,1992)。作者于2006年在英国将其改编为"叙事教练"(Law,2006;Law et al.,2006;CIPD,2006),当时,在组织中运用讲故事的方法越来越普遍(Allan et al.,2002;Ncube,2006)。

理论与基本概念

引言中描述的定义体现了叙事从业者的以下认识论立场(Stelter,2013):
(1)现象学惯例——着眼于当前语境中体现的经验。
(2)社会建构主义——意义是个体间影响和社会性构建的产物。
通过以上认识论立场,社会文化学习理论得到了发展,并结合了以下学习理论:
(1)体验式学习(Kolb,1984)——学习周期。
(2)社会理论(Wenger,1998)——社会结构(在宏观层面上强调情境结构:社区/社会及其对个人的影响);情景体验(代表互动的概念);实践(社会实践的产生和再生产);身份(从社会和文化角度来看的自我身份)。

文化人类学和学习心理学都关注对跨文化问题具有特殊敏感性的非临床人群。因此,将叙事应用程序重新定位在多元化教练的主流领域内是非常合适的。

主要核心概念

作为一个起点,当受教者和教练互动时(参与点),学习以具体的经历为基础。教练过程实际上是一个学习过程,称为学习轮(见图20.1)。它是根据库伯(Kolb, 1984)的学习周期进行修改的。

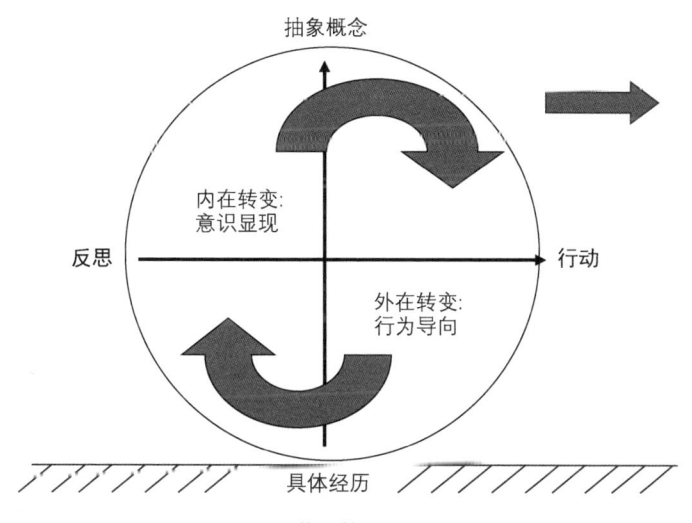

图 20.1 学习轮(Law, 2013)

学习轮包括以下四个学习阶段:

(1)具体经历——为受教者提供真实的例子,以帮助他们了解情况。

(2)反思——要求受教者考虑所学到的教训(如何以及怎样)。

(3)抽象概念——将经验转化为有意义的概念。

(4)行动——为前三个阶段的结果作出决定或采取行动。

请注意,在教练的背景下,"行动"一词的定义非常宽泛(与库伯相反,他将学习周期的结束阶段狭义地称为主动实验)。例如,行动可以包括决定,因此,不采取行动的决定也可以是一种选择。

上述学习过程嵌入了教练条件,其中包括以下两种转换:

（1）内在/垂直的转变——来自经验、意识的显现。

（2）外在/水平的转变——从反思到作为反思性实践者的行动。

上述转换是一个活跃的过程。这不是一个自动过程，学习者经常会"被卡住"，因为学习的每个阶段之间都存在障碍/差距。这种学习差距称为"最近发展区"（Vygotsky，1962[1926]）。将这一概念转化为教练，可以通过设计和实施许多遥不可及的任务来跨越这段学习差距。这需要执行以下步骤：

（1）描述：鼓励受教者描述其世界中特定的对象/事件（主动性表征）。

（2）关系：关系中的主动性——通过建立这些对象和事件之间的关系（分析/模式匹配）来发展关联链。

（3）评估：从关联链中反思、描绘和学习特定现象。

（4）判断：对上述评估进行判断；从具体和特定的情况中学习，并抽象出关于生命和身份的概念。

（5）结论/建议：制定行动计划并采取行动；预测基于这一概念发展的具体行动的结果。

基本假设

叙事教练的基本假设是双重的。首先，教练实践应与"通用整合框架"的学习假设相一致（Law et al.，2005，2006）。这包括：欣赏；合作学习；和教练/受教者间的流动性。欣赏意味着在合作式的教练关系中权利和尊重的平等（Law，2010）；斯泰特（2013）将此称为对话伦理，在对话伦理中，教练和受教者拥有一种对称的关系，加上"证人思维"和超越移情的同情心（即理解他人的观点，与自己的生活经验产生共鸣）；怀特（White，1995）强调了教练在教练文化环境方面的去中心化地位。协作学习强调了督导和持续专业发展的重要性（Law，2013a，2013b），此外还有斯泰特（2013）的响应性理念（教练是相互响应和协作的过程）。该过程应映射到库伯的学习周期。教练/受教者的流动性（也请参见代理机构）假定受教者具有技能和知识，教练和受教者能够学到的一样多。

其次，为了将迈克尔·怀特的教学运用于我们的教练环境，我们对人性和社群有以下叙述性假设：

1. 诠释派建构主义(协调/关系)

假设塑造我们生活的意义是社会建构及我们与他人关系的解读(Stelter, 2013; Law, 2013a)。叙事实践者把当事人讲的故事情节视为一个主要的意义生成框架,使他们能够从中重构意义。这反过来又赋予了我们生活的意义。

2. 复杂性

生活包含许多故事,而不是孤立的一个故事。但是,有些故事在受教者的生活中尤为突出,而另一些故事可能被忽略,即使这些故事对于他们的发展很重要。

3. 机构

个人和社区具有优势、知识和技能,具有内在改变的资源(Derrida, 1978)。但是,当受教者联系我们时,这些属性可能对他们自己而言并不明显["乔哈里视窗"(Johari Window)中的盲点]。叙事方法通过使含糊的变明确,习以为常中发现特异之处来帮助受教者"看到"自己的盲点(White, 2006)。

障碍与目标实现

人们如何阻止自己实现自己的生活、社交、工作和随后的教练目标?个人所拥有的被遗忘/隐藏的力量可能会在他们的故事中留下痕迹。教练的作用是重新开发这些优势、技能和知识。因此,教练的任务是定位客户生活中的重要时刻,并帮助客户评估自己往往被忽视的生沽经历(细微的痕迹)。从叙述的角度来看,教练和受教者可被视为"意义创造者"。

该方法如何帮助受教者实现目标?叙事方法使客户(尤其是来自不同文化背景的客户)意识到自己拥有比以前意识到的更多的知识和技能来应对新情况。通过教练与受教者的互动,受教者从他们讲述的故事中重新发展了他们的人生价值。这个叙述可能包含有关他们的生活和身份、希望和梦想等概念。通过叙事实践开发的新故事为人们的前进打下了基础。教练任务是颇有贡献的最近发展区的"脚手架"。迈克尔·怀特(2006)通过绘制将任务分开的步骤映射到所谓的行动蓝图和意识蓝图的方法,开发了一种系统化的方法来发展近端区域。在开发这种"脚手架"时,需要进行一次概念上的旅程,穿越与意识相关的"行动蓝图"和"认同蓝图",以此通过有效的问题来实现帮助受教者发展他们的生活和个人身份。正如迈克尔·怀特(2006)所说,正是通过"脚手架"问题,才去对这些另类的心灵蓝图进行了丰富的描述。

行动蓝图

行动的蓝图由讲故事的人描述的事件组成(Bruner,1990;White,2007)。这些事件很可能随着时间的流逝而交织在一起或联系在一起,从而提供了讲故事者生平的自传/历史旅程。像任何故事一样,由受教者讲述的一系列事件很可能会形成一个主题/情节,以反映一个人的应对策略、成功或失败。换句话说,行动蓝图包括以下要素:

(1)时间线——根据最近、遥远或更远的历史记录的事件;

(2)事件——大量单个事件;

(3)环境——事件发生的条件;

(4)序列——事件相互关联成簇或序列;

(5)图解/主题——事件后果,如策略、成功、丧失或失败。

通过"乔哈里视窗"(见图20.2)的视角看待行动的情况,受教者选择披露的故事代表已知和熟悉的知识;但是,这些知识中的某些内容以前可能已经被教练忽视了(象限Ⅰ和Ⅲ)。

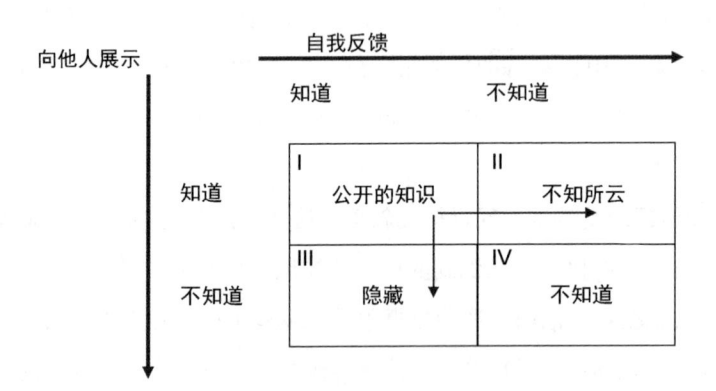

	自我反馈	
向他人展示	知道	不知道
知道	Ⅰ 公开的知识	Ⅱ 不知所云
不知道	Ⅲ 隐藏	Ⅳ 不知道

图20.2 提供反馈:乔哈里视窗

意识蓝图

意识蓝图由讲故事者的自身身份、关于其行为和事件的结论所组成,这些结论受其身份和当代文化的影响。意识蓝图代表了听众从故事中获得的理解。这些理解可

以是故意的,也可以是内部的:

(1) 故意理解——价值、目标、理想、个人代理、恢复;

(2) 内部理解——实现(自我意识)、学习。

就乔哈里视窗而言,意识的境界可能会显示讲故事者的一些盲点,通常会在情节中以一些细微的痕迹出现,教练需要进一步理解和发展。

实　践

组合叙事方法包括以下技术或阶段:

(1) 外化对话(1∶1);

(2) 重新记忆/重新编写(1∶1);

(3) 外部见证人复述(1∶1∶n);

(4) 界定仪式(团体)——对复述的复述。

有人可能会争辩说,任何叙事技巧都是一种外在交谈的形式,在这种情况下,受教者以故事的形式讲述自己的内在经历。当然,外化对话是任何教练学习可能的某些知识的起点,他们可以了解受教者可能的隐藏性自我认同并确定他们的一些盲点。讲故事是在谈话中外化人生经历的好方法。但是,随着故事的展开,进行对话的方式会有细微的差异。使用哪种技术取决于受教者带入教练课程的故事内容。例如,有些故事可能是关于一个遥远的亲人的故事,如一个人的曾祖母。教练可以使用重新记忆技巧来促进故事的发展。在其他情况下,这可能是一个故事,讲述一个人一生中的创伤事件、失败、失去信心和习得性无助。在这种情况下,故事的重新编写提供了开发替代性故事的可能,该故事可以重新培养受教者的希望和梦想。局外人见证和界定仪式是促进小组讨论,鼓励其他人分享他们的经历,并引起讲故事者关于故事主题的共鸣。

叙事方法的目的是通过重新撰写受教者的生活经历来重新发展受教者的技能和知识。

外化对话

维戈茨基(Vygotsky)提出最近发展区的发展任务,再加上怀特的叙事探究,构成了教练对话中的外化对话。这些对话映射到我们"脚手架"中的以下步骤：

步骤1. 描述

邀请受教者讲述他们最近经历的故事。尤其是，教练可能希望受教者讨论他们因原有解决问题技巧而产生的一些个别化结果，并依此找出阻碍其学习或实现目标的障碍。

步骤2. 关系图谱

教练通过受教者各个领域的纷繁芜杂的生活故事勾画出受教者障碍/问题的影响图。该领域可能与家庭、学校、工作场所、同伴环境有关；也与熟悉的关系，包括朋友关系和与自己的关系（自我认同）相关；这样做的目的，是为了让他们有更广阔的视野，包括未来的可能性、理想、价值观、希望和梦想等。我们不鼓励教练在受教者生活的所有领域中描绘问题的影响图谱。教练专注于那些对受教者的目标和抱负最重要的事情。

步骤3. 评估

在对话结束时，教练会评估给定领域中的故事所产生的主题/情节的效果/影响力，并与受教者分享。

步骤4. 证明

受教者被要求证明上述评估的合理性，并就他们的价值观、希望和梦想对商定的评估作出判断。

步骤5. 结论/建议

尽管此步骤不是叙事地图的一部分，但我们添加了它来完成我们的教练课程。在作为教练的实践中，我们建议受教者制定一项行动计划，以克服其绩效障碍并实现其目标。对于元方法论，现阶段有经验的教练可以将其与其他方法（如认知行为技术）联系起来。

通过以上五个阶段的探索，受教者被引导着将对自己生活和身份有价值的结论用语言表达出来。这些可能是关于他们的信仰、价值观、承诺、愿望、首选目的、渴望、愿望、承诺、希望和梦想等的结论。

重新创作

当教练积极地聆听受教者的故事时，除了要敏感和富有同情心外，教练还需要根据主题/情节将故事的事件按时间顺序连接起来(问题外化的步骤2)。这是叙事教练的关键技能之一。随着故事的发展,受教者可能会参考故事中的一些重要人物,并与教练分享有关这些人物身份的结论(请参阅重新记忆对话)。在重新撰写对话期间,教练会协助受教者找出生活中被忽略的事件以及个别化结果或例外。这些个别化结果或例外提供了重新撰写对话的起点——成为受教者的替代故事情节的切入点。因此,从某种意义上说,重新撰写可以看作是从受教者的主导(通常是有问题的)故事情节分支出来并开发新情节(在第3步和第4步之间出现一个转折点)(见图20.3)。

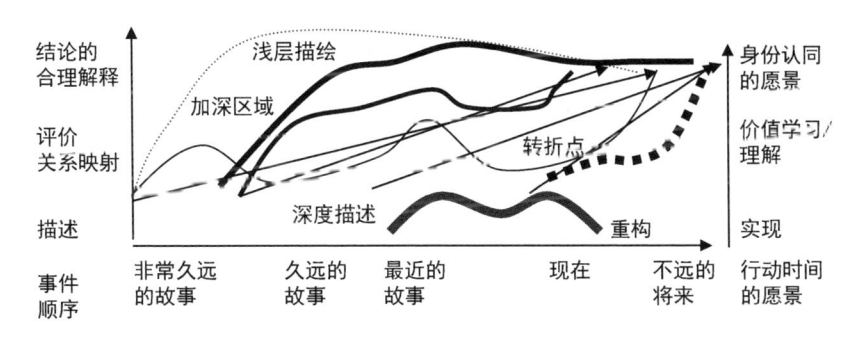

图20.3 在外化对话中重新创作,表明故事情节有许多可能的替代情节

在这些对话开始时,这些个别化结果或例外只有细微的痕迹可见。这些故事情节之间通常存在差距。因此,叙事教练需要通过鼓励教练填补这些空白的问题来搭建支架。正如迈克尔·怀特(2005)所说:"这是一个'脚手架',可以帮助人们汲取生活经验,延伸并锻炼他们的想象力和创意,并引发他们的兴趣和好奇。"

作为教练的结果,叙事教练需要帮助受教者发展这些替代的故事情节并将其丰富。通常,教练会发现,实际上,这些故事情节植根于受教者的历史中,这与他们的价值观和自我认同产生了共鸣。斯泰特(2013)将这一阶段称为"动机与锚定"(加深情节)。

在开发这种"脚手架"时,教练会提出一系列叙事性问题。就像旅途一样,教练/受教者在"心理地图"中"走来走去"(遵循杰罗姆·布鲁纳的比喻)。用叙事的方式,我们称它们为"行动蓝图"和"认同蓝图"。通过这种对话,在教练的"脚手架"问题的支持下,可以丰富地描述心理的其他情况。

重新记忆对话

重新记忆对话并不是关于人们记忆中某人的碎片化被动回忆。被重新忆起和讲述出来的一定是讲述者过去的或者当下生活中所认同的重要他人。迈克尔·怀特（2005）使用"重新记忆"作为芭芭拉·迈尔霍夫（Barbara Myerhoff，1982）工作的隐喻，将重新记忆对话描述为以下对话：

"（1）将'生活'当作一个'会员'俱乐部，将'身份认同'作为生活的一个'协会'。

（2）这有助于形成一种多重的认同感，而不是单一的认同感，这是当代西方文化流行的自我概述的特征。

（3）在这些情况下开放修改某个生活会员资格的可能性：某些会员资格的提升以及其他人的降级；吸纳一些会员并撤销其他会员；授予某些关于个人身份问题的意见的权力，以及取消其他关于此事的意见的资格。

（4）描述在人们生活的重要会员中共同产生的关于首选身份、生活知识以及生活技能的丰富叙述。"

在审查会员资格时，教练可以进一步探讨讲故事者自身身份、知识和技能的内容。从丰富的描述中，可以发现许多重要的成果、结论、学习和解决问题的实践。他们可能对讲故事者的身份、知识和技能有重大贡献。这种认识为受教者的个人发展奠定了基础。最终，它使教练/受教者可以就他们如何前进提出具体建议。重新记忆可以看作是重新撰写的一个具体案例，涉及受教者故事中的重要人物。

局外见证人重述

上一节中描述的外化对话可以应用于小组或团体中，其中要求小组中的一个或多个成员充当故事的见证人。参与者可以选择在听众面前讲述他们的生活故事。选定的局外见证人还可以担任叙事教练的助手，因为他们可以在认可的传统之外（即，认可所听故事的重要性），为教练提供额外的支持。听完故事后，教练要求局外见证人重新讲述故事。特别是，教练的问题会着重指引，就故事的哪些方面与他们自己的经历产生共鸣。

局外见证人通过重新讲述他们所听到的某些方面来回应故事。根据局外见证人转述发生地的文化因素，这些活动可能受某些当地承认的传统的影响。根据迈克尔·怀特（1995，2005，2007）的观点，局外见证人的反应有四类。叙事从业者可以要求或教练局外见证人：

（1）确定讲故事的人的表情；

（2）描述故事引起的印象；

（3）在他们自己的生活经历中体现回应；

（4）确认从故事到自己生活的任何知识"转移"。

界定仪式（团体）——对复述的复述

在叙事实践的背景下（以及在更广泛的后解构主义背景下），一个人的自我认同不受私人和个人成就的支配，而是由以下社会、历史和文化力量支配：

（1）自己的历史；

（2）自己的真实感；

（3）公共和社会成就；

（4）承认自己对自己身份的偏爱主张。

从上面的参考中，界定仪式是一种强有力的方法来帮助当事人找回信心，重建自我认同，找到新的社会认同，由于他们的社会状况（特别是跨文化的情况），他们可能先前不被社会所认同。用叙事术语来说，界定仪式产生多替代主题或丰富的反情节，并增强了讲故事者获得的更多个人主权，而这在以前是无法获得的。

界定仪式是多层的，具有以下结构：

（1）故事讲义——由位于仪式中心的讲故事者进行；

（2）讲故事的复述（第一次复述）——由局外见证人进行；

（3）复述的复述（第二次复述）——由最初的讲故事者进行；

（4）复述的复述的复述（第三次复述）——由局外见证人或第二小组的局外见证人进行。

从理论上讲，以上复述过程可以无限期地继续。在实践中，故事的复述层取决于物理和时间限制。

界定仪式关乎"动员"所有参与者，因此用于会议风格或社群聚会的团体或社区工作而言是理想的选择。它为讲故事的人提供了一个成为他们想要成为谁而不是他们自己的机会。隐喻地讲，由于参与的直接结果，讲故事的人正在（此时此地）从生活中的一个地方"移动/运输"到另一个地方。

除了教练与受教者之间的对话之外，这种仪式还可以使用其他形式的交流，例如，通过电子邮件、日记或信件，以及颁发证书以纪念受教者的故事。

哪类受教者获益最多？

我们发现，从一个国家旅行到另一个国家生活和工作的受教者会发现这种方法最有用。叙事方法特别适用的客户背景或经验类型，是那些遭受地点和文化错位困扰的客户，包括他们理所当然地秉承着自己鲜明特征的力量、价值观和信念。

由于叙事教练的性质在很大程度上取决于客户对故事的表达，因此这种方法仅限于口头交流。如果客户有语言问题或较差的言语交流能力，则可以使用其他交流方式，如绘画和戏剧表演。

在安全的环境中，叙事方法可以轻松地适用于儿童和年轻人（CYP）。实际上，迈克尔·怀特的大多数原始做法都是基于他对孩子的家庭疗法（Michael White & Morgan, 2006）。除了遵守英国心理学会的《道德与行为守则》外，与儿童和年轻人一起工作的教练还应参考《儿童法》(2004)及其共享信息指南。为此，教练需要更具创造力，才能使用适合儿童的隐喻，例如，将一棵树及其各个部分（根、枝和叶）用作隐喻，以此来隐喻自己的生活、文化底蕴和理想（Azarova, Law, Hughes, & Basil, 在准备中）。

> **案例研究：希望的故事**
>
> **背景**
>
> 有一个与当地的社会企业组织合作的朋辈教练培训计划正在制定中。这是为居住在英国伦敦萨瑟克区的人们提供的，他们希望自己发展为朋辈教练，以帮助社区中遭受心理和社会挑战的其他人。参与者本身也经历了类似的挑战。组织哲学和方法与外部化的叙事原则非常吻合。问题才是问题；人不是问题（Stelter & Law, 2010）。叙事教练计划旨在：

（1）帮助参与者改善他们的个人发展、自我反思和一般功能；

（2）增加萨瑟克区的朋辈教练资源；

（3）获得组织和大学的客户反馈；

（4）使朋辈教练能够在其社区内成功开展；

（5）评估为期6周的基于社区的朋辈教练培训计划的有效性。

该项目由住房协会资助，并通过东伦敦大学（UEL）的一个项目（"全球发展计划"）进行评估，该计划还为两个人员提供了学生安置。

客　户

该案例研究涉及多个组织客户：住房协会提供资助，大学提供专门的知识和学生安置，欧盟资助大学（系统分析见图20.4）。

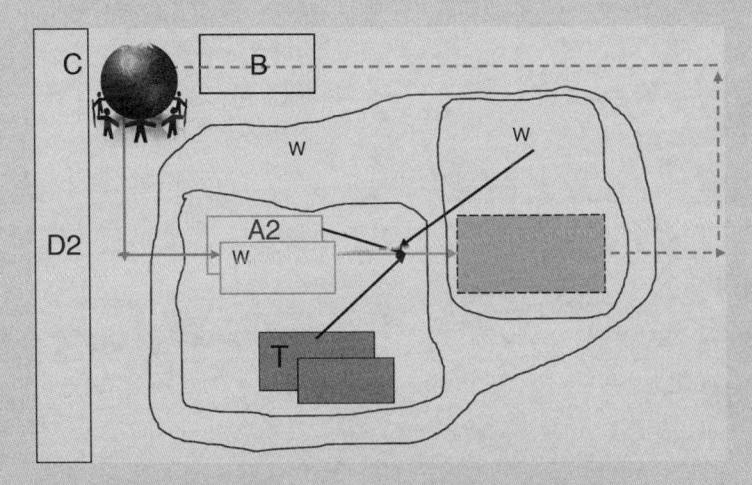

图20.4　客户和利益相关者的软系统（CATWOE）分析

关键成分：A 演员；B 受益人；C 客户；D 系统所有者（O）；E 环境；T 转化；W 世界观

为期6个月的朋辈教练培训计划（每月1个培训日）已实施（2013年11月至2014年5月）。第一节课中介绍了团体叙事教练，其步骤已嵌入课程中。教练专业人员还向学员（朋辈教练）提供了额外的培训和团体督导支持。课程期间,鼓励与会者以局外见证人的成对/小团体复述的方式分享他们经历的故事,并在以庆祝结束的全体会议界定仪式上进行体验性分享。使用混合方法对干预进行了评价——2×2准实验设计(定量)和叙述性研究方法(定性),采用叙事导向的探究程序(Hiles, Cermák, & Chrz, 2009)。对于定量方法,使用劳(Law, 2013a)的文化和社会能力(CSC)自评量表(SRQ)评估参与者的技能和知识(教练能力得分)。参加了CTTS培训计划的参与者作为教练(实验)小组和来自社区的其他多样化成员也被邀请作为非教练小组(对照)参加调查。要求所有参与者在培训开始和结束时完成问卷(Law, 2014)。

改变的过程

初步研究定量分析结果表明,训练后教练组参与者的教练能力得分有所提高,得分显著高于未接受过教练培训的人(Law, 2014)。换句话说,治疗具有显著的效果,$F(1,145) = 5.43$, $p = .05$,性别、种族和治疗条件之间没有显著的相互作用(见表20.1)。

表20.1 变量分析被试间影响检验

信息来源	第三种类型的平方和	df	均方	F	Sig.
截距	66338.107	1	66338.107	88.159	.000
性别	32.170	1	32.710	.043	.839
种族	2308.548	4	577.137	.767	.568
健康状况	3680.190	1	3680.190	4.891	.049
性别 * 种族	.000	0	.	.	.
性别 * 健康状况	.000	0	.	.	.
种族 * 健康状况	471.124	3	157.041	.209	.888
性别 * 种族 * 健康状况	.000	0	.	.	.
误差	8277.333	11	752.485		

叙事研究方法被用来确定朋辈教练的故事。内在的目标、希望和梦想,以及教练培训如何帮助他们。分析(Murray, 2003; Hiles et al., 2009)表明,这一过程帮助参与者重建了新的自我认同——通过作为局外见证人的其他人的眼睛得到验证(Geertz, 1986)。通过分享与其他参与者的故事共鸣的经验,他们找到了自己在经历过程中遭受痛苦的意义。总体而言,参与者的故事显示了从悲观主义和回归乐观主义(培训之前)到更持续乐观主义(培训之后)的转变(Law, 2015, 2016)。

遇到的困难

(1) 语言障碍

由于英语不是某些参与者的第一语言,因此必须格外小心和考虑以确保他们能够理解问题,并且这些问题不会造成任何困扰。

(2) 故事主要讲述者的有效性、可靠性和代表性

作为叙事实践者,在扮演民族志研究者的角色以重新讲述、报告和传播来自不同社区的个人和群体的故事,我们是否感到道德上的两难境地？在尊重这些人的层面是否做到了公平。其中一些故事非常个人化并且具有政治敏感性。提出的问题包括:重新讲述的故事是否公正地表达了讲故事者的意图？重新讲述的故事是否有效且可靠地代表了原始故事的含义？

(3) 利益相关者致谢

为了保持机密性,讲故事者的姓名和身份保持匿名。这样做,就很难向这些人致谢,以纪念这些故事的来源。

(4) 我们作为学者、心理学家和研究人员在传播这些故事方面的责任

一方面,我们感到我们有专业的责任来发布这些故事,分享这些技能和知识。另一方面,这必须平衡故事贡献者的敏感性和尊重需求。

(5) 故事的所有权

有些故事非常独特和个人化,但是一旦在团体教练中被讲述和复述就会公开,技能和知识也会在团体中分享。虽然有些人可能对故事的传播非常满意,因为故事嵌入和传播了知识,但有些人可能觉得故事太私人,无法在更广

泛的领域分享。这就提出了这些故事的所有权和著作权的问题。撰写和报道故事的作家是作者,还是讲故事的人拥有著作权？谁拥有传播故事和知识的力量、责任和控制权？谁从中受益？

致　谢

感谢东伦敦大学的校友们：内奥米·姆瓦桑比利(Naomi Mwasambili)(CTTS 的主任)，瓦莱丽娅·斯特齐(Valeria Sterzi)和珍妮·戈登(Jenny Gordon)对案例研究的贡献以及"全球发展计划"的资助。www.enterprising-women.org /make-it-globals-leadership-programme-2014

讨论要点

1. 作为一名教练,你能想出一些鼓励讲故事的人提出新的行动建议的问题吗？叙事教练需要做些什么,以便引导故事讲述者进入其他身份类别？

2. 用问卷调查法评估案例研究。在案例研究的背景下,这种评估方法的缺点是什么？作者还将叙事研究方法用作混合方法的一部分,这是此案例研究(以及一般的叙事实践)中使用的最合适的定性研究方法吗？

3. 想象一下,如果你的受教者(或教练)透露过去曾被诊断出患有精神疾病。你觉得如何？有哪些挑战、问题和担忧(如果有)？

4. 你能想到其他可以使用界定仪式方法的情况吗？描述需要考虑哪些修改(如果有)；重新叙述局外人、见证人是谁？你如何确定保密？

推荐阅读

Drake, D. B. (2015). *Narrative Coaching: Bringing Our New Stories to Life*. Canada: CNC Press.
Law, H. (2013a). *The Psychology of Coaching, Mentoring & Learning*. Second Edition. Chichester: Wiley-Blackwell.
Law, H. (2013b). *Coaching Psychology: A Practitioner's Guide*. Chichester: Wiley-Blackwell.
Stelter, R. (2013). *A Guide to Third Generation Coaching: Narrative-Collaborative Theory and Practice*. Dordrecht, Heidelberg: Springer.

参考文献

Allan, J., Fairtlough, G., & Heinzen, B. (2002). *The Power of the Tale: Using Narratives for Organisational Success.* Chichester: Wiley.

Azarova, V., Law, H., Hughes, G., & Basil, N. (in preparation). Celebrating Heritage: A Mixed-Method Research: Exploring Experiences of Refugee Children and Young People in the Context of Tree of Life Groups.

Bruner, J. (1990). *Actual Minds, Possible Worlds.* Cambridge, MA: Harvard University Press.

CIPD. (2006). News: Sort it with a story from down under. *Coaching at Work.* 1(2): 10. Chartered Institute of Personnel & Development. London: Personnel Publication Ltd.

Derrida, J. (1978). The art of thinking narratively: Implications for coaching psychology and practice. *Australian Psychologist.* 42(4): 283–294.

Drake, D. B. (2015). *Narrative Coaching: Bringing Our New Stories to Life.* Petaluma, Canada: CNC Press.

Epston, D., & White, M. (1992). *Experience, Contradiction, Narrative & Imagination: Selected Papers of David Epston & Michael White.* Adelaide, Australia: Dulwich Centre.

Geertz, C. (1986). Anti-anti-relativism. *American Anthropologist.* 86: 263–278.

Hall, E. T. (1976). *Beyond Culture.* Garden City, NY: Anchor Press.

Hiles, D., Cermák, I., & Chrz, V. (2009). Narrative oriented inquiry: A dynamic framework for good practice. In *Narrative, Memory and Identities.* Pp. 53–65. Huddersfield: University of Huddersfield.

Hofstede, G. H. (1991). *Cultures and Organizations: Software of the Mind.* London: McGraw-Hill.

Kolb, D. A. (1984). *Experiential Learning: Experience as the Source of Learning and Development.* Englewood Cliffs, NJ: Prentice Hall.

Law, H. C. (2006). Can coaches be good in any context? *Coaching at Work.* 1(2): 14. Chartered Institute of Personnel & Development. London: Personnel Publication Ltd.

Law, H. C. (2010). Coaching relationships and ethical practice. In S. Palmer & A. McDowall (eds.). *The Coaching Relationship.* Hove: Routledge.

Law, H. C. (2013a). *The Psychology of Coaching, Mentoring & Learning.* Second Edition. Chichester: Wiley-Blackwell.

Law, H. C. (2013b). *Coaching Psychology: A Practitioner's Guide.* Chichester: Wiley-Blackwell.

Law, H. C. (2014). Stories of hope: A narrative practice in wider communities. *Presentation at the Research Conference.* 25 June, University of East London.

Law, H. C. (2015, 2016). Communities of hope: A narrative practice and its evaluation. *Presentations at British Psychological Society (BPS) Annual Conference* 5–7 May 2015, ACC, Liverpool; and at *BPS (Northern Ireland) 60th Anniversary Annual Conference*, 3–5 March 2016 at the Ballymascanlon House, Co Louth, Ireland.

Law, H. C., Aga, S., & Hill, J. (2006). "Creating a 'camp fire' at home", narrative coaching: Community coaching & mentoring network conference report & reflection. In H. C. Law (ed.). *The Cutting Edge.* Volume. 7, No. 1. ISSN 1366–8005. Peterborough, UK: Peterborough School of Arts Publication.

Law, H. C., Ireland, S., & Hussain, Z. (2005, 2006). Evaluation of coaching competence self review on-line tool within an NHS leadership development programme. *Special Group in Coaching Psychology Annual National Conference.* December. City University, London: The British Psychological Society. *International Coaching Psychology Review.* 1(2). The Australian Psychological Society & British Psychological Society.

Murray, M. (2003). Narrative psychology. In J. A. Smith (ed.). *Qualitative Psychology: A Practical Guide to Research Methods.* Chapter 6, pp. 111–132. London: Sage.

Myerhoff, B. (1982). Life history among the elderly: Performance, visibility and re-membering. In J. Ruby (ed.). *A Crack in the Mirror: Reflexive Perspectives in Anthropology.* Philadelphia, PA: University of Pennsylvania Press.

Myerhoff, B. (1986). Life not death in Venice: Its second life. In V. Turner & E. Brunner (eds.). *The Anthology of Experience.* Chicago, IL: University of Illinois Press.

Ncube, N. (2006). The tree of life project: Using narrative ideas in work with vulnerable children in Southern Africa. *The International Journal of Narrative Therapy and Community Work.* 1: 3–16.

Rosinski, P. (2003). *Coaching Across Cultures.* London: Nicholas Brealey.

Stelter, R. (2013). *A Guide to Third Generation Coaching: Narrative-Collaborative Theory and Practice.* Dordrecht, Heidelberg: Springer.

Stelter, R., & Law, H. (2010). Coaching: Narrative-collaborative practice. *International Coaching Psychology Review.* 5(2): 152–164.

Trompenaars, F., & Hampden-Turner, C. (1997). *Riding the Waves of Culture.* Second Edition. London: Nicholas Brealey.

Turner, V. (1967). *The Forest of Symbols: Aspects of Ndemby Ritual.* Ithaca, NY: Cornel Paperbacks.

Turner, V., & Brunner, E. (eds.). (1986). *The Anthology of Experience*. Chicago, IL: University of Illinois Press.
Van Gennep, A. (1960). *The Rite of Passage*. Chicago, IL: Chicago University Press.
Vygotsky, L. S. (1962[1926]). *Thought and Language*. Cambridge, MA: MIT Press.
Wenger, E. (1998). *Communities of Practice: Learning, Meaning, and Identity*. Cambridge: Cambridge University Press.
White, M. (1995). *Re-Authoring Lives: Interviews & Essays*. Adelaide, S. Australia: Dulwich Centre Publications.
White, M. (2005). Michael White Workshop Notes. Published on September 21, 2005 www.dulwichcentre.com.au
White, M. (2006, February 20–24). *Narrative Therapy Intensive Workshop* . Adelaide, S. Australia: Dulwich Centre.
White, M. (2007). *Maps of Narrative Practice*. New York, NY: W.W. Norton.
White, M., & Epston, D. (1990). *Narrative Means to Therapeutic Ends*. New York, NY: W.W. Norton & Co.
White, M., & Morgan, A. (2006). *Narrative Therapy with Children and Their Families*. Adelaide, S. Australia: Dulwich Centre Publications.

第二十一章　焦点解决教练

比尔·奥康奈尔和斯蒂芬·帕尔默
（Bill O'Connell & Stephen Palmer）

引　言

以解决方案为中心的教练（SFC）是一种以结果为导向、以能力为基础的方法。它通过唤起和共同构建解决问题的方案，帮助受教者实现他们渴望的结果。SFC 完全符合未来导向、目标导向的教练精神。以解决问题为中心的教练不是解决问题，而是将受教者的技能、优势、知识和经验放在中心位置。教练的职责是伸展、澄清、支持和授权受教者设计和实施对他们有用的解决方案。

这是一种实用的方法，可以通过明确地关注受教者的议程来加强他们的合作。教练与受教者之间的关系是透明的，因为教练向受教者解释了技巧，希望他/她将其带走并自己使用。这是一种专注、尊重和渐进的方法，可在短时间内获得有益的结果。自 20 世纪 90 年代后期以来，SFC 赢得了国际关注。

焦点解决教练的发展

尽管其历史影响力包括阿尔弗雷德·阿德勒（Alfred Adler）、米尔顿·埃里克森（Milton Erickson）和约翰·普洛兰德（John Weakland）（O'Connell, 2003），但很难确定焦点解决方法的单一创始人。焦点解决的方法起源于家庭治疗领域。它由 20 世纪 80 年代在美国威斯康星州密尔沃基市简明治疗中心工作的家庭治疗师团队开发。领导人是史蒂夫·德·沙泽尔（Steve de Shazer）和茵素·金·伯格（Insoo Kim Berg），他们都是该方法的多产的作家和专家。其他领导人包括内布拉斯加州的治疗师比尔·奥汉隆(Bill O'Hanlon)。家庭经常呈现多重复杂问题。家庭成员会相互争论到底是什么问题以及应该归咎于谁。这花费了很多时间。在这样的冲突和敌对气氛中，可以理解的是，家庭成员变得防御起来，因此通常无法或不愿进行个人改变。观察到这种无用的对峙后，研究团队改变了策略。该团队没有试图就家庭问题达成共识，而是试图找到解决方案的共识。他们问每个家庭成员他们怎么会知道情况有所改善？他们会注意到什么不同？

以此为出发点，研究小组发现，家庭在争论问题上花费的时间变少了。治疗师发现，当他们鼓励家人注意事情发生的好转的时候，家庭问题处理得更快。随着家庭更多地关注"解决方案"，他们不再陷入问题的恶性循环中(de Shazer et al., 1986)。

从早期开始，焦点解决的思想和实践就赢得了众多从业者的广泛国际关注(Berg & Miller, 1992；Lethem, 1994；LaFountain & Garner, 1996；Selekman, 1997；Triantafillou, 1997；Hoyt & Berg, 1998；George, Iveson, & Ratner, 1999；Darmody, 2003；Devlin, 2003；Grant, 2003；Hawkes, 2003；Hoskisson, 2003；Norman, 2003；O'Connell & Palmer, 2003；Sharry, 2003；Bloor & Pearson, 2004；Berg & Szabo, 2005；Meier, 2005；Jackson & McKergow, 2007)，他们根据自己的情况和客户群调整了其原理和技术，其中包括以下方面：

- 教育——家教，教练和教学
- 教练，辅导，调解，建议和教练
- 儿童
- 精神健康
- 性创伤
- 滥用药物
- 社会工作
- 心理学
- 父母培训
- 支持型团体
- 督导
- 反思团队

- 商业和管理
- 组织变革
- 团队教练和发展

它广泛用于团体、团队、夫妇和家庭以及年轻人和儿童（O'Connell & Palmer, 2003）。许多教练已经发现了焦点解决的方法对他们自己的重要性（Palmer, Grant, & O'Connell, 2007；O'Connell, Palmer, & Williams, 2012；Palmer, 2011）。

一些人在实践中将解决方案技术作为一环，另一些人则将其与认知行为疗法相结合（Dias, Palmer, & Nardi, 2017；Green, Oades, & Grant, 2006；Hultgren, Palmer, & O'Riordan, 2016；Palmer, 2008），还有一些人将其用作核心模型（Berg & Szabo, 2005）。

理论和基本概念

从最纯粹的意义上，以解决方案为中心的方法是轻理论的。它的目标是在概念和干预方面达到最低限度，遵循奥卡姆（Occam）以解决方案为中心的教练原则，即"用更少的资源做更多的事情是徒劳的"（Russell, 1996）。这种极简主义让教练加入已经在受教者生活中起作用的事情中，而不是觉得有必要从一张白纸开始。受教者已经做了很多有建设性和有帮助的事情："如果它没有被破坏，不要修复它。"这可能是一个简单地做更多有用事情的例子。建立在被受教者确认过的有效方法基础上的策略可能比导入一个受教者不熟悉的策略更有效。配合受教者的目标和价值观，确保解决方案适合个人，而不是去适配某个问题。

SFC专注于受教者的资源、优势和个人素质。它有以下五个方面的假定：

（1）可以帮助受教者在对问题进行最少分析的情况下构建解决方案。受教者有很多资源和能力，他们和其他人都没有意识到。大多数人还没有充分利用自己的潜力。

（2）受教者对他们喜欢的未来有很多想法。"多问题"受教者可以被视为"多目标"受教者。

（3）受教者已经采取了建设性和有益的行动（否则情况将会更糟）。

（4）尽管我们清楚地保留了自己的过去并需要从我们的错误和成功经验中学习，但焦点解决工作的重点是受教者的当前和其偏爱的未来。我们的历史可以使我们想起我们走了多远，以及我们如何克服了困难。汲取历史经验教训也可以警示我们，防止旧问题的再次出现。

（5）有时它有助于理解问题的原因，但它并不总是必不可少甚至是无益的。寻找原因可以导致去归咎于某人或某物。对问题的原因进行争论会导致自辩行为并进一步加剧局势。某些形式的分析使人们更难对未来充满希望。

焦点解决教练不会将自己的见解与受教者的经历挂钩。他们不知道如何解决错误的问题。相反，他们帮助受教者更加了解成功后的成功方式。他们对受教者的问题是："是什么特别之处造成了这种不同？"

教练还问受教者："当你达到目标时，那将使你有何不同？"接下来是另一个问题，"那对你有什么影响？"这条询问线可以帮助受教者阐明他们的选择和优先事项，并确定实现其目标的步骤。

教练倾听并承认受教者所遇到的问题，同时力图遏制"问题谈话"。人们经常想要并且需要解决问题，特别是当他们感到孤立和被误解的时候。在寻找机会从"问题讨论"转向"解决方案讨论"的同时，教练必须承认并验证人们的担忧和感受，这一点很重要。在不同的时间，人们会感到有必要更详细地说明他们的问题情况。如果教练不赞成"消极"谈话，而将受教者推向"积极思考"，那么受教者将抵制和破坏教练的努力。值得记住的是，受教者通常也有解决方案，以摆脱困境。他们将对改善局势有自己的想法，需要有机会与其他人一起探讨。明智的教练将始终认真听取受教者的想法，并在可能的情况下配合受教者的喜好。

正如人们倾向于重复"相同的问题"一样，他们也倾向于使用有限的精心设计的策略来解决这些问题。其中一些将是失败的解决方案。尽管受教者知道这些方法不起作用仅仅是因为他/她想不出其他方法来尝试，用塞缪尔·约翰逊（Samuel Johnson）（Boswell，1791）的话说，"希望胜过经验！"他们将这样做，去忽略经验性的证据，即从总体上讲，它在以前的情况下没有起作用。焦点解决的方法鼓励受教者摆脱这种无益的模式，并"做一些不同的事情"。

焦点解决的工作方式意味着教练和受教者合作寻找与受教者相关且量身定制的"签名"解决方案。为了找到适合受教者的解决方案，教练必须远离受教者。我们的意思是说，教练可以促进但不会干扰或接管受教者独特的解决方案构建过程。在短期内,如果教练提供解决方案,尤其可能会觉得提供了很有帮助的公式化解决方案,但从长远来看,这会破坏受教者的自信心并增加依赖性。

焦点解决教练鼓励受教者将注意力的重点从"看到"主要问题转移到注意生活中何时以及如何发生建设性的积极事件。例如,他们可以选择看到半空或半满的杯子。他们可以选择沉迷于自己犯的错误,也可以研究接下来的时间如何达到成功,以及在出现问题时如何采取不同的行动。

人们对解决方案越敏感,他们对可用的解决方案的了解就越多。

焦点解决教练引导受教者专注于以下五个方面:

(1) 他们短期和长期的希望
(2) 他们如何设法使事情变得不同
(3) 他们的技能、素质和优势——他们的资源
(4) 他们需要采取的第一步
(5) 他们将用来取得进展的策略

焦点解决教练将受教者视为他们自己生活的专家,这里是指他们关于自身的"内部"知识,而不是"专业"知识。专业人士可能不知道什么是针对受教者的"正确"解决方案。解决方案需要适合受教者,而不是问题。格林和格兰特(Greene & Grant, 2003)认为:

> 最好的情况是,焦点解决教练使人们可以获取和使用我们所有人拥有的丰富经验、技能、专业知识和直觉。它使人们能够在工作和个人生活中找到适合自己处境的个性化和创造性的解决方案。

焦点解决教练可以帮助受教者发展一种语言和一种态度,这些动机和态度将激励、授权和支持他们实现目标。焦点解决对话强调受教者可以用来实现自己偏爱的未来的能力、技能和素质。他们的语气乐观,充满希望和尊重。他们提高了受教者的意识,即变革一直在发生,并且他们有能力至少在某种程度上确定变革的方向。

通常,在焦点解决的从业者的培训中,并没有过多地探索心理学理论。但是,自我教练学习和自我调节通常被认为是解决方案为中心的方法的重要方面,因为理论解释了如何帮助教练达到目标(Grant, 2006a)。格兰特(2006b)指出,"目标设定是成功自我调节和有效教练的基础"。拉瑟姆和尤克(Latham & Yukl, 1975),洛克(Locke,

1996)以及罗斯索恩和艾略特(Rawsthorne & Elliot, 1999)的研究支持了这一论断,他们发表关于目标设定与绩效结果之间关系的研究时强调了目标设定对教练过程的重要性。然而,斯库拉和林利(Scoular & Linley, 2006)挑战了"圣牛"(Sacred cows)教练和目标设定。他们的研究使用了具有目标设定和非目标设定条件的实验性被试者间设计(N=117)。他们发现两种情况之间没有显著性差异,但发现人格差异具有统计学意义;当教练和受教者的气质有所不同时,结果得分更高。

实 践

关 系

下文描述的干预措施是在尊重、平等、合作的环境下进行的,在这种关系中,受教者被视为专家。教练的作用不是提供解决方案,提供建议或提供充满病理学的见解(O'Connell, 2003; Grant, 2006b; O'Connell, Palmer, & Williams, 2012)。这个角色更多是一个促进者,他通过支持性提问和反思过程,使受教者能够利用自己的资源,并意识到他们拥有与当前挑战相关的技能、优势和策略。

认真聆听,使受教者保持在解决方案上,反映受教者的能力,促进受教者利用想象力,总结受教者独特的策略集——这些是焦点解决教练的关键贡献。

技术不能让一个教练实现焦点解决。正是焦点解决的价值观所支撑的关系的质量才能使某人真正地专注于解决方案。

技巧和策略

SOLUTION(解决)模型

威廉、帕尔默和奥康奈尔(2011)开发了一个简单的首字母缩写词作为辅助备忘录,以帮助教练回忆起焦点解决典型教练课程的结构,突出了关键要素。首字母缩写词"SOLUTION"表示已建立的教练过程的八个重要元素,如下所示:

S:Share updates 分享最新动态

O:Observe interests 观察兴趣

L:Listen to hopes and goals 倾听希望和目标

U：Understand exceptions 理解例外

T：Tap potential 挖掘潜力

I：Imagine success 想象成功

O：Own outcomes 自己的成果

N：Note contributions 注意贡献

SOLUTION 模型或框架可用于多种环境中的教练,包括技能和绩效、领导和管理、健康与幸福以及生活/个人教练(Williams, Palmer, & O'Connell, 2011)。

会谈前改变

当受教者首次要求进行一次教练约谈时,将要求他(或她)注意第一次约谈之前发生的任何变化(O'Connell, 2003；O'Connell, Palmer, & Williams, 2012)。在首次会谈时,许多受教者报告说他们已经控制甚至改善了他们的处境。这为会谈提供了一个强大而积极的开放空间,受教者的资源和策略处于中心位置。它为教练和受教者提供了构建平台。

无问题讨论

在首次约谈开始时,教练与受教者提供了讨论自己和他们的兴趣的机会,而没有提及他们的问题(O'Connell, 2003；O'Connell, Palmer, & Williams, 2012)。以下这些对话通常会发现有助于教练了解的信息：

(1) 如何与受教者一起工作？

(2) 哪些隐喻或示例将对受教者有效？

(3) 受教者的力量、素质和与解决方案构建相关的价值观。

无问题讨论还凸显了这样一个事实,即受教者所面临的困难远远超过其所遇到的任何困难。

寻找能力

在承认受教者所面临的困难的同时,焦点解决教练特别注意体现其能力的例子(O'Connell, 2003)。教练会感觉到合适的时机,让受教者意识到他们的优势和资源,并邀请他们思考如何在当前情况下运用这些优势和资源。如果教练足够敏感,受教者将拥抱自己的技能和优势,但当教练反馈过度的时候,受训者更有可能拒绝这种他们不认可的美好前景。

寻找例外

焦点解决教练不关注于问题发生时候的样子,而是询问问题什么时候被处理得更好。这些事件被描述为"例外"。总是可以发现例外,因为每个人都有高潮和低潮,跌宕起伏,好时光和坏时光(O'Connell, 2001, 2003; O'Connell, Palmer, & Williams, 2012)。例外情况提供了受教者建设性策略的证据。通过突出并探索这些例外时刻,受教者可以找到如何使这些例外发生得更频繁或更长时间的方式。教练与受教者温和地探讨发生例外的情况。他/她可能会使用以下问题:"你是怎么做到的?你做的第一件事是什么?你怎么知道那将是有用的?为了能够再次执行此操作,将会发生什么?"例外遵循焦点解决的原则,即"如果可行,请继续这样做"。

奇迹问题

史蒂夫·德·沙泽尔(Steve de Shazer, 1988)和他的同事设计的奇迹问题,是焦点解决教练使用的一项干预措施,可帮助教练绕过"问题谈话"。它通过鼓励受教者运用他们的想象力来描述如果问题没有支配或定义他们,他们的日常生活将会如何。其标准格式为:

> 想象一个晚上,你睡着了,奇迹发生了,而我们一直在讨论的问题就消失了。既然你睡着了,就不知道奇迹发生了。当你醒来时,奇迹发生的第一个信号是什么?

这个问题是一个有力的问题,因为它可以获取通常不是常规质询所发掘的富有想象力的资料(O'Connell, 1998; O'Connell, Palmer, & Williams, 2012)。一位技术熟练的教练在这个奇迹般的问题之后,又提出了一些与受教者的答案密切相关的问题。每一个答案都是受教者偏好情景的另一部分,有助于明晰受教者可以使用的策略。当教练探索受教者的奇迹答案时,他/她将聆听任何例外的例子——甚至只有一小部分奇迹已经发生的时候。教练还将听取其优势、素质和能力的证据。问题还将包括受教者生活中的重要他人,"他们怎么知道奇迹发生了?""他们会注意到什么不同?""他们将如何回应?"

度量尺

教练使用从 0 到 10 的分值来帮助受教者衡量进度,设定可识别的小目标并制定策略（O'Connell，2001，2003；Greene & Grant，2003；Berg & Szabo，2005；Grant，2006a；O'Connell, Palmer, & Williams，2012）。量尺上的10代表"可能是最好的"，而0代表最差。教练通过询问以下问题来邀请受教者思考自己在量尺上的位置："你说一两天前的你在哪个分值上？""当你在量尺上的评分变高时发生了什么？""你希望在哪个分值上？接下来的几周该怎么办？""是什么让这个改变发生？"受教者还可能考虑其他人将他们放在量尺上的位置。焦点解决教练鼓励受教者思考他们可以采取的小步骤，这将使他们在量尺上提高一分。这与焦点解决的原则是一致的，即"小的变化可以导致大的变化"。通常情况是受教者承诺作出微小的改变，从而建立起动力（"开始启动"），这使他们比原来计划的要走得更远。当事情变得困难时，受教者所能做的最好的事情就是努力维持现状。缩放是一种简单实用的技术，受教者可以在会谈中使用它来衡量他们的进度并计划下一步。

会谈间任务

在会谈期间，焦点解决问题通常会勾勒出受教者接下来将要做什么以改善问题。这些任务通常会遵循以下原则：

（1）如果可行，请继续这样做。

（2）如果不起作用，请停止。

（3）行小步以至千里。

（4）做一些不同的事情。

反　馈

在课程结束时，教练会向受教者提供简短的反馈。它应遵循一个清晰而简单的结构：

（1）赞赏性反馈，说明受教者在会谈上作出的贡献。

（2）受教者对会谈成果的总结。

（3）这些与受教者既定目标之间的联系。

（4）在下一次会谈之前就受教者将要做的行动达成一致——会谈间任务。

重新框架

通过使用重新框架技术，教练可以帮助受教者找到解决问题的其他方法（O'Connell，2000）。对问题的其他看法可能使受教者能够克服问题。

写信

一些焦点解决教练在每次会议之后都会写信给他们的受教者，总结反馈中所说的话。他们还可以鼓励受教者保留日记或记录，以记录他们克服问题或作出积极改变时的情况。该记录成为在困难时期可以借鉴的解决方案存储库。教练可以通过记录量尺和奇迹问题的答案，继续使用专注于解决方案的技术。

哪类受教者获益最多？

通常，大多数焦点解决教练都会取得进步。它适用于儿童、成人、夫妇、工作团队、团体和老年人。有临床障碍的患者可能会受益于焦点解决的治疗或其他形式的治疗，如认知行为治疗，而不是教练。如果治疗师关注焦虑症等临床疾病，而教练关注生活或工作相关问题，则治疗可以与教练同时进行。但是，在这种情况下，教练或教练心理医生将从对临床疾病的了解中受益。例如，沮丧的受教者可能会因教练中制定的目标而感到不知所措和有自杀倾向。这是大忌，且应被定义为医源性问题。

如果焦点解决教练无效，则原因可能包括以下七个方面：
（1）教练技能水平低下。
（2）教练不一致的使用方法。
（3）受教者暂时无法利用他们的资源。
（4）受教者在寻找"快速解决方案"，不愿为实现所需的变化而作出任何努力。
（5）受教者的自尊水平太低，以至于他们无法欣赏自己的优势和能力。
（6）受教者希望对问题的根源有更深入的了解。
（7）受教者希望教练具有教练性和解决问题的能力。

如果受教者处于变革前的思考阶段（Prochaska & DiClemente，1992），那么他们可能还没有做好接受教练的准备。在教练过程中，受教者对制定目标和执行会谈间任务感到矛盾时，这一点就比较明显。但是，他们可能会在前几次教练会谈中发生变化，或者可能会在以后的某个时间重返教练中受益。

案例研究

科林(35岁)是一家大公司的团队负责人。当他来教练时,表现得真诚、热情、尽责和有才智。自6个月前晋升以来,他开始享受自己的新角色——管理者,支持同事,解决困难,提出新想法,主持会议并为制定政策作出贡献。但是,他的新职位的一个方面引起了他极大的焦虑——他在每月高级管理人员会议上的表现。他认为这种氛围充满挑战性和竞争性,这吓到了他。在会议中的大部分时间里,他保持沉默,并希望避免被注意到。当他讲话时,他感到自己被忽略了。这种被边缘化的经历正在影响着他的自信心。他感到自己被该集团的一些有权势的成员欺负,发现很难站稳脚跟。他开始把自己看作是一个失败者,他让自己的团队失望,因为他在管理层面前表现得很差劲。当他向他们报告说他没有在会上提出他们的问题时,他感到他正在失去作为一个领导人的信誉。

他对管理层会议感到恐惧。他会在前一天晚上辗转反侧难以入睡(通常会因为他两岁孩子的吵闹而更加烦恼)。在早上开会时,他在上班途中感到不适和惊慌。在这些会议之后,他形容自己"感觉像个神经衰弱的人"。当科林来教练时,教练承认这些管理层会议对科林来说确实困难。科林没有被要求描述更多关于他在会议上行为的细节,而是被问到了他作为团队负责人的优势。关于他自己的团队,科林觉得他是"努力、自信、支持和热情的"。当被问及工作以外的朋友如何形容他时,他说:"忠诚、关怀、对别人感兴趣。"这些开放的交流开始使科林意识到:只有在管理层会议的特殊情况下,他才发现很难成为自己。

实际上,他拥有许多个人和社会资源。当他证明自己可以表现出自信时,他能够描述非工作场合——例如,在他的房屋扩建中与建筑商进行谈判。当被问到他是否曾经面对过与他目前在工作中面临的类似情况时,他记得在一家公司工作过一次,当时他不得不挑战一位对他提出不合理要求的高级员工。他发现这很难做到,必须在开始前"振作起来"。

关于他的资源，教练问他："如果你可以在管理层会议上使用它，那么你觉得哪种素质或力量真的很有帮助？"他的回答是，他通常是个"清晰"的人，这引发了关于他为使自己的沟通清晰而作什么的讨论。关于这次会议，他认为他可以作以下方面的选择：

（1）在会议开始时提出他对某个主题的意见。

（2）提出一个相关问题。

（3）提出团队问题。

（4）保留他的想法的权利。

教练没有告诉他怎么做，而是问他："是否在某次会议上做到过这些事情？"答案是"几乎从来没有"，但他确实记得有一次他支持一位承受压力的同事。他想说什么就说什么，即使别人不同意，也一直坚持他的观点。教练还问他："你认为在会议上不去做些什么事会对你有帮助？"科林说，他可能会停止从事使自己处于从属地位的行为——"我可以停止坐在主席的视野之外，并停止在休息时为所有人倒咖啡"。

教练使用焦点解决的干预措施（称为奇迹问题），邀请科林想象一下，当他某天晚上睡着时发生了惊人的事情，如果他愿意的话，这是一个奇迹。当时他睡着了，他不知道这件事发生了。因此，当他在下一次管理层会议当天醒来时，他将如何开始发现发生了令人惊讶的事情？

在回答这个问题和后续问题时，出现了以下情况："醒来后我会比较镇静，因为我可以睡个好觉。我会穿得潇洒。我会在上班路上听音乐，而不是考虑会议的糟糕程度。我会准备好就团队问题说些什么。我要提醒自己，我在会议上和其他人一样出色。在参加会议之前，我会放松呼吸。在会议上，我将坐在一个可以看到和被看到的位置。我会在会议开始时说些什么——只是让我感到自己的存在。我不会那么担心，我会更加放松。"

科林对奇迹问题的回答引发了计划的制定。他决定：

（1）与他的伴侣商量在管理层会议前一天晚上不负责夜间照看婴儿。

(2) 为会议做更好的准备——特别是思考他将要说的关于团队问题的内容。

(3) 带上他的 iPod 和他一起工作。

(4) 改变他在会议上的坐位。

(5) 尽早在会议上说点什么,即使只是问一个问题。

在会议结束时的反馈中,教练提醒科林他作为管理者所需的全部技能。他已向管理层证明自己很符合晋升的标准。他有很多想法可以改善他在管理层会议上的表现。教练对科林将自己的技能从一种环境转移到另一种环境的能力表示了信心。

两周后,当科林返回第二次教练时,会话重点是自上次见面以来可能发生的变化。科林报告说,在参加的管理层会议上,他仍然感到焦虑,但是他成功地提出了团队的问题。教练很好奇科林如何做到这一点。科林的观点是,他一直努力提高自己的表现,因为他一直在思考如果他不得不告诉团队他再次失败的话,他的团队会多么失望。他参加会议感觉也更好了,因为前一天晚上他睡得很香。

焦点解决教练教他度过了一个安稳的夜晚。他还执行了在上班途中听音乐的计划,并转移了对前一天担忧的注意力。

在进一步开发这些解决方案时,教练向科林提出了扩展性问题。

教练:画一个量尺,从 0 到 10 的刻度,10 表示一切都好,0 表示真的不好,你认为你现在参加管理层会议的位置在哪里?

科林:3。

教练:是什么让你说 3 而不是 2?

科林:我认为我已经开始以不同的方式考虑它。对于我来说,这不是一个创造性思考的好会议;竞争太激烈了。我需要适应这种情况,并找到自己的处理方式。

教练:因此,在你看来,你需要怎么做才能保持 3 甚至 4?

科林:我要做的一件事是和我的同事爱玛交谈。她对会议的感觉和我一样,但是似乎已经找到一种处理方法。

教练:要达到 4 的目标,还需要发生什么?

> 科林：当他们在管理层会议上听到我为他们带来的结果时，看到了团队的反应，这真的会让我受到鼓舞。
>
> 进一步的讨论促使科林制定了下一步计划，这将使他进一步向前。在此过程中可能会遇到挫折，但教练将继续鼓励科林发挥自己的优势，注意他实现自己想要实现的目标的时间并从中汲取经验。教练使用的许多干预技巧都是他在鼓励科林运用自己的策略：
>
> （1）注意他在会议上做的一些积极的事情，并意识到自己是如何做到的。
> （2）为自己设定一些可以实现的小目标。
> （3）使用度量尺来衡量他的进步并确定下一步的发展。
> （4）训练自己利用资源和想象力来设计有用的解决方案。
>
> 在一段时间内，科林在管理层会议上变得更加自信和果断，并且作为团队负责人的他，影响力持续增长。尽管参加管理层会议仍然是他工作中最不喜欢的部分，但他感到自己正在为自己和团队尽其所能。

讨论要点

1. 为什么花更多的时间专注于解决方案而不是花时间专注于问题是有意义的？
2. 奇迹问题是否是焦点解决教练必不可少的一部分？
3. 焦点解决教练和疗法是轻理论的，真的是这样吗？还是一些焦点解决实践者只是不关心那些能够为实践提供信息的基础理论？
4. 确定目标是焦点解决方案教练的关键环节吗？

推荐阅读

Greene, J., & Grant, A. M (2003). *Solution-Focused Coaching*. Harlow, UK: Pearson Education.
Jackson, P. Z., & McKergow, M. (2007). *The Solutions Focus: Making Coaching and Change Simple*. London: Nicholas Brealey.
O'Connell, B., & Palmer, S. (eds.) (2003). *Handbook of Solution-Focused Therapy*. London: Sage.
O'Connell, B., Palmer, S., & Williams, H. (2012). *Solution Focused Coaching in Practice*. Hove: Routledge.
This chapter is dedicated to Steve de Shazer and Insoo Kim Berg, the founders of solution-focused therapy.

参考文献

Berg, I. K., & Miller, S. D. (1992). *Working with the Problem Drinker: A Solution Focused Approach*. New York: W. W. Norton.
Berg, I. K., & Szabo, P. (2005). *Brief Coaching for Lasting Solutions*. New York: W. W. Norton.
Bloor, R., & Pearson, D. (2004). Brief solution-focused organizational redesign: A model for international mental health consultancy. *International Journal of Mental Health* 33(2): 44–53.
Boswell, J. (1791). *The life of Samuel Johnson LL,D*. London: Charles Dilly.
Darmody, M. (2003). A solution-focused approach to sexual trauma. In B. O'Connell and S. Palmer (eds.) *Handbook of Solution-Focused Therapy*. London: Sage.
De Shazer, S. (1988). *Clues: Investigating Solutions in Brief Therapy*. New York: W. W. Norton.
De Shazer, S., Berg, I. K., Lipchik, E., Nunnaly, E., Molnar, A., Gingerich, W., & Weiner-Davis, M. (1986). Brief therapy: Focused solution development. *Family Process* 25: 207–221.
Devlin, M. (2003). A solution-focused model for improving individual university teaching. *International Journal for Academic Development* 8(1/2): 77–90.
Dias, G., Palmer, S., & Nardi, A. E. (2017). Integrating positive psychology and the solution-focused approach with cognitive-behavioural coaching: The integrative cognitive-behavioural coaching model. *European Journal of Applied Positive Psychology* 1(3): 1–8.
George, E., Iveson, C., & Ratner, H. (1999). *Problem to Solution: Brief Therapy with Individuals and Families*, revised edition. London: BT Press.
Grant, A. M. (2003). The impact of life coaching on goal attainment, metacognition and mental health. *Social Behavior and Personality* 31(3): 253–264.
Grant, A. M. (2006a). Solution-focused coaching. In J. Passmore (ed.) *Excellence in Coaching: The Industry Guide*. London: Kogan Page.
Grant, A. M. (2006b). An integrative goal-focused approach to executive coaching. In D. R. Stober & A. M. Grant (eds.) *Evidence Based Coaching Handbook: Putting Best Practices to Work for Your Clients*. Hoboken, NJ: Wiley.
Green, L. S., Oades, L. G., & Grant, A. M. (2006). Cognitive-behavioural, soloution focused life coaching: Enhancing goal striving, well-being and hope. *Journal of Positive Psychology* 1(3): 142–149.
Greene, J., & Grant, A. M. (2003). *Solution-Focused Coaching*. Harlow, UK: Pearson Education.
Hawkes, D. (2003). A solution-focused approach to 'psychosis'. In B. O'Connell & S. Palmer (eds.) *Handbook of Solution-Focused Therapy*. London: Sage.
Hoskisson, P. (2003). Solution-focused groupwork. In B. O'Connell & S. Palmer (eds.) *Handbook of Solution-Focused Therapy*. London: Sage.
Hoyt, M. F., & Berg, I. K. (1998). Solution-focused couple therapy: Helping clients construct self-fulfilling realities. In M. F. Hoyt (ed.) *The Handbook of Constructive Therapies*. San Francisco, CA: Jossey-Bass.
Hultgren, U., Palmer, S., & O'Riordan, S. (2016). Developing and evaluating a virtual coaching programme: A pilot study. *The Coaching Psychologist* 12(2): 67–75.
Jackson, P. Z., & McKergow, M. (2007). *The Solutions Focus: Making Coaching and Change Simple*. London: Nicholas Brealey.
LaFountain, R. M., & Garner, N. E. (1996). Solution-focused counseling groups: The results are in. *Journal of Specialists in Group Work* 21(2): 128–143.
Latham, G. P., & Yukl, G. A. (1975). A review of research on the application of goal-setting theory in organisations. *Academy of Management Journal* 18(4): 824–845.
Lethem, J. (1994). *Moved to Tears, Moved to Action. Solution Focused Brief Therapy with Women and Children*. London: BT Press.
Locke, E. A. (1996). Motivation through conscious goal setting. *Applied and Preventive Psychology* 5(2): 117–124.
Meier, D. (2005). *Team Coaching with the Solution Circle: A Practical Guide to Solutions Focused Team Development*. Cheltenham: Solutions Books.
Norman, H. (2003). Solution-focused reflecting teams. In B. O'Connell & S. Palmer (eds.) *Handbook of Solution-Focused Therapy*. London: Sage.
O'Connell, B. (1998). *Solution-Focused Therapy*. London: Sage.
O'Connell, B. (2000). Solution Focused Therapy. In S. Palmer (ed.) *Introduction to Counselling and Psychotherapy: The Essential Guide*. London: Sage.
O'Connell. B. (2001). *Solution-Focused Stress Counselling*. London: Continuum.

O'Connell, B. (2003). Introduction to the solution-focused approach. In B. O'Connell & S. Palmer (eds.) *Handbook of Solution-Focused Therapy*. London: Sage.

O'Connell, B., & Palmer, S. (eds.) (2003). *Handbook of Solution-Focused Therapy*. London: Sage.

O'Connell, B., Palmer, S., & Williams, H. (2012). *Solution Focused Coaching in Practice*. Hove: Routledge.

Palmer, S. (2008). The PRACTICE model of coaching: Towards a solution-focused approach. *Coaching Psychology International* 1(1): 4–8.

Palmer, S. (2011). Revisiting the P in the PRACTICE coaching model. *The Coaching Psychologist* 7(2): 156–158.

Palmer, S., Grant, A., & O'Connell, B. (2007). Solution-focused coaching: Lost and found. *Coaching at Work* 2(4): 22–29.

Prochaska, J. O., & DiClemente, C. C. (1992). *Stages of Change in the Modification of Problem Behaviors*. Newbury Park, CA: Sage.

Rawsthorne, L. J., & Elliot, A. J. (1999) Achievement goals and intrinsic motivations: A meta-analytic review. *Personality and Social Psychology Review* 3(4): 326–344.

Russell, B. (1996). *History of Western Philosophy and Its Connection with Political and Social Circumstances from the Earliest Times to the Present Day*. London: Routledge.

Scoular, A., & Linley, P. A. (2006). Coaching, goal-setting and personality: What matters? *The Coaching Psychologist* 2(1): 9–11.

Selekman, M. D. (1997). *Solution-Focused Therapy with Children*. London: Guilford Press.

Sharry, J. (2003). Solution-focused parent training. In B. O'Connell & S. Palmer (eds.) *Handbook of Solution-Focused Therapy*. London: Sage.

Triantafillou, N. (1997). A solution-focused approach to mental health supervision. *Journal of Systemic Therapies* 16(4): 305–328.

Williams, H., Palmer, S., & O'Connell, B. (2011). Introducing SOLUTION and FOCUS: Two solution-focused coaching models. *Coaching Psychology International* 4(1): 6–9.

第二十二章 神经语言程式(NLP)教练

布鲁斯·格里姆利(Bruce Grimley)

引 言

神经语言程式(NLP)是一种从人本主义心理学时代产生出来的一种模式,它运用了行为主义和认知技巧。NLP 的核心活动不是教练,而是建模,一些 NLP 实践者总结了很多领域具有卓越成就的人的行为模式,并应用相关技术开发教练模型。目前的例子有大成教练(Meta coaching)(Hall & Duval, 2004)、7C's (Grimley, 2013)、挑衅性教练(Provocative coaching)(Hollander, 2013; Kemp, 2011)、清洁教练(Clean coaching)(Tompkins & Lawley, 2006)。其他 NLP 实践者已经利用他们的研究技能来设计模型,可用于教练,如社会全景(Derks, 2005)、核心转换(Andreas, 1994)或 Resolve 模型(Bolstad, 2002)。使所有这些方法具体用于 NLP 的原因是所有作者都在 NLP 的预设下工作,并在其教练模型中利用从 NLP 建模项目中发展出来的许多模式。

NLP 和教练的发展

NLP 是由两个人所创建的,他们是约翰·格林德博士(Dr John Grinder)和理查德·班德勒(Richard Bandler),他们模仿了弗里茨·佩尔斯(Fritz Perls)、维吉尼亚·萨提亚(Virginia Satir)和米尔顿·埃里克森(Milton Erickson)的治疗模式。长期以来,NLP 教练一直认为 NLP 是一种非理论观点。以下评论总结了这一立场:

> 我们称自己为"数据建模者"。基本上我们要做的就是不关注人们说他们做了什么,而要非常注意他们真的做了什么。然后我们自己建立一个关于他们做了什么的模型。我们不是心理学家,也不是神学家或理论家。我们不知道事物的

"真实"性质，我们对什么是"真实"不是特别感兴趣。（Bandler & Grinder，1979）

NLP 理论，衍生自 NLP 的预设前提。这些主要来自米尔顿·埃里克森博士（Linden，2014）和系统理论（Tosey & Mathison，2009）的研究。当人类把他们对世界经验的映射（心智地图）误以为是客观世界的疆土时，他们犯下最基本的逻辑错误。正如格雷戈里·贝特森（Gregory Bateson）为我们总结的那样：

> 人类对他们发现的解决方案有责任，正是这种心理承诺使他们有可能像精神分裂症一样受到伤害。（Bateson，1972）

这种承诺运作了认知失调范式（Festinger，1957），并且在许多内部处理过程中，对内部一致性的最终驱动力导致受教者体验到的是一种"固定的"现实，而不是动态的、复杂和多变的现实。当受教者以后一种方式感知世界时，创建实现目标所需的选择要容易得多。但是，受教者到达 NLP 教练之门是因为他们以静态的方式体验世界，而他们的"固定的"现实会产生一种卡住的状态，使他们无法摆脱或离开。从理论上讲，NLP 教练就是为受教者共同创造选择——人们可以创造更多灵活的选择，而不是不自觉地被误认为是被固定的、充满感情的地图领域所限制。

理论和基本概念

NLP 理论背后的一些基本概念如下。

人类构建自己的现象世界并对此负责

NLP 的最著名假设可能来自科日布斯基（Korzybski）：地图不是领土。更完整的表述是：

> 地图不是其代表的地区，但如果正确，它的结构与说明其用途的地区类似。（Korzybski，1994）

如上所述，阻止受教者前进的一个基本障碍是这种逻辑类错误。这种思维方式等同于去餐厅吃着菜单，却以为实际上在吃饭。

从概念上讲，NLP 教练需要了解，当他们与受教者一起工作时，他们不是在处理真实的事件，而是在虚假事件中工作。这些事件的确可能是在他们还不够足智多谋的年轻时代就培养出来的。但是，此刻他们更成熟且更机智，重要的是他们对现象学的感觉表征承担个人责任，这些感觉表征带来了他们的思维和感觉、他们的语言和行为以及与他人的关系，并使他们能认识到这些可以轻松快速地改变。

人类是个人和集体层面的系统性社会存在

在个体层面上，人类是系统地被构建的，在这个系统的每个层面上，个体都通过删除、扭曲和泛化的建模变量来创建个人模型。在 NLP 中，突触修剪有助于将青少年的大脑塑造成成人的形态，它被视为这些变量在行动中的作用和赫布理论（Hebb rule）的操作化，而赫布理论通常被行为主义者的口头禅"如果神经元一起开火，它们就会连接在一起"（Lówel & Singer，1992）很好地概括。根据早期的经验，我们不仅在感觉水平上系统地删除、扭曲然后泛化以创建含义，这在 NLP 中被称为 FA（首次访问）或 F^1，但随后通过自然语言，我们将这种体验和所产生的意义进行编码。在第二级，我们也删除、扭曲和概括化，但是这种语言级是不同的逻辑类型，在 NLP 中被称为 F^2。如卡迈克尔（Carmichael）等人的实验所示（1932），这种语言编码支持萨皮尔·道夫（Sapir Whorph）理论的较弱版本，因为我们的现象学经验与我们通过感官经验在语言上的编码与我们首次接触世界的方式直接相关。如果我们的受教者通常犯的第一个错误是将地图误认为领土，那么第二个错误便是使自己的逻辑层次混乱。正如阿吉里斯（Argyris，1957，1964）指出的那样，人们说一件事（F^2），然后做另一件事（FA 或 F^1）。通常，这种矛盾是无意识的，是代表内部系统性冲突的受教者的盲点。贝特森在发展他的精神分裂症的双重结合理论中给出了一个例子。一位母亲可能会对孩子说："上床睡觉，你很累，我希望你睡个好觉。"但是，这种公开的、有爱心的交流也可以被标明是这样交流的："离我远点，我讨厌你"（Bateson，1972）。即使孩子可能注意到母亲的内在矛盾和冲突，对母亲来说也是一个盲点。另外，作为一个孩子，她被禁止评论这个矛盾，并且作为一个孩子，她不能离开系统，所以最终她学会了不去在不同层次的矛盾之间作出精细的区分，这种内部矛盾在更广阔的社会和职业世界中产生了后果。NLP 认为，我们需要在其他方面解决受教者地图的各个方面。通过这种方式，我们可以确保对某个部分所作的任何更改（如语言）都能得到其他部分的系统支持，如内部感觉、图片或文字。当个别受教者没有系统协调一致时，他们会以不协调的方式展现自己的个人或职业生活,缺乏统一性。他人对这种缺乏统一性的反应就会与受教者想要的良好结局不符。由于这种矛盾是无意识的,因此受教者常常不知所措,而 NLP 教练可以帮助他们理清如何混淆内部不同层次的信息处理。

NLP 的系统性质实际上是将认知行为教练置之脑后。在 NLP 教练中,杠杆作用被认为是感觉层面上的范围而不是有意识和前意识思维的范畴。20 世纪 90 年代中期的 NLP 培训师格里芬(Griffin)和泰瑞尔(Tyrell, 2000)对此进行了说明。在图 22.1 中可以看到,APET 模型有效地表达了 NLP 思维,我们的经验首先通过我们的感觉经验(F^1 的模式匹配)出现,而我们对这种模式的第一个有意识的响应就是我们的情绪反应。只有在我们的情绪反应之后,我们才开始形成有意识的理解,从而通过语言地图进行分类。NLP 教练认为,正是在这种感觉模式匹配水平上工作,直接说明了为什么使用 NLP 思维的人与那些倾向于在 F^2 水平上工作的人相比,获得更快结果的经验。

APET
- Activating trigger — 激活触发器
- Pattern matching — 模式匹配(F^1)
- Emotional arousal — 情感唤醒
- Thinking (belief) — 思考(信念)(F^2)

ABC
- Activating trigger — 激活触发器
- Belief — 信念(思考 F^2)
- Consequence — 后果(行为和情感)

图 22.1　APET 模型(Griffin & Tyrrell, 2000)

人类是目标导向的

我们的受教者经常犯的第三个错误是产生的结果格式不正确。在语言学中,当一个句子不能完全代表其深层结构时,就会构成错误的句子。表面结构缺少使听众充分理解所需的关键信息。同样,在 NLP 教练中受教者可能会幻想其结局良好,但是事实上,关键要素却缺失了。要在 NLP 中良好地形成目标,必须以积极的态度陈述目标,并由受教者拥有,以激励并维护当前重要的事物。目标还必须基于生态感官(不属于受教者的任何部分),且在一定的时限内。当实现这一目标时,许多 NLP 教练都采用了米勒等人的 TOTE 范例(1960)(见图 22.2),并与受教者一起具体了解某些内部或外部操作是使他们离结

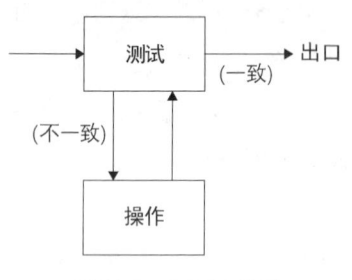

图 22.2　TOTE 模型
(Miller et al., 1960)

果更近(一致)还是更远(不一致)。

使用 TOTE 的结果是在操作级别上提高感知、思想和行为的灵活性,从而使受教者独立于教练,并能够根据不同情况的需要在将来对他们的经验进行必要的调整。

实　践

方案的目标

NLP 教练的目标是为受教者提供更多生活选择。这是通过形成一种欣赏来实现的,因为他们构建了自己的世界地图,因此他们可以在教练过程中重构自己的地图,以使他们发现自己处在相同的问题环境中,但现在有了许多选择。实际上,他们已经解放了,能够自主地处理信息,以这种方式自动作出响应,形成良好格式的结果(WFO)只是时间问题。通常,此过程被认为有些神奇,因为 NLP 教练将同时在两个信息处理级别上工作,并且由于 FA 级别的更改,受教者出现了新的知觉过程,在固有的"问题情境"中不再经验主义地处理问题。

目前,大多数 NLP 模型涵盖了:

(1) 元模型旨在通过口头挑战我们的感官(F^1)和语言介导的心智地图(F^2)之间的映射。

(2) 通过感觉系统及其子模式定义的操作。

(3) 重新设计模式,将感觉置于不同的认知结构中。

(4) 锚定,将不同的感官体验整合在一起。

(5) 米尔顿模型,在 F^1 的表达是使用语言模式转换的,而无须将这些表述映射到客户的意识理解中。

自我亲善

NLP 教练认为,以资源丰富的状态进行教练是基本出发点之一,这在博斯塔的 RESOLVE 模型中已得到正式认可,R 代表"从业人员的资源状态"。

在 NLP 中,与自我的适当关系是在谈论他们想要达到的结果时,批判性地关注受教者所说的话以及他们是如何说的。不可避免地,移情会出现在教练关系中,然而,一旦 NLP 教练接受了移情，他们就会模糊地图/区域的区别，混淆逻辑层次。在这种情况下，教练的注意力不再专门针对受教者所提供的重点，而是被一个内部的偏差点所迷惑，因此，重要的是，NLP 教练需要一名督导，以便他们可以解决任何积极或消极的反移情问题，从而防止他们被受教者提供的外部信息所干扰。

对于 NLP 教练来说，有两种特定的状态非常有用，它们可以随意变更转换，以促进教练过程。首先是一无所知状态。当然，即使无意识的头脑也具有类别。正如安东尼奥·达马西奥（Antonio Damasio）所说，"我们是语言动物"（Damasio，2014）。但是，"一无所知"状态指的是试图尽可能地中止我们自己的内在投射过程，而这仅涉及我们所看到和听到的感觉差异。这样做的作用是帮助我们进入第二种状态，即建模状态，为了更有效地模拟受教者如何维护他们的经历，从而了解他们如何具体地阻碍自己实现良好的结果。这种建模状态对于发展融洽关系特别有用。

亲　善

告诉你的客户你非常深刻地了解了他们的心智地图；只有当他们相信这一点时，他们才会给你"许可"，使他们取得结果。关系可以通过多种方式获得。

表征系统

对于 NLP 教练，受教者通过其表征系统间接地影响着世界。我们首先通过五种感官感知世界。例如，狗有很强的嗅觉，鹰有很强的视觉，蝙蝠用它们的听觉看东西。作为人类，我们使用我们所有的五种感觉，在某些情况下可能会优先选择一种。客户提供他们偏好的线索，为了获得融洽关系，我们需要在交流中匹配该偏好。如果受教者讲话迅速，向上看，从他们的胸部上部呼吸，站直，穿鲜艳的颜色，告诉你未来是光明的，手势很多，则可能是表征系统的视觉效果。人们主要使用视觉谓语进行交流。向客户提供本质上视觉化的任务非常重要，例如，注意人们自信地说话时的表情，并画出他们注意到的图片。其他表征性系统也有类似的线索，但重要的是 NLP 教练注意这些是什么并在与受教者交流时使用。

语　言

受教者的话语代表了他们的感受和想法。当反馈给客户时（NLP 对话中的回溯),请务必使用客户的确切话语来做到这一点,这一点很重要。释义可能会接近,但是释义的关键是你正在使用自己的现实来解释客户的现实。要在无意识的水平上融洽相处,你的受教者需要知道你完全了解他们的真实情况。清洁语言是基于大卫·格罗夫(David Grove)建模的模型,它是一种有效的与被受教者沟通的方式,而且只需施加最小的压力(Lawley & Tompkins, 2000)。

身体语言

NLP 的另一个前提是,身心是系统的一部分。你思考一些事情时,身体就会有些姿势改变。获得融洽关系的一种重要方法不仅是与客户的肢体动作相匹配,而且要与对方保持一致,以便你的肢体动作也与自己的语言相匹配。当你观看一段与人融洽相处的视频时,你会发现一个人会用某种肢体语言说话,比如,交叉腿,几秒钟后另一个人也会这样做。有时可能会有 NLP 所谓的交叉匹配——另一个可能会交叉双臂而不是交叉腿——但是原理仍然是相同的。这需要以一致和微妙的方式完成;如果不是,那么它会产生相反的效果,你的受教者将会找方法脱离。

元程序

元程序是我们使用删除、扭曲和泛化的建模原理的无意识方式。它们就像是组织我们生活的模板。通常,术语"元程序"与个性互换使用。比如,你可能会认识一个非常善于细节的人,他对细节非常在行,做事一丝不苟,要求自己缓慢而有条不紊地工作(小部分而不是大部分);你可能认识一个一直都很没有动力和无精打采的人,直到被施加了某些外部压力,随后他们成为了世界上最有动力的人(被动的而不是主动的);你还可能会知道那种只有在有计划的情况下才能存在的人——他们是真正的计时员,不仅喜欢为自己做计划,也喜欢为其他人做计划(程序性计划而不是选择性计划)。无论哪一种,为了获得融洽的关系,NLP 教练将注意到受教者所采用的模式,并将在交流中使用这些模式。

目标设定

在 NLP 中,强调目标设定需要具备良好的结构(WFO),许多人不能实现他们的目标的关键原因可能是因为目标的结构不良。就 RESOLVE 模型而言,S 代表"指定结果",E 代表"建立亲和"。在 7C 模型中,人们认识到任何结果都必须在特定情境中发生,并提出建立情境问题。元模型(什么? 什么时候? 什么地方? 谁? 怎么做?)试图将受教者句子的表层结构与他们更深层次的参考经验结构重新连接起来,在帮助受教者准确阐明他们想要什么时非常有用。在 7C 模型中,首字母缩略词 SMACTEPPOMF 用勾选列表,提醒 NLP 教练注意 WFO 的特征:

Specific(精确):它基于感觉吗?

Measurable(可测量):如果没有正式的测量方法,是否可以进行非正式的校准?

Achievable(可实现):其他人能做到吗? 受教者能做到吗?

Chunk Size(适当度):结果是否接地气? 如果目标是改变世界,则需要缩小目标;如果目标是剪脚趾甲,则可能需要放大。

Time Frame(时间表):完成的时限是什么?

Ecology(生态):受教者是否有任何不同意见?

Positive(积极):结果是否是积极的?

Preserve(保留):新结果是否保留了当前所有有价值的东西?

Ownership(所有权):受教者对结果有所有权吗?

Motivation(行动):受教者是否有足够的动力去适应并向前迈进到底?

Future Pace(未来步伐):受教者是否能在未来步调一致地取得成功?

系统动态

在 NLP 教练和受教者之间建立融洽关系并发展 WFO 的过程中,经常而且矛盾的是,受教者发现,制定目标的过程实际上是在教练结束时进行的。这是因为通过 NLP 教练施加的最低要求,已反馈了该受教者的"世界地图",并通过使用许多 NLP 模式对其进行了结构修改。通过教练关系,受教者需要最终了解他们承担的责任;这是他们的地图,他们负责进行所需的更改。NLP 教练可以建立融洽的关系,并利用其技能来支持和阐明受教者主观体验的结构;但是,受教者需要确定他们想要什么,以及如何实现这一目标。

哪类受教者获益最多?

NLP 教练适合那些喜欢动态、灵活的教练方法的人。如果受教者需要一种以内容为导向的方法，而通过随机对照试验（RCT）证明特定技术通常可用于特定人群，那么NLP将无法满足这些要求。NLP的方法将给予不同受教者以匹配策略。米尔顿模型（Milton Model，一种用于NLP教练的NLP模型）总结了这种观点。埃里克森（Erickson）经常引用普洛克路斯忒斯之床（希腊神话故事）的故事来隐喻这种一刀切的做法：在一张铁床上，切短高个子，拉长矮个子，以使所有被绑架者一样高。

巴希罗娃（Bachirova，2012）引用威廉的话（2010），强调了RCT提供的所谓黄金标准证据所面临的众多挑战之一：

> 为了解决参与者之间的差异性，RCT必须足够大才能达到统计意义。研究人员最终得出的结论是，很多人的中心倾向是一种衡量方法，如果你将他们视为个体，这种衡量方法将无法代表任何人。

问题的真正实质是，在学术文献中证明动态变化的方法是否是准受教者应关注的问题。NLP通常来说不会，但是勃利内（Briner）对这个问题的态度是明确的：

> 那么，教练工作是有效的还是只是个诡计？我认为我们尚未对该问题有明确的答案。但是我确实知道什么是诡计。这不重要。（Briner，2012）

NLP教练也适合那些乐于接受教练契约的受教者，该契约将允许教练在潜意识层面正式工作。这将意味着随着动态关系的发展，教练有权以自发方式使用语言或行为，目的是改变内部和潜意识的模式，而无须作出明确的举动。不接受这种方式的受教者不应与NLP教练合作。

案例研究

约翰是一位经验丰富的专职老师，被学校推荐给我进行6次愤怒管理教练课程。

麦克斯韦（Maxwell，2009）对同时接受过心理和咨询培训的商务/高管教练与未接受过IPA研究的商务/高管教练进行了区分（解释性现象学分析），表明接受过心理和咨询培训的教练倾向于在边界工作更多（见图22.3和图22.4）。这种干预最初是作为一种传统的"理性"教练干预开始的，然而，它却成为一种在边界上非常有效的干预。

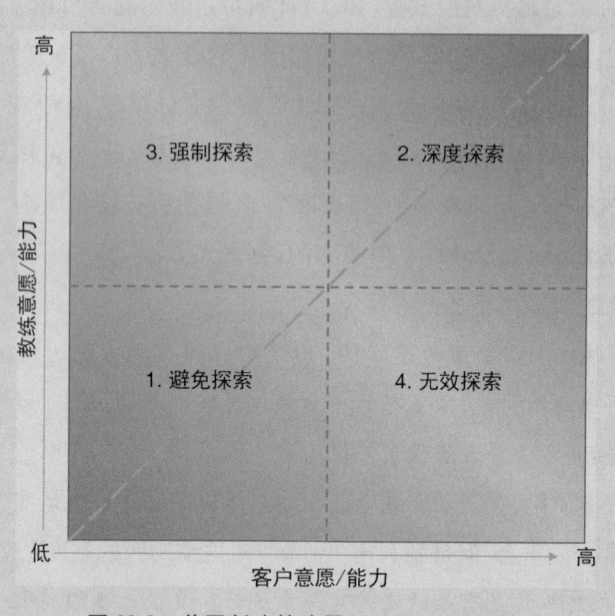

图 22.3 共同创建的边界(Maxwell, 2009)

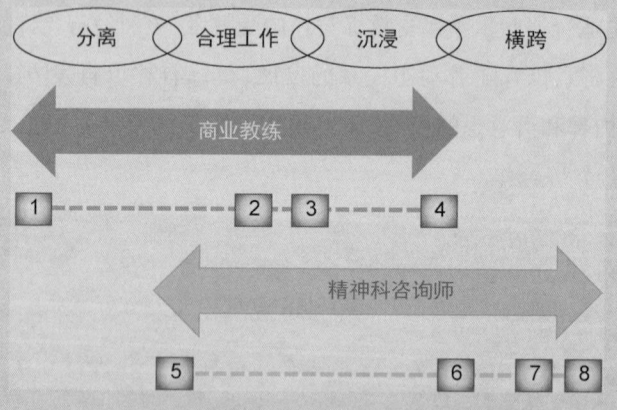

图 22.4 特征性工作方式(Maxwell, 2009)

关系很快得到发展,约翰谈到了在部门助理主管的挑战性角色中可能出现的一些关系困难。他还谈到了扮演老师的角色,需要长时间的工作,并且需要灵活的方式与不同的同事/学生打交道。

约翰提到他每天早晨做普拉提,我从 1 到 10 的等级询问他这样做时有多生气,他说他一点也不生气。我问他早上普拉提后他的状态如何变化以及是什么导致该状态变化。他谈到是因为工作方面的预期焦虑。我们探索了最佳表现是如何以身心协作的方式使身心、呼吸、生理状态、情绪状态和表现轻松而毫不费力。我使用运动框架来隐喻,当一名运动员表现出个人最好的表现时,通常他对体验的描述就是非常放松。当我继续为约翰建模时,我注意到他一直使用"尝试"一词。我要求他模仿自己,因为他在句子中加上了"尝试"一词。他表示正处于高水平的焦虑中。然后,我把他带到房间的另一个地方,请他"摆脱"焦虑的状态,并用"将要"一词重新构成句子。当他这样做时,他说他感到更加有掌控感,并且对自己能够做到自己说的会做的事情充满信心。

在最初的课程中,我使用了一种在线元程序问卷,该问卷从情境人格角度出发,还使用了一种在线压力问卷,两者均由我本人开发(Grimley, 2010)。我们使用这些工具来模拟约翰现在的身份以及约翰以轻松的方式工作而不是在工作场所发怒的情况下的身份。

在第二次会谈之后,约翰得以重返工作岗位,我们开始制定在工作场所内固定积极情绪状态的策略。一个特定的人,安吉拉给约翰造成了一些具体的问题,而约翰经常对她发很大的火,因为她似乎抵制了他所有的绩效管理工作。当他开始描述一个情境时,他却笑了起来。我请他保持那种状态并抚摸他的肩膀,强化了保持那种状态的指示,然后邀请他"走进去",发现他是如何产生这种笑声的。约翰意识到他是在嘲笑整个情况是多么荒谬。他正处于双重困境,如果他管理某人绩效的话,他会被高级管理层指责过于苛刻,然后当他轻描淡写地管理绩效时,他又被指控没有有效地完成工作。通过查看约翰的元程序档案,我们发现外部在定向他,并且注意到我们为约翰创建的理想模型(在工作场所放松)实际上是从内部定向的。我们将安吉拉重命名为"大笑安吉拉",并将其用作听觉锚点,以触发内部定向更多的约翰。我们想象在未来的这个场景中,当安吉拉"玩她的游戏"时,约翰觉得没必要生气。他只是遵循程序,强调与安吉拉达成协议以提高绩效,并制定了相应的评价标准。

在预定的六次会谈结束时,我感觉到我们在技术上做得相当好。尽管我对教练的表现感到满意,但我还是担心,还有一种潜在的模式没有被我们发现,这就是约翰所说的"摇摆不定"的原因。

我为学校写了一份报告,他们请我解决悬而未决的潜在问题,并为约翰又约定了6次会谈。

在这些会谈的第一阶段中,我匹配并调整了我们已经完成的工作,并加快了步伐,由此,我更加急切地寻求让约翰愤怒的原因。约翰对他的不切实际的期望表示愤怒,并谈到敌对的感觉。他甚至幻想攻击孩子或职员。他称此为他的混蛋状态。我感到好奇,并对此感到更加沮丧,他现在的观点有些挑衅,因为他在前6次会谈上对锚定足智多谋的状态更加自信。我想他可能只是想引起别人的注意,他直直地看着我,很快就出了一身汗,浑身发抖。我怒气冲冲地问:"你现在怎么了?约翰回答说:"我非常生气。"我问:"因为谁?"

"你,"他说。我回答说:"太好了,我们终于知道我们在做什么了。"我轻描淡写地问约翰,他是否觉得足够好,可以将他的"混蛋状态"放回原处,只在我们下次会谈上拿出来。他用疲惫的语气说"是"。作为从业了20年的注册心理治疗师,我从一开始就意识到了我的疑虑:存在某种临床症状需要解决。在最初的记录中,我发现约翰的家族中有抑郁症病史,当发现潜在的焦虑症征兆时,我认为用贝克抑郁量表、焦虑和绝望量表进行测试更合适,干预前后的得分见表22.1。

表22.1 第6节和第12节的临床评分

精神判定	2014年某日	症　　状	症状范围
BAI	27	严重焦虑	26—63
BHS	4	中度无望感	4—8
BDI-II	33	严重抑郁	29—63
精神判定	6周后	症　　状	症状范围
BAI	4	轻微焦虑	0—7
BHS	2	轻微无望感	0—3
BDI-II	0	轻微抑郁	0—13

在第 8 次会谈上，我认为使用称为"更改个人历史记录"的 NLP 模式是适当的。我们建立了一个时间线——现在、未来和过去。在确立了积极的情绪状态之后，我要求约翰继续他的时间线并访问他的"混蛋状态"。当我们沿着时间线旅行时，这个"混蛋状态"充当了动感的锚，让无意识的头脑能够指出它何时成为约翰一生中的重要时刻。在每种情况下，我都会邀请约翰探索这种状态，它试图达到的目的，然后在离开时间轴时，再次邀请他在那个时间点见自己和他人，并创造新的应对方式，有效而且被周围人所认可的新方式也可以达到"混蛋状态"想要达成的效果。为了完成此过程，需要两次会谈。我们最终到达了约翰发怒的事件。他谈到了他曾在小学操场上"飞"过，然后用手抓住一名学生的喉咙，因为他对另一个小学生——一个小女孩说："你的母亲应该死，她是个坏女人。"女孩的母亲死于车祸，当时那个小女孩就在车里。

当我们到达他 7 岁那年时，约翰感到惊讶，因为他认为自己会非常生气。但是，可能是根据时间轴上过去"30 年"中所有的重新制定功能，现在不需要使用这种具体化的策略。约翰发现自己只是想跑过来拥抱那个已经说过这些烂话的学生，因为他说这些讨厌的事情都是在以自己的方式悲伤，他需要拥抱，这种需要超过了一切其他事。

其余的会谈基本上都已经完成，并且将 12 个会谈中完成的所有工作进行了整合。压力评分从 4.2 降至 1.9（平均 3.8，最低 1.16）。个人简历显示，约翰不仅在内部得到了更多的提升，而且以结构化方式的工作能力也更加强大，并且现在更加致力于实现自己的目标。

我为学校编写了一份最终报告，三个月后的跟进电话表明，约翰在学校再也没有缺课，并且保持了教练在前进过程中取得的所有成就。

讨论要点

1. NLP 以其快速解决症状而闻名，允许客户尽早作出更大的选择。你认为为什么，尽管作者从一开始就意识到了可能的临床症状，但却花了那么长时间才提出了导致上述成功教练干预的真正指标事件？

2. 麦克斯韦（2009）得出结论："个人和专业人士在教练对话中深深地交织在一起，由教练或客户将他们分开的尝试是不现实的……如果教练在他们的能力和职权范围内进行操作，处理心理障碍不一定有问题，否则会引起严重的道德和潜在法律问题。"作为教练，你将如何确定自己是否在能力范围内工作？你认为麦克斯韦所指的问题是什么？

3. NLP 似乎并不关心已发布的经验证据。阅读本章后，你认为这有问题吗？无论你的回答是"是"或"否"，请讨论一下你这样认为的原因。

4. 科斯塔和麦克雷（Costa & McCrae，1994）告诉我们："人格特质确实没有改变，我们将其他问题留给其他作者，这是不变的问题。"教练在多大程度上像鲑鱼的旅程，逆流而行，奔向新生活？

推荐阅读

Bandler, R., & Grinder, J. (1979). *Frogs into princes: Neuro linguistic programming*. Moab, UT: Real People Press.
DeLozier, J., & Grinder, J. (1987). *Turtles all the way down*. Scotts Valley, CA: Grinder ,Associates.
Dilts, R., & DeLozier, J. (2000). *Encyclopedia of systemic neuro-linguistic programming and NLP new coding*. Scotts Valley, CA: NLP University Press.
Dilts, R., Grinder, J., Bandler, R., & DeLozier, J. (1980). *Neuro-linguistic programming, Volume 1: The study of the structure of subjective experience*. Capitolo, CA: Meta Publications.

参考文献

Andreas, C. (1994). *Core transformation: Reaching the wellspring within*. Boulder, CO: Real People Press.
Argyris, C. (1957). *Personality and organization*. New York. Harper and Row.
Argyris, C. (1964). *Integrating the individual and the organization*. New York: Harper and Row.
Bachirova, T. (2012). *Nature of evidence, quality of research and self-deception in coaching and coaching psychology*. Retrieved on 27th October 2014 from: www.bps.org.uk/system/files/documents/sgcpconference__keynote_bachkirova_2012.pdf
Bandler, R., & Grinder, J. (1979). *Frogs into princes: Neuro linguistic programming*. Moab, UT: Real People Press.
Bateson, G. (1972). *Steps to an ecology of mind*. Chicago and London: University of Chicago Press.
Bolstad, R. (2002). *Resolve: A new model of therapy*. Carmarthen: Crown House.
Briner, R. (2012, November). Does coaching work and does anyone really care? OP Matters. *British Psychological Society*, 16, 4–11.
Carmichael, L., Hogan, P., & Walter, A. (1932). An experimental study of the effect of language on the reproduction of visually perceived forms. *Journal of Experimental Psychology*, 15, 73–86.

Costa, P.T., & McCrae, R.R. (1994). Set like plaster? Evidence for the stability of adult personality. In Heatherton, T.F. & Weingberger, J.L. (Eds.) *Can personality change?* Washington, DC: American Psychological Association.

Damasio, A. (2014). *FIAP 2014 self comes to mind: A dialogue with Antonio Damasio*. Retrieved on 28th October 2014 from: www.youtube.com/watch?v=8LD13O7dkHc

Derks, J. (2005). *Social panoramas: Changing the unconscious landscape with NLP and psychotherapy*. Carmarthen: Crown House Publishing.

Festinger, L. (1957). *A theory of cognitive dissonance*. New York: Harper and Row.

Griffin, J., & Tyrrell, I. (2000). *The APET model: Patterns in the brain*. Chalvington, East Sussex: HG Publishing for the European Therapy Studies Institute.

Grimley, B. (2010). *Alter Ego*. Retrieved on 12th March 2016 from: www.achieving-lives.co.uk/free-profiler-instructions/ and *Stress questionnaire*. Retrieved on 12th March 2016 from www.achieving-lives.co.uk/questionnaires/stress-test/7

Grimley, B. (2013). *The theory and practice of NLP coaching: A psychological approach*. London: Sage Publishing.

Hall, M., & Duval, M. (2004). *Meta-coaching volume 1 coaching change: For higher levels of success and transformation*. Clifton, CO: Neuro Semantics publications.

Hollander, J. (2013). *Provocative coaching: Making things better by making them worse*. Carmarthen: Crown House Publishing.

Kemp, N. (2011). Provocative change works. Improvisation and humour in therapy and coaching. In M. Hall, & S. R. Charvet (Eds.) *Innovations in NLP for Challenging times*. Carmarthen: Crown House Publishing.

Korzybski, A. (1994). *Science and sanity: An introduction to non-Aristotelian systems and general semantics* (5th edn.). New York: Institute of General Semantics.

Lawley, J., & Tompkins, P. (2000). *Metaphors in mind. Transformation through symbolic modelling*. London. The Developing Company Press.

Linden, A. (2014) *A message from Anné to you*. Retrieved on 7th August 2014 from www.youtube.com/watch?v=1zX1T0RsCAQ Dutch Association for NLP

Löwel, S., & Singer, W. (1992). Selection of Intrinsic Horizontal Connections in the Visual Cortex by Correlated Neuronal Activity. Science, January 10, 1992. pp. 209–212. United States: American Association for the Advancement of Science.

Maxwell, A. (2009). How do business coaches experience the boundary between coaching and therapy/counselling? In *Coaching: An international journal of theory, research and practice, Vol 2 Issue 2 pp149–162*. New York: Taylor & Francis Group.

Miller, G.A., Galanter, E., & Pribram, K.H. (1960). *Plans and the structure of behaviour*. New York: Holt, Rhinehart & Winston.

Tompkins, P., & Lawley, J. (2006). Coaching with metaphor. In *The cutting edge coaching techniques handbook*. London: Chartered Institute of Personnel and Development.

Tosey, P., & Mathison, J. (2009). *Neuro-linguistic programming: A critical appreciation for managers and developers*. Basingstoke: Palgrave Macmillan.

Williams, B.A. (2010). Perils of evidence-based medicine. *Perspectives in Biology and Medicine*, 53, 1, 106–120.

教练心理学手册
从业者指南（第二版）
下

Handbook of
Coaching
Psychology

A Guide for Practitioners（Second Edition）

（英）斯蒂芬·帕尔默 Stephen Palmer
（英）艾莉森·怀布鲁 Alison Whybrow   主编
李　朔　易凌峰　译

华东师范大学出版社
·上海·

Routledge
Taylor & Francis Group

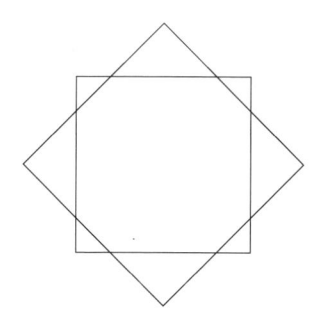

第六部分

系统性方法

第二十三章　TA 教练方法

桑德拉·威尔逊(Sandra Wilson)

引　言

沟通分析,或是它更常见的名称"TA",既是一种人格理论,也是一种在人文传统中改善个人和社会功能的系统。TA 由埃里克·伯尔尼博士(Dr Eric Berne)在 20 世纪 60 年代开发,作为一种心理治疗方法,自那时以来持续发展。沟通分析为在四个实践领域获得国际公认的资格提供了一条学习和发展途径:组织、教育、咨询和心理治疗。

沟通分析提供了一种系统的方法来理解人类需求与行为之间的联系,以及组织及其内部组织在建立关系、解决问题以及为其客户和利益相关者提供服务时有效或无效的方式。TA 是为个人、团队和整个组织发展而存在的强大心理框架。

TA 提供了一套综合理论,可以丰富教练实践,而不会妨碍教练过程的即时性。TA 的理论可以用来帮 TA 教练了解他们自己的态度并重新塑造他们的身份。可访问的 TA 模型支持教练与客户的合作,以促进增长、发展和变革。

沟通分析的发展

沟通分析起源于心理动力学方法。伯尔尼的理论植根于他的临床经验,而他自己作为心理分析家的受训经历对他的思想产生了很大的影响(Stewart, 1992)。维德森(Widdowson, 2010)将沟通分析作为一个综合模型,融合了人文主义、生存论、认知行为和心理动力学疗法的精华,写得很有说服力。伯尔尼吸收了许多现代和古代的哲学观点,并且似乎有三大哲学流派对他的思想和实践产生了较大的影响。这些哲学思想是经验主义、现象学和存在主义(Stewart, 2007)。

自伯尔尼早期工作以来,已经发展了许多 TA 技术学校。对教练职业最重要的是发展学校(Hay, 1995)。TA 技术的发展专注于将 TA 应用于个人、专业、团体和组织层面的变革和成长过程中。现在使用的术语是指组织、教育和(非治疗)咨询/教练专业相结合的 TA 的非治疗应用领域。这些专业有很多共同点。他们致力于使用 TA 的方式,涉及与客户分享(教学)模型和概念,并与他们合作(促进),以提高其自我理解,从而增加他们的行为选择。此外,还帮助客户了解在小组、团队、家庭、组织和机构中运作的结构和流程。

在过去的 10 年中,TA 在教练中的使用有所增加,尽管许多培训机构都提供了教练计划,但这些机构更关心的是 TA 在教练中的应用,而不是专业 TA 教练的发展。国际 TA 认证机构没有将教练指定为"特定的资质",因此 TA 教练心理学家很可能已经在 TA 的特定领域进行了培训,但并非仅与发展领域有关。许多沟通分析师将教练作为其专业技能组合的一部分,但没有人成为在教练领域应用 TA 的幕后推手。

沟通分析在教练中的应用能够支持教练使受教者做到以下几方面:

(1) 发挥潜能;
(2) 注重个人自由、选择和责任,以真实的方式支持生活;
(3) 确定并改变负面的限制性信念、核心信念和内隐假设;
(4) 解决无意识的冲突,这些冲突会限制个人的效能。

TA 教练心理学家与受教者一起工作,以帮助他们更好地了解自己,并因此对自己的生活方式作出不同的选择。

理论和基础概念

TA 哲学

TA 是一组相互关联的理论,带有一些附带的技术,并且基于许多哲学假设。(国际交互分析协会)

这些理论虽然相互关联,但可以用作简单的独立模型来支持受教者的发展。本章的案例研究部分将提供有关如何使用其中两个模型的示例。

TA 的哲学基础

Stewart & Joines，2010

（1）每个人都是正常的。

（2）每个人都有思考的能力。

（3）人们决定自己的命运，这些决定可以改变。

根据这些假设，可以遵循 TA 实践的两个基本原则：

（1）它是一种契约方法。

（2）它涉及开放式沟通。

TA 教练心理学家对于会见每一个人，都以接纳的姿态，因为他们相信每个人都以积极的意愿建立关系，并且每个人都在他们发现自己所处的环境和可用的资源中尽其所能地做到最好。TA 教练心理学家认为服务对象是整体的、健康且功能齐全的。

哲学基础和附带的假设为 TA 教练心理学家与客户合作的方式提供了基础。

契约和开放式沟通

伯尔尼的契约法原则仍然是 TA 实践的显著特征。伯尔尼（Berne，1966）将契约定义为"明确界定行动方针的明确双边承诺"。对于伯尔尼而言，有效的从业者需要在与有关各方谈判达成的明确契约的范围内工作。

TA 的哲学强调尊重和同情心是至关重要的。它的实践基于从业者与客户之间的契约，在契约中他们对共同的目标承担同等的责任。该方法和概念在了解权力共享的前提下向受教者开放。

由此产生的原则是，TA 是契约安排的一部分；换句话说，希望受教者能够使用该理论更好地了解自己，并与沟通分析师合作，以达成共同商定的结果。

契约是建立教练关系的基础，在本章的练习部分和案例研究中将提供 TA 教练心理学家如何使用契约的示例。

潜意识的力量——进入属于我们自己的道路

伯尔尼（1972）说："我们是天生的王子，文明进程使我们成为青蛙。"因此，孩子出生时就没有信仰、行为和态度，这是体验和解释他们周围世界的过程，从而发展出他们独有的与世界互动的方式。TA 教练心理学家可能会以我们拥有一个"内部世界"这一命题开始,该世界对我们的思维、感觉和行为有着强大的影响(Howard,2006)。我们的"内心世界"包含经验、感觉、记忆、信念和幻想。它是部分有意识的,但在很大程度上是无意识的,它决定了我们如何与"外部世界"互动。从本质上讲,这是我们的人格结构以及我们如何与他人互动的基础。

像其他心理动力方法一样,TA 的观点也基于一种潜意识,即潜意识是动态的,因此是有目的的。因此,它是我们的行为、感觉和幻想的动力来源,而不仅仅是我们不知道的事情。通常,无意识的记忆、信念、感觉和幻想会对我们体验周围世界的方式产生最深远的影响(Berne,1972)。因此,TA 教练心理学家可能会以这样一种观念工作:我们的行为和有意识的信念很大程度上是由我们试图使自己对世界的体验符合我们自己独特的参照系所驱动的。

TA 教练心埋学家帮助人们摆脱自己的方式。这是通过使用 TA 理论探索客户的信念、行为、感觉和态度,并支持他们通过不同的选择来实现的。

受教者何时参与 TA 教练过程?

鉴于我们每个人都受到内部世界的限制,而且内部世界是动态的并且总是在变化,所以湍流是心理功能的正常方面。但是,湍流的强度和大小会根据我们在任何给定时刻承受的压力而变化。这种压力可能来自内部或外部来源。内部资源可能指的是我们的本能需求、记忆、幻想、信念和愿望,以及我们与自己以及思想中重要人物的关系。外部来源可能影响我们外部世界中的事件和关系。

霍华德(Howard,2006)创造了一个内部世界的图像,就像一个"熔岩"灯,在其中对流不断地变化。灯中的移动量取决于系统中的热量。以类似的方式,我们内部世界中存在的动荡量取决于我们内部或外部压力所产生的"心理热量"。

因此,当受教者经历的心理动荡使他感到不适或他所参与的系统不平衡时,他可能会去参与 TA 教练。受教者参与教练过程,以便访问和探索那个内心世界。因此,我们开始了寻求见识、选择和行动的教练之旅。

在旅途中,受教者越来越接近内部凝聚力,在 TA 教练中被称为自我意识和自我调节。通过加深对自己的信念体系和内部过程的了解,受教者可以更有效地管理内部和外部动力。因此,他能够更好地自我管理和自我调节。

自主性作为 TA 教练的目标

TA 教练的目标是自主性。伯尔尼(Berne, 1964)并未真正定义自主性本身,而是说,自主性的获得体现为三种能力的释放:意识、自发性和亲密性。

自主行为的特征是对自我、他人和世界的意识、自发行为、真实情感的开放表达以及与他人建立真正关系的意愿。自主性的实现意味着从抑制性的信念系统中解脱出来。

自主性和增长优势

往释放三种自主能力的恢复发展就是朝着所谓的"增长的边缘"迈进(Wilson, 2010)。在大多数时候,我们都是在一个被限制的区域内运作,那就是我们的内心世界,我们的参照系是用来保护我们的现实。为了带来变化,我们需要做好扩大边界并超越限制区的准备。但是,我们必须经历足够的不适感(湍流)才能移动到限制区域之外。随着教练和受教者的共同努力产生洞察力,创造意识并创造新的可能性,我们的限制区域和我们不断发展的优势之间的边界变得可渗透和被扩展(见图23.1)。

如果我们和一个受教者一起行动得太快,我们就会突破他的内部界限,他就会转移到不适(或恐惧)地带,我们很可能会面临强大的阻抗。TA 思维是发展性的,它有助于设定成长目标。这意味着我们要经历可预测的与受教者的互动类型和可预测的发展阶段。健康发展或朝着不断发展的边缘靠近有多种素质。这些素质为 TA 教练心理学家提供了一个框架,用于评估受教者朝着不断发展的边缘前进的趋势。

为了有效地与客户合作,朝着不断增长的边缘发展,教练必须注意客户所面临的发展挑战。教练必须管理流程,以使客户受到足够的挑战,以通过洞察力和对变更的承诺来向前迈进,而又不能太快地行动,那样将引起压倒性的焦虑感,从而导致无法动弹。

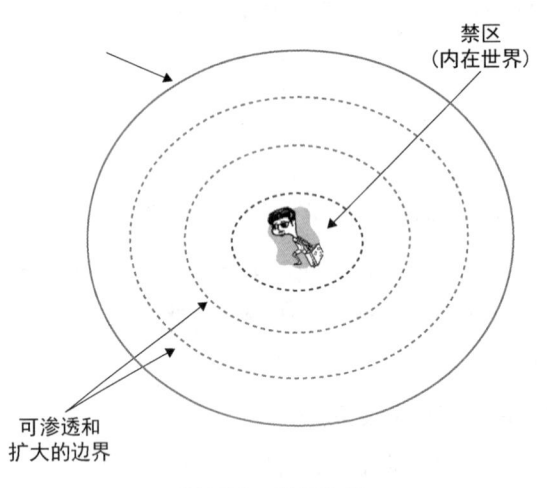

图 23.1 成长边界

实 践

TA 教练心理学家工作方式的关键部分是与受教者共享理论和模型以支持他们的发展,这是教练契约的一部分。模型的语言和直观表示的简单性有助于使受教者树立意识,并使他们能够考虑改变选择。

考虑到这一点,本章中的以下两个模型是教练的可选模型,并非指定模型。实践中会有很多可能性,TA 教练心理学家会在提供可能产生见解和理解的模型之前,不断地分析和回馈给客户他们注意的内容。

在 TA 理论的发展中,伯尔尼作出了有意识的选择,使语言保持简单,以便可以与受教者共享,同时提请人们注意通常情况下仍然隐藏的心理现象(Stewart,1992)。这样做的好处是,未经 TA 专门培训的人有可能在其专业实践中使用这些模型。这需要在道德上做到有效和适当。但是,重要的是使用 TA 的教练要做到以下几点:

(1)充分了解他们使用的模型。
(2)与客户达成共识以共享和使用模型。
(3)使用该模型来建立意识并深入了解自己的无意识过程。
(4)遵守道德规范并以适当的专业实践标准开展工作。

在继续介绍一些模型及其用法之前,要覆盖的最后一个方面是"教练状态"。TA 教练心理学家主张,教练是一个关系过程,需要他们将自己的整个自我带入关系。TA 教练心理学家必须尽可能地具有自主性,在与客户合作时充分了解他们的想法和感受,并且能够将这些想法和感受停驻或用于为客户服务。他们还必须了解客户,注意语气、节奏、语言、肢体语言等方面的变化,并反映他们对客户的注意。TA 教练心理学家不得束缚于自己无用的思维、情感和行为方式,并能够在阻碍其工作的时候注意到它们。

契 约

TA 是一种签约方法,从本质上讲意味着 TA 执业者和客户共同承担实现客户想要进行的任何更改的责任。TA 强调开放、清晰沟通和相互尊重的重要性。

基于的假设即每一方关系平等。从业者(教练心理学家)不能为受教者做事,受教者也不应该期望从业者为他们做事。双方都参与变更过程很重要，因此双方都应该清楚地知道如何分担任务。因此，他们签订了契约。

契约是各方责任的说明。受教者表达了他想改变的东西以及为实现这一改变他愿意做的事情。TA教练心理学家证实，他愿意与受教者一起完成这项任务。TA教练心理学家承诺尽其所能运用自己的最佳专业技能，并陈述他期望得到的报酬以换取工作。学会订立契约，审阅契约，适当地进行更改，然后继续研究下一个问题，然后再解决下一个问题，这就是自治的标志。

伯尔尼（1966）确定了以下三个层次的契约：

（1）行政契约：在时间、地点、付款等方面的安排达成协议。海伊（Hay，2000）将行政契约更名为程序契约。

（2）专业契约：与要完成的工作目标有关，即成果以及各方将如何为流程作出贡献。

（3）心理契约：契约双方之间的基本动态。通常是不言而喻的，在契约双方的自觉意识之外。

契约应该写明如下方面：

（1）当事人是谁；

（2）他们将在一起做的事；

（3）需要多长时间（时间、地点、频率、安排的取消）；

（4）该过程的目标或结果是什么；

（5）他们将如何知道他们何时已取得成果；

（6）这将如何对客户有利；

（7）费用。

如果TA教练心理学家与负责直接向教练付款的个人客户合作，则他们可能会签订双边契约。在这种情况下，契约的签订可能很简单，至少在程序和专业层面上是如此。稍后我们将回到契约的心理层面。

TA组织教练心理学家更倾向于采用多方契约（Hay，2000）。因此，契约考虑了系统内的工作，并且契约过程往往更加复杂（见图23.2）。在组织方面，我们要考虑契约中的更多参与者，并要考虑到契约过程中关系的复杂性。

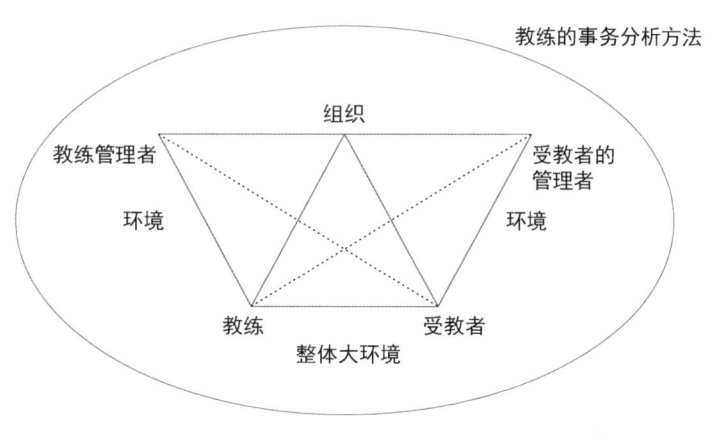

```
                    教练的事务分析方法
                    组织
    教练管理者                      受教者的
                                   管理者
    环境                           环境

            教练         受教者
              整体大环境
```

图 23.2　多方契约

契约不仅有多个参与方,而且涉及多个契约(见表 23.1)。

表 23.1　了解契约各方

正式契约考虑以下内容:
• 组织是客户(费用由组织支付)。 • 教练与组织签订提供专业服务的契约(契约一)。通常通过组织的教练经理(通常是人力资源或 OD)进行协商。 • 受教者与组织签订契约(契约二),通常是雇佣契约。 • 直属经理与组织签订契约(契约三),其部分职责是支持员工发展。 • 教练经理与组织签订契约(契约四),其部分职责将提供适当类型的干预措施以支持员工发展。
非正式契约或隐性契约:
• 教练与教练经理签订契约(契约五)。 • 受教者与直属经理签订契约,从事开发活动(契约六)。 • 直属经理与受教者和教练经理签订契约,以支持员工发展(契约七)。 • 教练经理与员工签订契约,以提供适当类型的发展干预(契约八)。

作为 TA 教练的心理学家,我们可以使用不同级别的契约来建立干净、安全的契约,而契约的核心是流程各方的利益。契约的程序和专业水平反映了职能和角色,并构造了关系。

当与受教者建立工作契约时,TA 教练心理学家将与受教者和直属经理一起坐下来商讨。契约的程序和专业水平通常很容易达成共识,可以通过清晰明确的问题来确定(见表23.2)。这些问题并非专门针对 TA，所有教练都可能以某种形式提出。

表 23.2　制定工作合约

程序层面	
(1) 教练契约何时开始？	(2) 签订了多少次会面？
(3) 每节课多长时间？	(4) 谁将负责安排场地？
(5) 如果预约取消，将如何安排？	(6) 需要提供哪些文件，由谁提供？
专业层面	
(1) 教练干预的目的是什么？	(2) 各方的预期结果是什么？
(3) 我们如何就结果达成共识？	(4) 我们如何衡量成功？
(5) 教练带给你什么关系？	(6) 受教者带给关系的是什么？
(7) 教练应遵守哪些道德准则？	(8) 什么是保密协议？
(9) 组织期望什么反馈？从谁那里获得？	(10) 合约各方的角色和责任是什么？
(11) 教练和直属经理将如何注意到受教者的变化？	(12) 我们将如何互相反馈？

契约心理水平的重要性

这是使 TA 方式不同的契约层面。契约的心理水平不可见，它牢记在契约双方的思想中，反映了双方之间的相互看法以及彼此之间的关系。它说明了信仰、神话、谣言、幻想、以前的经验和未曾表达的期望。我们不同意契约的心理水平这种说法，它在教练过程开始之前就已经存在。TA 教练将提出问题，以揭示契约中的基本动态(见表23.3)。

表 23.3　上升到心理层面

要问的问题
(1) 受教者对教练/教练过程未曾表达的期望是什么？
(2) 教练与受教者之间发生什么事情可能会阻碍成功的结果？
(3) 受教者期望在教练课程中发生什么？
(4) 各方是否期望受教者被"固定"？
(5) 受教者参与该过程的动机是什么？
(6) 教练和直线经理对教练过程有什么感受？
(7) 直线经理对教练/尚未表达意见的教练过程有什么期望？
(8) 契约双方的期望是什么？
(9) 教练如何与受教者结成同盟而又不变得太执着？
(10) 教练的风格和受教者的风格是否会妨碍他们有效工作的风格？
(11) 各方对教练有什么希望和担忧？

上面的清单是可以提出的问题类型的一个说明,但它不是一个预先写好的清单。TA 教练心理学家会学着在课程展开时关注契约签订的过程,并相信他们的直觉。在这个过程中,问题不断演变,即关注契约签订过程中每时每刻出现的问题。

契约的有效性是在心理层面上决定的,也就是说,未言明和无意识会破坏契约。因此,更重要的是将这一层面的根本问题纳入意识层面。

生活姿态

"我很好,你很好"是什么意思?"我很好,你很好"在 TA 理论实践和教学中是隐含的基础,但该短语的意思在文献中尚未指定。它只是"我","你","确定","不合适"的四个概念的可能组合之一。

伯尔尼(1964,1972)描绘了四个生活姿态:

++我很好,你很好

-+我不好,你很好

+-我很好,你不好

--我不好,你不好

在 TA 的世界中,我们倾向于将生活姿态等同于 OK 框图(Ernst, 1971),如图 23.3 所示。斯图尔特和乔因斯(Stewart & Joines, 2010)说:

我不好—你很好 -+ 无助感 远离	我很好—你很好 ++ 健康的 保持
我不好—你不好 -- 无望感 无处可去	我很好—你不好 +- 敌意的 消除

图 23.3　OK 框图——与他人相比看待自己的方式

我们每个人成年后都根据四个生活姿态之一写剧本。但是我们不会日复一日都这样。每一分钟我们都处在变化姿态。

恩斯特(Ernst, 1971)为我们提供了一种分析这些转变的方法。我们不能迅速改变我们的人生命运,更不用说一分钟一分种地改变了。这个模型向我们展示了一个很好的对称理论,四个生活姿态以系统的方式提供了四种可能性。尽管如此,该图为我们提供了一个有用的工具,用于检查我们在不同关系中的行为。

为了与他人相处,我们需要从"我很好,你很好"的哲学出发。这样,我们将能够更好地将人与行为区分开。

在教练中使用这种模型可以使受教者在特定关系中检查他们的信念和行为,并了解他们在压力下倾向于采取的默认立场。通过这种理解,他们更有能力做出不同的选择。

哪类受教者获益最多?

人们在发展的不同阶段需要不同的事物,而教练方法的范围广泛,使潜在的教练可以选择最适合其需求的方法来工作。人类的心理变化多端且难以预测,"正常行为"是一种难以捉摸的状态,每天都会看到许多"异常行为"。TA教练心理学家关注迹象的积累、行为的改变和令人费解的反应,以此来发现可能需要更深入探索的问题。TA教练提供了一个反思性空间,在该空间中,支持性理论揭示了潜意识的力量,并洞悉了个人如何破坏自己的潜力。这些见解为变革创造了机会。

TA教练方法最适合想要发展自我意识、自我理解和自我调节能力的个人。TA教练的基本目标是提高个人在其个人、专业、社会和文化运营环境方面的自主权。受教者必须乐于自我反省,并致力于为工作程序作出改变。

案例研究

彼得最近在大型地方政府机构中升职为高级经理。该组织制定了完善的教练策略,教练辅导被视为一项强大的发展干预措施。彼得现在正在管理一个由10个人组成的团队,这些团队成员是他的同龄人,他发现很难对个人和整个团队主张他的权威。在为期3个月的审查会议上,他的经理建议教练尽可能帮助他应对新角色的挑战。彼得以前有受教经验,但长期效果有限。彼得在会议上表示,在表达自我主张和权威方面他总是出现问题。他愿意参加教练辅导,以便更好地了解自己,从而制定和实施变革策略。

以下文字说明了TA教练心理学家与彼得一起使用了本章前面给出的两种模型。

探明契约的心理水平

以下是在心理层面显示潜在动态的示例。

在与直属经理(约翰)和受教者(彼得)的契约会议中,教练邀请直属经理思考,他想知道有关教练及其工作风格的情况。

教练:我想知道你对我作为教练的工作有什么疑问?

直属经理:好吧,我已经了解了你的资历,听说您在教练中有"黑带"。(笑)

教练:当你这样说时,你会笑。这对你意味着什么?

直属经理:大概意味着我听说你很强硬,而且你不会让别人脱钩。

教练:这会如何影响你对我与彼得合作的期望?

直属经理:很好的问题。我不确定答案是什么,但是彼得过去曾找过一个教练,没有任何作用。我可以告诉你,那个教练将不能再在这个组织工作。

在此会谈阶段,教练获取社交级别消息并阅读心理层面消息。

直属经理:
社会层面:"大概意味着我听说你很强硬,而且你不会让别人脱钩"。
心理层面:"我需要你对彼得强硬。"

直属经理：

社会层面："很好的问题，我不确定答案是什么，但彼得过去曾找过一个教练，没有任何作用。我可以告诉你，那个教练将不能再在这个组织工作。"

心理层面："你最好比他上任的教练更强硬，否则你将不能再在这个组织工作"。

在这种情况下，直属经理可能对教练如何与受教者协作保持着不言自明的期望，并且如果他认为由于教练干预而没有任何改变，他会生气或沮丧。

教练辅导的过程继续。

教练：那么请帮助我理解下，当你说要我强硬时具体是什么意思。

直属经理：嗯，我想让你挑战彼得。我认为他的上一位教练没有那样做。

教练：那你怎么知道我在挑战他？

直属经理：我希望我能看到我们已经讨论过的变化。

教练：彼得，你对所说的话有什么想法？

受教者：我认为约翰是对的，我确实需要受到挑战。

教练：你准备好迎接挑战了吗？

受教者：我想是的，比上次准备更充分。

教练：约翰，作为我们今天签订的这份契约的一部分，你将如何挑战彼得？

直属经理：你很强硬，我对此感到挑战，这似乎是一件好事，因为这使我思考需要做些不同的事情。

教练：我认为重要的是，我们必须清楚教练的过程以及每个人所扮演的角色和职责，这是我推动这一目标的理由。

直属经理：我知道你在做什么了。我必须准备好支持彼得。所以我需要以一种不同的方式，更直接地向他挑战。

教练：彼得，为了实现教练的目标，你需要通过挑战从约翰那里得到什么？

受教者：嗯，我希望他能对我追踪问责。也许在每两周一次的会议上和我一起核对一下。我想我也希望你（直接与约翰交谈）告诉我，当你注意到我在做不同的事情时。

教练：所以，让我总结一下我所听到的……

进一步谈话。

教练：约翰，你提到教练的一项成果是帮助彼得发展有主见的能力。你将如何应对彼得将对你更加坚持有主见的问题？

直属经理：不是他需要对我有主见，而是与他的团队。

在此会谈阶段，教练获取社交级别的消息并阅读潜在的心理级别的消息。

直属经理：
社会层面："不是他需要对我有主见，而是与他的团队。"
心理层面："我不希望他对我有主见。"声音非常刺耳，可能在心理层面上传达出一种威胁："你是在鼓励他对我有主见吗？"或者"他最好不要对我有主见。"

教练：我在较早的谈话中听到了一个更普遍的要求彼得变得更加有主张的想法，而我的想法是，如果这是愿望，那么在某些情况下他对你应该更加有主见。

直属经理：对此我不确定。

教练：你愿不愿意听听彼得怎么说？

直属经理：说吧，彼得。

受教者：我发现说出口很难，但是约翰，我确实认为我需要对你更加有主见。我倾向于服从你，并同意我认为不可行的事情。

教练：我刚刚听到的是彼得对你抱有主见。约翰，你对此有何看法？

直属经理：我觉得我想证明自己是对的，我没想到他会对我更有主见。

教练：而且正如你意识到的那样，考虑到他刚刚做了，将来你将如何处理？

直属经理：我会尽力支持他，我会注意你对我的顺从，彼得。我支持你的想法，你最好说出你的想法，彼得。

对话的开展不仅可以明确教练过程的结果，而且可以明确我们在实现这些结果中所扮演的不同角色和职责。

使用 TA 契约框架将大大确保建立有效的契约。它不仅建立了关系的边界，而且还使人们意识到潜意识中最经常妨碍良好工作的那些方面。

理解生活的姿态

在本次谈话中，受教者正在努力接受他人的挑战。他发现很难接受 CEO 的挑战。

教练：当你受到 CEO 的挑战时，你发现对你有什么不同？

受教者：我感到更加紧张。我陷入尴尬。

教练：尴尬吗？

受教者：嗯，你知道我被揪住了，但我不知道答案。

教练：那么你必须知道 CEO 的所有答案吗？

受教者：嗯……好吧，如果我不这样做，我会看起来像个傻瓜。我的意思是说我应该成为专家。

教练：听起来你相信专家可以解决所有问题。

受教者：很好笑。当我与同伴交谈时，我不会有那种感觉。我更加开放，问问题，那时我也是专家。

教练：那么，当你受到 CEO 的挑战时，你会怎样？

受教者：我不知道，尽管不只是他。我可以和我认为比我更好的人在一起。

教练：你说的"比我更好"意味着什么？

受教者：更资深或更有资格的人。我一直在为自己做这件事，和某些人在一起。

教练：听起来好像这是你熟悉的模式。

受教者：是的，我想是的。并非总是如此，但肯定在那里。

教练：我挑战你。你对此感觉如何？

受教者：你不是想找到我的错误吗？

教练：听起来你坚信其他人总是想找到你的错误。

受教者：好吧。

这时，教练提出要共享"OK 框图"模型，并且受教者同意这可能有所帮助。

教练：那么看看模型，当 CEO 挑战你时，你正在浏览哪个窗口？

受教者：我不好，你很好。

教练：如果我没记错的话，你提到的不只是 CEO，而是你认为比你更好的人。

受教者：都是在相同的窗口，我确实想摆脱给我那种感觉的人，在他们看到我是个骗子之前。

教练：我听到你对自己所说的话有很强的判断力。你在哪些方面是个骗子？

受教者：好吧，当你这样说的时候我意识到，我不是。但是在某些情况下，我对自己并不满意。

教练：当你对自己感觉很好时，有什么不同？

受教者：好吧，我会去浏览"我很好，你很好"窗口。

教练：什么才可能让这发生？

受教者：我感到有信心，并且有点踏实，你知道那种博学的感觉吧。

教练：那么，什么让你感到自信、踏实和博学呢？

受教者：嗯，你知道我认为这是一种权威。我在比我更有权力的人周围会感到焦虑。

教练：对你来说，这种模式有多熟悉？

受教者：非常熟悉。我想我一直都是这样。

> 教练：但我听说有时候你与众不同。
>
> 受教者：是的，这是我们上次谈论的"小恶魔"。"小恶魔"跳起来，并在我耳边低语。
>
> 教练：所以，在某些情况下，对于某些你不愿意面对的人，你进入"我不好，你很好"的状态——这是因为你心里的"小恶魔"处于活动状态吗？
>
> 受教者：是的，正是它。
>
> 教练："小恶魔"在说什么？
>
> 受教者："你最好闭嘴，你会被揪出来的。"
>
> 教练：听"小恶魔"说话有什么用？
>
> 受教者：好吧，我还没有被发现。（笑）这真的无济于事。我认为这限制了我。
>
> 教练：因此，下次当你感觉自己正在聆听"小恶魔"并转向那个地方时，你可以做些什么来提醒自己进入"我很好，你很好"的状态吗？
>
> 受教者：我认为这已经发生了。这几乎是无意识的。我开始感到不足。因此，必须有一些我可以做的事情才能保持平静。
>
> 教练：那可能是什么？
>
> 受教者：这听起来有些愚蠢，但是我明天要去与 CEO 开会，我将在我的手掌里写上"++"。我认为这会让我想起这个理论，并帮助我保持平静。我认为，用一些视觉效果来抵消心里"小恶魔"的声音将会有所帮助。
>
> 在此示例中，受教者开始理解这是一个权威的问题，并且他正反复想起过去在意的旧事。该模型的简单性使他能够探索正在发生的事情，制定策略来应对过去的旧事，并活在当下。

结　论

编写本章是为了向读者概述 TA 教练中的两个理论。该案例研究摘录了使用理论作为独立模型的现场教练工作的概要。实际上，TA 教练心理学家与受教者一起工作时,将联系受教者故事的各个不同部分,并帮助创建受教者无意识的综合图景。TA 教练与客户合作,帮助他们实现自治,认识旧的无用模式,并支持他们作出不同的选择。

讨论要点

在交互分析中,我们先使用该理论来理解和改变自己,然后再与他人一起使用。考虑到这一点:

1. 鉴于你已阅读的内容,什么吸引你进入 TA 教练,什么使你远离它?
2. 你可以从联系模型中获得哪些收获,来改善你与客户达成契约的方式?
3. 你如何运用所提供的理论来产生洞察力,并在你和你的客户中营造这种意识?
4. 考虑你受到挑战的职业关系,OK 框图及人生态度理论如何帮助你理解这种动态?

推荐阅读

Hay, J. (2009). *Transactional Analysis for Trainers*, Second Edition. Watford: Sherwood Publishing.
Mountain, A., & Davidson, C. (2011). *Working Together*. Farnham: Gower.
Stewart, I., & Joines, V. (2010). *TA Today*, Second Edition. Nottingham: Lifespace Publishing.
Widdowson, M. (2010). *Transactional Analysis: 100 Key Points and Techniques*. London: Routledge.

参考文献

Berne, E. (1964). *Games People Play*. New York: Grove Press.
Berne, E. (1966). *Principles of Group Treatment*. New York: Grove Press.
Berne, E. (1972). *What Do You Say After You Say Hello?* New York: Grove Press.
Ernst, F. (1971). The OK Corral: The Grid for Get on With. *Transactional Analysis Journal*, 1, 4, pp. 231–240.
Hay, J. (1995). *Donkey Bridges for Developmental TA*. Watford: Sherwood Publishing.
Hay, J. (2000). Organizational TA: Some Opinions and Ideas. *Transactional Analysis Journal*, 30, 3, pp. 223–232.
Howard, S. (2006). *Psychodynamic Counselling in a Nutshell*. London: Sage Publications.
International Transactional Analysis Association. *Definition of TA*. www.itaaworld.org
Stewart, I. (1992). *Key Figures in Counselling and Psychotherapy: Eric Berne*. London: Sage Publications.
Stewart, I. (2007). *Transactional Analysis Counselling in Action*, Third Edition. London: Sage Publications.
Stewart, I., & Joines, V. (2010). *TA Today*, Second Edition. Nottingham: Lifespace Publishing.
Widdowson, M. (2010). *Transactional Analysis: 100 Key Points and Techniques*. London: Routledge.
Wilson, S. (2010). Autonomy & The Growing Edge: The Coaching Journey. In *Keeping the TAO Torch Alight: Reading after Berne*. Utrecht: PD Publications.

第二十四章　系统排列取向教练和教练心理学实践

杰克·法尔(Jake Farr)和马特·谢普赫德(Matt Shepheard)

引　言

系统排列教练方法是在受教者所属系统的背景下查看受教者及其问题。它使用映射方法，使用更线性、个人内部、人际或认知方法，阐明通常看不到(或可用)的潜在动力、信息和资源。

教练主讲人与受教者一起，遵循支撑和影响所有系统和交互关系的原则，关注系统失衡的要素，以便重新建立秩序。

当一切都在系统的环境中发生时，使用系统视角可以使受教者吸收更多的信息，揭示出复杂的模式和纠缠，而这些模式和纠缠可能只是一种被卡住的感觉，或者因为问题在同一个系统的不同地方不断重复或重新出现。

尽管这项工作已经由不同学科的人(尤其是格式塔实践者)实施并改编，但它是一种整体方法，可以看作是人本主义、超个人和跨世代的。

系统排列教练的发展

系统排列的开发在伯特·海灵格(Hellinger, Beaumont, & Weber, 1998)的帮助下从"家庭排列"开始，并借鉴了许多理论体系，包括四位著名的系统心理学家：雅各布·莫雷诺(Jacob Moreno)、埃里克·伯尔尼(Eric Berne)、弗吉尼亚·萨迪尔(Virginia Satir)和伊万·鲍斯泽门伊-纳吉(Ivan Boszormenyi-Nagi)(Cohen, 2009)。该学说最初是在20世纪70年代后期至20世纪90年代中期开创的，主要在德语国家。但是，海灵格(Hellinger)处理家庭系统的方法是独特的，因为其使用排列(本质上是系统的物理映射），并且已经在许多其他系统设置和领域中得到开发和应用,如夫妻治疗、团队和组织工作、教育领域工作,并与疾病打交道。

冈瑟·韦伯（Gunther Weber）出版了《茨威尔雷·格鲁克》（*Zweierlei gluck*）（1993），将海灵格的作品带入了公共领域,广受赞誉。该书由亨特·博蒙特（Hunter Beaumont）编辑并将其翻译成英文（Hellinger, Beaumont, & Weber, 1998）。博蒙特于1991年在伦敦格式塔中心（Gestalt Center）进行的一次培训中,将海灵格的作品介绍给了英语界。

系统排列的应用已经超越了家庭环境,也超越了海灵格的大型工作室环境（尽管这通常是许多人第一次接触该方法的环境）。

系统教练通常以1∶1的比例使用桌面和"碎片"来表示系统的元素,或者使用地板标记来表示整个房间的元素。

理论和基本概念

这项工作的理念和方法需要时间来学习和体现,以下是一些基础方面和基本原理。

不知道

注意力不集中时,采取现象学方法对于系统教练的工作至关重要（Ulsamer, 2008）。系统教练在没有先入为主的观念或改变意图的情况下看着受教者和排列,重点是看到和认可"是什么"而不是寻求解决方案。

持续观察这个空间,并放松地在"不知道"的情况下,允许出现新的事物（Schneider, 2007）。因此,系统教练保持了模式识别和现象学之间的张力。

以这种方式工作的关键是教练如何持有"不知道"的想法（Whittington, 2012）。如果我们能够恭敬地、公开地面对未知,在内心创造一个空旷的空间,防止匆忙的求知或解决问题的需要,那么我们就在更大的未知和我们所服从的组织力量中占据我们的位置（Usamer, 2008）。带着谦卑和对现状的尊重来接受这个地方,可以支持不断增长的洞察力。

领域、系统、自我

简而言之,这种方法的基本原理是个人作为系统的成员进行操作,而这种成员身份受制于改变和影响个人的、潜在的、无意识的动力(Horn & Brick, 2009)。这些动力存在于系统中并作用于个人。因此,将系统本身视为活的有机体会很有帮助。

从根本上说,人类是社会或群居动物,归属与生存息息相关(Ruppert, 2008)。与观察一群水牛、成群的鸟或一群本能地游动的鱼几乎一样,有一个教练原则,指导个人并保护集体(Schneider, 2007)。系统教练从鸟瞰图上俯瞰,从受教者处拉近以看到他们所处的更大系统。在这种扩展的背景下,问题或挑战得到了不同的阐释和理解。

有了这个视角,一个人遇到的问题、困扰或挑战就位于系统内部,并通过"整个系统"的角度来考虑。系统排列从业者对症状持友好的观点,将其作为路标,可以引导受教者找到真正的因果点或导致系统不平衡的原始事件,并将其作为一个问题来表现(Franke, 2005)。这与将障碍或问题的根源定位在他们的个人影响力或个人能力和资源领域相反(Franke, 2005)。这种观点可能要求我们挑战因果关系的观念,因为我们开始发现这些观念并不总是在时间和空间上以线性方式联系在一起。系统排列可以帮助我们了解是在错误的位置寻找解决方案还是只是尝试治疗症状而非原因。森格(Senge, 1990)强调,只关注有症状的快速修复而不是根本原因的干预措施只能带来暂时的缓解,并可能进一步产生更大的压力。相比之下,系统观则把这个问题看作是对系统失衡的解决或反映。我们询问动力或症状在系统中真正属于哪里,以及它在哪里更有意义。症状的作用是什么?系统地解决这个问题需要什么?

系统的视角要求个人从主观的角度(他们将自己视为中心)进入一个与其他人一样,由许多部分组成系统一部分的地方。重要的是要放在"我们之间的空间",而不是直接放在"你"或"我"里。格式塔理论家将其表达为"心理场的功能"。格式塔疗法的创始人将其称为"体验发生在生物体与环境之间的边界"(Perls, Hefferline, & Goodman, 1951)。我们必须超越一个单一的固定"我"的观念,对我们的自我概念、我们的行为和能力取决于我们所接触的环境这一观念持开放态度。一个系统排列教练可能会表示这是"依赖于我们在矩阵中的位置"。这项工作使人们意识到我们在不同系统中不同地方站立时发生的自我转变感。我们开始更多地关注关系的模式和发生这些关系的环境。当我们放大图景时,我们的故事和想法受到挑战,并且出现了新的可能性。除非我们包含此扩展视图,否则受教者和教练的解释必定是不完整的。

系统排列方法假设存在一个信息场,它将我们所有人联系起来,并可以用来获取信息。鲁珀特·谢尔德雷克(Rupert Sheldrake)关于纯态场和纯态共振的研究指向这个连接场。著名的例子是在家中的狗,它感知并知道主人何时回程,并通过知识的连接域记录下来。谢尔德雷克谈论了个人汲取并作出贡献的集体记忆(Sheldrake, 2009),系统教练正是在这一领域内进行探索。

意 识

归属于一个群体与生存观念有关,正是这种归属感影响了我们在人类系统中的行为和选择(Schneider, 2007)。在系统性工作中,"良知"概念用来引导描述我们属于群体的内在感觉(Horn & Brick, 2009)。个人良知是我们天生地审视并遵守一个团体中归属规则的水平(Hellinger, Beaumont, & Weber, 1998)。我们对自己是否忠诚或行为是否会威胁到我们的归属感有感觉。这种良知超越了对与错或道德观念——而是主要与维护个人归属感有关(Schneider, 2007)。我们采用我们所属系统的归属规则和行为。受教者属于其家庭系统和/或组织系统的要求是什么?特定系统的归属规则如何限制或阻止受教者?一旦看到这些限制,受教者可以在多人程度上超越这些限制?

除了保护个人的良知外,还有系统的或集体的良知服务于整体的完整性。在这个级别上,要求团体成员维护团体的生存,并且系统优先于个人(Schneider, 2007)。在此支持组织完整性和生存感的是每个成员的第一考量。当一群动物受到捕食者的威胁时,一个成员可以从该动物群中脱离出来,以拯救该群体。社会评论家芭芭拉·埃伦瑞克(Barbara Ehrenreich)讨论了为保护牛群而牺牲的牺牲者的概念,该牺牲者死于保护牛群,展示了当捕食者有一个牺牲品时,牛群是如何放松和安全的(Ehrenreich, 1998)。当系统寻求平衡、完整和包容时,系统性的良知召唤我们为更大的整体服务。这种良知是出于集体的意识,而不考虑个人的需求。

排列可以将不同级别的良知带入视野,阐明这些强大的动力以及它们如何限制或支持我们的受教者。我们要问的是什么症状是无意识的表达。在系统层面上,什么是失衡？在一个排列中，教练为受教者提供了中止个人良知的机会，并了解较大群体的良知如何将其召唤为服务对象，以及这对于他们个人如何体现。

秩　序

海灵格、博蒙特和韦伯（1998）提出，在系统内部进行操作是本能的有序力量，它们是无形的、强大的、结论性的并且是看不见的，很像重力。虽然在组织内部而非家庭内部的运作方式上有着微妙的重要差异，但系统动力学涉及归属、时间和地点的等级制度以及成员之间的给予与接受或交换的平衡。

在考虑阻碍个人行为的因素时，我们会查看自然的系统性命令，并查看它们在家庭或组织中被阻碍的位置。

当这些命令得不到遵守或关注时，一个系统将寻求自我补偿和平衡，通常会以单个成员为代价。这表现为重复性行为或固执己见，阻碍实现潜力，甚至是身体症状。

归　属

这种秩序力与属于一个系统的权利有关，当人们被不公平地排斥或解雇时，这种秩序力就失去了平衡（Horn & Brick, 2009）。如果违反了这一秩序，一个组织可能会产生排除冲动，或者可能会召集个人来代表那些被排除在外的人的历史，无意识地重复这种模式，或者限制他们的潜力。当归属感和离开感得到适当尊重时，系统会有一种轻松的感觉，人们会感到舒适，并准备同意团体的归属规则。

时间和地点

这些顺序与团体中的层次结构和功能有关。时间作为组织原则，将人和事件定位在过去、现在和将来。该原则涉及历史的影响以及从过去到现在再到未来的线性时间流。在这种情况下，最早出现的人或事件要比后来出现的人或事件具有一定的优先级。当过去被尊崇、尊重并占有一席之地时，后来的人们可以将其作为一种资源，站在当下，面向未来（Whittington, 2012）。

当每个人都占据系统中的"正确"或最佳位置时，就会有流动、轻松和赋能。处在正确的位置会改变你的身份和体验方式（Whittington, 2012）。在一个组织中，我们有这样几个方面——我在这里待了多长时间？我几岁？我在层次结构中的职务是什么？我要承担多少责任？在一个家庭中，情况更加明显——我是第一胎还是第二胎？我是父母还是孩子？我是孩子还是配偶？当一个人为了填补一个系统的空白而不经意地偏离了自己的真实位置时，他们就会变得受限或限制周围人的能力。

交　换

这种有序的力量关注的是在一个系统中的元素和人之间需要一种平衡的给予和接受——它是一种公平交换的驱动力和一种规范的节奏，创造和维系着这种关系。这种给予和接受的平衡感是在个人层面上产生的，也适用于整个系统（Whittington，2012）。

交换是给予和接受的标准。接受的行为触发了给予的冲动。当给予和索取的公正平衡是他们所属组织的一种品质，而这种关系建立在需求相互依存的基础上时，人们就会健康幸福。过多的给予、接受，或不公平的优势都会导致系统的症状反应（Hellinger & ten Hovel，1999）。我们可以把给予和接受看作是需要彼此支持的活动。

后果和品质

当一个系统的后来成员被召唤来解决秩序中的不平衡时，个体可能会与其他人的命运纠缠在一起，不知不觉地过度认同系统的另一部分，无意中背负着属于其他人的负担，或者试图为系统的先前成员的行为赎罪。这就是寻求平衡和完成的行动中的系统良知（Franke，2003）。

系统性教练寻求培养的素质是对受教者和系统本身的尊重、感激和包容，其明确意图是超越责备。

实　践

系统排列的原理可以应用于个人教练和团队/董事会教练设置中。通过排列图要达成的目的是揭示隐藏或遮蔽的东西，以便使每个人都能在系统中找到一个正确的位置，这样系统的意志就可以更容易地实现，从而允许领导层流动。

为简单起见，我们将在个别情况下演示这些技术，但是，许多阶段可以直接或间接地转换为团队/董事会教练。

> **方框 24.1 鲁朱（Rumi）**
>
> 在错误和正确的想法之外，还有一块地方。我会在那里等你。当灵魂躺卧在草地之上，这个世界太拥挤而无法谈论。思想、语言甚至"彼此"这个词都没有任何意义。
>
> 13 世纪伊斯兰教苏菲派诗人
>
> 莫拉维·贾拉鲁丁·鲁朱（Mevlana Jelaluddin Rumi）

契约和初次面谈

教练和受教者共同努力，以阐明问题和他们正在探索的系统。这项工作围绕受教者的需求而展开，并且在问题和调查与该需求适当相关并且在对受教者可行的领域中最为有效。

明确问题后，包括明确说明如果问题得到解决，对于受教者将有何不同，则教练和受教者将共同确定系统中与该问题相关的关键要素。教练必须谨记不要与受教者对问题的陈述过于融合。根据定义，受教者带有一个故事，从系统的角度来看，这可能是不完整的。如果教练"同意"整个故事，那么这意味着他们也同意个人及其系统的盲点。

表 24.1 列出了可以从初次访谈中识别出的关键要素。

表 24.1 关键因素的例子

人　群	抽　象　因　素	个　人
创始人	原始目标	受教者
顾　问	当前目标	我的前老板
潜在雇员	我们的资源	我的新老板
执行董事会	领导力	董事 X
客　户	创　新	主任 Y
下一代	我的恐惧	解雇的财务经理
财务部	我的希望	人力资源总监
运　营	我们的产品	我的前任

续　表

人　　群	抽　象　因　素	个　　人
董　事	经济环境	创始人
受托人	品　牌	西北地区总经理
爱尔兰雇员	利　润	
	组织价值	

映　射

物理图(方框24.2)使受教者能够以物理形式看到他们对系统的感觉,从而使其能够与之交互。首先,请受教者通过联系自己的感觉并将他们的故事或想法放在一边,以相互映射系统中的元素。教练可以使其创造性地使用表示元素的内容,可以是在办公室找到物体(杯子、钥匙、纸张的重量等),便签(由受教者写上元素名称)或特意制作排列用"pieces"创建一张桌面地图。地面标记也可以发挥作用,使受教者站在地图上可以将更多的身体意识带入过程中。无论使用什么,重要的是要有一些方向标记来指示聚焦方向。

受教者通常会先为自己放置标记,然后再放置下一个重要元素,以此类推。鼓励受教者慢慢进行,感受关系和他们对它的感觉并考虑元素与系统边界之间的距离以及它们的焦点方向,这将非常有用。通常最好保持简单,只使用基本元素并逐渐添加到地图中。

然后,教练和受教者讨论他们看到的内容并与地图进行交互,以了解元素之间的关系以及如何占据系统中的特定位置。教练支持受教者从当前叙事中脱颖而出,以便更全面地融入其他元素。受教者还可以从远处看整个场景,从而获得一个元位置,这本身就是一种练习。

方框 24.2　创建一个地图的条件

1. 创建一个具体化的 3D 测试平台　　　2. 获得鸟瞰图
3. 赋予系统内部感觉的形式和形状　　　4. 创建一张新图片

干 预

借助教练对系统秩序的理解，干预措施应试图阐明和增强受教者对"现状"的体验。对于受教者而言，此过程本身可能就足够了，特别是如果受教者是这种工作方式的新手。有了整个系统的更丰富的描述，受教者和教练可以探索由于映射练习而导致的差异，并从该位置转到更经典的教练对话（无论采用哪种方式）。

排列过程中的两个主要干预措施是句子的使用和空间定位，两者都是本着探索的精神提供的。这些用于验证假设并找到系统中的释放、流动和可能的解决方案。

系统的句子使地图发声，并允许受教者验证真实的感觉，教练提供系统的见解。句子是排列方法的重要组成部分，但是许多教练会发现"把单词放进受教者嘴里"是一种诅咒。然而，受教者对在系统中对的关系位置就会有一个很好的内在感觉，这时他们应该被邀请去验证这一点，相信他们自己对建议的句子是如何落地的内在感觉。句子的给出和表达没有添加戏剧性或情绪化的基调。受教者和教练一起工作，以找到准确和有用的陈述和句子。乌尔萨默（Ulsamer，2005）指出，在引导师的教练下，句子会导致"能够刺激变化、将客户推向正确方向并产生积极效果"的结果。

句子的范围很广，既可以简单地识别出是什么，也可以用来突出症状或系统性失衡，还可以提供解决方案。正确的句子有能力切入问题的核心，绕过限制性的叙述，阐明盲点并建立联系。

当一个系统的成员对某个人或某件事因为太过痛苦而不愿去看，则造成了一种排斥：

"我们试图忘记你。"——"我现在看到你了，你将永远在这个组织的历史上占有一席之地。"

关于位置顺序，当一个系统的成员在不适当的地方采取行动，并承担比其应有的作用更大的权力时：

"我试图变得比现在权力大一些。"——"我不愿承认这一点，但您是老板，我为您工作。"

关于时间顺序，新领导者加入团队并遭到已经在组织中工作了很多年的成员抵制时：

"您在这个组织中是第一位的,我是后来者。由于一切先于我,我现在只能做我的份内工作。"

关于交换顺序,涉及裁员的影响:

"以你的失业为代价意味着公司能够生存下来,我们也可以保住我们的公司。你的牺牲是我们的收获,谢谢!"

初始映射后,对桌面部件或地板标记的空间重新定位(或移动)允许验证另一种形式的假设和影响。例如,将代表受教者的元素移向地图边界以调查对系统元素的影响。动作应小心谨慎,一次只有一个要素,以使映射显示出来,并让受教者和教练吸收更多信息。从根本上说,每一次移动都应该被检验,来看这种移动是使形势好转或恶化。更改元素之间的距离(特别是增加距离)可以降低接触的强度,并促进更多的开放性和对话性。改变受教者的方向(朝向另一面)可以增加接触和强度,并邀请受教者看看他和系统避免了什么。

请注意,排列部分的微小变化会影响整体,而整体的变化也会影响该部分的变化。

通过邀请受教者移动自己的元素来面对未来结束排列可能是有用的(但不应过度使用),并且可以使受教者了解在映射过程后如何面对未来。但是,无论教练选择在何时何处结束排列,它都应允许系统的新画面被内化,而不必急于分析或解释旧的叙述可能会覆盖在新画面上。但是,映射过程可以将有用的信息提供给受教者和教练,以便在以后的教练课程中作进一步的考虑,并提供线索说明受教者可能需要更轻松地前进的其他资源。

结构化排列——入门

结构化排列(Sparrer, 2007)可用于诊断情况、资源配置和测试方案或决策。这些不是遵循开放形式,而是遵循预定结构进行元素移动。一种简单的形式是探索选项。

选择四个标记代表与一个问题或选择点有关的4个可能的选项,将它们彼此相邻放置,然后让受教者退后,观察4个位置。

然后教练可以站起远离,当受教者探索并与每个选项建立关系时,走近或者走远,同时跟踪躯体相关的感受。以此对这4个选项作区分。图24.1对此进行了说明。

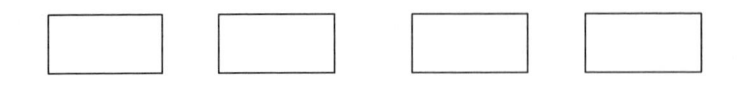

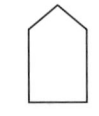

图 24.1 标记和教练的位置

系统教练的立场

系统教练的立场或态度至关重要,必须与理论和技术一起培养(Whittington,2012)。一些关键的品质是要持有尊重、感激、包容、适当的权威、关注、聚焦和视野宽广,对不知道(not knowing)的坦然,对个人局限的坦诚,不作评判以及对未知事物存有温和而有动力的好奇心。

如果在教练过程中保持系统立场,对话将不可避免地受到教练框架的影响,即使不使用标记和文字映射,也可以使受教者持有系统的内部地图(通过可视化),或者在更简单的层次上,与系统进行对话。

牢记这个系统可以揭示系统的忠诚度,并可以减轻许多教练对话的"自我中心",并释放在教练与受教者关系本身中的某些东西(当然是另一个系统)。在此过程中,教练会模拟一个元位置,后退一步并查看整个场景,同时支持自己和受教者从故事中解脱出来。

至关重要的是,发展回到当下和聚焦这项任务的能力,这需要如正念练习者所熟知的那种内在平静,以使系统平静地运动,感知系统的推动和拉动、和谐与不和谐。对于教练和受教者而言,呼吸是实现这种状态的极为重要的工具。

当你转移到桌面或地板上创建物理图时,进行协作探索而不是专家解释很重要。教练的步调应使受教者充分参与。要找到加深受教者经验的方法(使用句子和动作),并注意和询问受教者在身体和认知上是如何吸收和回应的,以上这些都需要运用现象学的探究方法(见本手册第十三章,存在主义方法)。

能够以所发生的事情为教练是很重要的,因此,在受到教练对系统知识的影响的前提下,假设要轻描淡写。在系统排列中,引导者将信任放在更大的背景内,放在系统领域产生的信息和智慧中。下面总结了应对一些突发事件的关键点(见方框24.3)。所有的行为,无论多么困难,都有其功能,系统地询问行为背后的目的,在系统的教练谈话层面或在映射时都是有用的。

方框24.3　关键点的总结

(1) 保持对自己和受教者都不了解的紧张感(not knowing)。
(2) 善用该领域的智慧。
(3) 寻找加强体系的因素,而不是对与错。
(4) 具有包容性和非评判性。
(5) 寻找被排除在外的人。

团队教练

与团队进行系统的教练有助于使团队成员感觉到自己相对于组织整体的关系。在团队级别工作时,很重要的是不要让团队成员互相代表。但是,它们可以代表与思想和概念有关的抽象元素或他们自己。感觉到他们在系统中的位置以及在系统中其他地方有时发生相对较小的更改会如何对其产生影响可能会非常有影响力,从而使团队中的个人认识到他们是人与能量动态相互作用的一部分。

哪类受教者获益最多?

由于教练支持受教者发现问题并找到可能的解决方法或行动,因此系统性工作通常是试验和验证的过程。

以下情况表明采取系统的方法可能有用:部门主管注意到,无论谁在组织中担任该职务,他们总是失败或迅速离开。也许受教者发现自己受到工作中动力或事件的影响过大,或陷入其中。领导者可能发现自己不断被削弱,或者他们的想法没有吸引力,或者受教者觉得一个反复出现的问题或障碍在他们反思的时候没有真正被考虑进去或赋予意义。

可能导致教练系统工作的一般问题主要有以下方面:

1. 问题反复出现或陷入困境的情况
2. 通常成功的方法或模型无法解决的情况
3. 故事和判断存在矛盾的地方
4. 关系或组织的动态变得复杂而令人困惑的地方
5. 感觉到很多未说或是很难清楚地表达出来
6. 哪里发生冲突
7. 哪里存在难以确定或解决的问题
8. 哪里存在模式或挑战背后的原因不明确
9. 哪里存在明智的解决方案持续失败
10. 当变革举措屡次失败时
11. 哪里存在有能力的人似乎无法发挥自己的潜力或充分利用其技能和经验
12. 教练觉得系统秩序被忽略的地方

限制和注意事项

向受教者介绍这种工作方式需要一定程度的信任,并有共同的意愿去涉足未知领域。创建和导航一个系统地图需要一定程度的集体性,同时准备好抛开认知理性化,有利于连接到一个具体的感觉。受教者必须暂时优先考虑一种不太习惯的聆听和与信息相关的方式。因为环境也应该支持连接到感觉体验的可能性,在某种程度上,此处的设置很重要。

由于系统方法揭示了隐藏的动态并释放了系统中的卡住位置,因此它还可以使人们与悲伤、失落或情感释放的特定感觉联系起来。这需要在设置的背景下加以考虑,并且要根据教练与受教者的契约而定,以一种敏感的方式让人们参加更个人化的工作,或者加深目前的工作。教练将需要设置、启用并尊重他们与受教者的界限和权限。

案例研究

杰克与全球人道主义慈善组织执行委员会进行了以下工作，其核心目标是支持他们以一个团队的形式领导一个组织。

最初的契约是一起工作一年，因为我们认识到我们正在一起收集信息，加深关系并响应由于我们的工作或环境变化而产生的团队和组织需求的旅程。

此案例研究演示了由八名执行董事会成员进行的一些团队系统的排列工作。为了演示与该团队进行的系统教练，未包括其他已应用的视角和框架。系统的方法很容易融入组织或教练心理学家的工作结构中，并且与其他框架轻松而有益地结合在一起。

在第一次团队会议之前，教练与首席执行官举行了会议，以探讨董事会的动态以及面对他们的推动和拉动作用，并收集了该组织的简要历史以及相关挑战。

首席执行官表示希望教练能够支持执行董事会加强协作，以达到"一个团队领导一个组织"的作用。解决此问题的一种方法是承认组织的一些简单事实，以使董事会在同一战线上。这也是引入系统方法的一种途径，特别是物理映射过程。在这种情况下，我们的出发点是强调围绕事件发生的历史和地点的简单但未被承认的事实。

在第一天的会议中，抓住时间和地点的顺序，引入了系统性视角，以支持董事会在组织的历史背景下以及彼此之间的关系中获得自我感。第一个排列是在一天之内完成的，其中包括建立一种工作方式。分享期望、恐惧和个人故事，并找到一种创新的方式看待我们的旅程目的地。

排列——建立组织时间表

邀请团队将其分别记录在便笺上并将其放在墙上来创建重要时刻、成就、挫折和组织历史变化的时间表。重要的是要收集有关每一点的充分事实，以使所有团队成员都能理解事件，且使判断或修饰尽可能少。墙上记录了该组织65年历史中的15个关键时刻。

通过创建关键事件随时间变化的可视化地图,时间和地点的顺序被关注并支持包含过去的事件。回顾一个时间线,并真正抓住形成的时刻,特别是那些人们宁愿忘记的时刻,加强了组织在当前的经验。有人建议,董事会用这样的句子进行实验:"今天的组织是由过去所有的事件和人建立起来的。"

然后要求团队根据他们在该组织任职的时间进行排序。与该组织的联系时间范围从16年到6个月不等。首席执行官在该组织工作了2.5年。

一个团队中有多个层次结构,通过承认其中一些层次结构,团队成员可以更清楚地了解自己的位置,并能够从那里作出贡献。经过一段时间来适应彼此的这种感觉,通过这种承认,团队之间有了一个全面的和解,团队成员之间的轻松感也有所增强。

如果团队负责人在组织中的时间少于其他团队成员,则必须尊重这一点。一句话来说可能是:"尽管我是领导者,但您在我之前在这里工作,后来我加入了该团队。我将以我之前那些人的工作为基础。"

为了扩大组织中的时间和位置顺序,要求每个团队成员从服务时间最长的成员开始,从他们创建的时间表中选择一个事件。一旦选定,他们将在活动时间表中代表该事件。

每个成员依次记下便笺——从他们创建的时间表开始。入职时间最长的成员代表该组织的成立,最近的加入者代表"新总部大楼"。其他事件包括与另一个组织的合并,由前任首席执行官主导的一项关键战略以及法律的变化,都对当时的组织产生了重大影响。

从时间轴的开头开始,"组织成立"的代表应邀踏上了一个标志,并在那个地方讲话。接受提问,提问的目的是使每个董事会成员在躯体感受上都能获得组织的完整而丰富的信息。

(1) 在那里感觉如何?

(2) 你的重点是什么?

(3) 在那个地方普遍存在哪些假设、力量和约束?

(4) 你想对组织的现任领导人说些什么?

一旦每个董事会成员都在时间轴上占据一席之地并代表该事件发言,团队教练就会从局外人的角度提供一些系统的见解。邀请每个成员一次退出一个排列,并进行整体思考。

这种系统性的视角使董事会能够改变他们的观点,从而在这一时刻减少了对个人的看法,并提供了一种包括对过去和以前贡献的尊重的方式。注意到这一点,他们显得更加沉稳,能够以一种具体的历史感来看待他们目前的任务。知道有一天他们也会成为历史的一部分,似乎给了他们一种适当的规模感——既不太大也不太小。

这次练习使董事会能够从他们当前关注的焦点退后一步,从大局着眼。记住并继承历史,并通过内在和躯体方式与之联系,可以使董事会及时了解自己,并提醒他们未来的执行董事会要反过来回顾其对组织的管理。此外,从代表那里获得的学习和观点开始影响他们当前在问题上的想法。

有一个方面比较突出,那就是代表合并的那个代表人表现出了不安和焦躁,可能表示这是未完成的工作。董事会作出反映并决心更加全面地应对组织紧张局势,包括面对房间里的大象并为其命名,以及完成现有的举措和干预措施,而不是过快地应对下一个挑战。(译者注:房间里的大象意指那些"我们知道,但是我们清楚地知道自己不该知道"的事。)

董事会想起了上一次战略的高潮和低谷,以及它们是如何产生影响的。这两个方面都为他们如何优先处理即将到来的组织挑战和应对挑战的方法提供了额外的智慧。

过去认为战略方向发生重大变化的代表通常被董事会认为并没有产生旧董事会可能想要的影响,但该代表重新与战略背后的良好意图联系在一起。提供了"如果我当时担任你的角色,可能也做不出任何不同的事情"这句话。这产生了影响,使他们的观点软化,为旧董事会赢得了更多的尊重和赞赏,并使他们当前的挑战更加谦卑。展望未来,他们可以看到他们想对后代说的话:"我们在当时拥有的可用资源和信息情况下作出了最好的决定"。

> 教练计划两个月后的一些思考：
> "有机会设身处地地站在别人的立场，这改变了我。"
> "意识到我们在时间轴上的位置是如此有影响力。我们在追随那些已经尽了最大努力的人的脚步，而其他人将追随那些将在我们的工作基础上再接再厉的人。我们不需要赢得全世界，只要继续为其他人的后续行动奠定最好的基础。"

讨论要点

1. 系统性工作着眼于更广泛的系统，而不是个人。当你寻找系统的根本原因和解决方案时，个人问责制和责任在组织中的位置是什么？

2. 要有效地担任系统教练，首先需要深入的个人工作，包括处理自己的家庭系统问题。请对此予以讨论。

3. 观察组织历史中人们的行动和决策，系统的角度要求我们保持"在你当时的立场和情况下，我可能也做不出任何不同的事情"的非判断性取向。在考虑组织的历史、前任角色和同事的行动时，进一步考虑这种立场的影响。

4. 在你熟悉的组织（或你自己的工作）中，想象一个无用的重复模式或未解决的挑战。使用便利贴，为存在该挑战/模式的系统的所有元素（人员，概念，角色，部门等，包括挑战本身的标记）创建可视化地图。使用这张地图作为鸟瞰图，反思在这种系统背景下看到的挑战。

推荐阅读

Horn, K., & Brick, R. (2009). *Invisible Dynamics: Systemic Constellations in Organisations and Business*. Heidelberg: Carl Auer.

The Knowing Field (www.theknowingfield.com) – International Constellations Journal.

Ulsamer, B. (2008). *The Art and Practice of Family Constellations*. Heidelberg: Carl Auer.

Whittington, J. (2012). *Systemic Coaching and Constellations: An Introduction to the Principles, Practices and Applications*. London: Kogan Page.

参考文献

Cohen, D. B. (2009). *I Carry Your Heart in My Heart: Family Constellations in Prison*. Heidelberg: Carl Auer.
Ehrenreich, B. (1998). *Blood Rites: Origins and the History of the Passions of War*. London: Virago.
Franke, U. (2003). *The River Never Looks Back: Historical and Practical Foundations of Bert Hellinger's Family Constellations* (translated by K. Leube). Heidelberg: Carl Auer.
Franke, U. (2005). *In My Minds Eye: Family Constellations in Individual Therapy and Counselling*. Heidelberg: Carl Auer.
Hellinger, B., Beaumont, H., & Weber, G. (1998). *Loves Hidden Symmetry: What Makes Love Work in Relationships*. Phoenix, AZ: Zeig & Tucker.
Hellinger, B., & ten Hovel, G. (1999). *Acknowledging What Is: Conversations with Bert Hellinger*. Phoenix, AZ: Zeig & Tucker.
Horn, K., & Brick, R. (2009). *Invisible Dynamics: Systemic Constellations in Organisations and Business*. Heidelberg: Carl Auer.
Perls, F.S., Hefferline, R.F., & Goodman, P. (1951). *Gestalt Therapy: Excitement and Growth in the Human Personality*. New York, NY: Julian Press.
Barks, C. (Translator) (1995). *The Essential Rumi*. New York, NY: Quality Paperback Book Club.
Ruppert, F. (2008). *Trauma, Bonding and Family Constellations*. Somerset: Green Balloon Publishing.
Schneider, J. (2007). *Family Constellations: Basic Principles and Procedures*. Heidelberg: Carl Auer.
Senge, P. (1990). *The Fifth Discipline: The Art and Practice of the Learning Organization*. New York, NY: Doubleday Business.
Sheldrake, R. (2004). *The Sense of Being Stared At*. London: Arrow.
Sheldrake, R. (2009). *A New Science of Life*. London: Icon Books.
Sparrer, I. (2007). *Miracle, Solution and System*. Cheltenham: SolutionBooks.
Ulsamer, B. (2005). *The Healing Power of the Past: The Systemic Therapy of Bert Hellinger*. Nevada City, CA: Underwood.
Ulsamer, B. (2008). *The Art and Practice of Family Constellations*. Heidelberg: Carl Auer.
Weber, G. (1993). *Zweierlei Glück: Konzept und Praxis der systemischen Psychotherapie*. Heidelberg: Carl Auer.
Whittington, J. (2012). *Systemic Coaching and Constellations: An Introduction to the Principles, Practices and Applications*. London: Kogan Page.

第二十五章 心理动力学和系统心理动力学教练

维加·扎吉尔·罗伯茨和哈利娜·布鲁宁
(Vega Zagier Roberts & Halina Brunning)

引 言

术语"心理动力学"将两个观点联系了起来:"心理"(psycho-)来自希腊语 *psyche*,意思是灵魂或心灵,而"动力"(-dynamic)来自希腊语 *dynamis*,意思是力量或能量,用于物理和其他领域,用来表示引起运动、行动或改变的力量。因此,心理动力教练基于一种理解在个人和群体之间活动的心理力量如何影响其思维和行为的方法。

心理动力学方法的执业教练在理论取向和实践上都各不相同。许多治疗师接受过以一门或另一门"精神分析理论"为基础的培训。其他人则从系统心理动力学的角度进行练习。这将精神分析理论的要素集中在无意识的心理生活对个人和团体行为的影响上,将开放系统理论的要素集中在角色、权限以及工作系统和流程的设计上。由于角色在此教练过程中的重要性,因此该方法通常称为角色咨询或角色分析。

心理动力学和系统心理动力学教练的发展

通过研究罗伯茨和贾里特(Roberts & Jarrett, 2006)提出的教练类型,心理动力学和系统心理动力学教练的历史被赋予了一个有用的背景,研究了目前在英国实施的主要教练方法之间的关键差异。图 25.1 所示的格栅是基于他们对各种教练的主要执业者的访谈而得出的内容总结,这些访谈涉及他们的主要目标和工作重点。培训干预的主要目标显示在纵轴上,向内洞察在纵轴的一端,而向外输出(如更高的销售额)则在另一端。横向轴指示教练的主要焦点是:个人还是组织或组织角色。

```
                        心理动力学和系统心理动力学教练
                                    ↑
        ┌─────────────────┐         │         ┌─────────────────┐
        │   成长模型       │         │         │  认知行为模型     │
        │ 以高威(Gallway,  │         │         │ 在行为和绩效方面  │
        │ 《网球的内在比赛》│         │         │ 关注行为为结果,   │
        │ 作者)的"内在     │         │         │ 以精神治疗为基础  │
        │ 比赛"为基础,力求 │         │         │ 的团队可能会采    │
        │ 提高人们对行动的 │         主         │ 取此方法。        │
        │ 认识和责任感。   │         要         └─────────────────┘
        │ 常与《高绩效教练》│        目
        │ 作者约翰·惠特默  │         标
        │ (John Whitmore) │         │
        │ 和《有效教练》   │         │
        │ 作者麦尔斯·唐尼 │         │
        │ (Myles Downey)  │         │
        │ 联系。           │         │
        └─────────────────┘         │
  个人 ◄────────────────────主要关注点────────────────────► 组织
                                    │
        ┌─────────────────┐         │         ┌─────────────────┐
        │   知情疗法       │         │         │   角色咨询        │
        │ 最常被独立从业  │         │         │ 基于系统心理动力  │
        │ 人员使用如各种  │         │         │ 学。注重提高对人、│
        │ 学校训练的治疗  │         │         │ 工作系统和组织环  │
        │ 师,如罗杰斯论证、│        │         │ 境之间关系的认识, │
        │ 格式塔式或心理  │         │         │ 以提高角色的有效  │
        │ 动力式。关注个人│         │         │ 性。              │
        │ 成长。          │         │         └─────────────────┘
        └─────────────────┘         │
                                    ↓
                                   内在
```

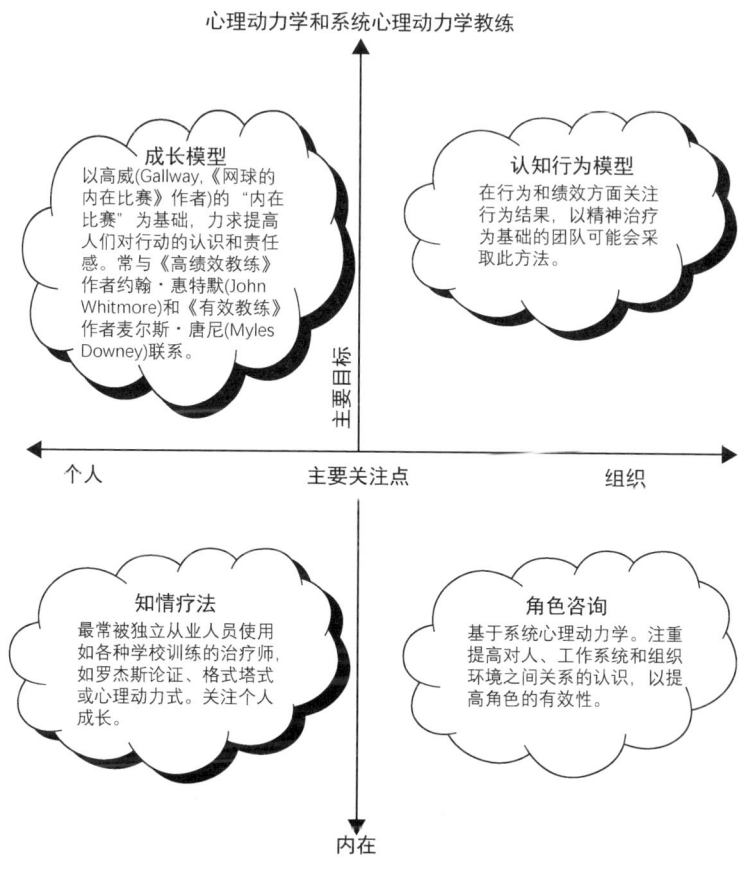

图 25.1　教练的四个模型

这些信息在"云"中收集,以表明这些不是僵化的类别,而是一系列的教练干预措施。

一个令人惊讶的发现是,尽管大多数领先的教练方法都相当明显地落入一个或另一个象限,但心理动力教练在下面的两个象限中都占有一席之地:左侧是更纯粹的"心理咨询"方法,右侧是系统心理动力学(角色咨询)方法。从本质上讲,前两个象限基于目标达成,而后两个象限基于意义制定。因此,我们将考虑这两种主要的心理动力训练"流"的共同点以及它们的不同之处。

心理动力疗法的实际发展可以追溯到 20 世纪初,弗洛伊德发展了他的"谈话疗法"。但是,心理动力教练的发展是相对较新的,它的起源可追溯到以下两个主要来源。

从组织心理动力学开展工作

在第二次世界大战期间,伦敦塔维斯托克诊所的精神分析学家以各种方式将他们的临床理解运用到战备工作中,特别是在遴选军官和精神创伤士兵的康复方面。战后,其中一些精神分析学家与新成立的塔维斯托克人际关系研究所的社会科学家、人类学家和其他学科一起加入其中,发展了理论体系,并与煤矿、工厂、儿童托儿所、医院和许多其他组织合作(Trist & Murray,1990)。

系统心理动力学解决个人工作场所问题(教练的前身)的首次应用可以追溯到20世纪50年代后期,当时基督教团队合作信托基金会(后来的格鲁伯行为研究学院)提供了各种培训活动,旨在培养参与者理解组织的行为和动力。组织角色分析(ORA),一种使领导者和管理者能够更有效地发挥其作用的方法应运而生(Reed,1976;Reed & Bazalgette,2003)。ORA已被许多系统心理学家从业人员调整用于个体受教者,通常被称为以"组织角色咨询公司",最近(出于营销目的)又常被称为高管教练(Newton et al.,2006)。

从面向心理动力学的治疗和个人咨询

自20世纪90年代中期以来,包括心理动力在内的各种谈话式心理治疗师和咨询师的发展趋势都是以教练的形式将其实践推广到工作场所。在一定程度上,这可能是由于随着长期治疗的日渐普及,他们需要寻找其他方法来部署其技能。正如佩尔蒂埃(Peltier,2001)所说的那样,"谈话疗法……速度太慢,太个性化,它无法提供保证,并且缺乏处于快车道上的人们所要求的冲击力和专注力"。

但是,许多组织也意识到,缺少一些心理动力导向教练可能会提供的东西。在一个层面上,人们认识到需要"思考空间",而不是大多数当代组织中由结果驱动的日常生活压力,从而加深对导致工作困难的一些不太明显或不太自觉的因素的理解。

理论和基本概念

心理动力教练借鉴了弗洛伊德及其追随者的研究所产生的理论和概念,这些理论和概念最初是在精神分析和以精神分析为基础的疗法的背景下发展起来的。

精神分析理论的概念

无意识心理生活

心理动力思维的基石是假设存在无意识,这是我们心理生活的一部分,它被隐藏起来,以我们不知道的方式影响着我们。虽然很容易证明我们的大脑中存在着思想和记忆,但这是出于有意识的意识——例如,当我们突然想起一个被遗忘的名字或电话号码时,或者当电极植入大脑的某些部位时,回忆起过去经历的细节——精神分析理论认为,我们经历的某些方面会变得无意识,以此来保护我们免受焦虑和痛苦。

无意识的焦虑和防御

就像"无意识"一样,"焦虑"一词是我们日常语言的一部分,通常指的是预期到将来会发生危险事件而引起的令人不安的情绪状态。建议对威胁进行预见,以动员我们进行防御。例如,在工作场所,员工可能有很多意识上的焦虑,例如,对裁员的恐惧,对事故和危险错误的担心等。然后,他们可能会采取某些行动来控制或减轻这些焦虑。例如,成立工会或制定详尽的条款以防止错误。

弗洛伊德和随后的精神分析理论家提出了一些焦虑是无意识的观念。例如,我们可能会有一些我们认为不可接受的冲动——想要伤害我们爱的人,或者对父母或孩子的性冲动。如果要充分意识到这些感觉,它们可能会对我们作为有爱心和体面的人的自我意识构成威胁。精神分析理论表明,通过使用防御机制,这些感觉被从意识之外推到了我们的无意识中。其中包括否认(感觉不存在),投射(感觉属于其他人),理想化和贬低(将其他人看作是好人或坏人,以避免痛苦的混合感觉)和理智化(将感觉消除)(Freud,1966)。

精神分析理论认为,我们都需要防御,以防止我们被无意识的焦虑所淹没。虽然有些防御是有帮助的,但另一些防御阻止我们充分处理现实,或阻止我们充分利用我们的能力。例如,过度使用投射可能导致责备他人,而不是寻求改进我们自己实践的方法。这也会导致比我们实际更无助的感觉,因为当我们把所有的权力和力量都放在管理者身上时,我们会感到"被阻止"使用自己的主动权。

容 纳

假设我们作为婴幼儿开始了终生学习以控制焦虑的过程,这在很大程度上要归功于看护人,他们与我们情感上保持联系,并且通过适当地满足我们的需求使我们感到安全感(我们担心的事情是可以被控制的和被理解的)。婴儿被认为会将自己的感觉投射到照顾者身上,照顾者会"吸收"并处理这些感觉,这样他们就不再那么害怕了。把这种想法转移到工作场所,它表明良好的管理可以发挥类似的作用,充分地控制我们的意识和无意识焦虑,这样我们就能有效地思考和行动,而不需要通过适得其反的防御机制来摆脱我们的感觉。然而,如果我们的父母或管理者自己过于焦虑或心事重重,他们可能无法帮助我们管理我们的焦虑。在这一点上,我们可能会不堪重负,转而使用无益的防御机制。例如,面对收购,我们很可能会担心失去职务。将另一个组织视为邪恶的帝国缔造者,虽然可能会暂时起到增强内部凝聚力和认同感的作用,但从长远来看,这会减少我们去做合适的"预加入"相关的工作。

移 情

这个概念是基于这样一种思想,即存在一种普遍趋势,将我们对早期生活人物的体验带入现在,即将它们移情,以使我们对其他人存在有色甚至失真的看法。例如,一个认为"内部"权威人物是良性的人("我的父母设定了对我有帮助的限制"),更有可能对工作中的权威人物作出积极的反应,期望与他们建立积极的关系。早年经历过压迫、欺凌或虐待的人在工作中可能会有类似的感觉,也许对组织中的权威人士过于顺从和依赖,或者过于激进和防御。

反移情和无意识的沟通

反移情是精神分析学中的一个术语,指的是患者在分析师身上唤起的感觉,例如,强烈的保护或拯救欲望。由于分析师应该保持情绪中立,倾听患者,反移情最初被认为是一种干扰源。然而,人们逐渐认识到,它可以理解为是分析师对患者无意识交流的反应,因此,它是关于患者在无意识水平上发生的事情的一个重要信息来源。例如,保护患者的冲动表面上似乎与患者的真实想法无关,而分析师可能认为这是他/她个人的需要。当然这是一种可能性,但另一种可能性是,患者在无意识地传达他/她的恐惧,同时也渴望得到保护,免受被认为更强的人的伤害(对父母的感觉转移到了分析师身上)。正是这种无意识的交流可能会激起分析师的保护情绪。

开放系统理论中的概念

一个活的有机体只有与环境交换物质才能生存,也就是说,它是一个开放的系统。

这需要有一个外部边界,一层膜或皮肤从内到外分离。这个边界必须足够坚固,以防止渗漏和保护有机体不致解体,但必须是可渗透的,以便与环境进行必要的交换。最简单的生命系统是一个单一的细胞;在更复杂的有机体中,将有许多开放系统同时运行,每个系统都执行自己的专门功能,但与其他系统的活动相协调,以满足整个有机体的需要。

库尔特·莱温(Kurt Lewin,1947)在将这些思想应用到人类系统中的工作得到了米勒(Miller)和莱斯(Rice)(1967)的扩展和发展,为研究组织中各个部分与整体之间以及组织与环境之间的关系提供了一个框架。

基本任务

基本任务是指组织为了生存必须执行的任务(Rice,1963)。一个组织作为一个开放系统可以如图 25.2 所示。中间的方框表示执行将输入转换为输出的任务所需的活动系统——例如,将皮革(A)转换为鞋子(B)。

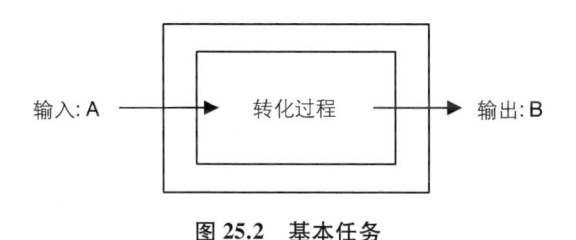

图 25.2 基本任务

基本任务由主吞吐量定义。输入可能是原材料(如皮革),而输出可能是成品(如鞋)。在与人合作的组织(如 NHS)中,投入是处于状态 A 的人(如患病的人),而产出是处于状态 B 的人(如健康状况更好的人)。

具有许多不同种类的输入和输出的企业要比图 25.2 所示的复杂得多。例如,一家制鞋厂还从环境中获取信息,并将其用于制定财务计划和营销策略。它可能有不同的部门,如生产、销售和市场部门,所有这些部门都需要进行协调。但是,如何分配资源以及如何在组织的各种活动之间确定优先级是由其基本任务决定的。

尽管在复杂系统中存在局限性,但基本任务的概念仍然非常有用。对一个工作系统的目标和预期输出的清晰性提供了一种衡量标准,通过该衡量标准,人们可以不断评估一个系统是否正在运行,以及系统的设计和工作是否正常。它还有助于确定每个子系统的特定贡献并将其与整个组织的基本任务联系起来。

边界内和边界上的管理

活的生物体需要一种既不是太可渗透又不是不可渗透的膜。同样,组织系统也需要边界来规范与环境的交流。该规范是管理的核心功能。例如,经理需要确保人员配备水平和其他资源与生产目标或消费者不断变化的需求相匹配。因此,开放系统模型将经理定位在它们管理的系统边界范围内(见图25.3)。

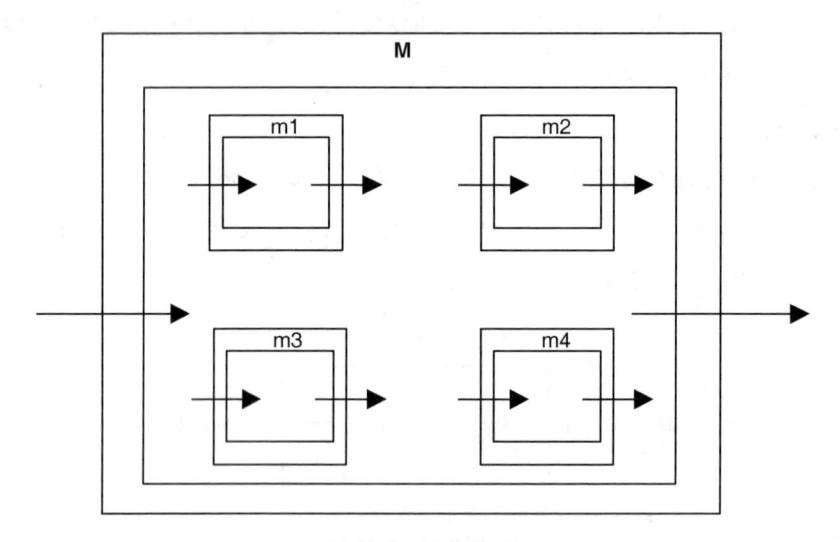

图 25.3　边界管理

在图25.3中,m1,m2等代表诸如团队或部门之类的子系统的经理。M代表所有m的生产线经理。他们在他们管理的系统边界上的位置使他们能够同时与内部和外部保持联系,并表明其在调节跨边界交流方面的功能。

该位置位于系统边界,使管理者可以与外部环境和系统内部状态进行接触。如上所述,这包括与他/她所管理的员工的情绪状态保持联系,以提供对有意识和无意识焦虑的必要控制。失去这个边界位置的管理者,要么被吸引到系统中距离更远的位置,要么被切断的时间太长,致使无法再有效地进行管理。

负责监督多个子系统工作的高级经理或董事(在图25.3中显示为M)也需要协调这些子系统的工作。这就要求他们要有远见,并且需要更广泛地了解彼此的特定目的和活动如何相互联系以及与整体联系起来,并将这种理解传达给他/她领导和管理的人。

将两个理论联系在一起：系统心理动力学

社会保护系统

雅克（Jacques，1953）在其关于"社会结构的动态性"的开创性论文中提出，"将个人绑定到制度化的人类交往中的主要凝聚力要素之一是防御焦虑"（Trist & Murray，1990）。

在社会结构中，包括组织、个人和团体承担着无意识和有意识的角色。雅克举了一个例子，一艘轮船的第一个船主"被普遍认为是一切出错的根源"。这使得所有生命赖以生存的现任船长被理想化为可靠的保护者。在这里，船员的整个"社会系统"都在使用分裂（分成好的和坏的）和投射的防御。因此，所有的坏处、弱点等被投射到第一任船长身上，而所有的善良、实力和知识都被投射到了船长身上。这些防御措施使船员感到自己处于安全状态，从而保护他们免受潜在可怕现实的困扰，即使船长并非万能。

尽管这种分裂可能在战时的船上或在军队中有用，但在组织中通常是功能失调的，从而导致了责备，寻找替罪羊并降低了实际解决问题的能力。此外，身处投射轨迹的人很可能会将这些投射作为强烈的个人体验。实际上，大副可能会觉得自己不够称职，而船长可能会高估自己判断的价值。由于工作中的集体投射过程，任一或两者都有可能失去与现实的联系。意识到这类系统工程可以减少压力和冲突，使人们重新获得对现实更准确的认识，从而使他们能够采取更有效的行动。

正如关于在个人一级运作的防御系统已经指出的那样，如果我们不被焦虑压倒，系统的防御体系是不可避免和必要的。问题是，一个组织中现有的防御体系是否有效，以及以何种成本运作。我们倾向于把"这里的事情是怎么做的"作为一个给定条件。对反生产性系统防御的洞察提供一个机会，进行一种成本效益分析，并在必要时重新思考如何设计角色、系统和工作实践。这方面的一个例子可能是质疑现有的官僚机构和条款是否有效地防止了错误，或者实际上阻碍了满足不断变化的需求所需的灵活性程度。

工作系统的设计

组织内系统和子系统周围的边界起着重要的作用。它们有助于识别谁在系统内部以及谁在系统外部，从而增强团队意识和个人认同感：我是 X 团队的成员，而团队有一项我要为之贡献的任务。因此，它们使我们能够创建我们所属系统的心理地图。

另一方面,僵化的边界会阻碍团队、部门和组织之间的协作,甚至加剧冲突。同时,一个有用的问题是询问当前的边界是支持任务绩效还是抑制任务绩效。

行使权力与领导力

权力的行使可以用心理动力学或开放系统理论来理解,或者,实际上两者兼而有之。从精神分析的角度来看,一个人与权威人物的无意识关系将影响我们如何恰当地运用我们的权威。权力的不当行使包括独裁(如过度控制或过度惩罚),以及相反的,放弃权力(例如,与员工一起参加工作的经理感觉自己被更高级的管理人员所累,而不是自己先去确定可能采取的行动)。

但是,汇报线(系统元素)的设计也对组织中如何体验和使用权限具有重大影响。例如,可能一条汇报线在他们的专业领域内,另一条与他们在多学科团队中的角色有关。这可能是一个必要而有用的设计,在这种情况下,人们可能需要被帮助来理解不同的条线之间的关系。另一方面,设计可能具有无意识的防御功能,例如,谁对什么负责很模糊,这可能会适得其反,而且会带来压力。

将心理动力和系统观点结合起来,有助于我们看到,根据自己的心理构成和系统文化,权威既被赋予(通过授权,正式的权威线),也被获得(由角色扮演者解释)(Krantz & Maltz, 1997)。与此密切相关的是如何行使领导权的问题。是否由最高管理人员完全领导?蒂尔凯(Turquet, 1974)提出,在健康的创造性团队中,领导层可以根据谁拥有什么样的优势来调整其手头承担的工作。

角 色

所有这些概念都集中在角色的概念中,角色位于人和组织的交叉点,如图 25.4 所示。角色可以定义为"头脑中的想法模式,通过这种模式,一个人可以根据特定的情况组织自己的行为"(Grubb Institute, 1991)。角色方面由用人组织以工作说明书、组织结构图、规章制度等形式提供。然而,角色中的人也是由他们的技能、理想、信念、与内在的过去权威人物的无意识关系,以及面对不断变化情境系统和他们自己对需求的理解所决定的。

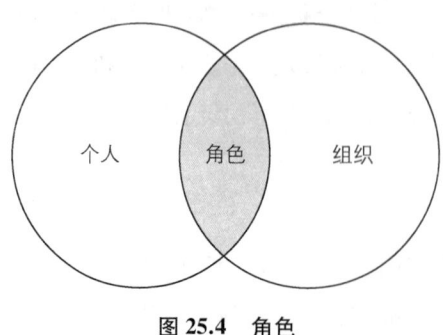

图 25.4 角色

实　践

通过再次查看教练模型的类型，可以很容易地确定心理动力教练的目标（见图 25.1）。具有治疗知识的教练将以受教者个人见识的发展为核心目标：将意识之外的东西带入意识中。例如，他们可以深入了解行为和人际关系中重复模式的驱动因素，因此可以更好地选择改变这些行为。

角色咨询的主要目标是提高受教者利用多角度理解和应对工作挑战并促进实现组织目标的能力。这包括对它们的作用有更深入的了解：它们所处的系统或子系统，所处的边界，权限的来源以及使用方式，他们角色和系统的机构设计与主要任务的要求的匹配程度等。此外，受教者会更加了解他们所参与的系统性防御过程，这使得他们在如何采取行动方面有了更大的选择余地。他们当然也可以在此过程中发展个人见解，但这不是教练的主要目标（见图 25.1）。

心理动力疗法的工具和技术

无意识意识化

心理动力疗法是基于将无意识的东西转化为有意识的东西，以使患者的自我更好地融合，或者用弗洛伊德的话说来增强爱（建立有意义和令人满意的关系）和工作的能力（提高生产力和创造力）。自由联想（鼓励患者说出任何未经审查的想法）和分析梦之类的技术，可以使无意识的材料变得可用，治疗师则可以帮助患者建立联系并通过使用解释获得见识。核心工具包括与移情和反移情一起工作（请参阅上文），以提供有关患者内心世界的重要信息。

心理动力教练与治疗明显不同。受教者不是患者，教练也不是治疗师。总的来说，心理动力教练不会刻意地试图暴露出深层的无意识物质，也不会直接解释它。但是，与大多数其他教练技术相比，会谈很可能是相对不那么结构化，以允许出现不可预见的联系。意识较弱的材料也可以通过绘画的方式浮出水面（关于通过绘画带来的洞察力的说明，见 Brunning，2001 和本章中的第二个案例研究）。教练不会对无意识材料提供"深刻"的解释，但可能会提供关于可能导致受教者的一些困难的假设。这可能包括教练指出受教者之前不知道的环节,并鼓励受教者对这些环节感到好奇——换句话说,让他们变得不那么防御。

从治疗实践中转移出来的不仅仅是心理动力教练的工作,而是他们的思维方式和担当教练角色的方式。主要功能包括以下内容。

用"第三只耳朵"倾听[①]

这是一种特殊的倾听,不仅是对所说的话,而且是对其他层次上正在交流的东西的倾听,以便与受教者建立新的联系。不说的不一定是无意识的,但可能由于某些原因是不可说的。例如,一位经理对他最近的一次服务检查进行了愤怒的辩护。他觉得他不能说他真的同意检查报告中的许多批评。随后对为什么这种感觉太危险而不能说的探索,对于改变一系列限制他在工作中发挥全部能力的假设,意义重大。

用自己的感觉作为数据

这是另一种基于心理分析的聆听,有时被描述为聆听"单词背后的音乐"或"并行过程"。它基于这样一种思想,即教练的感觉不仅是自己的感觉,而且可能反映出受教者的意识外情绪状态,因此,它是有关表面情况的基本信息。有些人会自然地以这种方式听取自己的意见,这可能是直觉的基础。但是,不仅教练和治疗师,而且经理和工作场所的其他人都可以学习和实践这项技能,这为他们的行动和决策所依据的其他数据源提供了丰富的资源。

提供保护和守住角色

为了使潜在的无意识思想和感觉浮出水面,受教者需要感到安全。治疗环境具有多种设置可提供这种安全性,特别是固定治疗时间的边界,其频率应防止患者被焦虑过度淹没,以及患者和治疗师之间关系的边界,保密性和治疗师的立场,全神贯注和仔细的非判断性倾听,唯一的目的是帮助患者"变得更好"。这些共同提供了遏制效果,也就是说,让受教者的焦虑保持在一个可控制的水平,这样他们就能够放松一些习惯性的防御,从而变得更容易学习新的东西。

心理动力教练有不同的边界。会谈地点可能会改变,会谈可能会不定期举行,以此类推。但是,教练要注意这些变化的影响,并且无论外部环境如何变化,教练都努力

[①] 这是西奥多·雷克(Theodor Reik)的术语,用于描述聆听患者交流的一种特定方式,是指倾听不一定要用语言表达的内容(Reik, 1948)。

在与受教者一起的整个工作中保持角色。这包括保持致力于理解正在发生的事情,即使受教者脱离、贬低或过分崇拜教练时也是如此。

受教者对其教练的理想化可能与否定性一样对教练任务构成威胁,因为两者都会使教练退出角色。当教练处在消极预测的接受端时,他们可能会表现出内在的感受,而不是将其用作信息。当他们与受教者之间融洽相处时,他们很容易在不知不觉中与受教者共谋,从而错过了需要指出和解决的棘手问题。

六域模型

综上所述,系统心理动力学教练考虑了人、角色和组织之间的联系(P/R/O;见图25.4)。布朗宁(Brunning,2001,2006)开发了一种称为"六域模型"的教练实践模型,如图25.5所示。

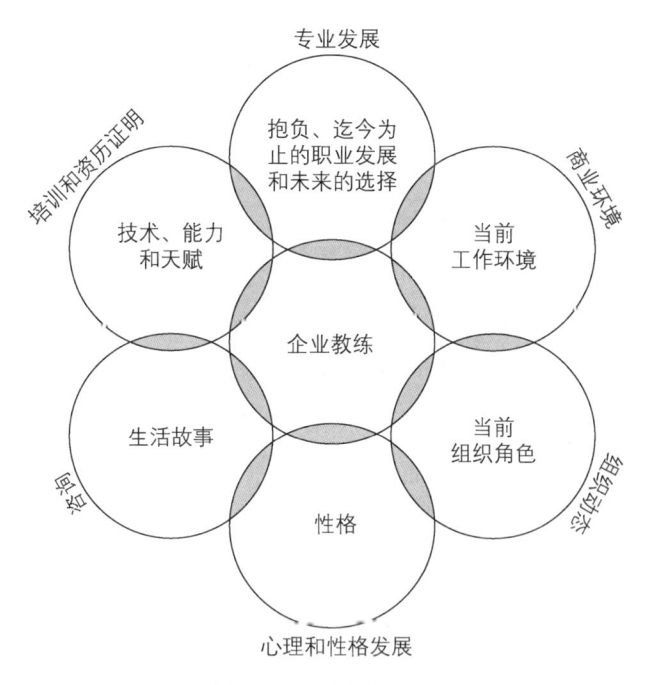

图 25.5 六域模型

在这个版本的 P/R/O 模型中,人、角色和组织的三个基本要素被打开,也包括了更多关于受教者的个性、生活故事、技能集、才能和被引入角色的能力的信息。

所有六个领域都被认为是在教练课程中同时出现的,其中任何一个或所有领域都是合法和适当的工作重点。图25.5还确定了可能为教练提供信息或补充教练的其他专业知识和知识来源，这些特征在图表中表现为与它们相关的每个领域的外部。

六个域被视为处于连续动态运动中，就好像它们是一组六个相互关联的齿轮一样，每个齿轮都可以影响相邻齿轮的运动。因此，"当前组织角色"领域的中断很可能会影响"生活故事"的领域，反之亦然。每个领域都可以和谐或不和谐的方式影响其他领域。例如，某些个性和一些生活故事可能使角色扮演者在不同的外部条件和环境下更有效或较不有效地工作。这将在本章的第一个案例研究中说明。

要在此模型中进行练习，需要教练与受教者协商，相对自由地访问相关个人数据和信息，以加深在教练课程中进行的讨论。同时，至关重要的是要保持警惕，不要流于提供心理治疗而是教练，并确保受教者对此有所了解。当受教者"知道"他们需要心理治疗，并且可能希望心理动力教练能提供这种治疗时，他们选择教练作为一种威胁性较小的选择并不少见。在许多这样的情况下，转介进行心理治疗，而不是与教练一起进行，可能是一种选择。

在角色分析中的工具和技巧

系统性思考

上述所有工具都用于角色咨询。不同的是，无论出现什么问题，都需要系统地理解它。例如，心理动力教练通常被用于被视为组织困难的原因的"问题"个人。但正如奥布泽(Obholzer, 2003)所说，将个人、角色或子集视为整体的不同但相互联系的部分是绝对必要的。因此，任何"个人"的表现，首先要被视为系统症状，并在这一层面加以解决。

头脑中的组织

系统心理动力教练或角色咨询的一个关键要素是，使受教者对组织的内部形象浮出水面并清晰表达出来：他们的"头脑中的组织"。这是由赫顿(Hutton et al., 1997)定义的：

"这种组织的概念，通过体验和想象，在我的内部心理空间中形成，然后影响着我与环境的互动方式。"

随着时间的流逝，受教者将学会意识到并反思他们的情感体验，将其作为关键依据。无论对话是关于工作中的重大事件、新策略或新项目，还是与受教者的工作重心明显无关的轶事，教练总是对受教者材料中组织决定的动态保持警惕。假设受教者带来的任何东西在某种程度上都是组织"在"它们中的回声或反映，因此作为"诊断"工具是相关的（Armstrong，2005）。

有时，教练可能会邀请受教者在他们的组织中绘制一幅他们自己的图画（作为一种对意识不足的东西的表现方式），并将用这幅图画来表现受教者在他们的组织系统中对自己的内在体验，而不仅仅是被教练者的"个人"内部世界。

使用经验作为证据

随着头脑中的组织越来越清晰地出现在人们的视野中，受教者不仅在某种背景下加深了对其组织作为一个系统的认识，而且提高了利用其全部经验作为了解自己和他人行为的资源的能力。教练和受教者一起开发关于正在发生的事情的工作假设，然后受教者在工作场所进行测试。因此，当受教者在组织和教练课程之间来回移动时，会有一个迭代过程：每种环境中的学习都会触达并反馈给另一种环境中的学习。在几次这样的循环中，受教者也以这种新的方式"学会如何学习"：这个过程变得内在化。

哪类受教者获益最多？

佩尔蒂埃（Peltier，2001）认为，当受教者想要发展人际交往技能，增强自我理解，处理"困难"的下属、同事或老板和/或克服自我挫败行为时，心理动力学的想法可能非常有用。除此之外，我们还要补充一点，作为一种特殊的心理动力训练形式，角色咨询在帮助人们发现个人/个性、角色和组织文化之间表面上可能存在的联系方面特别有价值，以便他们能够分离和联系什么是我、什么不是我，从而为反思和建设性行动创造空间。一旦实现了这一点，就有更大的机会有意识地、理性地、更坚定地追求各种专业选择，并实现自我与角色之间的一致性，以更有利于组织系统。

从系统心理动力学的角度来看，要成功地进行教练，教练和受教者之间通常必须进行面对面的互动。这项工作有时可能会在陷入无意识焦虑时激起困难的感觉，而且远程工作（通过电话或电子邮件）有风险，教练可能无法获取有关这方面的重要线索，或无法充分控制受教者。远程训练也会削弱教练"听到"无意识交流的能力。这就是说，如果当受教者的工作需要经常出长差时，电子邮件和电话联系可以提供必要的连续性和遏制性。

自从第一版发布以来,技术得到了改善,远程交流在教练中的使用,尤其是 Skype 和其他允许视觉接触的平台,在心理和系统心理动力教练中的使用也成倍增加。然而,由于上述原因,大多数从业者会主张至少偶尔举行面对面的会谈。通常,如果至少第一堂课是面对面的,受教者和教练都会觉得有帮助。

心理动力教练在公共和私营组织都得到了成功的应用,从银行到医院,从跨国公司到学校和托儿所,从首席执行官到一线团队领导的各个层次的各类组织都有心理动力教练。它可以帮助人们处理各种各样的问题,从"困难"的同事到职业发展,尤其是在涉及行使权力和领导力的问题时。

它还可以使年轻人受益。例如,那些难以从学校转型到职场的人。但是,以角色为中心的角色咨询仅在年轻人希望或需要探索和解决角色问题的情况下才有意义。对于大多数困难,儿童和青少年很可能会从教练、咨询或治疗中获得更适当的帮助。

不论年龄、雇用组织的类型或受教者的职位等级如何,心理动力教练都需要开放性和探究精神。寻求一种结构化的、可预测的方法来实现预定目标的受教者可能更适合其他方式。事实上,教练和受教者都需要分享好奇的能力,并容忍"事先不知道"教练旅程将带他们去哪里。

案例研究 1:P/R/O 的实际行动

卡伦是公共部门组织的高级经理。(这里描述的材料来自一名真实的受教者的教练经历。已获得该受教者的许可。一些细节已更改。)卡伦建议自己去接受教练辅导,以便能够对她目前的角色进行批判性的审视,并决定自己可以在短期和长期内做些什么。尤其令卡伦困扰的问题是,她对自己组织内部目前的职务描述一直缺乏明确性。每次她尝试与直属经理解决这个问题时,最终都会感到更加困惑,而且没有任何解决或澄清的方法。

考虑到她在组织中的角色定义不清晰,以及她通常所期望的职业自主权,她已行使自己的权力,基于自己的知识和专业领域重新定义自己的角色,以确保其有利于组织,满足外部客户的需求。由于重新定义了自己的角色,她开始为外部客户组织一些培训活动。所有参与者都对此表示了赞赏和积极评价，但她的直属经理从未表示正式的认可。

在忙于为一百名外部参与者进行培训活动的准备期间，卡伦再次感到完全不受支持，并且她在自己的组织中处于孤立状态。随着活动截止日期的临近，她在没有太多管理支持的情况下独自工作了很长时间。她感到负担沉重和愤怒，但无法或不愿因此去面对自己组织内的任何人。尽管缺乏支持，培训活动还是按计划进行，并取得了巨大成功。

这次活动之后不久进行了第二次教练会谈。在听卡伦的故事时，一次看似很小的事件使教练感到非常重要。表面上看，这只是卡伦和她的私人助理对一份显然在电脑上丢失了的重要文件的意见分歧。私人助理抗议说，卡伦一定是自己删除了这份文件；另一方面，卡伦确信，她永远不会删除任何像这份文件那样重要的文件。

"删除"这个词突然变成了一个比喻，用来谈论和思考卡伦的一系列经历和感受。卡伦意识到她觉得自己在组织内部被"删除"了，就像她的重要文件从硬盘上被删除一样。这种"删除"的倾向是否也存在于第三个领域，即在卡伦自己内部，而不仅仅是在她的角色或组织中？随着会谈的进行，卡伦意识到她有"删除"自己的倾向，忽视了自己的需求和愿望，导致她在满足这些需求方面对其他人没有提出足够的要求。

这提出了一个新的观点。在教练过程中，现在有三个重叠的领域——人、角色和组织。在这三种情况下，同样的删除命令也在起作用。每个领域都在影响和放大另一个领域：卡伦觉得自己被贬低了；她的才能没有得到充分利用，她的组织似乎也在使用"删除"按钮，忽略了成功的培训活动，尽管它在自己的领域之外很快就为人所知。同时，她无法充分重视自己的专业知识和能力，无论是重新讨论她的职责还是离开。相反，由于人、结构和文化的相互作用，她陷入了一种被过度劳累和低估的境地，并无休止地动态重复。

发现这种重复为卡伦提供了许多选择，包括：

(1) 要求她的直属经理提供有关会议的具体反馈意见；

（2）要求进行360度评估，以收集进一步的证据来支持或否定她；

（3）新见识——重新协商她的工作描述，以使她的培训工作得到更明确的认可；

（4）采取措施找另一份工作。

重要的是要注意，教练故意选择不深入探究卡伦为何倾向于"删除"自己的需求以及为何允许其他人对她这样做的原因：这显然是个人治疗的领域。出于教练的目的，这种趋势的存在现在在她的意识范围内就足够了，这使她可以自由地解决当前的状况和更长期的职业需求。

当然，卡伦在被教练之前就已经在某种程度上意识到了这种趋势，但是直到现在，她才意识到这种趋势在持续了工作相关的困难方面有多重要，这也使她没有与当时的组织文化产生深刻的共鸣，因此她觉得自己的职业角色被删除了。

总 结

当同一个问题或动态在所有三个P/R/O领域同时表达时，被教练者更有可能受到其工作角色的不适当影响，并且将体验更少的自由，以致不能对其情况做任何建设性的事情。这是由于me（角色中的人）和non-me（组织中的角色）之间严重的无意识融合，以及随之而来的区分属于这个人和属于这个组织的东西的困难。一旦个人因素得到承认和拥有，受教者就更容易开始将其他两个因素（角色和组织）从这种顽固的融合中分离出来，更冷静地看待相互之间的联系，并恢复为自己的利益和组织的利益行使权力的能力。

案例研究2：角色分析

杰拉德是公共部门组织的高级经理。他感到自己的成就被直属经理基思忽略了，他经常阻止自己的计划推进。杰拉德参加教练辅导的部分目的是考虑职业发展以及离开目前的工作。

在过去的18个月中，该组织的文化已经从以使命为主导转变为以目标为中心。基思任职仅一年多，对杰拉德和他的团队来说，他体现了他们讨厌这些变化的一切。与基思的会谈几乎全部集中在如何实现政府规定的目标上。杰拉德在第一次教练会谈上说："我更看重的是让事情发生，而不是目标"，好像这两件事必然是相互排斥的。他认为基思反复试图"杀死"他的想法。当教练要求他绘制自己的工作系统时，杰拉德在轮毂的中心画了自己和他的团队的照片，辐条是团队与外部利益相关者之间的界限。基思和董事会的其他成员均不在照片中。可能杰拉德也在"杀死"什么？图片中的线条看起来像是长矛向内和向外飞舞：杰拉德在脑海中的组织似乎是一个被围困的孤立群体。

在第二次教练会谈中，杰拉德谈到了他从基思那里收到的一封"令人崩溃"的电子邮件，其中充满了对他最近做出的一项决定的批评，但杰拉德认为自己的这个决定很有创意。他将这一点与他以前的直属经理的合作经历进行了对比，他说后者"重视我的不良创意"。就好像创造力和犯罪行为（如抗拒被绩效目标控制）是一回事。当杰拉德和教练一起阅读电子邮件时，很明显，潜在的抱怨是没让基思参与其中。然后，教练接着邀请杰拉德想象他就是基思：基思会对一位亲密的同事或朋友说些什么？"那个人是一门散漫的大炮，只管做自己的事，不理我。我不知道他在干什么。如果我们达不到这些目标，那就都得算在我的头上。"画面在变化。基思现在不仅成为压制杰拉德的力量，而且还害怕他和他可能造成的伤害。第一次有迹象表明，基思对目标也不满意。

杰拉德来会谈的时候非常担心与基思第二天的会面，不确定是否要提出他的新点子。他只能想象两种情况：要么他将分享他的想法，而基思会粉碎这一想法；要么他将自己的想法留给自己，这一主动权稍后就会"被瓦解"。为了寻找第三种方式，教练想知道如果他拿着一张空白的纸参加会议并与基思进行头脑风暴，那会发生什么。杰拉德对此表示怀疑，但同意尝试这样做。之后，他惊奇地描述了会议的实况。基思用各种颜色的想法覆盖了空白纸。他充满了杰拉德从未见过的能量。该计划的最终形式与杰拉德最初想要做的几乎没有什么不同，但是基思认为它与众不同，并且全心全意地支持它。杰拉德现在不仅得到了经理的支持，而且还发现了他的另一面，即对组织"真正工作"的真正热情。

在剩余的教练课程中，杰拉德将精力从抵制基思转移到思考他自己的激情所在和对部门目标的理解如何为董事会的目标作出贡献——而且可以看出来是如何作出贡献的。杰拉德不再把精力放在把别人挡在门外的事上，而是开始不仅与基思，而且与其他部门经理就他们所做工作的愿景和目标进行交谈。渐渐地，一些人开始从那种最近被行政指令淹没的逼仄感中恢复。

杰拉德对他下一步职业生涯的想法也发生了变化。之前他的首要目标是在一个支持和重视他的"不良"和创造力的老板手下找到一份工作，现在重要的是找到一个组织，其核心目标可能会给他更多的空间去做对他最重要的工作。他不再急于离开现在的工作，但同时他意识到，他最深切的愿望和渴望需要一个不同的舞台。

结　论

从心理动力学的角度来说，我们可以把这种变化理解为投射系统的一种变化。董事会的两项任务——实现目标和做对受教者有积极影响的有意义的工作——被分裂了。这种分裂是一种全系统的防御，由杰拉德和基思实施，随着另一个变得越来越僵化和官僚化，另一个变得越来越"不羁"。这种工作假设是在教练课程中发展起来的，然后可以在工作场所进行测试。一旦有一个空间让基思重新接触到自己对工作的热情，让杰拉德分担更多实现目标的责任，整个系统就变得更加完整和富有创造力。

尽管洞察力起到了一定的作用，但这种转变主要是由对系统要素和头脑中的组织的关注引起的。杰拉德的画表明他已经失去了自己的边界位置：他接触到了内部（他的团队的工作）和外部世界（受教者和团体的需要），但他抹去了组织的其他部分。因此，他将自己的角色限制在为受教者利益而战和保护团队的自主权，而忽略了绩效目标。这使董事会的生存处于危险之中，因此，从长远来看，也威胁到董事会继续造福受教者的能力。让人们看到组织中缺失的部分是至关重要的第一步。当杰拉德致力于重新定义他自己的子系统的核心目标，以及它如何与组织的其他部分相连接时，新的对话在工作中成为可能。他能够在自己的团队之外发挥领导作用,与其他人合作,建立一些本来由于行政控制水平不断提高引起焦虑而失去的基本联系。

评论

从这些案例研究可以看出,在为受教者提供的选择方面,心理动力/系统心理动力教练的结果并不总是与其他教练方法有很大不同。心理动力教练的独特之处在于,它侧重于帮助受教者解决、理解和利用他们处境中的一些无意识驱动因素。当系统心理动力学观点被加入时,受教者受助于组织动态和结构、个人动态和更广泛的背景之间建立联系。这使得他们能够"重新想象"自己的角色(关于重新塑造自己的角色和组织的讨论,以及将反思性思维作为管理活动的中心地位的案例研究,见 Hutton, 1997)。

致 谢

本章广泛借鉴了之前发表的两章: V. Z. Roberts (2004) Psychodynamic approaches: organisational health and effectiveness, in E. Peck (ed.) *Organisational Development in Healthcare: Approaches, innovations, achievements.* Abingdon, UK: Radcliffe; V. Z. Roberts & M. Jarrett (2006) What is the difference and what makes the difference: a comparative study of psychodynamic and non-psychodynamic approaches to executive coaching, in H. Brunning (ed.) *Executive Coaching: Systems-psychodynamic perspective.* London: Karnac.已获各出版商的明确许可,可以部分转载以前出版的作品和相关图表。

讨论要点

1. 当你使用无意识动力时,你如何确保你没有偏离教练转向了治疗?
2. 本章是关于关注人、角色和组织系统的价值。什么能帮助你在教练的时候注意到这三个方面而不是只关注其中的一两个领域?

3. 即使你不同意心理分析理论的其他方面,心理动力思维的哪些要素可以丰富你的教练实践呢?

4. 在本章的前面,我们注意到,"权力的行使可以用心理动力学或开放系统理论来理解,或者,理想情况下,两者兼而有之。"想象有一个特别的受教者,他在充分授权的情况下承担自己的角色时遇到了困难。在这样的案例中,你如何从这两种理论中汲取新的经验?

推荐阅读

Brunning, H. (ed.) (2006). *Executive Coaching: Systems-Psychodynamic Perspective*. London: Karnac.
Hutton, J., Bazalgette, J., & Reed, B. (1997). Organisation-in-the-mind. In J. E. Neumann, K. Kellner, & A. Dawson-Shepperd (eds.) *Developing Organizational Consultancy*. London: Routledge.
Newton, J., Long, S., & Sievers, B. (eds.) (2006). *Coaching in Depth: The Organisational Role Analysis Approach*. London: Karnac.
Obholzer, A., & Roberts V. Z. (eds.) (2018). *The Unconscious at Work: A Tavistock Approach to Making Sense of Organisational Life*. London: Routledge.

参考文献

Armstrong, D. (2005). *Organization-in-the-Mind*. London: Karnac.
Brunning, H. (2001). The six domains of executive coaching. *Journal of Organizational and Social Dynamics* 1(2): 254–263.
Brunning, H. (ed.) (2006). *Executive Coaching: Systems-Psychodynamic Perspective*. London: Karnac.
Freud, A. (1966). *The Ego and the Mechanisms of Defence*. New York: International Universities Press.
Grubb Institute (1991). *Professional Management: Notes prepared by the Grubb Institute on Concepts Relating to Professional Management*. London: Grubb Institute.
Hutton, J. (1997). Re-imagining the organisation of an institution: Management in human service institutions. In E. Smith (ed.) *Integrity and Change*. London: Routledge.
Hutton, J., Bazalgette, J., & Reed, B. (1997). Organisation-in-the-mind. In J. Neumann, K. Kellner, & A. Dawson-Shepperd (eds.) *Developing Organisational Consultancy*. London: Routledge.
Jacques, E. (1953). The dynamics of social structure: A contribution to the psycho-analytical study of social phenomena deriving from the views of Melanie Klein. *Human Relations* 6: 3–24. Reprinted in E. Trist, & H. Murray (eds.) (1990). *The Social Engagement of Social Science*, Volume 1: *The Socio-Psychological Perspective*. London: Free Association Books.
Krantz, J., & Maltz, M. (1997). A framework for consulting to organizational role. *Consulting Psychology Journal* 49(2): 137–151.
Lewin, K. (1947). Frontiers in group dynamics, Parts I, & II. *Human Relations* 1: 5–41; 2: 143–153.
Miller, E. J., & Rice, A. K. (1967). *Systems of Organisation: The Control of Task and Sentient Boundaries*. London: Tavistock.
Newton, J., Long, S., & Sievers, B. (eds.) (2006). *Coaching in Depth: The Organisational Role Analysis Approach*. London: Karnac.
Obholzer, A. (2003). Some reflections on concepts of relevance to consulting and also to the management of organisations. *Organisational and Social Dynamics Journal* 3(1): 153–164.
Peltier, B. (2001). *The Psychology of Executive Coaching: Theory and Application*. London: Brunner-Routledge.

Reed, B. (1976). Organisational role analysis. In C. L. Cooper (ed.) *Developing Social Skills in Managers*. London: Macmillan.

Reed, B., & Bazalgette, J. (2003). Organizational role analysis at the Grubb Institute of Behavioural Studies: Origins and Development. In J. Newton, S. Long, & A. Sievers (eds.) *Coaching in Depth: The Organisational Role Analysis Approach*. London: Karnac.

Reik, T. (1948). *Listening with the Third Ear*. New York: Pyramid.

Rice, A. (1963). *The Enterprise and its Environment*. London: Tavistock.

Roberts, V. Z. (2004). Psychodynamic approaches: Organisational health and effectiveness. In E. Peck (ed.) *Organisational Development in Healthcare: Approaches, Innovations, Achievements*. Abingdon, UK: Radcliffe.

Roberts, V. Z., & Jarrett, M. (2006). What is the difference and what makes the difference: A comparative study of psychodynamic and non-psychodynamic approaches to executive coaching. In H. Brunning (ed.) *Executive Coaching: Systems-Psychodynamic Perspective*. London: Karnac.

Trist, E., & Murray, H. (eds.) (1990). *The Social Engagement of Social Science*, Volume 1. London: Free Association Books.

Turquet, P. (1974). Leadership: The individual and the group. In A. D. Colman, & M. H. Geller (eds.) *Group Relations Leader 2*. Washington, DC: A. K. Rice Institute.

教练心理学的
应用、背景和可持续性

引言

第三大部分涵盖了上下文的各个方面,包括在什么情景下应用教练,应用哪种类型的教练,以及考虑如何在不同的情况下应用教练。正如标题所示,这一部分探讨了如何产生强有力和可持续的教练干预措施相关的方法和理论。前半部分的重点是在一系列背景下,面对一些重大的转变和选择点,与个人建立弹性和稳健的教练干预。后半部分着眼于在更广泛、更复杂的领域中创建可持续、有效的教练干预措施的方法。

个人生活和工作的转变

我们从"个人和生活教练心理学"(第二十六章)开始这一部分。奥莱·迈克尔·斯派滕(Ole Michael Spaten)在分享本章时,特别关注的是如何应用教练来促进受教者在生活中的成就体验。在这一领域工作的具体方法可能各不相同——然而,本章着重介绍了一些被认为特别有帮助的方法和技巧,提高了受教者对其个人核心价值观、个人抱负以及他们给生活带来的意义的认识和清晰度。在此基础上,希拉·潘查(Sheila Panchal)、希柏恩·奥里奥丹(Siobhain O'Riordan)和斯蒂芬·帕尔默(Stephen Palmer)提出了"跨越人生转型的发展教练"(第二十七章)。本章中提出的观点涵盖了人生转型、代际视角及积极增长。在此背景下实施的教练旨在促进关键人生转型的有效协商,以支持积极的成长和发展。在这种背景下进行教练时,一系列的理论基础和发展理论可能会得到有效的应用。在下一章,"成人学习教练"(第二十八章)中,大卫·莱恩(David Lane),马克·西蒙·卡恩(Marc Simon Kahn)和劳埃德·查普曼(Lloyd Chapman)借鉴了一组特别的方法和理论,这些方法和理论影响了许多教练领域。这一领域的理论与成年人的学习方式有关,核心假设是人们倾向于选择掌握和转化经验的方式,这种方式会影响他们学习的内容和方式,理解这一点将有助于教练提供更有效的服务。本章将探讨这些理论和观点如何有效地应用于教练和教练心理学实践。

之后,我们与彼得·芬纳(Peter Fennah)一起探讨"职业教练"(第二十九章)。关于职业教练的观点是一个广泛的视角,职业教练被定义为对个人在工作中管理变化的意愿和能力的探索。工作在全球范围内满足了对个人的各种实际性和激励性需求,这些需求可以对个人的福祉和认同感以及家庭、社区和社会产生积极影响。工作场所的环境正在迅速变化,其中大部分是由技术驱动的。考虑到工作的重要性和变化的速度,无论个人生活选择如何,这是一个丰富的教练实践领域,在这里,教练干预可以产生重大影响,可能影响受教者的整个就业范围。

第三十章的主题是加强复原力和创造一种强大的能力,使我们能够在生活的所有经历和转变中茁壮成长和维持自己。海伦·威廉姆斯(Helen Williams)、斯蒂芬·帕尔默(Stephen Palmer)和克里斯蒂娜·吉伦斯特(Kristina Gyllensten)在"压力、复原力、健康和幸福教练"中整合了四个细分领域的教练。这四个方面通过帮助受教者把健康相关目标的共同目标联系在一起。压力和与生活方式相关的疾病对个人、企业和更广泛的社会都是一个严重和不断增长的代价。越来越多的证据表明,教练是对压力管理和复原力以及更广泛的健康和幸福领域的有效干预,本章深入探讨了如何调整具体的模式和方法,以供在这方面使用。

教练、复杂性和系统性干预

本部分的第一章设置了场景:"处于混沌边缘的教练:以复杂性为指导的心理学教练方法"(第三十一章)。莱斯利·库恩(Lesley Kuhn)和艾莉森·怀布鲁(Alison Whybrow)从复杂性科学的角度认为,以复杂性为基础的方法可以扩展教练心理学的知识基础。介绍了一些主要的组织原则和复杂性的相关概念,并提供了在实践中使用复杂性的建议。第三十二章"组织内部发展教练:迈向教练文化"着眼于整个组织系统中的教练干预,深入了解工作设计和教练技能发展的心理基础。艾莉森·怀布鲁和埃德·诺丁汉(Ed Nottingham)提供了解决组织中教练发展的框架和方法。其中包括两个案例研究,它们提供了截然不同的方法,并突出了组织在整个系统教练干预方面可能采取的方法的多样性。在整个系统干预之后,一项重要且规模巨大的应用干预是"领导力和高管教练"(第三十三章)。维姬·埃兰-戴森(Vicky Ellam-Dyson),达莎·格拉夫纳(Dasha Grajfoner),艾莉森·怀布鲁和斯蒂芬·帕尔默讨论了领导力和高管教练(LEC)在领导力发展中的作用,并探讨了心理学在 LEC 中的作用,将心理学理论和对实践者感兴趣的实际应用相结合作为研究对象。本章整合了心理学理论和对实践者和研究者感兴趣的实际应用,然后说明了心理基础,并为实践提供了启示。本部分的最后一章来自桑迪·戈登(Sandy Gordon)和道格·麦基(Doug Mackie),主题是"团队教练"(第三十四章)。这种教练干预措施虽然在体育界已很成熟,但在其他情况下却相对较新。有关团队教练的做法、定义和基于证据的文献似乎是零散且不一致的。同时,这被认为是教练应用增长的重要领域。

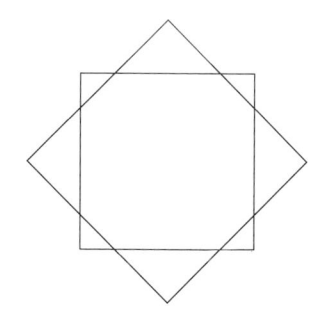

第一部分

个人生活和工作的转变

第二十六章　个人和生活教练心理学

奥莱·迈克尔·斯派滕（Ole Michael Spaten）

引　言

个人教练和生活教练心理学是协助个人通过系统的过程来阐明人生的价值观、愿景和意义，在这个过程中，教练有助于改善令人满意的和富有成果的生活经历和成就个人生活目标。个人教练和生活教练心理学有一个具体的关注点，并在特定的背景下提供（Dunbar，2010；Palmer & Whybrow，2008；Grant，2003；Zeus & Skiffington，2000；Neenan & Dryden，2014）。

重点是确定每个人的核心价值观和理想，并使其与目标达成一致。因此，个人和生活教练的重点不同于以行政和体育绩效为重点的教练。根据邓巴（Dunbar）的说法，"生活教练是被贴在任何与商业或体育表现无关的教练身上的标签"（2010）。由此，可以在教练过程中探索教练生活的方方面面。此外，个人教练和生活教练通常会提供给非临床的个人客户（并由其支付），而背景通常不是组织环境或团队教练课程。

在本章中，我们首先描述生活教练方法的发展，然后讨论定义和理论基础，以及如何将扩展假设和理论应用于教练心理学。

个人教练和生活教练心理学的发展

伴随着自我完善领域"新时代"浪潮和积极心理学运动的发展，生活教练在20世纪70年代末期出现（Dunbar，2012），它与人力资源管理（HRM）的兴起息息相关（Grant，2003）。自那时以来，来自这些不同领域的想法已发展成为个人发展的途径（Whitmore，in Kauffman & Bachkirova，2008），并变成了一个蓬勃发展的业务，在全球范围内有着可观的收入(Coutu & Kauffman, 2009)。尽管动力似乎很明显,但我们无法向任何一位在生活教练发展方面表现杰出的学者致敬,因为它融合了几种著名的理论传统,包括人本主义、认知行为疗法、积极心理学、焦点解决教练、目标设定理论和传统的心理分析(Dunbar, 2012;Rogers, 1957;Palmer & Whybrow, 2008;Grant & Cavanagh, 2010;Bachkirova, 2011)。此外,格兰特还提到,尽管他们的名字不同,但人本主义教练、以人为本的教练、积极心理学教练和关系型教练都是由相同的基本假设提出的(Grant, 2003)。该方法的折衷理论基础可能显示出一种动态的力量,但也可能给连贯性方面带来挑战。

在发展过程中,生活教练务实地基于多种方法,如教育、心理学、体育和管理(Palmer & Whybrow, 2008)。尽管教练的根源可能具有悠久而广泛的传统和历史,但个人和生活教练仍是一门相对较新的学科,致力于建立坚实的经验基础。世界各地大学开设教练课程、项目和研究生学位,标志着自20世纪70年代末以来,生活教练取得了重大进展(Grant, 2016)。

尽管在过去的几十年中进行了专业化培训(Atad, Galily, & Grant, 2013;Moore, 2010)和主要的建设性发展(Grant, 2011),但关于生活教练质量的学术真空似乎已经出现。特别是缺乏实证研究来验证生活教练是否有效以及如何发挥作用(Palmer & Whybrow, 2008)。因此,该领域可以被形容为"反向发展,马车拉着马"(Grant, 2011)。例如,这可以从以下事实中看出:培训技巧和生活教练的应用方面比理论领域和研究要快。

个人教练和生活教练的理论、基本概念和假设

首先,个人教练和生活教练源自以下基本信念:每个人(教练)都应该被视为具有价值、尊严、能力和重要性的独特个体。最重要的是对生物固有的自我调节、自我激励和自我决定所体现的人的固有能力的信念。

传统的人本主义理论表明,人们具有内在的成长和发展趋势。这种趋势与机体自我调节相结合,将引导人们实现他们的全部人类潜能(Maslow, 1943;Rogers, 1963)。自决理论是建立在一系列可比较的有机元理论假设之上的(Ryan, Kuhl, & Deci, 1997)。个人教练和生活教练具有这样的基本信念,即人们天生具有积极性、好奇心、

活力和自我激励能力(Schneider et al.，2011)。教练与受教者合作进行变革协商,然后遵循一个过程,即唤醒受教者朝着这些理想的生活改变的内在决心和动力,这表明了教练的非教练性作用。每个人都被认为具有了解自己、问题、目标、意图和方向的基本能力,被认为是自己生活中的专家。每个人都有能力发展和发起改变心理成长方向的能力,从而最大程度地发挥潜力和成熟度,以成为一个真正的自我。

我们如何理解:"走向真实的自我"?

一致性表明教练在与受教者互动时是真实、真诚和开放的。教练是真实的,没有伪装;也就是说,内部和外部体验是相同的,同时发生在一个连续的基础上,而不是在全或无的基础上(Corey，1996)。罗杰斯(1986)通过指出"成为"而不是"存在"的这一有意方面,使治疗师能够像人一样工作,包括错误、缺陷和所有朝向成为真实自我的努力。

教练与受教者的关系

教练与受教者之间的人际关系被认为对于教练过程的结果至关重要(Gregory & Levy，2013；O'Broin & Palmer，2010)。良好的教练关系的特点是促进了最佳环境、契约和连接,受教者可以放松、平等、自信和自由地将个人问题带入教练课程(O'Broin & Palmer，2010)。从根本上讲,这意味着教练要熟练以下三个方面:

(1) 创造一个真正接受和温暖的环境;

(2) 形成一种细微的能力,从受教者的角度出发;

(3) 酌情与受教者分享对受教者内心世界的理解。

其他重要的技巧可能包括聆听技巧、提问技巧、自我理解的一般能力,对受教者进行验证和展示理解的能力以及反思受教者的思想、情感、言语和肢体语言的能力,这样受教者会感到放松和被倾听。

由于这些素质,受教者更有可能:

(1) 发现生活经历中令人恐惧的方面是安全的;

(2) 对自己的所有方面有更深刻的理解和接纳;

(3) 能够朝着理想健康的自我的方向重建"自我";发现这样做更有成就感;最后意识到自己不再需要教练了,就像罗杰斯所说的达到"独立成长"(Rogers，1940)。

假　设

早期生活教练的定义更为广泛,包括"提高工作绩效";然而,格兰特(Grant)压缩了生活教练的内容,指出"……通常倾向于关注个人领域的目标,而不是工作或职业领域的目标"(Grant & Cavanagh,2010)。生活教练这一领域可能会有持续的发展,作为一门科学,它是一个系统发展的过程,接受新的思想和方向,并与严谨、批判性的思维相联系。可以提出一个相关的问题,即是否可以实现不同的分类。人们的日常往往与工作和生活交织在一起,使得任何一种二元对立的努力都难免模糊。人们有时在努力保持工作与生活的平衡,在这些情况下,工作和生活这一整体可以成为教练的主题。如上所述,生活教练主要针对那些在日常生活中表现良好但希望改善日常生活某些方面的非临床受教者。对此,格里菲斯和坎贝尔表示,受教客户"表现良好,但希望做得更好时,会寻求这种形式的帮助"(Griffith & Campbell,2008)。值得注意的是,不同的学者在不同历史时期对生活教练的定义有所不同,但一个共同的焦点似乎是把生活教练视为人们旅途中的一种便利,向前推进产生转化。实现这一目标的方法是通过一个系统的过程,在这个过程中,教练和受教者通过对话(苏格拉底对话,见下文)共同检查受教者的价值观、愿景、人生意义和目标。这个过程也可能包括对不健康的思想和行为模式的修正。关于案例研究、个人和生活教练心理学的深入细节将在下一段中介绍。

苏格拉底"maieutic"式对话

在这种观点下,有人认为教练是通过对话和关于受教者定位的知识来优化此人的成长和潜力(Stober,2006)。对话性尝试被称为认知和行为教练与治疗中的引导性发现或苏格拉底对话(Neenan & Palmer,2012;Szymanska & Palmer,2012)。探索性对话源于苏格拉底哲学传统,依次提出问题、回答、思考和承认。这个过程最初被称为"maieutic",在希腊语中是助产士的意思,即生产和分娩的助手。这表明了哲学家(教练)作为灵魂助产士的作用(Steinmetz,2012)。

受教者寻求价值、生活意义、自我实现和成长的旅程可能对于进一步实现转变很重要,因为"教练可以通过增强他们自己作出选择和决定的能力来帮助他人树立责任感,成为人类进化中这种转变的助产士"(Kaufman & Bachkirova,2008)。因此,这种对话形式具有悠久的历史传统,教练扮演助产士的隐喻凸显了教练的变革性作用。当从这个理论的角度看待充当助产士的想法时（Steinmetz，2012），其特征是教练"向后倾"，真诚地接受、理解和观察，以及"向前倾"，鼓励的、积极的、自信的、真实的，同时持久和深思熟虑地倾听！

实　践

在个人教练和生活教练中进行的干预涵盖了广泛的主题范围，并且包括诸如受教者的两难处境、新发生的事情、已结束的事情或普遍缺乏满意度的经历。它还可以考虑与健康相关的问题，一些学者认为教练还包括与绩效相关的问题（Dunbar，2010；Newnham-Kansas，2011；Schneider et al.，2011；Holland，2007；Grant，2011；Neenan & Palmer，2012）。

价值观、生命的意义、愿景和目标设定

显然，在变更和转型期间，通常会拜访一名生活教练，在此期间，客户通常需要帮助才能向前迈进。"教练"的概念源自匈牙利语"kocgsci"，翻译为马车——从一个地方转移到另一个地方的运输方法。在教练中，这个比喻指的是一种精神上的动作。因此，个人和生活教练的总体目标是帮助受教者朝更好、不同的方向发展。因此，至关重要的是，教练和受教者应在目标方面指明"更好和不同的方向"，并探索有用的价值和生命意义。受教者的生活、价值观、愿景和目标的含义可能是基础阶段或以后的重点。然而，确定目标的时间是讨论的问题。正如克洛特巴克（Clutterbuck）所指出的那样，"在教练关系开始时确立的目标有时候就像是教练的拐杖，而不是教练的利益"（2010），教练意识到目标设定对变化过程的影响这一点很重要。此后，目标的协商可以是围绕会谈的连续创建，因此可以是教练过程的结果，而不是在教练课程的基础阶段确定目标的结果。

建立联系和签订契约

在个人教练和生活教练中，教练和受教者之间的关系对于教练结果至关重要（Gregory & Levy，2013；O'Broin & Palmer，2010）。双方在整个签约过程中都会评估

他们的关系（O'Broin & Palmer，2008），为了实现一种有效的教练关系，从教练会谈开始就必须签订一份明确的合同（Dunbar，2010）。建立心理联系和签订合同是一种结合的实践。合同和建立一个富有成效的工作联盟包括：1）明确教练的目的，如果可能的话，明确教练的目标；2）明确教练和受教者的任务；3）就相互尊重、同理心、带有真正的尊重和接受的持续验证过程达成协议（O'Broin & Palmer，2010；Bluckert，2006）。同理心主要是一种态度和与他人的经验相适应的方式，但是可以通过训练技能以达到最佳关系。建立关系的技能已被证明是最重要的（Rogers，1957）。

进行适当的合同签订是因为它减少了误解和错误逾期的可能性，并且可以帮助制定目标。合同还包括知情同意和保密问题；此外，它区分了哪些问题是教练对话的一部分，哪些是不包含的，即协议以内、协议以外分别是什么（Hudson & McLean，1995）。合同的谈判还包括就频率、时间表和会谈结构、费用以及取消政策达成协议。期望、协议、承诺在教练会谈期间可能会发生变化，因此可以将合同理解为动态的工具。

教练与治疗之间的界限和区别

当我们分析这些干预领域之间的界限和区别时，最常见的两个划分（de Freitas，2014；Cavanagh & Palmer，2006；Grant，2014；Spaten，2013）是：

1. 是"临床"人群还是"非临床"人群？
2. 教练干预是否有明确的目标，还是治疗？

这些区别可以基于诊断标准对是否是所谓的临床或非临床问题/人群进行评估。以下两个变化是对第一个变化的修改：临床或非临床之间的区别是分别基于客户和心理学家的评估；基于对话的框架：对话被定义为教练还是治疗？

关于教练目标：通过指出教练和治疗的核心目标始终是非常不同的，得出了治疗和教练之间的界限和区别。实际上，所有教练都是针对特定利益、明确目标和明确定义的；而广义上的治疗工作则旨在改善或治愈疾病和精神健康问题（Berg & Szab，2005）。

生活教练通常将重点放在未来，受教者的意识和自我意识旨在现在的情况下增加其目的，以积累对未来行动的意义和价值。

在（人本主义）治疗或咨询中，这种自我意识本身可能是目的，而且通常治疗的特点是对未来变化机会的情感回顾（Stober，2006）。如上所述，受教者的不同之处在于，私人教练和生活教练关注的是来自运作良好的人群(非临床)。相反,人本主义治疗或咨询关注的是功能失调(临床)的人,这些人在很大程度上能够正常运作,以期盼一种幸福感(Joseph, 2006; Joseph & Bryant-Jeffries, 2007; Stober, 2006)。但是,这种区分是可疑的,因为正如帕尔默和怀布鲁(Palmer & Whybrow, 2006)所建议的那样,即使是非临床人群也有潜在的易受伤害的受教者。这可能推断某些受教者可能遇到心理障碍,应在教练课程之前或期间接受心理咨询或心理治疗。

一些在教练和服务之间灰色地带的陷阱

如上所述,教练是针对非临床人群(即"心理健康"的人群)的干预措施。但是,个人教练和生活教练的学科无疑与诸如辅导、指导、咨询和治疗等干预措施有着共同的边界。迫切需要关注的是,在整个教练课程中,"深层的个人问题会变得很浅"(Cavanagh, 2005)。因此,需要考虑教练的专业要求,例如:

(1) 教练应受过足够的教育,以区分这些服务的范围,从而能够操纵不可避免存在的灰色地带,从而使教练不会尝试处理权限和商定的教练合同以外的问题(Grant, 2007)。

(2) 此外,教练必须仔细评估受教者,并确定受教者是否能够参加个人教练和生活教练,或应被转介到其他服务机构。

《哈佛商业评论》对140名受访者进行的一项调查显示,私人公司没有聘请教练来处理个人问题(Coutu & Kauffman, 2009)。问题是:"您是否经常被雇用来解决个人问题?"只有3%的人回答了这个问题。但是,受教者可能会在教练课程中提出个人问题。在同一调查中,有人提出了一个问题:"您曾经协助高管解决个人问题吗?"在这项调查中,76%的人对这个问题的回答是肯定的(Coutu & Kauffman, 2009)。如果教练没有足够的知识、教育和资格来处理这些问题,这可能会形成一个令人震惊的论断,即这些教练虐待他们的受教者(Beagles, 2002)。

其他研究表明,参加教练的样本人数中有52%遭受"显著程度的抑郁、焦虑和压力"(Green, Oades, & Grant, 2006)。道德准则和行为(如BPS)规定,心理咨询师必须意识到自己能力和知识的局限性。因此,最重要的是,他们可以对潜在受教者的心理状况进行准确而正确的评估。这包括教练能够将经临床评估有问题的受教者推荐给治疗系统中合适的专业人士(Spence, Cavanagh, & Grant, 2006; Grant, 2007)。如果提供私人教练或生活教练的教练不够熟练,无法区分哪些受教者应签约执教,哪些受教者应转介其他服务,则教练将被取消资格。我们将在即将进行的案例研究中回到这个主题,因为在订约之前评估潜在的受教者非常重要。错位教练的后果可能对教练和职业信誉造成致命影响(有关更全面的讨论,请参见第36章有关边界的内容)。

结束会谈

结束往往会带来一些重要的影响,因此提前计划结束一段关系至关重要(Clutterbuck & Megginson, 2004)。因为每一次教练课程都必须结束,所以教练合作也必须结束。为一个好的结局作计划的主要原因之一是要预见如何能给教练联盟带来一个美好的、富有成效的和有价值的结局,并提出可能的主要问题,以造福于受教者(Cox, 2010)。

通常,每次个人和生活教练课程以及一系列此类课程都以教练要求受教者总结在课程中有意义的内容为结束。这种做法的目的是提高受教者对已完成工作的认识,并向教练提供一些反馈。

与治疗不同,终止教练课程大概不会引起悲伤、失落和焦虑的感觉,但是终止教练关系的目的应该是解决可能出现的任何情感。经历适当的告别可能对工作中的受教者继续发展有意义和真实的关系有所帮助。在大多数受教者的日常生活中,人际关系会有一系列的起点和终点,而生活教练的目的是使所获得的认识还原到日常生活中,并在现实生活中锻炼这些发现。

最终,可以添加有关结束谈话过程的一些最终意见。回顾、评估、期待和说再见是有帮助的。尽管生活教练通常不是无休止的,但教练员有责任发出信号,如果很明显受教者不会从持续的训练中受益,则该过程应该结束。此外,从合同开始起,就分配了固定的谈话量,并协商了明确且一致的目标,很明显,在达到这些目标时要结束会谈。

哪类受教者获益最多?

大多数受教者可以从个人教练和生活教练中受益,但是那些拥有基本信念并愿意探索、尝试和参与这一过程的人将受益最大。教练应接受相关训练来增强对临床疾病的理解,以便能够精确排除属于临床人群的受教者,他们将得到咨询或治疗的帮助。

教练过程的一部分是唤醒受教者的内部动力,因此,由公司推荐进行教练的受教者需要考虑其个人价值、参与教练过程的目的以及对所面临问题的准确的个人描述。教练过程的一部分是关于确定需要解决的问题的目标。私人教练和生活教练的性质取决于提高认识,讨论生活的价值观和意义的能力,因此,这种方法寻求能够基于语言交流和对这些问题的反思而进行教练对话的受教者。

案例研究

杰克和卡罗尔

以下案例研究包含有关其内容和特征的几个不同的教练课程的集合,因此对话摘录不是逐字记录的,而是重构的。这样做是为了使案例研究更加清晰,强调某些观点并最终掩盖杰克和卡罗尔的真实身份。

星期一上午9点,杰克进入普里姆罗斯山高中的心理学家办公室。他坐下来,并告知心理学家他之前向老师透露的一些他正在经历的问题。他告诉老师他的童年是不稳定的。他父亲经常离家出走,他和杰克的母亲似乎都不能或不愿和杰克谈感情或感觉到的冲突。只有当杰克谈到他在学校表现出色的情况时,他母亲才能专心听。离婚后的几年里,他与母亲的联系一直很不稳定,一直被父母之间的冲突所占据。直到今天,他和她的关系仍是失败的。上周五他向老师透露了所有这些经历。他们进行了一次有益的谈话,最后她建议杰克去拜访学校的心理医生卡罗尔,而她也提供个人和生活教练。

尖锐的椅子刮擦声使杰克意识到他不在办公室里,他继续说:"……我在这里。我真的不知道你是否能帮助我,但是……"

卡罗尔注意到他的游荡思想,并将其归因于孤僻的性格。

卡罗尔:好吧,让我们看看能做些什么。今天是我们第一次的教练体验。

然后我们可以决定你是否需要进一步的教练课程。教练课程将严格保密,我不会向任何人报告任何事,除非你告诉我,你将对自己或他人或我们所生活的世界造成伤害。你是否同意在这些条件下参与?

杰克:是的,没关系。

卡罗尔:好吧,让我们开始吧。我希望你首先介绍一下这些天你遇到的最重要的问题。

杰克:我认为我的问题是相互交织在一起的,今年秋天我刚上高中不久就开始了。我一直和我祖母关系很好,她想让我加入樱草山(学校)。我认为有必要努力学习,百分之百地完成任务。我想学化学。但我在这门课上一开始就失败了,所以我努力学习……

卡罗尔认为"必须非常努力地学习"是杰克的核心信念之一。

卡罗尔:嗯,所以你很努力,我知道你真的想非常努力地实现自己的目标,对吗?

杰克:是的,我必须。

卡罗尔:嗯,你必须,并且你曾经尝试过,但是无论如何,然后你说你失败了。能告诉我更多吗?

杰克:在新课上,我感到很难过。在我来这学校上学之前,我是个非常好的学生。现在,我感觉自己无法跟上,完全失败了。

卡罗尔注意到杰克似乎在做非黑即白的思考。

卡罗尔:嗯,我明白了。

杰克:从上课的第一周开始,我很惊讶我在小学时收到的老师普遍的积极反馈突然消失了。我感到毫无存在感!我感到非常不安全,我不知道该怎么做才能在课堂上"更加突出"。

卡罗尔认为杰克的缺乏存在感可能会重新激发他的童年依恋问题,且现在他对此毫无认识。

卡罗尔:我能理解你感到诧异,但现在让我尝试以最好的方式来理解你:现在最重要的问题是在课堂上吗?

杰克:我很困惑,我不知道现在最重要的问题是什么,因为最近我也第一次没有早上去上学的渴望。我今年年初入学时抱有这些期望,但现在一切似乎都变了!

卡罗尔:当你有这种感觉时,你会做什么?

杰克:我不知道,我感到孤独,我的老师认为我变得越来越沮丧。

卡罗尔认为他与世隔绝,并开始思考自己是否经历过其他可能与抑郁状态有关的症状。

卡罗尔:嗯。发生这种事的时候你怎么样?

杰克:呃,我担心情况不会变得更好。我的家庭关系变得越来越紧张。我对妈妈非常生气……有时我无法整夜入睡;相反,我醒来时,我用可怕的想法折磨自己。

卡罗尔指出,睡眠不足是抑郁症的经典征兆之一。

卡罗尔:所以有时候你晚上无法入睡。我想知道这种情况多久发生一次,以及这种情况持续了多长时间?

杰克:它是偶尔发生的,但我想它每周发生一次或两次,最近一两个月都是这样。

卡罗尔:当你有这些可怕的想法时,你能给我举例说说你告诉自己的想法吗?

杰克:例如,我一点也不好,等等。

卡罗尔：嗯，所以你告诉自己，你一点都不好。这些可怕的想法，折磨自己，晚上有时不能入睡，这些都是非常重要的信号，需要认真对待自己的健康。在今天会谈结束时，我们将重新考虑这一点。在此之前，我想回到你在学校的日常生活，好吗？

杰克：好。

卡罗尔：那么，你能描述一下你在学校的经历吗？

杰克：我感到无法做作业，这意味着我很晚才开始做作业，而且我常常不确定做得是否正确。因此，我经常很晚上床睡觉，第二天早晨感到筋疲力尽……

卡罗尔认为她需要评估杰克是否有任何自杀的想法，因为许多症状都指向抑郁症。她继续研究了一段时间，看看杰克所揭示的症状是否会导致关于临床抑郁症的假设。

卡罗尔将如何理解和解释杰克及其状况：杰克适合教练吗？基本问题是受教者（杰克）是否准备好接受教练，即他和他的问题是"非临床"问题，还是应将其转介给咨询人员、临床心理学家、精神病医生或医生？

他无法入睡可能会威胁到他的健康，并可能使其变得脆弱。他的睡眠障碍可以理解为临床疾病的维持因素，也是抑郁的几种迹象之一。这个"危险信号"应提醒卡罗尔提出其他问题，以排除临床抑郁症的风险。

学业，以及变得"足够好"

杰克非常担心自己能不能变得足够好，并以令人满意的学业水平完成作业。卡罗尔想探讨他的愿望是否处于某种完美主义的水平。杰克经常到很晚才完成家庭作业，然后很晚上床睡觉——这变成了一个恶性循环，这会使他丧失睡眠，并仍然不确定自己做得是不是足够好。卡罗尔了解这种恶性循环，并希望探讨是否存在具体证据支持他关于不够出色的假设。杰克的动力似乎来自于良好的成绩以及老师、同龄人和家庭成员的认可。他必须在一个较高和几乎完美的水平表现足够好。卡罗尔问自己，是不是因为他根本缺乏爱，缺乏无条件的积极关注,缺乏归属感,才导致他过度补偿。

杰克的目标是在日常生活中表现更好,并根据自我评估选择教育志向,回到自我实现的轨道上。卡罗尔认为杰克的许多忧虑和消极的自动化思考可能意味着杰克的童年相当艰难。他有条件的自我关心使他只有在满足高要求时才能够接受自己。

从父母离婚到他在高中时的孤独感

卡罗尔想了解哪些生活的意义和价值观激励着杰克。我们建议他开始上大学,实现并满足于他在大学学习方面的潜力和梦想,并通过这种努力实现他真正的自我。这个决定是杰克和他祖母一致作出的。现在在高中,他经历了一个没有得到同龄人或老师积极认可的环境。一个致病的环境可以抑制我们的潜能,在大学里杰克渴望更早和更频繁地得到学术认可。他失去了希望,扭曲了自己的形象,感觉到一种相当未知的不安全感。所有这些生活条件的巨大变化粉碎了他的愿景、梦想、生活意义、价值观和自尊。以下会谈很可能会进一步探讨这些情况。此外,卡罗尔认为,他有可能重新激活他关于被父母"遗弃"的旧故事,应该考虑他的现状与童年有何不同。下节课结束时,卡罗尔将决定杰克是否更适合接受咨询,而不是个人和生活教练。

讨论要点

1. 受教者如何识别他们是否朝着真正的和真实的自我发展,而不是遵循教练的行程?

2. 教练是否可以学会建立真诚的关系,保持真诚,表现出同理心并以无条件的积极关注来回应?

3. 受教者是否遇到过某些挑战,个人和生活教练是上乘的方法,而其他方法的价值有限?

4. 这种方法中的哪些工具和技术可以使个人和生活教练产生长期、持久的积极变化,你认为这种方法在何种程度上取得了这种成果?

推荐阅读

Grant, A. M., & Cavanagh, M. (2010). Life coaching. In E. Cox, T. Bachkirova & D. Clutterbuck (Eds.), *The Complete Handbook of Coaching* (pp. 297–310). London: Sage.
Joseph, S., & Bryant-Jefferies, R. (2007). Person-centred coaching psychology. In S. Palmer & A. Whybrow (Eds.), *Handbook of Coaching Psychology: A Guide for Practitioners* (pp. 211–228). London and New York, NY, US: Routledge.
Neenan, M., & Dryden, W. (2014). *Life Coaching: A Cognitive Behavioural Approach* (2nd ed.). New York, NY, US: Routledge/Taylor & Francis Group.
Nelson-Jones, R. (2006). *Life Coaching Skills: How to Develop Skilled Clients*. London, GB: SAGE Publications Ltd.

参考文献

Atad, O. I., Galily, Y., & Grant, A. M. (2013). Life coaching in Israel: An overview of Israel's burgeoning life coaching industry. *International Journal of Evidence Based Coaching and Mentoring, 11*, 112–121.
Bachkirova, T. (2011). *Developmental Coaching: Working with the Self*. Maidenhead: Open University Press.
Berg, I. K., & Szabó, P. (2005). *Brief Coaching for Lasting Solutions*. New York, NY, US: W W Norton & Co.
Berglas, S. (2002). The very real dangers of executive coaching. *Harvard Business Review, 80*(6), 86–93.
Bluckert, P. (2006). *Psychological Dimensions of Executive Coaching*. Buckingham, UK: Open University Press.
Cavanagh, M. (2005). Mental health issues and challenging clients in executive coaching. In M. Cavanagh, A. M. Grant & T. Kemp (Eds.), *Evidence-Based Coaching* (Vol. 1, pp. 21–36). Bowen Hills, Qld: Australian Academic Press.
Cavanagh, M., & Palmer, S. (2006). The theory, practice and research base of Coaching Psychology is developing at a fast pace. *International Coaching Psychology Review, 1*(2), 5–7.
Clutterbuck, D. (2010). Coaching reflection: The liberated coach. *Coaching: An International Journal of Theory, Research and Practice, 3*(1), 73–81.
Clutterbuck, D., & Megginson, D. (2004). All good things must come to an end: Winding up and winding down a mentoring relationship. In D. Clutterbuck & G. Lane (Eds.), *The Situational Mentor: An International Review of Competences and Capabilities in Mentoring* (pp. 178–193). Aldershot: Gower.
Corey, G. (1996). *Theory & Practice of Counselling and Psychotherapy*. Pacific Grove, CA: Brooks/Cole Publishing Company.
Coutu, D., & Kauffman, C. (2009). What can coaches do for you? *Harvard Business Review*, 1, 1–7.
Cox, E. (2010). Last things first: Ending well in the coaching relationship. In S. Palmer & A. McDowall (Eds.), *The Coaching Relationship: Putting People First* (pp. 159–181). New York, NY, US: Routledge/Taylor & Francis Group.
de Freitas, S. B., Habib, L. R., Sardinha, A., King, A. L. S., Barbosa, G., Coutinho, F. C., Martiny-Costa, C., de Carvalho, M. R., Palmer, S., Nardi, A. E., & Dias, G. P. (2014). Cognitive-behavioural therapy and cognitive-behavioural coaching: Differences and similarities between the two approaches. *Revista Brasileira de Terapias Cognitivas, 10*, 1.
Dunbar, A. (2010). *Essential Life Coaching Skills*. New York, NY, US: Routledge/Taylor & Francis Group.
Grant, A. M. (2003). The impact of life coaching on goal attainment, metacognition and mental health. *Social Behavior & Personality, 31*(3), 253–264.
Grant, A. M. (2006). A personal perspective on professional coaching and the development of coaching psychology. *International Coaching Psychology Review, 1*(1), 12–22.
Grant, A. M. (2007). A model of goal striving and mental health for coaching populations. *International Coaching Psychology Review, 2*(3), 248–262.
Grant, A. M. (2011). Workplace, executive and life coaching: An annotated bibliography from the behavioural science literature. *Coaching Psychology Unit, University of Sydney: Sydney*.
Grant, A. M. (2014). Autonomy support, relationship satisfaction and goal focus in the coach–coachee relationship: Which best predicts coaching success? Coaching: *An International Journal of Theory, Research and Practice, 7*(1), 18–38.
Grant, A. M. (2016). What can Sydney tell us about coaching? Research with implications for practice from down under. *Consulting Psychology Journal: Practice and Research, 68*(2), 105–117.
Grant, A. M., & Cavanagh, M. (2010). Life coaching. In E. Cox, T. Bachkirova & D. Clutterbuck (Eds.), *The Complete Handbook of Coaching* (pp. 297–310). London: Sage.
Green, L. S., Oades, L. G., & Grant, A. M. (2006). Cognitive-behavioral, solution-focused life coaching: Enhancing goal striving, well-being, and hope. *The Journal of Positive Psychology, 1*(3), 142–149.

Gregory, J. B., & Levy, P. E. (2013). Humanistic/person-centered approaches. In J. Passmore, D. B. Peterson & T. Freire (Eds.), *The Wiley-Blackwell Handbook of the Psychology of Coaching and Mentoring*. (pp. 285–297). Hoboken, NJ: Wiley-Blackwell.

Griffith, K., & Campbell, M. (2008). Semantics or substance? Preliminary evidence in the debate between life coaching and counselling. *Coaching: An International Journal of Theory, Research and Practice, 1*(2), 164–175.

Holland, A. (2007). Counseling/coaching in chronic aphasia: Getting on with life. *Topics in Language Disorders, 27*(4), 339–350.

Hudson, F. M., & McLean, P. D. (1995). *Life Launch: A Passionate Guide to the Rest of Your Life*. Santa Barbara, CA: The Hudson Institute Press.

Joseph, S. (2006). Person-centred coaching psychology: A meta-theoretical perspective. *International Coaching Psychology Review, 1*, 47–54.

Joseph, S., & Bryant-Jefferies, R. (2007). Person-centred coaching psychology. In S. Palmer & A. Whybrow (Eds.), *Handbook of Coaching Psychology: A Guide for Practitioners* (pp. 211–228). London and New York, NY, US: Routledge.

Kauffman, C., & Bachkirova, T. (2008). The evolution of coaching: A cottage industry grows up. *Coaching: An International Journal of Theory, Research and Practice, 1*(1), 10–14.

Maslow, A. H. (1943). A theory of human motivation. *Psychological Review, 50*, 370–396.

Moore, M. (2010, Sept. 25). From coaching evidence to coaching demonstrations. A speech given during the Coaching in Medicine & Leadership Conference, Harvard Medical School and McLean Hospital, Boston, MA.

Neenan, M., & Dryden, W. (2014). *Life Coaching: A Cognitive Behavioural Approach* (2nd ed.). New York, NY, US: Routledge/Taylor & Francis Group.

Neenan, M., & Palmer, S. (2012). *Cognitive Behavioural Coaching in Practice: An Evidence Based Approach*. Hove: Routledge.

Newnham-Kanas, C., Morrow, D., & Irwin, J. D. (2011). Participants' perceived utility of motivational interviewing using co-active life coaching skills on their struggle with obesity. *Coaching: An International Journal of Theory, Research and Practice, 4*(2), 104–122.

O'Broin, A., & Palmer, S. (2008). Reappraising the coach-client relationship: The unassuming change agent in coaching. In S. Palmer & A. Whybrow (Eds.) *Handbook of Coaching Psychology: A Guide for Practitioners* (pp. 295–324). New York, NY: Routledge/Taylor & Francis Group.

O'Broin, A., & Palmer, S. (2010). Exploring key aspects in the formation of coaching relationships: Initial indicators from the perspective of the coachee and the coach. *Coaching: An International Journal of Theory, Research and Practice, 3*(2), 124–143.

Palmer, S., & Whybrow, A. (2008). Coaching psychology: An introduction. In S. Palmer & A. Whybrow (Eds.), *Handbook of Coaching Psychology*. Hove: Routledge.

Rogers, C. R. (1940). The processes of therapy. *Journal of Consulting Psychology, 4*(5), 161–164.

Rogers, C. R. (1957). The necessary and sufficient conditions of therapeutic personality change. *Journal of Consulting Psychology, 21*(2), 95–103.

Rogers, C. R. (1963). Actualizing tendency in relation to "Motives" and to consciousness. In *Nebraska Symposium on Motivation* (pp. 1–24). Oxford: University Nebraska Press.

Rogers, C. R. (1986). Reflection of feelings and transference. *Person-Centered Review, 1*, 375–377.

Ryan, R. M., Kuhl, J., & Deci, E. L. (1997). Nature and autonomy: An organizational view of social and neurobiological aspects of self-regulation in behavior and development. *Development and Psychopathology, 9*(4), 701–728.

Schneider, J. I., Hashizume, J., Heak, S., Maetani, L., Ozaki, R. R., & Watanabe, D. L. (2011). Identifying challenges, goals and strategies for success for people with diabetes through life coaching. *Journal of Vocational Rehabilitation, 34*(2), 129–139.

Spaten, O. M. (2013). Coachingpsykologi i Danmark – forskning, teori og praksis. [*Coaching-Psychology in Denmark – Research, Theory and Practice*]. Psyke & Logos, *34*(2), 421–442.

Spence, G. B., Cavanagh, M. J., & Grant, A. M. (2006). Duty of care in an unregulated industry: Initial findings on the diversity and practices of Australian coaches. International Coaching Psychology Review, 1(1), 71–85.

Steinmetz, J. (2012). Life coach as midwife: Reflections on a Socratic metaphor. *Coaching: An International Journal of Theory, Research and Practice, 5*(1), 43–54.

Stober, D. R. (2006). Coaching from the humanistic perspective. In D. R. Stober & A. M. Grant (Eds.), *Evidence Based Coaching Handbook: Putting Best Practices to Work for Your Clients* (pp. 17–49). Hoboken, NJ: John Wiley & Sons Inc.

Szymanska, K., & Palmer, S. (2012). *Understanding CBT: Develop Your Own Toolkit to Reduce Stress and Increase Well-Being*. London: Kogan Page.

Zeus, P., & Skiffington, S. (2000). *The Complete Guide to Coaching at Work*. Roseville, NSW: McGraw-Hill.

第二十七章 跨越人生转型的发展教练

希拉·潘查、希柏恩·奥里奥丹和斯蒂芬·帕尔默
(Sheila Panchal, Siobhain O'Riordan, & Stephen Palmer)

引 言

关于发展教练的观点多种多样,事实上,它可能是一个适用于所有教练的术语。有些人用它来指代一种涵盖整个人的方法,而不是专注于技能和表现(Leonard Cross, 2010)。本章探讨的发展性指导的具体观点包括三个关键方面:人生转型、代际视角和积极成长。它承认变老的必然性,同时承认个体差异。总而言之,本章中发展教练的定义是:

> 发展教练有助于有效地协商关键的寿命转型,支持了积极的成长和发展。它从影响受教者转型经验的更广泛的相关背景中汲取了见识,如文化因素和代际的影响。(Palmer & Panchal, 2011)

为了进一步做好准备,在发展教练的背景下,以下一些重要的考虑因素值得强调:

(1) 社会背景很重要,因为文化和代际因素会影响该领域的教练工作。这些主题也可能有助于确定在受教者当前的社会环境中如何经历冲突、挑战和机遇。但是,一个重要的警告是,在这种教练环境下工作时,我们避免刻板印象和泛泛而谈。

(2) 所有教练在一定程度上都可以发展(如超越技能发展)。

(3) 这是一个广泛、多样且有时复杂的教练心理学主题。

(4) 该领域有一系列儿童和成人发展理论。

发展教练的发展

本文提出的方法受到寿命发展理论的显著影响。关键的理论家,如埃里克森

(Erikson，1950)，列文森(Levinson)以其同事(1978)和其他人已经讨论了在生命周期中"转型"的概念。这些都有助于形成跨越人生转型的发展教练的关键概念。从这个角度看，教练可以被视为一种帮助个人协商人生重要转折点，从而成长和发展的有效方式。具体到跨越人生转型的发展性指导，就是认为可能存在与生命的特定阶段相关的挑战，需要加以解决。指导应用的关键发展和考虑因素包括：人生转折点、社会和代际因素以及与积极老龄化相关的可能性。不过，在这个早期阶段需要注意的一个重要观点是，尽管可能需要采取行动，但受教者可能并不总是消极地看待挑战。

人生转折点

这一领域考虑了许多人生转折点，帕尔默和潘查(Palmer & Panchal，2011)在《发展教练介绍》中给出的定义可以帮助我们了解教练和教练心理学家在这些时候是如何支持他们的受教者的(O'Riordan, Palmer, & Panchal, 2017)。在本文中，帕尔默和潘查(2011)将人生转折点定义为"我们许多人在一生中可能经历的关键转折点，有不同程度的机遇和挑战"。人生转折可以包括特定事件，如职业转型、搬家或换工作，以及更颠覆性的，如为人父母、离婚或退休。列文森及其同事(1978)说："每个转折点的首要任务是质疑和重新评估现有的结构，探索自我和世界变化的各种可能性，并致力于关键的选择，这些选择构成随后稳定期新生活结构的基础。"因此，人生转折可被视为学习和发展的机会(Merriam，1998)，这是发展教练进程的重要理论和哲学基础。

社会和代际因素

与发展教练相关的第二个重要概念是更广泛的社会环境和代际的概念。这意味着要了解可能影响一个人的生活转变经历的文化和代际发展趋势(Palmer & Panchal，2011)。例如，今天的退休与40年前有什么不同？最近的研究着眼于晚年生活的变化特征和经验，这些特征和经验可能在文献中被忽视，例如，照顾孙子、孙女的祖父母的健康和幸福(Glaser, di Gessa, & Tinker, 2014)。

与积极老龄化相关的可能性

最后,与发展教练相关的一个中心假设是,促进积极的老龄化立场,与"积极老龄化"和积极心理学的工作大体一致。这使得个人能够专注于自己的优势,并利用与每个转型相关的发展和转变机会,而不是陷入焦虑或担忧的泥潭。利维(Levy)及其同事(2002)的一项研究指出,对衰老的积极自我认知与长寿之间存在联系。斯特伦格和鲁滕伯格(Strenger & Ruttenberg, 2008)强调,"中年变化"和相关机会的概念比中年危机的创伤更为普遍(Jacques, 1965)。

发展教练的理论和基本概念

一系列理论和研究为跨越人生转型的发展教练领域提供了信息,并借鉴了心理学的许多领域。该教练领域还介绍了其他相关学科的见解,如人类学、政治、社会学、经济学和管理理论。

如前所述,重点是生命发展理论。关键理论家包括埃里克森(1950,1995)以及列文森及其同事(1978),他们从阶段来描述成人的发展。埃里克森之类的理论引起了人们对生命周期内普遍性的关注,但它们往往忽略了成年人发育中涉及的个体差异,并且可以说缺乏对以后的人生转型的充分解释。作为个人,我们具有独特的经历,这些经历会影响我们的个性和发展历程,因此是独一无二的。亨德里和克洛普(Hendry & Kloep, 2002)描述了"一个动态的终生积累和失去资源的过程,每个人的过程都不同"。与生命周期观点所支持的离散阶段(Kim & Moen, 2002)相反,整个生命周期的一致性概念也值得注意。

另外,自我理论可以为教练和教练心理学家提供深刻见解,以支持他们跨越人生转型。马库斯和努里斯(Markus & Nurius, 1986)断言,所有个体都有一系列"可能的自我"。这可能包括我们想要成为、期望成为或害怕成为的样子:

> 可能的自我是我们非常希望成为的理想自我。他们也是我们可能成为的自我,并且害怕成为的自我。期望的自我可能包括成功的、具有创造力的、富有的、苗条的或被爱也被钦佩的自我,而恐惧的自我可能是孤独的、沮丧的、无能的、酗酒的、失业或败家的。

这些示例或受教者自己的个体建构可以通过与教练的对话来探讨。受教者可以在自己的脑海中想象未来的各种自我，利用图像和可视化来辅助这一过程。根据我们的经验，受教者可以从讨论自己创造的消极、中立和积极的未来自我中受益。他们的恐惧可能不切实际，或者他们可能意识到自己可以努力实现其他选择和期望的自我。结果不一定暗淡。

根据帕尔默和潘查尔(2011)的观点，转型心理学是发展教练的另一个重要理论基础(Kubler-Ross, 1969; Bridges, 1995)。该领域探索了与转型相关的情绪范围，以及挑战和机遇的概念。通常应用于特定的人生变故(如裁员)，它还为更广泛的年龄转型(如中年)提供了有用的观点。将情绪视为个人改变的"正常"方面应该会有所帮助。还有许多其他领域为发展教练的发展作出了贡献，包括积极心理学。

发展教练的四个紧密相关的关键领域是压力、复原力、应对以及幸福理论与研究(Palmer & Cooper, 2013; Palmer & Gyllensten, 2015a, 2015b)。重要的是，教练或教练心理学家必须承认，转型期可能是一个充满压力和挑战的时期，可能会对他们的受教者的适应能力和幸福产生负面影响。教练或教练心理学家的作用之一是建立个人的应对策略和资源，范围包括从具有挑战性的思维方式到体育锻炼。这些策略可以从一个转型到另一个转型。例如，如果青少年在这几年中学会了如何将社会支持和"寻求帮助"最大化，那么他们可以在协商以后的转型时利用这些技能，如"30 岁"(Schlossberg & Associates, 1995)，转型理论确定了影响人们应对转型能力的四组因素——处境、自我、支持和策略。在极端情况下，转型期可能是严重焦虑和抑郁的催化剂。史丹利(Stanley)及其同事(2009)提出，在考虑自杀风险因素时，转型是一个有用的概念，他们基于 20 个案例研究了高等教育中的学生自杀问题。

代际因素

跨越人生转型的发展教练的另一个关键方面是考虑更广泛的社会因素如何影响当今人生转型的体验。尽管代际的定义和年龄范围可能略有不同，但是以下类别可以作为指导(改编自 CIPD, 2008)：

(1) 退伍军人(或传统主义者), 1939—1947 年出生;

(2) 婴儿潮一代, 1948—1963 年出生;

（3）X世代,1964—1978年出生;

（4）Y世代(或千禧一代),1979—1991年出生;

（5）Z世代,1991—2009年出生;

（6）阿尔法世代,2010年之后出生。

有一些广泛的社会主题影响着我们今天的生活方式,这些主题已经跨越了几代人。我们对发展教练的观点将这些影响牢记为教练时的有用背景(Palmer & Panchal,2011):

（1）消费主义和唯物主义;

（2）社会流动性;

（3）技术;

（4）选择;

（5）立法变化;

（6）人口变化。

如本章开头所述,应避免刻板印象和假设。关于广泛的社会趋势和代际差异的讨论旨在将当今西方社会如何经历生活转变背景化。随着时间的流逝,这些趋势将会演变,发展教练中最重要的信息是保持对受教者经验的更广泛影响的意识。

教练在面对面、电话和在线的诸如Skype或VSee在内的各种媒体通信方式中得以进化。而这一切的关键在于一对一的谈话设置。教练或教练心理学家的一项关键技能是在教练谈话中"与当下共舞",并非是采用典型的结构性固定谈话形式。尽管绝非详尽无遗,但在发展教练中有用的教练心理学方法包括:

（1）以人为本(以受教者为中心)——关注整个人诸如自我持续等。

（2）焦点解决教练——超越问题讨论并致力于可转移的技能。

（3）叙事教练——讲故事。

（4）认知行为教练——支持教练思考以更健康、更有用的方式进行。

（5）行为教练——为行为行动和自我效能感的建立提供便利。

（6）积极心理学——着重于积极看待年龄增长带来的优势。

帕尔默和潘查尔(2011)开发了一种支持我们的发展教练观点的模型(见图27.1),结合了代际因素和生活转变,因此教练可以确定特定教练的位置,便于判断什么类型的发展和社会背景可能有助于理解。图 27.2 使用灵活的 INSIGHT 框架来查看可以应用于发展教练的不同教练方法和技术。不必将框架的所有概念与受教者一起使用,因为这可能取决于提出的问题、受教者的生活经历以及特定的技能和能力。教练应致力于个人差异并避免刻板印象。INSIGHT 框架可以潜在地促进积极的转型。

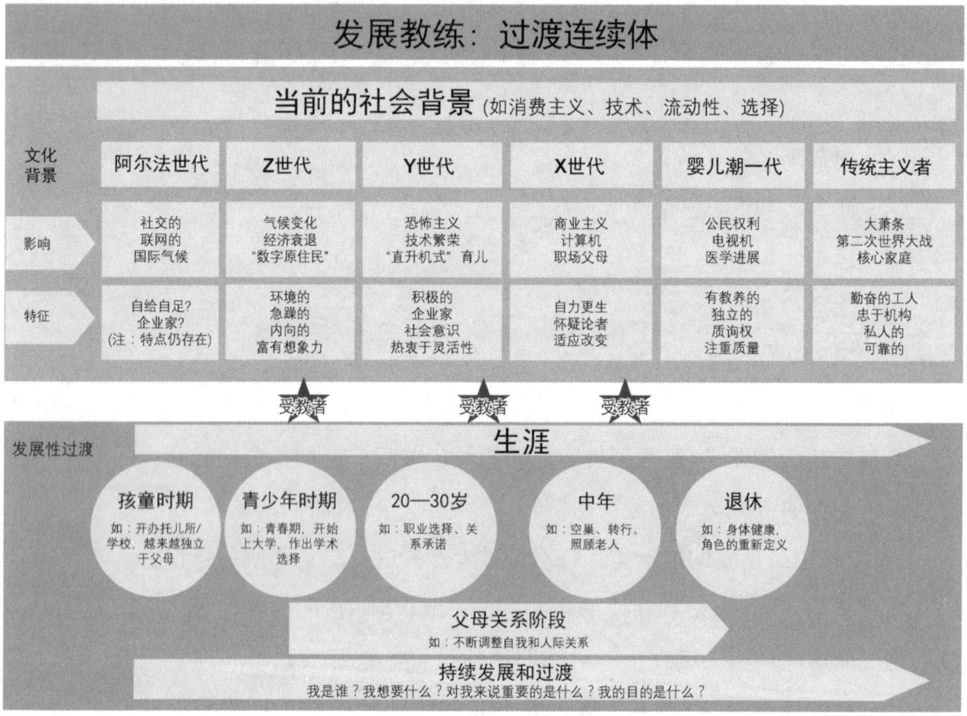

发展教练：过渡连续体

当前的社会背景（如消费主义、技术、流动性、选择）

文化背景	阿尔法世代	Z世代	Y世代	X世代	婴儿潮一代	传统主义者
影响	社交的 联网的 国际气候	气候变化 经济衰退 "数字原住民"	恐怖主义 技术繁荣 "直升机式"育儿	商业主义 计算机 职场父母	公民权利 电视机 医学进展	大萧条 第二次世界大战 核心家庭
特征	自给自足？ 企业家？ (注：特点仍存在)	环境的 急躁的 内向的 富有想象力	积极的 企业家 社会意识 热衷于灵活性	自力更生 怀疑论者 适应改变	有教养的 独立的 质询权 注重质量	勤奋的工人 忠于机构 私人的 可靠的

受教者　　受教者　　受教者

发展性过渡　　　　生涯

孩童时期	青少年时期	20—30岁	中年	退休
如：开办托儿所/学校，越来越独立于父母	如：青春期，开始上大学，作出学术选择	如：职业选择、关系承诺	如：空巢、转行、照顾老人	如：身体健康、角色的重新定义

父母关系阶段
如：不断调整自我和人际关系

持续发展和过渡
我是谁？我想要什么？对我来说重要的是什么？我的目的是什么？

图 27.1　发展教练：过渡连续体（Palmer & Panchal，2001）

关于发展教练,我们可以反思一个重要的观察结果：一般来说,受教者不太可能以新手的身份接触每种新经验。因此,即使我们必须谨记变化的生活经历和个人差异,但人们在协商人生的不同转型时,仍可能会有一些共性。这与一般的教练理念非常吻合。为了支持这种观点,帕尔默和潘查(2011)提出："对一个转型的成功案例可以为未来的变化积累成功经验。"因此,积极的转型可以提高自我效能。

在此设置中,有多种技术和特定方法可能特别有帮助,以使受教者在变更过程中具有连续性,包括：

发展教练：INSIGHT 框架		
目标：促进积极的转型经验并实现对未来转型的自我管理		
要素	目 的	技 术 示 例
增加自我知识	获得更大的自我洞察力，并强调这种价值作为生活决策的基础（相对于外部期望）。	通过锻炼/心理测验来了解表面价值、优势、动机、驱动因素等。生命线工具可促进从过去的转型中学习。
规范转型	通过建立对生活转变的认识来应对孤独感，这是发展不可或缺的一部分，并承认相关情感的范围。	讨论发展模型（Erikson，1950）或过渡模型（Bridges，1995）。
支持积极应对	建立有效的应对策略以应对转型挑战。	策略可以包括健康（营养/运动）、社会支持、放松和认知再评估。
整合过去、现在、未来	促进对过去、现在和未来的积极评价。	感恩练习（过去）、评估/乐观（当前）和视觉/目的（未来）。讨论可能的自我、时间取向以及跨越转型的生活故事/链接。
给予时间和空间	在转型过程中留出足够的时间和空间。	正念、接纳和承诺技术，创造反思的机会。
突出更广泛的背景	提请人们注意影响转型经验的更广泛的影响和期望。	审查相关的文化和代际因素。识别关键个人/社会的期望以及受教者自己的期望。
定制解决方案	通过目标、策略和解决方案实现可持续的变革。	设定目标，着重解决方案的提问，行动计划，了解变革过程并庆祝成功。
＊并非所有这些要素都与所有转型和个人相关。教练可以选择最有效的支持其受教者的要素。		

图 27.2　发展教练：INSIGHT 框架

（1）图卡和故事；

（2）心理测量学；

（3）规范转型（如讨论模型、理论）；

（4）制定生理和行为策略；

（5）审查个人情况（如代际、文化、精神）；

（6）目标设定；

（7）努力提高自我接受度，例如大我/小我（Lazarus，1973）；

（8）鼓励受教者列出如知识、技能和社交网络/团体/转型等资源，以在转型期间支持他们。

生命线图也可以是一种有用的技术，有助于建立自我效能感，并在发展教练环境中鼓励学习和机智。这是一种基于受教者自身经验的终身课程方法。在受教者的整个生命周期中发生的事件和里程碑（例如，第一份工作，生孩子，买房子，退休）都标在一条线上。从受教者的角度分配生活阶段和标签。这种方法可以引导教练对话,该教练对话还映射了未来的目标和期望。

转型三角形(O'Riordan & Panchal, 2012;O'Riordan, 2013)是一种技术,可以用来鼓励受教者反思他们的足智多谋,并从以前的转型中学习应对,以及如何帮助他们实现发展和目标。简单地说,使用转型三角形涉及从业者鼓励受教者注意过去和现在的转型,并根据应对水平从次要转型到主要转型。这里要考虑的一点是,这与受教者的"应付能力"有关,而不是衡量成功(或失败)的标准。应对策略也可能包括积极应对,如"幽默"或"分心"(去健身房)。

关键点写在三角形上对受教者最有意义的地方。这一步很重要,因为在转型时期人们认为是次要的还是主要的,或者应付的高/低量可能会因个人差异而有所不同。总之,绘制的每个点都应代表:从他们自己的角度来看,每个受教者在从小到大的转型规模上的经历以及所发生的应对水平。

一般的预期模式可能类似于三角形,可能是涉及更多应对资源的重大生活事件(Holmes & Rahe, 1967),尽管这可能会根据受教者的经验而有所不同。这样,这项技术就成了关于学习的应对,足智多谋和建立自我效能感的教练对话的有用跳板。图 27.3 提供了转型三角形的说明性示例。

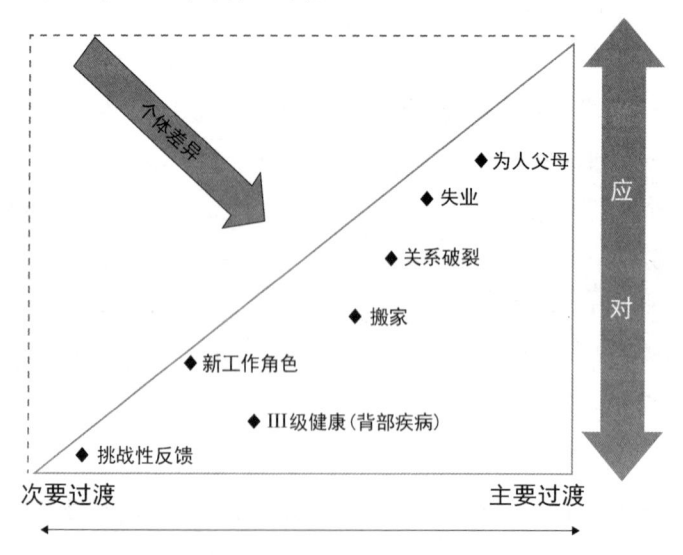

图 27.3　转型三角形(O'Riordan & Panchal, 2012,2013)

有趣的是,这两种方法都提供了一种整体的"联合方法",在这种方法中,受教者可以分享见识,以了解他们生活中其他领域的转变对他们当前的教练状况有何帮助——例如,应对损失。

哪类受教者获益最多?

发展教练中常出现的关键主题与他们的价值观、身份和目标(VIP)有关,而致力于这些领域的受教者可能会从发展教练中受益最大。此外,已经观察到,与 VIP 相关的问题似乎在关键的生命转型点上很常见(Liston-Smith, O'Riordan, & Panchal, 2009, 2010)。

在工作场所中,奥里奥丹和潘查(O'Riordan & Panchal, 2012)指出,发展教练可以包括以下转型:

(1)早期职业教练(例如,增强信心,从现在到未来);
(2)入职/录用(例如,新手,研究生课程,鼓励员工留任);
(3)高级人才培养(例如,成长中的高级领导者,中年挑战,关怀责任,提出更广泛的问题)。

他们建议,尽管这种方法在基于技能的目标方面收益较小,但在可能导致以下情况的业务环境中采用开发方法很有用:

(1)提升绩效;
(2)保留关键知识和人才;
(3)促进多样性(如性别,代际);
(4)鼓励维持收益和学习;
(5)提供主动帮助而不是被动或"及时"帮助;
(6)支持转型的教练文化(例如,不需要寻求帮助但可以得到帮助);
(7)鼓励"经理的想法"与"员工的想法"之间的协同作用。

进一步的理论和实践问题也值得未来考虑和研究,以加深我们对如何通过关键的生活转变有效地支持个人的理解。奥里奥丹和潘查提出了这样的问题(2008):

(1)作为教练和教练心理学家,有多少"大背景"知识对我们有用?

（2）特定人生转型点的个人经验是否有助于教练他人？我是否需要经历你所经历的，再来帮助你？

（3）教练时如何避免基于年龄的刻板印象？

（4）作为教练，我们对子孙后代有何影响？

（5）人生转型在不同文化之间可能有何不同？这对教练有何影响？

保持良好的受教者与教练的关系可以帮助教练在转型时期为受教者提供支持。从业者可能会发现，他们可以增加对这种关系的了解，并且可以从中受益（Palmer & McDowall, 2010）。教练对话应着眼于受教者的问题和目标，无论发展的教练理论和模型如何，目标均不应由教练驱动。

发展教练的成功应用还取决于教练的技能和能力。从业者必须保持适当的界限，并在适当的情况下转介受教者进行咨询或治疗，因为某些转型可能会给某些人带来很大的压力和焦虑。监督可以帮助从业人员解决这些问题。

案例研究：埃里卡

埃里卡是一位44岁的财务主管，在接近45岁生日时，她正在评估自己的职业和生活。她想利用教练作为一个机会，思考一下自己对这个里程碑以及她可能想要进行的任何改变的感受。她感到人们在告诉她"时间不多了"，"如果她想改变自己的生活，她需要现在就做"。她的事业在20多岁和30多岁期间都取得了成功，但现在她感到停滞不前，渴望新的挑战。她一直在反思自己到目前为止的经历以及她希望余生和事业发展的方向。

教练心理学家借鉴了INSIGHT框架（Palmer & Panchal, 2011），并选择了许多教练工具/技术来支持她与埃里卡的合作。

规范化转型

最初，教练心理学家介绍了布里奇斯（Bridges, 1995）的过渡模型，以促进有关人生转型的讨论。她认为这是INSIGHT框架的最关键方面，它为埃里卡提供了有用的背景并促进了她的改变能力。埃里卡认为这有助于使她所经历的许多负面情绪正常化，并认识到所提供的机会。她还能够讨论过去的转型，并赞赏她已经有效地应对了这些转型。

增加自知

这位教练心理学家考虑了如何增强埃里卡的自我知识，并决定对价值的探索将是最有用的技术，而不是优势或生命线观点。讨论通过提出价值主题并探究埃里卡的核心价值是什么，以及将其作为未来决策的基础，从而增强了埃里卡的自我知识。经过一番辩论和反思，埃里卡将"创造力、家庭和安全"定为主要价值观。

支持积极的应对

教练心理学家考虑了积极应对的话题，其中包括营养、放松和社会支持等方面。她决定采用一种认知方法，因为教练心理学家发现了许多认知障碍物，这些障碍影响了埃里卡应对转型的能力。这些包括"我时间不多了""我会在不知不觉中就变老了""生活似乎正在让我淘汰"和"我没有足够的空闲时间来做我想做的事"。事实证明，关于心理障碍和无助的思考的讨论对埃里卡很有用处。她想出了一个更实用的方式来思考自己的转型，例如："我无法控制时间，但我可以控制自己的工作时间""时钟可能一直在滴答作响，但它不帮助我不断地思考这个问题""认为我什么也做不了，只是妨碍了我的方式，我需要做些什么"。

定制解决方案

为了取得进展，埃里卡提出了一个为期3个月的短期行动计划。将巨大改变分成小步骤对埃里卡来说是一个有用的策略，因为她发现使生活发生重大改变的想法是势不可挡的。她的行为包括：更新简历，与社会网络中的朋友联系，承诺每周花两个晚上参加美术课。她承诺每天记日记，以记录她的感受和想法以及有关小变化的任何其他想法。她决定在 3 个月的时间内与教练心理学家会面,以探讨自己对自己的看法,讨论已采取的行动,回顾自己对转型的感觉并同意下一步的工作。

进一步思考

再次利用 INSIGHT 框架,教练心理学家认为,教练课程本身为埃里卡提供了她需要的时间和空间,以反映她在安全和可接受的环境中的转型。一些教练对话确实触及了更广泛的背景,因为埃里卡表示担心,希望自己在目前的职业生涯中会继续追求更高的资历水平,以及这与自己的感觉有何冲突。此外,埃里卡谈到了她一生中过去和以前的转变,无论是次要的还是重要的,这使她能够在应对机制和不断发展的价值观方面建立起过去、现在和未来之间的相关联系。

讨论要点

1. 发展教练促进人生关键转型期的有效谈判,支持积极的成长和发展。试讨论。
2. 了解了有助于发展教练的各种理论和模型之后,你对发展教练的看法是什么?
3. 你在人生中经历了哪些引发了机遇和挑战的关键转折点?
4. 你将如何在发展教练中使用图像和可视化技术?

推荐阅读

Bachkirova, T. (2010). The cognitive-developmental approach to coaching. In E. Cox, T. Bachkirova & D. Clutterbuck (eds.), *The Complete Handbook of Coaching*. London: Sage.
Bridges, W. (1995). *Managing Transitions: Making the Most of Change*. London: Nicholas Brealey Publishing Ltd.
Garvey, B. (2009). Coaching people through life transitions. In J. Passmore (ed.), *Diversity in Coaching: Working with Gender, Culture, Race and Age*. London: Kogan Page.
Palmer, S. & Panchal, S. (2011). *Developmental Coaching: Life Transitions and Generational Perspectives*. Hove: Routledge.

参考文献

Atchley, R. C. (1989). A continuity theory of normal aging. *The Gerontologist*, 29(2), 183–190.
Bridges, W. (1995). *Managing Transitions: Making the Most of Change*. London: Nicholas Brealey Publishing Ltd.
CIPD (2008). Gen Up: How the Four Generations Work. London: Chartered Institute of Personnel and Development. Retrieved from http://www.cipd.co.uk/onlineinfodocuments on 10 January 2009.
Erikson, E. (1950). *Childhood and Society*. New York: Norton.
Erikson, E. (1995). *Childhood and Society*. London: Vintage.
Glaser, K., di Gessa, G., & Tinker, A. (2014). *Grandparenting in Europe: The Health and Wellbeing of Grandparents Caring for Grandchildren: The Role of Cumulative Advantage/Disadvantage*. Grandparents Plus.
Hendry, L. E., & Kloep, M. (2002). *Life-Span Development: Resources, Challenges and Risks*. London: Thomas Learning.
Holmes, T. H., & Rahe, R. H. (1967). The social readjustment rating scale. *Journal of Psychosomatic Research*, 11, 213.
Jacques, E. (1965). Death and the mid-life crisis. *The International Journal of Psychoanalysis*, 46(4), 502–514.
Kim, J., & Moen, P. (2002). Retirement transitions, gender, and psychological well-being: A life-course approach. *Journal of Gerontology: Psychological Sciences*, 57B, 212–222.
Kubler-Ross, E. (1969). *On Death and Dying*. London: Macmillan.
Lazarus, A. A. (1977). Towards and egoless state of being. In A. Ellis and R. Greiger (Eds.), *Handbook of Rational-Emotive Therapy*. New York, NY: McGraw-Hill.
Leonard-Cross, E. (2010). Developmental coaching: Business benefit – Fact or fad? An evaluative study to explore the impact of coaching in the workplace. *International Coaching Psychology Review*, 5(1), 36–47.
Levinson, D. J., Darrow, C. N., Klein, E. B., Levinson, M. H., & McKee, B. (1978). *The Seasons in a Man's Life*. New York, NY: Knopf.
Levy, B. R., Slade, S. V., Kasl, S. V., & Kunkel, S. R. (2002). Longevity increased by positive self-perception of aging'. *Journal of Personality and Social Psychology*, 83(2), 261–270.
Liston-Smith, J., O'Riordan, S., & Panchal, S. (2009, December 16). *Life transitions and turning points: Using a developmental coaching psychology approach*. Masterclass at the 2nd European Coaching Psychology Conference, British Psychological Society's Special Group in Coaching Psychology, Egham.
Liston-Smith, J., O'Riordan, S., & Panchal, S. (2010). Transitions and the meaning of life: The vital role of coaching psychology. Workshop at the Going Global 2010 International Conference, London, Association for Coaching.
Markus, H., & Nurius, P. (1986). Possible selves. *American Psychologist*, 41, 954–969.
Merriam, S.B. (1998). Adult life transitions: Opportunities for learning and development. In M.A. Wolf & M.A. Leahy (Eds.), *Adults in Transition* (pp. 8–18). Washington, DC: American Association for Adult and Continuing Education.
O'Riordan, S. (2013). Developmental coaching: Supporting later life and retirement transitions. 3rd International Congress of Coaching Psychology, Division of Work and Organisational Psychology Coaching Psychology Group, Psychological Society of Ireland, Dublin, 15th June.
O'Riordan, S., Palmer, S., & Panchal, S. (2017). The bigger picture: Building upon the 'Developmental Coaching: Transitions Continuum'. *European Journal of Applied Positive Psychology*, 1(6), 1–4. Retrieved from: www.nationalwellbeingservice.org/volumes/volume-1-2017/volume-1-article-6/
O'Riordan, S., & Panchal, S. (2008, December 17). *The Big Picture: Placing life transitions in today's generational context for coaching psychologists*. Skills-based session at the 1st European Coaching Psychology Conference, London, British Psychological Society's Special Group in Coaching Psychology.
O'Riordan, S., & Panchal, S. (2012). Workshop at the Coaching and Mentoring at Work Conference, London, 11th July.
Palmer, S., & Cooper, C. (2013). *How to Deal with Stress*, 3nd edition. London: Kogan Page
Palmer, S., & Gyllensten, K. (2015a). *Psychological Stress: The History and Development of Theories: Stress*. Volume 1. London: Sage.
Palmer, S., & Gyllensten, K. (2015b). *Psychological Resilience and Wellbeing: The History and Development of Theories*. Volume 1. London: Sage.
Palmer, S., & McDowall, A. (2010). *The Coaching Relationship: Putting People First*. Hove: Routledge.
Palmer, S., & Panchal, S. (2011). *Developmental Coaching: Life Transitions and Generational Perspectives*. Hove: Routledge.
Schlossberg, N.K., Waters, E.B., & Goodman, J. (1995). *Counseling Adults in Transition*, 2nd edition. New York, NY: Springer.
Stanley, N., Mallon, S., Bell, J., & Manthorpe, J. (2009) Trapped in transition: Findings from a UK study of student suicide. *British Journal of Guidance and Counselling*, 37(4), 419-433.
Strenger, S., & Ruttenberg, A. (2008). The existential necessity of mid-life change. *Harvard Business Review*, February 1st, 82–90.

第二十八章 成人学习教练

大卫·莱恩、马克·西蒙·卡恩和劳埃德·查普曼
(David Lane, Marc Simon Kahn, & Lloyd Chapman)

引 言

成人学习方式的研究成果在教练领域有着深远影响。一些成果被广泛引用,包括大卫·科尔布(David Kolb, 1984, 2015)的著作,而其他重大研究成果、专业性更强的著作,尚未进入教练文献。

这方面的理论关注点是成年人如何学习,特别是从教练的角度来看,他们是如何在工作场所学习的。这种假设是,人们倾向于采用更好的方式来掌握和转化经验,这种方式会影响他们学习的内容和方法,理解这一点将有利于教练提供更有效的服务。

本章首先探讨成人学习理论中的开创性思想,然后在教练的身份下考虑成人学习的方法。后者阐述了将学习中个人与组织之间产生的双向关系的重要性,并将其与成人学习理论结合在一起。下面以两个案例为例进行说明。

成人学习理论:概念和起源

与许多其他教练方法不同,成人学习理论并不是从治疗背景下衍生出来的。它一直是关于人们如何从已产生的经验中总结学习出来的。因此,它可以直接应用于教练,而不必通过心理疗法和教练之间关系的假设来过滤。

在最近的评论中,格雷(Gray),博登(Burden)和兰恩(Lane)(2015)借鉴了达拉斯(Daloz, 1999)观点的同时总结了该领域三个主要理论的影响:

(1) **相位理论**[荣格(Jung),莱文森(Levinson),布勒(Buhler),纽加滕(Neugarten)];

人们按照时间的顺序经历和发展学习的阶段。年龄和文化背景之间的关键转变也非常重要。

（2）**阶段理论**［凯根（Kegan），皮亚杰（Piaget），吉利根（Gilligan），科尔伯格（Kohlbergh）］：人类学习阶段——首先是前习俗阶段，自己的生存是最重要的；然后是传统阶段，人们开始寻求适应和归属；最后是后习俗阶段，在这个阶段中，人们会思考超越生存适应或者其他更广泛的问题。

（3）**旅程理论**［佩里（Perry），达拉斯（Daloz）］：人们从单纯或简单的思维转变为相对复杂的推理理论，并随着推论进度作出相应选择。

因此，我们有许多方面可以探索学习，但是在作出选择时，我们多集中于对教练和教练心理学有影响力的想法。尽管成人学习理论关注的是成年学习者的特殊经验而不是儿童，但该领域的许多理论可追溯至哲学家和教育家约翰·杜威的理论。回顾杜威的研究起源，我们了解到芝加哥教师埃拉·弗拉格·杨（Ella Flagg Young）的理论提出时间要更早，在世纪之交（Barden，2015；McManis，1916）。我们之所以选择阐述这项研究成果，因为它是教练文献中引用最广泛的。接下来我们将专注在科尔布（Kolb）和威尔伯（Wilber）的研究成果上进行讨论和思考。

基于科尔布研究贡献和威尔伯对行业的贡献，也结合了查普曼（Chapman）汇总的对其研究成果的质疑和批评，我们整理出了一个核心框架，让我们可以利用自身所学对其进行扩展和思考。卡恩的理论认为我们要做一座连接学习者和教练之间的桥梁。将这些想法结合起来，我们提出一个实践概念化理论的同时提供一个案例证明。通过这样的结构，我们希望读者可以找到将成人学习理论融入实践的方法。

大卫·科尔布（1984）的自适应体验学习模型

大卫·科尔布也借鉴了杜威的研究理论，并延伸出或许是最具影响力的理解成人学习的方法。科尔布（1984）的体验式学习模型借鉴了杜威、列文和皮亚杰的认知发展规律以及上述阶段理论的要素。他的模型遵循以下四种自适应学习模式的循环（Kolb，1984，pp. 68 – 69）：

（1）**具体的经验**：完全公开、无偏见地参与新经验的能力；
（2）**反思性观察**：从不同角度反映和观察个人经验的能力；

（3）**抽象概念化**：从观察中创建概念和理论的能力；

（4）**积极的实验**：使用建构理论进行新行为和思想决策并实施的能力。

在此模型中有两个截然不同的维度，代表了两种截然相反的适应取向：

（1）具体经验 vs. 抽象概念化；

（2）积极实验 vs. 反思观察。

这些维度既彼此独立又相互促进，每一个维度都有助于解决问题辩证之间的冲突。因此，就其本质而言，学习是充满矛盾与紧张的过程，并不总是快乐、刺激和满足的（Brookfield，1986；Chapman，2010）。

科尔布（1984，pp. 43-51）将第一取向称为感知维度，因为它代表了体验世界的相反方式。首先是理解，即依赖象征性表达或概念的使用；其次是领悟，即更直接和具体感受到的经验。他将第二取向称为"转换"维度。它代表着经验转化的相反方式，若是通过对经验的反思得到的结论感受，称之为内涵；若是通过对外部世界的积极操纵得到的结论感受，称之为外延。这个维度创造的是意义和意识。正如心理学家维克多·弗兰克（Victor Frankl，1988）所解释的那样，个体通常不会通过思考来发现生命的意义。这是一个充满张力和发现的学习过程。在他看来，个人意义的发现本身就是一种治疗形式。考虑到科尔布（1984）的模型将学习视为一种意义的创造过程，因此学习本身就可以被视为促进自身发展的变革性过程。

学习和发展可以看作是科尔布的四种自适应模式之间的转换和解决彼此之间紧张关系的结果。与传统皮亚杰学派认为的学习是不积极参与人类发展的从属过程不同，科尔布（1984）将学习视为一个发展发生的过程，并将其分为三个发展阶段：

（1）学习期——从出生到青春期，是获得基本学习能力和认知结构的阶段。

（2）专业化期——从正规教育延伸到成年初期。

（3）整合适应期——当人们步入社会后寻找个人意义并面对生存挑战时，就会迎来整合。在此阶段，个人将更努力地去影响他人改变环境，而不是受环境影响。

尽管科尔布非常明确地指出了环境和社会背景是相互影响的，但梅里亚姆（Merriam）和比耶马（Bierema）（2014）指出，科尔布模型经常被批评为"无因果联系"，因为对经验的反思可以在无社会环境的真空中完成。整合经验模型（Chapman，2010）就是通过将科尔布（1984）模型与威尔伯（1995）的研究成果相结合，解决了无"因果关系"的批评。

肯·威尔伯(1995)的整体理论

肯·威尔伯(1995)的行业贡献是他汇总了大量的案例信息。他以将西方心理学和东方精神相融合而闻名。威尔伯其中一个核心假设是,所有事情是在特定环境背景下进行的。他断言,如果不了解一个人所处的背景环境就很难理解他,因为任何个体和事件都不可能脱离于他们的背景而被完全理解。他开发了一个四象限模型,该模型与舒马赫(Schumacher, 1978)的四种知识领域相对应。威尔伯的象限提供了一种多维度理解总结人类经验的方法,其中包括个人(集体)社会背景以及内外部环境的经验。

表28.1 肯·威尔伯(1995)的四象限积分模型

	内 部	外 部
个 人	个人经验和思想意识 • 思想/志向 • 情感 • 情绪 • 感官输入 • 想象	身体和行为 • 神经肌肉系统 • 遗传学 • 身体感觉 • 习惯 • 行动
集 体	小组成员 • 语言 • 社交生活 • 礼节/历史 • 习俗 • 文化——组织/家庭	社会系统 • 自然和人为系统 • 科技 • 进程结构 • 物理规律 • 对象

来源:改编自威尔伯(1995, p.71)。

无论是个人还是集体,都有一个外部和内部的领域。右上象限针对的是个人的外部领域和感官识别。它是可以被观察和测量的,包括神经肌肉系统、遗传、习惯和行为等。例如,如果患者情绪抑郁,医生一般会通过CAT扫描的方式可以来确认是否需要使用抗抑郁药进行干预治疗,而不是通过右侧象限来诊断患者是否需要用药。因为要做到这一点,必须参考左上象限,与患者进行对话,以探索他们的内心世界。这是内心体验和意识的世界,是思想、抱负、感情、情绪和想象的领域。右下象限是集体的外在表现。它是社会系统的领域,包括自然和人为系统、科技、物理规律和对象等。此象限展示了系统的行为方式,但不解释其行为方式的原因,因为那是留给最后一个象限的。左下象限是群体成员的领域,包括语言、习俗、仪式、历史和文化等现象。

威尔伯(1995,2001)的模型不局限于这四个知识领域,它还包含意识的进化水平。像斯穆特斯(Smuts,1973)和舒马赫(1978)一样,威尔伯坚信,从物质到生活,从生活到思想,从思想到灵魂,从灵魂到精神,人类的发展是从前个人到个人,再到超个人的意识进化过程。

劳埃德·查普曼(Lloyd Chapman,2010)的综合体验式教练模型

威尔伯(1995)模型提供了综合增长和发展的元框架,而科尔布(1984)模型提供了一种以实用性、体验性为主的集成式方法来成长学习。查普曼(2010)在构建教练学习模型的过程中借鉴并完善了两者的优势。

综合体验式教练模型提出,教导旨在促进个人的综合体验学习,推动个人成长和发展。它综合了舒马赫的四个知识领域以及威尔伯的整合模型,该模型通过意识的不同层次(尤其是在个人和超个人水平)来迎合个人的发展。它是以经验性占主导的科尔布的学习模型作为开发工具,综合体验式教练模型(Chapman,2010)重点关注身体、思想、灵魂和精神,并提供了一种实用的方法来帮助促进他们的融合。

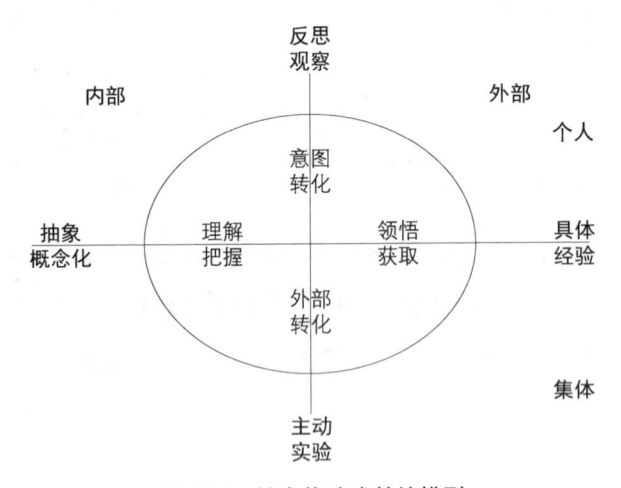

图 28.1 综合体验式教练模型

来源:查普曼(2010),改编自威尔伯(1996,p. 71),科尔布(1984,p. 42)。

梅里亚姆和比耶马（2014）认为，与理解成人学习相关的传统学习理论有五种，即：人本主义,行为主义,建构主义,认知主义和社会认知主义。所有这五种理论都纳入了综合体验式教练模型。行为主义者认为,可观察的行为决定了学习是否已经发生,那是右上象限的范围;该模型是一种立足证据的方法,寻找可观察到的情感变化。人本主义的观点认为,人类具备成长和发展的潜力。综合体验式教练模式的核心是以人为本,允许个人和超个人层面上的持续增长和发展。对于认知主义者来说,学习是一种信息处理的过程,科尔布经验式学习循环正是不可或缺的一部分,是反思性观察和抽象化概念产生的核心。社会认知主义认为,人类学习是在社会环境中发生的。在集成体验式教练模型中,这是左上象限和左下象限的范围。建构主义理论认为,学习是从经验中创造意义。建构主义在科尔布(1984)体验学习模型的转换维度是固有的。

教练中的学习和认同

教练在帮助客户在工作环境中审视自己学习进步和身份形成方面扮演着重要角色(Chappel et al., 2003)。因此,客户在工作中的身份建立和调整是需要教练一同参与塑造的,从某种意义上说,学习可以理解为是故事发展的过程,个人需要在职业生涯和社会环境发生变化时不断调整自我思维意识和适应身份变化(Lane & Corrie, 2006)。

在通过教练塑造的身份认同时,自反认同和关键性概念认同会有很大的帮助(Chappel et al., 2003)。自反认同是指一个人通过自我叙述的方法来构造自己的身份的过程。因此,对于教练来说,在他们描述自我身份的过程中,可能会涉及一系列事件。当教练开始与客户身份环境接触时,这种预先描述过的事件就可以成为切入点。但是,当教练开始与组织中的人员一起工作时,会重新定义。每个人都有自己对教练的定义,社会也会有其广义的定义。随着每次互动的展开,这些都会影响教练的身份认同。类似的过程也会发生在客户身上,他们从自我叙述(科尔布循环中的反思过程)开始,逐渐演变为关系叙事。随着角色在新发生故事中的演变,教练和客户之间将形成相应的叙事模式(Lane & Corrie, 2010),这是教练和客户彼此共同构建的(作为关系叙事身份的过程)。正是因为需要构建这样的关系,成人学习者才需要教练通过参与每一个关系来调整和定义。正如卡恩(2014)所指出的,我们始终需要通过组织故事中的参与者之间的关系轴来实现理解。

关系型学习方法——马克·卡恩(Marc Kahn, 2014)的轴心教练思想

许多人十分肯定关系学习法在教练领域中的价值（例如，Brunning, 2006; Cavanagh, 2006; De Haan, 2008; Huffington, 2006; Kahn, 2011, 2014; Kemp, 2008; Passmore, 2007）。他们认为，"成功源于指导关系的质量及其所在组织的契合程度"（Kahn, 2014, p. 1）。因此，教练更重要的是关系的参与度而不是一种特定的方法或者技能的部署。此基本原则是该概念的核心，所以所处的组织和客户本身是同等重要的。

因此，卡恩（2011）坚持认为，"能获得商业成功的教练指导方法要充分考虑教练、个人客户和组织三者之间的关系动态，以及着眼于教练关系及其与商业环境的系统对接"（p. 194）。他提出了介于个人和组织之间的"轴心教练"的概念，将其作为关注的重点。在这里，教练扮演着翻译、调解人甚至叙事中间人的角色，其最终目的是改善两者的关系状态，并通过这种方式传递有意义的结果。

卡恩（包括其他人）的研究基于这样一个事实，即社会环境是由复杂的显性或隐性的关系组合而成的。一个人在这种环境中创造价值的能力很大程度上取决于他们与他人建立关系的程度，而这种关系反过来又能促进他们将才华转化为真正的实际成果。

例如，以本（Ben）为例，他是一位新招聘的具有超强营销能力的销售人员，也非常优异地完成了销售任务。但本为人独立，不喜欢受约束，他曾对旧公司管理表示不满，并坚信"天助自助者"。另一方面，新公司的企业文化是高度协作，大量成果的取得是团队合作的结果。这就使个人和组织之间成为相互竞争的关系。在这样的背景下，本原本的销售技能不足以使他在新环境中持续优异的表现，但基于他个人的生活经历（反身叙事），使他抵触经理的领导并避免与同事一起工作。问题在于本的心理（个人故事）与企业文化（组织故事）之间的关联关系。例如，团队成员报告说，本在产品知识和销售技能方面很出色，但不幸的是，他不愿意成为团队的一部分，有时会违背企业战略。由于他经常不参加团队会议，并且在收到质疑时抱怨说他自己被"微观管理"，使情况变得更糟。而他的经理则说，本在工作时没有考虑到自己的行为对团队其他人的影响，也没有考虑到团队经过考量而制定的销售策略。

从教练的角度来看，这个案例使本意识到企业是一个集体才是成功的个性化指导，关键点是，教练必须了解个人和组织的经历以及他们的互动方式，从而促进彼此学

习的可能性,这样才能产生新的良性关系。对本来说,他需要解决是源自以往不愉快工作经历产生的独自工作的强烈需求,挑战认识到新组织团队文化具有的潜在价值,并相应调整自己行为的可能性。当然,本的经理和团队也可以尝试接受,作为个体的本独立工作的假设。团队对于本某种程度上工作独立性的理解和接受将大大增加教练调节干预的成功性。要做到这一点,团队需要在两个方面学习。首先,他们需要了解本的个人故事,以便能更好地理解本的心理,抵消对他喜欢独立工作的负面看法。其次,他们需要考虑自己独立工作的概念,并以一种更具建设性的方式看待它,即使这在公司文化中暂时不被接受。只有在本和他的团队共同致力于在这种情况下(跨轴)进行关系学习时,成功的可能性才会最大化。

卡恩(2014)在图28.2中说明了这一点,显示教练的重点在于如何立足于个人与组织之间的关系接口上,"这取决于个人和组织之间最终的成败程度"(p.6)。

按照这种观点,教练干预会建立关系桥(轴),从而通过主体间的故事产生过程促进学习。这个过程带来了价值,因为它通过创建共享成功案例来促进学习;"基于对企业的共同责任,个人和组织之间相互影响而产生了连接,这就是意义"(p.6)。在某种程度上,组织也被视为"客户",组织和个人一样,都不能被视为独立的实体。

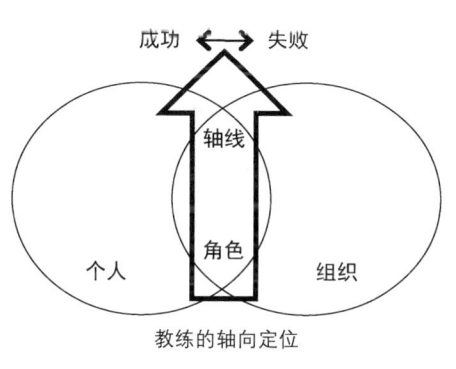

图28.2 轴心训练
来源:卡恩(2014, p.7)(改编自 Brunning, 2006)。

这也意味着在需要教练指导下的学习,即使本质上是内心深处的学习,也始终植根于人际关系之中,并作为组织或市场生活的人际体验过程出现。

实践——构建教练工作模型

在以上述成人学习理论为基础的教练方法的情境中,以下内容作为构建教练干预或个人课程的示例。但必须指出的是,无论何时编写模型,它总是显得很有逻辑性、清晰且有条理。但实际上,学习对话可能会非常混乱,只有经过反思,我们才能将其组织成一个严谨的逻辑过程。有趣的是,在教授此模型时,学生试图机械地应用它。然后很快发现,当他们试图强迫自己遵循体验式学习循环周期时,该模型最终会成为障碍。他们忙于能"正确"使用此模型,试图迫使客户采取各种措施,结果让自己和客户都很沮丧。首先,我们鼓励读者不要将模型视为固定的步骤,而将其看作自己与客户的对话提示。在反思中很快会发现,你们在一起经历了体验式学习周期。学习周期实际上是一个非常自然的过程。我们都有经历,我们倾向于在不同程度上反思这些经历。经过思考,我们就对其意义形成了相应的假设或看法,并据此采取行动。

其次,下面概述的过程发生在宏观和微观层面。这两个阶段涵盖了教练过程作为一个完整干预,同一个过程可以在一次教练过程中发生。

第一阶段:与客户建立联系

兰恩的案例公式化方法(1990,1998)最初用于与儿童和学校系统合作工作,后来被改编为教练(Lane & Corrie, 2009),该阶段的目的是试图确定双方都感兴趣的共同关注探索点。在此,教练和客户讨论并就指导的目的、过程、参与者以及哪些利益相关者应该参与等事项达成一致,目的是在共同关心的基础上完成一项合作任务。寻求共同关注点的过程是一个开始从个体的自反性叙事走向一致的关系性叙事的过程。重要的是确定双方共同关注的问题;如果不能寻求到共同的关注点,教练最好放弃这次指导机会。在宏观层面上,这是教练介入工作的起点。在微观层面上,这一步骤应发生在每次指导课程的开始。卡恩(2014)强调,在教练干预开始时(实际上,在整个生命周期内持续)就建立起一致性的重要,并解释实现这种一致性不仅仅是教练的序言,而且本身也是教练过程的重要组成部分。换言之,在受教者的个人和组织(通常由他们的经理或人力资源代表)之间找到共同目标和一套以达成目标为主的学习活动,也是教练过程的一部分——这是进入指导轴的入口。前述案例中提到的本的情况,如果在早期合同阶段,就让他的经理(甚至可能是他的团队成员)参与进来,相互了解,双方承诺通过探索相互学习,就不会产生现有的问题。

第二阶段:介绍当前情况,了解客户的具体经验

在这一阶段,要求客户分享他们的生活故事。至关重要的是,是客户自己的故事,

而不是第三方讲述或理解的故事。在此,自我表述有助于减少初次接触压力,协助客户把事情完全表述出来,反而会有宣泄效果(Egan, 2002)。力求达到能帮助客户建立起自己的思考机制。优秀的教练并不会对人的缺点视而不见,而是会利用好客户的资源和智慧,通过讲故事的方式,教练和客户有可能开发出未使用的机会。然而必须强调的是,应该由客户来做主导。这也许意味着他们只愿意分享自己的工作、生活经历,因为这是他们认为的与特定培训内容相关的。对于教练而言,尊重客户所设定的限制和界限是至关重要的。根据我们的经验,我们发现讲故事受到客户所处文化的影响。就本的案例而言,这将涉及他在以前的工作环境中经历的一系列失望,以及这些经验如何形成他在当前环境中的行为方式。教练会承认本在处理这些困难的经历方面的智慧和其取得的学习成果。按照这种观点,本的独立性应该被视为是一种积极的、被尊重、甚至钦佩的态度。从指导的轴心角度来看,经理和团队成员的故事也需要以类似的方式去探讨。他们过去发生了哪些事件,决定了他们今天选择的经营方式?具体来说,这将是一种强大的学习方法,来了解团队合作一直以来他们取得成功的方式,同时也是肯定他们智慧的一种形式。从宏观层面上讲,故事将在教练干预之初就被讲述。然而随着信任关系的发展,客户的生活经历的各个部分在个别辅导课程中得以扩展或进一步探索的情况并不少见。再一次强调,由客户决定何时分享对他们是有帮助的。

第三阶段:教练和客户进一步探讨当前状况,并开始进行反思观察和抽象概念化

兰恩(1990)将这一阶段称为对因果关系和维持假设的探索与检验。每个被选择的问题或机会都是假设,之所以是假设是因为当时它是最明显的杠杆问题或工作机会。这个假设可能会随时间的推移而改变,因此这是一个开放式实验。这是一个非常动态的过程。设想一下,作为一名教练,你有多少可能在第一次会谈结束时就正好终止你的干预指导。通常情况下是不会的。我们不这样做的原因是最初的指导工作只是在一个假设的或者情况不完全清晰的基础上进行的。但随着教练和客户相互了解,对问题的理解会随着时间的推移而变化。因此,在第三阶段,客户和教练会尝试各种选择和假设来进行实验。这同样适用于宏观(总体)和微观(目前)层面。对本来说,这需要测试在前一阶段所发现的叙述的意义。作为他经历的一个过程,他所创造的信念有多"根深蒂固"？他在过去错过或避免的选择还有其他意义么？为什么会发生这种情况？同时，在这个团队的背景下，由于这样的理解，他与其他人的关系又出现了哪些可能？

第四阶段：重点转移到期望的未来

我们鼓励客户阐述更好未来的可能性。这是抽象概念化的领域。在这里，教练帮助客户选择切合实际并具有挑战性的目标，这些目标是对第三阶段中确定的问题或未开发机会的真正解决方案（Egan，2002）。兰恩（1990）将这一阶段称为待检验的假设公式化阶段。在集成体验式教练模型中，这是通过个人学习契约（PLC）来实现的。客户定义他们的目标，他们将如何知道自己能否成功，以及可以实现目标的策略。鉴于学习过程的动态性质，初始学习契约在各个阶段之间的变化并不罕见。对于某些客户来说，即使他们有一个包罗一切的学习合约（PLC），但在微观层面，合约也是从个体谈话会议中演变而来的，这些会议似乎与总体合约无关。在实践中，它们是实现整个PLC的必要步骤。因此，对于本和他的团队而言，此阶段将包含他们各自的故事在整个轴线上的实验性互动。考虑到他们相互交织的故事，教练可能会问他们整个团队（当然包括本）有多大可能使团队成员在团队合作的环境中找到独立工作的方法，团队的智慧是否能得到进一步的开发？对本来说，他是否可以放弃个人独立工作的可能性融入团队相互协作工作？在所有这些情况下，我们可以通过什么样的实验来测试这些可能性？

第五阶段：积极的实验阶段，在指定的合约期限内实施和经历一系列学习对话

莱恩（1990）认为，这是将在指导课程中获得的新认识应用和实验的过程。除非生活在完全孤立的环境中，否则个体通常会在集体环境中经历一些具体的事情。为了让这些经历有意义，个体需要利用内涵维度，向内移动对经历进行反思。经过思考，个体开始发展出一些关于经验的理论或概念。然而，抽象概念并非纯粹属于个人的东西，它受到个体所处环境的文化或制度的影响。个体的发展状况源于个人经验和与之互动的特定社会知识体系的交易（Kolb，1984）。在发展出一种理论或假设之后，个人需要参与扩展维度，并在集体环境中积极地进行实验。如果以一种条理分明的方式做

好,体验式学习将使个体自动对应四个象限,并发展所有四种学习能力(根据科尔布的观点),这四种学习能力是人类成长与发展的先决条件。人类社会越发达,体验式学习经验就越具有整合性(如图 28.1 所示),从而促进了个体的成长、发展和意识的转变(Chapman,2010)。再次需要强调的是,这需要同时发生于宏观和微观层面。因此,对于本和他的团队来说,这里提出的一系列承诺、行动和行为框架被提出并进行激活来进行实验。这些都需要在教练的训练轴上不断地修改和处理,直到建立一种新型的、使各方都满意的关系。

第六阶段:关闭和审查

教练、客户以及通常的组织代表将审查流程,并决定是继续签合约还是终止教练关系。

哪类受教者获益最大?

这种方法显然是关于学习的。它不是治疗,不适合处理心理健康问题。它是利用现有的意义生成过程以及从反身性叙事到关系性叙事的出现过程。它需要一定程度的开放性,要求教练在任何时候都可以耐心倾听关键人物的经历并乐于让故事浮出水面,而不是从受教者的故事中编造因果关系的理论假设。

> **案例研究:跨教练轴学习**
>
> 在教练过程中学习的方式意味着什么?显然,将成人学习理论置于教练轴的背景下,个人与组织之间的相互关系便成为彼此的学习领域。我们提供利的案例[改编自卡恩(2014,pp. 85-86)]来说明。
>
> 聪明的利是一家大型快速消费品企业分销部门的中层经理,他的经理迈克要求教练的介入。迈克解释说,每当他给利指示时,她都会质疑指示的意图,"到了令人沮丧的程度"。他指责她"为了质疑而质疑",而不是为了理解

或改进分销流程。利拒绝此种理由,并解释说,她"需要知道为什么在做某件事之前必须先做某件事",因为她"不是机器人,而是一个善于思考的人"。

这种关系已经恶化到了非常严重的程度,团队中的其他成员抱怨说,利总是质疑迈克所说的一切,这破坏了团队会议的效率,让人恼火。每个人都承认,利是一位聪明而勤奋的经理,她的表现超出了预期。她被认为是有存在感的人,并有非常有建设性的想法,多次解决了分销过程中的"瓶颈"问题。不幸的是,利的不断质疑已经到了使迈克和团队都丧失信心的地步,"如果她执拗的挑战行为没有明显减少",他们便准备开除她。

在与利和她教练的简会上,迈克说他很乐意接受利的质疑,而且她有很好的想法和有见地的见解。但是,对于每一条,她都有5条未经思考的评论或质疑,由此她经常被认为是"由于未知的个人原因吹毛求疵的人"。利对于自己的行为表示出一些歉意,但认为情况远没有想象的那么严重,于是利和她的教练花了几次时间来探究她的个人故事。

她讲述到她成长于有两个哥哥的家庭,这是一个突破点。两个哥哥现在是他们父亲公司的知名律师,他们总是无所不知,似乎只有当她能让哥哥哑口无言时她的父亲才会重视和认可她。"在他们的争论中找到一个漏洞",解释了利与现任经理"执拗的质疑行为"的"根源"就在这个故事中。利想通过每一次"在他的论点中找到一个漏洞"来与迈克互动,以便让迈克认可自己的能力。

此次教练的重点是以一种对利本人和组织都有效的方式来重新诠释利的故事。最后能让利认识到自己"在任何论点中找到漏洞"的能力既是她最大的优点,也是她最大的缺点。当它能恰当地用于帮助企业时,正是她的优势。当它不恰当地用于满足自我的认可需求时,正是她的弱势,最终都会事与愿违。

用利的话说当她"自由切换模式"时就是改变自己的开始。当她可以在自我时间或者是对公司有利的情况下,选择使用"挑战模式";而在对公司不利的情况下可以"保持安静"。在教练轴的另一端,她的经理迈克,在与利的对话中

> 了解了她的故事,反过来帮助他理解了她的行为,更重要的是,开启了彼此之间良好的关系,帮助利"模式熟练转化"。如果没有这种关系对齐和由此产生的支持,利的转变概率将显著降低。而且,在这个过程中,迈克也学习提高了他作为领导者的能力。
>
> 这个案例说明了成人学习如何在教练干预中发展。该过程开启了个体和组织之间的理性关系动态,双方都可以因此而进步。学习可以提高洞察力,并由此产生提供行为的新选择,同时为组织带来价值并增加个人的成功。

讨论要点

1. 如何帮助客户反思自己的学习?
2. 对学习周期的理解如何帮助或阻碍客户反思?
3. 与客户会面时,你会采用什么叙述方式?你如何使客户改变这种叙述方式,以便达成对教练目标的共同理解?
4. 你如何看待个人学习与组织学习之间的关系,如何将其应用到自己的教练过程中?

推荐阅读

Chapman, L. (2010). *Integrated Experiential Coaching*. London: Karnac Books.
Corrie, S., & Lane, D. A. (2010). *Constructing Stories and Telling Stories*. London: Karnac Books.
Gray, D. E., Burden, R., & Lane, D. A. (2015). An Introduction to Coaching and Mentoring: Thinking Critically about Theory, Practice & Context. London: Sage
Kahn, M. S. (2014). *Coaching on the Axis: Working with Complexity in Business and Executive Coaching*. London: Karnac Books.

参考文献

Barden, S. (2015). *Top leaders' experiences of learning*. DProf thesis, Middlesex University/The Professional Development Foundation.

Brookfield, S. D. (1986). *Understanding and Facilitating Adult Learning*. San Francisco, CA: Jossey-Bass.
Brunning, H. (2006). *Executive Coaching: Systems-Psychodynamic Perspective*. London: Karnac Books.
Cavanagh, M. (2006). Coaching from a systemic perspective: A complex adaptive conversation. In Strober, D. R. & Grant, A. M. (eds.) *Evidence-Based Coaching Handbook*. Hoboken, NJ: John Wiley.
Chapman, L. A. (2010). *Integrated Experiential Coaching: Becoming an Executive Coach*. London: Karnac Books.
Chappel, C., Rhodes, C., Soloman, N., Tennant, M., Yates, L., et al. (2003). *Reconstructing the Life Long Learner: Pedogogy and Identity in Individual, Organisational and Social Change*. London: Routledhe-Falmer.
Corrie, S., & Lane, D. A. (2010). *Constructing Stories Telling Tales a Guide to Formulation in Applied Psychology*. London: Karnac Books.
Daloz, L. A. (1999). *Mentor: Guiding the Journey of Adult Learners*. San Francisco, CA: Jossey-Bass.
De Haan, E. (2008). *Relational Coaching: Journeys towards Mastering One-to-One Learning*. Chichester: Wiley.
Egan, G. (2002). *The Skilled Helper: A Problem-Management and Opportunity-Development Approach to Helping*. Pacific Grove, CA: Brooks/Cole.
Frankl, V. E. (1988). *The Will to Meaning: Foundations and Applications of Logotherapy*. New York, NY: Meridan.
Gray, D. E., Burden, R., & Lane, D. A. (2015). *A Critical Introduction to Coaching and Mentoring*. London: Sage.
Huffington, C. (2006). A contextualised approach to coaching. In Brunning, H. (ed.) *Executive Coaching: Systems-Psychodynamic Perspective*. London: Karnac Books.
Kahn, M. S. (2011). Coaching on the axis: An integrative and systemic approach to business coaching. *International Coaching Psychology Review*, 6(2): 194–210.
Kahn, M. S. (2014). *Coaching on the Axis: Working with Complexity in Business and Executive Coaching*. London: Karnac Books.
Kemp, T. (2008). Self-management and the coaching relationship: Exploring coaching impact beyond models and methods. *International Coaching Psychology Review*, 3(1): 32–42.
Kolb, D. A. (1984). *Experiential Learning: Experience as the Source of Learning and Development*. Englewood Cliffs, NJ: Prentice Hall.
Kolb, D. A. (2015). *Experiential Learning: Experience as the Source of Learning and Development*. Second Edition. Upper Saddle River, NJ: Pearson Education. Kindle.
Lane, D. A. (1990). *The Impossible Child*. Stoke on Trent: Trentham.
Lane, D. A. (1998). Context focussed analysis: An experimentally derived model for working with complex problems with children, adolescents and systems. In Bruch, M. & Bond, F. W. (eds.) *Beyond Diagnosis: Case Formulation Approaches in CBT*. Chichester: Wiley.
Lane, D. A., & Corrie, S. (2006). *The Modern Scientist-Practitioner: A Guide to Practice in Psychology*. Hove: Routledge.
Lane, D. A., & Corrie, S. (2009). Does coaching psychology need the concept of formulation? *International Coaching Psychology Review*, 4(2): 193–206.
Lo Meng-cheng, M. (2006). Professions: Prodigal daughter of modernity. In Adams, J., Clemens, E. S., & Orloff, A. S. (eds.) *Remaking Modernity: Politics, Processes and History in Sociology*. Durham, NC: Duke University Press.
McManis, J. T. (1916). *Ella Flagg Young and a Half-Century of the Chicago Public Schools*. Chicago, IL: A.C. McClug & Co.
Merriam, S. B., & Bierema, L. L. (2014). *Adult Learning Theory and Practice*. San Fransisco: Jossey-Bass. Kindle.
Passmore, J. (2007). An integrative model for executive coaching. *Consulting Psychology Journal: Practice and Research*, 59(1): 68–78.
Schumacher, E. F. (1978). *A Guide for the Perplexed*. New York, NY: Harper and Row.
Smuts, J. C. (1973). *Holism and Evolution*. Westport, CT: Greenwood.
Wilber, K. (1995). *Sex, Ecology, Spirituality: The Spirit of Evolution*. Boston, MA: Shambhala.
Wilber, K. (2001). *No Boundary: Eastern and Western Approaches to Personal Growth*. Boston, MA: Shambhala.

第二十九章 职业教练

彼得·芬纳(Peter Fennah)

引 言

职业教练是对个人管理工作变化意愿和能力的探索。

在社会中,就业的中心性、流动性、动荡性和不断变化的性质以及个人与就业之间的关系经常被忽视。全球72亿人口中约有70%在工作。在英国,有3300万人正式从事全职和兼职工作。这并不意味着每个人都满意。伦敦商业与金融学院(London School of Business and Finance)于2015年进行的一项调查结果显示,几乎50%的员工都在关注更好的职位。寻找更好的职位的原因不仅是为了增强财务安全性。工作塑造了我们的自我认同和心理健康水平(McGregor & Little, 1998),并通过我们建立的关系为我们更广泛的生活提供了有意义的联结感。

工作的性质和步伐正在因为技术而改变。与1950年前的社会相比,向知识经济的转变带来了更多的工作选择和流动性。新兴的创新经济是分布式关系而非正式组织结构推动变革,它被视为影响工作世界的下一波变革。用威廉·吉布森(William Gibson, 1993)的话说:"未来就在这里,只是分布不均。"说明我们在帮助不满意的受教者找到更光明的未来所扮演的角色。

帮助我们的受教者构建关于他们过去、当前和未来就业的工作叙述,使他们能够探索和创造明智的选择,从而带来更有意义的就业。萨维奇卡斯(Savickas, 2005)对职业进行了有益的描述:

> 职业生涯不会展开;当个体作出选择以表达自己的自我概念并在工作角色的社会现实中证实其目标时,便会建构它们。

职业教练面临的挑战是如何帮助不同的个人和组织在他们的职位中寻求改变,或寻求新的工作、职业道路或工作方式。在本章中，我们将着重于教练个人。

我们首先关注职业教练的发展以及影响该学科的关键理论。然后，我们将研究如何将它们付诸实践，探索关键概念和案例研究，以突出教练如何帮助受教者。

职业教练的发展

在学术研究领域，职业生涯还很年轻。职业理论直到 20 世纪 70 年代才获得合法性，这主要是通过迈克尔·亚瑟（Michael Arthur）、埃德加·沙因（Edgar Schien）、蒂姆·霍尔（Tim Hall）和芭芭拉·劳伦斯（Barbara Lawrence）的著作获得的。多学科如心理学、咨询学、社会学和经济学等融入其中。这些兼容并蓄的基础使职业理论成为一个非常多元化的领域，特别是在职业咨询方法和教练背景方面。

当你考虑到公众对职业建议的成见时，可以公平地说，多年来，它的名声好坏参半。在教育过程中经常收到糟糕或过于简单的职业建议，这是一个常见的故事。这通常是由于工作重点过于狭窄，如确保工作的关键技能得到解决。这种优先满足大量需求的方法忽略了个人的复杂情况，特别是他们不断变化的个人动机和隐性需求。另一个例子是，职业顾问试图通过使用兴趣清单来创建一个"完美"的工作匹配，该清单将职业顾问置于一个"专家"技术员的角色，而不是教练。随着训练的改进，人们希望这些观念将被埋葬在过去。然而，由于职业建议的商品化（例如，通过 IT 应用程序），这种生硬的职业指导形式可能会卷土重来（Watts, 2009）。

作为英国的一个行业，职业教练之所以支离破碎，部分原因在于教练背景的多样性以及受教者群体的需求，如年轻人、未就业者和管理层，以及现在处于"第二弯道"或寻求第二职业选择的职业生涯晚期的个人。在英国，职业领域是一个基本不受监管的行业，几乎没有对实践的限制。专业细分市场还有很多机会，例如，为特定专业团体提供职业教练。这对那些通常在危机时刻寻求服务的受教者来说是一个挑战，因为由于大量自学成才的从业者在专业、道德或超视觉的框架之外工作，因此服务提供的一致性或质量很低。大多数职业教练都没有受过与职业管理相关的结构化学术教育，他们对如何理解不同的劳动力群体存在差异。

在英国政府的支持下，在专业会员制组织的推动下，职业发展行业将来可能会成为一个更加规范的领域,而这些专业资质成员组织目前已正式聘用了职业教练。在美国和澳大利亚,这与教练的专业化相一致。职业发展学院(CDI)在2013年召集了四个英国专业机构,以帮助增强该行业的凝聚力,为整个行业的从业人员进行专业认证和注册奠定了基础。这样的合并为公众和服务提供者提供了明确的联系点,通过更强大的培训可以确保所接受教练的质量。

理 论

传统组织职业生涯的衰落导致两种新的职业生涯理论对职业教练产生了影响。首先是霍尔提出的千变万化的职业生涯(Protean Career)(Hall,1976,2002),它强调成就个人一生以及事业、成功的重要性,将重点放在探索个人职业价值观的转变,而不是强化组织的价值观,或者仅仅确保财务安全,是传统职业决策的扩大。

其次,亚瑟(1994)将关注个人职业流动性的提高称为"新的无边界职业"。这涉及超越常规的组织晋升途径,以包括多个责任级别。因此,你可以同时成为另一家或同一家公司的业务主管和自愿性初级运营团队成员。

工作地点、工作时间和因此而获得的横向机会增加了灵活性,这在很大程度上符合个人的利益。创造和管理这样一个潜在的跨公司的活动组合的承诺,可以使千变万化和无边界的职业结合起来。

这两种理论极大地丰富了职业教练的作用,因为受教者改变、发展和对其组织/社会的贡献的独特潜力是讨论的主题。

挑战传统职业理论

弗兰克·帕森斯(Frank Parsons)于1909年开发的"人与环境"方法被称为职业教练之父(Zunker,2002),具有务实的吸引力,并且可能在直觉上很熟悉。帕森斯(1909)的核心结构是通过将自我知识与自己的环境相关联来帮助个人作出明智的职业决策:

> 首先,对自己的才能、能力、兴趣、资源、局限性和其他素质有清晰的了解。
> 其次,了解不同工作领域的成功要求和条件、优缺点、薪酬、机会和前景。

最后，对这两组事实之间的关系作出正确的推理。

这种特质和因素框架，例如，考虑个人特质（天赋、能力、资源、个性），并将其与工作因素（工资、工作环境等）进行匹配，为形成理想的职业决策提供了一种极具吸引力的方法。

使我们的个性与"完美"工作相匹配的想法引发了许多不同的调查，以协助职业决策的产业化。霍兰德（Holland）的《职业兴趣类型》（1959）描述了六种人格类型，并因此将个人与合适的就业类别相关联（现实、研究、艺术、社会、企业、传统）。这导致了职业名称词典的产生，使人们能够审查最适合其个性的广泛职业类别，从而将重点放在职业规划上。尽管有其局限性，个性和因素匹配方法仍然是当今指导职业教练最主要的职业理论。

但是，这种相当机械的"一洞一钉"理论将产生最佳结果的假设，使得教练和受教者进行了共谋，即当需要紧急作出职业决定时，尤其是如果受教者的定义需求和成功的衡量标准是寻找工作的速度时，很容易陷入这种陷阱。霍尔和亚瑟的理论拓宽了争论的范围，使受教者在了解他们当前的处境时，能够采取更加明智的观点。

人与环境、特质和因素模型都是过度积极的幻影，会困住粗心的教练。它们提供了一种可能是什么的幻觉，而不是处理可能发生的事情。廷斯利（Tinsley，2000）指出，这类工作选择与工作满意度之间的关系很弱，突显出这种方法实用性的经验证据有限。

从根本上讲，"人与环境"方法不能适应人和角色随时间变化的观念，因此无法解决工作停滞的风险。

相比之下，对职业管理的重视既解决了工作角色的转变，也解决了工作本身的发展。职业管理是我们持续就业能力的核心组成部分（Bridgstock，2009），包括使用社交网络和承担风险以学习和适应变化。建立自我意识、探索职业和提高职业决策能力是托尼·沃茨（Tony Watts，2009）称为"职业发展学习"的所有要素，旨在确保受教者继续过着有意义的工作生活。关于我们如何学习来改善职业决策以及如何发展勇于改变的勇气，这样的积极思考为职业教练提供了卓有成效的对话。

注重个人学习意味着职业生涯管理的责任是牢牢地集中在个人身上,以自我引导他们寻找有意义的工作。由于受教者需求的变化,这为更复杂的职业教练形式创造了更大的机会。例如,许多人仍然试图在传统的组织结构中寻找工作,在这些情况下,更多地强调在公司内寻找正式/非正式的社会和权力结构往往比确定一个特定的工作角色更重要。所有这些都意味着职业教练可能是一项更复杂的工作,而不仅仅是帮助个人找到并获得一份收入合理的工作,也不仅仅是采用商业教练参考框架绘制出利益相关者影响的情景教练。

重新配置职业理论

受教者常常会因选择而感到不知所措,面对复杂性可能会失去信心。为了帮助受教者处理他们模糊的未来,职业教练可以教育和鼓励受教者制定一套原则,以满足他们正在出现的一系列需求。职业教练的理论理解深度可使他们与其他教练区分开。例如,这可以帮助受教者建立更自信的自我概念和工作认同感。对于人们所玩的游戏有一种理解,并意识到为了挣脱束缚和确定自己的方向,他们可能愿意选择忽略一些规则,这可能是合适的。当遇到一些工作场所的更严峻现实时,这可以产生勇气、韧性和敏捷性,这是在职场中遇到更严酷现实时的重要因素。最终,这会给受教者带来更大的成功,而不是固守在特质和因素思维的幻象上,当遇到现实时,这些幻象开始瓦解。或如米切尔和克鲁姆博尔茨(Mitchell & Krumboltz,1996)所说:

> 试图让一个不断发展的人适应不断变化的工作环境……就像试图用回旋镖打蝴蝶。

对诸如社会学习理论之类的职业理论的更深刻理解,将职业决策中的重要性从调查个人的人格特质转移到探索工作嵌入的社会环境。霍金森(Hodkinson,2008)认为,个人的资源(经济、文化和社会资源)与个人在形成职业决策时的人格偏好同样重要。例如,职称和职位的社会效益可能比工作对某些人的实际影响更为重要。在工作角色中获得较高地位并发展明确的社会认同感(Ashforth & Mael,1989)是其他社会因素如何影响职业决策的例子,教练的发问也从"你擅长什么"到"对你而言重要的是什么",以及"你将如何在这种社交环境中与他人互动"。

生涯阶段理论

考虑到我们工作中所涉及的社会因素的范围,有许多理论可以帮助理解随着时间的推移优先事项的变化。唐纳德·苏珀尔(Donald Super, 1990)的生涯阶段或彩虹模型(如图 29.1 所示)是一个了解受教者可能在哪里,可能有意识地考虑新问题的常见框架。

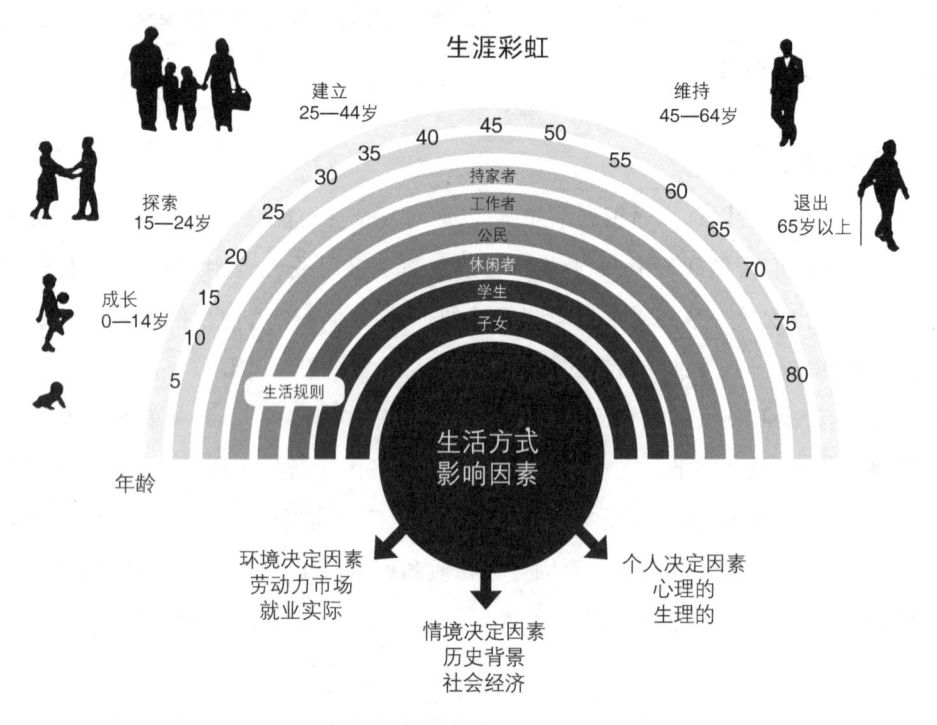

生涯彩虹

- 探索 15—24岁
- 建立 25—44岁
- 维持 45—64岁
- 退出 65岁以上
- 成长 0—14岁

角色:持家者、工作者、公民、休闲者、学生、子女

生活规则

生活方式影响因素

- 环境决定因素：劳动力市场、就业实际
- 情境决定因素：历史背景、社会经济
- 个人决定因素：心理的、生理的

图 29.1　生涯阶段或彩虹模型

与重新融入个人的内在动机和价值观相比,获得资格和技能(在早期生命阶段/年轻人中的驱动重点)已经不重要了。对于教练而言,该模型有助于认识到个人可能已经取得的进步以及下一个转型阶段。这种模型使个人的问题正常化,并在他们考虑自己的职业生涯时,为即将到来的不同挑战提供关注点。

随着人们步入新的生活阶段,人们通常会意识到他们正在寻找与众不同的生活。万花筒职业模型(Mainiero & Sullivan, 2005)认可了对挑战、真实性和改善工作/生活平衡的探索。尽管我们会以不同的方式优先考虑类似个性和性别这些要素,使有些选择对受教者来说望而却步。随着追求更积极休闲生活的重要性日益提高，并且在西方越来越强调"为工作而生活"而不是"活着为了工作"，人们的优先关注要素受到了挑战，提高职业决策的普及率，无论传统的生活阶段或关心的重点是什么，职业决策都能提供个人工作和生活的平衡。

一些受教者将生活中各阶段之间的紧张关系称为"中年危机"。危机症状包括：对迄今为止所取得的成就的焦虑，这可能会导致一段时期的抑郁或引发轻率的决定，例如，在解决"仅仅就这样吗？"的问题时辞掉"好工作"。研究表明，中年危机实际上是一种说法，因为症状不仅限于 40 多岁的人。这些问题对于 20 多岁的那些遭受"四分之一生命危机"的人们同样产生，他们放弃了童年的神奇想法，如"我将成为宇航员"或"我是不朽的"，以及青春期探索思维，如"我不会犯与父母相同的错误"或"我会写一部伟大的小说"。

自信的重要性

职业教练面对的是驾驭复杂生活的全方位的人，关于它的另一个重要理论发展是阿尔伯特·班杜拉（Albert Bandura）于 1977 年对自我效能感的研究。这项工作阐明了个人如何内化学习经验以建立或丧失自我效能感：动态的"对自己组织和执行产生给定成就所需的行动方针的能力的信念"（Bandura，1997）。

复杂性与机会

在此基础上，伊巴拉（Ibarra，2002）鼓励受教者致力于"制作实验"，使他们能够探索和发展自己对不断发展的职业的认同感。职业认同是个人在自己的职业背景下看待自己的方式，并结合了职业兴趣、动机、人格特质、价值观和信念（McArdle et al.，2007）。受教者选择从经验中学习并有勇气（或没有勇气）尝试形成新的身份，从而冒险、改变和应对社交焦虑的方式，都是建立更新的职业身份感的一部分。通过利用这些职业发展理论的社会模型，职业教练可以发挥促进作用，在这一领域中增进见识。

克鲁姆博茨以他的计划幸福感学习理论挑战了人与环境理论（Krumboltz，Mitchell，& Jones，1976；Krumboltz & Nichols，1990；Krumboltz，2009）。这将注意力

从强调职业选择的过程转移到了利用我们环境中发生的那些计划外的机会。考虑机会在你的早期生活中的作用，以及这如何影响你的早期职业选择。有多少人最终在16岁时完成了他们计划的职业？混沌理论（Gleick，1987）也描述了随机机会，它极大地影响了人们的工作生活。为了利用纯粹的机会，克鲁姆博茨在方框29.1中描述了五个属性：

方框 29.1　五项个人特征

（1）好奇心：更加开放，这样你就不会错过任何可以触及的事物

（2）毅力：如果你不徘徊在足球的球门口，你得分的可能性就较小

（3）灵活性

（4）乐观主义

（5）愿意冒险

罗伯茨和道斯（Roberts & Daws，1968）发现，职业选择并不受个人选择很大的影响，而是受到手头资源的影响。他们的机会结构理论表明，职业教练可以将更多的注意力集中在受教者在社会上对机会的亲近感上，这是由性别、种族和社会阶层来解释的。最近，社会资本理论也将个人能够从其社交网络中获取信息、资源、赞助的能力作为职业管理的重要因素（Seibert et al.，2001）。例如，玛格丽特·撒切尔（Margaret Thatcher）接受了口才课程，以改变自己的口音和举止，影响上层社会阶层的人。对于一些将真实性视为过去的身份而不是希望成为静态概念的教练来说，这可能是很高的要求。

适应性和复原力

重要的是要认识到，在作出快速的职业决策时，人们常常忽略了适应变化的能力和职业弹性的概念。维持动力和管理与工作（甚至是你喜欢的工作）相关的负面压力的能力是职业教练的内在要素。重组、兼并和工作的临时性等频繁发生，可能给寻求工作保障，掌握角色、身份、社会地位和意义感的人们造成很大压力。

可以通过围绕以下方面的职业发展框架来提高职业韧性：学习；采用健康/健身理念；对基准工作内容的定期复查，允许适当的职业发展所需的战略工作技能；发展未来的重点和职业自立的实践（Brown，1996）。通过这种方式，受教者积极融入关键的学习经验，以形成对他们有用的社会和心理结构（Bassot，2012）。

实　践

压力合同

大多数职业教练都是由那些面临即将到来的职业危机的人寻求的，这些危机来自与职业相关的突发事件（裁员、完成课程/雇佣合同或对现有工作越来越不满）。有限的时间、高度的模糊性和选择的复杂性，加上高风险（财务安全、地位和身份），都会对求助产生强烈的紧迫感和焦虑感。受教者也可能已经耗尽了他们自己的社会网络，如通常首先会寻求帮助的朋友和家人（Hughes & Graton，2009）。

在这一点上管理受教者的期望对于教练而言可能是一个挑战，尤其是在截止日期紧迫且只有少量会谈可用的情况下。这表明需要优先考虑，这是受教者可能没有选择做的事情。在这里，必须遵守工作合同以确保成功。职业教练提供的其他战略利益，如更高的自我意识、对生活中反复出现的主题的理解以及职业决策的不断改进，可能会随着真实情况的出现而成为探索的内容（Bimrose & Barnes，2006）。他们真的需要获得一份完美的工作吗？如果有的话，他们是否具备完成这份工作的技能？合同签订过程的一部分经常挑战"一洞一钉"特征匹配方法的幻觉。向受教者提供支持和挑战，让他们了解自己正在作出什么样的职业决策，以及这如何满足他们的背景和战略目标，这是教练服务的一部分。建立牢固的关系对建立安全和专业信誉至关重要，这是在这一探索中建立信任的基础。

关系与方向

与许多客户相比，职业教练的客户焦虑水平更高，因为其生计和个人身份可能受到威胁。因此，与受教者的处境有关，帮助他们理解呈现的问题，并在相关情况下规范这些问题，对于教练来说是非常重要的一步。

职业教练通常会提供更多教练性意见和反馈,以使受教者能够快速发展新技能(简历、面试、自我营销、管理政治、影响力等)。高效能的职业教练会做到这一点,以使客户能够快速学习并确保了解替代方案的范围。

教练需要对他们和受教者如何一起工作形成共识。通常,这可能涉及探索受教者如何最好地学习以及他们寻求的支持和挑战程度。通过了解他们解决招聘障碍的技能水平以及他们自己对工作的理解,教练可以弄清楚除了需要更具反思性的教练风格之外,还需要在何处提供意见和建议。

方框29.2列出了六个可以帮助你探索为什么职业教练对个人很重要的例子。

方框29.2 探索受教者的职业教练动机

(1) 受教者是在寻求"职业发展和有效工作"还是"关于职业和工作的学习"?(Andrews, 2013)

(2) 受教者是否在寻求:开始、发展、重新定位、多样化、维持或结束工作?

(3) 当前,近期和长期的职业理想之间存在何种程度的差距?

(4) 导致受教者陷入困境的关键因素是什么?(考虑机会结构理论、自我效能感和其他社会学习理论)命名问题本身的过程通常可以解锁并赋予"卡住"的客户权力。

(5) 哪些因素在推动变革需求?了解他们所嵌入的组织和家庭背景,寻找新的适当挑战、真实性或工作/生活平衡(万花筒理论)以及任何更广泛的生命阶段出现的转型。

(6) 工作在情感和概念层面上如何与他们的认同感相关?探索"你为什么工作"的问题和"对你意味着什么"以及"你想做什么工作"的理性和务实方面,或"需要做什么工作",让受教者更清楚地了解他们想从事的工作。

与其他形式的合同签订类似,职业教练协议通常包括以下方面:目标、形式和会谈次数,包括在紧迫的最后期限出现时的灵活性、作业、针对教练或职业咨询能力以外的任何问题的签名、开放的反馈意见和评估谈话/过程结果。要处理的主题领域的范围可能千差万别,表29.1列出了四个宽松的教练类别。

表 29.1 职业教练类别示例

教练类别	相关问题和干预措施
确定战略性"X"要素能力/资源	• 我天生擅长什么并能获得回报? • 我如何利用网络(社会资本资源)来帮助我提升自己的事业? • 我可以在对我来说很重要且长期稳定的市场中快速开发和利用具有公认价值的哪些功能,以便我可以快速进步?
真实性	• 我一生要去哪里?我不知所措,迷失了自己,失去了动力。这就是全部吗?我已经失去了对自我、价值和目标的意识。 • 对我而言,什么是心意和灵魂? • 我将成为谁:个人、团队成员、专业人士还是领导者? • 我如何重新获得工作/生活的平衡或有效地融合两者? • 我可以在哪里、如何以及与谁一起成长? • 我的标志性专业/领导风格是什么?我该如何在工作中利用它?
建议、计划、战略制定和决策	• 我如何研究选择方案,建立联系并创造机会? • 我如何通过社交媒体(领英等)展示我的品牌,写励志求职信、简历、申请表等? • 我如何在正式评估如面试、心理测验、评估中心等中表现出色? • 我如何(重新)协商达成一套交易,即进场/出场? • 我如何影响和协调他人以得到晋升和应对新责任? • 我需要什么计划和"垫脚石"才能将自己与未来的愿望联系起来? • 我如何在这些未来选择之间作出决定?
转型教练	• 我该如何建立信心和勇气来放开熟悉的事物并探索不确定的选择? • 我该如何应对专业挫折,例如,未能成功晋升,犯错,欺凌,政治"暗杀"或从裁员中恢复过来? • 我个人如何进行更改以满足角色、环境和其他人的需求? • 我如何适应不太理想的当前/未来情况,同时又朝着更美好的未来迈进? • 我该如何应对困难的经理和团队?

指导理论

尽管一系列的职业理论最初会让人感到难以接受,但它们提供了多种视角,帮助受教者理解和驾驭他们面临的复杂情况。表 29.2 提供了一些理论样本,哪些理论主导了你的方法?

表 29.2 教练理论

理　　论	带领职业教练去……
特征匹配	作为专家，测量、诊断和教练风格。
生活阶段发展、职业叙事、自我效能、建构主义、叙事理论和类似的社会学习模式	从人们如何看待自己的世界出发，在教练过程中探索自己的结构；直觉的重要性。
计划偶发事件与混沌理论	引导人们走向期望的角色，鼓励社会整合；或者鼓励人们摆脱传统角色，抓住机遇。
社区互动、机会结构与社会资本	促进和协调资源以提供新的经验。
职业学习与认知阶段发展	教育和激励受教者进行实验，随后进行学习反思和预测规划。

教练过程：现实考虑

职业生涯管理

作为职业教练，重要的是要代表客户明确维护战略职业管理观点。米切尔和克鲁姆博尔茨(1996)提供了四个基本趋势，人们在现代社会中作出职业选择时必须应对这些趋势（见方框 29.3）。作为职业教练，请考虑你的干预如何增强和维持客户的就业能力。

方框 29.3　四个基本就业能力趋势

(1) **人们需要扩大自己的能力和兴趣**：帮助个人探索更多可能会给自己带来的新机会，以改善现有和未来的工作角色。

(2) **人们需要为变化的工作任务做好准备**：学习改变劳动力市场的新技能可能会被认为是一种压力。通过对受教者的需求和未来旅程敏感的有效应对策略来培养韧性是很重要的。同样值得一提的是，人们在职业决策方面存在性别差异。女性更有可能继续担任一个职位，直到她们觉得自己已经充分利用了几乎100%的职能，然后才主动寻找新的机会。相比之下，许多男人往往会寻找新的机会，尽管只是刚刚开始一个职位。

> (3) **人们需要被赋予采取行动的权力**：在职业教练过程中探索限制因素和决定因素是确保采取行动的关键。西方的个人主义和世俗化的方法不一定会在我们不同的受教者中共享。例如，一个影响深远的印度文化遗产可能会使人们难以摆脱具有较高社会声望的职业（医生、牙医、律师和工程师）。那些来自中东地区的人可能更需要在大家族企业中工作，而大家族企业也有宗教结盟的要求。考虑到家人和朋友对职业决策的反应可能是一个重要因素，但在考虑不熟悉或不太可以接受的选择时，会推迟决策。
>
> (4) **职业教练需要扮演更广泛的角色**：职业教练可以与个人、他们的直线经理和其他组织代表（如人力资源部）合作，解决职业倦怠、建立强大的团队和同事关系、管理职业发展障碍以及在角色本身中提供高绩效等问题。我们常常忽视在更广阔的环境中进行教练对话的机会。

哪类受教者获益最多？

职业教练的最大好处似乎是针对知道自己想做什么的教练。然后，专注的变革型教练可以使受教者研究可能的事物以及他们如何影响或解决他们面临的变量。在这种情况下，教练的契约角色是共同制作的一部影片（Boyle & Mitchell, 2009），其中教练的经验与教练提供的专业知识之间的伙伴关系是在相互平等的基础上发展起来的。最好重视受教者的经验，并避免将自己定位为权威。

在较低的自我/就业市场意识或存在更深层次需求的地方，受教者通常会受益于教练、教育和变革性的职业培训，而不是技能或基于转型的培训。抛开修改简历或找一份新工作的紧迫性，可能是重要的期望管理。这可以让更多的时间用来探索关于生活目标、自我和工作身份以及建构叙事方式有关的心理问题，从而加深对话。但是，这不需要详尽的内省和咨询，因为重要的是确保受教者与人们一起探索就业市场。

案例研究

受教者

获得 MBA 学位后，约翰已在一家中型企业担任销售总监 4 个月了。此前，他曾在一家竞争对手公司担任过 4 年销售经理。这是他第一次担任高级管理职位，当新任 CEO 加入公司时，他正在重组销售队伍。关于企业在经济衰退的市场中应如何定位，约翰和 CEO 的看法存在根本差异，造成了两人之间关系的破裂。约翰在入职 7 个月内就离开了公司。

教练过程

约翰在最初的 45 分钟会谈中解释了他的情况。会议的保密性使人放心。他主要担忧的是其他雇主如何看待他的短期工作以及销售没有达标。对目标进行了探讨，然后在一份书面提案中总结了 3 个月内的 6 次教练课程。

教练目标

约翰寻求职业教练，以帮助他结束动荡的离任，重拾信心。他寻求帮助的方面包括：在建立人际关系网时定位自己的经验，并向新雇主提交简历，这样他们就不会认为他是一个失败的总监。他想从一家中型企业跳槽到一家大型企业，以渡过市场衰退期，并希望不再退回到销售经理的角色，因为这将被他的 MBA 群体看作是失败的标志。他还寻求下一个职位的入职支持，以便能够更有效地管理与高级利益相关者的关系，因为他知道，他善于分析和内向的偏好往往会被视为冷漠、孤僻或与他人疏远。这些都是他认识到的需要注意的领域，根据他的长期愿望，他想成功地成为一家企业的总经理或 CEO，以下是他的 6 次教练课程。

1. 结束和职业叙述

在讨论他离开公司时，约翰被鼓励运用自己的分析能力来研究事实的真相。他意识到这不是个人决定，实际上，新任 CEO 要求他离开是必然而合理的举动。但是，从他的角度看来，这样做毫不人道。我们讨论了谁应该对此负责，以及他在任职结束时的内疚和羞愧感。运用认知行为技术来促进释放他此次工作历史的负面影响，并设置了作业。

约翰受邀绘制并阐明他的职业叙事生命线，并将其延伸到未来。这有助于使他的处境正常化，并允许讨论他在遇到先前的挫折时使用了哪些资源（机会结构理论/社会资本）。识别关键的模式很有帮助，例如，在寻找多样性的同时，将相关的人、地点、变化的节奏和事件联系起来。由于他寻求工作的多样化和快节奏，所以在受到随机事件（偶发事件）影响时就会频繁地换工作。

我们在会议结束时指出，其核心的职业叙述仍然是一个深植于旧背景中的故事，离职是一个时期的结束。约翰在家庭作业中面临的挑战是书写下一章，这将在第二次教练课程之后完成。

2. 个人探索

我们讨论了他在工作场中表现最好的积极和充满活力的部分，这涉及优势的确定、动机驱动因素、个性[使用他最近的 MBA Myers Briggs 类型指标（MBTI）和 FIRO B 以及以前的 360 反馈和评估报告中的心理测量结果]、价值观（Schien 的职业锚）、关键技能和兴趣。此外，还提供了进一步的家庭作业，以培养他对有意义的工作的认识，并在他的职业生涯叙述中撰写下一章。

3. 回顾和外部探索

在回顾了最初会议的信息模式后，约翰意识到了自主性的重要性，并且意识到他的分析能力将适合顾问的职责。我们探讨了他的年龄、背景和人脉，并将其与典型的管理咨询机构的风格进行了比较。约翰的作业是与一系列管理顾问和独立企业主交谈，以探讨他对作为企业家（幸福与社会资本）进行经营的兴趣。

我们讨论了人际网络的促成因素和局限性，特别是侧重于建立自信（自我效能感）以有效参与他的这一研究阶段。

4. 品牌

在约翰继续研究可能的选择的同时，我们讨论了如何向招聘顾问和雇主阐明他的职业经历。由于在撰写求职信、定制简历和 LinkedIn 个人资料方面经验有限,因此提供了指导性输入。布置了家庭作业,并经常对这些材料提供反馈以提高效果。

约翰从就业市场获得反馈,由于经济形势衰退,很少有销售总监的职位空缺,且他在这一级别的工作经验有限,这意味着他没有那么有吸引力。

在审查了自己的资源(社会资本)后,约翰决定发展自己,并利用自己的人脉,获得了一份专注于审查销售团队战略的业务。约翰在一家大公司获得了面试机会,这家大公司是他以前公司的竞争对手。

5. 面试技巧

在进行了带有反馈和演示培训的模拟面试后,约翰获得了短期咨询服务。这满足了约翰对经济报酬、多样性和自主性的渴望,也使他获得了工作/生活的平衡(万花筒),这就是他拒绝加入一家全国性管理咨询公司的原因之一。

6. 转型

在担任短期顾问职位后,约翰参与了进一步的教练,以支持他与企业中高级利益相关者的关系。我们的谈话着重于欣赏多样性并建立他的信心以变得更加开放。这样,约翰在与他人的互动中会展现出更多的热情。

每次会谈后,约翰都会被邀请反思哪些对他有效,哪些对他无效,以增强教练和学习过程。约翰随后回来接受进一步的教练,以培养他的领导力,希望未来能获得销售总监一职。

结 论

本案例研究强调了在个人思考与探索可用的社会资源之间保持平衡以及对最初未考虑的就业形式开放的重要性。建立自我效能感以及对自己的品牌进行强有力的叙述的重要性,都对约翰的成功起到了重要作用,尤其是在最初的短期教练工作中。可以使用其他练习或方法来提出关键模式和主题,并为就业建立一个案例。最初的 3 个月合同延长了不止一次。2 年后,约翰实现了销售总监的职业目标。

讨论要点

1. 你如何避免被受教者的焦虑感染，以明确的教练需求来签订合同？

2. 根据你的教练过程和理论方法，你为你的受教者创造了什么样的实验来检验假设并利用偶然的机会？你会做哪些不同的准备，让你的受教者把这样的遭遇转化为有意义的机会？

3. 什么限制了你的受教者参与行动？你如何关注重要他人的社会观点，并在家庭作业行动计划中建立信心（职业自我效能感）？

4. 本章介绍的约翰案例如何适用于你自己的方法？有什么能证明或挑战你目前作为职业教练的工作方式？

推荐阅读

Dickmann, M., & Baruch, Y. (2010). *Global careers*. Abingdon, Oxon: Routledge.
Barach, Y. (2004). *Managing careers: Theory and practice*. Harlow, Essex: FT Prentice Hall.
Hoffman, R., & Casnocha, B. (2012). *The start-up of you: Adapt to the future, invest in yourself, and transform your career*. London: Random House Business.
Ibarra, H. (2004). *Working identity: Unconventional strategies for reinventing your career*. Boston, MA: Harvard Business School Press Books.

参考文献

Andrews, D. (2013). The future of careers work in schools in England: What are the options? Self published whitepaper.
Arthur, M. (1994). The boundaryless career: a new perspective for organizational inquiry. *Journal of Organizational Behaviour*, 15, pp. 295–306.
Ashforth, B. E., & Mael, F. (1989). Social identity theory and the organization. *Academy of Management Review*, 14(1), pp. 20–39.
Bandura, A. (1997). *Self efficacy: The exercise of control*. New York: W.H. Freeman and Company.
Bassot, B. (2012). Career learning and development: A social constructivist model for the twenty first century. *International Journal for Educational and Vocational Guidance*, 12(1), pp. 31–42.
Bimrose, J., & Barnes, S.-A. (2006). Is career guidance effective? Evidence from a longitudinal study in England. *Australian Journal of Career Development*, 15(2), pp. 19–25, pp. 1038–4162.
Boyle, B., & Mitchell, R. (2009). Knowledge creation measurement methods. *Journal of knowledge management*, 14 (1), pp. 67–82.
Bridgstock, R (2009). The graduate attributes we've overlooked: Enhancing graduate employability through career management skills. *Higher Education Research and Development*, 28(1), pp. 31–44.
Brown, B. L. (1996). Career resilience. *Education Reform Information Centre Digest*, 178, pp. 1–6.
Gleyic, J. (1987). *Chaos: Making a new science*. London: Cardinal. pp. 17.
Hall, D. T. (1976). *Careers in organizations*. Glenview, IL: Scott, Foresman.
Hall, D. T. (2002). *Protean careers in and out of organizations*. Thousand Oaks, CA: Sage Publications.

Hodkinson, P. (2008). Understanding career decision-making and progression: Careers hip revisited. John Killeen Memorial Lecture, 16 October, CRAC/NICEC, London.
Holland, J. L. (1959). A theory of vocational choice. *Journal of Counseling Psychology*, 6(1), 35–45.
Holland, J. (1996). Exploring careers with a typology: What we have learned and some new directions. *American Psychologist*, 51(4), pp. 397–406.
Hughes, D., & Graton, G. (2009). *A Literature review of research on the impact of careers and guidance-related interventions.* Reading: Cabot Education Trust.
Ibarra, H. (2002). How to stay stuck in the wrong career. *Harvard Business Review*, 80(12), pp. 40–48.
Krumboltz, J. D., Mitchell, A. M., & Jones, G. B. (1976). A social learning theory of career selection. *The Counseling Psychologist*, 6(1), pp. 71–81.
Krumboltz, J. D., & Nichols, C. W. (1990). Integrating the social learning theory of career decision making. In W. B. Walsh & S. H. Osipow (Eds.), *Career Counseling: Contemporary Topics in Vocational Psychology* (pp. 159–192). Hillsdale, NJ, US: Lawrence Erlbaum Associates, Inc.
Krumboltz, J. D. (2009). The happenstance learning theory. *Journal of Career Assessment*; 17, p. 135.
Mainiero, L. A., & Sullivan, S. E. (2005). Kaleidoscope careers: An alternate explanation for the "opt-out" revolution. *The Academy of Management Executive*, 19(1), pp. 106–123.
McArdle, S., Waters, L., Briscoe, J. P., & Hall, D. T. (2007). Employability during unemployment: Adaptability, career identity and human and social capital. *Journal of Vocational Behaviour*, 71(2), pp. 247–264.
McGregor, I., & Little, B. R. (1998). Personal projects, happiness, and meaning: On doing well and being yourself. *Journal of Personality and Social Psychology*, 74(2), pp. 494–512.
Mitchell, L.K., & Krumboltz, J.D. (1996). 'Krumboltz's learning theory of career choice and counseling'. In Brown, D., Brooks, L., & Associates (Eds.), *Career Choice and Development* (3rd ed., pp. 223–280), San Francisco, CA: Jossey Bass.
Parsons, F. (1909). *Choosing a Vocation.* Boston, MAS: Houghton, Mifflin and Company.
Roberts, K. (1968). The entry into employment: An approach towards a general theory. *Sociological Review*, 16(2), pp. 165–184.
Savickas, M. L. (2005). The theory and practice of career construction. In Brown, S. D. & Lent, R. W. (eds.) *Career development and counseling: Putting theory and research to work.* New Jersey: John Wiley, & Sons, pp. 42–70.
Seibert, S. E., Kraimer, M. L., & Liden, R. D. (2001). A social capital theory of career success. *Academy of Management Journal*, 44(2), pp. 219–237.
Super, D. E. (1990). A life-span, life-space, approach to career development. In D. Brown & L. Brooks (Eds.), *Career choice and development.* San Francisco, CA: JosseyBass.
Tinsley, H. E. A. (2000). The congruence myth: An analysis of the efficacy of the personal-environment fit model. *Journal of Vocational Behavior*, 56(2), pp. 147–179.
Watts, A. G. (2009). *Career development learning and employability.* York: The Higher Education Academy.
Whitbourne, S. K. (2012). *The me I know: A study of adult identity.* New York: Springer-Verlag New York Science & Business Media.
Whitbourne, S. K. (2015). Identity centrality and psychosocial functioning: A person-centered approach A Meca, RA Ritchie, W Beyers, SJ Schwartz… - Emerging Adulthood. *Journal of Emerging Adulthood*, 3(5), pp. 327–339.
Zunker, V. G. (2002). *Career counseling: Applied concepts of life planning* (6th ed.). Pacific Grove, CA: Brooks/Cole.

第三十章 压力、复原力、健康和幸福教练

海伦·威廉姆斯、斯蒂芬·帕尔默和克里斯蒂娜·吉伦斯特
(Helen Williams, Stephen Palmer, & Kristina Gyllensten)

引 言

压力、复原力、健康和幸福教练被描述为专业或利基教练领域,其共同目标是帮助受教者实现与健康相关的目标(Palmer, Tubbs, & Whybrow, 2003; Palmer, 2004)。教练心理学对这一领域有重大贡献。以心理学理论和模式为基础的传统健康教育方法,增加了个人实现并保持预期变化的可能性(Palmer et al., 2003; Wolever et al., 2013)。

本章旨在概述教练心理在压力、复原力、健康和幸福教练中的作用,主要侧重于焦点解决的认知行为(SF-CB)方法,并通过案例研究突出说明 SF-CB 模型的作用有效地适应了这种情况。

压力、复原力、健康和幸福教练的发展

压力会影响人们的生活质量、人际关系和工作能力(Palmer & Cooper, 2013)。这促进了教练的发展,以帮助受教者预防或解决压力和提高绩效(Gyllensten & Palmer, 2012)。

生活方式造成的疾病给全球卫生保健系统带来越来越高的成本,并导致当前健康和幸福教练的发展和交付(Palmer, 2004; Palmer, 2012a, 2012b; Wolever et al., 2013; Moore & Jackson, 2014)。与缺乏运动、饮食、体重和压力管理相关的不健康行为会导致患病、压力和慢性病的风险(Moore & Jackson, 2014)。另一方面,已经发现积极的心理健康与较低的死亡率和降低的心血管死亡率有关(Chida & Steptoe, 2008)。

研究和实践中越来越多的证据表明，教练是在压力管理和复原力以及更广泛的健康和幸福领域的有效干预措施（Palmer et al., 2003；Gyllensten & Palmer, 2005；Butterworth, Linden, McClay, & Leo, 2006；Gyllensten & Palmer, 2012；Moore & Jackson, 2014）。在此健康教练环境中使用的许多教练模型均源自其各自的治疗方法，如焦点解决和认知行为（Neenan & Palmer, 2012；O'Connell, Palmer, & Williams, 2012；Grbcic & Palmer, 2007）以及动机访谈（Miller & Rollnick, 2002, 2009, 2012；Palmer, 2012b）。

理论和基础概念

作为概念以及在教练环境中提出的话题，压力和复原力自然而然地相伴而行，健康与幸福也是如此。

压　力

理查德·拉撒路（Richard Lazarus）提出，压力是需求与资源之间不平衡的结果（Lazarus & Folkman, 1984）。一个简单的认知描述是"当感知压力超过感知应对能力时，就会产生压力"（Palmer, Cooper, & Thomas, 2003）。在这方面，"我们对事件的意义（态度和信仰），而不是事件本身，在很大程度上决定了我们对事件的反应"（Neenan, 2018）。在作者与寻求压力咨询或教练的人相处的经验中，往往是问题或事件的结合起到了平衡作用。

复原力

复原力一词来自拉丁词 *resilire*，意为"向后跳"或"反弹"。目前尚无公认的通用复原力定义（Palmer & Gyllensten, 2015）。鲁塔尔、奇切蒂和贝克尔（Luthar, Cicchetti, & Becker, 2000）断言"复原力是指在重大逆境中积极适应的动态过程"。在教练的背景下，尼南（Neenan, 2018）提倡使用"从……回来"一词来代替"反弹"，因为当复原力较低时，复原更多的是一个需要时间和努力的渐进过程，并通过使用外部支持和内部资源来恢复。

健康和幸福

世界卫生组织(WHO, 2001)的愿景是将健康作为一种最佳的身体、心理和社会幸福的完整状态,而不仅仅是没有疾病。WHO 扩大了完全最佳状态的定义,将其定义为"个人实现能力、能够应付正常生活压力、富有成效地工作并为其社区作出贡献的幸福状态"(WHO, 2004)。

2005 年对幸福有关文献的回顾表明,幸福概念具有巨大的潜力,将有助于健康促进的不同领域结合在一起(de Chavez, Backett-Milburn, Parry, & Platt, 2005)。

理论观点

我们的目的是概述与压力、复原力、健康和幸福教练相关的一些理论观点。更详细的理论说明,请参阅本手册的相关章节。

跨理论变化模型

普罗查斯卡和迪克莱门特(Prochaska & DiClemente, 1983, 1998)的跨理论变化模型描述了个体如何经历或陷入变化周期的各个阶段,从预先模板化——模板化——计划/决策——行动——维护,然后在某些情况下又复发。该模型特别适用于理解受教者的动机状态和改变的意愿,因此它可以为动机性访谈方法提供信息(更全面的解释见第十一章和表 11.1)。

班杜拉(Bandura, 1977)的社会认知理论强调了自我效能感的重要性,即个体认为自己即使有障碍也能够实现目标或执行特定行为的程度。教练可以使用许多策略和技术来提高自我效能感,包括行动计划、可实现的小步骤的实施、认知/想象应对技术和动机性访谈技术。

计划行为理论是由阿赞(Ajzen, 1985)提出的,它与健康和幸福教练有关。它断言一个人的行为在很大程度上取决于执行该行为的意图或动机。健康教练可以使用多种干预措施来提高自我效能感,包括动机性访谈、可实现的小步骤的实施以及认知/想象应对技术。

焦点解决方法

焦点解决方法由史蒂夫·德·沙泽尔（Steve de Shazer），茵素·金·伯格（Insoo Kim Berg）及其同事在20世纪70年代后期（de Shazer，1984）开发，起源于简短的家庭治疗。焦点解决的治疗和教练将每个人都视为一个熟练的问题解决者，并提倡人们相信，如果人们利用自己的资源和解决方案，他们更有可能实现并保持行为改变（O'Connell et al.，2012）。焦点解决方法的核心是一组原则，包括与人而非问题一起工作，提出问题而不是提供答案，突出优势和资源，并意识到实现重大改变的小步骤（O'Connell et al.，2012）。

目标设定、自我效能感和问题解决框架

目标设定理论最初是由洛克（Locke，1968），洛克和莱瑟姆（Locke & Latham）（Locke, Shaw, Saari, & Latham, 1981; Locke & Latham, 1984）提出的，他们强调了目标的重要性，即明确、可实现和设定在正确的难度水平。班杜拉将自我效能感的概念定义为"一个人的感知能力和努力分配的意图"（Bandura，1977），也被并入了目标设定模型中，作为目标接受和承诺的重要决定因素（Locke & Latham，1990）。随后的两阶段目标设定理论假设：首先，个人根据结果价值和期望形成他们的选择或意图；其次，形成他们的承诺，评估由个人和情况限制决定的当前行动可行性（Heckhausen & Kahl, 1985; Corno & Kanfer, 1993; Gollwitzer, 1990）。

问题解决和寻求解决方案的框架（如PRACTICE）（Palmer，2007，2011）为压力、复原力、健康和幸福教练的目标设定阶段提供了有用的结构。PRACTICE框架可以围绕以下七个步骤进行讨论：问题识别、现实和相关目标的制定、替代解决方案的生成、后果的考虑、最可行解决方案的目标确定、选定的解决方案的实施，以及评估（Palmer，2007）。

理性的情绪和认知行为理论

理性的情绪和认知行为理论提出，我们的思维方式在很大程度上决定了我们对事件作出反应的方式。在一段时间内经常重复的认知、态度和规则可能会根深蒂固。这些想法和信念对个人追求与健康相关的行为目标可能是有益的、中性的或无益的，因

此可能诱发压力,破坏复原力或抑制健康行为(Palmer,2003;Palmer et al.,2003;Palmer,2012c,2012d)。例如,尼南(Neenan,2018)指出了破坏复原力的几种无益态度,如"这不是我的错""我是个失败的人"和"我永远都不会克服它",并替代了认知行为优势(如自信心),自我接纳并寻求他人的支持(Neenan,2018)。认知行为和理性情感教练可以帮助受教者识别压力源并制定持久变革的策略(Gyllensten & Palmer,2012;Palmer & Gyllensten,2008)。

理查德·拉扎鲁斯(Richard Lazarus)开发了"压力的交互理论"(Lazarus & Folkman,1984),该理论关注人与环境之间的相互作用以及对它的认知、情感和行为反应。压力反应取决于个人对压力源及其应对压力源的个人资源(心理、社会或文化)的评估(Montao & Kasprzyk,2008)。考克斯(Cox,1978)开发了一个五阶段的职业压力交互模型,而帕尔默和戴登(Palmer & Dryden,1994)开发了一种多模态交互理论来支撑多模态方法,该方法结合了BASIC ID框架(见下文)。

鲁特(Rutter,1985)描述了"保护性因素",这些因素使个人在逆境中具有复原力,包括个人素质,他们如何认识性地评估处境以及如何与他人互动。例如,翁、贝尔格曼、比斯孔蒂和沃莱斯(Ong, Bergeman, Bisconti, & Wallace,2006)发现,每天的积极情绪有助于减轻人对压力的反应并调节恢复过程。同样,灵活的思维而不是持有固定的观点可以使人更容易适应(Neenan,2018)。李(Lee)及其同事(2013)在对33项心理复原力研究的荟萃分析中发现,保护因素对复原力的影响最大,远大于风险和人口因素。

ABCDEF模型(Ellis, Gordan, Neenan, & Palmer,1997)是理性情绪行为和认知行为方法的基础,它鼓励受教者先确定促发事件、信念和后果,然后再讨论或辩论这些信念以产生有效的新方法。最后,重点是从这个过程中学到的东西(Palmer & Cooper,2013)。在健康教练中,ABC还可以致力于行为而不是信念,因此"B"成为"行为"(Mitchie et al.,2008)。其他认知行为教练模型包括SPACE模型(Edgerton & Palmer,2005;请参阅第九章):社交环境、身体反应、行动或不作为、认知和情感。

多模式疗法(Lazarus,1973,1989)和教练模型(Palmer,2008b)的基础是社会和认知学习理论(Bandura,1977,1986)和多模式应激交互理论(Palmer & Dryden,1994)。健康教练对话的重点是七个模式:行为、情感、感觉、意象、认知、人际关系和药物/生理，缩写为 BASIC ID（Lazarus，1973；Palmer，2008b，2012a；Palmer，Cooper，& Thomas，2013）。例如，寻求改变饮食的个人可能会意识到他们的努力受到疲劳、负面情绪的影响以及对自己改变能力缺乏信心的阻碍。通过识别情绪、行为、想象、生理因素以及认知因素，可以帮助个体进行多次累积性的改变，以提高表现、增进幸福感和/或预防压力（Palmer，2008b）。

CLARITY 教练模型（Williams & Palmer，2010）是对其他广泛使用和公认的理性情绪和认知行为模型（Ellis et al.，1997；Edgerton & Palmer，2005）的改编。每个字母代表一个不同的探索领域，即背景、生活事件、行动/不作为、反应（生理和情感）、意象/身份、思想和未来选择。在讨论的第一阶段，教练和受教者探索正在发生的事情，捕获有用/较无用的认知，识别造成最大困难或担忧的是什么，并评估相关情绪状态的强度。在讨论的第二阶段，教练使用苏格拉底提问和其他焦点解决认知行为教练技术，以挑战不太有用的想法、图像和行为，并产生替代方案。可以向受教者提供 CLARITY 模型模板，以记录他们在整个教练对话中的观察结果。

积极心理学

积极心理学源于马丁·塞利格曼（Martin Seligman，1999）的研究，被描述为人类最佳机能的研究，并考虑了诸如幸福、智慧、创造力和人类力量等主题（Linley & Harrington，2007）。在这方面，积极心理学的理论和概念对压力、复原力、健康和幸福教练具有重要意义。积极心理学致力于将个人视为一个整体，把关注的重点放在优势、积极行为和目标上（Boniwell，Kauffman，& Silberman，2014）。

生态心理学

人们越来越担心人类社会与自然世界之间的脱节会对健康和幸福产生负面影响（Berger & McLeod，2006）。同样，越来越多的研究表明，无论是在城市绿色环境中还是在乡村中散步，暴露于大自然可以降低压力水平并增强自尊、健康和幸福（Brown，Barton，& Gladwell，2013；Crust，Henderson，& Middleton，2013；Marselle，Irvine，& Warber，2014；O'Donovan，2015），观看自然风光的照片（Brown，Barton，Pretty，& Gladwell，2012），做园艺（Van den Berg & Custers，2011）或锻炼（Gladwell，Brown，

Wood, Sandercock, & Barton, 2013; Duncan et al., 2014)。此外, 在工作中进入户外环境,可以增强人们感知到的幸福感, 减少工作场所的压力水平(Lottrup, Grahn, & Stigsdotter, 2013)。

随着人们认识到自然的重要性及其在健康和幸福教育中的作用, 生态心理学的研究和实践正逐渐成为咨询心理学、积极心理学和教练心理学研究的领域(Palmer, 2015; Totton, 2003; Berger & McLeod, 2006)。多模式幸福教练模型有助于讨论受教者如何从自然界中受益并利用自然实现其与健康相关的目标(Palmer, 2008b)。伯格和麦克劳德(Berger & McLeod, 2006)讨论了将自然纳入治疗的优点, 鼓励治疗师"敞开大门"并在自然界中进行治疗。在这方面, 教练也可以考虑自然因素有助于教练课程的方式, 例如, 在教练会谈室放置自然场景的图片, 边散步边教练, 等等。

实 践

压力、复原力、健康和幸福教练的基本目标是"提高个人生活和工作领域的幸福和绩效"(Grant & Palmer, 2002)。从健康教育的角度来看, 教练的目的是通过以心理模型为基础来补充和增强教育方法。例如, 在目标设定阶段使用教练会促进一种便利性而非教练的方式, 确保个人确定并选择自己的优先目标, 并最大限度地提高对行动和行为改变的承诺水平(Simmons & Wolever, 2013)。

策 略

对于任何压力、复原力、健康和幸福教练课程而言, 最重要的策略也许是衡量个人的动机状态, 对所讨论的问题或目标的态度以及是否愿意改变, 因为这是教练干预最适当的起点(Gale, 2012)。如果个人处于变更模型的"预想"或"沉思"阶段(Prochaska & DiClemente, 1983; DiClemente & Prochaska, 1998), 那么动机访谈技术将有助于促进改变的准备度。如果个人处于计划或行动阶段, 他们可能已经准备好参与以解决方案为重点的目标设定。目标信心可以使用准备改变量表进行评估, 根据该量表, 个人对自己的评价为 0 到 10, 其中 0 表示"根本不想改变", 10 表示个人"已经作出了改变"(Palmer, 2012c)。在确定行为改变的行动、认知或情感障碍时, 认知行为技术可用于挑战这些无用的想法和行动,并产生替代方案。

教练的一种多模式方法提供了个人的认知、行为、情感和生理症状以及对压力和健康问题的反应。多点行动还有助于最大程度地提高持续的行为或心理变化的可能性。另一方面,旨在帮助个人维持变革的策略是知识转移,透明地分享教练模式、工具和技术,使个人能够内化这些见解,并有效地成为自己的教练。

典型流程

帕尔默(Palmer, 2012b)描述了与健康相关的典型教练课程的各个阶段:

1. 与受教者联系,了解他们的状况。
2. 共同制定本次会谈的议程(例如,制定与健康相关的目标和行动计划)。
3. 反馈并链接到上次会谈,审查进度和任何曾布置的任务。
4. 讨论议程项目。
5. 协作制定与教练目标相关的课程间作业(例如,参加体育活动,每天走5000步)。
6. 在会谈结束时寻求有关会谈的反馈。

在6—12个月的时间里,可能会有多达6个会谈。但是,这可能会根据提出的问题和/或商定的目标数量而有所不同。

技　术

在以下部分中,我们总结了从上述理论观点和模型开发的一些技术,这些技术可能在压力、复原力、健康和幸福教练的背景下发挥作用。

测量工具

各种各样的测量和心理教育工具可用来评估压力、复原力、健康和幸福。帕尔默和库珀(2013)在他们的自我教练著作《如何应对压力》(*How to Deal with Stress*)中提供了广泛的心理教育问卷,可用于健康和幸福教练。压力测量工具包括抑郁、焦虑和压力量表(DASS)(Lovibond & Lovibond, 1995)和组织压力筛选工具(ASSET)(Cartwright & Cooper, 2002)。视觉技(如压力图)、使用1—10分制主观评分,可用于评估个人、团队或家庭的主观压力水平(Palmer, 1990)。iResilience工具致力于信心、适应性、目标性和社会支持的需求，可在线免费获得（请参阅：www.robertsoncooper.com/iresilience/）。主观幸福感测量包括对生活的满意度量表（Diener，Emmons，Larsen，& Griffin，1985）。查理曼-巴达尔、李、巴特勒和弗雷泽（Charlemagne-Badal，Lee，Butler，& Fraser，2015）对幸福工具进行了有意义的回顾。

正　念

正念涉及将注意力集中在当下，提高意识并接受事物如其所是（Kabat-Zinn，1994）。正念的基本原则包括有目的的注意、此刻存在、非判断性的自我观察、对事物的欣赏和正念行为（Kabat-Zinn，1994）。基于正念减压（MBSR）计划可以减轻压力并改善生活质量（Grossman，Niemann，Schmidt，& Walach，2004），并可以提高自我接纳感和幸福感（Ivtzan，Gardner，& Smailova，2011）。

以认知行为解决方案为中心的教练之前进行正念训练有助于实现健康目标（Spence，Cavanagh，& Grant，2008）。此外，教练可能会考虑正念练习如何提高自己作为教练的表现（Passmore & Marianetti，2013）。

可能有助于将个人注意力集中在与健康相关目标上的正念技巧包括呼吸练习（Kabat-Zinn，1994）、非判断性自我观察、日常正念注意力练习、新奇感检测（Langer，2009）以及瑜伽和步行等体育活动（O'Connell et al.，2012）。有许多有用的出版物教授正念，包括《健康正念》（*Mindfulness for Health*）（Burch & Penman，2013）和《正念行走》（*Mindful Walking*）（O'Donovan，2015）。

动机访谈技巧

米勒和罗尼克（Miller & Rollnick，2009）将动机访谈描述为"一种以人为中心的协作形式，引导人们激发和加强变革的动力"。动机访谈（MI）的四项一般原则适合于促进健康行为的目的，即表达同理心、发展差异、克服阻力和支持自我效能感。在MI中，教练使用OARS原则（开放性问题、肯定、反应性聆听和总结）来倾听"关于改变的对话"并定位其重要性（Palmer，2012a）。

动机在健康和幸福教练中尤为重要，因为对改变所要采取的行动的矛盾心理在健康相关目标中并不少见，在这些情况下，MI可用于在制定行动目标和计划之前建立动机。MI 教练的角色是"帮助客户说服自己改变"(Palmer, 2012a)。动机式访谈被发现是改变健康行为(如饮食和锻炼)的有效干预措施(Martins & McNeil, 2009)。它也是以解决方案为中心的健康指导认知行为方法(Gale, 2012)和综合健康指导方法(Simmons & Wolver, 2013)的一部分。(有关 MI 的更深入解释,请参见第十一章。)

焦点解决方案

在幸福教练的背景下,可以有效地使用几种焦点解决的技术,包括注意过去的成功、突出优势、注意变化和制定小的下一步行动(Palmer, 2012c; O'Connell et al., 2012)。焦点解决教练的核心原则在健康教练方面非常适用:保持教练尽可能简单;做一些不同的事情;如果无效,那就停止;如果有效,那就继续;如果它没有损坏,请不要对其进行修复(O'Connell, 2001)。奇迹问题(de Shazer, 1988)也可能有助于解决问题的教练工作,他们问:"想象一下,当您睡着一晚上,奇迹就发生了,而我们一直在讨论的问题就消失了。当您睡着时,您不知道发生了奇迹。当你醒来时,什么会是你发现的第一个奇迹发生的迹象?"(de Shazer, 1988; O'Connell et al., 2012)。

认知行为方法

在认知行为健康教练中,鼓励受教者记录他们的压力诱导思想(SITS)和压力缓解思想(SATS)(Palmer, 2003),复原力削弱思想(RUTS)和复原力增强思想(RETS)(Palmer, 2013)或健康抑制思想(HITS)和健康增强思想(HETS)(Palmer, Tubbs, & Whybrow, 2003; Palmer, 2012c)。

HIT 的示例,以及经过讨论进行修改后,其对应的 HET 的示例如下(Palmer et al., 2003: 92)。

(1) HIT:锻炼会使我出汗,所以对我不利。HET:出汗不是一种愉快的感觉,但我知道这对我有好处,因为它可以将所有废物排出体外,使能量更好地流动。

(2) HIT:我必须吃点东西来阻止我难过。HET:我允许自己难过,但是我为什么感到难过? 我可以做到这一点而不必暴饮暴食。

(3) HIT:我受不了这种痛苦。我需要更多药物。HET:这种疼痛有时很严重,但我可以忍受。我的生活证明我能忍受。当我深呼吸或分散注意力时,疼痛会减轻。

(4) HIT：我离开时必须得到处方，否则他们会认为我是假生病。HET：我需要医生承认我的感觉是真实的。

或者，教练可以鼓励个人探索其健康抑制行为（HIBS）和现有或潜在的健康增强行为（HEBS）（Palmer，2012d）。

意象探索是一种进一步的认知行为教练方法，在健康教练环境中可能有用，使个体意识到无用的意象并发展出更有建设性的意象。图像技术包括最终目标意象、掌握意象、排练意象和应对意象（Palmer，2008a）以及复原力增强意象（Palmer，2013）。

多模式方法

BASIC ID 多模式框架特别适合教练与健康相关的目标，为探索生理干预措施提供了机会，如呼吸、放松锻炼和饮食改变以及认知、情感和行为干预（Palmer，2008b）。

教练和受教者共同开发一个模式概要，该模式概要可以预先绘制在 Word 文档上，在文档上画三个空白表格，该文档包括 BASIC ID 方式的相关项目或问题，并开发可能干预措施。举例如下（Palmer et al.，2013）：

行为：用餐时抽烟。　　　　　　　　从公寓中取走香烟、烟灰缸和打火机。
影响：不吸烟时容易被激怒，很快会生气。处于压力状态时缓慢呼吸。

多模式自我教练书籍（Palmer et al.，2003）可用于支持教练过程。

哪类受教者获益最多？

压力、复原力、健康和幸福教练干预措施在个人和团体层面上都有效（Wolfe, Parker, & Napier, 1994; Parks & Steelman, 2008; Schmitt, 2008; van Daele, Hermans, van Audenhove, & van den Bergh, 2012），可以通过提供书面信息的自找教练手册等知识共享工具在更广泛的组织中传播（Grbcic & Palmer, 2007）。对于青少年人群，动机访谈（Martins & McNeil, 2009; Flattum, Friend, Neumark-Sztainer, & Story, 2009）和焦点解决教练（Green, Grant, & Rynsaardt, 2007）被认为是有效的。在工作场所和更广泛的生活教练环境中，成人都使用了幸福教练（Palmer et al., 2003; Butterworth et al., 2006; Olsen & Nesbitt, 2010）。

案例研究

以下案例研究(Williams & Palmer, 2018)展示了以解决方案为中心的认知行为教练如何帮助受教者管理压力和焦虑,并提高其整体幸福感。

受教者

在会议期间,受教者担心有必要向大型企业听众发表演讲。她焦虑于无法在演讲时表现得值得信赖,这种预期让她心烦意乱,让她晚上睡不着觉,越来越让她感到恐惧。评估受教者的动机状态发现,很明显她正处于变革的计划和行动阶段。

教练过程

受教者将她的目标定义为在发表正式演讲时建立更积极的心态,以及管理生理和情绪反应来增强自信心。教练分享了一个CLARITY模型模板(Williams & Palmer, 2010),用作讨论的框架:

教练:您能告诉我更多有关即将到来的演讲的信息吗?

受教者:这将吸引大量的外来观众,并且会非常正式。这种情况的严重性使我感到恶心,现在我可以感觉到自己在忐忑不安了!

教练:把那些话写下来……您可以在"生理反应"下感受到忐忑不安的感觉。您说过这种情况的严重性——它有多大?

受教者:当您听到这些话时,当然不是很大。实际上,这是一个相对简短的演讲,只有10分钟,我的老板会在那儿,内容没有争议,因此应该不会引起棘手的问题。

教练:这些都是您面临的挑战——在下一节中请注意这些替代观点。

随后对情况的探索突出显示了关键表现抑制思想(PIT)和负面形象,似乎触发了受教者的压力反应。

教练:当您想到演讲时还会发生什么?也许您现在就可以进入那一刻……

受教者：我想象从将要面对屏幕的座位上站起来……我想象着站起来转身面对观众，然后——哎呀——天哪。

教练：好。让我们记录一下……所以，您深吸了一口气。

受教者：是的，非常恐惧。

教练：那一刻还发生了什么？

受教者：我可以感觉到我的嘴干了，手感觉有点出汗和摇晃……我想我必须讲话，而由于我感到紧张，很难正确地说出这些话。我担心其他人会发现我很紧张，这会使我更加紧张……也许那时我认为我失败了，每个人都一定认为我的工作没希望了。

教练：一定要写下来这些想法和意向。

受教：我确实害怕失败，这是我生活中的一大障碍。我只想做我擅长的事情。如果我认为我会失败，我宁愿不去尝试。这是我的自然反应。总是想把每件事都做好，做到完美，做到最好。

教练和受教者讨论了完美主义及其对受教者的成因和利弊。受教者认为，完美主义从小就一直是她的特质，有时确实会对她的整体健康造成负面影响。教练引入了灵活的思维和"足够好"的概念，并克服了她的最初阻力，受教者利用这些概念来应对即将来临的演讲中的焦虑和期望。

在对情况的所有方面进行探索之后，教练和受教者退后一步来确定并挑战造成最大困难和困扰的原因：

受教者：有时候，如果我真的很紧张，我的呼吸会受到影响，然后我就不得不咽口水……并且我的声音受到影响。这实际上是我最大的担心——人们能够发现我的声音很紧张……这是不可能挽救的。如果我到了那种感觉紧张的地步，我的声音有点颤抖，或者，我担心我会在错误的时间咽口水，或者很明显，那么一切都结束了。如果我在想的话，我说话的时候就无法恢复常态。

教练：所以，如果那种声音响起，那就结束了。从中恢复是不可能的……（温柔地微笑）您可能想挑战一下。

受教者：是这样的！

教练：让我们想象一下你确实破声了。但如果这种认为如果一切都结束了的信念不成立，那会发生什么呢？

受教者：可能发生的最好的事情就是我忘记了这件事，深吸了一口气，继续做下去，做得很好，表情更丰富。感觉更放松。我可能会呼吸更正常，故意说得更自信和优雅。这与相信我说的话很有趣有关，因为这样做更容易，因为你确信他们他们确实想听你要说的话。

教练：太好了。您是否已根据替代反应的形式捕获了所有这些信息？

受教者：我想是的——发音节奏，强调，用手势，语调，看着观众，专注于我的声音，而不是让意外发生。

使用焦点解决的探索过去例外的技术，教练和受教者产生了进一步提高绩效的想法。

教练：在您提到的上一个演讲中，您感到自信的地方可能有什么不同？

受教者：这是我非常了解的东西。他们（观众）都很感兴趣，他们问了很多问题。我有一种感觉，"我想告诉你我做了多少工作"和"我想让你感到确信"……我只是对此感到非常热情，想告诉他们我们正在努力。

教练：这些事情可能值得注意。

受教者：是……我对正在做的事情充满热情，并希望与他人分享。

这位受教者描述说，她用高超的想象来帮助自己完成马拉松。教练强调了这一技巧，认为这是一种受教者现在可以展示的力量，利用她的视觉化技能来开发新的应对意象。

教练：从应对意象的角度来说，值得我们讨论一下吗？

受教者：对。我最担心的是我转过身来有点僵硬。我知道我会试着说。因为我过去从来没有僵硬过，但我担心我的声音会颤抖，手掌会出汗，我会感到非常焦虑，每个人都会看着我。在那种情况下，我特别不喜欢成为人们关注的焦点。

教练：那您会怎么做？让我们假设一分钟，在转身和第一次讲话的那一刻，声音确实有些颤抖。您认为自己要如何应对并继续前进呢？

受教者：我想象自己对我要说的话感到非常自在。因此，即使我的声音有些颤抖，我也知道接下来要说些什么……

这段对话也提醒了受教者运动对她的健康和幸福的好处，并采取了行动重新开始跑步。表30.1总结了对受教者的观察结果，以及两次教练课程中产生的备选想法、意象和行动。

表30.1 CLARITY教练模式案例研究（Williams & Palmer, 2018）

	阶段1：识别	阶段2：替代方案的产生
C 背景 (Context)	有关活动的不确定性，请参阅面谈报告。	将其视为机会。
L 生活经历 (Life Experience)	外部观众多，很正式。形势的严峻性。	相对较短，没有争议。十分钟，我的老板将出席。我会很好地编排并进行预演。
A 行动/不作为 (Action/Inaction)	担心忘记或说错话。	致力于表达，练习演讲。注意语言节奏、眼神交流、手势，关注我的声音。 听起来充满自信和权威。 注意准备的程度。 阅读有关如何演讲的书。
R 反应（生理上、情绪上）[Reaction (physiological; emotional)]	焦虑、恐惧、紧张。反应顺序：1) 生病，2) 忐忑，3) 口干/吞咽，4) 出汗。声音在变（其他人知道的最糟糕的事情）。	用"抽搐"来形容，而不是说我焦虑会引发其他身体反应。监测情绪和身体反应，识别预警信号。 热情，充满激情。
I 意象/身份 (Imagery/Identity)	想说话，却不能。声音继续。站起来，转过身，面对观众的画面——吸气，哦，天哪！声音颤抖，手心出汗。冰冷、遗忘。像是在积聚，只是等待、踱步。	新的应对方式：看我自己准备。想象深呼吸，然后继续。呼吸。好好想想，就够了。够好了！

续 表

	阶段1：识别	阶段2：替代方案的产生
T 想法 (Thoughts)	不太擅长演讲，担心别人看到我不自信。担心会失败。想着"我做得不好"。 担心别人看我很紧张会怎么想,觉得自己在工作中失败了,毫无用处。 如果破音了,那就是——不可能过去的。希望它是完美的,最好的。希望它是对的。 觉得无趣,乏味的。认为观众也作无情判断。 会挺过去但不会好的。 想着"我会紧张,我的声音会颤抖"。	我想做这个报告。我有一些信息想和你分享。我想让你感到依赖。我知道这些话。我很清楚我在做什么。 这对观众来说很有趣,这是观众想听的。 那就足够了。 即使在最坏的情况下,如果声音消失,也不会很糟糕。 这不会是世界末日。
Y 你的未来选择 (Your Future Choices)	1) 监视有用和无用的图像,为准备时间和演示文稿开发新的应对图像;2) 练习表达;3) 计划如何与老板共同交付。	

受教者非常投入并致力于改变过程,参加演讲技巧培训,练习表现以提高思维能力和应对意象,监测她的反应状态,重新参与运动并利用呼吸练习。在演示之前和演示过程中,她的压力和焦虑水平大大降低,此后她报告说,这些更大、更正式的演讲不再引发她的焦虑。

讨论要点

1. 压力、复原力、健康和幸福教练方面的研究以及应用教练心理学的下一步是什么？
2. 教练心理学如何增强教育方法,以帮助客户实现与健康相关的目标？
3. 压力、复原力、健康和幸福教练的综合教练心理学模型会是怎样的？
4. 你如何将生态心理学研究引入健康和幸福教练实践中？

推荐阅读

Arloski, M. (2014). *Wellness coaching for lasting lifestyle change*, 2nd edition. Duluth, MN: Whole Person Associates.
Neenan, M. (2018). *Developing resilience: A cognitive-behavioural approach*, 2nd edition. London: Routledge.
Palmer, S., & Cooper, C. (2013). *How to deal with stress*, 3rd edition. London: Kogan Page.
Rogers, J., & Mani, A. (2016). *Coaching for health: Why it works and how to do it*. Maidenhead: Open University Press.

参考文献

Ajzen, I. (1985). From intentions to actions: A theory of planned behavior. In *Action control* (pp. 11–39). Berlin, Heidelberg: Springer.
Bandura, A. (1977). *Social learning theory*. Englewood Cliffs, NJ: Prentice Hall.
Bandura, A. (1986). *Social foundations of thought and action: A social cognitive theory*. Englewood Cliffs, NJ: Prentice-Hall.
Berger, R., & McLeod, J. (2006). Incorporating nature into therapy: A framework for practice. *Journal of Systemic Therapies*, 25(2), 80–94.
Boniwell, I., Kauffman, C., & Silberman, J. (2014). The positive psychology approach to coaching. In E. Cox, T. Bachkirova & D. Clutterbuck (Eds.), *The complete handbook of coaching* (pp. 157–169). London: Sage Publications.
Brown, D. K., Barton, J. L., & Gladwell, V. F. (2013). Viewing nature scenes positively affects recovery of autonomic function following acute-mental stress. *Environmental Science & Technology*, 47(11), 5562–5569.
Brown, D. K., Barton, J. L., Pretty, J., & Gladwell, V. F. (2012). Walks4work: Rationale and study design to investigate walking at lunchtime in the workplace setting. *BMC Public Health*, 12(1), 550.
Burch, V., & Penman, D. (2013). *Mindfulness for health: A practical guide to relieving pain, reducing stress and restoring wellbeing*. London: Piatkus.
Butterworth, S., Linden, A., McClay, W., & Leo, M. C. (2006). Effect of motivational interviewing-based health coaching on employees' physical and mental health status. *Journal of Occupational Health Psychology*, 11(4), 358–365.
Cartwright, S., & Cooper, C. L. (2002). *ASSET: Management guide*. Manchester: Robertson Cooper.
Charlemagne-Badal, S. J., Lee, J. W., Butler, T. L., & Fraser, G. E. (2015). Conceptual domains included in wellbeing and life satisfaction instruments: A review. *Applied Research in Quality of Life*, 10(2), 305–328.
Chida, Y., & Steptoe, A. (2008). Positive psychological wellbeing and mortality: A quantitative review of prospective observational studies. *Psychosomatic Medicine*, 70, 741–756.
Corno, L., & Kanfer, R. (1993). The role of volition in learning and performance. *Review of Research in Education*, 19, 301–341.
Cox, T. (1978). *Stress*. London: Macmillan.
Crust, L., Henderson, H., & Middleton, G. (2013). The acute effects of urban green and countryside walking on psychological health: A field-based study of green exercise. *International Journal of Sport Psychology*, 44(2), 160–177.
de Chavez, A. C., Backett-Milburn, K., Parry, O., & Platt, S. (2005). Understanding and researching wellbeing: Its usage in different disciplines and potential for health research and health promotion. *Health Education Journal*, 64(1), 70–87.
de Shazer, S. (1984). The death of resistance. *Family Process*, 23(1), 11–17.
de Shazer, S. (1995; 1988). *Keys to solutions in brief therapy*. New York, NY: W. W. Norton.
DiClemente, C. C., & Prochaska, J. O. (1998). Towards a comprehensive transtheoretical model of change: Stage of change and addictive behaviors. In W. R. Miller & N. Heather (Eds.), *Treating addictive behaviors* (2nd edition, pp. 3–24). New York, NY: Plenum.
Diener, E., Emmons, R. A., Larsen, R. J., & Griffin, S. (1985). The satisfaction with life scale. *Journal of Personality Assessment*, 49(1), 71–75.
Duncan, M. J., Clarke, N., Birch, S., Wilson, L., Tallis, J., Hankey, J., Bryant, E., & Eyre, E. (2014). The effect of 'green exercise' on post exercise hypotension in children. *An Exploratory Study: Appetite*, 76, 199.
Edgerton, N., & Palmer, S. (2005). SPACE: A psychological model for use within cognitive behavioural coaching, therapy and stress management. *The Coaching Psychologist*, 1(2), 25–31.

Ellis, A., Gordan, J., Neenan, M., & Palmer, S. (1997; 2003). *Stress counselling: A rational emotive behaviour approach*. London: Cassell/Sage.

Flattum, C., Friend, S., Neumark-Sztainer, D., & Story, M. (2009). Motivational interviewing as a component of a school-based obesity prevention program for adolescent girls. *Journal of the American Dietetic Association*, 109(1), 91–94.

Gale, J. (2012). *A Practical Guide to Health Behaviour Change Using the HCA Approach*. Health Change Australia.

Gladwell, V. F., Brown, D. K., Wood, C., Sandercock, G. R., & Barton, J. L. (2013). The great outdoors: How a green exercise environment can benefit all. *Extreme Physiology & Medicine*, 2(1), 1–7.

Gollwitzer, P. M. (1990). Action phases and mind-sets. In *Handbook of motivation and cognition: Foundations of social behavior* (Vol. 2, pp. 53–92). New York, NY: Guilford Press.

Grant, A. M., & Palmer, S. (2002). Coaching psychology. Meeting held at *The Annual Conference of the Division of Counselling Psychology, British Psychological Society, Torquay, 18th May*.

Grbcic, S., & Palmer, S. (2007). A cognitive-behavioural self-help approach to stress management and prevention at work: A randomised controlled trial. *The Rational Emotive Behaviour Therapist*, 12(1), 41–43.

Green, L. S., Grant, A., & Rynsaardt, J. (2007). Evidence-based life coaching for senior high school students: Building hardiness and hope. *International Coaching Psychology Review*, 2(1), 24–32.

Grossman, P., Niemann, L., Schmidt, S., & Walach, H. (2004). Mindfulness-based stress reduction and health benefits: A meta-analysis. *Journal of Psychosomatic Research*, 57(1), 35–43.

Gyllensten, K., & Palmer, S. (2005). Can coaching reduce work-place stress? *The Coaching Psychologist*, 1, 15–17.

Gyllensten, K., & Palmer, S. (2012). Stress and performance coaching. In M. Neenan & S. Palmer (Eds.), *Cognitive behavioural coaching in practice: An evidence based approach* (pp. 153–177). New York, NY: Routledge.

Heckhausen, H., & Kuhl, J. (1985). From wishes to action: The dead ends and short cuts on the long way to action. In M. Frese & J. Sabini (Eds.), *Goal directed behavior: The concept of action in psychology* (pp. 134–160). Hillsdale, NJ: Erlbaum.

Ivtzan, I., Gardner, H. E., & Smailova, Z. (2011). Mindfulness meditation and curiosity: The contributing factors to wellbeing and the process of closing the self-discrepancy gap. *International Journal of Wellbeing*, 1, 316–327.

Kabat-Zinn, J. (1994). *Wherever you go, there you are: Mindfulness meditation for everyday life*. London: Piatkus.

Langer, E. J. (2009). Mindlessness-mindfulness. In R. J. Corsini (Ed.), *Encyclopaedia of psychology*. New York, NY: John Wiley & Sons.

Lazarus, A. A. (1973). Multimodal behavior therapy: Treating the "BASIC ID." *Journal of Nervous and Mental Disease*.

Lazarus, A. A. (1989). *The practice of multimodal therapy: Systematic, comprehensive and Effective psychotherapy*. Baltimore, MA: Johns Hopkins University Press.

Lazarus, R. S., & Folkman, S. (1984). *Stress, appraisal, and coping*. New York, NY: Springer Publishing Co.

Lee, J. H., Nam, S. K., Kim, A. R., Kim, B., Lee, M., & Lee, S. M. (2013). Resilience: A meta-analytic approach. *Journal of Counselling and Development*, 91, 269–279.

Linley, A., & Harrington, S. (2007). Integrating positive psychology and coaching psychology. In S. Palmer & A. Whybrow (Eds.), *Handbook of coaching psychology* (pp. 40–56). East Sussex: Routledge.

Locke, E. A. (1968). Toward a theory of task motivation and incentives. *Organizational Behavior and Human Performance*, 3(2), 157–189.

Locke, E. A., & Latham, G. P. (1984). *Goal setting: A motivational technique that Works!* Englewood Cliffs, NJ: Prentice-Hall.

Locke, E. A., & Latham, G. P. (1990). *A theory of goal setting & task performance*. Englewood Cliffs, NJ: Prentice-Hall, Inc.

Locke, E. A., Shaw, K. N., Saari, L. M., & Latham, G. P. (1981). Goal setting and task performance: 1969–1980. *Psychological Bulletin*, 90(1), 125.

Lottrup, L., Grahn, P., & Stigsdotter, U. K. (2013). Workplace greenery and perceived level of stress: Benefits of access to a green outdoor environment at the workplace. *Landscape and Urban Planning*, 110, 5–11.

Lovibond, S. H., & Lovibond, P. F. (1995). *Manual for the depression anxiety and stress scales*. Sydney: Psychology Foundation Monograph.

Luthar, S. S., Cicchetti, D., & Becker, B. (2000). The construct of resilience: A critical evaluation and guidelines for future work. *Child Development*, 71(3), 543–562.

Marselle, M. R., Irvine, K. N., & Warber, S. L. (2014). Examining group walks in nature and multiple aspects of wellbeing: A large-scale study. *Ecopsychology*, 6(3), September, 134–148.

Martins, R. K., & McNeil, D. W. (2009). Review of motivational interviewing in promoting health behaviors. *Clinical Psychology Review*, 29, 283–293.

Miller, W. R., & Rollnick, S. (2002). *Motivational interviewing: Preparing people for change* (2nd ed.). New York, NY: Guilford Press.

Miller, W. R., & Rollnick, S. (2009). Ten things that motivational interviewing is not. *Behavioural and Cognitive Psychotherapy*, 37, 129–140.

Miller, W. R., & Rollnick, S. (2012). *Motivational interviewing: Helping people change*. New York, NY: Guilford press.

Mitchie, S., Rumsey, N., Fussell, A., Hardeman, W., Johnston, M., Newman, S., & Yardley, L. (2008). *Improving health: Changing behavior: NHS health trainer handbook*. London: Dept of Health.

Montaño, D. E., & Kasprzyk, D. (2008). Theory of reasoned action, theory of planned behavior, and the integrated behavioral model. In K. Glanz, B. K. Rimer, & K. Viswanath (Eds.), *Health behavior and health education: Theory, research, and practice* (pp. 67–96). San Francisco, CA: Jossey-Bass.

Moore, M., & Jackson, E. (2014). Health and wellness coaching. In E. Cox, T. Bachkirova & D. Clutterbuck (Eds.), *The complete handbook of coaching* (2nd edition, pp. 313–328). London: Sage.

Neenan, M. (2018). *Developing resilience: A cognitive-behavioural approach*, 2nd edition. New York, NY: Routledge.

Neenan, M., & Palmer, S. (2012). *Cognitive behavioural coaching in practice: An evidence based approach*. Hove: Routledge.

O'Connell, B. (2001). *Solution-focused stress counselling*. London: Sage Publications.

O'Connell, B., Palmer, S., & Williams, H. (2012). *Solution focused coaching in practice*. Hove: Routledge.

O'Donovan, H. (2015). *Mindful walking: Walk your way to mental and physical well-being*. Dublin, Ireland: Hachette Books.

Olsen, J. M., & Nesbitt, B. J. (2010). Health coaching to improve healthy lifestyle behaviors: An integrative review. *American Journal of Health Promotion*, 25(1), e1–e12.

Ong, A. D., Bergeman, C. S., Bisconti, T. L., & Wallace, K. A. (2006). Psychological resilience, positive emotions, and successful adaptation to stress in later life. *Journal of Personality and Social Psychology*, 91(4), 730–749.

Palmer, S. (1990). Stress mapping: A visual technique to aid counselling or training. *Employee Counselling Today*, 2, 9–12.

Palmer, S. (2003). Whistle-stop tour of the theory and practice of stress management and prevention: It's possible role in postgraduate health promotion. *Health Education Journal*, 62(2), 133–142.

Palmer, S. (2004). Health coaching: A developing field within health education. *Health Education Journal*, 63(2), 189–191.

Palmer, S. (2007). PRACTICE: A model suitable for coaching, counselling, psychotherapy and stress management. *The Coaching Psychologist*, 3: 71–77.

Palmer, S. (2008a). Coping imagery. *The Coaching Psychologist*, 4(1), 39–40.

Palmer, S. (2008b). Multimodal coaching and its application to workplace, life and health coaching. *The Coaching Psychologist*, 4, 21–29.

Palmer, S. (2011). Revisiting the P in the PRACTICE coaching model. *The Coaching Psychologist*, 7(2), 156–158.

Palmer, S. (2012a). Health coaching toolkit Part 1. *Coaching at Work*, 7(3), 36–38.

Palmer, S. (2012b). Health coaching toolkit Part 2. *Coaching at Work*, 7(4), 32–34.

Palmer, S. (2012c). Health coaching toolkit Part 3. *Coaching at Work*, 7(5), 36–37.

Palmer, S. (2012d). Health coaching toolkit Part 4. *Coaching at Work*, 7(6), 38–39.

Palmer, S. (2013). Resilience enhancing imagery: A cognitive behavioural technique which includes resilience undermining thinking and resilience enhancing thinking. *The Coaching Psychologist*, 9, 48–50.

Palmer, S. (2015). Can ecopsychology research inform coaching and positive psychology practice? *Coaching Psychology International*, 8(1), 11–15.

Palmer, S., & Cooper, C. (2013). *How to deal with stress*, 3rd edition. London: Kogan Page.

Palmer, S., Cooper, C., & Thomas, K. (2003). *Creating a balance: Managing stress*. London: British Library.

Palmer, S., Cooper, C., & Thomas, K. (2013). Health coaching toolkit Part 5. *Coaching at Work*, 8(7), 37–39.

Palmer, S., & Dryden, W. (1994). *Counselling for stress problems (therapy in practice)*. London: Sage Publications.

Palmer, S., & Gyllensten, K. (2008). How cognitive behavioural, rational emotive behavioural or multimodal coaching could prevent mental health problems, enhance performance and reduce work related stress. *Journal of Rational-Emotive & Cognitive-Behavior Therapy*, 26(1), 38–52.

Palmer, S., & Gyllensten, K. (2015). Introduction: The history and development of theories: Resilience and wellbeing. In S. Palmer & K. Gyllensten (Eds.), *Psychological resilience and wellbeing* (Vol. 1). London: Sage Publications.

Palmer, S., Tubbs, I., & Whybrow, A. (2003). Health coaching to facilitate the promotion of healthy behaviour and achievement of health-related goals. *International Journal of Health Promotion & Education*, 41(3), 91–93.

Parks, K. M., & Steelman, L. A. (2008). Organizational wellness programs: A meta-analysis. *Journal of Occupational Health Psychology*, 13, 58–68.

Passmore, J., & Marianetti, O. (2013). The role of mindfulness in coaching. *The Coaching Psychologist*, 3(3), 131–138.

Prochaska, J. O., & DiClemente, C. C. (1983). Stages and processes of self-change of smoking: Toward an integrative model of change. *Journal of Consulting and Clinical Psychology*, 51(3), 390–395.

Rutter, M. (1985). Resilience in the face of adversity: Protective factors and resistance to psychiatric disorder. *The British Journal of Psychiatry*, 147(6), 598–611.

Schmitt, L. (2008). OHP interventions: Wellness programs. *Society for Occupational Health Psychology*, 2, January, 6–7.

Seligman, M. E. P. (1999). The president's address. *American Psychologist*, 54, 559–562.

Simmons, L. A., & Wolever, R. Q. (2013). Integrative health coaching and motivational interviewing: Synergistic approaches to behavior change in healthcare. *Global Advances in Health and Medicine*, 2(4), 28–35.

Spence, G. B., Cavanagh, M. J., & Grant, A. M. (2008). The integration of mindfulness training and health coaching: An exploratory study. *Coaching: An International Journal of Theory, Research and Practice*, 1(2), 145–163.

Totton, N. (2003). The ecological self: Introducing eco-psychology. *Counseling and Psychotherapy Journal*, 14(9), 14–17.

Van Daele, T., Hermans, D., Van Audenhove, C., & Van den Bergh, O. (2012). Stress reduction through psychoeducation:

A meta-analytic review. *Health Education Behaviour, 39*, 474–485.

Van Den Berg, A. E., & Custers, M. H. (2011). Gardening promotes neuroendocrine and affective restoration from stress. *Journal of Health Psychology, 16*(1), 3–11.

WHO (2001). *Basic documents*, 43rd edition. Geneva: World Health Organization.

WHO (2004). *Promoting mental health: Concepts, emerging evidence, practice (Summary report)*. Geneva: World Health Organization.

Williams, H., & Palmer, S. (2010). CLARITY: A cognitive behavioural coaching model, *Cognitive Psychology International, 3*(2), 5–7.

Williams, H., & Palmer, S. (2018). CLARITY: A case study application. *European Journal of Applied Positive Psychology, 2*(6), 1–12. Retrieved from: http://www.nationalwellbeingservice.org/volumes/volume-2-2018/volume-2-article-6/.

Wolever, R. Q., Simmons, L. A., Sforzo, G. A., Dill, D., Kaye, M., Bechard, E. M., Southard, M. E., Kennedy, M., Vosloo, J., & Yang, N. (2013). A systematic review of the literature on health and wellness coaching: Defining a key behavioral intervention in healthcare. *Global Advances in Health and Medicine, 2*(4), 38–57.

Wolfe, R., Parker, D., & Napier, N. (1994). Employee health management and organizational performance. *Journal of Applied Behavioral Science, 30*, 22–42.

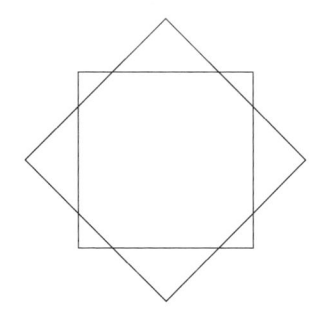

第二部分

教练、复杂性和系统性干预

第三十一章 处于混沌边缘的教练:以复杂性为指导的心理学教练方法

莱斯利·库恩和艾莉森·怀布鲁
(Lesley Kuhn & Alison Whybrow)

引 言

本章的目的是阐明从复杂性科学(以下简称复杂性)的角度看待教练的一种方法,并强调复杂性信息方法如何扩展教练心理学的知识基础。介绍了复杂性的主要组织原则和相关概念,并提出了在实践中运用复杂性的建议。

卡瓦纳(Cavanagh)和莱恩(Lane)的观察认为:"教练心理学可能会作为一种新的学科而出现,可以在其客户、科学和专业服务中接受严谨和混乱的态度"(Cavanagh & Lane, 2012)。这预示着探索复杂性在教练心理学上的潜力。复杂性提供了已建立的探究范式,特别是对复杂(或混沌)现象的严格理解(Kuhn, 2002;Lewin, 1999;Morin, 2008)。怀布鲁(Whybrow)、格兰特(Grant)、帕尔默(Palmer)和坎普(Kemp)(2012)以及卡瓦纳(Cavanagh)和莱恩(Lane)(2012)提出的复杂性观点对于扩展教练心理学的知识基础十分有益。

作为一种范式,复杂性是指对复杂的关系状态和动态性进行研究,其中存在大量的变量,这些变量可能随着时间的流逝而发展、相互作用和影响(Coveney & Highfield, 1995;Gleick, 1998;Kuhn, 2009;Lewin, 1999;Wolfram, 2002)。

复杂性让人们注意到生命现象(如人和组织)是递归的,而不是线性的。反应和结果会根据过去的情况而变化。

在教练实践中,有很多变量和主体仅受相关人员的想象力的限制,因此,从复杂性角度研究关系状态和动态性对于教练心理学理论和实践比较适用。

另外，教练定义的共同主线与提高意识或强化学习有关，以便提供更多的思想和行动选择。教练心理学方法强调以下3个方面：

（1）我们与环境互动的涌现性；

（2）万物皆在变，哪怕是我们了解的；

（3）没有什么是完全已知的。

从这个角度来看，复杂性观点适用于教练实践。作为教练心理学的从业者，从复杂性的角度出发可以支持客户和受教者发展基本技能，从而在动荡的、模棱两可的、瞬息万变的世界中蓬勃发展。

复杂性思想可以为理解和应对日常关系交流中产生的不确定性、不可预测性和矛盾性提供强有力的应对方式。通过扩展，复杂性思想可以帮助教练实践。

> "……继续开发实践模型，以帮助客户理解不可预测和模棱两可的挑战，而不是假设当前的动态和轨迹将与过去的挑战相同，从而寻求过于简单化，或通过强加过去的解决方案和标准化模型来进行控制。"

（Cavanagh & Lane，2012）

在哲学上，复杂性被视为一个范例框架，阐述了关于世界的本质和组织的基本假设，并为意义的形成提供了隐喻（Kuhn，2007）。通过本章对这一方法的探讨，我们提出了源于物理科学的复杂性视角，并将其与教练实践联系起来阐述。

复杂性的主要核心概念和理论基础

复杂性以一种根本性的关系视角来关注组成部分之间的关系以及如何导致集体行为和突发现象。从这个角度而言，人和组织可以看作是从"关联模式"中出现的"偶然组合"（Dillon，2000）。莫兰（Morin，1992）将其描述为"生态自因果关系"或递归因果关系的过程，其中组织过程详细说明了产品、行为和效果。因此，从复杂性的角度来看，预测是不可能的，不确定性也不可避免。这一观点与行动和思想独立于我们在相关领域的观点形成对比，与能够以超凡魅力承担起"控制"和"指挥"日益复杂和困难挑战结果的"英雄"领袖（Wilson，2013）观点相矛盾。复杂性视角帮助我们在任何情况下都能注意到，如何向前推进，以及理解所采取的每一步都会带来相关领域的新配置,从而使我们能够谋求新的选择并作出新的决策,因此它有许多有益的可能性。

复杂性观点具有本体论和认识论的含义。从本体上说,复杂性将"现实"解释为具有自组织性、动态性和涌现性(Lewin, 1999; Morin, 2008)。同样,从认识论上讲,复杂性将知识或感觉的产生解释为自组织、动态和紧急的(Kuhn, 2009; Morin, 2008)。从这个角度来看,存在与知觉之间的持续舞动是教练与教练心理学实践的支点。

自组织、动态性和涌现性可以作为复杂性的三个通用基本组织原理(Coveney & Highfield, 1995; Johnson, 2001; Lewin, 1999; Kauffman, 1995; Waldrop, 1992)。

自组织描述了生命实体(如个人、部门和组织)根据内部不断变化的结构和原则进行进化的能力(Kauffman, 1995; Kuhn & Woog, 2007; Kuhn, 2009)。自组织意味着"全球秩序的形成没有计划、程序或蓝图"(Stacey, 2012)。这种适应性的自组织过程被描述为自生态组织(Morin, 2008),因为它位于一个外部环境中,并且在一定程度上是对这种外部环境的一种反应,这种外部环境也是自组织的。

动态性描述了生命实体对他人和他们所处的环境(心理、社会、自然等)作出反应和影响的能力。动态性不仅意味着反应。我们可以通过经验中学到改变自我组织的反应。例如,在细胞水平上,我们的脑细胞"不断地通过电子方式相互交流,时刻形成并重新建立新的联系"(Doidge, 2015)。在有意识的水平上,我们可以选择改变行为的方式,以希望能够引起他人的积极回应。

与古典科学不同,复杂性并不强调最佳状态形式的稳定性,也不强调在已有情形中的进步,而是期望持续的适应性(Allen, 1998),适应性的自我生态组织和动态性表明,背景和环境对所有人都是不断变化的,社会系统和个人都是在每个自我组织的同时产生的。例如,任何历史时期的自我体验都被理解为"由这一时期的社会关系所塑造,因此通过时代对话和文本产生的自我是社会语境的一种表达"(Burkitt, 1994),社会语境也随着对自我变化的感知而改变。

涌现性描述了生命实体展现出意想不到的、新奇的、以前没有观察到的特性或行为的能力。注意涌现的原则意味着看到有机现象是通过"自下而上"的过程产生的,微观现象(如个体之间的局部相互作用)产生宏观现象,宏观现象中观察到的特征不能还原为微观现象。对涌现的理解意味着强调通过互动过程自发地创造新的模式。

这意味着"放弃控制,让系统尽可能自我管理,让它从足迹中学习"(Johnson,2001)。

基于复杂性的图像

下面概述了七个基于复杂性的图像,我们认为这些图像有望在教练心理学中得以应用。每个图像都给出了思考和实践教练心理学的启示探索。感兴趣的读者可以通过本章结尾部分的扩展阅读来找到更多信息以及图像或隐喻。

拓扑空间——相空间

拓扑空间是指复杂实体随时间变化的所有可能状态的多维绘图(Nolte,2010)。例如,H_2O的相空间肖像将显示H_2O以冰、水或蒸汽/空气的形式存在。相空间表明,尽管存在许多可能性,但是复杂的实体通常仅占据其可能相空间的一小部分。

相空间借鉴了拓扑空间的概念,并将其与人们的思维和生活习惯通过语言进行调节的方式相联系(Kuhn & Woog,2007)。人们也可以被认为生活在有限的可能性范围内,受社会和文化背景的影响(Heidegger,1966;Wittgenstein,1988),一个相空间肖像有助于阐明这一点。相空间描述的是状态,而关注相空间则提供了可供选择的解释和状态。

教练可能会发现,利用拓扑空间/相空间有助于受教者注意并反思他/她的人生、职业发展、关注点或习惯的存在、行为和思维模式,并共同思考各种可能性。尽管我们可以通过观看自己的照片来欣赏自己的外表,但相空间肖像可以提供存在模式的视觉图:叙述、信念、故事、价值观、经验、可能性和未来梦想,以及对不同选择的洞察力。因此,相空间肖像不仅可以洞察与受教者有关的定性主题,而且可以洞悉尚未考虑的可能性和选择的广度。它可以帮助受教者打开可能性思维,关注其自我限制和有意识或无意识作出的"选择"。特别是,在相空间中,相空间肖像将为一个人说明与他们可用的相空间相比,他们在限制其相空间。创建了相"空间肖像"后,几乎有无限的方法来进一步寻找可能性。

同样,可以利用拓扑空间/相空间肖像来帮助受教者注意和反思组织或部门的特征和关注点。

沟通连接性

复杂性强调人类活动系统的产生、维持和改变取决于人与人之间的相互作用。沟通连接性(Woog, 2004)描述了人与人之间相互联系的质量,它可以理解为带来共同行动的形式,形成共同的假设和未来的实践,并帮助人们应对他们所处环境的不断发展的特征。

对话是交流互动的主要方式,并且受到许多因素的影响,如人格、经历、文化、道德、当前的语境以及参与者对其作出的解释范围。

作为教练,与受教者建立沟通联系可以产生个人的、人际的和系统的洞察力。这可以使双方意识到与他人互动的方式可以有多种选择。认识到正是通过微观相互作用而产生了宏观现象,从而将注意力转移到了小的方面,这正是语言被构造和误解的方式。它要求教练"抓住"并把注意力吸引到正在使用的语言上,这些语言会影响互动并因此形成涌现。

吸引子

吸引子起到组织原则的作用(Lewin, 1999)。例如,磁铁通过"组织"一堆铁屑沉淀到的状态起到吸引作用。在社会领域,吸引子可以被认为是激励行为和引导社会进化的组织原则。即使在最混乱的情况下,组织原则也可以被识别出来,经过仔细检查,这些原则揭示了一个复杂实体(从个人到族群、部门、社会等)进化的指导因素。

人们的生活可以理解为被吸引子支配,吸引子可能随着时间的推移而进化。某些吸引子或吸引子集可能随着这些逐渐或突然的变化而影响很长时间。

一个人的核心价值观、信念、需求和叙述可以被认为是引导选择和可能的吸引子。相空间肖像可以用来引导一个人或社会群体对吸引子的认知,并由此提高对引导个人和系统选择的模式的认知。

适应度图景

适应度图景的概念借鉴了景观的图像,以视觉化方式表示实体与其环境之间的契合度(Lewin, 1999)。适应度图景显示了"山峰",即该实体非常适合环境且生存机会很强;而"山谷"则表明该实体与环境不匹配,其生存机会差。在复杂的实体中,小的、协同进化的匹配决定适应度。对于一个复杂的实体(如个人或组织)来说,要生存和发展,需要实体的自组织突现与图景(或更广阔的环境)之间保持持续的一致性。

将该图景应用于教练干预,很容易看到,使用连贯性水平作为记录事件的组织原则来构建一条生命线,可以提供一个适应度图景,并进一步提升洞察力和意识。

对初始条件的敏感依赖性

通俗地称为蝴蝶效应,对初始条件的敏感依赖是指初始条件和小扰动对形成一个复杂系统产生的显著不成比例的影响(Gleick,1998)。

初始条件的概念提供了一种探究故事开头的方法。事情是怎么安排的?在故事的开头,什么是重要的?这个实体(个人、部门、组织等)在什么条件下能够茁壮成长?对这个复杂实体的生存来说,最初的挑战本质是什么?想象一下假如一个组织,早期的存在是由对价格点的关注和不惜一切代价削弱竞争决定的。这将成为组织的存在方式,也是理解组织体系、选择和可能性的一个镜头。假想一个完全不同的组织,早期的存在是由它创造性地打断既定的做事方式的能力决定的。在某种程度上,这将再次成为组织的存在方式,并告知只要组织存在就要作出决定和选择。

在个人层面,人们通常会担心过去或早期的生活影响在初始条件下进行教练对话并不能使教练成为顾问或心理治疗师。然而,有一些方法可以适当地处理过去的事情。举个例子,一个受教者提出在她两岁的时候父母离异,且闹得非常激烈。对这一事件的反思,可能会帮助受教者更深入地理解他们目前对"足够好"的焦虑程度,以及如何影响他们的观点和行为。也可能注意到这一非常重要的早期经历,让受教者明白为什么他们总是感到"焦虑",并且觉得"不可能"改变。这种觉察可以让他们感受到一些安慰和自我接纳。

混沌边缘

混沌边缘描述了秩序和无序之间的区域(Lewin,1999)。从复杂性的角度来看,混沌边缘是复杂实体定位最好的地方,因为这是适应和发展的最大可能性。

但是,当人们认为自己处于混沌边缘时,他们常常会感到恐惧,因为他们认为这是充满不确定性和威胁的地方。这种反应被描述为混沌边缘思维(Kuhn,2009)。在社会领域,人们对局势的感觉和想法决定着他们的反应。混沌思维的特点是愿意进行试验,并为应对变化提供丰富而有效的方法。相反,混沌边缘思维会导致基于规则的严格规定的行为,这些行为旨在最大程度地减少混乱。

思想的复杂性使教练心理学家能够在混沌边缘模棱两可的空间中有效发挥作用。对混沌边缘的故事进行深层次探索可能会支持反思性反应,并有助于缓解混沌边缘思维所引起的反应性。在实践中,对于每个执教教练来说,混沌边缘在不同的地方。作为教练，我们将如何支持我们的受教者在混沌边缘发挥自己的能力，在长期的教练任务完成后，养成能够持续发展的思维习惯？

分形

"分形"一词用于描述具有相似特征的实体，这些实体在多个参照系上同时可见（Mandelbrot，1977），例如，在河流或树木或我们的循环、淋巴和呼吸系统的重复分支中，隐喻性地处理分形可能有助于提高人们对个人、部门、组织和行业中普遍存在的定性主题的认识。

作为教练，处理这种情形需要高度关注教练关系中发生的事情，关注受教者是如何向教练展示的、动态是如何展开的。正是这些信息提供了对教练和受教者整体动态的洞察，并且可能是他们如何在所有其他关系中出现和互动的基础。

实践中的复杂性

从复杂性的角度来看，担任教练需要：（1）对教练干预和教练谈话中固有的可能性有新的认识和思考方式；（2）强调实践的某些现有方面。根据斯塔塞（Stacey，2012）的说法，复杂的指导方法有助于反思性探索，这是"教练维持和发展实践判断能力的最有用的方法，是专家从业者的标志"。在一个瞬息万变的世界里，作为教练，我们与我们的受教者一起工作，帮助他们停下来思考在做什么、如何运作；支持他们分析决策过程；在觉察过程中获得洞察力，采取行动时产生的新想法、新知识和新观点（Schon，1984）。

从基本的组织原则和形象来看，我们发现复杂性方法对我们如何构想社会互动和制度具有影响。作为教练，复杂性方法可能使我们关注于作为教练的方式如何影响教练过程中出现的内容。复杂性方法提醒我们，世界是无差别的，人们根据自己的假设和观点主观地组织划分和二分法。教练也会参与主观分类的过程。在考虑如何将复杂性观点更全面地引入教练实践中时，最值得注意的是我们的"想当然"假设和分类。

下面，我们从复杂性角度描述了教练实践的三个方面。在分别描述每个方面时，我们认为各个方面是与其他方面整体相关的。

共创的教练实践

复杂性将响应性生命实体描述为在递归因果关系过程中不断自我组织、学习并相互回应的过程,其中阐述了行为、效果和背景。因此,从复杂性的角度来看,教练实践被理解为是共创的过程。教练被认为是一个新兴的过程,在这个过程中,思考和批判性反思的注意力空间必定是共创的。

通过仔细关注如何共创教练动力,可以大大提高教练空间的实用性。举一个简单的例子,当教人们如何成为教练从业者以及如何发展自己的专业教练技能时,通常会解决由谁来做和角色界定的问题。教练通常被描述为"教练过程中的专家",而受教者则描述为"他们自己和他们所在的情景中的专家"。这种早期的指导方法会为人们在适应阶段提供有用的协助,但这有时候也是一把双刃剑。

从复杂性的角度来看,我们可能期望教练提供教练过程,以在受教者和教练之间进行明显的塑造。教练可能会问一些这样的例子:您会问自己什么问题?您想如何使用该谈话的下一部分?我们今天如何一起工作才能到达您想去的地方?同样,我们可能希望看到教练提供见解并帮助受教者更充分地关注他/她自己。值得记住的是,教练和受教者在当下是相互学习并相互回应的过程,对于许多受教者而言,教练是一种新型的干预方式。因此,教练的关键作用可能是帮助受教者学习如何善用教练机会,以及如何在共创教练空间中发挥作用。即使对于以前有过教练经验的个人和团体,也要认真注意阐明自己的独特方法,并通过务实的建模弄清这在实践中意味着什么,这很可能会出现流动性更强的共创空间。

处于叙事中的教练实践

如上所述,本地连接或关系对于自组织过程至关重要,因为它们构成了实体环境的密切影响力。对于人们而言,本地连接是通过基于叙事的互动来实现的。考虑到这一点,从复杂性角度出发的教练可能更倾向于将故事的显性或隐性用作探索相关联内容和理解正在形成的新兴联系的手段。同样,对自我故事的关注可以提高自我觉察和自我理解,从而创建一个新空间,以产生更多的意识和学习机会。例如,洞察力可能会从务实的角度说明不再有用的思维模式或不再相关的想法(Drake,2015)。

上面描述的七个基于复杂度的图像提供了探究叙述的方式,可将我们认为真实的内容可视化,以供进一步观察和反思。这些图像通过关注某些集中增强的特定方面的叙述方式来辨别正在出现的内容,以便可以看到它们并引起注意。在考虑这些不同的图像时,记住教练的价值观和道德考量在实践中是很有用的。复杂性是描述性的,就其本质而言,不受这些方面的约束。因此,是否以及如何使用复杂性图像取决于每个教练的决策偏好以及职业和个人道德。

反思性和紧急性的教练实践

如果我们考虑到斯塔塞(2012)的主张,即反思性探索是"教练能够维持和发展实际判断能力的最有用方法",我们通常采取对话方法,使教练能够和受教者一起探索其想法以及对实际经验的影响。动态性原则消除了轨迹的概念,并需要一种暂停的方式来关注到对正在发生的事件及其影响的反应和适应。在我们的教练实践以及我们的教练干预中,建立行动中反思的技能并为反思创造空间对于复杂性方法而言似乎至关重要。根据卡瓦纳和莱恩(2012)的说法,这种方法的特征在于有创造力、对多样性保持开放性、连通性和适应性秩序。

从这个角度来看,我们可能会对教练从业者提出一个观点,即任何正式的教练干预、模型或分析都必然不那么重要,如果实际上没有帮助,则很容易被抛弃。同样,选择一种特定的技术或方法来研究正在出现的情况也是一项共同的努力。

第二点值得注意的是有关反射率和紧急性。在进行教练任务时,通常要求在任务开始时考虑并具体说明干预的目标和结果。作为一名教练从业者,在教练过程中,实际能够承诺的内容与不同利益相关者可能期望的确定性之间存在着紧张关系。除了在原则上设定结果外,还有一个问题是制定教练合同时应考虑教练如何尊重任务期间不可避免的涌现性、动态性和自组织的方式。如何在合同中建立反思机制,使教练工作能够注意到正在出现的情况,并对这种出现的实用性作出评论?

这三个方面描述了了解复杂性的教练实践的指示性特征,并提供了一种考虑如何将复杂性观点有意识地整合到教练和教练心理学实践中的方法。他们非常务实,并采取情境主义的立场。阿特金斯(Atkins, 2012)主张采用情境主义的方法:"要理解这一行为,我们必须了解情境,包括从情境主义的立场出发,包括历史和当前的系统性影响"。这种方法导致教练提出以下问题:在这种情况下,过去的哪些行为使我们朝着我们所想要的方向发展？诸如此类的问题将成为务实影响的核心，并为在上下文中的可操作性提供一些见解。

从复杂性角度讲，教练可以被概念化为一个递归过程，其中涉及以下 4 个方面：

（1）向受教者证明社会现象是自组织的、适应性的和涌现的（支持对世界不断变化的性质的认识）；

（2）反思性参与（支持受教者停下来觉察他们在做什么以及他们如何运作）；

（3）意识选择（支持受教者分析其决策过程）；

（4）知情的选择（受教者基于新的思想、知识和观点采取行动）。

哪类受教者获益最大？

复杂的教练方法将不确定性和模糊性带入了教练过程中。受教者对模糊性有更大的容忍度，并拥有将自我和世界作为主观而具体的实体来处理的现有技能，很可能会找到复杂的方式来解释这个世界，使之具有吸引力和帮助性。在教练任务中，复杂的方法可能会增加价值，尽管教练现有的技能和观点可能意味着反思、注意、提取个人和情境叙述以及共同创造的技能可能需要构建，而不是假设。鉴于教练和教练心理学的目的以及对复杂性的思考，在某种程度上似乎很难想象一个教练不从复杂性的角度来看待自己的工作，尽管他们可能不会贴上该标签，也不会这样看待工作。

当与儿童和青少年一起工作时，很有可能会倾向于更具体的思维。鉴于此，在教练计划中创造一个空间以支持受教者明确了解他们的思维方式（思考）以及他们如何将其思维用于实现自己的愿望和目标就显得尤为重要。

在与组织和教练咨询购买者进行合作时，或者在教练文化的影响下发展教练或领导时，采用复杂性方法显得更为必要。由于存在着太多的不确定性，坚守某一种信念而不变通的话，就不太会对发展有帮助。当我们开始僵化地持有事物时，我们会远离正在展开的事物，并且不会对正在出现的新事物给予足够的关注。与一对一教练一样，组织利益相关者拥有复杂性技能以及处理交付结果与突发性之间紧张关系的能力可能更具挑战性。

案例研究

下面的教练案例研究从教练的角度突出了复杂性思维方法的应用。这项个案研究借鉴了与那些个人合作的经验,这些受教者的人际关系似乎是特别重要且独特的。在这种情况下,教练的目的是促进领导力的发展,增加存在感和影响力,并在此基础上增强自信心。

在最初的一次电话会议上,教练确定了需求,探索了教练是如何工作的,并描述了教练计划实施中的工作方式,教练确定了一种围绕人际关系出现的模式。

在第一节课开始时,教练(AW)注意到她被推入了一场似乎正在进行的谈话中,甚至没有停下来打招呼。AW立刻对这种连接性的特点感到好奇,她想知道她是否有足够的勇气让她的受教者注意到他们人际交往能力的这一方面。事实证明,这一次她的确是。

AW:有一件事我很好奇,我很想与您分享,这就是我到达时您打招呼的方式。我注意到您没有停下来打招呼,而是直接走了进来,就像我们今天早上已经在一起工作一样,知道我们在这里干什么,而我们才刚刚见面。

MT:(停顿了一下,看上去很体贴,大约30秒后)是的,我没有。

AW:我想知道这是怎么回事?

MT:嗯——我是这样对待别人的,我不想让他们觉得自己不是核心群体的一部分,我希望他们从我们交往的一开始就感到被接受,而不是被繁文缛节压得喘不过气来。

AW:我想知道这种方法的影响会是什么?

MT:我希望这会让他们感到受欢迎。

AW:我感到迷失和困惑。我想知道我来这里是为什么。

在第二节课中,MT握着AW的手,热情地和她打招呼,询问她的旅程,讨论在这节课上需要什么。她自豪地告诉大家,她在开会前一直在练习停顿和与人交流，这产生了积极的影响。她注意到更多的空间和清晰度来塑造会议和会议中的不同角色。

在本次会谈上，AW 有机会在多人的人际交往中观察了 MT。其中之一是与 MT 的高级团队会面。

在会议的前半段，AW 注意到一名团队成员与 MT 之间的紧张关系。AW 和 MT 讨论了此点，进行了一次茶歇：

MT：您认为会议进展如何？您对我有任何反馈吗？

AW：我注意到 BC 似乎很紧张，他的贡献相当有力。

MT：是的，我很想知道——我可以做什么或说什么，您有什么建议吗？

AW：让我们看一下您的坐姿，您的身体姿势会使 BC 略微脱离对话。您正坐在 RE，MM 和我的面前——桌子的这一侧更加开放。

MT：我没意识到，如果我这样坐着（移动椅子和保持身体姿势），我现在对双方都开放。

从人际交往的角度来看，会议的后半部分要顺利得多。BC 和 MT 之间的紧张关系消失了，MT 正在确保她在物理上接近房间里的每个人。

当天结束时，MT 和 AW 进行回顾时应注意以下几点：

MT：我在那次会议上反思了我通常如何与 BC 互动。与他交谈时，我更有可能将他拒之门外，而不是对他开放。我不确定为什么会这样。也许我发现他的角色就其本质而言更具挑战性。

AW：一旦你改变立场，会有什么样的影响？

MT：即使我做得很少，感觉也容易得多。我需要在这一点上努力。

在这两个教练部分中，沟通的联系都得到了重视，设计了实验并探索了新实践的形成，从而导致了质的不同结果。MT 在她的团队会议中的身体姿势也轻松强调了对初始状况敏感的原则。在会议的前半部分以及实际上在这种关系中所经历的紧张局势，至少在一定程度上是由于围绕连通性的初始条件造成的。教练强烈而协调的注意力可以引起人们的注意和行动选择，以减轻或增强反馈循环。

讨论要点

1. 反思复杂性原则和图景，复杂性方法在多大程度上适合你的教练实践？
2. 教练心理学的复杂性方法在哪些方面可以帮助你发展你的实践？
3. 你如何看待复杂性教练方法来支持你最大限度地提高受教者灵活应对各种情况和事件的能力？
4. 反思教练实践突出的三个方面（共同创建的实践、处于叙述中、反思性和涌现性），复杂性方法可能会给你的教练基础和知识库增加什么？

推荐阅读

Kuhn, L. (2009). *Adventures in Complexity for Organisations Near the Edge of Chaos*. Axminster: Triarchy Press. This short book provides an excellent, well informed introduction to complexity habits of thought, images and concepts.

Kuhn, L., & Woog, R. (2007). 'From complexity concepts to creative applications' in *World Futures, The Journal of General Evolution* 63(3–4) April–June: 176–193. This paper critically reflects on issues implicated in utilizing complexity in the social domain and sets out complexity-based methods and techniques for undertaking social inquiry.

Schon, D. A. (1984). *The Reflective Practitioner: How professionals think in action*. Farnham: Ashgate Publishing Group. This book provides solid foundations and practical tips for thoughtfully building a reflective practice.

Whybrow, A., Grant, A. M., Palmer, S., & Kemp, T. (2012). 'Editorial: Coaching Psychology Coming of Age' in *International Coaching Psychology Review* 7(1) March 2012: 72–74. This edition of ICPR includes a useful more in-depth discussion about complexity approaches and thinking as applied to Coaching Psychology practice.

参考文献

Allen, P. M. (1998). 'Evolving Complexity in Social Science'. In G. Altmann & W. A. Koch (eds.), *Systems: New Paradigms for the Human Sciences* (pp. 3–38). New York: Walter de Gruyter.

Atkins, P. W. B. (2012). 'Elemental Realism and Pragmatism in Coaching Psychology: Making Our Assumptions Clear' in *International Coaching Psychology Review* 7(1) March: 101–105.

Burkitt, I. (1994). 'The Shifting Concept of the Self' in *History of the Human Sciences* 7(2): 7–28.

Cavanagh, M., & Lane, D. (2012). 'Coaching Psychology Coming of Age: The Challenges We Face in the Messy World of Complexity' in *International Coaching Psychology Review* 7(1) March: 75–90.

Coveney, P., & Highfield, R. (1995). *Frontiers of Complexity*. New York: Ballantine Books.

Dillon, M. (2000). 'Poststructuralism, Complexity and Poetics' in *Theory, Culture & Society* 17(5): 1–26.

Doidge, N. (2015). *The Brain's Way of Healing*. Victoria: Scribe.

Drake, D. (2015). *Narrative Coaching: Principles and Practices for Bringing New Stories to Life*. Petaluma, CA: CNC Press.

Gleick, J. (1998). *Chaos: The Amazing Science of the Unpredictable*. London: Vintage Books.

Heidegger, M. (1966). *Discourse on Thinking* (Trans. J. Anderson & E. Freund). New York: Harper and Row.

Johnson, S. (2001). *Emergence*. London: Allen Lane: The Penguin Press.

Kauffman, S. (1995). *At Home in the Universe: The Search for the Laws of Self-Organisation and Complexity*. Oxford: Oxford University Press.

Kuhn, L. (2002). 'Complexity, Cybernetics and Human Knowing' in *Journal of Cybernetics and Human Knowing* 9(1): 39–50.
Kuhn, L. (2007). 'The daily things we do: Towards global citizenship'. In *Trois religions, un seul homme* (pp. 305–316). Lebanon: Annales de Philosophie & des Sciences Humaines, Universite Saint-Esprit de Kaslik.
Kuhn, L. (2009). *Adventures in Complexity for Organisations Near the Edge of Chaos*. Axminster: Triarchy Press.
Kuhn, L., & Woog, R. (2007). 'From Complexity Concepts to Creative Applications' in *World Futures, the Journal of General Evolution* 63(3–4) April–June: 176–193.
Lewin, R. (1999). *Complexity: Life at the Edge of Chaos*. Chicago: University of Chicago Press.
Mandelbrot, B. (1977). *The Fractal Geometry of Nature*. New York: Freeman.
Morin, E. (1992). 'From the Concept of System to the Paradigm of Complexity' (Trans. S. Kelly) in *Journal of Social and Evolutionary Systems* 15(4): 371–384.
Morin, E. (2008). *On Complexity* (Trans. R. Postel & S. M. Kelly). Chesskill, NJ: Hampton Press.
Schon, D. A. (1984). *The Reflective Practitioner: How Professionals Think in Action*. New York: Basic Books Inc.
Stacey, R. (2012). 'Comment on Debate Article: Coaching Psychology Coming of Age: The Challenges We Face in the Messy World of Complexity' in *International Coaching Psychology Review* 7(1) March: 91–95.
Waldrop, M. (1992). *Complexity*. New York: Simon & Schuster.
Whybrow, A., Grant, A. M., Palmer, S., & Kemp, T. (2012). 'Editorial: Coaching Psychology Coming of Age' in *International Coaching Psychology Review* 7(1) March: 72–74.
Wilson, R. (2013). *Anti-Hero: The Hidden Revolution in Leadership and Change*. London: OSCA.
Wittgenstein, L. (1988). *Tractatus Logico-Philosophicus* (Trans. D. F. Pears & B. F. McGuiness) London: Routledge and Humanities Press International.
Wolfram, S. (2002). *A New Kind of Science*. Champaign, IL: Wolfram Media.
Woog, R. (2004). *The knowing of knowledge*. Working and Learning in Vocational Education and Training in the Knowledge Era, Australian National Training Authority.

第三十二章　组织内部发展教练：迈向教练文化

艾莉森·怀布鲁和埃德·诺丁汉
（Alison Whybrow & Ed Nottingham）

引　言

教练是许多组织环境中的核心和相对稳定的一部分，相信它可以有效地影响个人和组织层面的结果。

在美国排名前100位的公司中，约有90%的组织使用教练（Bono, Purvanova, Towler, & Peterson, 2009）。英国已经报道了类似的水平（Jarvis, Lane, & Fillery-Travis, 2005）。据报道，在全球金融危机之后，教练活动仅减少了10%（CIPD, 2011）。在澳大利亚，许多商业领袖表示使用教练（Leadership Management Australia, 2006）并参与教练活动（McCarthy & Ahrens, 2012）。教练的格局正在发生变化，例如，越来越重视内部教练能力和团队教练（Mann, 2013, 2016），教练被视为一种强大的发展干预措施。

组织中的教练活动并不意味着已经建立了一种教练文化，但可以表明朝着它的出现迈进了一步。"……来自多个反馈循环、行动和反应的共同影响，导致了一种习惯性的互动方式来实现特定结果"（Whybrow & O'Riordan, 2012）。教练文化可能会被注意到：有目的的对话和主动性、更多的对话询问、好奇心、反思性的倾听、持续的反馈和一种可觉察的能量。

在本章中，我们将介绍以下3个方面：
（1）讨论支持教练活动的更广泛领域。
（2）在组织中发展教练的心理学根源。
（3）在组织中建立和发展教练实践。
我们以两个简短的案例研究结束。

组织中教练干预和教练文化的发展

组织越来越需要灵活应对快速变化的环境,创造性地解决问题,并应对风险和不确定性(Caldwell,2006)。过去不能提供未来的蓝图,往往需要一个实验和学习的过程。建立对预设解决方案的遵从性是多余的。领导需要明确一个愿景,并让越来越自力更生的个人朝着这个愿景努力(Griffin,Parker,& Mason,2010)。展望未来,人们将被要求在基于角色的结构而不是基于层次的结构中工作。

在这种情况下,教练提供了一种自适应方法,可以很好地帮助应对本地和全球的复杂性。教练通过共创、对话、意义创造和学习为新思维和新行为创造机会(Soncsh,Coultas,Lacernza,Marlow,Benishek,& Sales,2015;Whitmore,2009;Blakey & Day,2012;Diminovitch,2013)。对教练进行变革的可行性的信念源于以下4个方面。

(1)教练的"契合"在于系统出现的复杂性和人类互动的自组织性质(Cavanagh,2006)。专注于对话,放松内在假设的力量,为想象不同的可能性和学习提供空间,加强关系。教练是优化组织神经网络的一种实用方式(Hawkins,2012),这样它就可以保持和应对世界。

(2)教练在环境中支持个人的能力,例如,增强个人的自我洞察力,以建立个人的机智和韧性,并能够作出进一步的选择和采取行动(如第2节)。培养真正的领导力(Kinsler,2014;Williams & Whybrow,2013),即该领导者发挥自己的优势所需的理想特征。支持纵向发展,培养高情商和成熟的领导者(Kegan,1982;Backhirova,2011;Hawkins,2012)。

(3)团队和小组教练的工作强调了这样一个理念,即任何一部分的成功都取决于整个团队。在这里,教练干预可能更关注目标,关系动态,团队过程,对话和加强工作关系(Hawkins,2011;Clutterbuck,2007;Schein,1998)。

(4)学习型组织的概念(Senge,1994),它促使组织将学习融入员工角色和系统结构中。现在,员工需要对自己的发展负责(St John-Brooks,2014)。

教练活动和方法论可以贯穿于整个组织系统,提供一个指导实现共同成果的综合框架。即使是最简单形式的教练,也有可能影响系统的性能。

理论与基本概念

在个人层面上,对教练影响的研究仍在继续发展。教练与其自身蓬勃发展有关(Spreitzer & Porath, 2014),如韧性、责任心、思维扩展、解决问题的能力、目标承诺(Law & Aquilina, 2013)、技能的提高(De Meuse, Dai, & Lee, 2009)、更高的自我理解能力、应对能力、目标自我调节能力、态度和幸福感(Law & Aquilina, 2013);与可持续学习有关(Wasylyshyn, Gronsky, & Haas, 2006; Kombarakaran, Yang, Baker, & Fernandes, 2008)。

个体教练可能会提高对自我和自我与他人关系的认识,对我们个人内在叙事及其影响的洞察力,以及对我们更深刻的心理模式(在生理和心理上潜意识影响)的了解。通过这种认知,个人能够识别新的叙述和语境,使他们能够作出更有效的选择,找到新的沟通模式,并采取更有效的步骤,在他们当前和想象的未来语境中实现预期的结果。

仅凭不断增加的实证研究就足以引导组织采用教练活动。我们还可以利用更多的理论基础来了解系统层面的教练影响。

工作与工作设计

在1990年代初期,组织希望了解如何提高动态响应能力,从而获得竞争优势(Parker, Wall, & Jackson, 1997)。转变员工的态度被认为是至关重要的(Turnbull, 1986; Taira, 1996)。研究人员证明,可以明确设计角色,以使员工具有更大的内在动力,并通过满足人类对自主性、能力和相关性的基本需求来采取更主动的战略方法(Gagne & Panaccio, 2014)。卡拉塞克和索雷尔(Karasek & Theorell, 1990)的早期工作表明,更大的自主性导致了更大的参与度和积极性,因为员工感到更受重视,他们可以决定使用什么技能来完成特定的任务和成果。更大的自主性还通过学习和知识生成来构建能力,提高系统性能(Wall, Jackson, & Davids, 1992)。自主性加上战略洞察力,形成更大的所有权和责任交付,对组织效率(Parker, Wall, & Jackson, 1997)和个人工作表现、职业成功、创新和生活满意度产生积极影响(Strauss & Parker, 2014)。

在动态和不确定的环境中,不可能预见和预先指定所有需要的条件,员工需要运用自己的主动性并采取自我指导的行动(Griffin, Neal, & Parker, 2007)。个人需要制定目标,收集信息并预测未来,制定和执行计划,最终评估执行情况并收集有关所需调整的反馈(Frese & Fay, 2001)。积极主动性可以通过丰富工作来促进,特别是增加工作的自主性和复杂性(Parker & Wang, 2015)以及支持性的实验(Bindl, Parker, Totterdell, & Hagger-Johnson, 2012)。

卡拉塞克和索雷尔(1990)还发现,积极的工作关系是使员工获得更好的身心健康成果的关键。这些关系包括富有同情心的经理、凝聚的工作团队、信任和"基于个人对集体目标的贡献的社会确认价值的积极认同感"。同样,帕克(Parker)和王(Wang)发现,在做新的事情或不清楚的事情时,存在失败风险和结果含糊不清的地方,个人需要在心理上感到安全(2015)。

工作设计理论和研究为教练活动的组织(如领导者、教练程序)的价值提供了进一步的基础,这些程序嵌入了支持、挑战、自治和学习的原则。

在模糊和复杂的环境中工作

组织经常被等同于复杂的适应性系统(Stacey, 2012)。在这样的系统中,变化是突发性的且不可预测的。更糟的是,麦肯(McCann)和塞尔斯基(Selsky)将超级湍流定义为"当环境需求最终超过共享环境成员的集体适应能力时"(1984),需要全新的策略,根据梅耶(Meyer)、格斯(Goes)和布鲁克斯(Brooks)的"经理……必须发明消除传统、优先和过去实践的纽带的方法"(1995)。一直以来完成事情的方式是特定工业环境和相关思维方式的产物。随着世界变得更加VUCA,这些信念可能会成为生存威胁,因为领导人在过时的旧认知模式下不知道自己不知道。然而,未知并非不可知,它只是存在于现有框架之外(Sternberg, 1990)。扩大框架取决于好奇心和谦卑,摒弃不再满足当前或未来需求的旧习惯,放手去实践(Senge, Scharmer, Jaworski, & Flowers, 2005)。

摆脱传统的束缚需要及时执行,在改变之前充分利用现有的方法,但要尽早改变,以确保领导者和整个组织在面对改变的行业时不会成为过时方法的捍卫者。对于如何使组织中的人员具备处理突发事件的能力,有不同的想法。智慧与宽容和开明有关,在任何特定情况下,都能意识到多种原因和解决方案,意识到矛盾和对立,以及处理不确定性、不一致性、不完美和妥协的能力(Staudinger, 2008);对模棱两可的适应(知道你不知道)和保持对更大愿景和不同结果影响的看法(Sternberg, 1998)。发展复杂的思维习惯(Kuhn, 2012)提供了一个框架,可以促进开放性,减少对事物"应该是什么"的固有执念,或许可以带来更大的智慧。

教练,作为一种旨在促进对新出现的可能性进行对话式探究的方法,为反思、接受和给予反馈以及体验式学习提供空间,并可能支持智慧和复杂思维习惯的增长。

领导力

越来越多的人从人际和关系的角度来看待领导力,强调建立牢固和可信的工作关系,以便员工在更复杂和快节奏的环境中有效工作(Goleman, 2011; Hawkins, 2012)。分布式领导的理念(Bolden, 2007)认为领导是团队过程而不是职位的一种功能(Lawrence, 2015),以及从专家主管到促进者的转变,反映了教练实施的兴起(Tamkin, Hirsh, & Tyers, 2003)。事实上,领导力被描述为影响他人以增强其对实现团队目标贡献的过程(Platow, Haslam, Reicher, & Steffens, 2015)。

变革型领导和真正的领导这两种领导风格与对一致性和目标达成的积极影响密切相关。变革型领导一向倡导"当领导者让员工意识到并接受团队的目标和使命时,当他们激起员工为了团队的利益而超越自身利益的时候,他们就会扩大并提升员工的利益"(Bass, 1990)。在经验丰富的变革型领导的影响下,追随者会感受到更大的参与度并提供更大的自由裁量努力,从而获得更好的绩效(Avolio, 2011)。建议采用变革型领导,以培养自我信念,加强与更广泛的团体目标的联系,发展集体价值观并提高个人贡献(Strauss, Griffin, & Rafferty, 2009)。在工作场所进行教练活动的至少一个目的是改变行为,使受教者对周围的人产生更大的变革性影响(Kochanowski, Seifert, & Yukl, 2010)。

真正的领导力是"人们知道自己是谁,他们的想法以及被他人理解为意识到自己的价值观、道德观念、知识和优势的地方"(Avolio, Luthans, & Walumbwa, 2004)。这是"领导者行为的一种模式,表明自我意识增强,内在道德观,信息的平衡处理和关系透明"(Walumbwa, Avolio, Gardener, Wernsing, & Peterson, 2008)。真正的领导才能建立信任。

最后一个方面是系统领导。领导者的行动不会变得更加有效,除非行动背后的意识和思维发生了转变；要想改变"在那里"的东西，你首先需要改变"在这里"的东西。这需要反思和空间，让改变出现，而学习则需要实践（Senge，Hamilton，& Kania，2015）。

教练式领导力计划是一种发展自我认知、自我管理和人际交往能力的方法，使领导者能够在更复杂、不确定和模糊的环境中更熟练地领导，拥有更大的自主权。其目的是提高对话质量，提高领导者的领导力（Lawrence，2015）。此外，此类计划还可以促进反思领导的发展，他们更有可能倾听，给出反馈并针对更大的图景框架提出问题（Lawrence，2015）。

回顾这些基础，教练活动的兴起和努力建立教练文化就不足为奇了。

实　践

培育教练文化是一项艰巨的任务。该策略必须灵活，应经常重新审视，必要时进行调整（Power，2015）。

斯涅克（Sinek，2009）的框架在发展教练文化时非常有用，它指出了在整个体系中建立一致的关键因素。

（1）为什么：教练的目的是什么？教练活动如何与更大的目标保持一致？

（2）如何做：客户有意设计有条件的教练活动以支持新兴文化的条件时需要考虑哪些原则？

（3）内容：为使教练体系得以蓬勃发展的系统提供完整性，需要进行哪些教练活动？

当管辖区域本身紧急和模棱两可时，这种统一的水平可以使情况变得清晰、信任并具备指导框架。

为什么

客户希望通过教练实现什么？客户组织在全球范围内将产生什么不同？包含教练原则的文化将如何实现这一目标？与业务战略紧密联系在一起时，教练文化的发展就更有可能并且更加强大。"为什么进行教练"问题清单（LaMarsh &

Associates，2005；参见方框32.1），开始建立必要的战略基础，以建立教练文化（Hawkins，2012）。

方框32.1　"为什么进行教练"问题清单

(1) 教练服务的商业目的是什么？
(2) 为什么要开始教练之旅？
(3) 您想实现什么？
(4) 如果您未成功引入教练会怎样？
(5) 是什么力量（内部和外部）驱使您将教练整合到您的业务实践中？
(6) 为什么不早点采取行动？
(7) 您要花多少时间才能避免对组织造成负面影响？

（LaMarsh & Associates，2005）

倘若没有这种关注，虽然教练可能会在某些领域产生积极影响，但更广泛的系统性转变就很难确定（Evans，2011）。此清单的答案不可直接移植；在一个组织中运转顺利的事物不太可能直接适用于另一个组织的文化（Whybrow & O'Riordan，2012；St John-Brooks，2014）。

一个共同的、明确的战略和目标的重要性值得强调。清晰的思维和对话可以塑造一个故事，并为其他人提供一条可以轻易选择加入的路径。

为了进一步阐述教练的愿景，我们可以利用以解决方案为中心的教练方法来创建一个丰富的图景，包括客户组织的细节：

(1) 您对教练的愿景是什么？
(2) 您现在所处的进度在哪儿？

这为未来的进程提供了有用的范围。通过探索实现愿景所需的结构、过程、人员和文化，可以进一步奠定愿景的基础（见图32.1）。

进行范围界定时，记住"文化不仅存在于组织内部，而且更重要的是存在于所有关键利益相关者（品牌）的关系模式中"（Hawkins，2012）。您的目标和当前状态，为您提供一条可能的前进之路。

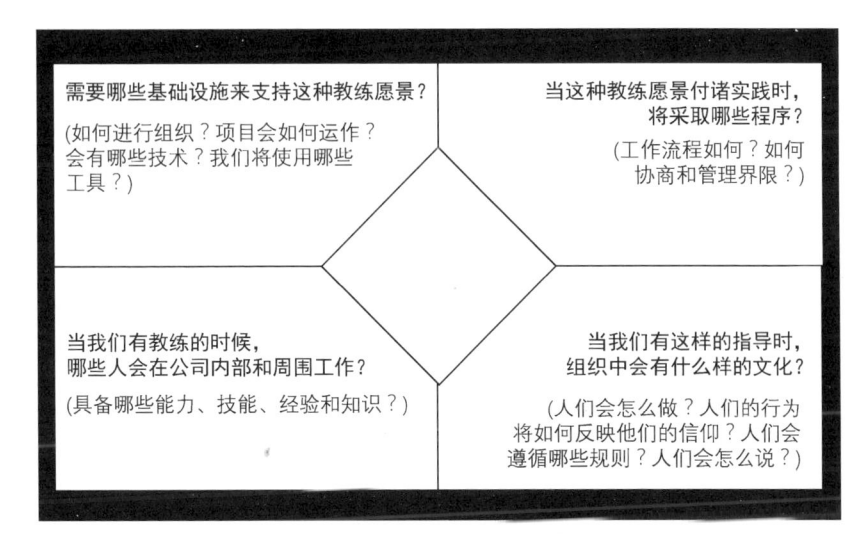

需要哪些基础设施来支持这种教练愿景？ （如何进行组织？项目会如何运作？会有哪些技术？我们将使用哪些工具？）	当这种教练愿景付诸实践时，将采取哪些程序？ （工作流程如何？如何协商和管理界限？）
当我们有教练的时候，哪些人会在公司内部和周围工作？ （具备哪些能力、技能、经验和知识？）	当我们有这样的指导时，组织中会有什么样的文化？ （人们会怎么做？人们的行为将如何反映他们的信仰？人们会遵循哪些规则？人们会怎么说？）

图 32.1　教练愿景的映射框架

如何做

客户需要如何应用和嵌入哪些原则才能使教练文化出现、繁荣并达到最初的目的？在工作和工作设计、复杂性、不确定性和领导力等领域的研究基础上，嵌入教练的做法可能会有效地反映教练本身的原则。

结构和过程

从元理论的角度来看，促进自主、选择和"整体"发展的结构，与教练哲学非常契合。

建立联盟，发起倡议

高级赞助对于在组织中引入教练是至关重要的，也许只是有助于公开预算，甚至不必启动该计划（Whybrow & O'Riordan, 2012）。在后英雄领袖时代，随着系统化领导方法的发展，将注意力更多地放在本地赞助者，而非过多地关注高级赞助者。当涉及转变行为时，本地行动比整个组织对教练的信念更具影响力："一个有幸从其领导那里接受教练辅导的经理最有可能效仿该方法，并反过来为他/她的直线下属提供教练辅导"（Blessing White, 2016）。

拉与推

对于大多数组织而言，教练是一种明确的非指导性方法（Mann, 2016）。鉴于此，将组织中的教练文化贯穿于企业,点燃激情并追随能量,被认为是一种可靠的方式(Whybrow & O'Riordan, 2012)。随着动力的积聚和教练的主动性逐渐达到临界点,事情开始成形并迅速发展。更有力、更协调地推动可能会产生积极的影响,而且随着对教练价值的认可和需求的出现,也可能需要这样的推动。

合约

在任何教练干预中,所有形式的签约都是至关重要的。在组织系统中,重要的是要阐明以下6个方面:

(1) 可以使用哪些教练资源,哪些是不可忽略的,以及如何收集和整合学习内容。

(2) 何时以及如何涉及学习与发展(L & D)和人力资源(HR)功能。

(3) 谁拥有教练。

(4) 如何给内部教练的身份确定边界。

(5) 如何访问内部教练。

(6) 存在哪些保密边界以实现信任和透明性。

与任何教练关系一样,签约是一个动态过程,需要重新审视。

共同创造与合作

教练是一项共同创造的活动。教练技术和方法的哲学根源是参与性、对话性、突发性和促进学习性。共同创造更广泛的主动性和允许突发性对教练文化的发展很重要。

创建学习基础设施

教练是一种学习干预(Wang, 2013)。在系统层面,创建一个学习基础框架(例如,通过监督结构、同伴学习和内置反馈回路支持内部教练)将实验思维嵌入教练结构,并允许有意收集组织建议。

注意影响

由于组织中的教练是由企业推动的,因此,关注教练的影响很重要,这有助于持续不断地关注和投入。教练的措施可能包括:实现目标、受教者的推荐和受教者对教练过程的满意度。尽管主观性很强,但受教者的满意度会影响教练的结果(Boyce, Jackson & Neal, 2010)。与正式签约的教练安排不同,非正式安排的影响(例如,一些点对点教练或领导者作为教练计划)不会受到影响。一些人采用了更多的系统级度量

（如参与度度量）。衡量投资的财务回报率（RoI）是一个挑战，但往往是一个焦点；不存在一个简单的衡量标准（Hofmans，2017）。与刚刚起步的组织相比，教练发展良好的组织对财务投资回报率的关注要少得多（Mann，2016）。

专家领导

教练干预需要教练方面的专业知识以取得最大的成功。有很多经验丰富的从业者采用了全系统方法，从中汲取了教训。无论是外部引进还是内部开发，将教练视为另一种训练技能或仅仅作为L＆D干预手段，都会限制其价值。

做什么

要使教练达到期望的结果需要采取什么措施？奥里奥尔丹（O'Riordan，2012）对组织中的教练活动进行了以下的广泛分类。

（1）教练作为产品：内部或外部教练建立正式的一对一或团队教练关系。

（2）教练作为一种风格：教练原则被整合到组织行为和互动方式中。

（3）教练基础设施：嵌入组织结构中（如教练督导、奖励和认可结构的转变）。

我们仅列出了以下一些关键活动。

教练产品

（1）内部教练为教练文化的发展作出了重要贡献（Mann，2016）。教练提供的快速增长领域，通常被设计为"由组织支持并由被信任的教练提供的一对一发展干预措施，这些被信任的人可以制定并交付产生个人专业成长的计划"（Frisch，2001）。内部教练不在或"不应该"在他们所教练的人员的指挥链中（Frisch，2001），并可能不应该与其客户在组织的同一部门工作（St John-Brooks，2014）。另一个好处是，教练与受教者一起学习（Mukherjee，2012），被称为"乘数效应"（St John-Brooks，2014）。

（2）外部教练带来了广泛背景下的经验；它们不受领导者所在的组织框架的运作限制。假定高层领导者更有可能与组织系统外部的某人共享有关他们自己和业务的机密信息，从而促进更大的诚实度和"更纯洁"的教练关系。就教练技巧而言，内部和外部的专业教练是无法区分的。正是他们在组织体系中的地位，往往决定了选择哪种类型的教练更合适。

（3）团队和团体教练分别占组织提供的教练的10%和5%；大多数人希望这些数

字,特别是团队教练的数量会增加(Mann,2016)。总体而言,团队教练是针对具有共同目标的团队进行的集体干预。小组教练是指个人与不一定认识或与之共事的人接受教练;这可以提供更丰富、多角度的学习体验。

将教练作为一种风格

教练技巧被整合到员工的人际交往中,从而成为多重互动中的一种选择。作为教练计划中的领导者,领导者和管理者接受教练来指导他们的团队,是影响组织文化的一种关键方法(Anderson & Anderson,2004)。这些方案将人际技能发展领域(如建立融洽关系、反馈技能、倾听、沟通)整合为一种结构化、系统性的活动模式,并与发展领导者和管理者与绩效相关的对话技能(如目标设定、创意产生、意识、责任)相结合。为了使领导成为有效的教练型领导,他们在建立教练关系时必须高度敏感和有同理心,了解权力关系并明确其角色界限(Spaten & Flensborg,2013)。教练型领导不是没有议程的,他们的议程是领导者的有效表现和目标实现。教练型领导与他们的直线下属一起工作,其角色与内外部教练是不同的。

教练基础设施

无论是小组督导,一对一督导,学习社区还是实践社区,教练督导在教练和系统开发与学习方面都是无价的。

建立以教练为中心的结构和流程,可以加强教练的技能和习惯,从而建立更深厚的基础。例如,组织当下更有可能将行为指标纳入绩效考核重点,而任何绩效指标的很大一部分都是通过"人们"如何互动来评估的。

必须强调的是,引入与教练相关的活动与拥有教练文化并不相同。建立教练文化是一个永无止境的旅程,并非询问成功,而是问:"组织是否已建立正确的对话流程,以确保在应对当前挑战时文化和战略保持一致"?(Lawrence,2015)

哪类受教者获益最大?

所有组织都可以从一些教练活动中受益;但是,没有一个可以一概而论。教练活动只是组织更广泛的学习结构的一部分,需要整合在一起作为学习干预措施的组合,以产生最大的影响。教练文化的发展并不一定是所有组织行动的方向。教练活动的复杂性和深度可能取决于规模、市场特征和组织活动的范围,其中包括模糊性、不确定性、复杂性和波动性。

案例研究

下面分享了两个简短的案例研究,每个案例都说明了在组织中应用教练的不同历程和背景。

案例研究 1:毕马威中的教练

该案例研究提供了对高度实用和系统的教练整合的见解,该教练整合到了总部位于英国且属于全球网络一部分的四大会计师事务所之一。该案例研究由英国专业技能培训中心(CoE)分享。

毕马威(KPMG)已有 20 年的历史,其教练业务不断涌现。"一位热心的人民社区教练赞助人使用了一种'拉动策略',每个业务部门都被问到:为什么这对你重要?把它投资到你想要的水平,你觉得这样如何?"教练的进步得益于真正的企业所有权和绝对的商业议程。但是,这种本地主导的方法可能意味着整个英国公司都无法以一致的方式提供教练服务。"2016 年 11 月,我们成立一个团队和一个专业知识中心,成为一项独立的英国学习职能的一部分。现在我们可以很清楚地知道,我们通过制定与我们的业务相适应的教练计划,为企业的所有部门提供了相同水平的服务、更广泛的学习和人才战略。"

CoE 教练随环境而变化并不断发展。"……我们对教练没有一个单一的定义,大多数人(除了教练之外)都不会太在意叫什么,只要你所做的是有帮助的。"但是,我们已经开发了一个框架,可以理解不同类型的教练角色,从教练式的谈话一直到专业的心理辅导。这有助于确定专业教练、领域专家或直线经理领导的教练最适合应用于何处。我们比客户或领导更多地使用这个框架。

为什么教练对毕马威仍然很重要?

"我们生活在一个动荡、不确定、复杂和模糊的世界。因此,管理模糊性和复杂性是我们员工的核心技能。如果我们能进行一次更巧妙的反思性对话,让他们学会如何倾听并有效地挑战,他们将成为更好的领导者,他们也将对客户做同样的事情,成为更强的顾问。如果我们改变(合伙人和员工正在进行的)谈话,我们就会改变文化。"

"我们认为,'教练文化'对于专业咨询公司很重要,[教练技能]是我们开展业务的一部分。在伙伴关系中,信任就是一切,[教练]是营造氛围和在内部以及与客户之间建立信任的一系列对话,使我们能够处于持续学习模式中。"

"越来越多的合作伙伴开始意识到,教练是他们与客户合作所需要的技能……我们的监管者会重视以教练为导向的文化,因为这是一种使得人们可以更加诚实和透明的文化。但是,作为一个团队,我们不是为了自身而培育教练文化。我们的关键问题是'教练技能或教练服务可以通过什么方式帮助我们建立企业所要营造的文化'。"

有哪些角色?

(1) 内部专业高管教练负责大部分教练工作,为发展、转型或思考伙伴关系工作和系统性团队教练提供与合伙人/高管一对一的教练活动。他们还参与为从事教练活动的企业人员建立一致性和社区意识,并参与建立教练能力,发展他人的教练技能。

(2) 外部教练,适合于一对一教练,并与内部专业教练合作进行团队教练。

(3) 助理教练,每月最多教练2天员工,专门从事如父母教练、新任主管聘用、主管转型支持以及发展计划追踪的教练等领域。

(4) 业务发展教练,具有业务发展关键技能的人员,他们就最佳实践向他人提供教练,并在培训计划后嵌入学习和行为改变。

所有正式的教练角色均由不同级别的一对一支持和根据需要设计的小组督导或学习结构支持。

从战术到战略，教练镜头都可以带来作为业务推动者的价值。CoE 教练非常重要，可以为干预提供信息并参与围绕变革的战略发展。

重大事件

影响教练出现的因素包括一些意想不到的天赋。决定使用教练来"创造美好，伟大"意味着教练成为支持领导向主管和合伙人转变的核心活动。"这可以让你的工作很快地在企业的高级利益相关者中显现出来。对教练的需求不断增长，并融入到支持我们的人才议程的各种过程中。我们支持的那些担任高级职务的人和合伙人现在都是教练倡导者。"

整合外部教练提供者，明确的内部教练提议以及明确的预算批准流程是毕马威教练发展的另一个关键阶段。"我们与财务部门建立了密切的关系，使我们能够就业务教练方面的实际情况提高透明度。"

教练对人才、保留率和绩效有多重影响。"我们知道我们一直聘用有价值的人才。我们使个人能够在新的职位上表现出色并更快地获得成功。我们所做的很大一部分是联系，帮助我们的客户通过更系统地看待事物来理解整体。像我们现在这样在整个行业工作，我们有一个很少有人拥有的视角。我们知道发生了什么、战略议程和计划中的变化，而且我们知道实地正在发生的事情以及人们的感受。"

教练的影响不仅在于毕马威的教练如何对待个人或团队客户，还在于他们分享什么。

"和大多数业内人士一样，当我们对结果进行一些评估和衡量时，我们需要不断回顾和改进。企业直接看到并'获得'好处，因此我们将注意力集中在了解教练的背景，以及我们如何才能最好地改进我们的实践，并告知我们周围的系统。我们的学习和见解将与我们的主要利益相关者/领导者分享。这种无形的价值是真正值得欣赏的。"

案例研究 2：VMware 教练

该案例研究将教练带入了一家总部位于美国、拥有 20 年历史的全球技术销售公司中，该业务每季度提供一次报告，欧洲、中东和非洲地区全球人力资源开发部的卢卡·斯蒂格利亚诺（Luca Stigliano）分享了在 VMware 担任教练的经历。

在经历了一段非常积极的增长期后，该市场在业务增长和人才保留方面的竞争日益激烈。2015 年，欧洲、中东和非洲地区引入了教练，以教练领导者和管理者的教练技能，支持更广泛的业务转型，从以产品为导向的销售转变为解决方案为导向的销售，并伴随着管理人员的专业化。

业务转移要求员工拥有更大的自主权，与客户合作，并培养跨内部职能部门、跨业务规程协作以及处理复杂问题的技能。为了实现这一目标，需要一种授权型的管理风格。

我们有优秀的个人贡献者，但作为管理人员时仍以个人贡献者的身份运作。告诉人们该做什么。我们需要把他们转移到优秀的人员管理方向，让他们有能力发挥团队的创造力和智慧，管理他们的发展和销售活动。通过告知式管理是不可行的。专业的管理并不是一件偶然发生的事情。

在业务和人力资源职能部门高层的支持下，全球开发团队创建了一个高度实用、务实的体验式教练计划，为管理人员提供教练技能培训。最初专注于 EMEA 地区，如今已在亚太地区和美国进行推广。

我们已经与人力资源业务合作伙伴合作，为他们提供了有关教练的工具，并与领导者们一起合作。教练元素已引入解决方案销售中，并作为一种方法或风格引入了销售领域。

250 名经理已经开始了正式的绩效教练计划（占 EMEA 管理人员的 50%），其中 43 名经理已经完成，11 人完成了额外的教练计划，让他们能够指导团队以外的员工，使他们成为更好的教练型领导。

我们已经将注意力转移到公司的教练上。我们将在任何可能的时候引入教练，并在核心框架中建立一致性。例如，GROW 框架作为在我们的指导和教练计划中保持一致的基础。

关键时刻发生在 2016 年初。我们不再将评级作为我们绩效评估的一部分，而是更加依赖于全年的谈话质量。与系统中的其他检查一样，影响也体现在我们对 VMware 结果的评价中。

我们很少有外部教练的案例，也许总共有五个人接受外部教练。外部专业人员的教练可能占管理人员总数的 1%—2%，可能是在更换职位时或确实面临困难时。我们的重点是使经理和领导者能够很好地管理团队。我们不想产生对外部教练的需求，也不想建立内部的专业教练团队。

在这里，我们将经理看作广泛影响人们生活的人群，他们有责任照顾在公司工作的人，帮助他们找到意义，让他们从事重要而有意义的工作而不仅仅是提高生产力。

我们已经完成了 40% 的进程。在系统和工具上有很多工作要做；我们在数据分析和测量方面仍在采取一些小步骤。总的来说，人们对指标和影响度量的关注度正在增长，我们必须对此予以关注。

挑战之一是如何保持和刷新，保持新习惯，而不是退回到旧习惯。

讨论要点

1. 你的组织中正在开展哪些教练活动？在本章的基础上，你需要注意什么？

2. 为什么你会考虑一种融合教练原则的文化？对于你的操作方式，你觉得可以做什么、可以实现什么、产生什么影响？拥有教练文化会对企业产生什么影响？你将如何衡量？

3. 从一端的无教练活动到另一端的公认的教练文化，你是在哪个地方？

4. 对你和你的组织来说，从教练中获得最大收益的潜在症结是什么？

推荐阅读

Hawkins, P. (2012). *Creating a coaching culture: Developing a coaching strategy for your organisation.* Maidenhead, UK: Open University Press.
Whitmore, J. (2009). *Coaching for performance: Growing human potential and purpose: The principles and practices of coaching and leadership* (4th Edition). London: Nicholas Brealey Publishing.
St John-Brooks, K. (2014). *Internal coaching: The insight story.* London: Karnac Books.
Potts, R., & LaMarsh, J. (2004). *Master change, maximize success: Effective strategies for realizing your goals.* Vancouver: Duncan Baird Publishing.

参考文献

Anderson, D. L., & Anderson, M. C. (2004). *Coaching that counts: Harnessing the power of leadership coaching to deliver strategic value.* Oxford, UK: Elsevier Butterworth-Heinemann.
Avolio, B. J. (2011). *Full range leadership development* (2nd Edition). London: Sage.
Avolio, B. J., Luthans, F., & Walumbwa, F. O. (2004). *Authentic leadereship: Theory building for veritable and sustained performance.* Lincoln, NE: Gallup Leadership Institute.
Backhirova, T. (2011). *Developmental coaching: Working with the self.* Berkshire, UK: Open University Press.
Bass, B. M. (1990). From transactional to transformational leadership: Learning to share the vision. *Organizational Dynamics, 18* (3), 19–31.
Bindl, U. K., Parker, S. K., Totterdell, P., & Hagger-Johnson, G. (2012). Fuel of the self-starter: How mood relates to proactive goal regulation. *Journal of Applied Psychology, 97,* 134–150.
Blakey, J., & Day, I. (2012). *Challenging coaching: Going beyond traditional coaching to face the facts.* London: Nicholas Brealey Publishing.
BlessingWhite. (2016). *The coaching conundrum: Coaching in the post-performance-assessment era.* Hamilton, NJ: Blessing-White Consulting.
Bolden, R. (2007). Trends and perpsectives in managemenet and leadership development. *Business Leadership Review, 4,* 1–13.
Bono, J. E., Purvanova, R. K., Towler, A. J., & Peterson, D. B. (2009). A survey of executive coaching practices. *Personnel Psychology, 62* (2), 361–404.
Boyce, L. A., Jackson, R. J. & Neal, L. J. (2010). Building successful leadership coaching relationships: Examining impact of matching criteria in a leadership coaching programme. *Journal of Management Development, 29* (10), 914–931.
Caldwell, R. (2006). *Agency and Change.* Hove, UK: Routledge.
Cavanagh, M. (2006). Coaching from a systemic perspective: A complex adaptive conversation. In D. R. Stober, & A. M. Grant (eds.), *Evidence based coaching handbook* (pp. 313–354). Hoboken, NJ: John Wiley & Sons.
CIPD. (2011). *The coaching climate.* London: Chartered Institute of Personnel Development.
Clutterbuck, D. (2007). *Coaching the team at work.* London: Nicholas Brealey International.
De Meuse, K., Dai, G., & Lee, T. (2009). Evaluating the effectiveness of executive coaching: Beyond ROI. *Coaching: An International Journal of Theory, Research and Practice, 2* (2), 117–134.
Diminovitch, D. (2013, February 22nd). *Edie Seashore: On Coaching.* Retrieved May 24th, 2016, from Library of Professional Coaching: http://libraryofprofessionalcoaching.com/applicationsuses/organization-development/edie-seashore-on-coaching/
Evans, N. J. (2011). The argument against coaching cultures. *International Jounal of Coaching in Organizations, 8* (2), 35–48.
Frese, M., & Fay, D. (2001). Personal initiative: An active perforamnce concept for work in teh 21st century. *Research in Organizational Behavior, 23,* 133–187.
Frisch, M. (2001). The emerging role of the internal coach. *Consulting Psychology Journal: Practice and Research, 53,* 240–250.
Gagne, M., & Panaccio, A. (2014). The motivational power of job design. In M. Gagne (ed.), *The Oxford handbook of work engagement, motivation and self-determination theory* (pp. 165–180). New York: Oxford University Press.

Goleman, D. (2011). *Leadership: The power of emotional intelligence.* Northampton, MA: More Than Sound.
Griffin, M. A., Neal, A., & Parker, S. K. (2007). A new model of work role perforance: Positive behavior in uncertain and interdependent contexts. *Academy of Management Journal, 50* (2), 327–347.
Griffin, M. A., Parker, S. K., & Mason, C. M. (2010). Leader vision and the development of adaptive and proactive performance: A longitudinal study. *Journal of Applied Psychology, 95* (1), 174–182.
Hawkins, P. (2011). *Leadership team coaching: Developing collective transformational leadership.* London: Kogan Page.
Hawkins, P. (2012). *Creating a coaching culture: Developing a coaching strategy for your organisation.* Maidenhead, UK: Open University Press.
Hofmans, W. J. (2017). ROI: A waste of our time? *Coaching at Work, 12,* 42–45.
Jarvis, J., Lane, D., & Fillery-Travis, A. (2005). *Making the case for coaching: Does it work.* London: Chartered Institute of Personnel and Development.
Karasek, R., & Theorell, T. (1990). *Healthy work: Stress, productivity and the reconstruction of working life.* New York, NY: Basic Books.
Kegan, R. (1982). *The evolving self: Problem and process in human development.* Cambridge, MA: Harvard University Press.
Kinsler, L. (2014). Born to be me . . . who am I again? The development of authentic leadership using evidence-based leadership coaching and mindfulness and. *International Coaching Psychology Review, 9* (1), 92–105.
Kochanowski, S., Seifert, C. F., & Yukl, G. (2010). Using coaching to enhance the effectiveness of behavioural feedback to managers. *Journal of Leadership and Organisational Studies, 17* (4), 363–369.
Kombarakaran, F. A., Yang, J. A., Baker, M. N., & Fernandes, P. B. (2008). Executive coaching: It works!. *Consulting Psychology Journal: Practice and Research, 61,* 78–90.
Kuhn, T. (2012). Epistemological reflections on the complexity sciences and how they may inform coaching psychology. *International Coaching Psychology Review, 7* (1), 114–118.
LaMarsh & Associates. (2005). *Master of managed change TM.* Chicago, IL: LaMarsh & Associates.
Law, H., & Aquilina, R. (2013). Developing a healthcare leadership coaching model using action research and systems approaches: A case study: Implementing executive coaching to support nurse managers achieve organisational objectives in Malta. *International Coaching Psychology Review, 8* (1), 54–71.
Lawrence, P. (2015). Building a coaching culture in a small Australian multinational organisation. *Coaching: An International Journal of Theory, Research and Practice, 8* (1), 53–60.
Leadership Management Australia. (2006). *The L.E.A.D. survey 2005/6.* Melbourne: Leadership Management Australia.
Mann, C. (2013). *The 5th Ridler Report: Trends in the use of executive coaching.* London: Ridler & Co.
Mann, C. (2016). *The 6th Ridler Report: Strategic trends in the use of coaching.* London: Ridler & Co.
McCann, J. E., & Selsky, J. (1984). Hyperturbulence and the emergence of type 5 environments. *Academy of Management Review, 9,* 460–470.
McCarthy, G., & Ahrens, J. (2012). How and why do managers use coaching skills? In G. Heaslip, & R. Galavan (eds.), *Proceedings of the Irish academy of management conference 2012.* Maynooth, Ireland: Irish Academy of Management.
Meyer, A. D., Goes, J. B., & Brooks, G. R. (1995). Organizations reacting to Hyperturbulence. In G. P. Huber, & W. H. Glick (eds.), *Organizational change and redesign: Ideas and insights for improving perforamnce* (pp. 66–111). New York: Oxford University Press.
Mukherjee, S. (2012). Does coaching transform coaches? A case study of internal coaching. *International Journal of Evidence Based Coaching and Mentoring, 10,* 76–87.
Parker, S. K., Wall, T. D., & Jackson, P. R. (1997). 'That's not my job': Developing flexible employee work orientation. *The Academy of Management Journal, 40* (4), 899–929.
Parker, S. K., & Wang, Y. (2015). Helping people to 'make things happen': A framework for proactivity at work. *International Coaching Psychology Review, 10* (1), 62–75.
Platow, M. J., Haslam, S. A., Reicher, S. D., & Steffens, N. K. (2015). There is no leadership if no-one follows: Why leadership is necessarily a group process. *Internaional Coaching Psychology Review, 10* (1), 20–37
Power, F. (2015, December). Creating a coaching culture: Can training managers to coach their teams result in a coaching culture that will increase employee engagement. Cork.
Schein, E. H. (1998). *Process consultation revisited: Building the helping relationship.* Boston, MA: Addison Wesley Longman.
Senge, P. M. (1994). *The fifth discipline: The art and practice of the learning organization.* New York: Doubleday/Currency.
Senge, P. M., Hamilton, H., & Kania, J. (2015, Winter). The dawn of systems leadership. *Stanford Social Innovation Review, 29.*
Senge, P. M., Scharmer, C. O., Jaworski, J., & Flowers, B. S. (2005). *Presence: Exploring profound change in people, organizations and society.* London: Nicholas Brealey Publishing.
Sinek, S. (2009). *Start with why: How great leaders inspire everyone to take action.* London: Penguin.
Sonesh, S., Coultas, C. W., Lacernza, C. N., Marlow, S. L., Benishek, L. E., & Sales, E. (2015). The power of coaching: A meta-analytic investigation. *Coaching: An International Journal of Theory, Research and Practice, 8* (2), 73–95.

Spaten, O. M., & Flensborg, W. (2013). When middle manageres are doing employee caohcing. *International Coaching Psychology Review, 8* (2), 18–39.

Spreitzer, G. M., & Porath, C. (2014). Self-deterination as a nutriment for thriving: Building an integrative model of human growth at work. In M. Gagne (ed.), *The Oxford handbook of work engagement, motivation and self-determination theory* (pp. 245–258). New York: Oxford University Press.

Stacey, R. (2012). *Tools and techniques of leadership and management: Meeting the challenge of complexity.* London: Routledge.

Staudinger, U. (2008). A psychology of wisdom: History and recent developments. *Research in Human Development, 5* (2), 107–208.

Sternberg, R. J. (1990). *Wisdom: Its nature, origin and development.* New York: Cambridge University Press.

Sternberg, R. J. (1998). A balance theory of wisdom. *Review of General Psychology, 2,* 347–365.

St John-Brooks, K. (2014). *Internal coaching: The insight story.* London: Karnac Books.

Strauss, K., Griffin, M. A., & Rafferty, A. E. (2009). Proactivity directed toward the team and organisation: The role of leadereship, commitment and confidence. *British Journal of Management, 20,* 279–291.

Strauss, K., & Parker, S. K. (2014). Sustainable proactivity in the workplace. In M. Gagne (ed.), *The Oxford Handbook of work engagement, motivation, and self-determination theory* (pp. 50–71). New York: Oxford University Press.

Taira, K. (1996). Compatibility of human resource management, industrial relations and engineering under mass production and lean production: An exploration. *Applied Psychology, 45* (2), 97–117.

Tamkin, P., Hirsh, W., & Tyers, C. (2003). *Chore to champions: The making of better people managers.* Brighton: The Institute for Employment Studies.

Theeboom, T., Beersma, B., & van Vianen, A. E. (2013). Does coaching work? A meta-analysis on the effects of coaching on individual level outcomes in an organzational context. *Journal of Positive Psychology, 8* (6), 174–196.

Turnbull, P. (1986). The 'Japanisation' of production and industrial relations at Lucas electrical. *Industrial Relations Journal, 17,* 193–206.

Wall, T. D., Jackson, P. R., & Davids, K. (1992). Operator work design and robotics system performance. *Journal of Applied Psychology, 77,* 353–362.

Walumbwa, F. O., Avolio, B. J., Gardener, W. L., Wernsing, T. S., & Peterson, S. J. (2008). Authentic leadership: Development and validation of a theory based measure? *Journal of Management, 34–*89.

Wang, Q. (2013). Towards a systems model of coaching for learning: Empirical lessons from the secondary classroom context. *International Coaching Psychology Review, 8* (1), 35–53.

Wasylyshyn, K. M., Gronsky, B., & Haas, W. (2006). Tigers, stripes and behaviour change: Survey results of a commissioned coaching programme. *Consulting Psychology Journal: Practice and Research, 58,* 65–81.

Whitmore, J. (2009). *Coaching for performance: Growing human potential and purpose: The principles and practices of coaching and leadership* (4th Edition). London: Nicholas Brealey Publishing.

Whybrow, A., & O'Riordan, S. (2012). Developing a coaching culture at work. In M. Neenan, & S. Palmer (eds.), *Cognitive behavioural coaching in practice* (pp. 203–236). London: Routledge.

Williams, A., & Whybrow, A. (2013). *The 31 practices: Release the power of your organisations values every day.* London: LID.

第三十三章 领导力和高管教练

维姬·埃兰-戴森、达莎·格拉夫纳、艾莉森·怀布鲁和斯蒂芬·帕尔默
(Vicky Ellam-Dyson, Dasha Grajfoner, Alison Whybrow, Stephen Palmer)

引 言

领导力教练和高管教练的术语经常互换使用。两者都涉及与处于领导地位的个人合作,尽管高管教练经常被用来描述与担任更高级职位的领导者进行的教练。在本章中,我们使用"领导力和高管教练"一词作为"总括",我们使用缩写 LEC 来引用它。虽然与其他类型的教练有相似之处(如基于相互信任和尊重的关系、探索新闻的思维方式和行为),但 LEC 有一些关键的区别。例如,与职业教练或个人发展教练相比,LEC 的目的和结果有望得到更远的影响。与领导者一起教练的目的是开发思维方式和行为方式,不仅影响自身,而且影响整个系统(如组织、员工、供应链、客户和其他利益相关者)。

本章将心理学理论与实践应用相结合,探讨 LEC 中的领导力培养和心理学在领导力培养中的作用。我们首先概述了当今培养领导者的核心考虑因素,以及在转向心理基础和对实践的意义之前,教练心理学如何发展以应对新的挑战。我们以一个说明性的案例研究结束。在篇幅有限的情况下,我们借鉴了关键要素,而不是详尽的回顾。最后,我们提供进一步阅读的资源,包括阅读领导力心理学(Haslam, Reicher, & Platow, 2011)。

发展领导力和高管教练

LEC 可以追溯到 20 世纪 40 年代,当时心理学家在企业内部工作以提高个人绩效

(Flory,1965;Kilburg,1996)。"教练"这个词被认为比"协商"或"咨询"威胁性低(Kilburg,2000)。领导力教练在20世纪90年代获得了相当大的发展势头,此后发展迅速。例如,在领导与管理研究所(ILM,2011)的一项调查中,有报告称,在拥有2000多名员工的组织中,91%的组织将教练作为员工发展的一种方法,其中中高级管理人员和董事占受教者的85%。最新的Ridler报告表明,LEC继续加强和发展(Mann,2016)。

自这些以来,LEC得到了显著的发展。随着商业环境的发展,领导者的角色变得越来越复杂(Seijts,Billou,& Crossan,2010),与领导者的教练必须转变方向,从目标实现转向复杂和不确定性的工作。教练的内容包括个人或自我发展、发展他人以及鼓励和协助领导了解。

（1）影响和塑造其组织的相互关系和联系。

（2）影响周围系统和他们领导的系统（追随者）中的角色。

（3）作为领导者,他们是如何通过周围的系统和人员受到影响的。

在这种更加复杂和不确定的环境中,重要的是要了解领导者的要求,什么构成有效的领导力,甚至是无效的领导力,以及如何干预和应对领导者面临的挑战。

理论和基本概念

"优秀"领导力的变化故事

100多年来,领导力研究一直试图揭开优秀领导力的秘密。从19世纪末到20世纪中叶,领导力研究是由特质理论家主导的(Cowley,1931)。他们相信领导者是天生的,个人特征是有效领导的关键预测因素。基于特质的研究结果高度不一致,并且人格本身可以预测有效性的观点受到挑战(Colbert,Judge,Choi,& Wang,2012)。20世纪50年代出现了一个新的焦点,研究人员致力于确定强有力领导所需的具体行为。行为分为两大类：关系导向型（影响追随者之间关系的行为）和任务导向型（促进追随者完成任务和实现目标的行为）(Vroom & Jago,2007)。这些类别构成了许多后续行为模式的基础,包括一贯流行的全方位模式,其中包括跨形式（面向关系）和事务（面向任务）风格(Bass & Avolio,1995)。一些研究者关注领导的个性和行为方面,而另一些研究者则认为有效的领导取决于一个人所处的环境（Fiedler，1967；Lowin & Craig，1968；Perrow，1970）。情境领导理论指出，领导者必须调整自己的特征和行为，以适应不同的情况，才能有效，包括适应不同的追随者需求（Hersey & Blanchard，1982）。承认领导中情境重要性的其他理论包括权变理论（Fiedler，1972）、路径目标理论（Evans，1970；House，1971）和社会心理学理论（Haslam，Reicher，& Platow，2011）。

技术的进步，从工业时代到知识时代的转变以及全球化导致了新的组织格局和领导要求的进一步变化（Uhl-Bien，Marion，& McKelvey，2007）。有效领导力的观念必须超越侧重于个人特征和处境，而要理解领导者如何适应工作场所的教学、共享、关系、战略、全球和不断变化的特征（Avolio，Walumbwa，& Weber，2009）。随着不断发展，新的理论和模型已经出现，它们鼓励一种更加全面和动态的领导方法，以满足更复杂、更灵活、不确定和模棱两可的环境的需要。其中包括适应性领导（Salicru, in press；Heifetz，Linsky，& Grashow，2009）、公仆式领导（Spears，Lawrence，& Blanchard，2001）、真诚领导力（George，2003）、团队领导力（Hallam & Campbell，1992）、复杂性领导力（Uhl-Bien & Marion，2008）、伦理领导力（Brown，Trevio，& Harrison，2005）和跨文化/全球领导力（House，Javidan，Hanges，& Dorfman，2002）。在这种不断变化的格局中，有效领导的核心要素是情商（Goleman，1996），在情商的范围内，通过扩展的技能和选择性的反应来发展和维持适应性工作关系的能力（Torbert，2004）。

当下，对领导者的期望还有哪些？

关系技能

有了无数的领导思想，并且对领导的定义呈指数增长，看一看被普遍接受的东西似乎很有用（Northouse，1997）。弗房（Vroom）和贾戈（Jago）（2007）指出，几乎所有的定义都认为领导力涉及一个影响过程。科菲（Curphy）和霍根（Hogan）（1994）强调领导者必须利用影响力来建立强大的绩效团队，他们的特点是凝聚力、敬业度、授权、信任、尊重、创新思维和共同愿景。如果领导者无法做到这一点，他们就会使自己和组织面临脱轨的风险（Hogan，Hogan，& Kaiser，2010）。领导者不仅要影响他们所领导的人，还要影响企业中的其他横向和纵向利益相关者，以协商资源和预算、争取新项目的支持、挑战相互竞争的意见和想法、说服其他人以不同的方式做事、确保就发展方向达成一致等。建立和驾驭工作关系的能力是影响他人的关键,也毫不奇怪地被视为领导者有效性、声誉和成功的核心(Brent & Dent, 2010),关系能力差会导致脱轨的状态(Van Velsor & Leslie, 1995)。

变革技能

组织的动态性要求领导者既要关注变革的鼓动者,也要关注变革的传播者,这样他们就会寻找新的更好的做事方式,并能推动新的举措向前发展(De Smet, Lavoie, & Hioe, 2012)。在开发新方法时,他们需要支持创新并承担风险(Farson & Keyes, 2002),同时要注意外部条件,如客户需求、竞争和法规(Yukl, 2006)。他们还必须考虑内部条件并了解变革对组织不同部门的影响(Yukl, 2006)。从本质上讲,对于领导者而言,采取系统思考的方法,观察组织系统(如外部和内部条件、人员、过程之间)的相互作用和影响,以及它们如何对特定问题作出贡献(Senge, 2006)。系统思考的三个核心方面包括:坚持学习,准备在解决问题时挑战自己的心理模型,以及在出于集体智慧的目的考虑问题时将多方面的观点融合在一起(Senge, 2006)。

多元化技能

使用多样性并加以利用会带来更多的复杂性。在未来 10 年中,培养具有全球领导才能的领导者被认为是一项关键挑战(Griffith, 2015)。领导者将从承认、尊重,并与持有不同的文化价值观和信念的人一起开展工作中受益(Porath, 2014),因为他们能够更好地支持所有员工更佳的表现,并能应对复杂多变的环境。如上所述,多样性的能力进一步提高,并包括带来各种贡献、思维和方法的能力。在多样化的环境中,自我意识和自我管理能力能够识别和管理自己的情绪和他人的情绪,使领导者能够获得员工的信任,以更高的技能进行协作和共同创造(Goleman, 2001)。在对他人的不敏感、动荡不安和傲慢之间发现了明确的联系,导致建立人际关系的困难(Dotlich & Cairo, 2003;Van Velsor & Leslie, 1995)。缺乏自我意识是领导者脱轨著述中的共同主题(Shipper & Dillard, 2000)。

我们看到,不能通过确保存在某些特征或制定特定的行为来确定有效的领导;成功需要持续动态自适应能力。研究强调关系、影响力、系统思考、创新、文化意识、认知复杂性和情商对于领导者和组织成功非常重要。LEC 已成为领导力发展格局的重要组成部分,教练致力于促进高潜力员工培养有效的领导力,这也许并不奇怪(Peltier,2010)。

教练在领导力发展中的作用以及心理模型和方法的应用

传统的领导力发展计划仍然主要基于行为能力模型(Bolden & Gosling, 2006),也许还包括角色扮演,以提供一些背景来提高意识、发展行为技能和认知能力(Kark,2011)。在这样的学习环境中,很难解释工作场所本身的文化复杂性和独特的个人经历。此外,按计划进行的训练不足以养成内在的思考和行为习惯。要养成习惯特别是学习习惯,必须在重大任务中反复实践和反思(Ellington & McFadden, 2013);同时,可能需要学习旧习惯。从领导力发展计划到工作场所实践的学习迁移可能很少(Waller, 2011)。要使领导者与实际生活环境相关的方式发展技能的可能性最大化,就需要他们通过在职学习实现(McCall & Hollenbeck, 2007)。作为一种基于现实生活中的体验式学习的干预措施,LEC 是解决这一需求非常有价值的工具。

在现实的高级领导和行政职位中,时刻都在选择要关注什么,要忽略什么,可以做什么与可能做什么,称为即时选择,LEC 可以提供一种实用的方法来发展必要的心理、行为和人际灵活性。

领导者通过个人反省和反思过去的经验来提高自我意识,可以更加清楚地意识到自己的优势和劣势,意识到当前风格对自己、他人和系统的影响(Athanasopoulou & Dopson, 2015)。根据周围发生的事情,教练可能会挑战领导者的思维模式和参与方式,支持其考虑更有效的方法,并确定实验和反思影响的机会(Linley, Woolston, & Biswas-Deiner, 2009)。

对 LEC 的研究发现了以下结果:增强自信、自我意识,改善人际关系,加强人际关系,增强人际交往能力(Wales, 2003);较高的动机水平(Sonesh, Coultas, Lacerenza, Marlow, Benishek, & Salas, 2015);适应变化、设定更明确的目标(Smither, London, Flautt, Vargas, & Kucine, 2003)以及更具创新性和创造力(Styhre, 2008)。本手册中的许多章节都提到了教练的影响,特别是第六章和第七章。

心理学领域为领导培训作出了重要贡献,在认知、行为和人际关系变化的过程中可以借鉴许多理论、模型和方法。事实上，LEC 领域的研究者和实践者已经注意到心理学在这方面的重要性（Bennis，2007；Berglas，2002；Kilburg，2000）。此外，布拉克特（Bluckert，2005）建议，为了应对教练中通常涉及的问题的广度，教练应发展心理咨询技能。在这里，我们探讨了许多心理学理论和方法的基础，这些理论和方法共同支持 LEC 可以涵盖的个人、人际和系统领域的变化。图 33.1 提供了 LEC 领域的概述。

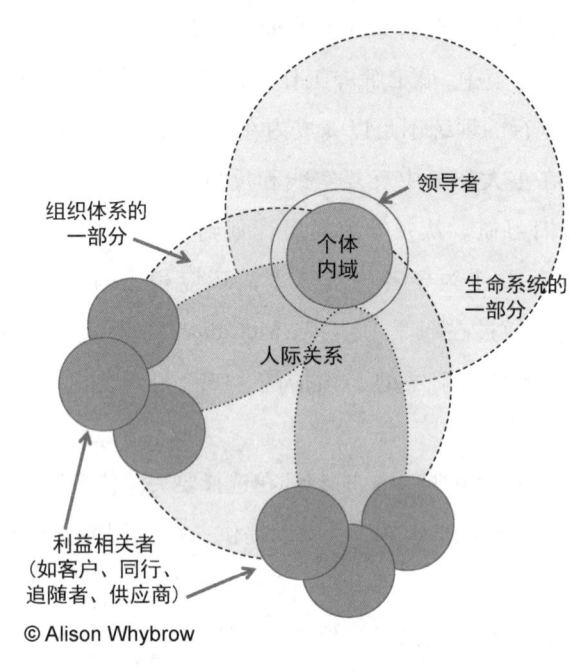

图 33.1 LEC 领域映射图

映射 LEC 的域

图 33.1 是 LEC 领域的简化表示，在任何时候，教练干预可能会选择通过教练活动和教练谈话关注各个方面。我们依次观察个人内部、人际关系和系统领域，探索一些可能的心理框架，如何将其应用到每个领域，以及它们如何应用于每一个领域。

内　省

该领域关注领导者对世界的信念、观点、故事和构想。如果信仰系统妨碍或使某人无法与其所处的境地成为"他们的最佳自我"，则可能需要进行内省。

这里讨论心理方法的示例及其与人际关系的潜在关注点。正念（第十五章）可用于探索价值观、信念、人生目标等,提高对特定行为驱动力的认识,目的是激发领导者努力并朝着成长的方向发展。在动力不足的地方,跨理论模型(Prochaska & Diclemente,1983)和动机性访谈(MI)(第十一章)可以帮助我们洞悉正在发生的事情以及如何前进。本体论方法(第十七章)可能涉及探索领导者持有的有意识和无意识的叙述,这些叙述塑造了他们的观点以及他们观察和存在于世界上的方式。使用 LEC 中的本体论探究教练可以帮助领导者进行新的解释。TA 教练(第二十三章)还提供了探索内部世界的方法,特别是与限制信念有关的方法以及如何从限制性信念系统中释放出来的方法。同样,认知行为教练(CBC)(第九章)有助于洞察力和适应性的心理模型,以促进更现实和激励性的思维方式和行为方式的发展,支持领导者采用新观点。积极心理学方法(第五章)支持领导者认识到他们的长处,以及何时、如何有效地吸引他们,并认识到何时需要向上或向下调整这些优势。这种方法的好处包括增强能力和减轻压力。

这些方法提供了不同的方式来干预我们的内部环境,挑战"我们是我们的故事"的想法。它们既提供了跳出我们自己,观察我们对世界的信念和想法的方法,又提供了审视我们的故事、信念和想法,并有力地挑战、测试和改造它们的方法。

人际关系

这一领域关注的是个人管理其影响的方式,以及在工作场所和更广阔的世界中调整和发展人际关系的方式。关系的重要性已经在前面提到过。信念、价值观和个人建构决定了我们如何与他人沟通和互动,因此个人内部的模式会影响人际之间发生的事情。然而,仅凭这种洞察力可能无法提供如何提升领导能力的策略。

提供对不同存在方式洞察的框架可用于制定战略、实验和新行为。例如,心理测量学(第三十八章)有助于评估领导者的管理风格对追随者和其他利益相关者的影响。这可能涉及使用 360 个评估来收集证据,这些证据可以有效地为教练谈话提供信息。情绪智力(EI)工具可以帮助了解移情和社交技巧的重要方面。TA 教练(第二十三章)支持领导者认识和理解他们在不同关系中的行为,帮助他们作出更好的选择,以便建立更积极的关系,提高他们的融入能力。正念方法(第十五章)包括关注关系,以便更好地与他人接触,并改进沟通风格。格式塔(第十四章)方法提供自我与他人关系的意识,支持人们真正理解连接、分离以及感知与"现实"之间的区别。

就像你将看到的那样,可用的心理框架跨越了教练工作的个人和人际关注领域。

系　统

如前所述,组织环境已变得更加复杂,并受到不断变化的影响。整个星球一直是一个相互依存的系统。系统总是存在的,命名它可以让我们以不同的方式意识到它。因此,领导力和高管教练活动将受益于系统视角。一些特殊的方法对于增强或使用系统视角是有效的。

心理动力学和系统心理动力学教练(第二十五章)提供了一种实用且高度了解系统的观点和工作方式。基于复杂性的方法(第三十一章)可以帮助领导者洞察和掌握与新兴事物打交道的技能,避免受到过去应对挑战的解决方案的制约。系统排列(第二十四章)为领导者提供了探索所参与的系统动力学的方法,从而以一种可以使别人采取的敏锐行动和方法实现的方式进行观察。这对于帮助领导者关注限制和机会特别有用,即使他们无法控制系统变化本身。格式塔方法(第十四章)强调整体论和场论,提供一种视角和对话方法,提供统一而不是分裂的方式。因此,鼓励个人注意事物之间的模式,以一种"我们"的视角对话,保留判断力,并允许出现。

这些方法共同提供了对系统领域以及从该角度出发的不同操作方式的洞察力。

实　践

担任领导和高管教练或教练心理学家时,有哪些主要考虑因素?在本节中,我们着重4个方面,尽管在所有教练任务中都分享这些方面,但由于它们与 LEC 有关,因此我们仍需要特别注意一些细微差别。

多元或综合方法

从整体上讲,教练将受益于所有三个领域(个人内在、人际关系和系统)的技能和经验,通常同时关注这三个领域。这涉及教练或教练心理学家对相关心理框架的理论和技术见解,以及对相关领导力和商业框架的理解和实践经验。此外,考虑到具体的教练任务,教练需要了解如何与个人的心理、领导力和商业框架合作,并且最关键的是,需要了解作为教练或教练心理学家,给教练系统带来了什么以及自我调整的影响。

采取多元方法的教练或教练心理学家可能将多种方法融合在一起,以帮助有效地探索和更深刻地理解领导者问题的复杂性。此外,多元方法涉及将领导者带入决策过程,围绕该决策过程在特定时间进行特定干预,称为元教练交流(Utry, Palmer, McLeod, & Cooper, 2015)。这可以建立领导者自我教练和为他人提供教练的能力。

虽然期望从业者从掌握技能最开始是不现实的,但是从一个多理论视角开始是有效的,这个视角适合这个领域中教练分配的复杂程度,并让受教者作为一个共同的创造性合作伙伴参与教练工作的设计。

强大的工作联盟

在本章中,建立有效的工作关系一直被视为关键。工作联盟被认为是 LEC 教练任务成功的关键(De Haan, Culpin, & Curd, 2011; De Haan, Duckworth, Birch, & Jones, 2013)。尽管和谐很必要,但教练的可信度和相互信任(Bush, 2004)尤其重要,不能被视为理所当然。为了提高可信度,教练不仅需要证明他们掌握并能够支持领导者处理他们当前的经验,还需要能够挑战他们的思维和行事方式,以建立信任(Blakey & Day, 2012)。信任让领导者更愿意分享关注点、弱点和想法,并促进风险承担(Gyllensten & Palmer, 2007; Kampa-Kokesch & Anderson, 2001)。同时,这也促进领导者突破现有的存在或运作方式。信任越大,开放、诚实和挑战的机会就越大,而随着领导层往上升,这些都可能缺乏。为了建立一个强大的工作联盟,为领导者提供一个教练的选择是很重要的,有 2—3 个潜在的教练可供选择。第三十五章对教练关系进行了更深入的分析和讨论。

系统承包和边界管理

对于 LEC,这意味着什么?一种观点认为领导力要求与需要领导者的空间有着同样的关系,也与个人拥有的技能有着同样的关系(Hawkins, 2011)。从这个角度来看,在不关注系统需求的情况下考虑 LEC 分配是没有意义的。因此,签约需要注意个人发展计划和教练目的,以实现更广泛系统的变革。不考虑这一制度,任何教练干预的性质都会受到限制,而且可能会适得其反。合同定义了 LEC 的影响框架,并定义了工作的思维格局。

干预的重点是合同的一部分。如何达成这些目标取决于你如何选择共同运作并管理你们共同的边界：组织的透明度（谁知道或输入什么）；教练空间的质量（如挑战程度、倾听）；教练方法或计划以及成功的早期指标。由于情况（尤其是对于高级领导者而言）不断变化，因此签约在很大程度上是教练干预的一个活生生的特征。在确定一个合作教练之后，与一个或者多个组织利益相关者会面，帮助他们形成教练的重点、合同和评估效率，这是一个很好的做法（Clutterbuck，2015；Hay，1995）。

灵活的格式和媒体

通常，LEC 在市场上具有明确的模型。一个典型的方案通常是：每 4 周最多进行 2 个小时的 6—8 次教练课程。在教练之旅是干预的主题时，例如领导过渡或某种形式的转变，这种模型可以提升动力和敏锐度。在需要思维伙伴的地方，可能需要一个不同的结构或程序，该结构或程序更多地取决于领导者世界中正在发生的事情，而不是特定的个人议程或发展转变。在这里，教练可能每季度见一次客户，或者每周见一次客户。对于 LEC 框架中的教练任务，其形式取决于挑战的性质。成功应对困境及协商方式和方法的能力要求洞察在特定时间框架内所面临的挑战可以带来什么。

除了着重于干预措施的设计外，重要的是要注意执行该方案的灵活性要求。在这里，既需要回应，又需要挑战。频繁的取消可能表明需要解决一个更广泛或更基本的习惯。

灵活性的另一个方面是教练媒体。最近的一项调查报告显示，自 2006 年首次进行调查以来，大量教练面对面进行，这一水平一直相当稳定（Sherpa，2016）。调查还指出，自 2006 年以来，电话教练的比例有所下降，而基于 Web 的应用程序和高清视频的教练却有所增加。

哪类受教者获益最大？

LEC 结合了领导心理学和教练心理学，这对于那些希望增强自我意识、增强对他人和工作组织认知的领导、经理和高管是非常有利的（Ely，Boyce，Nelson，Zaccaro，

Hernez-Broome, & Whyman, 2010)。LEC 可以改善和转移关系并解决特定问题,例如,提升领导力,研究领导风格和绩效,管理变革,转型和多样性(Wilkes, Cross, Jackson, & Daly, 2015)。

除了已确定的任何个人需求外,领导者可能还具有与 LEC 不同的级别和角色要求(Charan, Drotter, & Noel, 2011)。例如,高层领导者比中层领导者更有可能专注于网络,建立联盟和激励他人(Grajfoner, Rojon, & Eshraghian, 2017)。

LEC 虽然对所有人都有潜在的好处,但对于那些更有可能在保密空间与他人一起探索处理经验的领导者来说,将是一个更便利的选择,这些领导者可能正在与更自力更生的发展模式作斗争,或者正处于重要的过渡和转型时期。LEC 不仅会对领导者个人产生巨大影响,而且还会对组织的发展和文化产生巨大影响。

最后,随着内部教练功能的成熟发展,一旦组织外部教练的领域不断扩大,LEC 的需求就会越来越多地由组织内部教练满足。LEC 可以灵活地作为干预措施,可以集成到更广泛的计划中,也可以单独使用。

案例研究

受教者

保罗是 10 年前创立的一家会计师事务所的首席执行官,他承受着非常高的压力,并且正处于精疲力尽的状态。他正在经历情绪爆发和与 27 名员工沟通不畅。他对许多工作人员感到失望,因为他觉得他们太依赖于他来获得支持,缺乏主动性,决策能力差,犯下了不可接受的错误。他对员工缺乏信任,导致他不愿授权,并在员工的工作方案提交给客户之前对其进行检查。因此,他的工作量大大增加,变得难以管理。

员工在办公室的精力和积极性很低,旷工也增加了。负面的气氛和不断的打扰使保罗更多地在家工作。他对自己的缺席感到内疚,并对不在场控制工作质量感到担忧。

该公司没有正式的架构,所有员工都直接向保罗汇报工作,这使他更加沮丧,因为团队管理使他无法从事自己喜欢的工作和发展业务。尽管他觉得自己不是天生的领导者,也不感兴趣,但他意识到,要想让企业兴旺发达,他必须加快步伐。他曾描述过,希望创造一个人们喜欢来工作并感到支持、欣赏和激励的环境。他想再次感受到活力和激情,并与他最初的业务目标取得联系。

保罗希望教练能够使他:a) 建立应对机制以减轻压力,b) 培养领导力,以使员工参与并提升能力,c) 减少自己的工作量,以使他能够发展业务并参与融入他擅长的项目,d) 为公司建立新的领导层级。这些目标跨越了个人内部、人际关系和系统工作的3个领域,同时在重组方面需要业务和领导层的投入。

教练采用了多元化的方法,借鉴了教练、心理学和领导力方面的几种不同的理论、模型和技术。以下是一些干预措施。

入 门

采取许多措施和模型来帮助保罗了解他的当前状况,确定教练工作的范围,并转移一些直接的观点和叙述。为了帮助保罗了解他可能需要成为什么样的领导者,讨论了不同的领导方式。保罗被吸引去探索一种更具变革性的方法。此外,还使用了简短的 COPE 问卷(Carver, 1997)为保罗提供了他当前应对策略的见识,并探索了或多或少有助于减轻压力的方法。优点发现法帮助保罗发展了更高的自我价值感,并确定了可以建立积极心态的活动。密切关注人际关系领域,特别是使用认知行为教练(CBC)帮助保罗探索无效的思维模式,这有助于他进行控制、微观管理和对委派的厌恶。以下简要演示了 CBC 的应用。

(1) 教练帮助保罗发现了导致他进行微观管理并避免委派的关键思想。

保罗:如果某事出了错,那就是灾难,那会毁了公司的声誉,并给我带来麻烦。

(2) 他们讨论了这种思维方式的情感和行为后果。

保罗:我检查完所有东西,然后再交给客户。我很忙,不能专注于开展业务,对此我感到愤怒和不满。压力使我保持清醒。我好累,感觉要崩溃了。

（3）教练鼓励保罗承认自己倾向于听天由命和悲观化，并挑战他当前思维方式的逻辑性和合理性。保罗考虑了另一种思考方法。

保罗：我猜想成为领导者并不意味着控制一切。我需要放手，更加协作和信任。短期内自己做事可能会更快，但从长远来看并不会改变事情。

（4）教练帮助保罗尝试确定新的思维方式和行为，以减轻压力。

保罗：我将委托更多人，征询我的员工他们打算如何做某事而不是告诉他们，并问他们需要什么支持。尽管这样做会令人不舒服，但我会记住这样做的好处。

（5）他们讨论了什么有助于保罗保持专注并在将来致力于这种方法。

保罗：我意识到这需要时间和实践，因此我必须走出自己的舒适区，以实现员工队伍和业务的增长。我致力于这样做，并且会考虑与导师一起工作，以帮助我保持专注并获得长期支持。

保罗希望他的员工感到更投入、更受赞赏和支持。CBC 方法帮助保罗确定和测试展示信任、有效授权、让他人参与决策、提供反馈和庆祝成功的方法。根据期望的变革型领导风格，保罗理解了如何对员工采取个性化或量身定制的方法来支持他们的不同需求。

优势发现工具被应用于保罗的员工，以洞察其优势并支持量身定制的方法。期望提高对团队需求的关注，这将对缺勤、气氛以及保罗产生积极影响。

在实现人际目标方面，使用了交互分析（TA）方法来探索和干预约谈。教练从自我原则开始。

教练：在讨论的自我状态中，您是否意识到自己在与员工的互动中采用了哪些状态——例如，当您分配工作时？

保罗：我倾向于对他们很好地进行指导。我确切地告诉他们我想要什么，我认为应该怎么做，以及如果迟到或不正确会怎样。

教练：您在传达指示时采用了什么语气？

保罗：通常要求很高，很突然。我毫不怀疑会给他们带来什么影响。

教练：您觉得在这次业务中扮演什么角色？

保罗：我想是父母吧。我这么做是为了支持他们，帮助他们学习。从某种意义上说，我觉得他们需要父母。我要给他们引路。

教练：您觉得自己是一个养育型父母还是一个批判型（控制）父母？

保罗：好吧，我以为我是在培养他们，教他们，但考虑到我们所讨论的，我想我是个批判型的家长。

教练：这对他们有什么影响？他们如何回应？

保罗：好吧，他们倾向于继续下去！

教练：您如何看待他们与您的互动方式？

保罗：这取决于是谁。例如，大卫通常会毫无疑问地按照我的要求做。他遵守以下指示，但他也需要不断得到肯定，让我检查他所做的一切。他对自己的判断缺乏主动性和信心。我没有时间，这真令人沮丧。另一方面，苏珊经常推诿，她似乎不喜欢别人告诉她该怎么做。她会很爱争论，强迫自己做不同的事情。她的工作完成得很好，但态度很差。她可能很难跟人讲道理。

通过进一步的对话，人们认识到大卫和苏珊都在扮演孩子的角色（适应/叛逆），以回应保罗作为关键父母的角色。随后，他探索了保罗在从大卫和苏珊以及他的其他员工那里获得最好的机会中扮演的最适当的角色。公认的是，成年人的角色将使保罗采取更理性、冷静和合作的态度，以鼓励他的员工作出更多类似成年人的反应。然后研究了可能的情况，可能的收益，什么时候最合适，以及保罗可以做些什么来确保他履行这一职责。进一步的探索着眼于替代角色何时适合保罗，例如，如果不考虑组织的结构，保罗进行变革的步骤很可能会失败。教练与保罗合作，探讨了哪种结构有效，以及实现这一目标所需的变更管理支持。鼓励保罗采取系统的方法，并考虑新结构和新流程对业务和其中人员的影响。

在回顾教练的影响时，保罗报告了自己作为领导者的信心和幸福感的提高。他观察到学习信任他人如何对他们的表现产生积极影响，并改善了他的心态和对组织未来的希望。保罗发现教练的心理教育性质特别有价值。对教练使用的模型有明确的了解有助于他更深入地了解什么是不对的，以及如何在将来进行改变。

讨论要点

1. 我们提出了三个技能发展领域,我们认为这是发展成为有效领导者必不可少的领域:关系技能、变革技能和多样性技能。你的 LEC 教练工作有多少专注于开发这三个技能领域?今天的领导者还需要其他哪些元技能领域?

2. 当你思考 LEC 工作的三个重点领域(个人内在、人际和系统)时,哪个领域对你的工作最具挑战性?你可能需要进一步发展实践的哪些方面?你会怎么做?

3. 我们列出了 LEC 教练的四项实践原则。选择其中之一,并考虑如何在自己的实践中应用此原则。有哪些优势领域?

4. 回顾上面的案例研究,你如何处理这个案例?你可能会做哪些不同的事情,为什么?

推荐阅读

Athanasopoulou, A., & Dopson, S. (2015). *Developing leaders by executive coaching: Practice and evidence*. Oxford: Oxford University Press.

Haslam, S. A., Reicher, S., & Platow, M. J. (2011). *The new psychology of leadership: Identity, influence and power*. Hove: Church Press.

Salicru, S. (2017). *Leadership results: How to create adaptive leaders and high performing organisations for an uncertain world*. San Francisco: Wiley.

Whitmore, J. (2009). *Coaching for performance: The principles and practices of coaching and leadership (people skills for professionals)*. London: Nicholas Brealey Publishing.

参考文献

Athanasopoulou, A., & Dopson, S. (2015). *Developing leaders by executive coaching: Practice and evidence*. Oxford: Oxford University Press.

Avolio, B. J., Walumbwa, F. O., & Weber, T. J. (2009). Leadership: Current theories, research, and future directions. *Annual Review of Psychology, 60*, 421–449.

Bass, B., & Avolio, B. (1995). *MLQ multifactor leadership questionnaire*. Redwood City, CA: Mind Garden.

Bennis, W. (2007). The challenges of leadership in the modern world. *American Psychologist, 62* (1), 2–5.

Berglas, S. (2002). The very real dangers of executive coaching. *Harvard Business Review*, June, 3–8.

Blakey, J., & Day, I. (2012). *Challenging coaching: Going beyond traditional coaching to face the facts*. London: Nicholas Brealey Publishing.

Bluckert, P. (2005). The similarities and differences between coaching and therapy. *Industrial and Commercial Training, 37* (2/3), 91–96.

Bolden, R., & Gosling, J. (2006). Leadership competencies: Time to change the tune? *Leadership, 2*, 147–163.

Brent, M., & Dent, F. (2010). *A leader's guide to influence, how to use soft skills to get hard results*. London: FT Prentice Hall.

Brown, M. E., Treviño, L. K., & Harrison, D. (2005). Ethical leadership: A social learning perspective for construct development and testing. *Organizational Behavior and Human Decision Processes*, 97, 117–134.

Bush, M. W. (2004). *Client perceptions of effectiveness in executive coaching*. Unpublished doctoral dissertation, Pepperdine University, Malibu, CA.

Carver, C. S. (1997). You want to measure coping but your protocol's too long: Consider the Brief COPE. *International Journal of Behavioral Medicine*, 4, 92–100.

Charan, R., Drotter, S., & Noel, J. (2011). *The leadership pipeline: How to build the leadership powered company* (2nd ed.). San Francisco: Wiley.

Clutterbuck, D. (2015). *Managing the three way contract in executive coaching and mentoring*. Retrieved from www.linkedin.com/pulse/managing-three-way-contract-executive-coaching-david-clutterbuck

Colbert, A. E., Judge, T. A., Choi, D., & Wang, G. (2012). Assessing the trait theory of leadership using self and observer ratings of personality: The mediating role of contributions to group success. *The Leadership Quarterly*, 23 (4), 670–685.

Cowley, W. H. (1931). The traits of face-to-face leaders. *The Journal of Abnormal and Social Psychology*, 26 (3), 304–313.

de Haan, E., Culpin, V., & Curd, J. (2011). Executive coaching in practice: What determines helpfulness for clients of coaching? *Personnel Review*, 40 (1), 24–44.

de Haan, E., Duckworth, A., Birch, D., & Jones, C. (2013). Executive coaching outcome research: The predictive value of common factors such as relationship, personality match and self-efficacy. *Consulting Psychology Journal: Practice and Research*, 65 (1), 40–57.

De Smet, A., Lavoie, J., & Hioe, E. S. (2012, April). Developing better change leaders. *The McKinsey Quarterly*. Retrieved December 1, 2016, from www.mckinsey.com/business-functions/organization/our-insights/developing-better-change-leaders

Dotlich, D. L., & Cairo, P. C. (2003). *Why CEOs fail: The 11 behaviors that can derail your climb to the top: And how to manage them*. San Francisco: Wiley.

Ellington, L., & McFadden, P. (2013). *The neuroscience of leading change by creating new habits*. Retrieved from www.neuroleader.us/2013/07/02/how-to-lead-change-by-creating-new-habits

Ely, K., Boyce, L. A., Nelson, J. K., Zaccaro, S. J., Hernez-Broome, G., & Whyman, W. (2010). Evaluating leadership coaching: A review and integrated framework. *The Leadership Quarterly*, 21, 585–599. doi: 10.1016/j.leaqua.2010.06.003.

Evans, M. G. (1970). The effects of supervisory behavior on the path: Goal relationship. *Organizational Behavior and Human Performance*, 55, 277–298.

Farson, R., & Keyes, R. (2002). The failure tolerant leader. *Harvard Business Review*, 80, 64–76.

Fiedler, F. E. (1967). *A theory of leadership effectiveness*. New York: McGraw-Hill.

Fiedler, F. E. (1972). How do you make leaders more effective? New answers to an old puzzle. *Organizational Dynamics*, 1 (2), 3–18.

Flory, D. (1965). *Managers for tomorrow*. New York: New American Library.

George, B. (2003). *Authentic leadership: Rediscovering the secrets to creating lasting value*. San Francisco: Jossey-Bass.

Goleman, D. (1996). *Emotional intelligence: Why it can matter more than IQ*. London: Bloomsbury.

Goleman, D. (2001). Emotional intelligence: Issues in paradigm building. In C. Cherniss & D. Goleman (Eds.), *The emotionally intelligent workplace* (pp. 13–26). San Francisco: Jossey-Bass.

Grajfoner, D., Rojon, C., & Eshraghian, F. (2017, in press/under review). Academic leaders: In-role perceptions and developmental approaches. *Higher Education*, In press/under review.

Griffith, R. (2015, January). How does the world work? *The internationalisation of organisational psychology*. Keynote presentation at DOP Conference, Glasgow, Scotland, UK.

Gyllensten, K., & Palmer, S. (2007). The coaching relationship: An interpretative phenomenological analysis. *International Coaching Psychology Review*, 2 (2), 168–177.

Hallam, G. L., & Campbell, D. P. (1992, May). *Selecting team members? Start with a theory of team effectiveness*. Paper presented at the 7th Annual Meeting of the Society of Industrial and Organizational Psychology, Montreal, Quebec, Canada.

Haslam, S. A., Reicher, S., & Platow, M. J. (2011). *The new psychology of leadership: Identity, influence and power*. Hove: Church Press.

Hawkins, P. (2011). *Leadership team coaching: Developing collective transformational leadership*. London: Kogan Page.

Hay, J. (1995). *Transformational mentoring*. London, UK: Sherwood Publishing.

Heifetz, R. A., Linsky, M., & Grashow, A. (2009). *The practice of adaptive leadership: Tools and tactics for changing your organization and the world*. Cambridge, MA: Harvard Business Press.

Hersey, P., & Blanchard, K. (1982). *Management of organizational behavior: Utilizing human resources* (4th ed., pp. 321–328). Englewood Cliffs, NJ: Prentice Hall.

Hogan, J., Hogan, R., & Kaiser, R. B. (2010). Management derailment: Personality assessment and mitigation. In S. Zedeck (Ed.), *American Psychological Association handbook of industrial and organizational psychology* (Vol. 3, pp. 555–575). Washington, DC: American Psychological Association.

Hogan, R., Curphy, G. J., & Hogan, J. (1994). What we know about leadership. *American Psychologist*, 49, 493–504.

House, R. J. (1971). A path-goal theory of leader effectiveness. *Administrative Science Quarterly*, 16, 321–339.
House, R. J., Javidan, M., Hanges, P., & Dorfman, P. (2002). Understanding cultures and implicit leadership theories across the globe: An introduction to project GLOBE. *Journal of World Business*, 37 (1), 3–10.
ILM (2011). *Creating a coaching culture*. Institute of Leadership and Management [Online]. Retrieved from www.i-l-m.com/About-ILM/Research-programme/Research-reports/Coaching-culture
Kampa-Kokesch, S., & Anderson, M. Z. (2001). Executive coaching: A comprehensive review of the literature. *Consulting Psychology Journal: Practice & Research*, 53 (4), 205–228.
Kark, R. (2011). Games managers play: Play as a form of leadership development. *Academy of Management. Learning and Education*, 10, 507–527.
Kilburg, R. R. (1996). Towards a conceptual understanding and definition of executive coaching. *Consulting Psychology Journal*, 48 (2), 134–144.
Kilburg, R. R. (2000). *Executive coaching: Developing managerial wisdom in a world of chaos*. Washington, DC: American Psychological Association.
Linley, P., Woolston, L., & Biswas-Diener, R. (2009). Strengths coaching with leaders. *International Coaching Psychology Review*, 4 (1), 37–48.
Lowin, A., & Craig, J. R. (1968). The influence of level of performance on managerial style: An experimental object lesson on the ambiguity of co-relational data. *Organizational Behavior and Human Performance*, 3, 440–458.
Mann, C. (2016). *The 6th Ridler Report: Strategic trends in the use of coaching*. London: Ridler & Co.
McCall, M. W., Jr., & Hollenbeck, G. P. (2007). Getting leader development right: Competence not competencies. In J. Conger & R. Riggio (Eds.), *The practice of leadership*. San Francisco: Jossey-Bass.
Northouse, P. G. (1997). *Leadership: Theory and practice*. Thousand Oaks, CA: Sage.
Peltier, B. (2010), *The psychology of executive coaching: Theory and application* (2nd ed.). New York: Routledge.
Perrow, C. (1970). *Organization analysis: A sociological view*. Belmont, CA: Wadsworth.
Porath, C. (2014). Half of employees don't feel respected by their bosses. *Harvard Business Review* [Online]. Retrieved from https://hbr.org/2014/11/half-of-employees-dont-feel-respected-by-their-bosses
Prochaska, J. & DiClemente, C. (1983) Stages and processes of self-change in smoking: Toward an integrative model of change. *Journal of Consulting and Clinical Psychology*, 5, 390–395.
Salicru, S. (2017). *Leadership results: How to create adaptive leaders and high performing organisations*. San Francisco, CA: Wiley.
Seijts, G., Billou, N., & Crossan, M. (2010, May). Coping with complexity. *Ivey Business Journal*. Retrieved from http://iveybusinessjournal.com/publication/coping-with-complexity/
Senge, P. (2006). *The fifth discipline: The art and practice of the learning organization* (2nd ed.). London: Century.
Sherpa Coaching LLC (2016). *The 2016 Sherpa executive coaching survey*. Retrieved from the Sherpa executive coaching website: www.sherpacoaching.com/wp-content/uploads/Choice-July-2016-Sherpa-Survey.pdf
Shipper, F., & Dillard, J. (2000). A study of impending derailment and recovery of middle managers across career stages. *Human Resource Management*, 39, 331–347.
Smither, J., London, M., Flautt, R., Vargas, Y., & Kucine, I. (2003). Can working with an executive coach improve multisource feedback ratings over time? A quasi-experimental field study. *Personnel Psychology*, 56, 23–44.
Sonesh, S. C., Coultas, C. W., Lacerenza, C. N., Marlow, S. L., Benishek, L. E., & Salas, E. (2015). The power of coaching: A meta-analytic investigation. *Coaching: An International Journal of Theory, Research and Practice*. 8 (2), 73–95.
Spears, L. C., Lawrence, M., & Blanchard, K. (Eds.) (2001). *Focus on leadership: Servant leadership for the 21st century* (3rd ed.). New York: Wiley.
Styhre, A. (2008). Coaching as second-order observations: Learning from site managers in the construction industry. *Leadership & Organization Developement Journal*, 29 (3), 275–290.
Torbert, B. (2004). *Action inquiry: The secret of timely and transforming leadership*. San Francisco: Berrett-Koehler.
Uhl-Bien, M., & Marion, R. (2008). *Complexity leadership part 1: Conceptual foundations*. Charlotte, NC: Information Age Publishing.
Uhl-Bien, M., Marion, M., & McKelvey, B. (2007). Complexity leadership theory: Shifting leadership from the industrial age to the knowledge era. *The Leadership Quarterly*, 18 (4), 298–318.
Utry, Z. A, Palmer, S., McLeod, J., & Cooper, M. (2015). A pluralistic approach to coaching. *The Coaching Psychologist*, 11 (1), 46–52.
Van Velsor, E., & Leslie, J. B. (1995). Why executives derail: Perspectives across time and cultures. *Academy of Management Review*, 9, 62–72.
Vroom, V. H., & Jago, A. G. (2007). The role of situation in leadership. *American Psychologist*, 62, 17–24.
Wales, S. (2003). Why coaching? *Journal of Change Management*, 3, 275–282.
Waller, L. (2011). Ensuring learning transfers to the workplace: Where does the buck stop? *HR most influential*, 16 November.
Wilkes, L., Cross, W., Jackson, D., & Daly, J. (2015). A repertoire of leadership attributes: An international study of deans of nursing. *Journal of Nursing Management*, 23 (3), 279–286. doi: 10.1111/jonm.12144.
Yukl, G. (2006). *Leadership in organizations* (6th ed.). Upper Saddle River, NJ: Prentice Hall.

第三十四章 团队教练

桑迪·戈登和道格·麦基
(Sandy Gordon & Doug MacKie)

引 言

虽然团队教练在体育方面是一个公认的概念,但在其他绩效和工作场所环境中相对较新,而且无论是在实践还是定义上,关于团队教练的循证文献似乎支离破碎且不一致(Clutterbuck,2014;Guenzi & Ruta,2013)。虽然许多组织已经看到了教练的好处,视其有价值,"教练文化"(其中教练是主要的方式管理)仍然是一个愿望,而不是现实(Clutterbuck & Megginson,2006;Hawkins,2012)。本章的目的是明确团队教练的共识和当代理论和实践,并引入基于优势的教练团队和创造教练文化的方法。

团队和团队教练的发展

组织中的团队教练已经从许多研究领域出现,包括团队发展、团队过程、过程促进、系统思维和发展性指导(Peters & Carr,2013)。存在团队教练的模型(Clutterbuck,2007;Hackman & Wageman,2005;Hawkins,2011;Moral,2009),专门为团队教练提供信息。但是,很少有学术研究将团队教练作为干预措施进行评估。大多数文献以实践者为基础,主要集中在团队绩效上,并且大多数已发表的案例研究都关注实践者和参与者之间的人际关系。

最近,由于工作对我们生活的重要性(Office for National Statistics,2011),因此通过积极的组织行为(POB;Luthans,2002)和积极的组织研究(POS;Cameron et al.,2003)等新兴心理学范例,对工作、对我们幸福的影响进行研究,变得很重要。尽管

POB 和 POS 之间存在相当多的重叠，但前者被更多地视为"组织驱动"，而后者则更受"员工驱动"（Bakker & Schaufeli，2008）。但是，它们不一定是对立的，因为关心员工的组织更容易繁荣（Zwetsloot & Pot，2004）。

POS 是"对组织中积极、蓬勃发展和赋予生命的事物的研究，即帮助员工蓬勃发展的组织方面"（Cameron & Caza，2004）。使用基于优势的小组和团队教练方法的 POS 驱动应用程序的一个示例是欣赏探询教练（AIC；Orem et al.，2007；Sloan & Canine，2007），本章稍后会详细介绍。此外，我们目前的案例研究将说明如何识别（发现）团队中个人的优势，然后使用 Realise2 在线实力评估工具将其应用于团队合作。

理论和基本概念

近年来，团队和小组教练越来越受欢迎，部分原因是人们越来越认识到团队中会发生大量的组织决策，部分原因是集体教练干预与个人教练干预相比具有经济效益。团队发展和教练理论也取得了进步，并为有效的团队教练的理论基础提供了三种不同的观点。首先，已经确定了高绩效团队的必要条件（Hackman & Wageman，2005），这些条件被认为是有效团队教练的前提。其次，尝试对团队从非结构化团队发展为高绩效团队时通常经历的发展阶段进行分类（Moral，2009）。最后，提出了团队的领导要求，并认识到结构良好且发展良好的团队可能因领导力不足而无法发挥作用（Zaccaro，Heinen，& Shuffler，2009）。所有这些方法为基于团队的教练干预提供了见解和机会。

团队教练的必要结构

瓦格曼（Wageman）等人清楚地阐明了必要的结构方法（2008）。他们提出了一个基于经验的团队有效性模型，该模型为有效团队提出了三个必要条件和三个有利条件。他们与美国情报界的合作（Hackman & O'Connor，2004）表明，有效团队的基本要素是一支由正确的人组成并通过有说服力的方向集体导向的真正团队。一个真正的团队是一个相互依靠的团队，但是角色之间存在足够的差异，并且成员能力随时间推移而保持稳定。合适的人需要具备必要的技能和能力以及品格，如完整性、对人和情况作出复杂判断的能力。

有利条件强调了由组织资源支持并由定期团队教练发展的促进结构的重要性。在这个模型中，授权结构专门关注如何参与团队任务、团队行为规范和团队规模，作为授权的关键支柱。团队规范将自然发展或可以被明确采用，并包括个人希望工作的文化类型。但是，很明显，一些规范比其他规范更具生成性，如透明性和完整性，因此比通过出现的过程得出的规范更有可能被规定。一个有效的团队教练会很快通过观察直觉化团队规范；明确这些规范是一个强大的团队教练干预。支持性的组织环境包括奖励机制和教育信息，以及支持团队工作的物质资源。

团队有效性的必要条件方法为团队教练提供了多种机会。鉴于团队组成通常是在聘请教练之前确定的，因此主要的机会是展示和挑战团队规范和文化，澄清团队目标和个人对团队的贡献。必要结构方法也提供了一种心理测量方法来测量这些情况（Wageman et al., 2005）。然而，设计这种心理测量是用于完整的团队，并没有提供360度反馈的多利益相关者视角。

团队阶段和团队教练

阶段模型也得到了推广，以描述和最终预测团队发展的过程，这些团队从非结构化团队发展为绩效高且相互依存的团队。塔克曼（Tuckman, 1965）提供了一个团队发展的四个阶段模型，该模型描述了团队与个人的不同需求，对个人（例如，我如何适应这个团队？）、对团队（例如，这个团队可能有多有效？）、对任务（例如，计划和执行关键任务和活动）。塔克曼断言，团队必须先解决个人和团队的需求，然后才能执行任务。否则，围绕需求的未解决问题将继续出现并影响任务的完成。该阶段方法最近得到了成人发展文献的切实支持，该建议表明，成人在其一生中经历了认知发展的多个阶段，每个阶段都提供了更高程度的复杂性和观点采择（Kegan & Lahey, 2009）。但是，随着成员的离开和任务的改变，团队成熟度模型被认为不如单个模型稳定。人际关系是动态的（Moral, 2009）。尽管存在这种流动性，但有一些建议认为，新的团队可能会需要更多的动机干预，而更多的成熟团队则需要更多的咨询和培训投入（Hackman & Wageman, 2005）。随着成员的离职和任务的改变，团队成熟度模型的稳定性不如单个模型稳定。

结构模型和阶段模型都提供了指导团队提高效率的观点。这两种方法不是排他的，实际上已经成功地组合在一起，以提供基于阶段的必要条件模型（Hawkins，2012）。霍金斯认为，团队首先需要阐明他们的目标。谁在委托这个团队，他们必须交付什么？一旦明确这一点，团队就必须在内部澄清目标、角色和任务，这些目标、角色和任务的结合将构成其成功的愿景。第三，团队需要注意其文化和人际关系动态，以确保获得这些支持而不是抑制其目标。最后，团队需要与关键利益相关者进行互动并建立联系，以进行外部验证，确保他们按计划进行交付。

团队领导力和团队教练

鉴于关于领导力发展和团队动态的重要文献，关于团队领导力的文章相对较少（Zaccaro, Heinen, & Shuffler, 2009）也令人惊讶。而许多侧重于二元对立的领导力文献，如变革型领导力，仍然与提高团队效能相关，但可能忽略团队领导力关注带来的对相互联系、整合和一致性的额外关注（Marks et al., 2000）。团队领导和领导力建立在传统的领导基础之上，除此之外，还要调整个人目标，并促进共同的社会认同，从而产生额外的协同效应。关于团队领导力的大部分文献都提供了解决问题的功能方法，故意拒绝具体规定的领导行为，而是强调他们应履行的职能，为个人留下很大的空间灵活性和适应性（Hackman & Wageman, 2005）。但是，关键的领导职能，包括设定方向、运营管理和发展团队领导能力，与团队有效性的结构模型明显重叠（Wageman et al., 2008）。因此，团队领导力为最有可能实现高绩效团队的结构和流程要素的人际动态提供了模板。

在团队发展的结构模型和阶段模型中添加领导力视角为团队教练提供了第三条参与途径。团队可以得到良好的结构和支持，但如果没有有效的领导力，就无法前进。团队领导力也可以与阶段模型集成，以提出与每个发展阶段最相关的领导风格类型（Sosik & Jung, 2010）。变革型领导模型（Avolio, 1999）表明，团队从领导的功能性和被动性较低的要素（如自由放任）转变为交易性的要素（如偶尔有酬劳），最终成为一个表现优异的团队，展示了变革行为，包括团队敬业度、热情和自信，这些都可以激发出色的绩效。最近对六项已发表的有关团队教练的研究的评论表明,干预措施应侧重于个人领导能力的发展以及团队设计和发展阶段(Peters & Carr, 2013)。

总体而言,领导力发展正变得越来越积极,并摆脱了许多领导力发展干预措施的传统缺陷(Walumbwa et al., 2008)。尽管传统上已经在个人层面对积极性进行了分析,但是现在人们对将这种方法应用于团队越来越感兴趣(West et al., 2009)。这些发展为团队教练提供了一个额外的创新资源,可应用于他们的团队发展过程。在每个人的领导力教练过程中,基于优势的方法尤其受到越来越多的关注,其有效性的证据也在不断发展(MacKie, 2014)。在以下各节中,我们介绍了背景和实际案例研究,以说明基于优势的方法在团队发展中的应用。

实　践

基于优势的团队教练的目的是发现和利用个人和团队的优势(Biswas-Diener, 2010; Driver, 2011; Linley, 2008; Linley & Joseph, 2004)。据林利(Linley)等人(2010),优势的两个关键要素是"提供高水平的表现并在执行时体验能量感"。换句话说,优势不仅是团队成员擅长的,而且他们也热衷于这样做。在基于优势的教练中,重点放在已经起作用的东西上,并且因为优势是基本人性的一部分——每个人都有优势,拥有它们都值得尊重——我们最大的潜力所在的领域是我们最大的优势。林利和他的同事们承认,你可以在克服弱点的基础上不断发展,但是,只有在你同时发挥长处时,才有可能获得改变和改进。他们认为,优势发现(Linley & Burns, 2010)和基于优势的教练可以被视为既是教练的一种方法(即,在实现目标方面更有效地利用优势),又是教练的增值成果(Linley & Harrington, 2006; Linley et al., 2009),用来实现个人和团队实力的实现和发展。

欣赏式探询(AI)(Cooperrider & Srivastva, 1987; Cooperrider et al., 2008)被认为是一种积极的,基于优势的变革、学习和发展的操作方法,似乎最适合于团队合作的执业教练(Gordon, 2008; Orem et al., 2007)。欣赏式探寻始于理论构建过程。然而,它也被称为一种哲学,一种革命的力量,一种变革的过程,一种赋予生命的理论和实践,甚至一种新的世界观。尽管应用 AI 的方法有多种,但使用最广泛的模型是由津巴布韦哈拉雷的全球卓越管理(GEM)计划的成员开发的(Mann,1997)。如库珀里德(Cooperrider)和惠特尼(Whitney)所述,它称为 4-D 循环模型,包含 4 个关键过程:

(1) 发现(Discovery):确定"存在或已存在的最佳状态"。

(2) 梦想(Dream):创造一个明确的面向结果的愿景与发现的潜力。"世界呼唤我们成为什么?"

(3) 设计(Design):创造可能的命题,使人们觉得能够利用和放大来实现新表达的梦想。

(4) 命运(Destiny):加强肯定的能力,为持续的积极变化和高性能建立希望和保持势头。

AI 的应用效用引起了人们的极大兴趣,最近的发展之一是一种欣赏式的教练方法。斯隆(Sloan)和卡奈因(Canine)将欣赏式探询训练(AIC)描述为将 AI 核心原则实际应用到一个人或团队聘请受过训练的教练担任顾问的过程中。为了说明团队教练过程中的典型问题和特征,在以下场景中介绍了 AIC 的几个要素,这些要素与团队无法应付工作压力有关。奥勒姆(Orem)等人描述了教练在 4-D 循环中每个阶段的重点(2007)。

发 现

(1) 你想谈谈工作中的压力。描述一下你的意思,你能提供一个定义、短语或引语来描述它并提供一个例子吗?

(2) 团队最近何时表现出应付工作压力的能力? 在什么情况下需要采取应对行为?

(3) 团队当时采取什么态度? 你当时是怎么考虑的?

(4) 描述你在应对压力时的情绪。

(5) 你的反应如何? 你做了什么?

教练在此阶段的重点:

(1) 在教练与客户之间建立积极的联结。

(2) 带领团队进入一个更有能力的视角。

(3) 确认可能实现的感觉。
(4) 培养并支持团队持有积极未来的信念。

梦　想
(1) 想象一下,在你入睡的一个晚上发生了奇迹,当你唤醒团队的应付行为就像你描述的那样,在所有紧张的情况下。你怎么知道自己处理得很好呢?
(2) 会有什么不同?
(3) 你的习惯发生了什么变化?
(4) 谁会第一个注意到这些变化?
(5) 他们会说或做什么,你将如何回应?
教练在此阶段的重点:
(1) 鼓励团队创造各种可能性的画面。
(2) 邀请团队表达他们偏爱的未来。
(3) 确认团队的梦想。

设　计
(1) 你将如何采取不同的行动使得上述工作奏效?
(2) 你如何更好地发展应对压力的能力?
(3) 你认为这些团队在发展处理压力的能力方面起着至关重要的作用吗?
(4) 你认为这些人有什么帮助?有哪些事情他们没有做?
教练在此阶段的重点:
(1) 协助团队将梦想变为现实。
(2) 基于团队的优势,确认梦想的现实。
(3) 支持有意识的选择和行动。

命　运
(1) 考虑你的真正需求以及团队目前在应对压力方面所处的位置,你认为可以做的最重要的改变将如何帮助你实现团队的期望?

(2)团队现在可以作出哪些小改变,无论改变多小,这都会提高你应对压力的能力?改变不一定是身体上的动作——可能是思维或态度的转变。

(3)尝试。今天作一个小改变,它将使你朝着想要的方向前进。当感觉舒适或习惯时,考虑用同样的小步骤作另一个小改变。

教练在此阶段的重点:

(1)帮助团队意识到当下的梦想。

(2)使团队扩大创造梦想的能力。

(3)支持团队在艰难的过程中始终保持信念。

上述过程可用于探索团队认为对实现其目标很重要的任何属性。奥勒姆(Orem)和同事提出,教练可以将 AIC 当作他们的主要教练模式和方法,或者将其用作既守教练实践中的其他工具(2007)。他们还建议,AIC 的基本理论、原则和阶段可用于教育或培训环境中的培训管理人员和主管,以建立和嵌入基于优势的教练文化。就如我们的案例研究所示,我们在 AIC 团队教练过程中嵌入了特定的在线优势评估工具。

哪类受教者最获益于基于优势的团队教练?

我们相信,在所有绩效环境中的所有教练都将从基于优势的团队和个人教练中受益。研究表明,除了更加自信外,拥有更高水平的精力和活力(Govindji & Linley, 2007),更有可能实现自己的目标(Linley et al., 2010),发挥自己优势的人更有效。与没有能力的人相比,他们发展自己并作为个体成长(Sheldon et al., 2002)。林利等人(2010)还证明,更多利用自己优势的人会更快乐,会拥有更高自尊,承受更少压力,更有弹性,在工作中表现更好并且在工作中更加投入。

另外,图古德(Toogood, 2012)报告了对采用优势方法的高管教练的研究,从他们对关注优势的好处看,后续的理想教练结果是显而易见的:能够实现更轻松、更愉快的目标;提高团队绩效,获得更快、更好的结果;拥有更多的精力去做团队中教练想做的事情;具有更广阔的视角和更清晰的选择;增强信心、自信和更强的认同感,以及更大的满足感、成就感和参与度。

案例研究

最近，笔者被一家银行的零售首席执行官及其副总裁（零售风险主管）聘用，执教该银行执行管理小组（EMG）的一名新成员，该成员已被任命为新的风险优势计划（RAP）团队的负责人。EMG 的新成员 Ed 领导的团队最初由 9 名员工加上信贷风险、催收和追回、欺诈和操作风险的各自负责人（总共 14 名员工）组成。在接受笔者的个人教练时，出于对 Ed 的利益和发展考虑，笔者介绍了基于优势的方法。当他发现自己可以很容易地将欣赏式探询中基于优势的原理、工具和实践应用于 RAP 团队时，他正式向 CEO 提出了这样做的要求。接下来是对两个月内进行的四阶段团队教练过程的描述。

在制定自己的教练发展计划的过程中，首先要求 Ed 完成一项名为 Realise2 的优势发现工具，该工具可测量五个力量家族在性能、能量和使用方面的 60 项优势。即，存在（我们在世界上的生活方式）、沟通（我们如何提供和接收信息）、激励（促使我们采取行动的事物）、联系（我们与他人的关系）和思考（我们关注的重点以及我们如何处理情况）。Realise2 模型将优势视为我们擅长并能激励我们的事情，例如，我们经常要做的已实现优势（R），以及我们没有那么多机会使用但却是我们最大发展领域的未实现优势（US）。另一方面，学习型行为（LB）是我们擅长的活动，但是却消耗了我们的精力，这对吸引员工特别重要，因为如果活动不振奋，那么反复进行会导致被剥夺甚至被耗尽的感觉增加。最后，我们的弱点（W）是我们不擅长的事情，也会耗尽我们的精力。随后，从图 34.1 所示的模型中，最好的建议是通过不同的方式使用已实现的优势以达到最佳效果；通过不太使用已学习的行为来调节已实现的优势；通过找到方法停止对它们的关注来最小化劣势；通过找到使用它们的机会来最大化未实现的优势。

与其他完全忽略弱点的优势发现方法（Roarty & Toogood, 2014）不同，如果弱点对绩效很重要且不容忽视，则 Realise2 模型提供了几种策略和构想，帮

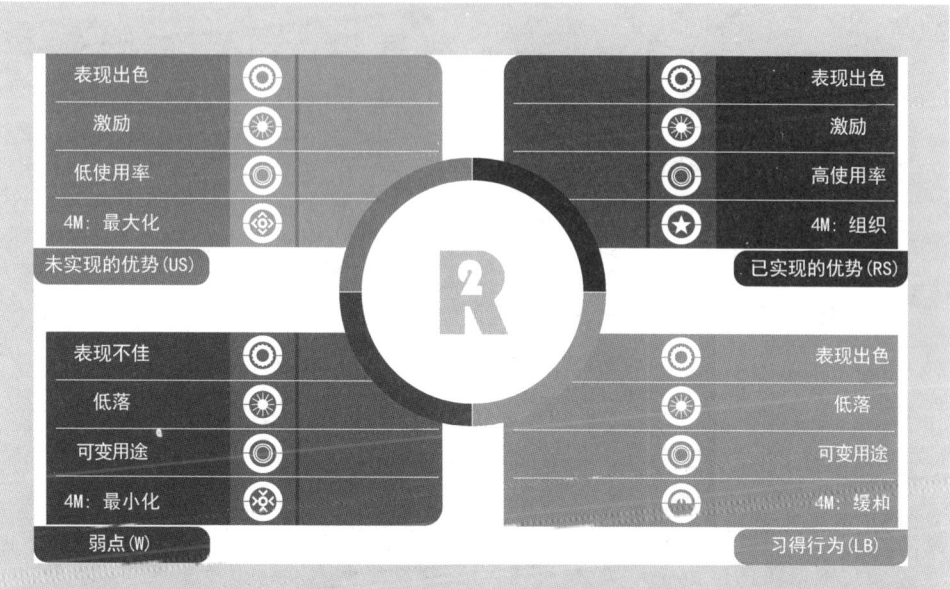

表现出色	◎		◎	表现出色
激励	✦		✦	激励
低使用率	◉		◉	高使用率
4M：最大化	✧		★	4M：组织
未实现的优势(US)				**已实现的优势(RS)**
表现不佳	◎		◎	表现出色
低落	✦		✦	低落
可变用途	◉		◉	可变用途
4M：最小化	✧		✧	4M：缓和
弱点(W)				**习得行为(LB)**

图 34.1 CAPP Realise2 4M 模型

助你最大程度地降低其对绩效的影响。老实说："在相互关联时，告诉别人你的弱点。没有人无所不能。分享弱点会建立更开放的人际关系，从而使他人能够发挥自己的优势。"（1）重塑角色："重新组织你所做的工作以减少或根本不使用弱点。委托他人或重新安排工作的完成方式。"（2）使用优势来弥补："使用你的一项或多项优势来弥补自己的弱点。关注结果而不是过程。请查看哪些优势可以帮助你实现目标。"（3）找到一个值得称赞的合作伙伴："和一个有优势的人交换你的优势。用你的一个优势去完成工作，以此来补偿那些让他们筋疲力尽的事情。"（4）成为一支基于优势的团队："使用'团队优势'方法重新分配工作方式。根据人们的优势而不仅仅是他们的角色来考虑任务、目标和责任。"（5）尝试一些发展："如果有必要，请学习将弱点发挥到一定水平，使影响最小化。专注于足够好，以使弱点不会损害你的表现。"

当 Ed 要求使用 Realise2 对他的整个团队进行概要分析时，所需要做的就是让每个团队成员分别完成在线测试。随后，积极心理中心（CAPP）管理员使用团队的电子邮件地址汇总了数据,并创建了与图34.1相似的配置文件,以优先顺序说明了团队的优势。但是,团队简介还列出了在RS、LB、W和US象限中每种实力的14名队员的总数。如果需要,可以取消团队报告的详细信息。但是,在这种情况下,所有团队成员都同意在概要文件中进行标识。

在开始对团队简介进行汇报时,通常会鼓励团队成员在他们之间公开讨论数据中出现的肯定或惊喜表现。然而,在此情况下,团队的主要弱点立即就会显现出来,并且成为整个谈话的主要话题。在"弱点"象限中,明显有两个绩效/业务关键性弱点,特别是14个团队成员中的13个在坚持性方面存在弱点,而14个团队成员中的12个在细节方面存在弱点。房间里一片寂静,所有与会者都在不同程度的怀疑和震惊中,看着笔者和Ed的回应。承认这两个弱点的Ed最终宣布了解决方案:"我们需要雇用更多人。"最终恢复了对团队的信心。通过先前的AIC教练以及对人才和团队发展的优势方法的了解,Ed意识到,即使通过工作规划、重塑角色或培训等方式,现任团队中的任何人都不会对坚持或细节充满热情,而这两点对于零售业有着致命的影响力。随后,Ed成功地从零售首席执行官那里获得了招聘两名员工的批准,6个星期后,他按照常规的人力资源程序聘用了这名员工,包括使用R2工具筛选其团队所需的素质。8个月后,艾德的团队由10名员工组成(由于银行发生了不相关的人事变动),他最近称,该团队"目前在全国竞争的主要银行中,表现优于大多数其他风险团队"。

在上述的第一次团队教练课程之后,又进行了三次课程,使用表34.1所示的五步过程,并让各小组就如何在应用于特定团队项目时使用R2数据提出意见。在讨论每个项目时,鼓励团队成员调整AIC 4-D循环中特有的问题,除了提出需要在未来几周内交付的项目外,Ed还要求其员工确定每个项目需要完成的活动,在讨论每个项目时根据他们在R2团队个人资料中所确定的团队成员的优势,Ed随后要求其员工将每个活动与特定的团队成员保持一致。团队教练过程的第四和第五步(见表34.1)尚未采取,特别是处理"不参加活动"

和刷新团队角色。Ed 最近解释说:"到目前为止,由于我们团队的优势互补(我们在战略会议上公开讨论了这些优势),我们似乎能够将实现所有项目所需的所有活动公平地分配给所有团队成员。"

表 34.1　基于优势的团队教练步骤

团队教练步骤	基于优势的讨论和活动
1. 团队和目标一致性	我们是谁?这个团队的共同目标是什么?团队合作的预期目的/结果是什么?
2. 将带来成功的团队活动	为了成功,该团队需要进行哪些关键/特定的活动?我们是否可以将其分解为组成部分,将其划分并分配给将交付结果的团队成员?
3. 根据团队活动调整优势	确定哪些优势可以最好地开展哪些活动,然后根据具有这些优势的团队成员分配和调整这些活动。使用互补的伙伴关系,交换和权衡取舍("如果你可以为我做,我可以为你做这件事"),以避免要求人们始终以自己的弱点或学习行为来工作。
4. 处理"没人做"的事情	可能有些活动似乎没有人愿意做,但仍然需要完成。建议一个团队成员适应某项活动,因为这是一种习得的行为,因此她/他可以做得很好,但可能并非始终如此。轮流活动,以便其他人轮流进行。也许对从事这项活动的任何人都给予特殊的认可,以使自己脱颖而出。或将活动夹在其他可以发挥人的能量的事物之间——这样一来,他们就可以在做耗费人心的事情时重新激发活力。
5. 定期重新评估	没有什么是永恒的。团队可交付成果的改变、人们的愿望的改变、工作关系的改变。保持团队活力,重新分配和调整职责,保持员工新鲜、充满活力和投入。多样性可以成为生活的调味品,只要它不是基于让人们把所有的时间都花在试图掌握那些消耗他们的东西上,而他们永远不会表现得很好(即弱点)。

最后,为了遵循基于优势的团队教练方法并进一步促进银行的教练文化,笔者向 Ed 介绍了劳蒂(Roarty)和图古德(Toogood)(2014)最近提出的框架,以建立(评估)高绩效团队。如表 34.2 所示,此六步模型可帮助团队确定每个步骤和团队活动的优势重点。Ed 评论说,他希望大致遵循这六个步骤,尤其是当团队人员和 RAP 计划的职能发生预期的变化时。

表 34.2 基于六步优势的团队建设模型(Roarty & Toogood, 2014)

步骤	1. 目标 我们为什么在这里?	2. 成员 我们是谁?	3. 优先事项 我们的目标是什么?	4. 计划 是什么,什么时候,谁?	5. 表现 我们将如何实现出色的团队合作?	6. 增强表现 我们是怎么做到的?下一步怎么办?
活动	高绩效团队的一个特点是团队成员非常清楚,并致力于彼此的长期目标或宗旨。在团队周期的早期阶段,应该花时间和精力来达到这一点,定期重新检查。	为了使人们能够更好地合作,重要的是,他们必须了解彼此的长处、价值观和动机。团队应该花时间进行探索。	为了实现团队的目标,团队需要阐明在未来某个时候实现团队目标的成功会是什么样子?有哪些可交付成果?我们将如何衡量我们的成功?团队了解他们希望从成员中获得什么?对团队来说也很有用。	在此阶段,团队成员所带来的个人优势可以与他们为实现团队目标而承担的角色保持一致,创建明确的行动计划。每个人都知道他或她需要做什么才能使团队成功。团队成员彼此可以分享他们的期望。	团队阐明了团队要具备哪些流程、系统和行为,才能成功。这包括沟通、信息共享、决策、冲突管理等。还将考虑团队如何与相关利益者有效合作。	该团队将制定一个程序,定期审查其成就,并庆祝和反思其成功以及在下一步计划中可以学到什么。它还将解决任何严重的弱点或失败,以及从中学习如何获得更大的成功。
聚焦优势	理想情况下,我们的目标是使我们能够发挥自己的优势。我们的优势应适合我们的目标。	识别彼此的长处(和弱点)是了解团队中的谁以及他们能带来什么的重要组成部分。对于团队来说,通过汇总每个数据来概述其个体优势和集体优势也很有用。	目标应考虑团队的优势(和劣势)。	团队花费时间来确保个人优势和角色匹配的优势。理想情况下,每个人的行动计划都将发挥他或她的优势。基于团队对个人优势的了解,可以在有用的情况下共享计划中的互补角色。	沟通过程(如团队会议和一对一审查)应着重于建立个人和团队的优势,而不是关注问题/弱点。	该过程将确保专注于建立优势和增强团队的成就。很明显,这与需要从关键的弱点中吸取教训是平衡的。弱点将从优势的位置进行管理。

结 论

团队教练在组织中越来越受欢迎，可以使用多种模型和方法来支持他们的工作。特别是，虽然基于优势的方法还处于初级阶段，但它为从业人员提供了一种积极而充满活力的替代传统关注弱点的方法。建立团队教练的经验基础，围绕模型和方法的一致性，澄清和标准化超出自我报告水平的结果标准和评价，将共同推动必要的经验支持，以制定和发展这一有希望的办法，进一步挖掘组织内各团体和团队的潜力。

讨论要点

1. 你在团队教练干预中使用什么理论基础？某个阶段或某个必要条件模型如何帮助你进行干预？
2. 你如何评估团队和内部人员的优势？这些优势是否与团队的目标保持一致？
3. 你将如何发展团队的优势？有过度使用的风险吗？如果是，你将如何处理？如果是弱点呢？
4. 你将如何评估团队的教练干预？利益相关者的观点和相关绩效标准是什么？

推荐阅读

Clutterbuck, D. (2007). *Coaching the team at work*. London: Good News Press.
Hackman, J. R. (2002.) *Leading teams: Setting the stage for great performances*. Boston: Harvard Business School.
Hawkins, P. (2011). *Leadership team coaching: Developing collective transformational leadership*. Philadelphia, PA: Kogan Page Publishers.
Whitney, D., Trosten-Bloom, A., & Radar, K. (2010). *Appreciative leadership: Focus on what works to drive winning performance and build a thriving organization*. Sydney: McGraw-Hill.

参考文献

Avolio, B. J. (1999). *Full leadership development: Building the vital forces in organizations*. London: Sage.
Bakker, A. B., & Schaufeli, W. B. (2008). Positive organizational behaviour: Engaged employees in flourishing organizations. *Journal of Organizational Behaviour, 29*(2), 147–154.

Biswas-Diener, R. (2010). *Practicing positive psychology coaching*. Hoboken, NJ: John Wiley & Sons.
Cameron, K. S., & Caza, A. (2004). Contributions to the discipline of positive organizational scholarship. *American Behavioural Scientist, 47*(6), 731–739.
Cameron, K. S., Dutton, J. E., & Quinn, R. E. (2003). Foundations of positive organizational scholarship. In K. S. Cameron, J. E. Dutton & R. E. Quinn (Eds.) *Positive organisational scholarship: Foundations of a new discipline* (pp. 3–13). San Francisco, CA: Berrett-Koehler.
Clutterbuck, D. (2007). *Coaching the team at work*. London: Good News Press.
Clutterbuck, D. (2014). Team coaching. In E. Cox, T. Bachkirova & D. Clutterbuck (Eds.) *The complete handbook of coaching* (2nd ed., pp. 271–284). London: Sage.
Clutterbuck, D., & Megginson, D. (2006). *Making coaching work: Creating a coaching culture*. London: CIPD.
Cooperrider, D. L., & Srivastva, S. (1987). Appreciative inquiry in organizational life. In W. A. Pasmore & R. W. Woodman (Eds.) *Research in organizational change and development* (Vol. 1). Greenwich, CT: JAI Press.
Cooperrider, D. L., & Whitney, D. (2005). *Appreciative inquiry: A positive revolution in change*. San Francisco, CA: Berrett-Koehler.
Cooperrider, D. L., Whitney, D., & Stavros, J. M. (2008). *Appreciative inquiry handbook* (2nd ed.). Brunswick, OH: Crown Custom.
Driver, M. (2011). *Coaching positively: Lessons for coaches from positive psychology*. Maidenhead, UK: Open University Press.
Gordon, S. (2008). Appreciative inquiry coaching. *International Coaching Psychology Review. 3*(1), 17–29.
Govindji, R., & Linley, P. A. (2007). Strengths use, self-concordance and well-being: Implications for strengths coaching and coaching psychologists. *International Coaching Psychology Review, 2*, 143–153.
Guenzi, P., & Ruta, D. (2013). *Leading teams: Tools and techniques for successful team leadership from the sports world*. San Francisco: Jossey-Bass.
Hackman, J. R. (2002). *Leading teams: Setting the stage for great performances*. Boston: Harvard Business School.
Hackman, J. R., & O'Connor, M. (2004). *What makes for a great analytic team? Individual vs. Team approaches to intelligence analysis*. Washington, DC: Intelligence Science Board, Office of the Director of Central Intelligence.
Hackman, J. R., & Wageman, R. (2005). A theory of team coaching. *Academy of Management Review, 30*(2), 269–287.
Hawkins, P. (2011). *Leadership team coaching: Developing collective transformational leadership*. Philadelphia, PA: Kogan Page Publishers.
Hawkins, P. (2012). *Creating a coaching culture*. Maidenhead, UK: Open University Press.
Kegan, R., & Lahey, L. L. (2009). *Immunity to change: How to overcome it and unlock potential in yourself and your organization*. Cambridge: Harvard Business Press.
Linley, P. A. (2008). *Average to A+: Realizing strengths in yourself and others*. Coventry, UK: CAPP.
Linley, P. A., & Burns, G. W. (2010). Strengths spotting. In G. W. Burns (Ed.) *Happiness, healing, enhancement: Your casebook collection for applying positive psychology in therapy* (pp. 3–14). Hoboken, NJ: John Wiley & Sons.
Linley, P. A., & Harrington, S. (2006). Strengths coaching: A potential-guided approach to coaching psychology. *International Coaching Psychology Review, 1*, 37–46.
Linley, P. A., & Joseph, S. (Eds.) (2004). *Positive psychology in practice*. Hoboken, NJ: John Wiley & Sons.
Linley, P. A., Nielsen, K. M., Wood, A. M., Gillett, R., & Biswas-Diener, R. (2010). Using signature strengths in pursuit of goals: Effects on goal progress, need satisfaction, and well-being, and implications for coaching psychologists. *International Coaching Psychology Review, 5*, 8–17.
Linley, P. A., Willars, J., & Biswas-Diener, R. (2010). *The strengths book: Be confident, be successful, and enjoy better relationships by realising the best of you*. Coventry, UK: CAPP.
Linley, P. A., Woolston, L., & Biswas-Diener, R. (2009). Strengths coaching with leaders. *International Coaching Psychology Review, 4*, 37–48.
Luthans, F. (2002). The need for and meaning of positive organizational behaviour. *Journal of Organizational Behaviour, 23*(6), 695–706.
MacKie, D. (2014). The effectiveness of strength-based executive coaching in enhancing full range leadership development: A controlled study. *Consulting Psychology Journal: Practice and Research, 66*(2), 118–137.
Mann, A. J. (1997, Summer). An appreciative inquiry model for building partnerships. *Global Social Innovations, 1*(2).
Marks, M. A., Zaccaro, S. J., & Mathieu, J. E. (2000). Performance implications of leader briefings and team-interaction training for team adaptation to novel environments. *Journal of Applied Psychology, 85*(6), 971.
Moral, M. (2009). Executive team coaching in multinational companies. In M. Moral, & G. Abbott (Eds.) *The Routledge companion to international business coaching*. London: Routledge.
Office for National Statistics (ONS) (2011). *Hours worked in the labour market, 2011*. London: Office for National Statistics.
Orem, S. L., Binkert, J., & Clancy, A. l. (2007). *Appreciative coaching: A positive process for change*. San Francisco: John Wiley.
Peters, J., & Carr, C. (2013). Team effectiveness and team coaching literature review. *Coaching: An International Journal of Theory, Research and Practice, 6*(2), 116–136.

Roarty, M., & Toogood, K. (2014). *The strengths-focused guide to leadership: Identify your talents and get the most from your people.* Sydney: Pearson.

Sheldon, K. M., Kasser, T., Smith, K., & Share, T. (2002). Personal goals and psychological growth: Testing an intervention to enhance goal-attainment and personality integration. *Journal of Personality, 70,* 5–31.

Sloan, B., & Canine, T. (2007, May). Appreciative inquiry in coaching: Exploration and learnings. *AI Practitioner: The International Journal of AI best practice,* 1–5.

Sosik, J. J., & Jung, D. D. (2010). *Full range leadership development: Pathways for people, profit and planet.* London: Taylor & Francis.

Toogood, K. (2012). Strengthening coaching: An exploration of the mindset of executive coaches using strengths-based coaching. *International Journal of Evidence Based Coaching and Mentoring* (Special Issue No. 6), 72–87.

Tuckman, B. W. (1965). Developmental sequence in small groups. *Psychological Bulletin, 63*(6), 384.

Wageman, R., Hackman, J. R., & Lehman, E. (2005). Team diagnostic survey development of an instrument. *The Journal of Applied Behavioral Science, 41*(4), 373–398.

Wageman, R., Nunes, D. A., Burruss, J. A., & Hackman, J. R. (2008). *Senior leadership teams: What it takes to make them great.* Boston, MA: Harvard Business School Press.

Walumbwa, F. O., Avolio, B. J., Gardner, W. L., Wernsing, T. S., & Peterson, S. J. (2008). Authentic leadership: Development and validation of a theory-based measure. *Journal of Management, 34*(1), 89–126.

West, B. J., Patera, J. L., & Carsten, M. K. (2009). Team level positivity: Investigating positive psychological capacities and team level outcomes. *Journal of Organizational Behavior, 30*(2), 249–267.

Whitney, D., Trosten-Bloom, A., & Radar, K. (2010). *Appreciative leadership: Focus on what works to drive winning performance and build a thriving organization.* Sydney: McGraw-Hill.

Zaccaro, S. J., Heinen, B., & Shuffler, M. (2009) Team leadership and team effectiveness. In E. Salas, G. F. Goodwin, & C. S. Burke (Eds.), *Team effectiveness in complex organizations: Cross disciplinary perspectives and approaches.* New York: Routledge.

Zwetsloot, G., & Pot, F. (2004). The business value of health management. *Journal of Business Ethics, 55*(2), 115–124.

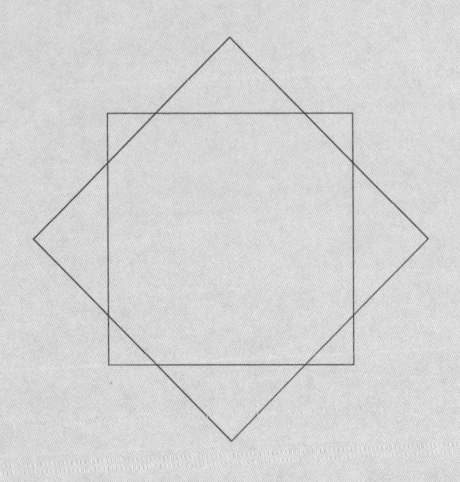

教练心理学的
专业与伦理实践

引言

第四部分涵盖了一系列方面,重点关注教练心理学的职业和伦理实践。这一部分首先关注教练关系和教练实践中值得考虑的方面,特别是作为一个新的从业人员进入该领域更应关注的方面。除了心理和系统基础之外,我们还可以将其他哪些要素融入实践,我们在伦理方面应该怎么做以及如何能够做好?我们需要了解的其他发展和健康框架有哪些?最后,这一部分以职业发展和正在进行的伦理实践为结束。

本部分的第一章:"教练关系:在教练过程和结果中起的关键作用"(第三十五章)由阿兰娜·奥布林(Alanna O'Broin)和斯蒂芬·帕尔默(Stephen Palmer)提供。他们指出,教练关系已通过研究和实践得到证明,是教练和教练心理学实践的基础。对许多人来说,这是基础因素。当然,在教练与受教者之间建立有效工作关系是教练的先决条件。随着研究和关注点从"教练有效吗"转移到教练关系上,引起了更大的兴趣。到"教练如何工作",然后,我们转向边界问题,尤其是随着教练和教练心理学实践的出现,教练和咨询之间的边界受到了早期的关注。塔蒂阿娜·巴赫基罗瓦(Tatiana Bachkirova)和莎拉·贝克(Sarah Baker)重新审视了第三十六章中的界限:"重新审视教练与咨询之间的界限问题"。随着教练的知识和实践领域的巨大变化,对教练和咨询之间区分问题的兴趣正在减少。但是,许多问题仍未得到解答,尽管经验丰富的从业人员已经找到了解决边界的方法,但对于该领域的新手和客户而言,可能会感到困惑。在本章中,将分享有关教练与咨询/治疗之间不断变化的界限问题,以及如何在实践中解决这些问题。

海伦·巴伦(Helen Baron)和汉娜·阿齐佐拉(Hannah Azizollah)在"教练和多元化"(第三十七章)中提出多元化是教练不可或缺的一部分。即使没有明确提到多元化,将支持多元化的思想和观念带入教练也是实践的核心部分。的确,要成为一名优秀的教练，必须从多元化的视角进行工作。简言之，任何两个人在某种程度上都彼此不同，甚至很小的差异也会影响人们对世界的感知和反应方式以及对世界的感受。多元化考虑这些差异以及它们如何影响人们的生活方式和互动方式。我们从多元化转向心理测量学，这是一种量化个性、能力、价值观或兴趣的方法。有趣的是，心理测量在某种程度上是为了使组织能够利用有力的证据，远离过度基于潜在偏见和偏见的选择和发展决策。艾伦·伯恩(Alan Bourne)和艾莉森·怀布鲁(Alison Whybrow)探索了"心理测量学在教练中的应用"(第三十八章)。心理测量学的应用在教练实践中有所不同，一些教练将其作为常规使用，其他教练则不那么频繁，而另一些教练从未使用心理测量学。在教练的背景下，使用心理测评的基本原理是提供准确有效的有关心理特征的量度，并通过此目的提供客观信息，以帮助发展更大的自我洞察力以及对其他行为方式的理解操作。这种见解旨在帮助受教者了解自己的行为以及可能需要的改变或仅仅作为工作场所动态、挑战或体验的基础。这里涵盖了心理测量在教练过程中的作用。

亚历克斯·帕斯卡尔(Alex Pascal)，布罗迪·格雷戈里·里奥丹(Brodie Gregory Riordan)和玛吉·萨斯(Maggie Sass)探索了"技术在教练中的作用"(第三十九章)。有趣的是，技术在心理测验行业转型各个方面都发挥了重要作用，而教练也同样容易遭受基于技术的转变。教练作为一种独特的人类实践而享有声誉。大多数人会将频繁的面对面会议视为标志之一。但是，这些假设正在接受检验。全球各地的教练实践已经利用了多种形式的技术，并通过5种方式增强了教练的能力：教练选择和企业管理，作为面对面的教练培训的补充，作为面对面的教练培训和教练评估的替代。

如果不注意教练中的心理健康，就不可能完成对教练职业和伦理实践的任何讨论。卡西亚·西曼斯卡(Kasia Szymanska)探索"受教者心理健康：教练心理学家的实践启示"(第四十章)。教练和教练心理学家的背景范围和实践的广度意味着，不能假定对受教者的精神健康问题和精神病患者的见解和理解。同样，仅在英国，精神健康发病率的普遍性就意味着大多数人会在某个时候发现自己与那些目前正在逃避精神健康问题的受教者一起工作。本章提供了该领域的广泛概述，可以用来揭示心理健康方面的一些问题，以及可以应用的一些更广泛的策略。

在最后3章中，我们更加刻意地关注教练的发展，并以此为重点，将教练作为促进和实现教练实践的关键工具。这些最终章节的第一章是塔蒂阿娜·巴赫基罗瓦（Tatiana Bachkirowa）和伊莱恩·考克斯（Elaine Cox）提出的"教练发展的认知发展方法"（第四十一章）。这是建立在塔蒂阿娜·巴赫基罗瓦关于发展性教练的开创性工作之上的。人们普遍认为，教练的心理发展在成为教练的过程中至关重要。然而，很少有作者写关于教练和教练心理学家的发展基础。在本章中，我们考虑了现有的个体发展理论，并基于这些理论提出了一个教练发展的框架，可用于教练教育和培训。

倒数第二章来自迈克尔·卡罗尔（Michael Carroll）的"教练心理督导"（第四十二章）。在本手册第一版和第二版之间的10年中，人们对教练督导的兴趣确实出现了激增。这包括有关教练督导的书面文稿以及全球教练督导的正式培训计划。督导已从外围转移到成为教练生活和工作范围中必不可少的要素。本章概述了督导，包括督导的历史发展和理论基础，然后转向督导的结构和过程等实践部分。

本部分的最后一章来自希柏恩·奥里奥丹（Siobhain O'Riordan）和斯蒂芬·帕尔默的"教练心理学教育与实践的全球活动"（第四十三章）。在过去的十年中，教练心理学的全球知名度持续显著增长。2006年，使用谷歌学术搜索引擎（Google Scholar）搜索"教练心理学"（coaching psychology）提供了123个条目；2018年9月，同样的搜索显示了约5180个结果。人们的兴趣不断增长，在此背景下，我们探索了教练心理学的教育和实践，并介绍了当前的背景。

第三十五章　教练关系：在教练过程和结果中起的关键作用

阿兰娜·奥布林和斯蒂芬·帕尔默
(Alanna O'Broin & Stephen Palmer)

引　言

　　教练关系是教练的基本要素。虽然各类教练概念方法对教练关系的性质和作用的解释不同,但重要的是受教者和教练之间有效的工作关系是教练的前提。越来越多的证据表明,教练是一个有效的人际关系改变过程,这个过程伴随着关注点从早期的"教练有用吗?"到"如何做教练?"的明显转移。过去十年,教练关系吸引了越来越多的研究与关注,在一定程度上体现了这一转变。

　　因此,尽管我们可能很熟悉教练关系,但有关教练关系和它在教练成功中所起的作用,教练知识库又告诉了我们什么?结合更广泛的教练研究背景,通过分析日益增长的教练关系研究文献,本章进一步探讨了这个问题,并强调了如何将相关专业和知识应用进来,作为教练和教练心理学循证方法的一部分。这是我们了解这一主题的一个重要因素。

教练关系文献

改变的工具

　　长期以来,受教者与教练之间的关系都被视为影响业绩增长和行为变革的重要工具(Stober & Grant, 2006)。例如,麦戈文(McGovern)等人发现(2001),84%的受教者认为教练关系的质量对教练成功与否至关重要。在对两个组织的受教者进行的一项研究中,除了强调技巧与关注目标外,教练关系也被视为是有价值的,并作为教练流程的第一步。此外,在一项探索教练助益方面的研究中,德汉等人(De Haan et al., 2011)发现,比起特定的教练干预,管理类受教者更看重教练关系和教练的质量(如倾听、理解和鼓励)。

教练关系研究的早期影响

过去十年,开始专项研究之前,有关教练关系的研究通常是深入探索教练研究的一部分(Judge & Cowell, 1997; Wasylyshyn, 2003)。20世纪90年代起,大量的教练研究文献对发展初期的教练关系研究基础产生了难以预见的影响。首先,研究考察了教练过程中人际交往和内省变化时的心理进程(Taylor, 1997; Wageman, 1997)。其次,教练研究试图将教练与治疗进行比较并区分开来,这通常也包括对教练和治疗关系的比较(Hart et al., 2001)。第三,研究论文因为强调教练个人的作用,对教练资质与水平的要求不断增长(Brotman et al., 1998)。第四,论述性论文阐述了不同理论下的教练体系(Anderson, 2002; Kilburg, 1996),每个体系都包含了教练关系的作用及显性或隐性的描述。最后,教练的定义(Kilburg, 1996)一直都是(Grant, 2012)一个备受争议的话题。教练的不同定义可能导致教练关系的不同定义或概念。

近十年的研究

教练关系是教练的积极因素

随着教练有效性相关研究证据的积累(Grant et al., 2010; Jones et al., 2016; Lai & McDowall, 2014; Sonesh et al., 2015; Theeboom et al., 2014),人们对教练有用的假设也更加有信心。连同假设,教练还可以从过去几十年的心理治疗及咨询的有效性建立过程中汲取相关经验(McKenna & Davis, 2009)。这一发展推动了寻求教练过程中对"活跃因素"定义的缘由和专项研究(Smither, 2011)。教练关系显然是此类研究关注的重点(De Haan et al., 2013, 2016)。

教练关系与教练结果之间的关联

几十年来,根据理论推测发现,治疗关系与治疗结果之间存在强相关性(Horvath

et al.，2011），并且几乎没有证据表明，有任何潜在的因素会影响到该推测结果的正确性（Flückiger et al.，2012）。

同时，最近的研究表明，教练关系与教练结果之间也存在同样关联。这些研究发现，受教者和教练双方的合作关系与教练成果之间呈明显的相关性。

我们发现，教练关系及其进展也可以预测教练的结果。教练关系的三个关键方面（自主支持性，一段近乎"理想"的关系和"聚焦目标"关系）被发现可以预测教练与受教者双方的教练结果（即目标达成分数）。而第四方面，对教练关系的满意度，并不能预测教练的成功（Grant，2013）。受教者对整体教练关系过程（融洽、信任和承诺）的评分预测了整体教练结果（满意度、领导力表现和教练计划）（Boyce et al.，2010）。

例如，拜伦和莫林（Baron & Morin，2009）还发现，教练关系在所接受的教练次数和结果（受教者的自我效能）之间起着调节作用。博伊斯和同事（Boyce and associate，2010）的研究发现，关系进程既对教练及受教者之间的匹配度与教练结果（满意度）的关系有影响，又与教练结果的可信度相关。在格兰特（Grant，2013）的研究中，部分相关性分析表明，"以目标为中心"的教练关系类型对教练成功的影响显著高于自主支持型，尽管两者都被认为很重要。格斯尼策和考菲尔德（Gessnitzer & Kauffeld，2015）的研究还发现，受教者认为的教练关系的目标及任务与教练结果呈正相关，而教练者认为的（目标及任务）与结果呈负相关。此外，教练双方的相应行为与教练结果之间不存在显著的关联。同时，调查问卷的得分与教练阶段双方影像资料中的行为之间也无显著相关。

综上所述，除了证实教练关系与教练结果存在联系之外，进一步的研究结果表明教练关系对教练结果的影响指向了一个可能更为复杂的关系图。为了更好地理解教练关系在教练中的直接和间接作用，我们还需要进一步的研究。

教练关系术语和用法

教练的定义比比皆是（Grant，2012），类似地，教练关系也没有一个共识性的定义。这些定义强调了教练关系的各个方面，定义范围从受教者与教练之间的化学反应和个性特征(Alvey & Barclay, 2007)、双方的相互影响(Kemp, 2008)以及人际交往中的挑战和支持(Hawkins & Schwenk, 2010),到教练关系作为复杂适应系统的本质(Cavanagh, 2006)。本章采用的合作关系或教练关系的定义如下:

"教练关系反映了目标明确的教练过程中双方投入的精力及质量,以及教练过程中双方通过不断协商达成一致的努力。"

(O'Broin & Palmer, 2007, p. 305)

这些不同的定义并行,我们有很多说法代指"教练关系",范围从普遍到具体。示例包括将其用作:

- 整个教练过程的代表;
- 教练的一般或"共同因素"(不同于技术等特定因素);
- 教练关系的组成部分(例如合作结盟);
- 一个笼统术语,其含义由特定的概念教练方法决定(例如以人为中心);
- 融洽或其他有共性特征的关于教练关系的描述;
- 以上两个或两个以上的组合。

直到最近,才有"关系"一词(Reis et al., 2000),之前都是这样缺乏定义混杂并行的情况。现在,研究人员一致认为,一种关系(特别是亲密关系)的本质是双方的互动,而相互影响是这些互动的显著标志(Rcis, 2007)。

循证式的教练关系

人们提出多种方式和方法来解决基于证据的问题,讨论成为"科学实践者"意味着什么(Lane & Corrie, 2006; Briner, 2012),教练和教练心理学家也都加入到这场辩论(Cavanagh & Grant, 2006; Stober & Grant, 2006; Stober et al., 2006)。后来的评论者提出了一种基于证据的教练方法,利用现有的最佳知识为实践提供信息。这意味着教练和教练心理学家会利用多种知识库的资源,包括针对教练的研究、教练自身的专业知识、客户的喜好,以及从整个心理学范围内的相关领域改编和情境化的理论和技术。

为了配合这种广泛援引循证知识的做法,本章借鉴了教练和教练关系文献,源自咨询、心理治疗和运动心理学等相关领域的知识,以及就教练关系的重点部分更深入研究的对话。

相关领域摘要

心理咨询和治疗

在过去的十年中,对教练的研究和讨论发生了翻天覆地的变化,从试图区分教练与治疗有效,到发现咨询和心理疗法与教练功能相似,其知识和研究也有可取之处(Kilburg, 2004; O'Broin & Palmer, 2007; McKenna & Davis, 2009; Smither, 2011)。这种转变的部分原因是侧重于寻找教练的"积极因素",类似于对心理治疗的研究,该研究表明:(i) 来访者/额外治疗因素(40%);(ii) 治疗关系(30%);(iii) 预期,希望和安慰剂的影响(15%);(iv) 理论和技术(15%)是造成大部分心理治疗结果系统化差异的四个因素(Lambert & Barley, 2001)。不过,这种呼吁并未被普遍接受,人们更多强调心理治疗和教练(Hollenbeck, 2009)、治疗关系和教练关系(Grant, 2013)之间的差异而不是相似之处。重要的是,如果发现教练中的积极因素与心理治疗相似,那么教练关系仍然是研究的重点。

在强调教练和治疗之间的功能相似性,以及两者如何通过增进合作关系进行运作时,麦肯纳和戴维斯(McKenna & Davis, 2009)认为,教练实践案例旨在进一步探讨协同效应,以便了解是什么使教练有效。他们主张:

- 受教者的参与(从一开始就与受教者建立合作关系,以促进和保持受教者参与的积极性);
- 因人制宜(教练根据受教者的偏好制定方法)。

根据心理治疗文献的发现,这些作者进一步提出了教练实践的大致原则。

对教练的影响

先前在咨询和心理治疗结果研究中实施的考察方法,所得结果有相似之处,例如教练关系与教练结果之间的联系,提供了一些笼统的原则来协助教练与他们的受教者形成有效的教练关系。在更细微的层面,情况也更为复杂,建议对教练关系及它在教练中可能发挥的作用进行更具体和详细的研究。

运动心理学

教练与运动和竞技有着许多渊源(Gallwey,1974；Griffith,1926)，并且常被建议将管理类教练从运动教练领域转化出来(Joo,2005；Jowett et al.,2010；O'Broin & Palmer,2006；Peltier,2001)。教练与运动员之间的关系也与运动成绩等结果直接或间接相关(Gillet et al.,2010)。

过去十年,已经开发出几种教练与运动员关系的模型(Jowett & Cockerill,2002；Mageau & Vallerand,2003；Poczwardowski et al.,2002；Wylleman,2000)。管理类教练环境下应用这些模型的一个例子是两人关系的 3 + 1Cs 模型(Jowett,2007；Jowett et al.,2012)。基于相互依存理论(Kelley & Thibault,1978),3+1Cs 模型提出,通过构建亲密(Closeness)、承诺(Commitment)和互补(Complementarity)的关系(3C),受教者和教练的感情、思想和行为是互为因果、相互依存的。

在对英国高管教练—受教者二人组样本中教练关系积极方面的内容进行分析之后,乔维特(Jowett et al.,2012)等人发现,亲密(特别是相互信任和尊重)、承诺(发展紧密而持久的伙伴关系,乐于激励)和互补性(了解受教者和教练各自扮演的角色,顺利合作)在关系中的重要性。所有参与者及他们共同的知识和理解确立了这种互动关系。作者明确了 3 + 1Cs 结构之间的许多关联,强调了它们的相互依赖性。

对教练的影响

教练与受教者关系的讨论采纳了乔维特等人(Jowett et al.,2012)模型的如下方面：

- 提供一种评估教练与受教者关系质量核心维度的方法；
- 假设关系质量与教练双方如何合作紧密相关；
- 强调教练关系的时间特性,受教者和教练在不断互动与相互影响时的感受、想法和行为；
- 确定教练关系中的优势和劣势,该模型可能提供关系增强策略的指标。

新兴的教练关系模型

前面的章节概述了各自的概念或理论指导方法,其中包括对教练与受教者关系的阐述。同时也存在更笼统的教练模型,它们将教练关系纳入教练的职权范围内(Greif, 2010; Stober & Grant, 2006)。这在某种程度上反映了研究的早期阶段,缺乏专门针对教练关系的理论模型和命题。一个这样的模型有助于绘制教练关系本身的心理过程。

管理类教练关系的类型学(Collins, 2012)提出了两个维度,即步调(双方活跃度与能量水平的高低)和配合度(双方合作与平等水平的高低),这是在研究了14个接受访谈并自发完成日记的教练组后得到的最有影响力的结构。四个象限产生了四种类型的教练关系:(1)稳固型(步调慢/高配合度);(2)舒适型(步调慢/低配合度);(3)跟随型(步调快/低配合度);(4)兴奋型(步调快/高配合度)。出现在哪类象限中并不代表该教练关系就会发生哪种效用,因为正面和负面的属性都有可能,并会随时间发生变化。满足受教者的需求是实现教练关系有效性的重要因素。该模型可能会帮助教练识别受教者的类型,并使他们能够正确的适应受教者。

协作贡献

教练中的博尔丁式(Bordin)合作结盟

随着对心理治疗中"常见因素"或"积极因素"认识的增多,人们提出了更为清晰、概括面更广的对合作结盟的表述(Bordin, 1979),将其作为所有协助关系的一个基础(Horvath, 2001)。合作结盟还经常被用作参考客户与从业者之间合作关系的质量和实力。

博尔丁式(1979, 1994)的合作结盟理论有两个假设:合作结盟衡量双方实现目标与合作的程度,以及这种结盟作为一种交流互惠的关系而存在。

博尔丁将目标明确、协作性强的工作转化为教练工作的三个特点:

- 目标——对教练目标的共识和承诺;

- 任务——有关教练实施中的行为和认知方面；
- 关系——受教者和教练之间的喜欢、信任、尊重或联结。

不考虑教练的概念方法，对个人受教者来说，博尔丁的理论框架足够全面，用来评估进行中的教练工作的程度、水平、合作性及目的性是最佳的选择。

对教练的影响

基于证据的教练方法（如情境模型之类）都侧重于总体和跨理论的共性，而合作关系具有足够的灵活性，可以适应不断变化中的各种方法。

教练中的合作结盟被越来越多地讨论，并被作为教练研究中衡量工作关系的一种手段（Dryden, 2017）。与研究结果之间的强连接性表明，它是教练过程和结果中要考虑的重要变量。教练结盟通过其他变量对结果的影响说明，合作（或教练）结盟具体效果的全部范围尚未得到充分和全面的理解。

双向发现

信 任

特别值得一提的是，从受教者和教练的角度来看，信任最常被发现对教练关系的效果起重要作用（Gregory & Levy, 2011; Gyllensten & Palmer, 2007; O'Broin & Palmer, 2010a; Passmore, 2010）。虽然被受教者信任当时感觉到的可能是压力，但阿尔维和巴克莱（Alvey & Barclay, 2007）发现，随着时间的推移，教练关系的特征、教练情境和行为的特征以及教练的特征对增进信任具有影响。影响信任因素的时间顺序也是关键。因此，在教练关系中增进信任时，似乎存在着关系、情境和行为因素的复杂交互作用。目前尚不清楚，相互信任的存在和维持是否总是必要的，而不仅仅是受教者对教练单方面的信任。

更多双向因素

教练关系的更多双向因素已在研究中得到强调，包括尊重（Alvey & Barclay, 2007; O'Broin, 2013）、合作（Boyce et al., 2010; O'Broin & Palmer, 2010a）和互惠的教练及受教者友善模式（Ianiro et al., 2014）。

多元化和匹配因素

从广义上讲,有关组织、技术和人际关系中的许多因素,已进行了受教者和教练之间的匹配(Law et al., 2007, p. 205),而受教者与教练的不匹配被认为是导致教练活动失败的一个原因(Marshall, 2007)。性别、文化和年龄等表面多元化因素的不同匹配,使受教者与教练的关系呈现不同的结果。

亚尼罗等人(Ianiro et al., 2013)发现,教练双方的相似性或互补性产生的好处也有不同。教练和受教者在主导行为和从属行为的人际关系维度上的相似性,预测了受教者对教练关系的质量和自我目标达成的评价。反之,博伊斯等人(Boyce et al., 2010)发现,受教者学习风格与教练管理风格的互补使得教练关系更为高效,取得更多积极的成果。

人格的深层次多元化因素也会产生不同的结果。斯柯拉和林利(Soular & Linley, 2006)发现,在受教者和教练气质不同的情况下,结果得分明显更高,而德汉等人(De Hann et al., 2013, 2016)未发现有证据表明受教者与教练差异(通过部分MBTI档案评估)与教练结果相关。

跨文化理解

假如文化差异会导致人们从不同的角度看待世界,那么文化很重要(Rosinski & Abbott, 2006)。因此,文化是所有教练关系中的重要考量因素。但是,应当谨慎地对文化进行分类和概括(Law, 2008)。

在对跨文化教练领域研究很少的情况下,两个模型可以帮助来自不同文化背景的教练提供参照标准。罗辛斯基和艾博特(Rosinski & Abbott, 2006)在《文化定位的准则》(*Cultural Orientations Framework*)中研究了不同文化之间的差异和相似之处,从人们如何应对普遍的挑战来定义价值观。至关重要的一点是,这些作者从应对挑战的方式分辨出不同的文化取向,并认为成功的教练过程是建立和发展牢固可信的教练关系的理想平台。

第二种基于研究的模型是Delta教练方法(Coultas et al., 2011),这种方法就是利用估计量的极限方差求得渐近正态估计量函数的极限分布。这种根据受教者动机和文化需要以及个人差异,贴近价值观、动机和文化的模型强调教练技术的适应性。但是,教练如何帮助实现这些结果,很大程度上取决于怎样平衡受教者与教练之间的信任关系。

参与者的个人贡献

受教者带来什么

管理者教练理论体系认为,教练态度和特征的某些方面会影响教练的成果(Kilburg,2001;Joo,2005)。对受教者的品格和特征的研究虽然比教练的研究少,但是在两个主要领域已经有所发现。

变革的动力和准备

与治疗类似,客户的动机已显示出对治疗结果的影响(Castonguay & Beutler,2006),在教练中,受教者动机和改变的意愿也表明了与教练结果的相关性。

受教者的许多特征都与开放心态(Marshall,2007;O'Broin & Palmer,2010a)、承诺(Bouwer & Van Egmond,2012)、意愿(Machin,2010)和动机(Kappenberg,2008)相关,这些特征被认为有利于教练过程和结果。一项特别有趣的研究关注了受教者与教练之间人际交往过程的细节,发现教练的友好型主导行为(表现为坚定而自信)触发了受教者的主导行为,后者与受教者目标达成相关(Ianiro et al.,2014)。

跨理论变革模型(Transtheoretical Model of Change,TTM)(Prochaska & DiClemente,1984)是一个六阶段的周期性变革模型,已在管理者教练环境中用于评估和配合受教者的改变意愿(Grant,2006)。这六个阶段包括预先考虑、考虑、准备、行动、保持和终止,变更的每个阶段可能需要适应不同的变更过程。为了使结果随着时间的推移增强,必须使关系与各个变更阶段相匹配。格兰特(2006)提出,TTM 提供了许多针对特定阶段的教练策略,供教练在变革周期内使用,并指出,教练应评估其受教者的动机水平或改变意愿,而不是假设受教者必须处于行动阶段。

人 格

在研究个体差异对教练的影响时,发现了不同的结果(Stewart et al.,2008)。例如,在人格五因素模型和教练转化成果上,部分而非全部的受教者评分子量表之间存在显著关联。作者得出的结论是,对于某些教练而言,人格测量可能有助于识别那些需要支持才能从教练中学习转化的人；但是，基于人格的广泛适应性选择却没有得到支持。琼斯（Jones）、伍兹（Woods）和哈钦森（Hutchinson，2014）同时发现受教者的外向性与其对教练有效性的看法之间存在正相关关系，但其他人格变量与管理类教练有效性之间的关联程度在研究中并不显著。

对教练的影响

受教者对教练关系和教练结果的贡献一类的研究仍然很少。尽管有关活跃因素的研究表明，如果受教者因素与教练关系因素在治疗结果中分布相似，则受教者因素在结果中的差异可能与教练关系本身的差异一样或更多。我们需要进行更多的尤其是结合教练成果的研究；需要更多有关过程的研究，用以探索受教者在教练和教练关系中的角色和观点，特别是受教者的观点可能不同于他们的教练时。

教练带来了什么

教练研究主要集中在教练及教练角色在教练关系和教练过程中的作用。尽管博尔丁的合作结盟模型强调相互关系，但也可以对教练关系中的某些特定角色进行讨论。

教练态度和特点

治疗中，治疗师之间的个性差异会很大程度地影响合作结盟（Horvath & Bedi, 2002）和心理治疗结果（Wampold, 2001）的不同。教练研究发现，教练的一些特质与受教者和教练对关系质量的看法以及教练成功正相关。

建立牢固的联系

受教者的自我报告研究已经证明，受教者有多重视教练与自己互动和联系的能力。瓦西利辛（Wasylyshyn，2003）的研究发现，86%的受教者认为教练与受教者建立牢固关系的能力是有效管理类教练的首要特质，同时德汉等人（2011）发现，受教者对教练关系的重视超过对教练素质、特定的教练干预或技术。

教练个人态度和特点

在更多的教练关系文献中，还确定了教练一系列的个人态度和特征，包括教练的信誉（Alvey & Barclay，2007；Dagley，2010；Jones & Spooner，2006）、同情心和尊重、在压力下继续有效工作的能力（Dagley，2010）、接纳的方法（Gyllensten et al.，2010）及客观性（Passmore，2010）。

教练的态度与共性

研究人员也在研究中找寻教练的共性（Boyce et al.，2010；Greif，2010；Lai & McDowall，2014）。博伊斯等人（2010）发现通过总体关系过程（融洽、信任和承诺相结合）可以积极预测受教者和教练对教练结果的评分，并调整反应、成绩和行为所有三种教练结果可信度的匹配标准。作者认为他们的研究结果支持教练可信度对教练结果的调节作用。

从心理疗法的泛理论化通用理论改编的教练过程理论模型中（Grawe，2006），格瑞夫（Greif，2010）将教练的核心概念描述为教练对受教者的推动作用，即结果导向的自我反思、自我改变和自我发展。格瑞夫的理论（Greif，2010）确定了教练中七个可观察到的普遍成功因素：

- 教练表现出言语和非言语的尊重和情感支持；
- 教练激活以结果为导向的问题反思；
- 教练促进受教者的自我反思；
- 教练在适当的情况下帮助受教者激活，重新体验和改变；
- 教练鼓励受教者对目标进行具体的释义；
- 教练支持受教者使用自己的资源获得成功；
- 教练积极支持受教者以短期结果为导向将预期的变化转化为实践。

在对教练心理学证据的系统回顾中，莱和麦克道尔（Lai & McDowall，2014）将教练关系确定为教练研究和实践的重点，发现教练特质在教练过程和教练结果的有效性中起着重要作用。加强教练关系的五个关键因素被区分开来，主要反映了教练的属性和特点：

- 建立信任；
- 理解和应对受教者的情感难题；
- 鼓励双向沟通；
- 促进和帮助受教者的学习与发展；

- 建立清晰的合同和透明的流程。

伊柔和考菲尔德（Ianiro & Kauffeld, 2014）通过研究教练关系对教练与受教者之间的相互影响，分析教练课程录像中的实际教练互动后，发现在第一次训练后和训练结束时，教练的友好型主导行为模式与被教练者合作结盟评分呈正相关。作者认为，在寻求建立有效合作关系的过程中，可以培养教练对情感状态和人际行为的自我意识。

情绪和关键时刻

关于教练关系中的情绪与关键时刻的价值和作用已有许多研究。在教练关系中，教练似乎会表现出不同的合作深度和处理情感的方式，从避免确认和转移情感，到积极与受教者探讨情况（Cox & Bachkirova, 2007; Cremona, 2010）。第一作者提出关键在于教练怎样通过情感、自己的偏见和反应对受教者的进步可能形成帮助或阻碍，而两位作者都认为教练培训将受益于个人变化时情绪起的作用。

为了进一步探索情绪专题，我们有许多对教练关系中关键时刻的研究。戴等人（Day et al., 2008）的关键事件研究探索了资深教练在关键时刻的经验以及他们如何处理在教练的关键时刻展现的无法预料的强烈情感和焦虑。通常，这些关键时刻被证明是教练的转折点，往往会导致顿悟、疏远甚至是受教者的崩溃。教练对受教者的反应和自身情绪的觉察，将个人能力与关键时刻的展现连接起来，同时通过对此类方式的思考使受教者觉悟，是关键时刻产出的重点。

与以往研究不同的是，在前述工作的基础上，德汉等人（2010）直接比较了关键时刻下的关键时刻研究，这些时刻是由受教者和资深教练直接报告的。一般在教练课程结束后，教练双方发现由他们共同选择的关键事件的本质与重点没有一致认为的大不同，才会上传这些报告。作者还确定，关键时刻有两种类型：日常教练中受教者和教练之间达成一致的"磨合"时刻，以及更极端和罕见的"特殊事件"如改变、抵制或合作关系破裂的关键时刻，这两者都是教练实践的一部分。

根据受教者的需求进行定制

教练关系研究趋向于强调因人制宜，更有益于受教者的特定情况。琼斯和史普纳（Jones & Spooner, 2006）指出，与高成就的受教者一起工作时，教练必须灵活并能对快速变化做出反应。而南加利亚和南加利亚(Nangalia & Nangalia，2010)对教练的角色和地位的研究中也有类似陈述，所有教练在与亚洲文化的客户合作时都会适应其过程和风格。

其他作者则提出了因人制宜的更多好处，例如需要教练与受教者一致，并初步适应受教者来建立信任(Machin，2010)。还有一些人主张在任何情况下都适应受教者。格雷戈里和利维(Gregory & Levy，2011)在其关于员工教练关系的研究中指出，主管根据下属的需要调整自己的行动，应该会更有效地指导员工实现高绩效。而奥布林和帕尔默(2010)和奥布林(2013)提出，适应受教者可能比普遍认为的教练关系更重要，教练调整他们的风格，并意识到每个受教者的独特品质，这才是至关重要的。

对教练的影响

早期关于影响教练关系和教练结果的单一教练属性的发现，进一步发展成为最新探索教练态度和特征的数据组的尝试，这些数据组有助于增强受教者和教练之间的人际沟通和过程的研究。早期迹象似乎支持教练团队中双方各自的特定角色和相互责任的存在，更多证据表明在研究发展阶段教练特定的角色责任。

背 景

人际变量

从教练关系的人际角度出发，需要了解特定受教者所处的背景(O'Broin & Palmer，2010b)。从个体角度来看，人际因素可以说是背景的重要特征(Reis et al.，2000)，已有关于检验合作关系和教练结果相关的互动分析的研究(Ianiro & Kauffeld，2014；Ianiro et al.，2014；Gessnitzer & Kauffeld，2015)。伊柔等人(2014)研究了教练和受教者基于从属和主导层面的人际关系动态，发现相互的友好模式与合作关系的得分呈正相关。教练双方的行为以友好为主，明显有利于受教者目标的达成。作者评论说，他们的发现为主张由人际优势导致的相似和不同行为的理论提供了支持，同时主导型互动模式是语境、关系和角色特定的。这些研究强调了人际行为在教练关系和教练结果中的潜在重要性，并开始揭示双方成员之间互动的复杂性。然而，在这些发现的基础上,还需要更多关于双方人际动态的研究。

除了关注人际因素外,更宽泛的说,背景还由双方互动的社会和外在环境以及所有这些因素如何相互作用来确定。在追查教练的活跃因素时,值得注意的是很少进行有关情境的研究,因此迫切需要研究关注。从更广泛的角度来看,背景的两个重要方面是教练合约和教练边界。

教练合约

教练合约提供教练框架、确定教练的责任,是一个约定过程。通常涉及由教练和受教者以及适当时由组织发起人签署的书面合同,该书面合同履行以下职能:

- 确立教练的目标;
- 确保双方都了解自己的责任;
- 明确保密的界限和双方的期望,以及诸如联系、可用性和课间任务等实际问题。

心理契约

无论是否签订了书面合同,受教者和教练之间都存在心理契约。心理契约在每个旁观者的眼中都涉及相互的义务:

> "心理契约的一个主要特征是彼此之间都相信协议的存在,也就是说,双方存在共识,各方行动都受协议的具体约束。"

(Rousseau, 2001, p. 512)

保密性是合约建立过程的一个重要方面,尤其是存在三方协议的情况下,以及在建立和发展信任方面,有关反馈给组织的信息(Alvey & Barclay, 2007)。教练明确而透明的合同约定对确保受教者能够理解和信任流程的执行方式,以及协商在教练课程中讨论的信息的保密性和双方边界至关重要。

边 界

教练边界在研究文献中被长期讨论。教练和治疗之间的边界最常被提及,尤其强调了转介问题和受教者的心理健康。但是,边界原则也可以应用于教练关系的创建、维护和终止。

研究在找寻最适合个体受教者的合作关系的程度、水平和种类。教练关系中存在亲密关系的特征,例如开放自我和承诺,但教练和受教者不是朋友。教练负责帮助与受教者建立积极有效的工作关系,但同时要管理这种关系的深度和亲密度,以适合教练的专业需要。

结　论

十年过去了,我们曾在本手册第一版的前一章中指出,缺乏专门研究与教练关系对教练重要性的假设并存的悖论。此后,如本章所述(另见 O'Broin, 2016),研究将教练关系与结果联系起来,表明了教练关系在教练变量和结果之间潜在的调节作用,发现教练关系的共性与特性。此外,通过具体的互动研究,提供了关于教练行为模式的可信数据,为解决这一悖论提供了证据。值得注意的是,常见因素或"活跃因素"方法是这些研究的基础。继续这个从相关领域借鉴的主题,我们建议将合作结盟和3+1Cs模型用作发展教练关系的框架,提供研究和实践的可能性,正如早期在教练环境中开发的教练关系模型一样。

尽管在理解教练关系方面已取得进展,但其研究基础仍处于早期阶段。教练的进行离不开教练关系,但我们在某种程度上无法理解教练关系的本质,因其横跨个人、团队、群体、文化、教练类型、教练方法、背景和时间等领域。本章重申第一版的信息,即迫切需要进一步研究以扩展和巩固迄今为止的发现(Spaten et al., 2016)。如果现有研究证实了教练关系的重要性,那么我们面临的挑战是寻求更好地了解其关系的程度,这种理解对教练的结果、教练的能力和发展以及教练的培训具有重要的意义。

讨论要点

1. 你如何定义和使用"教练关系"一词？这对你的教练实践有何影响？
2. 有效的合作结盟对个体受教者有何不同？
3. 你如何发现与受教者的合作关系不佳？你将怎么改进？
4. 你可以通过什么方式来赢得受教者的信任？在教练关系中,如何在更具挑战性的时刻也保持这种信任？

推荐阅读

De Haan, E., & Sills, C. (2012). *Coaching relationships: The relational coaching field book*. Oxfordshire: Libri.
Dryden, W. (2017). *The Coaching Alliance: Theory and guidelines for practice*. Abingdon, Oxon: Routledge.
O'Broin, A., & Palmer, S. (2012). Enhancing the coaching alliance and relationship. In S. Palmer & M. Neenan (Eds.), *Cognitive behavioural coaching in practice*. London: Routledge.
Palmer, S., & McDowall, A. (2010). *The coaching relationship: Putting people first*. London: Routledge.
Pelham, G. (2016). *The coaching relationship in practice*. London: Sage.

参考文献

Alvey, S., & Barclay, K. (2007). The characteristics of dyadic trust in executive coaching. *Journal of Leadership Studies, 1(1)*, 18–27.
Anderson, J. P. (2002). Executive coaching and REBT: Some comments from the field. *Journal of Rational-Emotive & Cognitive Behavior Therapy, 20(3)*, 223–233.
Baron, L., & Morin, L. (2009). The coach-coachee relationship in executive coaching: A field study. *Human Resource Development Quarterly, 20(1)*, 85–106.
Bordin, E. S. (1979). The generalizability of the psychoanalytic concept of the working alliance. *Psychotherapy: Theory, Research and Practice, 16*, 252–260.
Bordin, E. S. (1994). Theory and research on the therapeutic working alliance: New directions. In A. O. Horvath and L. S. Greenberg (Eds.), *The working alliance: Theory, research and practice*. New York: Wiley.
Bouwer, J., & van Egmond, J. (2012). Moderating factors of the Van Egmond Coaching Model (VCEM). *International Coaching Psychology Review, 7(1)*, 55–63.
Boyce, L. A., Jackson, J. R., & Neal, L. J. (2010). Building successful leadership coaching relationships. *Journal of Management Development, 29(10)*, 914–931.
Briner, R. (2012). Does coaching work and does anyone really care? *OP Matters, 16*, 4–11.
Brotman, L. E., Libri, W. P. and Wasylyshyn, K. M. (1998). Executive coaching: The need for standards of competence. *Consulting Psychology Journal: Practice and Research, 50(1)*, 40–46.
Castonguay, L. G., & Beutler, L. E. (2006). Common and unique principles of therapeutic change: What do we know and what do we need to know? In L. G. Castonguay & L. E. Beutler (Eds.), *Principles of therapeutic change that work*. Oxford: Oxford University Press.
Cavanagh, M. (2006). Coaching from a systemic perspective: A complex adaptive conversation. In D. R. Stober and A. M. Grant (Eds.), *Evidence-based coaching handbook: Putting best practices to work for your clients*. Hoboken, NJ: Wiley.
Cavanagh, M. J., & Grant, A. M. (2006). In D. Lane and S. Corrie (Eds.), *The modern scientist-practitioner: A guide to practice in psychology*. London: Routledge.
Collins, C. E. (2012). *Exploring executive coaching: Its role in leadership development*. Unpublished PhD thesis. Warwick, University of Warwick. Webcat.warwick.ac.uk/record=b2603077~S1
Coultas, C. W., Bedwell, W. L., Shawn Burke, C., & Salas, E. (2011). Values sensitive coaching: The delta approach to coaching culturally diverse executives. *Consulting Psychology Journal: Practice and Research, 63(3)*, 149–161.
Cox, E., & Bachkirova, T. (2007). Coaching with emotion: How coaches deal with difficult emotional situations. *International Coaching Psychology Review, 2(2)*, 178–189.
Cremona, K. (2010). Coaching and emotions: An exploration of how coaches engage and think about emotion. *Coaching: An International Journal of Theory, Research and Practice, 3(1)*, 46–59.
Dagley, G. R. (2010). Exceptional executive coaches: Practices and attributes. *International Coaching Psychology Review, 5(1)*, 63–80.
Day, A., De Haan, E., Sills, C., Bertie, C., & Blass, E. (2008). Coaches' experiences of critical moments in the coaching. *International Coaching Psychology Review, 3(3)*, 207–218.
De Haan, E., Bertie, C., Day, A., & Sills, C. (2010). Critical moments of clients and coaches: A direct-comparison study. *International Coaching Psychology Review, 5(2)*, 109–128.

De Haan, E., Culpin, V., & Curd, J. (2011). Executive coaching in practice: What determines helpfulness for clients of coaching? *Personnel Review, 40(1)*, 24–44.

De Haan, E., Duckworth, A., Birch, D., & Jones, C. (2013). Executive coaching outcome research: The contribution of common factors such as relationship, personality match and self-efficacy. *Consulting Psychology Journal: Practice and Research, 48(2)*, 61–66.

De Haan, E., Grant, A. M., Burger, Y., & Eriksson, P.-O. (2016). A large-scale study of executive and workplace coaching: The relative contributions of relationship, personality match and self-efficacy. *Consulting Psychology Journal: Practice and Research, 68(3)*, 189–207.

Dryden, W. (2017). *The coaching alliance: Theory and guidelines for practice*. Abingdon, Oxon: Routledge.

Flückiger, C., Del Re, A. C., Wampold, B., Symonds, D., & Horvath, A. O. (2012). How central is the alliance in psychotherapy? A multilevel longitudinal meta-analysis. *Journal of Counseling Psychology, 59(1)*, 10–17.

Gallwey, W. T. (1974). *The inner game of tennis*. New York: Random House.

Gessnitzer, S., & Kauffeld, S. (2015). The working alliance in coaching: Why behaviour is the key to success. *The Journal of Applied Behavioural Science, 51(2)*, 177–197.

Gillet, N., Vallerand, R. J., Amoura, S., & Baldes, B. (2010). Influence of coaches' autonomy support on athletes' motivation and sport performance: A test of the hierarchical model of intrinsic and extrinsic motivation. *Psychology of Sport and Exercise, 11*, 155–161.

Grant, A. M. (2006). An integrative goal-focused approach to executive coaching. In D. R. Stober & A. M. Grant (Eds.), *Evidence based coaching handbook: Putting best practices to work for your clients*. Hoboken, NJ: Wiley

Grant, A. M. (2012). An integrated model of goal-focused coaching: An evidence-based framework for teaching and practice. *International Coaching Psychology Review, 7(2)*, 146–165

Grant, A. M. (2013). Autonomy support, relationship satisfaction and goal focus in the coach-coachee relationship: Which best predicts coaching success? *Coaching: An International Journal of Theory, Research and Practice, 7(1)*, 18–38.

Grant, A. M., Passmore, J., Cavanagh, M., & Parker, H. (2010). The state of play in coaching. *International Review of Industrial & Organizational Psychology, 25*, 125–168.

Grawe, K. (2006). *Neuropsychotherapy: How the neurosciences inform effective psychotherapy*. Hillsdale, NJ: Erlbaum.

Gregory, J. B., & Levy, P. E. (2011). It's not me, it's you: A multilevel examination of variables that impact employee coaching relationships. *Consulting Psychology Journal: Practice and Research, 63(2)*, 67–88.

Greif, S. (2010). A new frontier of research and practice: Observation of coaching behaviour. *The Coaching Psychologist, 6(2)*, 97–105.

Greif, S., Schmidt, F., & Thamm, A. (2010). *Rating of coaching success-factors: Observation manual*. Work and Organisational Psychology Unit, University of Osnabrück, German. (Unpublished Paper). Retreived from www.home.uni-osnabrueck.de/sgreif/veroeffentilchungen.html

Griffith, C. R. (1926). *Psychology of coaching: A study of coaching methods from the point of view of psychology*. New York: Charles Scribner's Sons.

Gyllensten, K., & Palmer, S. (2007). The coaching relationship: An interpretative phenomenological analysis. *International Coaching Psychology Review, 5(2)*, 98–107.

Gyllensten, K., Palmer, S., Nilsson, E., Regnér, A. M., & Frodi, A. (2010). Experiences of cognitive coaching: A qualitative study. *International Coaching Psychology Review, 5(2)*, 98–107.

Hart, V., Blattner, J., & Leipsic, S. (2001). Coaching versus therapy: A perspective. *Consulting Psychology Journal: Practice and Research, 53(4)*, 229–237.

Hawkins, P., & Schwenk, G. (2010). The interpersonal relationship in the training and supervision of coaches. In S. Palmer & A. McDowall (Eds.), *The coaching relationship: Putting people first*. London: Routledge.

Hollenbeck, G. P. (2009). The necessary and sufficient conditions . . . *Industrial and Organizational Psychology, 2*, 266–267.

Horvath, A. O. (2001). The alliance. *Psychotherapy: Theory, Research, Practice, Training, 38(4)*, 365–372.

Horvath, A. O., & Bedi, R. P. (2002). The alliance. In J. C. Norcross (Ed.), *Psychotherapy relationships that work: Therapist contributions and responsiveness to patient needs*. London: Oxford.

Horvath, A., Del Re, A. C., Flückiger, C., & Symonds, D. (2011). Alliance in individual psychotherapy. *Psychotherapy, 48*, 9–16.

Ianiro, P. M., & Kauffeld, S. (2014). Take care what you bring with you: How coaches' mood and interpersonal behaviour affect coaching success. *Consulting Psychology Journal: Practice and Research, 66*, 231–257.

Ianiro, P. M., Lehmann-Willenbrock, N., & Kauffeld, S. (2014). Coaches and clients in action: A sequential analysis of interpersonal coach and client behaviour. *Journal of Business and Psychology*, July.

Ianiro, P. M., Schermuly, C. C., & Kauffeld, S. (2013). Why interpersonal dominance and affiliation matter: An interaction analysis of the coach-client relationship. *Coaching: An International Journal of Theory, Research and Practice, 6(1)*, 25–46.

Jones, G., & Spooner, K. (2006). Coaching high achievers. *Consulting Psychology Journal: Practice and Research, 58(1)*, 40–50.

Jones, R. J., Woods, S. A., & Hutchinson, E. (2014). The influence of the Five Factor Model of personality on the perceived effectiveness of executive coaching. *International Journal of Evidence Based Coaching and Mentoring, 12(2)*, 109–118.

Jones, R. J., Woods, S. A., & Guillaume, Y. R. E. (2016). The effectiveness of workplace coaching: A meta-analysis of learning and performance outcomes from coaching. *Journal of Occupational and Organizational Psychology, 89(2)*, 249–277.

Joo, B. K. (2005). Executive coaching: A conceptual framework from an integrative review of practice and research. *Human Resource Development Review, 4(4)*, 462–488.

Jowett, S. (2007). Interdependence analysis and the 3+1Cs in the coach athlete relationship. In S. Jowett & D. Lavallee (Eds.), *Social psychology in sport* (pp. 15–77). New York: Routledge.

Jowett, S., & Cockerill, I. M. (2002). Incompatability in the coach-athlete relationship. In I. M. Cockerill (Ed.), *Solutions in sport psychology* (pp. 16–31). London: Thomson Learning.

Jowett, S., Kanakoglou, K., & Passmore, J. (2012). The application of the 3+1Cs relationship model in executive coaching. *Consulting Psychology Journal: Practice and Research, 64(3)*, 183–197.

Jowett, S., O'Broin, A., & Palmer, S. (2010). On understanding the role and significance of a key two-person relationship in sport and executive coaching. *Sport & Exercise Psychology Review, 6(2)*, 19–30.

Judge, W. Q., & Cowell, J. (1997). The brave new world of executive coaching. *Business Horizons, 40(4)*, 71–77.

Kappenberg, E. S. (2008). A model of executive coaching: Key factors in coaching success. *Dissertation Abstracts International: Section B: The Sciences and Engineering, 69(30B)*, 1994.

Kelley, H. H., & Thibaut, J. W. (1978). *Interpersonal Relations: A Theory of Interdependence.* NY: John Wiley.

Kemp, T. (2008). Self-determination and the coaching relationship: Exploring coaching impact beyond models and methods. *International Coaching Psychology Review, 3(1)*, 32–42.

Kilburg, R. R. (1996). Toward a conceptual understanding and definition of executive coaching. *Consulting Psychology Journal: Practice and Research, 48(2)*, 134–144.

Kilburg, R. R. (2001). Facilitating intervention adherence in executive coaching: A model and methods. *Consulting Psychology Journal: Practice and Research, 53(4)*, 251–267.

Kilburg, R. R. (2004). Trudging towards Dodoville: Conceptual approaches and case studies in executive coaching. *Consulting Psychology Journal: Practice and Research, 56(3)*, 203–213.

Lai, Y., & McDowall, A. (2014). A systematic review (SR) of coaching psychology: Focusing on the attributes of effective coaching psychologists. *International Coaching Psychology Review, 9(2)*, 118.

Lambert, M. J., & Barley, D. E. (2001). Research summary on the therapeutic relationship and psychotherapy outcome. *Psychotherapy: Theory, Research, Practice, Training, 38(4)*, 357–361.

Lane, D., & Corrie, S. (2006). *The modern scientist-practitioner: A guide to practice in psychology.* London: Routledge.

Law, H. L. (2008). Diversity coaching. *People and Organisations @ Work*, 6–7.

Law, H. L., Ireland, S., & Hussain, Z. (2007). Conclusion, discussion and future work. In H. Law, S. Ireland & Z. Hussain (Eds.), *The psychology of coaching, mentoring and learning.* Chichester: John Wiley.

Machin, S. (2010). The nature of the internal coaching relationship. *International Journal of Evidence Based Coaching and Mentoring, Special Issue 4*, 37–52.

Mageau, G. A., & Vallerand, R. J. (2003). The coach-athlete relationship: A motivational model. *Journal of Sport Sciences, 21*, 883–904.

Marshall, M. K. (2007). The critical factors of coaching practice leading to successful coaching outcomes. *Dissertation Abstracts International: Section B: The Sciences and Engineering, 67*, 4092.

McGovern, J., Lindemann, M., Vergara, M., Murphy, S., Barker, L., & Warrenfeltz, R. (2001). Maximising the impact of executive coaching: Behavioral change, organizational outcomes and return on investment. *The Manchester Review, 6(1)*, 1–9.

McKenna, D. D., & Davis, S. L. (2009). Hidden in plain sight: The active ingredients of executive coaching. *Industrial and Organizational Psychology, 2*, 244–260.

Nangalia, L., & Nangalia, A. (2010). The coach in Asian society: Impact of social hierarchy on the coaching relationship. *International Journal of Evidence Based Coaching and Mentoring, 8(1)*, 51–66.

O'Broin, A. (2013). *Whither the coaching relationship?: A mixed methods study exploring key aspects, and examining boundaries, in its formation.* Unpublished PhD thesis. City, University of London.

O'Broin, A. (2016). Where we have been, where we are now, and where we might be heading: Where next for the coaching relationship? In O. M. Spaten and A. O'Broin (Eds.), *The coaching relationship: And beyond. The Danish Journal of Coaching Psychology, 5(1)*, 57–74.

O'Broin, A., & Palmer, S. (2006). Win-win situation? Learning from parallels and differences between coaching psychology and sport psychology. *The Coaching Psychologist, 2(3)*, 17–23.

O'Broin, A., & Palmer, S. (2007). Reappraising the coach-client relationship: The unassuming change agent in coaching. In S. Palmer & A. Whybrow (Eds.), *Handbook of coaching psychology: A guide for practitioners.* Hove: Routledge.

O'Broin, A., & Palmer, S. (2010a). Exploring key aspects in the formation of the coaching relationship: Initial indicators from the perspective of the coachee and the coach. *Coaching: An International Journal of Theory, Research and Practice, 3(2)*, 124–143.

O'Broin, A., & Palmer, S. (2010b). Introducing an interpersonal perspective on the coaching relationship. In S. Palmer & A. McDowall (Eds.), *The coaching relationship: Putting people first*. Hove: Routledge.

O'Broin, A., Spaten, O. M., & Løkken, L. O. (2016). The quest for research in the coaching relationship. In O. M. Spaten & A. O'Broin (Eds.), *The coaching relationship: And beyond*. Aalborg: Aalborg University Library.

Passmore, J. (2010). A grounded theory study of the coachee experience: The implications for training and practice in coaching psychology. *International Coaching Psychology Review, 5(1)*, 48–62.

Peltier, B. (2001). *The psychology of executive coaching: Theory and application*. New York: Brunner-Routledge.

Poczwardowski, A., Barott, J. E., & Peregoy, J. J. (2002). The athlete and coach: Their relationship and its meaning: Methodological concerns and research process. *International Journal of Sport Psychology, 33(1)*, 98–115.

Prochaska, J. O., & DiClemente, C. C. (1984). Toward a comprehensive model of change. In J. O. Prochaska & C. C. DiClemente (Eds.), *The transtheoretical approach: Crossing the traditional boundaries of therapy*. Homewood, IL: Dow-Jones.

Reis, H. T. (2007). Steps toward the ripening of relationship science. *Personal Relationships, 14*, 1–23.

Reis, H. T., Collins, W. A., & Berscheid, E. (2000). The relationship context of human behavior and development. *Psychological Bulletin, 126*, 844–872.

Rosinski, P., & Abbott, G. N. (2006). Coaching from a cultural perspective. In D. R. Stober & A. M. Grant (Eds.), *Evidence-based coaching handbook: Putting best practices to work for your clients*. Hoboken, NJ: Wiley.

Rousseau, D. M. (2001). Schema, promise and mutuality: The building blocks of the psychological contract. *Journal for the Theory of Social Behaviour, 37*, 167–181.

Scoular, A., & Linley, P. A. (2006). Coaching, goal-setting and personality type: What matters? *The Coaching Psychologist, 2*, 9–11.

Smither, J. (2011). Can psychotherapy research serve as a guide for research about executive coaching? An agenda for the next decade. *Journal of Business Psychology, 26*, 135–145.

Sonesh, S. C., Coultas, C. W., Lacerenza, C. N., Marlow, S. L., Benishek, L. E., & Salas, E. (2015). The power of coaching a meta-analytic investigation. *Coaching: An International Journal of Theory, Research and Practice, 8(2)*, 73–95.

Spaten, O. M., O'Broin, A., & Løkken, L. O. (2016). The quest for research in the coaching relationship. In O. M. Spaten & A. O'Broin (Eds.), *The coaching relationship: And beyond. The Danish Journal of Coaching Psychology, 5(1)*, 9–16.

Stewart, L. J., Palmer, S., Wilkin, H., & Kerrin, M. (2008). The influence of character: Does personality impact coaching success? *International Journal of Evidence Based Coaching and Mentoring, 6(1)*, 32–42.

Stober, D. R., & Grant, A. M. (2006). *Evidence-based coaching handbook: Putting best practices to work for your clients*. Hoboken, NJ: Wiley.

Stober, D. R., Wildflower, L., & Drake, D. (2006). Evidence-based practice: A potential approach for effective coaching. In D. R. Stober & A. M. Grant (Eds.), *Evidence-based coaching handbook: Putting best practices to work for your clients*. Hoboken, NJ: Wiley.

Taylor, L. M. (1997). *The relation between resilience, coaching, coping skills training and perceived stress during a career-threatening milestone*. DAI-B 58/05, p. 2738, November.

Theeboom, T., Beersma, B., & van Vianen, A. E. M. (2014). Does coaching work? A meta-analysis on the effects of coaching on individual level outcomes in an organizational context. *The Journal of Positive Psychology, 9(1)*, 1–18.

Wageman, R. (1997). Critical success factors for creating superb self-managing teams. *Organizational Dynamics, 26(1)*, 49–61.

Wampold, B. E. (2001). *The great psychotherapy debate: Models, methods and findings*. Mahwah, NJ: Lawrence Erlbaum.

Wasylyshyn, K. M. (2003). Executive coaching: An outcome study. *Consulting Psychology Journal: Practice and Research, 55*, 94–106.

Wylleman, P. (2000). Interpersonal relationships in sport: Uncharted territory in sport psychology research. *International Journal of Sport Psychology, 31*, 555–572.

第三十六章 重新审视教练和咨询之间的界限问题

塔蒂阿娜·巴赫基罗瓦和莎拉·贝克
(Tatiana Bachkirova & Sarah Baker)

引 言

知识与实践领域的教练的状况最近发生了重大变化。自这本手册第一版出版以来，一些研究的辩题和议程变得不那么重要，但其他一些研究变得更加重要。过去十年，治疗/咨询和教练之间的差异问题受到了极大的关注(Simons, 2006; Bachkirova, 2007; Griffiths & Campbell, 2008; Spinelli, 2008; Maxwell, 2009; Price, 2009; Baker, 2013)，但有迹象表明，人们对这个话题的兴趣最近有所下降。这种情况使人猜测问题已经被一劳永逸地解决了。然而，上述出版公开的结论表明，对教练领域的发展感兴趣的各方来说，许多问题仍然没有答案。这表明，将教练与咨询/治疗区分开来将受益于重提和可能重构这一话题。

有关此问题的早期文献，已经有一些声音明确表达了在教练和咨询之间建立明确界限的复杂性(Bachkirova & Cox, 2004; Simons, 2006; Bachkirova, 2007)。通过对实践者观点的探索，过去十年的最新研究为该观点增加了更多事实依据。尽管有证据表明，潜在客户、教练的发起人和实践者切实解决了这一问题(Maxwell, 2009; Baker, 2015)，但教练、咨询和教练心理学领域有许多教练尤其是新手仍旧一头雾水(后文中，"受教者"一词，我们指的是个人教练客户，"客户"一词则涉及教练和咨询两个领域)。本章我们将探讨有关教练与咨询/治疗之间的界限问题的知识情况的变化，重点说明这种困惑的本质以及在实践中应对这种困惑的典型方式，共同讨论造成这种困惑的潜在原因，以及对当前研究和实践状况的影响。

当前对教练和咨询之间界限的理解

当前关于该主题的文献可以分为两类。一些论文主要侧重于在实践中理解事物与这些边界之间的关系(如 Maxwell,2009),强调从业者尝试适应的当前事务和务实的解决方案的最终问题。其他论文倾向于解决边界问题,除了实用性之外,还试图找到一种概念上的解决方案(如 Bachkirova,2007)。当然,有一些针对这两者的论文:描述现实和提出概念性命题(如 Price,2009;Crowe,2017)。我们将从对这些主题的简要描述开始,继续研究文献中讨论的更具体的问题。

第一组主题认为情况如下:传统的专业指导建议,如果从业者确定其客户将从教练或咨询师的额外支持中受益,则应向该客户提供建议并转介给适当的专业人员(Summerfield,2002)。尽管表面上看教练和咨询师之间确实存在一定的差异,但通常在实践中很难说明具体的边界在哪(Price,2009)。最近的文献和研究并没有发现教练和咨询之间的明显区别,而是广泛认为教练和咨询之间的边界常常模糊或模棱两可(Jopling,2007;Maxwell,2009;Jinks,2010)。当边界模糊时,一些教练称本能上感到或者凭直觉知道什么问题是他们在教练中不应该处理的(Hart, Blattner, & Leipsic,2001)。另外,界限往往是由教练和受教者之间的讨论来决定的,而不是理论定义的参数(Maxwell,2009)。因此,许多从业者的行为似乎说明实践中不存在边界,但他们认为向学科提供参数的专业或社会团体中的其他人是接受边界存在的。结果,从业者可能会尝试根据自己的能力和信念自我确定界限,因此看起来支持这一概念(Baker,2015)。

专注于概念化边界问题的主旋律突出了未来的目标。尽管教练和咨询界中的一些人仍然坚决要求规定边界并在实践时强行划出界限(如 Grant,2007),但其他人则声称,在基于信任和理解的关系中,边界的定义仍应基于背景和教练的知识、能力,才能帮助受教者解决提出的问题(如 Cavanagh,2009)。因此,根据后者的说法,为了更好地帮助受教者,应允许从业人员充分利用其所有技能。确实,有主张与其将教练和咨询划分出明显的界限,不如更加谨慎地将他们视为一套相互联系、相互渗透的复杂方法(Mumby,2011)。因此,教练和咨询从业者可能希望两种方式都能用于帮助客户

（Popovic & Boniwell, 2007; Popovic & Jinks, 2013）或灵活履行协议以满足客户的需求（Baker, 2013; Crowe, 2017）。

什么使边界问题复杂化了？

当涉及心理健康问题时，关于教练与咨询之间边界的争议变得更加清晰。例如，格里菲斯（Griffiths）和坎贝尔（Campbell, 2008）认为心理健康是一个连续的过程。他们的研究结果表明，客户并不坚持教练或咨询，还常在两种方法之间摇摆不定。事实上，一些治疗师/教练认为，教练客户在情感上可能与治疗客户一样脆弱，不过掩饰了这一点（Maxwell, 2009）。麦克斯韦（Maxwell, 2009）研究的参与者讨论了即使在组织环境中工作，个人也是作为一个整体存在于教练课程中。因此，他们不仅关注与工作有关的问题，工作环境之外的个人问题可能是教练寻求的答案。因此，教练约定解决的问题常常是由隐藏的个人问题带来的（Maxwell, 2009）。

虽然并非所有教练都愿意在教练实践中处理心理问题，也不希望"浑水摸鱼"，但很难否认，受教者的个人问题和心理问题通常出现在教练课程中（Maxwell, 2009）。比如，教练与烦恼的受教者一起工作时，可能会感到不舒服，源于没有合适的技巧与能力为受教者提供足够的帮助。各种研究都表达了对教练有效的识别和管理心理健康问题能力的关注（Hart, Blattner, & Leipsic, 2001; Grant & Zackon, 2004; Turner, 2010; Jinks, 2010）。

尽管对边界的认识存在困惑和不一致，但资深的从业者声称，他们自信在咨询中有能力确定问题何时属于咨询、何时属于教练。根据贝克（Baker, 2015）的研究，大多数人声称有适当的能力帮助他们的客户解决实践中可能出现的问题。然而，资深的从业者对能力的看法也不尽一致（Baker, 2015）。尽管教练们对自己帮助受教者的能力非常有信心，但他们的学历和资历让他们很难明白从业者应当用什么样的知识和能力来处理已有的问题。虽然应该承认，教练可能会从之前的职业和专业背景中获得隐性知识，但他们可能会高估自己的能力，他们认为可以帮助受教者解决任何困难的自信似乎只源于自我评估。普莱斯（Price, 2009）的研究发现也有类似的担忧。

乔普林（Jopling, 2007）认为需要对心理学和咨询理论有很好的理解，才能知道什么会阻碍发展。在她的研究中，从业人员坚信，教练需要有以受教者的最大利益为重的意识,并在其能力范围内开展工作以保持专业水平。一些人认为需要制定规则来培养潜在客户的信心并提供清晰的服务,这得到了其他研究人员的支持(Hart, Blattner, & Leipsic, 2001; Maxwell, 2009; Price, 2009; Jinks, 2010)。

总而言之,大多数文献和研究表明咨询与教练没有明确的边界,从业人员的应对方式也各有不同。但是,不同利益方都坚持认为边界很重要、需要明确的规则和对教练进行更全面的培训。

教练和咨询明确合并的证据

同时,有一个不同于上述的相对新的趋势:明确提倡与客户无边界合作的文献。但是,该文献中的观点仅与具有治疗背景和经验的教练有关。只有他们可以从两种做法的融合中受益。

在混沌的空间中,接受过咨询或治疗培训的教练可能会选择与客户一起工作,以帮助客户理解生活中的意义和目标(Jopling, 2007)。一些教练和咨询师表示,他们同时使用教练和咨询方法(Jinks, 2010)。教练采取了多种方式为客户提供支持,不只是在需要的时候。例如,崔和帕克(Choi & Pak, 2006)提出跨界工作可以被视为一个整体。从业者可能会使用跨学科的方法(Spence, 2012),选择在教练和咨询实践之间重新约定以支持他们的客户。有趣的是,这确保了方法之间是不相关联的,并且如果恰当地去看,边界保持不变。事实上,研究表明,在担任教练时,41%的受访教练认为他们愿意提供重新签约和咨询服务(Baker, 2015)。

在整个连续过程中,教练可以整合各种方法,确定自己是"治疗师—教练"或"教练—治疗师"。这些跨界身份,从业者可以选择用于同一客户(Jinks, 2010; Jopling, 2015),确定边界的需要消失了。通过合并学科,从业者能够在教练或治疗相关的需求之间,推动加强独特的个性之间建立平衡(Brewer, 1991)。

可以假设,资深从业者偏爱将教练和咨询方法整合到实践中的人数相对较少。然而,贝克(2015)的研究表明,超过一半(53%)的受访者认为教练和咨询师应该分开,近三分之一的受访者表示,应该整合有用的方法而不是寻求实施的边界。这些结果强烈表明,很大一部分从业者认为边界是可延展的,并且愿意在实践中跨学科开展工作。同一项研究中的许多参与者展示了各种创造性的方式,这些方式帮助他们以相同的方式整合了教练和咨询的要素。

上述文献为那些能够在实践中结合教练和咨询要素的人们提供了概念化的思想，这也表明教练领域的潜在发展方向。但是，对于这种方法所产生问题（例如，对客户、组织发起人和新手实践者）的讨论很少，特别是在实践中规则明确并要求区分的国家。

教练尤其是新手教练未解决的问题

虽然概念性问题仍然是一个争论的话题，但对从业者来说，特别是那些只接受过教练培训的新手，有很多亟待解决的问题。他们有关于教练和咨询边界的困惑并不令人惊讶，因为在教练文献和专业论述中似乎有两种趋势，将教练拉往不同的方向。

概念文献倾向于强调在教练中需要进行深入工作的必要性。例如，有人认为应对长期变化时，必不可少的是与心理障碍和情绪打交道（Bachkirova & Cox, 2004; Crowe, 2017）。斯皮内利（Spinelli, 2008）在教练关系中强调"存在"而不是"做"。为了帮助客户获得更多的自我意识，有人建议（Bluckert, 2006）教练的步调要慢一些。布拉克特（Bluckert）还引入了一种心理思维概念，以反映个人对自己、他人及与他人关系进行反思的能力，从而增强教练处理客户情境和自我更深层心理内容的能力。

同时，指南、道德规范和培训手册中强调教练需要谨慎行事并意识到局限性。具有咨询和心理治疗背景的教练尤其表达了这种担忧，他们警告未经训练尝试探索更深层情感的干预技能可能会造成伤害（Baker, 2015; Kruger & Dunning, 1999）。如果涉及心理健康问题需要确定并做出决定时，问题会变得更加严重，这种情况下需要对所有教练提供更多指导（Cavanagh & Buckley, 2014）。资深实践者认为，缺乏意识或对受教者激烈情绪状态的关注不足可能会造成潜在的伤害。此警告适用于所有人，尤其适用于正在经历挑战的新手教练。

这两种趋势可能会引发新教练的内心冲突。尽管他们在为受教者提供深层心理价值时受到鼓舞，但这么做还是会有安全隐患。在不同行业中确定独立的实践领域，对经验有限的新教练具有重要意义。重要的是，没有专业技能或背景知识优势的新手教练必须明白自己的能力范围以及可能对客户造成的伤害。

尽管新教练能够将各自先前的经验带入实践，但他们的原有知识可能无法在新职业能力中表现出来。因此，他们对新角色的学习可能会遵循一个重新调整和定位的过程（Wenger，2010）。新教练别无选择，只能通过已知信息形成概念进行学习，在培训完成后利用各自的见解来理解实际的情况（Daley，1999）。研究表明，新手对自主实践中运用最近所学知识可能缺乏信心，他们经常寻求慰藉与肯定，以证明自己在情境中采取了适当的措施（Daley，1999）。此外，受教者的预期可能会让他们备感压力，因此急于将培训所学的系统或技术作为解决方案提出（Bransford，Brown，& Cocking，2000）。

教练工作跨教练边界时，感知到的压力和期望可能导致情况的复杂化。尽管新教练认为这两种帮助方法之间存在差异和界限，但实际上，他们发现界限是可以轻易跨越的（Baker，2015）。伴随理论文献中对界限模糊而不一致的描述（Bachkirova，2007），实践中新教练可能会尝试用直觉来确定何时从教练过渡到咨询。然而由于直觉是从常规或日常行为的经验中产生的（Myers，2002），所以新手教练不太可能在实践中做出始终如一的有效决策。

有了这样多变的标准，很难相信新教练"能够始终如一地确定受教者何时需要"在咨询中适当地解决问题。能够在更广阔的背景下看到并认识问题，对培养新教练的信心和能力可能至关重要。有人争辩说，在该领域需要获得感知客户所呈现的行为或信息模式的能力（Bransford，Brown，& Cocking，2000）。因此，在自主练习的初始阶段，重要的是新教练要知晓自己知识和能力的局限性。

总而言之，目前培训和发展计划中存在的有关教练和咨询之间界限的指导是不够的。新教练可以通过试错和学习来建立自信，这能帮他们成为经验丰富的教练，依靠应对未知情况的能力来弥补缺乏对边界的理解。

超越能力的意识

对自己能力的信心和信念可能是一把双刃剑。让人感到困惑和矛盾的是，在最近的研究中发现，尽管新教练表明他们知道帮助的边界在哪，但却倾向于超越个人能力帮受教者解决心理方面的问题（Baker，2015）。这些发现可能被解释为无意识的不称职，以及新教练由于无法确定自己能力的局限而"不知道自己不知道"。

但是，资深教练显然也有同样的行为倾向。如果将贝克（2015）的研究结果与之前组织内教练管理边界经验的调查结果进行比较（如 Price，2009），结果显示出明显的相似性。看来,无论是新手还是经验丰富的教练,都倾向于超越自己的能力。这种情况明显叫人担忧。有咨询背景的教练可能更适合与有心理健康问题的人一起工作。教练过程也可以由心理健康专家提供支持。但是,新教练和没有心理或咨询背景的教练或许很难发现自己的能力极限在哪。结果,他们可能会发现自己处境艰难,对如何控制情绪反应和管理个人边界缺乏信心或理解,这不论对受教者还是教练自己的声誉都造成了负面影响。从上述这些看来,只建议教练不要对处理情感或心理问题感到"胆怯"(Rogers,2011)似乎是缺乏远见的。

同时,有很多方式可以解释有关教练愿意超出其能力进行工作的发现。教练可能会高估自己的能力,并有意识地冒着将教练和咨询干预混在一起的风险,而不管与此风险相关的各种担忧。另一个解释是,教练和咨询太过相似,以至于各种划清界限的尝试都以失败告终,从而使教练面对新情况时更加务实。伴随着经验的积累,通过适应新情况来扩展自己的能力,教练倾向于超越个人能力进行工作,可能是因为意识到自己面临的状况所给予的务实反应。

现状成因探索

有许多动机可以解释教练和咨询之间的边界问题。最明显的是来自教练,他们坚信有必要定义不同的实践领域,并寻求加强壁垒而不是跨越实践(Wenger,2010)。他们希望能够建立清晰的契约,明确教练课程的内容和过程,并使教练能够设定期望和确定明确的限制。我们有理由认为,明确界定教练和咨询之间的界限,有助于教练取得专业地位。目前,教练不符合成为一个职业的标准。职业通常由特定标准定义,这些标准包括:独特的技能、证明熟练程度的最短培训期、海量的知识库、道德规范、正式的组织、认证和监管以及被社会认可为独特的专业(Fillery-Travis & Collins,2017;Lane,Stelter,& Stout-Rostron,2014)。

尽管在教练和咨询之间建立明确的区分可能有好处,但也有一些不利因素。有些人可能认为教练需要达到传统标准才能被视为职业,而其他人则认为遵守限制性标准可以被视为施加权力和控制的一种手段(Lane,Stelter,& Stout-Rostron,2014)。此外,一些作者认为,证明教练是一个独立的实践领域会困难重重和充满约束

(Cavanagh，2009）。教练与咨询不光有许多共性，其他各种职业也将教练策略作为提供服务的一部分。

对于什么是教练尚无定论，研究为什么会这样将很有用。在探索这一点时，我们需要思考并对实践有个好的定义。2009年，巴赫基尔（Bachkirova）和考夫曼（Kauffman）认为教练如何满足"普遍性"和"独特性"这两个主要标准对定义实践很重要。"普遍性"是指对教练来说，一个好的定义应包含所有不同类型、方法的教练中都存在的要素（特征）。这种定义应适用于所有类型的教练。"独特性"意味着好的教练定义应包括将教练与其他专业活动（例如培训、咨询、顾问）明显区分开的要素。换句话说，一个好的定义应该引起所有专业教练的共鸣，并使教练区别于那些人们认为的非教练实践。巴赫基尔和考夫曼（2009）使用普遍性和独特性的适用标准，将教练定义为一种专业实践，并基于如下方面分析出四类定义：教练是为了什么（目的）？涉及什么（过程）？在哪里做（背景）和服务哪些人（客户）？他们得出结论，就上述每一个方面而言，各种教练实践之间的差异太大，无法找到足够的相似之处，因而质疑它们的普遍性。用同样的方法试着去定义实践，也没有显示出与其他非教练实践的足够差异，这无可辩驳，因此教练的独特性被质疑（Bachkirova & Kauffman，2009）。

除了定义实践的问题外，教练领域似乎还有其他倾向表明人们对教练概念的确定性和精确性的态度发生了变化。例如，有人认为，教练越注重发展，就越接近干预性咨询，它超越了背景的界限（Bachkirova，2007，2016）。尽管在早些年，随着教练领域的发展，人们越来越重视绩效教练，但最近的一个趋势表明，人们对成长型教练越来越感兴趣，接受度也越高。因此，随着教练实践的进一步发展，一些实践者可能对教练的整体方法更感兴趣。他们希望以一种更深刻的方式影响受教者的生活，从而扩大教练最初构想的范围。

教练群体中的一些声音争辩说，有必要重视教练的灵活性，而不是追求"明确"的界限（例如Cavanagh，2009）。更加广泛地认识到教练任务所涉及的复杂性，以及简单概念化教练过程的困难（可以通过教练的多学科性质来解释）有力证明了这一点。复杂性理论得到了广泛认可，教练参与度通常被视为复杂的适应性系统（Stacey，2003，2012；Cavanagh & Lane，2012；Bachkirova & Lawton Smith，2015）。与其他学科知识的相关联，也有助于从业者看到其他领域已经或正在经历的类似问题并从中学习。因此，教练与其他实践的相似性并不代表对其身份的威胁，甚至可以视为一种优势。

此外，如何看待我们的实践和可能导致的态度改变，都受现代主义和后现代主义世界观对教练领域的广泛影响。显然，在教练行业的早期，现代主义明显倾向于寻求确定性和牢固的政策基础，反映了在教练研究、对认证系统的投入、严格监管和专业化的观念方面的实证主义偏好。尽管这些倾向性仍然很强，但值得注意的是，后现代和实用主义的话语开始倡导对教练风格的多元化、对教练任务的复杂性和情境影响的认识，以及对固定规则和标准同一化的批评（Garvey, 2011; Western, 2012; Bachkirova, 2011, 2016）。

关于确定实践定义的问题，首先需要区分教练和咨询。后现代主义和后结构主义理论提出了严峻的挑战，根据这些理论，"一贯的真理不如变化的真理重要"，因为"恒定的真理始终是约定或错觉，而不是更深层的真理"（Williams, 2005）。这大概意味着，我们未能一劳永逸地界定教练的定义是合理的，可能是对固定和关联想法的担忧。这种想法可能会阻止这一领域的自由发展，不能满足不断变化的实践需要，不能与持续发展的社会条件相协调。如果缺乏明确的教练定义不是一个问题，那么对待教练的变化，甚至在治疗的范围，也可以用兴趣而不是担忧来理解。

同时，这种后现代的态度并不妨碍理解教练过程、进行实践、在复杂情况下做出重要决定和使用不同的谈判方法。"否认绝对，例如一个确定的核心，并不是否认我们可以采取差异明显的行动"（Williams, 2005）。实际上，可以在教练/咨询范围提供的有用视角之一可能是从业者的专家身份。与其他咨询、指导、社会工作和治疗等实践相比，教练关系通常看起来更加平等，在权力上更为均衡。在试图与客户建立平等伙伴关系的过程中（治疗的某些分支机构将此作为重要原则，例如，存在主义），治疗师常被视为专家并受客户关注。但在教练中，会议过程和内容的发起人是受教者，教练与受教者对所发生的事情负有共同责任。

有趣的是，越来越多的证据表明，这一功能甚至可以使各种传统的教练联合起来，以满足普遍的标准，这在以前是有争议的（Bachkirova & Kauffman, 2009）。在巴赫基罗瓦、西比雷和迈尔斯（Bachkirova, Sibley, & Myers, 2015）的最新研究中，来自不同方向的41名教练运用了一种先进的工具来描述想象中的典型教练课程。调查结果表明，在描述教练课程的方式上证明了共同的观点。这个观点的一个要素是，最好将教练的角色理解为"协作探索者"而不是"知情专家"。教练双方对这一观点达成令人惊讶的强烈共识,而不是教练传统里提到的多元化理解(Bachkirova, Sibley, & Myers, 2015)。

综上所述,首先我们认为,教练领域在当前的发展阶段,可能会受益于对教练的包容性和宽松态度,而又不会降低实践和研究的严谨态度。这种态度更符合后现代和实用主义对应用学科的世界观,但未出现有时归因于后现代主义的"随波逐流"因素。同时,我们提供了一个特定的因素即从业者强大的协助作用,表明了教练与咨询以及可能与其他实践者的区别。这一要素也符合上述的基本哲学和世界观。

差异概念化的含义

从这些建议中受益的是教练的利益相关群体:从业者、客户、教练的导师和教练的监督者。在我们探讨对这些群体的影响之前,必须承认一些教练心理学家可能会发现,差异化的上述方面不利于他们。"知情专家"的身份具有许多优势,咨询心理学家通过全面的学习和不断的培训来努力实现这一身份。他们的职责范围中还包含各种活动,这些活动需要专家的身份和知识去做支持。这可能意味着要寻求不同的身份来满足这组从业者的需求。或者,他们可能希望接受这一特点,并在教练工作中保持足够的灵活性和创造性。

对从业人员的影响

在上述讨论之后,我们希望对从业人员有两个重要影响。一个是对教练来说最困难的问题:识别心理健康问题,这通常与教练和治疗之间的界限问题混为一谈。第二个影响与教练合约有关。

关于第一个影响,重要的是要认识到心理健康问题的识别与教练和治疗之间的界限并没有特别的联系。对于治疗师、咨询师和心理学家而言,诊断心理健康的任务并不比教练容易。这些受过心理训练的从业者中的大多数人也不会声称自己掌握了这些技能。同时,澳大利亚的研究表明,有45%的人在一生中可能会遇到心理健康问题。此外,英国有四分之一的人可能会遇到心理健康问题(Australian Bureau of Statistics,

2008；Layard et al.，2006）。许多遭受心理健康困扰的人不会寻求医生或心理卫生专业人员的支持。结果，在社区和工作场所中普遍存在无法诊断的心理健康问题（Layard et al.，2006）。因此，许多人在遇到心理健康问题时可能会继续工作，这也可以理解。工作从不请病假被称为"全勤主义者"。当考虑到组织或高管教练的客户基础时，特别明显的是，高管和管理层员工被证明更可能是全勤主义者（SCMH，2007）。

尽管教练有责任关注受教者，但他们的主要任务并不一定要诊断受教者可能会遇到的心理健康问题，而是判断他们自己是否有能力应对可能出现的工作层面的复杂问题。卡瓦纳和巴克利（Cavanagh & Buckley，2014）强调指出，许多因素影响对教练和其他"谈话帮助"方法之间界限的认识。遇到心理困难时，教练可以是更被大众认可的一种支持或帮助形式。由于教练的技能和经验各有不同，每个教练的能力和专长相差很大。教练在工作状态时可能不适合诊断任何心理健康问题。相反，还需要注意超出能力所带来的合约、道德和法律影响。

第二个含义涉及教练合约的本质，这是教练活动中比较常见的话题，同区别于治疗的重要教练元素紧密地联系在一起。教练关系比治疗关系更平等、更公平的概念并不新鲜。在教练中，受教者通常认为他们同教练是平等的，而接受咨询的客户则可能会将对方视为专家（Hart, Blattner, & Leipsic，2001）。我们在这里要强调的是，为了建立一种比其他实践更为重要的平等关系，可能需要更明确的阐明教练工作中广泛签约的必要性。

例如，在乔普林（Jopling，2007）的研究中，教练合约为实践提供了一个框架。与咨询合约相比，教练明确规定了他们的工作方法以及他们对受教者在教练过程中的角色的期望。教练合约被认为是正式的，受特定时间框架的约束，并侧重于受教者的期望。相比之下，咨询合约被认为是灵活的，更侧重于具体安排，例如会议时间、付款条件和取消安排（Griffiths & Campbell，2008；Baker，2015）。确实，一些研究已经强调签约在教练中的重要性，它是澄清工作方法并确保教练符合受教者期望的一种手段（Jopling，2007；Griffiths & Campbell，2008；Maxwell，2009）。同时，尽管许多人认为签约很重要，但一些从业者建议，最初的协议不能考虑到教练课程中出现的所有问题。因此，它被视为一个临时框架，可以对其进行修改，以利于教练和受教者（Maxwell，2009；Baker，2015）。

在最近的研究中,麦克斯韦(2009)发现,教练仅处理职场问题的假设是没有根据的。特别是如果需要教练解决发展中的问题,则教练和咨询之间的区别就变得更难确认(Bachkirova,2007)。教练报告说,职业和个人问题紧密地交织在一起,无法精准地分开。教练必须具备与"整个处于混乱状态的人"一起工作的能力(Maxwell,2009),包括受教者的情绪、过去和他们的绩效目标。对于新教练和没有心理背景的教练,了解自己并知道个人能力的局限性在哪很重要(Bachkirova,2016)。实际上,那些缺乏经验或知识的人也应当知道在他们的能力范围内工作(Baker,2015)。

如上所述,教练和治疗中合约的差异已将这些实践区分开来。然而,对教练可能扮演的不同角色的关注也强调——为与受教者建立平等的关系,合约应经双方讨论确定相互的责任以及合作中可能存在的障碍。

对受教者的影响

重要的是,潜在的受教者必须有合作意识并知晓个人的责任。这可以在订约阶段进行,也可以在教练过程中明确指出。同时双方需要一起作出关于讨论内容、工作节奏和方向转变的各种决定。

组织结构和预期的期望可能会影响受教者寻求的支持。考虑到员工感到情绪低落或表现出心理困扰(Baker,2015)时担心被视为"弱者",许多人可能会继续带着心理健康问题工作。因此,受教者可能会就压力问题咨询及教练,将压力归结为工作原因,而实际上他们需要进行心理咨询。尽管许多大型组织正在积极引入心理健康支持(BITC,2015),但研究表明,有些组织并未公开地为员工提供咨询服务(Baker,2015)。因而,表现出更深层心理问题的客户可以选择具有治疗背景的教练。事实上,可以说教练是一种被公众认可的治疗形式(Williams,2003)。

客户对支持服务及共享内容的选择可能会对实践中的边界产生深远的影响。客户似乎在共同建立边界方面发挥了积极作用。客户的边界不是固定的,而是取决于帮助对象的背景。当客户从从业者提供的支持中获得信任和安全感时,他们可能会冒风险展现自己的脆弱。在帮助对象创造的支持空间内,受教者能够有意识或无意识地重新划定自己的个人界限。事实上,相比理论边界,实践边界是由从业者和客户的个人界限之间的动态相互作用建立起来的。因此,教练必须具备足够的技能和自我意识来应对边界转换。

由于教练可能会以发展为导向,而不是以绩效为导向,因此,受教者对具体且重大变化的期望决定了教练有责任告知受教者就变革过程中涉及问题的大小,以及在达到学员期望的特定结果方面的不可预测性。当然,教练必须参与会对教练结果造成影响的决策制定过程。这来自于教练双方对教练过程和结果承担同等责任的假设。

对教练导师的影响

关于厘清治疗和教练边界的挑战,最困难的任务落在教练导师身上。他们身处一线,并有望为新教练提供解决困扰的方法。尽管管理类教练认为教练培训可能不如咨询类培训严格(Turner, 2010),但许多人认为心理学知识和对心理健康问题的意识应该是培训计划的核心内容(Cavanagh, 2005; Maxwell, 2009)。无论如何,本章中我们讨论的原因在一定程度上是可能的。尽管在涉及心理健康问题的案例中,明确和制定决策需要所有教练更多的指导(Cavanagh & Buckley, 2014),即使对于非业内人士也可能有用。对导师们来说,更诚信的方法是承认他们的训练和教育不能在这方面为新手提供确定性。

这个问题的本质是,有关未能认识到心理健康问题的最严重警告,指导只能过于笼统(Cavanagh, 2005)。即使导师忽略了心理健康诊断的问题并希望给出一些指导,实际上提供此类信息的时间也不足。心理健康问题可能难以识别。例如,压力和抑郁症状之间有很多相似之处。教练的导师不是心理健康问题的专家,只能提供流于表面的精神障碍量表,对于那些没有资格做出此类判断的人来说,作用有限。

但如果我们考虑到本章中讨论的治疗和教练之间的显著特征,则可以认为教练不需要以专家的身份出现,尤其在心理健康问题上。他们必须公开自己的角色和能力,并与受教者共担责任,以决定是否继续教练进程或在需要时寻求其他专家的帮助。具体情况,具体对待。

同时,如果导师专注于教练的个人发展以及他们的职业发展,这将是有帮助的。教练应尽可能多地学习教练的理论和实践,但要从协作探索者的角度来处理教练任务,这样才能促进共同意义的形成。相比以专家的身份介绍自己,这种教练方式并不像看起来那样容易。专家的角色提供了相对安全和诱人的地位,这些是很难放弃的。

有了正确的教育/学习(education)方法,教练们也许就能学会依靠自己的力量(比如他们是怎样的人、他们提供关注的质量,以及在能力范围内营造平衡关系的技巧)。

对教练督导的影响

如果按照本章介绍的方式定义教练与治疗的边界,教练督导就成为教练实践中的要素之一(Bachkirova, Jackson, & Clutterbuck, 2011; Grant, 2012; DeFilippo, 2013; Hodge, 2016)。不扮演专家的角色,在处理每一个任务时都要考虑到理解受教者问题所涉及的背景和复杂性,这就需要一个有经验的督导来探索和反思这种复杂性。这一点至关重要,因为教练不依赖于规定和日常的方法,他们在平等的基础上参与教练过程,可能会导致意想不到的结果。教练过程中会出现的问题,是对教练能力的挑战与测试。他们需要像从事创造性和在模糊空间中工作的从业者一样,根据假设做出重要的相关决定。督导可以帮助探索这些复杂的情况,也可以作为协作探索者帮助教练建模。

讨论要点

1. 相信教练和咨询之间有明确边界的教练与不相信的教练之间有什么区别?
2. 教练与咨询合并实践的广泛传播可能会遇到哪些障碍?
3. 发展性教练的哪些特点导致了对教练与咨询界限的超越?
4. 教练从专家转型为协作探索者存在哪些障碍?

推荐阅读

Bachkirova, T., & Cox, E. (2004). A bridge over troubled water: Bringing together coaching and counselling. *International Journal of Coaching and Mentoring*, 2 (2), June, also in *Counselling at Work* (48), Spring 2005, 2–9

Baker, S. (2015). *Practitioners' perceptions of the boundaries between coaching and counselling*. Unpublished PhD Thesis. University of Bedfordshire.

Cavanagh, M., & Buckley, A. (2014). Coaching and mental health, in E. Cox, T. Bachkirova & D. Clutterbuck (Eds.), *The complete handbook of coaching* (2 Ed.), London: Sage, pp. 405–417.

Maxwell, A. (2009). How do business coaches experience the boundary between coaching and therapy/counselling? *Coaching: An International Journal of Theory, Research and Practice*, 2 (2), 149–162.

参考文献

Australian Bureau of Statistic (2008). National Health Survey: Summary of the results, 2007–2008 (Reissue). Retreived September 22, 2009, from http://www.abs.gov.au/ausstats/abs@.nsf/mf/4364.0.
Bachkirova, T. (2007). Role of coaching psychology in defining boundaries between counselling and coaching, chapter 18 in S. Palmer & A. Whybrow (Eds.), *Handbook of coaching psychology*, London: Routledge, pp. 325–350.
Bachkirova, T. (2011). *Developmental coaching: Working with the self*, Maidenhead: Open University Press.
Bachkirova, T. (2016). Developing a knowledge base of coaching: Questions to explore, in T. Bachkirova, G. Spence & D. Drake (Eds.), *The Sage handbook of coaching*, London: Sage.
Bachkirova, T., & Cox, E. (2004). A bridge over troubled water: Bringing together coaching and counselling, *International Journal of Coaching and Mentoring*, 2 (2), June, also in *Counselling at Work* (48), Spring 2005, 2–9.
Bachkirova, T., Jackson, P., & Clutterbuck, D. (Eds.). (2011). *Supervision in coaching and mentoring: Theory and practice*, Maidenhead: Open University Press.
Bachkirova, T., & Kauffman, C. (2009). The blind men and the elephant: Using criteria of universality and uniqueness in evaluating our attempts to define coaching, *Coaching: An International Journal of Theory, Research and Practice*, 2 (2), 95–105.
Bachkirova, T., & Lawton Smith, C. (2015). From competencies to capabilities in the assessment and accreditation of coaches. *International Journal of Evidence Based Coaching and Mentoring*, 13 (2), 123–140.
Bachkirova, T., Sibley, J., & Myers, A. (2015). Developing and applying a new instrument for microanalysis of the coaching process: The coaching process Q-Set. *Human Resource Development Quarterly*, 26 (4), 431–462.
Baker, S. (2013). Listening to the practitioners about integration, in N. Popovic & D. Jinks (Eds.), *Personal consultancy*, Hove: Routledge, pp. 185–193.
Baker, S. (2015). *Practitioners' perceptions of the boundaries between coaching and counselling*. Unpublished PhD Thesis. University of Bedfordshire.
Bluckert, P. (2006). *Psychological dimensions to executive coaching*, Hove: Routledge.
Bransford, J. D., Brown, A. L., & Cocking, R. R. (2000). *How people learn: Brain, mind, experience and school*, Washington, DC: The National Academies Press.
Brewer, M. B. (1991). The social self: On being the same and different at the same time. *Personality and Social Psychology Bulletin*, 17, 475–482.
Business in the Community (BITC). (2015). *Mental health: We're ready to talk: One year on: 2014–2015*. London: Business in the Community. Retrieved August 8, 2015, from www.bitc.org.uk/sites/default/files/bitc_oneyearon_final.pdf
Cavanagh, M. (2005). Mental-health issues and challenging clients in executive coaching. In M. Cavanagh, A. M. Grant & T. Kemp (Eds.), *Evidence-based coaching, Vol. 1: Theory, research and practice from the behavioural science*. Australia: Australian Academic Press, pp. 21–36.
Cavanagh, M. (2009). Coaching as a method for joining up the dots: An interview by T. Bachkirova & C. Kauffman, *Coaching: An International Journal of Theory, Research and Practice*, 2 (2), 106–116.
Cavanagh, M., & Lane, D. (2012). Coaching Psychology Coming of Age: The challenges we face in the messy world of complexity? *International Coaching Psychology Review*, 7 (1), 75–90.
Cavanagh, M., & Buckley, A. (2014). Coaching and mental health, in E. Cox, T. Bachkirova & D. Clutterbuck (Eds.), *The complete handbook of coaching* (2 Ed.) London: Sage, pp. 405–417.
Choi, B. C. K., & Pak, A. W. P. (2006). Multidisciplinarity, interdisciplinarity and transdisciplinarity in health research, services, education and policy: 1: Definitions, objectives, and evidence of effectiveness. *Clinical & Investigative Medicine*, 29 (6), 351–364.
Crowe, T. (2017). Coaching and psychotherapy. In T. Bachkirova, G. Spence & D. Drake (Eds.), *The SAGE handbook of coaching* (pp. 85–101). London: Sage.
Daley, B. J. (1999). Novice to expert: An exploration of how professionals learn. *Adult Education Quarterly*, 49 (4), 133–147.
DeFilippo, D. (2013). *Executive coach supervision: The dynamics and effects*. Philadelphia: University of Pennsylvania.
Fillery-Travis, A., & Collins, R. (2017). Discipline, profession and industry: How our choices shape our future. In T. Bachkirova, G. Spence & D. Drake (Eds.), *The SAGE handbook of coaching*. London: Sage, pp. 729–744.
Garvey, B. (2011). *A very short, fairly interesting and reasonably cheap book about coaching and mentoring*. London: Sage.
Grant, A. M., & Zackon, R. (2004). Executive, workplace and life coaching: Findings from a large-scale survey of International Coach Federation members. *International Journal of Evidence-Based Coaching and Mentoring*, 2 (2), 1–16.
Grant, A. M. (2007). A languishing-flourishing model of goal striving and mental heath for coaching population. *International Coaching Psychology Reiview*, 2 (3), 250–264.

Grant, A. (2012). Australian Coaches' views on coaching supervsion: A study with implications for Australian Coach education, training and practice. *International Journal of Evidence Based Coaching and Mentoring*, 10 (2), 17–33.

Griffiths, K., & Campbell, M. A. (2008). Semantics or substance? Preliminary evidence in the debate between life coaching and counselling. *Coaching: An International Journal of Theory, Research and Practice*, 1 (2), 164–173.

Hart, V., Blattner, J., & Leipsic, S. (2001). Coaching versus therapy: A perspective. *Consulting Psychology Journal: Practice and Research*, 53 (4), 229–237.

Hodge, A. (2016). The value of coaching supervision as a development process: Contribution to continued professional and personal wellbeing for executive coaches. *International Journal of Evidence Based Coaching and Mentoring*, 14 (2), 87–106.

Jinks, D. (2010). *An exploration into the thoughts and perceptions of four coaches around the concept of personal consultancy.* Unpublished MSc Dissertation, Hull, UK: University of Hull.

Jopling, A. (2007). *The fuzzy space: Exploring the experience of the space between psychotherapy and executive coaching.* Unpublished MSc Dissertation, New School of Psychotherapy and Counselling, London, UK.

Kruger, J., & Dunning, D. (1999). Unskilled and unaware of it: How difficulties in recognizing one's own incompetence lead to inflated self-assessments. *Journal of Personality and Social Psychology*, 77 (6), 1121–1134.

Lane, D. A., Stelter, R., & Stout-Rostron, S. (2014). The future of coaching as a profession, in E. Cox, T. Bachkirova & D. Clutterbuck (Eds.), *The complete handbook of coaching*, London: Sage, pp. 377–390.

Layard, R., Clark, D., Bell, S., Knapp, M., Meacher, B., Priebe, S., Turnberg, L., Thornicroft, G., & Wright, B. (2006). The depression report: A new deal for depression and anxiety disorders, in *The centre for economic performance's mental health policy group*. London: LSE.

Maxwell, A. (2009). How do business coaches experience the boundary between coaching and therapy/counselling? *Coaching: An International Journal of Theory, Research and Practice*, 2 (2), 149–162.

Mumby, C. (2011). Working at the boundary. *Counselling Children & Young People*, December, 14–19.

Myers, D. (2002). *Intuition.* New Haven: Yale University Press.

Popovic, N., & Boniwell, I. (2007). Personal consultancy: An integrative approach to one-to-one talking practices. *International Journal of Evidence Based Coaching and Mentoring*, Special Issue 1, 24–29.

Popovic, N., & Jinks, D. (2013). *Personal consultancy.* Hove: Routledge.

Price, J. (2009). The coaching/therapy boundary in organisational coaching. *Coaching: An International Journal of Theory, Research and Practice*, 2 (2), 135–148.

Rogers, J. (2011). Taking the plunge. *Coaching at Work*, 6 (4), 42–44.

SCMH (2007). Policy Paper 8: Mental Health at Work: Developing the Business Case. London: The Sainsbury Centre for Mental Health.

Simons, C. (2006). Should there be a counselling element within coaching? *The Coaching Psychologist*, 2 (2), September, 22–25.

Spence, G. B. (2012). Coaching and cross disciplinary collaboration: More complexity and chaos? *International Coaching Psychology Review*, 7 (1), 122–126.

Spinelli, E. (2008). Coaching and therapy: Similarities and divergences. *International Coaching Psychology Review*, 3 (3), 241–249.

Stacey, R. D. (2003). *Strategic management and organisational dynamics: The challenge of complexity.* Harlow: Prentice-Hall.

Stacey, R. D. (2012). Comment on debate article: Coaching psychology coming of age: The challenges we face in the messy world of complexity. *International Coaching Psychology Review*, 7 (1), 91–95.

Summerfield, J. (2002). Walking the thin line: Coaching or counselling. *Training Journal*, November, 36–39.

Turner, E. (2010). Coaches' views on the relevance of unconscious dynamics to executive coaching. *Coaching: An International Journal of Theory, Research and Practice*, 3 (1), 12–29.

Wenger, E. (2010). Communities of practice and social learning systems: The career of a concept. *Social Learning Systems and Communities of Practice*, 3, 179–198.

Western, S. (2012). *Coaching and mentoring: A critical text.* London: Sage.

Williams, J (2005). *Understanding poststructuralism.* Chesham: Acumen.

Williams, P. (2003). The potential perils of personal issues in coaching: The continuing debate: Therapy of coaching? What every coach should know. *International Journal of Coaching in Organizations*, 2 (2), 21–30.

第三十七章 教练和多元化

海伦·巴伦和汉娜·阿齐佐拉
(Helen Baron & Hannah Azizollah)

引 言

多元化是教练不可或缺的。要成为一名优秀的教练,就必须从多元化的角度出发——即使没有提到"多元"这个词。任何两个人在某种程度上都是不同的,他们感知和回应世界的方式以及他们对世界的感受也有所不同。多角度考虑这些差异以及它们如何影响人们的生活和互动方式。根据坎多拉和富勒顿(Kandola & Fullerton, 1998)的研究,组织中多元化工作的重点是最大限度地发挥每个人的潜力。坎多拉(2009)将此描述为努力实现包容的过程,过程中每个人都感到被接纳和被重视。

本章涵盖了一些偏见、机会均等和多元化的基础知识,并思考它们如何与教练实践相结合。接下来是详细考虑教练多元化工作所需的能力。然后,我们提出了许多案例研究,这些案例研究呈现了一些有力的多元化元素的场景。

为确保在本手册中包含有关多元化的章节,不只是简单满足政治正确性的需求,我们还将邀请你考虑如何通过本章来解决多元化问题。我们提供了一些插图,说明了在教练过程中如何出现多元化问题,以供你回顾和思考。这些应该有助于证明更多理论研究的实际含义,并在教练实践中,为你提供一个围绕多元化建立个人看法的机会。

偏见、歧视和墨守陈规

假定性别歧视或种族主义态度已成为过去是幼稚的。研究表明,偏见仍然存在于公开的冒犯性行为中,例如称呼或排斥,但更多的是以微妙的形式存在于人们对他人的态度和期望中。这一现象的迹象可能是对同一行为的不同解释,这取决于有关人员的身份(她报复了,他回应),所谓的办公室"玩笑"实际上可能是令人反感的,或是将未融入集体的人视为"另类"(Sheridan & O'Sullivan,2003)。陈(Chan,2017)描述了女律师面临的歧视情况,组织中的女性通常会意识到男性若有若无的忽视(Wahl & Holgersson,2003)。

一位善意的白人经理可能无法与黑人下属建立良好的关系,并避免解决其绩效问题,因为她担心在他面前不小心说些冒犯的话。黑人下属可能会遇到这种缺乏支持的情况,无论是在个人方面还是在职业发展方面,因为种族主义的原因,他的教练会有错觉地认为他会"怀恨在心"或者过于敏感。教练不仅需要帮助管理者避免这种错觉,而且需要帮助黑人下属了解正在发生的事情,并制定有效的策略来应对这种情况,避免对他的人际关系或职业目标产生负面影响。变性人可能正在考虑是否在工作中"公开身份"。他的教练必须对性别的转化以及他对自己性别的定位足够适应,以便能够讨论这个问题并帮助解决这一难题。

偏见的态度和歧视性行为可能仅限于少数几个人,但通常反映出关于哪种行为的共识。如果这种情况经常发生,并得到大多数人的容忍,从不被公开质疑,甚至受到一些有影响力的个人的鼓励,那么这种情况不仅是个人偏见,而且是组织歧视。它不要求组织或组织中的多数人有歧视的意愿或意图。人们可能没有意识到他人由于其行为而遭受的损害。企业通常没有意识到他们的"正常"做法会对某些人造成不利影响。例如,如果意图在下班后的非正式讨论中分配好项目,则那些不参加此类会议的人可能会处于不利地位。这可能包括承担照料责任的妇女或出于社会或宗教原因不愿意这样做的人。一个好的教练在与遭受这种歧视或实施歧视的人一起工作时,需要意识到此类常规和流程的危险。

詹妮弗(Jennifer)的犹太教练认为詹妮弗所从事的组织是相当反犹太的,但由于似乎与教练无关,因此尚未讨论该观察结果。几个月后,詹妮弗告诉教练她是犹太人,但她一直保守这个秘密。现在她想对团队而不是对老板"公开"自己的犹太人身份。

在这种情况下,犹太人教练有什么意义?

你将如何帮助詹妮弗达成目标?

机会均等

机会均等是多元化的一个方面。它着重于克服某些群体成员可能面临的障碍和不平等，尤其与处理不公平歧视的影响以及诸如种族主义或性别歧视之类的负面态度的结果有关。尽管性别和种族对于机会均等思想至关重要，但教练还必须意识到其他许多潜在的不平等问题。英国平等机会立法的重点是消除歧视，包括残疾、性取向、宗教、年龄以及种族和性别，这些都是教练应该了解的领域。组织中的个人和团体之间存在许多其他差异（例如，社会阶层、教育背景、地区出身）有碍于个人与他人的合作与团结，并导致机会的不平等。

机会均等模型将公平视为不同群体的成员间不存在隔阂，这被包含在规则中。教练服务方面的机会均等要求教练确保不同群体的人都可以使用他们的服务，并且他们提供的服务对不同群体的成员同样有效。与年轻女性一起工作时感到不舒服的男性教练不太可能与她建立良好的教练关系，尤其是如果他将男性同事的笑话和"一语双关"视为典型的办公室"玩笑"。他不了解这种持续的性别歧视言论给到她什么样的感受，或者什么会真正阻止她成为男性团队中的一员。

科林（Corrine）想在五年的空档期后重返工作岗位。此前，她是一位非常成功的 IT 顾问，曾在多家咨询公司工作。因为找工作有困难，她联系到了一位教练。科林有听力障碍，说话也受到影响，但这对她过去的工作没有任何负面影响——她觉得这不可能是她现在问题的原因。

教练会怎么做？

科琳的性别、残疾、落后会是问题，还是她营销自己的方式？

多元化

与机会均等方法相比，多元化更加关注包容性和个性（Kandola & Fullerton, 1998）。不只为解决妇女经常面临的育儿问题，而是着眼于满足每个人的需求，因此灵活的工作时间可能对有小孩的妇女有帮助，有小孩的男人也会有类似的需求，有年长父母的人也需要照顾。弹性工作时间也可以帮助希望参加宗教仪式或写小说的人。多元化还考虑了来自不同背景的人们如何一起工作。背景多元的组群中的动态与有相似的背景并对世界持相同假设的组群有何不同？多元化重视每个人的贡献，并试图为所有人提供更多的机会,使他们最大限度地参与造福于个人、集团或整个组织。

当今社会日益多元化的现象意味着个人和组织不能忽视多元化的影响。它位于商业公司的客户群中、大学的学生团体中,以及公共部门组织的客户中。那些没有真正尝试管理多元化的组织可能会因此而遭受苦难,而那些这样做的组织可能会从中受益。对组织绩效的研究表明,多元化的员工队伍可以提高创造力和创新能力,但是也需要更好的管理,以防止诸如冲突或排斥之类的负面结果(Simons, Pelled, & Smith, 1999; Ely & Thomas, 2001)。

教练和多元化

有时,为了解决多元化问题,会在组织中启动一个教练项目。这可能是明确的,例如鼓励妇女担任领导职务,但很多时候又是含蓄的。所述原因可能与多元化根本没有关系(例如,改善管理者之间沟通的计划),但根本问题可能仍然是多元化问题——来自不同群体的人不能很好地合作。

对于一位有个性的人来说,被认为是个"问题"并需要教练的情况并不少见,而实际上是其他人对这个人的反应有问题。把一位与众不同的人介绍给一个满意自己运行方式的团队,可能会打破平衡。团队可能会责怪新人,而不是审视自己缺乏灵活性或不愿意与不喜欢他们的人共事。在教练中,确定问题的根源总是很重要的,关键是要意识到,可能存在比乍一看更频繁的多元化因素。

教练必须对影响客户问题的情境因素以及行为、态度和方法的变化潜能保持敏感。重要的是要认识到应对环境中的偏见有多困难。教练可以帮助客户适应自己的身份并找到适合他们的解决方案,而不是试图让客户遵循主流惯例和做事方式。

考虑有这样一家公司,那里有"升职天花板",阻止黑人女性经理人担任最高职位。教练项目可以建议帮助更多的黑人女性发挥潜力。一方面,这可以帮助妇女发展她们作为管理者取得成功和获得晋升所需的技能。另一方面,有一个潜在的假设,即女性目前的表现不足以取得成功,她们就是问题所在,而改变她们是解决问题的办法。

实际上可能是组织需要改变，去欣赏她们的能力和贡献，或只是为了扫除她们面临的达成绩效的障碍。也许她们没有被分配到那些帮助其他管理者展示和发展她们技能的具有挑战性的项目中。

教练在接项目时，应该注意与一个不公平的歧视性组织合作产生的影响。当然，针对某一特定群体的教练计划可能会有所帮助。然而，正式的教练项目会取代非正式的支持网络（"老朋友关系网"）来帮助其他群体的成员表现得更好。克拉特巴克（Clutterbuck，2003）描述了在这种情况下教练项目的应用，斯皮尔斯（Spears，2001）讨论了高管教练。两者都强调需要理解和处理不同的问题，并意识到组织内部隐藏的偏见，以及有一个总体结构良好和执行良好的方案。

不同背景下的教练能力

教练需要一系列知识和技能。实际上，前面的章节强调了与教练环境相关的知识和技能的广度和深度。在这里，我们着重介绍与多种类型客户合作特别重要和必要的能力，因为受教者与教练的背景不同。该领域的大多数研究都是从咨询的角度进行的，但强调的能力与教练关系同等或更重要，因为它们对于能够理解和有效地与客户合作非常重要。咨询通常涉及与个人进行更深入的合作，通过这些合作可以发现问题，而这些问题可能会在以行动为主的教练过程中遗漏。

彼得森和利维（Pedersen & Levy，1993）通过一个案例表明在多元文化环境中工作需要的其他技能，恩斯（Enns，2000）描述了在咨询关系中处理性别问题的一组相关技能。苏（Sue，1990）的工作特别有影响力，他们讨论了跨文化咨询的许多不同能力，并列出三个主题：自我意识、知识和技能。我们将依次讨论这三个领域。

自我意识

自我意识在任何旨在改变的关系中都是至关重要的。在这种情况下，作为一名教练，需要意识到自己的文化假设、偏见和成见。所有的文化都有自己的假设，都有共同的价值观和态度，使它们区别于其他文化。主流文化的成员，很容易认为自己的文化假设和态度比实际情况更普遍。人们很容易无意识就做出文化假设。例如，教练通常自发地将自己代入西方价值观。教练致力于加强个人作为组织环境中独立参与者的运作方式。然而，这种对个人自主的偏见并不是所有文化都有。一个来自更集体主义文化的个体，在这种文化中，他们的身份明显由群体成员（如家庭、工作组）定义，因而很可能会发现强调以自我为中心的教练方法是不和谐的。

必须是"无种族偏见的""无性别偏见的"或"无残疾偏见的"。首先，拥有适当的教练关系就不可能不了解有关这个客户的基本事实。其次，忽略了客户的重要事实，教练就等于否认了客户身份的关键部分。第三，否认了这些和其他影响关系的客户事实，教练就无法从客户的角度理解世界——这是与客户合作进行变革的必要阶段。如果教练没有做文化假设的意识，那么不同文化背景的受教者就不会在教练过程与教练真正建立信任。布克哈德、诺克斯（Burkhard & Knox，2004）和古苏（Gushue，2004）认为，那些对种族差异持"有色眼镜"态度的人在评估客户问题和培养同理心方面可能效率较低。帕斯莫尔和罗（Passmore & Law，2009）认为，教练必须有能力调解不同文化之间的边界。

为了在教练关系中发挥作用，教练必须不断反思自己的文化假设和偏见，以及这些假设和偏见如何曲解他们的观点和与客户合作的方式。

一位男性教练与客户建立了非常密切的教练关系，他很喜欢这个客户并对其洞察力和善解人意印象深刻。客户后来透露自己是同性恋者，想知道这个秘密对教练工作产生的影响。教练对这个意外的发现感到震惊和不安。他一直没有意识到自己的某些偏见，因此需要与督导合作解决这个问题，然后才能继续与客户进行有效的合作。

教练过程中，教练对客户的同性恋倾向该作何反应？

这会对客户、对教练产生什么影响？

知　识

为了成功地与不同的人合作，重要的是深入了解他人的世界经验，懂得如何确保自己的行为不违反他人的文化规范。这可能意味着了解不同的文化或宗教团体，了解异性如何体验世界，了解残疾人的需要。例如，重要的是去理解，为什么对一个有宗教信仰不允许饮酒的穆斯林来说，下班后和其他人一起喝酒会很困难。

虽说建立信任和同情心是靠适当的行为方式、沟通和互动方式，但客户对不了解自己文化背景的教练没有太多信心。想想看你会有多信任一个宗教或文化背景与你不同的教练。

了解不同文化和群体的知识当然很重要，教练还必须意识到刻板印象的危险。仅仅因为一种态度或行为是一个特定群体的典型，并不意味着你所教练的那个群体的人就是这样。你不该假设女性就更注重人际关系而较少关注竞争力，年长的人更少关注职业，或者经济条件较差的人会缺乏自信，这都是不对的。

除了建立积极的教练关系所需的基本知识外，教练还应不断挑战对自己、客户和教练关系的理解。

有一个几乎无穷无尽的清单，上面都是研究的重点：

- 是否有某些行为或语言的使用可能会让人觉得冒犯？
- 你是否正确解读了来自不同文化群体的人的肢体语言？
- 与听力障碍的人沟通困难是否导致你的回答过于简单？
- 竞争在男性和女性中是否有不同的价值？

提高你对文化差异的洞察力的一个好方法是，和学习一样，与来自不同群体的人会面，谈论他们的经历。此外，关于不同背景的人的传记、文学小说、电影和电视也是拓宽你知识和视角的好来源。意识到你的知识可能存在欠缺，以及如何用个人知识储备中的具体信息弥补这些欠缺一样重要。教练需要不断检查沟通中双方的理解正确，教练或客户是否误解了对方的意思。

有几个学术方面的差异。例如，霍夫斯泰德（Hofstede，1991）和特姆彭纳斯及汉普登·特纳（Trompenaars & Hampden Turner，1997）的作品提供了对文化差异的通俗易懂的介绍。他们讨论了差异的各个方面，如关系的等级（权力距离）或对时间的态度。洛克（Locke，1992）开发了一个模型，用于在多元咨询背景下审视文化群体。除了了解个别文化的具体情况外，了解不同文化之间的差异也很有启发性。它有助于教练确定教练内容或教练关系中的某个问题何时可能与文化观念的差异有关。

在所有这些工作中，关键是要记住，即使在同一个特定的群体中，每个人的经验和态度都会有所不同。在英国长大但来自另一文化背景的人可能会支持两套文化假设或兼容两种文化，也有可能会经历"英国的我"和"家乡的我"之间的冲突（见下文关于文化身份的讨论)。残疾可能是一个人的核心特性或边缘特性。

除了了解客户所属的群体之外,教练还应了解偏见(微妙的、公开的、个人的和组织的)如何影响个人和他们有效工作的能力。重要的是,不要低估歧视的发生次数或影响,比如种族主义者和性别歧视者的故意行为、社会和体制因素造成的隐患。影响最大的往往是对主流社会的疏离感。被盯着看、被排斥,或者不得不隐藏一些关于自己的基本事实,都会影响人们对自己的感觉和对世界的看法。大多数人的代表或主流群体通常拥有既定权利,而作为遭主流群体排斥的外部人员,面对自己无法理解的组织结构与行为会感到无能为力和无助。这个过程会破坏个人的自尊、自信、对日常生活压力的应变能力。

如果没有这种洞察力,教练将无法区分个人是在采取有效措施对抗充满敌意的环境,还是使用不得体的行为对他人制造敌意。无论是在多元化领域有经验的教练那里接受督导,还是与在该领域工作的其他教练建立联系,都有助于教练培养对这些类型流程的认识。

教练应该了解文化认同是如何发展的,以及人们对待自己与他人差异的不同方式。有些人可能会因与众不同而自豪,并将自己的文化身份作为一面旗帜(例如,黑人是美丽的,同性恋是骄傲的)。其他人可能会把它当作羞耻的源泉,或是通过更大的努力来隐藏或补偿的东西。一些理论家提出了这些因素如何影响个人身份的模型,他们提出,人们可能会经历许多阶段,从渴望成为大多数人,通过对自己群体的理想化,到对自己群体和主导文化的综合处理(Ponterotto, Fuertes, & Chen, 2000),了解其中一些模型及对咨询过程的影响。对于有些人来说,克服他们身份上的冲突对教练结果的成功很重要。

最后一点,没有人能真正地从别人的角度理解或认识事情。教练并不认为他们知道客户的感受,教练希望的只是洞察力。根据教练掌握的上述知识,这些方法或多或少是合适的。一个好的知识库可以帮助教练更经常、更准确地洞察问题。

几乎没有什么资历的安德鲁离开学校后,创办了一家小而成功的特种软件公司。它已经成长为一家雇佣了大约60人的公司。多年来,安德鲁招募了一名董事会成员来支持他和公司的发展,并在销售、市场营销、运营、财务和人力资源方面挑选了能干和合格的人才。现在又聘请了一名教练来帮助他管理他的董事团队。让他觉得困难的是，他重视董事的资历和教育，却不信任他们，因为他们的不同让他提心吊胆。

安德鲁如何才能将权力交予他不信任的人？如果不授权他人采取行动，安德鲁又如何从他人的技能中受益？

安德鲁如何才能了解自己的恐惧情绪？

你会和安德鲁一起设计什么策略来帮助他？

技　能

多元化环境中的有效教练将具有广泛的策略和方法，这些策略和方法因人而异。单一方法不可能适用于所有客户，并且所使用的方法应与个人及其文化观点相匹配。重视解读情绪反应的个人可能会从内省的方法中受益，而来自将这种行为视为自我放纵的文化的人则可能会采用积极的问题解决方法取得更大的进步。

多元化问题使教练需要管理基于工作的教练场景中一个、两个或多个参与者之间的边界，这些参与者不在教练与客户之间一对一的教练关系中。

也许需要采取行动导向的方法来克服客户环境中的偏见。如果正在接受教练的人将每件事都做得很好，而周围的人看不到这点或不做出反应，那么在没有更积极干预的情况下，教练可能无济于事。教练可以帮助个人制定应对挑战和偏见的策略，并为策略的实施提供支持。在极端情况下，尽管客户做出了努力，但这种做法仍然没有效果，教练就应考虑直面组织内歧视客户的合适代表，帮助客户解决他们正在面临的问题。

虽然这似乎与教练关系背道而驰，但试图在教练团队中解决这种情况表明，教练认为客户应对这种情况负责，而感觉被责备和处理客观对立环境的困难都有可能损害双方之间的信任。首先，这个问题应该在教练中提出和解决。在采取任何行动之前，都应征求客户的同意。同样，如果教练意识到客户对他人有歧视性行为，则应将此作为一个问题提出，即使客户对自己的行为非常满意，并希望教练将注意力集中在其他事项上。

教练还需要良好的沟通技巧，并能够轻松使用不同的风格，与受教者的沟通方式相匹配（例如肢体语言、情感表达），通常会提高沟通的有效性。有些文化更看重情感丰富的沟通方式,而另一些文化则更看重冷静客观的方式。一个人可能认为西方的无情感表达方式枯燥乏味,缺乏说服力;而另一个人则可能认为充满情感的方式是非理性的,是对案件事实关注不足。语言和非语言交流在不同的文化中是不同的。例如,关于何时进行和避免目光接触的不同约定,可能导致对客户的敌对情绪或缺乏自信进行错误归因。

转 介

教练可以和来自不同背景的人一起工作。然而,如果教练目标太过集中在身份、歧视和团队成员的问题上,而教练认为自己无法充分处理好这些问题,那么就应该准备好将客户介绍给更容易与客户建立联系的人。教练是建立在与客户之间良好关系的基础上的,如果这种关系有问题,总要考虑推荐另一位教练的可能性。当有额外的多元维度的问题需要解决时,转介的需要会更为强烈。在某些情况下,与来自近似团队的教练一起工作是有好处的,尽管这不是一项必须要求。如上所述,如果某个人来自少数群体或代表性不足的群体,那么认同感会成为教练过程中的一个中心主题——无论这是否与性别、种族、性取向、地区出身、社会阶层、教育背景或任何其他领域相关。在这些情况下,应考虑从类似的团队中寻找合适的教练,他们可能更容易洞察受教对象的世界观和面临的问题,客户也更容易与他们建立信任关系。

> **案例研究**
>
> 以下案例研究说明了多元化问题对教练过程至关重要。它们基于真实的教练经验,为叙事方便起见,已对细节进行了更改和合并,因此并不对应真实的人。每个步骤之后都是从多元化的角度对教练问题进行分析。在阅读我们对案件的分析之前,请思考各项研究都提出了哪些方面的多元化和案情的哪些动态,以及你如何以教练的身份来应对这一问题。

案例研究1：就是个男孩

桑德拉在一家技术含量很高的通信工程公司中担任中层管理职位，前途无限。与其他经理截然不同，她非常有才干，不仅在职位上显得异常年轻，是唯一一个在非常男性化的环境中工作的女性，而且与同事相处得非常好。桑德拉正在接受教练，为升职做准备，这体现了组织对她的重视。教练的重点是如何更有效地增强影响力。

几次课程后，她向教练表明自己已怀孕，但希望保密，直到做出晋升决定为止。几个月后，她被晋升了并向教练承认，还没有告诉经理自己怀孕了。尽管事实上桑德拉的孕态已经非常明显，但她确信没有人意识到这一点——"他们不会注意的，因为他们把我当大佬"。桑德拉明显怀孕了，而她的同事们却没有注意到，这让教练感到震惊。

到目前为止，桑德拉以微妙的方式发挥影响力，而教练的重点是如何以更清晰、直接的方式发挥影响力。她希望同事们重视她的才智、洞察力和不同的观点，组织能够提拔自己并更好地利用自己的技能。

桑德拉在很多方面都和同事不一样（年龄、性别、能力、洞察力），人们以为她在与团队其他成员相处时会有困难。然而，她在组织中管理好了自己的人际关系，因此大家把她看作一个"大佬"。这对所有人都合适，就好像她的与众不同和能力水平让他人无法企及，而这正是其他人希望在一个年长的男人身上发现的。所以他们几乎把她看作一个年长的男人。这不是她想要或需要挑战的问题。尽管她不得不忽略一些性别歧视的语言和行为，隐藏自己的女性化部分，因为这样会使其他人更容易接受她。

桑德拉对怀孕保密似乎并不特别担心，但已经推迟了一段时间才透露。现在很难相信没人对这有任何怀疑。她的同事们看不到她怀孕了，也许因为大家认为她是"男孩中的一员"。如果她不是个真正的女人，怎么会怀孕呢？一旦他们面对自己怀孕的事实，她还能保持如此有效的男性形象吗？这是一个需要在教练课程中讨论的重要难题。桑德拉需要意识到她管理人际关系的方式。教练将自己的女权主义反应强加给桑德拉是不合适的,但是让桑德拉了解个人与组织中其他人关系的动态是有益的。

从组织的角度来看,桑德拉是一个真正的人材,显然比其他管理者更有能力。但她必须掩饰自己的不同,才能融入其中。一旦孩子出生,她还愿意或是能够保持这样的伎俩吗?她有没有可能像一位年轻女性一样高效工作,而不是表现得像一个男人?为了实现这一点,组织必须改变,学习如何与不同的人合作。到目前为止,桑德拉已经做好了所有安排,但是教练不可能在没有桑德拉同意的情况下向组织,特别是桑德拉的经理提出这个问题,再说她也不同意。

在这个问题解决之前,桑德拉休完产假时教练就已经结束了。尽管她原本打算回去上班,可虽然得到了新的晋升,但在孩子出生后桑德拉并没有回来,公司失去了一位非常好的经理。也许桑德拉无法作为一名女性和母亲与团队建立新的关系,或是置身于组织之外让她看到,在这样一个性别歧视的氛围中工作需要付出多少牺牲。

案例研究2:不适合

朱利安在大型IT组织中管理着一个销售经理团队。他聘请了一名顾问为多个领域提供帮助:

- 发展团队;
- 提高自己的领导能力;
- 为一些团队成员提供个人教练。

朱利安特别关注沃伦,认为沃伦是团队中最弱的成员之一。他怀疑沃伦欠缺适应这份工作的技能。朱利安将他形容为软弱、不适应并无法与客户建立正确的关系。他开始觉得团队应当放弃沃伦,尽管当被迫要求提供出色的绩效数据时,他们都没有。其他销售经理都是具有中产阶级背景的毕业生,而沃伦来自贫民区,16岁就离开了学校。朱利安建议沃伦单独接受教练,尽管他并没有寄予希望于沃伦能够提高自己的绩效表现。

教练期间，沃伦明显没有意识到朱利安对自己能力的评价很低。他对朱利安非常忠诚，因为他将自己提拔到经理一职，并告诉教练自己曾得到另一份工作，但由于感激朱利安对自己的信任，为他的经验和朱利安着想，他会留在这里。

在团建日，顾问教练观察到一些沃伦可能被另外两名团队成员代替的迹象。顾问教练对朱利安及其操纵风格产生了强烈的反感，这种感觉在团建日和与他打交道的一些个人工作中都非常明显。与朱利安的个人工作终止了，但沃伦的教练课程仍在继续。

在本案例研究中，多元化问题是沃伦与团队其他成员（尤其是朱利安）之间的背景差异在多大程度上是绩效问题的根本原因。尽管在白人男性占主导地位的环境中，沃伦也是白人男性，但他仍然被认为是异类且不适合。与多元化问题一样，权力归属于团队中的大多数——既属于担任团队经理的朱利安，也属于让沃伦日子难过的其他成员。

不同寻常的是，教练自从忙于在团队外建立教练关系时，有客观的证据关于朱利安和其他队员是如何对待沃伦的。无论是作为教练委托人，还是为朱利安个人或整个团队工作时，她都特别清楚朱利安的想法。直觉上她同情沃伦，觉得沃伦受到了不公平的对待。她担心不健康的权力关系，也担心自己是朱利安用来迫使沃伦离开的棋子。同时，她认为教练是一个机会，可以帮助沃伦了解正在发生的事情，以及将来如何以不同的方式处理权力关系。

对教练来说有许多道德困境。在与沃伦的合作中，她可以在多大程度上利用从朱利安的私人谈话中获得的见解？如何避免成为朱利安共谋权力关系的一部分？对局势的看法是否受到对朱利安的厌恶和对沃伦的喜欢的影响？如果她鼓励沃伦离开，是否违反雇用她担任沃伦教练的组织的职责？

她决定提出一个问题，即在教练课程中，沃伦如何看待与团队其他成员以及与朱利安的关系。她避免提及与朱利安私下交谈中获得的信息，但向沃伦公开自己的个人感受。尽管沃伦以前似乎完全不了解朱利安对他的态度，在听取教练的意见后却表现出极大的欣慰。显然，保持否认他所面临的歧视需要大量的精力,而承认事实可以使他摆脱这种情况。这也使他可以更客观地考虑自己的职位和新工作。尽管他确实决定留下而不是接受新工作,这样做就是为了更加了解自己的职位。

案例研究3: 因为我是黑人吗?

保罗是非裔加勒比裔黑人,是一家大型公用事业公司的培训经理,这也是他的第一个管理职位。教练源于对他绩效的担心。如果没有改善,他很可能会被降级。保罗绩效不佳的证据很模糊,有人抱怨他的沟通方式(他专注于更广泛的问题,而对细节的关注不足)。对于他管理的项目是否会达到预期的结果,也存在一些担忧。另一方面,他是这个岗位的新手,到目前为止,几乎没有什么具体成果(无论好坏)可以证明他的努力。

最初的教练会议上,保罗很乐观,觉得自己很有能力,一切都会好起来的。他对自己的表现和浮现的问题并不过分担心。一位白人教练发现保罗的沟通方式是积极和自由的,但有时不精确和含糊不清,也很难让他表达清楚。

在这种情况下,几乎没有客观的证据表明保罗的表现是否良好。他自认为做得很好,但是经理担心做得不好。该组织与保罗的非裔加勒比人背景之间的文化差异可能是造成这种差异的原因之一。文化差异通常反映在沟通方式中,保罗的沟通方式正是被诟病的地方。可能是因为保罗在沟通过程中的文化假设与组织中大多数白人管理者的文化假设有所不同吗?

英国文化避免在工作交流中表达情感。工作场所中传达思想很重要,情感被认为会干扰理性的思维。非洲加勒比文化和许多其他文化更加看重情感的表达,而实际上不带情感的理性暗示着冷漠,对正在讨论的主题缺乏兴趣或认同。这种方法上的差异可能导致误解。

保罗被认为倾向于承担能力范围之外的事情,这可能源于误解。如果被要求做某事,保罗会同意也许是因为在情感上,他时刻准备好接受组织的要求、满足组织的期望去做一些力所能及的事。当回复是理性而不带感情的建议,表明他不能胜任这项任务时,保罗感到自己的承诺受到了挑战,会重申愿意承担这项任务。违背个人意愿的重申,这对他来说是习惯使然。保罗可能会认为,这种冷淡的反应和不情愿的任务分配,是别人不接受他的表现。所以他把这看作是种族主义就不足为奇了。

教练对保罗的反应似乎和他的同事一样。一方面,将教练关系作为客户与他人如何建立连接的证据通常会很有帮助,但另一方面,教练需要考虑是否对非洲加勒比文化有足够的了解,以便有效地解决因不同文化风格引起的潜在交流问题。危险的是,如果教练无法理解潜在的动因,和组织用一样的方式看待保罗,可能会让教练被看作是和组织一样的种族歧视者。也许应该把保罗推荐给对这些问题有更丰富经验的人。与来自相同背景的人一起工作可能对他有益。

尽管教练是要进行绩效改进,但上述种种都与保罗能否有效地满足职位要求以及如何改进自己的绩效表现无关。在此之前,重要的是让保罗了解他和其他经理之间如何会产生误解。

结 论

教练是一对一的活动,是为了使受教者在工作或个人生活中更有效率。教练工作的结构性可以帮助客户有条不紊地探索什么是需要注意的,然后在这些方面做出合适的改变。这个过程的本身就涉及如何看待我在关系中的不同——我与他人与理想中的我有何不同?那些不同会让客户满意吗?他们重视那些不同吗?他们会充分利用不同吗?如果我们不是多元的个体,那所有人都会用同样的方式做事和看待世界。

一位教练试图就多元化做两件事:

- 帮助个人重视自己或他人的不同并有效地利用不同。这需要识别并利用积极的多元化属性。例如,男性团队中的女性可能对团队中的情绪更加敏感,会被贴上"情绪化"和"难相处"的标签。她或许能培养这种敏感性,通过发现在早期阶段自己可以影响的问题,将其转化为优势。

- 识别并解决客户多元化和负面影响的问题。这需要帮助客户在有缺陷的系统中进行工作(充分利用环境,或改变应对环境的方式),与鼓励客户挑战现状并改变环境之间找到平衡点。

讨论要点

1. 你是否曾与跟你完全不同的人一起工作?这是如何影响关系的,无论是好是坏?你从互动中学到了什么?

2. 你的个人背景(宗教、文化、社会、性别归属、性取向等)如何影响你与他人互动和担任教练的方式?

3. 如果你看到某人对他人有歧视性的行为,你会怎么做?

4. 你是否遇到过在某些方面与其他同事不同的情况?这对你和团队的关系有什么影响?感觉怎么样?

5. 你对多元化的哪些方面感到满意?哪些方面不那么满意?

推荐阅读

Barreto, M., Ryan, M.K., & Schmitt, M. (2009). The glass ceiling in the 21st century: Understanding barriers to gender equality. Washington: APA Books.
Brown, C. (1990). *My left foot*. London: Random House.
Clutterbuck, D. (2003). Diversity issues in the mentoring relationship. In: M. J. Davidson and S. L. Fielden (Eds.), *Individual diversity and psychology in organizations*. Chichester: Wiley.
Kandola, R. (2018). *Racism at work: The danger of indifference*. Oxford: Pearn Kandola Publishing.
Pearson, A. (2003). *I don't know how she does it*. London: Vintage.
Sacks, O. (1992). *Seeing voices*. Berkeley, CA: University of California Press.

参考文献

Burkhard, A. W., & Knox, S. (2004). Effect of therapist color-blindness on empathy and attributions in cross-cultural counselling. *Journal of Counseling Psychology*, 51, 387–397.
Chan. R. (2017). Sexism at the bar and the equitable briefing policy: A well-meaning but misguided response to gendered briefing practices. *Bond Law Review*, 29 (2).
Clutterbuck, D. (2003). Diversity issues in the mentoring relationship. In: M. J. Davidson, & S. L. Fielden (Eds.), *Individual diversity and psychology in organizations*. Chichester: Wiley.
Ely, R. J., & Thomas, D. A. (2001). Cultural diversity at work: The effects of diversity perspectives on work group processes and outcomes. *Administrative Science Quarterly*, 46, 229–273.

Enns, C. Z. (2000). Gender issues in counselling. In: S. D. Brown, & R. W. Lent (Eds.), *Handbook of counselling psychology*. 3rd Edition. New York: Wiley.
Gushue, G. V. (2004). Race, color-blind racial attitudes and judgements about mental health: A shifting standards perspective. *Journal of Counseling Psychology*, 51, 398–407.
Hofstede, G. (1991). *Culture and organisations: Intercultural cooperation and its importance of survival*. London: Harper Collins Business.
Kandola, R., & Fullerton, J. (1998). *Diversity in action: Managing the Mosaic*. 2nd Edition. London: CIPD.
Kandola, R. (2009). *The Value of difference: Eliminating bias in organisations*. Oxford: Pearn Kandola Publishing.
Locke, D. C. (1992). *Increasing multicultural understanding: A comprehensive model*. Newbury Park: Sage.
Passmore, J., & Law, H. (2009) Cross cultural and diversity coaching. In: J Passmore (Ed.), *Diversity in coaching*. London: Kogan Page.
Pedersen, P. R., & Levy, A. (1993). *Culture centred counseling and interview skills: A practical guide*. Westport, CT: Praeger.
Ponterotto, J. G., Fuertes, J. N., & Chen, E. C. (2000). Models of multicultural counselling. In S. D. Brown, & R. W. Lent (Eds.), *Handbook of counselling psychology*. 3rd Edition. New York: Wiley.
Sheridan, A., & O'Sullivan, J. (2003). What you see is what you get: Popular culture, gender and workplace diversity. In: M. J. Davidson, & S. L. Fielden (Eds.), *Individual diversity and psychology in organizations*. Chichester: Wiley.
Simons, T., Pelled, L. H., & Smith, K. A. (1999). Making use of differences: Diversity, debate and decisions comprehensiveness in top management teams. *Academy of Management Journal*, 47, 662–673.
Spears, K. (2001). *Executive coaching for women and minorities: Special challenges*. The White Paper Series. Durango, CO: Lore International Institute, Inc.
Sue, D. W., & Sue, D. (1990). *Counselling the culturally diverse: Theory and practice*. 2nd Edition. New York: Wiley.
Trompenaars, F., & Hampden Turner, C. (1997). Riding the waves of culture. In: *Cultural diversity in business*. 2nd Edition. London: Nicholas Brealey Publishing.
Wahl, A., & Holgersson, C. (2003). Male manager's reactions to gender diversity activities in organizations. In: M. J. Davidson, & S. L. Fielden (Eds.), *Individual diversity and psychology in organizations*. Chichester: Wiley.

第三十八章 心理测量学在教练中的应用

艾伦·伯恩和艾莉森·怀布鲁
(Alan Bourne & Alison Whybrow)

引 言

心理测量与心理属性的评估有关,如个性、能力、价值观或兴趣。这通常涉及使用诸如问卷或测试之类的量表,并根据量表数值或种类生成可量化的结果。在教练环境中使用心理量表的基本原理是提供有关心理特征的准确有效评估,通过评估提供的客观信息,帮助发展更好的自我洞察力。例如,这可能有助于受教者洞察自己的行为,帮助他们解决问题,如克服与他人沟通的困难、更有效地管理工作或应对压力。

通常,心理测量可用于帮助解决特定问题,因此可作为一种技术在更广泛的教练关系中进行部署。为了使心理测量成为教练文本中的有用工具,至关重要的是能提供对特定紧迫问题的准确见解,反馈的传递方式能被受教者接受,洞察力可以帮助受教者根据目标作出积极的行为改变。

本章探讨心理测量方法在教练过程中的作用,包括心理测量类型背后的理论、如何选择合适的测评方法以及如何将结果反馈给受教者。

心理测量学的发展

在过去的50年,心理测量学评估被广泛接受并认为是人员评估和发展的有用方法。许多评估工具最初是为临床应用而设计的。然而,针对工作场所和非临床环境中广泛应用定制化评估工具的需求也在不断增长。与基于临床解释的心理分析方法等理论不同,心理测量方法基于统计分析并强调科学严谨性。心理测量学研究探索了一系列心理属性的本质,教练环境下这些属性更容易被理解,例如天赋和智力(Guilford,1967;Sternberg,1985)、个性(Cattell,1965;Costa & McCrae,1992)、价值观(Schein,1990)、优势(Peterson & Seligman,2004)和兴趣(Holland,1973)。

贯穿整个过程,心理测量方法的重点是使用严格的测量工具,因为它们评估了清晰的理论模型,并经过了统计分析的大量试验和开发,以确保标准、准确和有效。

使用心理测量学:关键概念

在较高的水平上,心理测量的重点是衡量个人具有特定心理属性的程度,并针对更广泛的人群进行量化。本节概述了心理测量学在教练中的不同应用,并讨论了在确定和选择合适的评估时要考虑的关键问题。在教练背景下,重要的是考虑心理测量如何帮助个人更好地了解自己与他人的关系,并通过这种认识克服实现目标的障碍。

有许多基本假设支持心理测量学领域。心理测量学的早期工作证实了最基本的假设(如 Spearman,1904),即人们在心理特征方面表现出明显的可变性。通常这些都是正态分布的。心理测量学的基础是理解个体差异,并由此确定大多数人与"正常"相关的个体含义。

其次,重要的是了解被测属性的相对稳定性。例如,尽管人格偏好确实会随着时间变化,但是它们长期内还是相当稳定的(Costa & McCrae,2006)。因此,这些特征会对行为产生持久的影响,对个人理解特别有用,可以帮助他们确认可用优势并了解希望发展或改变的领域。

下文介绍了心理测量工具的主要开发领域以及在教练环境中的实际应用。

人　格

人格与个人偏好的行为、思考和感觉方式有关,这些可以预测人们在日常情况下的行为方式(Cattell,1965)。通常,在人们倾向于如何与他人和环境相连、如何执行任务和管理自己的思想和情绪方面,存在相对稳定的差异(Costa & McCrae,2006)。因为人格特征相当稳定,并且对人们喜欢做的事情以及他们的技能发展有重大影响,所以在教练环境下理解它们特别有用。它们可能有助于个体理解自己偏爱的行为方式，更好地理解有关沟通、问题解决以及与他人冲突的问题。

动　机

这关系到促使人们按照自己的需求、期望和目标以某种方式行事的原因（Maslow，1943；McClelland，1961）。动机与人们如何引导精力和维持努力有关。尽管动机可能是短期的、短暂的或在相当长的时期内持续存在，但动机的潜在驱动因素与理解个人价值观（见下文）以及如何指导行为密切相关（Latham，2007）。在教练背景下，了解一个人的动力来源可能有助于激发他们将重点放在持续追求目标上。

价值观和优势

个人持有的价值观与人们决定在特定情况下采取的最佳行为方式所使用的内部准则或规则有关。这些是我们决策的核心（Barrett，2012）。价值观可能既是个人价值观，也是群体价值观，如文化价值观、特定组织或专业的价值观（Williams & Whybrow，2013）。价值观在很大程度上是通过社会化、特定群体内行为准则的共享而发展起来的。价值观往往在个人中得到很好的发展，并与他们的认同感紧密相关。因此，它们可以成为帮助受教者了解自己的行为、决策和职业选择的重要见识的来源（Schein，1990）。价值观工作可以使人们从"做"转变为"存在"，并且已经成为教练实践领域中的热门话题，它提供了丰富的洞察力和发展潜力（Kauffman，Silberman & Sharpley，2012）。积极的价值观和力量是紧密联系的（Peterson & Seligman，2004），并被认为有助于实现发展目标（Linley，Nielsen，Gillett，& Biswas-Diener，2010）。

信　念

信念与价值观密切相关，涉及个人认为是真实或不真实的基本假设。信念是决定行为的基础，就像价值观一样，信念会影响人们如何解释情况和与他人的关系。例如，如果你认为所有人应该受到平等的尊重和公正对待，那么这很可能会指导你与他人的行为。虽然它们与价值观密切相关，但通常不是通过心理测量方法来评估的。

态 度

个人对环境的特定方面持有的想法和感受是态度的基础。例如,对组织的承诺(Meyer & Allen,1991)或对特定工作的满意程度(Locke,1976)可能会对个人如何感受工作和如何集中精力产生重大影响。

兴 趣

兴趣通常与职业指导有关,关于人们最想做什么,无论在职业方面还是在他们觉得有刺激性的任务方面。衡量兴趣的一种方法是编制清单,如霍兰德(Holland,1973)的职业兴趣模型。例如,人们可能或多或少地对帮助他人从疾病中康复、演奏乐器或设计新建筑感兴趣,这对他们可能希望成为的角色类型有着明确的含义。

能力和技能

能力和技能与理解某人在某项任务(例如口头推理)中的潜力或表现有关,这与解释和使用书面信息密切相关(Guilford,1967)。认知能力测试通常会评估智力功能的各个方面,例如数字、口头和概念性问题的解决能力(Allworth & Passmore,2012)。这些属性有时有助于理解或阐明个人的认知能力,例如,帮助受教者在不同的职业道路之间做出选择。

选择使用哪种工具

在教练范围内使用心理测量工具时,有效性的关键是确保理论严谨性和实用性的正确结合。心理测量评估在许多不同的情境中可能对受教者有用,它几乎拥有和受教者一样广泛而多元化的目标。例如,对于希望更全面地了解如何提高自己的人际交往能力以及如何与他人合作的人而言,人格或价值观方面的评估可能特别合适。同样,正在探索新的职业路径的人可能会从技能、能力和兴趣的评估中受益。

在决定完全使用测试之前,你需要明确为什么要使用该测试以及你认为这将给受教者带来什么好处。专业的心理学机构,例如英国心理学会(BPS)的心理测试中心,以及美国心理学会(APA)的 PsycTESTS 数据库,提供了大量各种仪器和可用工具的资源和信息。所有优质的心理测试发布者都提供了有关测验信息准确性和有效性的证据。

在考虑使用心理测试和仪器来支持教练时，你可能需要考虑：认证要求、范围、标准化、可靠性、有效性、创造性洞察力、可接受性、无偏见和实用性。

认证要求

全世界的心理专业机构一致认为，使用心理测验的人应接受适当的标准培训，以便他们在管理、解释和反馈方面具备必要的知识和实际技能，能够负责任地、合乎道德地使用评估。这会涉及多个层面的训练，包括基础水平（例如，用于测试的管理）和专门的培训，特别是仪器和方法的培训，用于适当选择、解释和反馈开发的技能。近年来，心理测试出版商在培训方面变得越来越务实，例如，为已经拥有其他相关工具认证的教练提供相当容易的转换类培训。

作为教练，有时更为经济可行的是，请具有特定资格的人员来教你使用想学的工具。下一节将详细讨论当你浏览第三方心理测量的介绍时，可能需要考虑的一些实用性和细微差别。

范　围

评估方法的重点可以非常广泛或非常具体。例如，人格问卷可以广泛地看待人格特征，也可以专注于特定问题，例如领导环境中的潜在"失败者"。选择适当的衡量标准时，必须考虑该工具是否能够满足特定的受教者和更广泛的组织客户需求，并且可能产生有用的见解和策略来帮助受教者前进。

标准化

测试发布者提供的有关规范组的信息为个人评估提供了基础。对于大多数有价值的心理测量方法来说，能够理解个人的结果通常比让人们喜欢更重要。例如，受教者与其他管理者和专业人士相比，他们在工作中的价值观如何影响他们的行为？了解特定测试的规范很重要。测试发布者需要能够根据你的要求提供信息，以帮助你回答这些问题。

可靠性

工具测量出的结果有多精确？随着时间的推移，测量的一致性如何（重测可靠性）？测量范围内有什么完整性（内部一致性）？对于不知情的人，可以通过快速的网络搜索找到许多工具。这听起来可能很吸引人，但通常没有研究证明这些工具是否真的准确可靠。心理测量师用从 0 到 1 的等级来衡量可靠性，数字越大，可靠性越高。通常，心理测量工具应具有大约 0.7 或更高的可靠性才能被接受。

如果工具不可靠，过程会非常不准确，并导致站不住脚的结果，最后可能误导甚至伤害受教者。如果没有未经可靠性测试的工具，那么简单的答案就是不使用工具。

有效性

这与评估工具是否实际衡量其所要衡量的内容有关。该工具采取的措施与我们试图评估的内容（构建有效性）相关吗？你还想知道该工具是否有任何数据来表明结果与实际行为或性能之间确实存在关系（与标准相关的有效性）。这通常以证据来表示，表明在将测试与相关结果变量（例如更好的绩效、满意度或幸福感）联系起来的研究中存在显著相关性。

创造性洞察力

在教练中使用心理测量工具的目的是帮助培养受教者无法获得，或需要很长时间才能建立的洞察力。因此，受教者可以更好地了解自己和如何实现自己的目标。由于心理测量的相对客观性、潜在的有效性、可靠性和与相关正常组的比较，它可以帮助引入新的可靠信息，疏通受教者当前的思维，并为解决难题提供新的视角。在选择心理测量方法和工具时，产生新见解的能力可能是最重要的考虑因素。

可接受性

学员是否接受你提供的评估过程和方法的性质？一般而言，评估方法与讨论目标结合得越紧密，该方法就越有可能被学员接受。学员的接受程度越高，他们越开放心态从经验中学习并掌握评估结果。

无偏见

所有评估方法都容易产生偏差,这可能反映出不同群体之间的真实差异(例如,性别、种族或年龄)。尽可能了解内在的偏差有助于你的理解,并确保它适合特定的受教者。可以从测试发布者处获得组织的差异信息。

实用性

首先确定评估可以准确地衡量兴趣的属性,并可以在教练过程中产生有意义的见解。在选择合适的心理测量工具时要考虑的其他重要因素包括:

- 涉及多少管理工作,需要什么设备?
- 教练需要多长时间?
- 培训要求和单位成本是多少?
- 输出的结果有多方便用户?

尽管在特定情况下可能需要纸质测试材料,大多数(虽然不是全部)评估都可以在线获得。

总之,在选择使用哪种工具时,应考虑所有这些因素。涵盖的内容是否符合你要解决的需求?是否有科学证据表明结果与兴趣的关键变量相关,如更好的性能?评估工具是否基于清晰明确的理论并得到科学支持?该工具能提供独特的见解吗?可以接受并且实用吗?这里所讨论的每个问题都是专业心理机构认可的许多培训课程的核心。

在实践中运用心理测量学

本节概述了管理、解释和反馈方面的最佳实践。最后,概述了如何进行成功的反馈会议的准则。

管 理

对于所有心理测量工具,以结构化和清晰的方式进行管理非常重要,确保受教者了解评估的目的、对评估的期望以及如何使用评估结果。在邀请受教者完成心理测量之前,应提供有关数据机密性的保证,包括有关如何使用和存储数据的信息。你有责任确保评估结果未经受教者同意,不得用于任何其他目的。无论是通过电子邮件还是面对面的方式进行评估管理,重要的是要注意与受教者建立融洽的关系,以鼓励用诚实开放的方法确保结果有效。由于个人数据的公认价值和最新的数据保护法规,出现了需要考虑的特殊问题。数据所有权问题致使在全球范围内传输数据进行处理的心理测试工具可能需要先获得特殊授权。

解 释

至关重要的是,你必须对所选择使用的工具的基本模型和量表有充分的了解(例如,所测量的不同性格属性)。你对特定工具越有经验,就越有可能将其变为现实并产生洞察力。明确用于评估结果的比较或标准组也很重要,这样你可以让受教者感觉很实用。例如,是否将受教者的结果与适当的基准进行比较?在评估高级主管或董事会成员时,你可以将其与其他高级主管的绩效进行比较吗?

在考虑具体的发展需要时,例如如何培养更有效的领导技能,任何评估的结果都需要根据具体任务的背景和要求来看待。例如,一个人可能倾向于影响他人并率先采取行动,但也可能表明他们比其他人更不愿意在采取行动之前公开咨询。他们还可能透露,在推动参与和交付方面存在困难。可以得出特别的见解,帮助受教者集中精力进行发展工作。在这种情况下,教练可以通过探索让同事参与决策的新方法,支持受教者制定策略,以提高他们影响和领导他人的能力,从而达到预期的结果。

反 馈

为了获得所有权并促进有意义的变更,反馈过程的质量至关重要。反馈需要达到以下标准:

准确性: 反馈必须在技术上准确,并且应尽可能地以清晰、无术语的方式传递,以确保理解。为了实现有意义的变化,必须让受教者得益于他们可以理解的准确和有效的信息。没有测试是100%准确的。考虑到这一点,作为教练,特别有帮助的是,你将量表视为对话的框架而不是"真相"。这使你的受教者可以通过探索和对话来创造意义。

融洽关系：以非判断性、客观的方式给出反馈是很重要的，并且与受教者保持良好的融洽关系以确保过程被认为是客观和有益的。反馈过程旨在帮助受教者发展有用的见解，并且与所有教练一样，需要信任和开放的氛围。

所有权：教练应有机会讨论其结果并取得所有权，以便接受对发展的影响。另外，尽管可能存在需要发展的地方，但受教者可以根据情况选择不接受全部甚至任何发展指示。作为一名教练，对受教者的选择持开放态度，使其拥有所有权至关重要。

实用性：为了实现更好的自我洞察力和成功的行为改变的目标，心理测量评估的结果必须放在受教者实际的现实世界中。结构化反馈应该能够讨论实际的影响、受教者从反馈中学到了什么，以及他们随后可能考虑的行动。

反馈任何心理测验评估的最大危险之一就是所谓的"巴纳姆效应"，以巴纳姆（P. T. Barnum）的名字命名，演艺人员的口号是"每分钟都有一个傻子！"

当反馈有关个性偏好的信息时，特别重要的是要意识到并努力避免给出模棱两可或误导性的反馈。例如：

> 通常你喜欢与其他人一起工作，尽管有时你更喜欢单独工作。至少在某些时候，你比周围的人更积极。

这些表述含糊不清，几乎没有提到受教者与他人相比的具体情况。但是，通过实证研究已经证明了人们接受歧义反馈的难易程度。斯塔格纳（Stagner, 1958）对一个人事经理样本进行了性格问卷调查，但随后给了他们相同的反馈。大约一半的人认为该报告是高度准确的，其余人群中的很大一部分也认为这离目标不远。为了使受教者能够通过心理测量更好地了解自己，在描述他们的结果时要始终给出具体的反馈以避免此问题，这一点至关重要。

引入第三方实施心理测量

从道德角度来看，未经适当培训和认可就使用工具显然是不合适的（International Testing Commission Guidelines on Test Use, 2001）。

> 合格的测试用户将以适当、专业和道德的方式使用测试，并适当考虑测试过程中相关人员的需求和权利、测试原因以及测试发生的更广泛背景。

通过确保测试用户具有执行测试过程所必需的能力，以及对测试和测试使用的知识的了解，可以为测试过程提供基础，以实现这一目标。

从教练的角度来看，最重要的实际问题之一就是培训的时间和成本。如果使用工具的培训会使大范围受教者受益，那么这很可能是一项适当的投资，可以使教练将心理测量纳入教练方法，而无须其他第三方的参与。

但是，如果在教练过程中使用心理测量工具只是看起来有明显好处，却尚未应用到相关培训，则可能需要让受过适当培训、拥有特定工具方面专业知识的第三方来支持教练过程。任何此类人员都应持有适当的认证，理想情况下还应具有使用该工具的丰富经验。

引入第三方会给教练关系带来一些额外的复杂性。这就要求受教者、教练和第三方之间就评估反馈过程的参数进行详细约定。教练可能会考虑进行三方面对面的会议，来自受教者的反馈报告，或与受教者进行电话或视频电话反馈会议。引入第三方可能会帮助教练获得独立于评估和反馈过程的好处。

如何开展有效的反馈会谈

假设心理测验工具可靠、有效且适合需要，则心理测量在教练中的作用取决于反馈会谈的质量。结果对使受教者实现其目标的影响取决于受教者如何更好地理解其含义、如何找到新的行为方式以及如何在产出与现实世界之间建立联系。

这里的示例涉及根据性格调查表提供的反馈。它们被广泛用于教练环境下的性格测试，但是，该准则适用于所有心理测量方法。

反馈谈话应始终包含以下步骤：

- 清楚地介绍；
- 阐明实用性（例如可用时间、保密性）；
- 从受教者的角度阐明反馈会谈的背景；
- 介绍问卷调查及评估内容；
- 通过积极倾听建立开放的反馈方式；
- 解释问卷结构；
- 解释每个量表和分数，探索在情境中的含义；

- 给予受教者机会质疑和理解反馈的每个结果；
- 在量表间建立联接，识别受教者行为模式并提取受教者关键细节，以理解心理画像（心理测试分析）深层的含义；
- 鼓励受教者首先总结并澄清他们的理解和行动的含义；如果任何重要的事情有所遗漏，你可以补充。

以下是指导方针和技巧，以确保尽可能有效地完成每一项工作，进而为帮助受教者从反馈中汲取有用的见识并提供适当的学习环境提供背景。

介　绍

在介绍反馈谈话时，重要的是在你理解的情况下阐明谈话的目的，并检查他们是如何完成评估的，以了解他们对工具的印象、他们的响应方式以及可能影响结果的任何其他外部问题。这有助于了解他们是否考虑过某个特定的情况或基准。

保　密

无论是面对面反馈还是远程反馈，都应始终在一个私人的、可控的环境中进行。始终明确谁有权获得结果。例如，如果教练是由受教者的雇主赞助的，那么这些数据是否会提供给受教者的人力资源部门或直线经理？还是你和受教者之间要保密？

背　景

必须从受教者的角度理解背景。这可能包括受教者当前正在解决的角色或问题、他们的志向、迄今为止的职业，以及他们希望从会谈中获得的具体目标和期望。通常，由于反馈将是正在进行的教练关系的一部分，因此许多此类信息可能已经讨论过了。通常，良好的做法是必要的，并且要在反馈环节中总结出这些要点，因为明确的重点可以使受教者以不同的方式聆听材料。

描述心理测量评估

这需要务实地解决：
- 工具及其测量内容；

- 结果的易错性(仅与受教者提供的答案一样好);
- 以实用的语言表达的模型的基本结构(例如关键领域和标度);
- 使用的比较组及重要性和价值;
- 与受教者目标相关的反馈价值。

反馈风格

至关重要的是,要确保讨论是一个双向过程,并且要为受教者创造一个安全的环境,以探讨他们的想法和感受。为此,确保有效反馈风格的要素很多,如下所述。

建立融洽的关系并积极聆听

首先,让受教者放心,并建立开放、专业的融洽关系。聆听受教者对结果所说的话,并通过认可、释义和反省他们所说的话来积极地传达这种倾听,以确保你理解。肢体语言应与主动聆听保持一致。例如,教练应该开放、专注于受教者、放松并准备提供非语言的确认,而不是通过点头或说"哈哈"引起干扰。

开放式问题和探究

在探讨受教者结果的含义时,使用开放式问题(例如,你认为这对你有什么影响?你对结果有何看法?),而不是封闭的"是/否"问题,不会引发讨论。

非评判风格

避免做出价值判断对于反馈很重要。相反,你应该客观地反馈结果,并邀请受教者对结果进行评论。请记住,没有正确或错误的性格特征,只有一些影响和作用需要探讨。

适当地挑战

这不应该是对抗性的,但你应该准备进一步试探受教者,以探究他们不同意反馈的任何地方。

讨论和探索模型、量表和分数

在反馈结果时,寻找与结果相关的示例(证实性或其他),并探究情境一致性(在什么情况下,受教者的行为有所不同,为什么?),这一点很重要。这个过程使受教者能够理解分数与自身挑战和需求相关的含义。

建立链接

在任何反馈讨论中，最有力的要素之一就是跨各个尺度以及所给出的示例之间建立链接。这对于帮助受教者了解其结果的实际含义至关重要。此处概述了链接的关键类型以及如何进行链接。

跨量表进行链接

确定分数组合的可能含义，例如，支持他人的偏好较高，但倾听和咨询他人的偏好相对较低。当你通过工具取得进展时，会越来越多地连接回已涉及的量表。随着你对特定工具的经验增长，潜在的联系变得更加清晰。

在分数和背景之间建立联系

学员提供的背景信息可以洞悉其性格特征的本质，尤其是可能影响其发展的经验、价值观和学习行为。旦率地绘制这些链接，而不会使其成为"强制匹配"，使受教者能够看到反馈的有效性。

在分数和行为示范之间建立联系

当你通过反馈环节和受教者提供的不同例子时，可能需要强调和讨论一致的主题，或者，有时需要解决不同情况下的行为不一致。应提出并讨论这些问题，以帮助深入了解一致的行为模式，这些模式可能是建立在优势之上的，也可能是自我限制的。

总结和反思

在整个反馈过程中，要求受教者进行总结和反思，或者对教练进行总结并给受教者反馈是很有帮助的。这需要在不重复的情况下完成。通常集中在受教者对关键发展行为的想法上，以便进行工作或进一步考虑。会谈结束时，应始终对双方在讨论中商定的要点做出总结。

哪类受教者获益最大？

心理测量工具可能对众多学员有益。可以公平地说，在与工作有关的应用程序中，可以使用最广泛的心理测验工具，尤其着重于理解领导技能和人们如何合作。其他通用的工具对于检查非工作环境中的问题可能同样有用。从心理测验工具中获得最大收益的受教者很可能是那些在完成调查时反应开放的人，他们胸襟开阔，好奇自己的情况，并且不对可能挑战他们如何看待自己的调查反馈持防御态度。根据个人认知发展的水平，受教者或多或少会看到自己对他人的潜在影响。留意受教者从心理测试中获得最多的是什么将会很有用。

对青少年使用心理测量工具时，应格外小心。他们可能还处于发展的早期阶段，并且在未来几年中，许多属性可能仍会发生重大变化。

未来的发展

值得注意的是，近年来，心理测量仪器的使用方式发生了重大变化，与技术软件和硬件发展同步。这一发展在很大程度上减轻了测试的管理负担，并使报告更精确。最近的新进展是将虚拟现实引入到了开发场景中。大多数心理测量仪器的开发人员还未开始应用大数据分析和复杂算法的潜力。即将到来的前景就在这里（Kosinski, Wang, Lakkaraju, & Leskovec, 2016），然而，它提出了现实和道德挑战，这在克里普斯最近的一本书（Cripps, 2017）中讨论过。尽管如此，本章提出的核心内容在指导实践中使用心理测量学时仍然是相关的。

案例研究

以下案例说明了如何使用个性问卷，使受教者更深入地了解他们的行为以及他们的行为对实现预期目标的影响。

受教者

大卫是一家全球电信业务的高级项目经理，负责管理公司内部大型基础设施项目的实施。作为一名工程师加入公司，他已经升任初级运营管理职位，随后又担任多个连续的项目管理职位。

大卫在业务上享有"难题终结者"的美誉，他一直在寻找像业务部门负责人一样经营职责更广的职位，并渴望发展为董事级别的职位。

大卫觉得自己被忽视了,他是一个技术型的项目管理专家,而不是一个普通的角色。他觉得那些经验不足、在"员工事务"上花费更多时间的管理者似乎获得了更好的机会。公司(和他的上司)似乎希望他继续做他擅长的事情。

大卫想利用教练来帮助自己探索如何采取措施提升自己的事业,而不是继续待在技术的格子间里毫无长进。建议采用性格问卷调查的方法来探索他的工作风格。这将有助于突出他的优势和可能阻碍了他发展的潜在因素。心理测量方法的客观性吸引了大卫,他希望得到准确、有用的结果,并清楚地看到自己与其他管理者的比较。

过　程

为了实现这些目标,选择使用基于工作的人格测试问卷。有许多合适的工具可用,通常需要经过认证的培训。人格维度问卷(The Dimensions Personality Questionnaire)(Holdsworth, 2006)作为最终选择。测试涵盖了三个主要领域:

1. 受访者如何与他人合作;
2. 他们对任务和项目的态度;
3. 他们的动力和情感。

结果报告涵盖了15个人格特质,这些特质被反馈给了大卫。以下概述了从反馈、学习要点以及大卫从经验中采取的后续行动中得出的一些关键见解。

关于大卫喜欢如何与他人合作,出现了一幅有趣而又有些矛盾的画面。在描述预期的结果时,大卫表示自己比较外向,总是试图与他人接触并推动事情向前发展。根据大卫的个人资料显示,与大多数管理者相比,他更喜好去影响他人,但是他对社交的信心水平与常人无异。进一步探究发现他经常带头,试图说服别人,然而,在这家企业中,至少有两位资深或有权势的利益相关者,让他觉得力不从心,难以赢得支持。大卫最近削减了一个项目的开支,导致赞助商似乎对项目的完成失去了兴趣,这是后果之一。

与上述情况相关,让大卫感到意外的是,他对关系和沟通的偏好略低于大多数管理者。大卫觉得他和同事们在从事的项目上关系密切,并且总是把精力放在留住赞助商上。不过很明显,他必须促使自己主动建立关系网,花时间与其他人在一起。简言之,虽然他在寻求影响力方面很外向,但人际交往方面比自己认为的要弱一些。

大卫的结果表明,他倾向于支持他人并保持与同事的和谐感。相对于关系,他表示更喜欢任务,似乎也不太愿意与他人协商,以免影响"完成工作"。

总体而言,结果有助于加强两个关键点:

- 因为非常专注于眼前的项目和团队,所以他回避在整个业务中建立更广泛的关系。他认识到组织中的许多同事都知道他交付项目的名声,但对他个人并不了解。如果不发展人际网络,可能会限制他的机会。
- 大卫有强烈的领导愿望,因而他或许能从反思自己如何与他人互动、有时是否能看起来被同事关注或在高级利益相关者面前缺乏信心中得益。

与大卫如何管理工作和项目有关的结果表明,他非常有条理和尽职尽责,他的决策采用了强有力的分析方法。他似乎和大多数其他经理一样具有概念和创造力。当被问及这可能带来什么影响时,他承认这可能是"一个好的项目经理"的形象。

讨论了他追求的角色中最重要的素质。大卫指出,以前曾收到过反馈,表明自己有时可能会太过关注细节,建议他从更广泛的战略角度受益。这与他最近的项目赞助商的例子有关,后者只想看关键问题的摘要,但是很难参与。大卫描述了当时的想法,认为赞助商实际上并没有给予支持和在意。但是,当有人向他提出,这可能是性格风格的不同时,他同意,并思考如何更有效地与处事方式非常"高级"的人沟通,可能会有所收获。

就大卫的动力和情感而言,问卷调查结果清楚地表明,他不但将工作和生活平衡得相当好,同时也有很大的动力去完成任务。大卫称自己是一个非常活跃和雄心勃勃的人,一开始对结果的准确性并不确定。然而在过去的几年中,他对担任以项目为中心的职位感到高兴,但并没有把事业放在首位。最近考虑到自己有深厚的知识和经验却缺乏职业晋升,大卫最近变得越发沮丧。

大卫的个人资料表明,他在压力下很容易感到沮丧,与其他人相比,同时又具有很高的应变能力,而且非常灵活,可以适应周围发生的变化。进一步探索,在情感层面上,很明显大卫感到组织最近并没有像自己希望的那样真正地支持他。他觉得没有被直属上级认可或接受。教练给大卫提供了一个假设,这是因为他行动能力强并且在压力下有韧性,所以这些担忧很容易被其他人忽略。

有人问大卫,他认为本次会谈中最有用的学习要点是什么,以及可以采取哪些后续行动。关于同他人合作的风格,他承认可能自己不如预期的那样外向,而且显然可以通过认识周边的同事和经理来加强关系网络并提升知名度。更广泛地讲,在许多领域中,大卫认为可以着眼于针对不同的人采用不同的沟通方式,并且重要的是,他应该尽早向直属经理提出疑虑,而不是任由压力增大,让周围的人感觉他似乎毫无预兆地陷入沮丧。

个性问卷的使用通过提供客观的观点来帮助大卫前进,有效地为他的工作方式提供了一面镜子,并让他在安全的环境中进行思考。尽管挑战并不总让他感到自在,但评估使他摆脱了困境,并且在确定了一些相关问题后,将重点放在了进一步的教练和发展上。

讨论要点

1. 为了使心理测量工具的反馈有用,重点是首先要使它具有相关性和准确性。你希望在心理测量中寻找哪些关键特征以确保它适合这方面的目的?

2. 尽管心理测量可以帮助学员获得有用的见解,但通过反馈过程将结果转化为有意义的学习过程至关重要。你认为在反馈过程中应采取哪些重要的措施来确保这种转化?

3. 在教练背景下，使用心理测量作为帮助受教者的一种手段，主要的好处和局限性是什么？

4. 使用心理测量时，受教者对结果的所有权为何如此重要？如果未被授权，教练过程会有哪些风险？

推荐阅读

Passmore, J. (Ed.). (2012). *Psychometrics in coaching: Using psychological and psychometric tools for development*, 2nd Edition. London: Kogan Page.
Costa, P. T., Jr., & McCrae, R. R. (2002). *Personality in adulthood: A five-factor theory perspective*, 2nd Edition. New York: Guilford Press.
Cripps, B. (Ed.). (2017). *Psychometric testing: Critical perspectives*. Chichester: John Wiley & Sons.
Peterson, C., & Seligman, M. E. (2004). *Character strengths and virtues*. Washington, DC: American Psychological Association.

参考文献

Allworth, E., & Passmore, J. (2012). Using Psychometrics and psychological tools in coaching. In J. Passmore (Ed.), *Psychometrics in coaching: Using psychological and psychometric tools for development*, 2nd Edition (pp. 325–344). London: Kogan Page.
Barrett, R. (2012). Coaching for cultural transformation. In J. Passmore (Ed.), *Psychometrics in coaching: Using psychological and psychometric tools for development*, 2nd Edition (pp. 325–344). London: Kogan Page.
Cattell, R. B. (1965). *The scientific analysis of personality*. Harmondsworth: Penguin Books.
Costa, P. T., Jr., & McCrae, R. R. (1992). Four ways five factors are basic. *Personality and Individual Differences*, 13, 653–665. *Psychological Bulletin*, 132, 28–30.
Costa, P. T., Jr., & McCrae, R. R. (2006). Age changes in personality and their origins: Comment on Roberts, Walton, and Viechtbauer (2006). *Psychological Bulletin*, 132, 28–30.
Cripps, B. (Ed.). (2017). *Psychometric testing: Critical perspectives*. Chichester: John Wiley & Sons.
Guilford, J. P. (1967). *The nature of human intelligence*. New York, NY: McGraw-Hill.
Holdsworth, R. F. (2006). *Dimensions personality questionnaire*. Jersey: Talent Q Group.
Holland, J. L. (1973). *Making vocational choices: A theory of careers*. Englewood Cliffs, NJ: Prentice-Hall.
International Test Commission. (2001). International guidelines for test use. *International Journal of Testing*, 1, 93–114.
Kauffman, C., Silberman, J., & Sharpley, D. (2012). Coaching for strengths using VIA. In J. Passmore (Ed.), *Psychometrics in coaching: Using psychological and psychometric tools for development*, 2nd Edition (pp. 291–304). London: Kogan Page.
Kosinski, M., Wang, Y., Lakkaraju, H., & Leskovec, J. (2016). Mining big data to extract patterns and predict real-life outcomes. *Psychological Methods*, 21 (4), 493–506.
Latham, G. P. (2007). *Work motivation: History, theory, research and practice*. Thousand Oaks, CA: Sage.
Linley, P. A., Nielsen, K. M., Gillett, R., & Biswas-Diener, R. (2010). Using signature strengths in pursuit of goals: Effect on goal progress, need satisfaction, and well-being, and implications for coaching psychologists. *International Coaching Psychology Review*, 5 (1), 6–15.
Locke, E. A. (1976). The nature and causes of job satisfaction. In M. D. Dunnette (Ed.), *Handbook of industrial and organizational psychology* (pp. 1297–1349). Chicago, IL: Rand McNally.
Maslow, A. H. (1943). A Theory of Human Motivation. *Psychological Review*, 50, 370–396.
McClelland, D. C. (1961). *The achieving society*. Princeton, NJ: Van Nostrand.
Meyer, J. P., & Allen, N. J. (1991). A three-component conceptualization of organizational commitment: Some methodological considerations. *Human Resources Management Review*, 1, 61–89.

Peterson, C., & Seligman, M. E. (2004). *Character strengths and virtues*. Washington, DC: American Psychological Association.
Schein, E. H. (1990). *Career anchors: Discovering your real values*. San Diego, CA: Pfeiffer.
Spearman, C. E. (1904). General intelligence, objectively determined and measured. *American Journal of Psychology, 15*, 201–293.
Stagner, R. (1958). The gullibility of personnel managers. *Personnel Psychology, 11*, 347–352.
Sternberg, R. J. (1985). *Beyond IQ: A triarchic theory of human intelligence*. New York, NY: Cambridge University Press.
Williams, A., & Whybrow, A. (2013). *The 31 practices: Release the power of your organisation values every day*. London: LiD.

第三十九章 技术在教练中的作用

亚历克斯·帕斯卡尔、布罗迪·格雷戈里·里奥丹和玛吉·萨斯
（Alex Pascal, Brodie Gregory Riordan, & Maggie Sass）

引 言

教练作为一种独特的人类实践而享有盛誉；大多数人会将其描述为一种一对一的帮助关系，一个训练有素的专业教练和一个商业领袖之间的关系，其特点是频繁的面对面会议。然而，与许多其他人力资源和商业实践一样，教练也正逐渐受到技术的影响和加强。在本章中，我们使用技术作为总括术语来涵盖硬件（如移动设备、计算机、网络摄像头、可穿戴技术）和软件（如移动设备应用程序、计算机程序、基于云/网络的应用程序）。许多形式的技术已经在全球的教练实践中得到应用，并以五种广泛的方式加强教练培训，我们在本章中将进一步探讨：教练选择、业务管理、作为面对面教练的补充、作为面对面教练的替代以及教练评估。

人力资本和发展过程中的技术

最近的研究发现，现代普通人每天花在笔记本电脑和手机上的时间比睡觉的时间还要多（分别为每天 8 小时 41 分钟和每天 8 小时 21 分钟）（Ofcom, 2015）。技术已经极大地改变了工作场所的人力资本流程，包括人们之间的沟通方式[例如，79% 的员工在虚拟团队中工作（Unify, 2014）；更少的面对面交流，更多的电子邮件、即时消息、短信和虚拟会议]，组织如何招聘和选拔人才（例如，通过在线招聘网站和社交媒体招聘，使用在线选拔评估和筛选流程，虚拟面试），人们如何在工作中学习和发展（如学习管理系统、基于网络和虚拟培训、行为改变应用程序），以及组织如何管

理和推动高绩效(如基于云的人才管理和绩效管理系统、反馈和目标设定应用程序)。然而,关于技术在教练中的作用,包括它在实践中的样子,以及它如何能够支持一个研究机构的发展,该研究机构提供了对教练有效性和影响的洞察。在本章中,我们提出了一个模型,说明如何在教练中最有效地使用技术,以提高而不是减少高质量的教练体验。

技术已经以各种方式渗透到教练实践中,如会议交流、协调、虚拟会议和补充互动。教练和他们的受教者使用移动技术、电子邮件和视频应用程序进行交流——安排会议、进行教练对话和会议之间的互动。在2010年的一项调查中,半数以上的教练表示,他们在训练中经常使用电话教练(Clutterbuck & Hussain,2010)。美国管理协会(2008)的研究发现,58%的教练是面对面的,而37%的教练是面对面、虚拟和电话相结合的。在教练活动中使用电子邮件、短信和即时消息不仅使教练和受教者易于互动,而且这些在线工具还可以创建一个记录,便于在教练活动过程中进行审查,以识别趋势和主题(Rossett & Marino,2005)。此外,研究表明,远程教练和指导与面对面的教练和指导同样有效(Berry,Ashby,Gnilka,& Matheny,2011)。通过消除地理上的限制,技术性教练也能使教练和受教者受益。2013年的一份白皮书(Moreme,2013)显示,通过消除地域限制,受教者找到最能满足其需求的教练的可能性增加。例如,印度的一位受教者想要拓展自己的管理能力,他可以使用即时流媒体视频应用程序与波士顿的一位专家教练合作。技术支持的教练也很方便、灵活,而且时间和成本效益都很高,这是大多数人力资源业务合作伙伴希望能够在其组织内扩展教练计划的一个方面。尽管有这些令人鼓舞的发现,但技术在教练中的作用是完全有机的和自下而上的。缺乏的是关于如何利用技术提高教练效率的范式战略。有限的数据和研究可用于教练技术的影响,因此该领域也是研究的沃土,可能对实践产生重要影响。

技术如何融入教练

技术会影响教练的五个特定方面:教练的选择、业务管理、作为面对面教练的补充、替代面对面教练以及教练评估(Pascal,Sass,& Gregory,2015),图39.1显示了这5个方面如何适应教练参与的生命周期。

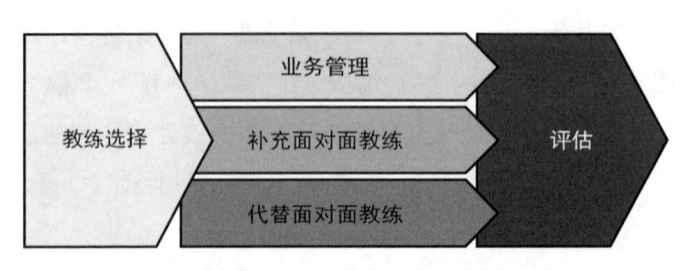

图 39.1　技术影响的教练方面

1. 教练选择

在任何教练活动中，最重要和最具挑战性的步骤之一就是找到合适的教练，以满足受教者的需求和喜好。先前的教练结果研究表明，教练关系的感知质量（de Hann, Duckworth, Birch, & Johns, 2013）在受教者对教练结果的认知中起着重要作用。与普遍的看法相反，基于人格特征和人口统计学的教练匹配并未发现与受教者对教练辅导成功与否的看法相关（de Haan, Duckworth, Birch, & Jones, 2013）。德汉、杜克沃思、贝赫和琼斯（de Haan, Duckworth, Birch, & Jones, 2013）发现间接的经验证据表明，与基于个性和基于人口统计学的匹配相比，受教者在初步或试验阶段的第一印象更能预测教练的成功。

通过提供对可供选择的较大教练子集的访问，技术可以实现更好的教练选择。技术是一个重要的渠道和组织机制，组织和个人可以仔细研究一系列教练，或者使用过滤器或搜索标准来缩小教练的范围（例如，如果他们正在寻找 LinkedIn、ICF coach finder、Noomii.com 等网站）。这使受教者能够缩小潜在教练的范围，并提供机会与基于一系列期望特征（例如，先前的行业经验、年龄、受训年限、兴趣以及专业知识、领导层经验、原籍国、ICF 和其他认证）的教练进行初步的"匹配"对话，这似乎是一个很好的选择。潜在的受教者可以审查个人简介，了解教练的经验和理念，并在打第一个电话之前进行初步的健康评估。这不仅使受教者受益，也使教练受益。通过允许受教者"预检"自己，教练将更有机会与可能成为实际客户的个人进行初步通话。同时也会有一个潜在的不利因素，更大的教练池意味着被选到的概率会降低。因此，筛选功能或选择标准（如上面列出的行业经验、年龄、执教年限等）在将教练的选择引导到可管理的人才库中起着重要作用。

2. 业务管理

随着教练活动量的增加,教练活动的管理可能会变得复杂。教练过程包括许多不同的参与者,他们在教练过程中都有不同的角色、需求和期望。一方面,除了在许多情况下管理内部教练干部外,还有一些组织从教练和教练供应商那里购买教练服务。这些组织主要关注跟踪和监督指导,以确保对其采购的教练服务的价值和影响有清晰的了解。此外,他们还需要实施一套供应商管理流程,以避免在教练项目上出现异常支出。如果没有一个管理高管教练的集中平台,人才管理职能部门可能难以规范组织对教练服务的使用,并确保教练活动的一致性和质量。另一方面,教练和教练供应商还必须跟踪和监测教练的参与情况,以管理其业务,并遵守其客户组织不断增加的报告需要。此外,根据组织的不同,受教者在常规教练课程之外,会有不同程度的参与教练过程。特别是,受教者可以在教练匹配过程中发挥积极作用,积极安排课程,跟踪他们的目标,甚至与关键利益相关者分享他们的推进计划。

利用技术平台进行教练的一个优势是在组织中教练实践的集中化。人才管理功能出现在2000年代初,再加上如今教练已正式成为组织中的一种开发工具,因此需要在组织中集中进行教练实践。组织中的集中式教练实践需要一个清晰的流程来批准,可以与管理人员一起部署,建立一致的教练方法,并对教练结果建立明确的期望。这一点很重要,因为组织中的许多教练服务都是在业务部门级别购买的,如果组织内所有教练活动不使用统一的技术平台予以管理,人才管理职能就很难进行控制。

3. 补充面对面教练

技术可以帮助增加教练辅导的体验,尤其是通过技术支持的个性化学习或教练"作业"使自己坚持行为改变的方式。许多组织已经开始提供电子学习产品,用户可以通过几种学习方式参加自学学习——视频、文章、播客、与其他在线用户聊天以及在线书面反思。教练可以在每节课之间分配他们的教练功课,以促进和维持学习和行为改变。例如,如果受教者正在致力于发展其适应能力,则他的教练可以分配专门针对发展抗逆能力的学习活动。受教者可以使用基于云的应用程序获得关于什么是韧性、为什么它重要以及什么行为可以促进韧性的提示和指导,然后在日常工作中进行练习,返回应用程序进行定期反思记录。许多教练将与教练的需求和目标相关的应用程序纳入其课间工作中。例如，致力于正念的受教者将受益于提供按需指导冥想的应用程序，从事组织和计划工作的受教者可以利用提供精巧清单和时间管理工具的应用程序。移动应用程序的多元化和易用性可极大地增强受教者的日常开发工作，并在接受教练的过程中进行行为改变，且其中许多应用程序实际上都具有行为科学的基础。代表希望、结果、障碍和计划的 WOOP 之类的应用程序是由加布里埃尔·奥廷根（Gabriele Oettingen）设计的 Android 和 iOS 应用程序，她是纽约大学和汉堡大学的心理学教授，主要研究人们如何看待未来状态，人们追求目标的意愿以及这些目标如何影响情绪和行为变化（WOOP，2016）。该应用程序基于她在目标设定和实现方面 20 多年的研究成果，可以让用户思索他们的目标以及实现这些目标过程中的障碍，以帮助他们克服挑战，保持动力并切实执行目标。

还有一种方式可以使技术与康复疗法并行。这些技术中有许多通过基于 Ping 或基于传感器的机制与用户连接。基于 Ping 的技术允许教练或受教者使用应用程序提醒受教者采取某些特定行为。例如，如果某个副总裁正致力于在执行团队会议上实现更有效的沟通，那么她的教练可能会在会议开始前 20 分钟通过电子邮件或发短信给她，提醒她尝试一些新行为。同样，受教者本人也可以在每次会议前使用一个设置为离开的应用程序，以提醒她花 2 分钟时间使自己集中注意力，练习正念并做教练建议的呼吸技巧。FitBit 或 Nike Fuel 等基于传感器的技术可用于跟踪躯体测量，这些测量也可用于管理行为。心率和脉搏通常在被人意识到情绪激动之前就会增速，使用跟踪设备识别这些情况有助于识别导致不适当工作行为的某些触发因素。例如，如果一个在预算会议期间爆发高强度低频（HILF）的受教者学会在紧张的互动中检查他的传感器，可能有助于将生理变化与无意行为联系起来，并在这种情况下帮助改变行为。

游戏或合成环境的创建允许用户将某些元素抽象化。这与教练的工作十分相似——它允许教练在大型环境中专注于小部分行为。因为受教者无法分享他或她一生的历史、恐惧和目标等，所以该受教者可以专注于少量可以达到的数字，从而减少不知所措。奥廷根（2012）认为，实现目标的关键在于首先根据潜在结果的数量来设想未来的状态或结果。教练使你可以决定自己即将参加还是不参加的工作。这项技术与苹果掌舵人史蒂夫·乔布斯（Steve Jobs）的策略相似。苹果公司的产品如 iPod，iPad 和 iPhone 以不同的方式重新定义了技术。他们简化了产品，使用户可以专注于他们在产品内真正想要做的事情,而不会被产品本身分散注意力。在教练中幸存下来的产品和服务将创造新的思维和行为方式,同时,它们的使用也非常简单。

4. 代替面对面教练

科技公司已经开始充分开发教练辅导的第二空间,取消传统的面对面的教练,代之以全数字化的教练平台。数十年来,电话教练一直是一种常见的做法(Clutterbuck & Hussain, 2010; Moreme, 2013; Rossett & Marino, 2005),有证据表明,电话教练与面对面的教练同样有效(Berry, Ashby, Gnilka, & Matheny, 2011)。随着视频会议应用程序变得越来越常见,越来越多的教练将其用于实践。我们采访的一位教练说她更喜欢视频会议(使用 Facetime、Google Hangouts/Google Chat、Skype 和 VSee 等应用程序)而不是电话教练,因为视频可以让她看到受教者的面部表情和肢体语言,这两个方面都能为她了解受教者思想和感受提供重要的洞察。它还提供了一定程度的在场责任感——当受教者在视频上时,他们不太可能处理其他事情,比如,查看电子邮件。一些组织通过向员工提供"按需"教练,充分利用了虚拟教练的速度和易用性。在一个组织中,当经理或员工在最后一分钟需要教练课程时(例如,为一个大型会议或困难的谈话做准备,或一个小时的时间变得出乎意料地可用),他们使用公司应用程序提出请求,指定需要,选择他们喜欢的教练,并指出他们希望在什么时候举行会谈。组织中的教练提前提交他们的档期(类似于办公时间),并在应用程序中将自己标记为"可用"或"脱机",具体取决于他们是否有时间参加教练课程。

替代面对面教练既有挑战,也有机会。一方面,它增加了可达性,节约了时间,并消除了路程的需要。另一方面,它也为一些"灰色地带"打开了大门——类似于教练的做法,但往往缺乏传统面对面教练的严谨性。例如,一些科技公司正在利用日益流行的主流教练方式,提供他们标榜的 100% 在线教练。一家这样的公司提供了一个应用程序,让用户跟踪他们的目标,安排提醒,并在在线仪表板上查看他们的进展。它还提供了一个由其他用户组成的社区,这些用户可能正在尝试类似的目标。另一个在线"教练"服务使用预先填充的问题和回答(如思考、后续问题)通过用户正在处理的挑战或问题来"教练"用户;然而,实际服务中并没有使用人力教练。尽管这些工具为用户提供了许多好处,但将其称为"教练"是不准确的,而且会误导用户。随着教练领域的发展,基于技术的世界和基于个人的世界是存在差异的,所以探索和理解什么是教练将非常重要。

同时,将教练原则应用于技术支持的流程可能会使教练的影响扩展到由于成本、时间或其他限制而无法选择传统教练的人群。例如,科尼(Cognician)提供了完全基于技术的自我教练,这使成本保持最低,并使教练方法可在大型组织中扩展(Cognician,2016)。尽管他们缺乏传统的一对一教练的高接触度的方法,但它们显示出实现自我反思和行为改变的希望——这是传统教练的两个常见结果。我们认为,这些解决方案并不能明显替代传统教练,但确实对不能选择传统教练的人群有好处。技术能够将行业的市场效率更加主流化。

5. 评估

对教练参与度的评估是一个关键的方法,教练可以从中获得关于他们做得如何的反馈,受教者提供反馈,客户组织可以跟踪教练在其业务中的影响、价值和有效性。大多数教练评估方法倾向于关注过程和满意度,而不是对受教者行为变化的影响或感知(Grant, 2014;Lowman, 2005)。一个典型的教练评估包括受教者完成的自我报告量表,以及关于教练能力和教练参与的整体有效性的问题,例如,"评估你对教练工作的满意度"和"说明你向组织中的其他员工推荐教练的可能性"。根据柯克帕特里克(Kirkpatrick, 1994),这是第一级评估:反应。教练评估中的一个挑战是,这种关系往往是个人的,而且目标和结果对个人教练来说独一无二,从而使系统的课程评估具有挑战性。

为了获得更高级的评估,如柯克帕特里克(1994)概述的学习、行为和结果,教练和咨询组织以及内部教练计划已开始衡量其高管教练活动的影响。就学习和行为变化而言,这种评估是针对个人的;就与业务相关的输出而言,也是针对组织的,如所用的病假天数、生产力、销售等。例如,一家公司有一个基于网络的可定制工具,允许用户评估由教练引起的变化,例如,朝着目标前进,可观察到的行为变化,以及这种行为变化对个人和组织的影响。评估吸取了教练、领导和其他关键利益相关者/观察员的意见,非常像围绕教练参与的360度评估。这种评估与传统评估方法的不同之处在于,它能够明确地针对和衡量教练参与导致的行为变化,但它也足够标准化,使组织能够使用结果,并在教练和受教者参与之间进行比较。这些工具最终可能使研究人员和实践者能够理解教练变量,这些变量实际上会改变教练的影响,如教练的教育背景、相关的行业经验、最佳的教练参与时间,以及面对面会谈相对于技术性会谈的重要性。

教练的未来

教练技术的未来为研究人员、从业人员以及教练的消费者(即个人和组织)都提供了令人兴奋的可能性。科技公司正在开发整合该模型中描述的5个要素的集成平台。创新型初创企业(Uber, Airbnb)越来越多地通过创建易于使用和高效的应用程序来打破现有的并被认为是稳定的行业(如出租车和酒店)。这些公司在各自的市场中创造了巨大的效率,但也不得不与现有企业以及现有的政府政策(或缺乏政策)作斗争。在教练市场中提高市场效率可能会导致传统的一对一教练使组织结构中的各个级别都变得更加易于获取。然而,需要关注标准,以保护教练的消费者并确保始终如一地采用最佳实践。我们认为,使用市场力量(如评审和认可)作为控制教练质量的一种方式,对于教练行业而言是一个难得的机遇。这样可以减少对教练要达到某种心理学程度的需求。毕竟,不同于传统的心理咨询客户,教练所处的人群通常具有较高的素能。

技术与教练道德

道德、隐私和保密性是技术在教练中作用的最模棱两可和令人担忧的方面。目前,没有专门的道德守则、心理守约或辅导守则能直接解决技术方面的潜在挑战,包括平台或连接的安全性、数据隐私和保护,以及跨地域开展业务(这是为执业心理咨询师规定的)(DeAngelis, 2012)。在心理咨询方面受过教育甚至获得执照的教练都应遵守监管机构或专业协会的严格要求,尽管目前面向多个州和全球实践的心理咨询师推进技术流动性的工作正在开展(Pascal, Sass, & Gregory, 2015)。然而,鉴于教练背景和教练方法的多样性(例如,心理学家只是实习教练的一小部分),似乎提供道德和隐私指导方针的最合乎逻辑的实体是一个为心理学家和非心理学家的利益服务的教练组织。

哪类受教者获益最大？

决定技术在教练活动中参与作用的最重要因素是教练和受教者对技术的适应程度。对所选技术的基本熟练程度，以及利用技术的动机和愿望，这些都是以技术为基础的教练工作所必需的。选择在实践的某个阶段使用技术的教练需要与新的受教者坦诚交流，了解他们使用技术的适应度和开放性。对于一些受教者来说，在教练中使用一个新的平台可能是一个低风险的学习和实验机会。例如，如果一个受教者对虚拟工具（如 Facetime、Google Hangouts、Skype 或 VSee）的经验有限，但在工作中不愿意寻求帮助，或者在家里也没什么人能帮忙，那么用一个有经验的教练来尝试这个平台可能会是一个很好的机会，他会对这项技术更加适应。

最终，想要转向完全采用技术支持的实践（例如，不进行面对面会谈）的教练将拥有独特的优势，但可供选择的客户群可能有限。完全基于技术的实践具有许多好处——例如，降低成本（无差旅成本），为世界各地的客户提供服务，以及更大的日程安排灵活性（无须安排旅途时间与受教者见面）。随着员工对技术的了解和依赖程度越来越高，教练可能会发现，越来越多的潜在受教者更喜欢虚拟会面。关于千禧一代和年轻一代与科技之间关系的成见比比皆是（Thompson & Gregory，2012），比如，人们经常抱怨20多岁的人只通过文字交流，在电话和面对面的交流方面缺乏基本能力。如果这些成见是真的，教练可以预见年轻一代的领导者和客户会接受并喜欢虚拟的教练会谈。

案例研究

我们采访了各种各样的教练，以获取他们如何将技术融入实践的意见。以下是三个具体案例，以说明当前教练如何将技术整合到他们的实践中。

案例1——卢克

卢克承认他并不是特别精通技术，但是他定期使用笔记本电脑和智能手机等普通技术。尽管卢克的所有教练课程都是面对面进行的(他依靠本地客户群，并且在本地《财富》500强组织中拥有非常强大的渠道)，但他还是利用技术来处理业务的管理(如电子邮件、日历、发票)，并进行业务结束的评估。卢克的主要客户组织鼓励卢克建立一个网站和一个LinkedIn页面，以便潜在的受教者能够提前了解他，并决定是否愿意与他会面。卢克在该组织的联络人说，他们所有的其他独立教练都有精心设计的网站和LinkedIn个人资料，因此卢克需要这些才能有竞争力，即技术在卢克的教练选择过程中发挥了作用。

尽管卢克严格遵守与受教者面对面的辅导，但他发现使用在线计划工具以及通过电子邮件与个别受教者和组织进行交流相对容易，这使他的生活变得更加轻松。他在接听电话、查看语音邮件或回电方面不是很擅长，但是通过电子邮件与受教者联系对卢克来说很好用。卢克在一年多前了解到了一个在线日程安排工具，自从用了这个工具，已经节省了几十个小时，这些时间过去被用于来回安排教练课程。

最后，卢克使用简单的在线调查工具对他的受教者和客户组织进行了参与度调查。卢克喜欢从他的受教者那里获得反馈，并且乐于观察参与活动中回应的趋势和模式——使用在线调查工具可以轻松做到这一点。

案例2——莱娅

莱娅自称是一个技术爱好者。她总是第一批购买苹果公司发布的新款设备，并且一直在寻找方法来简化她的生活，尤其是在她的教练实践中。莱娅做了大量的全球性工作——教练四大洲的客户。几年前，当她还是个新手的时候，她在飞机上待了太多时间，导致在个人生活的时间上不得不作出很多让步。后来，对于新客户，莱娅将视频会议引入了她的教练实践。最初莱娅不确定潜在客户对该方法有何反应，但她发现，绝大多数情况下，客户愿意牺牲面对面的接触以节省数万美元的差旅费用。实际上，自从莱娅开始推动虚拟会议以来，其客户群已大大增加。

设备对于莱娅而言完全不成问题。她的家庭办公室拥有高速互联网，并且她依靠带高清摄像头的笔记本电脑或iPad进行Skype或FaceTime谈话，具体使用哪个取决于受教者的喜好。她的一些老客户采用这项技术的速度较慢,因此莱娅继续与他们进行面对面的辅导。但她的商业战略是结束这些安排,此后仅在芝加哥她家方圆25英里范围内举行面对面的辅导。

毫无疑问,莱娅也使用技术来协调和安排她的受教者。她最近还采用了一个新的基于云计算的教练管理应用程序来帮助她跟踪和管理她的预约,包括计费,这是她在教练实践中最不喜欢的一部分。她还坚持建议使用基于应用程序(APP)的提醒和目标设定工具,以在阿伦德、戴蒙德和韦伯(Ahred,Diamord, & Webber, 2010)所称的"空白期"中提供帮助,或者在受教者致力于目标和行为改变时,在初始和评估之间进行教练。

案例3——汉

我们的第三位教练汉在他的教练实践中使用了多种会议方式。他的某些受教者是当地人,更喜欢见面,而其他受教者则在美国的另一端,只能依靠电话教练。汉对技术在他的实际会议中扮演的角色感到满意——通过电话教练扩大了他的潜在客户群,并使汉和他的受教者很容易在任何地方进行联系。

汉主要利用技术来丰富与受教者之间的会面。他获得了各种评估的认证,并且在受教者需要的情况下,将通过评估提供商的在线账户来部署这些评估。他还经常发送与他们的发展目标和兴趣相关的TED演讲视频、在线文章和播客。汉的客户还经常要求他利用组织内部的工具——如在线开发计划、360度评估和体验式学习工具。汉非常喜欢有机会接触各种公司正在使用和开发的工具,并了解这些工具如何影响其学员的学习和成长。

汉还以自己在教练界成为意见领袖而自豪,所以他经常在博客和留言板上发表自己的研究和想法。他在LinkedIn、Facebook和Twitter上推广这些帖子,在这些网站上,他的粉丝多达1200人。汉在开启第二职业——教练生涯之前,已经在公司工作了30年,他很高兴在他的教练实践中学习和利用新技术所带来的机会,原本他设想的教练方式主要是面对面的会谈,最多是几通电话和几封电子邮件。

结 论

虽然仍然有许多关于技术在教练中发挥作用的"假设",但可以肯定的是,在不久的将来,世界不会在短时间内出现任何技术能力降低、技术悟性降低或技术依赖性降低的情况。技术将继续渗透到我们生活的方方面面,教练也不例外。在实践中使用技术,教练会在建立个人理念和战略方面受益。正如我们上面概述的那样,在教练实践中要考虑 5 个主要的技术应用:教练选择、业务管理、补充面对面教练、代替面对面教练和评估。此外,组织中的教练或领导人才应考虑他们希望外部教练如何与组织内部的受教者一起使用技术,尤其要注意安全性和网络问题。教练还应充分了解在教练活动中使用技术的选择、好处和潜在缺点。我们认为,以技术为基础的教练指导,其有效性的主要影响因素仅仅是个人的偏好、适应度和对所选技术的熟悉程度。

技术在教练中的作用在很大程度上是研究人员的新领域。在过去的十年中,人们对技术如何帮助和损害教练效果有了一些了解,但是其中发现的问题和得到的解答却很多。

技术的变化步伐如此之快,我们担心撰写本章时所想到的技术在你阅读本章时将被改变或已经被较新的技术淘汰。在表 39.1 中,我们概述了一些与教练实践中看到的五部分模型相一致的工具和应用程序示例。你又会向列表添加哪些新技术呢?

表 39.1 适用于教练活动的技术

教练选择	• Chronus • CoachLogix
业务管理	• 布兰查德教练管理系统 • CoachLogix
补充面对面教练	• CEB 工作场所体验式发展和行为改变发展教练 • 科尼工具(Cognician) • 用于正念冥想的 HeadSpace • 用于提高个人生产力和组织能力的 Trello • 用于追求目标设定和成就的 WOOP

代替面对面教练	• 实时流媒体视频应用： 　○ Skype 　○ FaceTime 　○ G-Chat 和 Google Hangouts 　○ 高清晰度视频会议（HDVC）工具，如 PolyCom 提供的工具
评　　估	• Metrics that Matter • 使用自制问卷工具如 Survey Monkey、ZipSurvey

讨论要点

1. 基于技术的教练（即电话、Skype、聊天、虚拟世界等）是否像面对面的教练活动一样有效和有影响力？可能缺少的是什么？

2. 技术如何助力教练实践？它以什么方式（如果有的话）妨碍实践？可从考虑建立信任和融洽关系、与利益相关者进行沟通等因素的角度来看。

3. 教练能否完全数字化？这在教练心理学领域的利弊是什么？

4. 技术如何使更多（也更多样化）的个人获得教练的机会？这种更广泛的影响如何使组织和社会受益？

推荐阅读

Batista, E. (2015). *Tips for Coaching Someone Remotely*. Harvard Business Review blog, published March 18, 2015 https://hbr.org/2015/03/tips-for-coaching-someone-remotely

Clutterbuck, D., & Hussain, Z. (2010). *Virtual coach, virtual mentor*. Charlotte, NC, USA: Information Age Publishing.

Hoefling. T. (2017). *Working virtually: Transforming the mobile workplace*. Sterling, Virginia: Stylus Publishing.

Van Dyke, P. R. (2014). Virtual group coaching: A curriculum for coaches and educators. *Journal of Psychological Issues in Organizational Culture, 5*(2), 72–86.

参考文献

Ahrend, G., Diamond, F., & Webber, P. G. (2010). *Virtual Coaching: Using Technology to Boost Performance*. Chief Learning Officer, 9, 44–47.

American Management Association (2008). *Coaching: A Global Study of Successful Practices.* www.amanet.org
Berry, R. M., Ashby, J. S., Gnilka, P. B., & Matheny, K. B. (2011). A comparison of face-to-face and distance coaching practices: Coaches' perceptions of the role of working alliance in problem resolution. *Consulting Psychology Journal: Practice and Research, 63*, 243–253. http://dx.doi.org/10.1037/a0026735
Clutterbuck, D., & Hussain, Z. (2010). *Virtual coach, virtual mentor.* Charlotte, NC: Information Age Publishing.
Cognician. (2016). www.cognician.com
DeAngelis, T. (2012). Practicing distance therapy legally, and ethically. *APA Monitor on Psychology, 43*, 52.
de Haan, E., Duckworth, A., Birch, D., & Jones, C. (2013). Executive coaching outcome research: The contribution of common factors such as relationship, personality match and self-efficacy. *Consulting Psychology Journal: Practice and Research, 65*, 40–57. http://dx.doi.org/10.1037/a0031635
Grant, A. M. (2014). The efficacy of executive coaching in times of organizational change. *Journal of Change Management, 14*, 258–280. http://dx.doi.org/10.1080/14697017.2013.805159
Kirkpatrick, D.L. (1994). *Evaluating training programs: The four levels.* San Francisco, CA: Berrett-Koehler Publishers Group.
Lowman, R. L. (2005). Executive coaching: The road to dodoville needs paving with more than good assumptions. *Consulting Psychology Journal: Practice and Research, 57*, 90–96. http://dx.doi.org/10.1037/1065-9293.57.1.90
Moreme. (2013). *White paper on virtual coaching and mentoring: The value of coaching and mentoring over distance.* Copenhagen, Denmark: Author.
Ofcom. (2015). *The Communications Market (August 2015).* http://stakeholders.ofcom.org.uk/market-data-research/market-data/communications-market-reports/cmr15/
Pascal, A., Sass, M., & Gregory, J. B. (2015). I'm only human: Using technology in coaching. *Consulting Psychology Journal: Practice and Research, 67*, 100–109.
Rossett, A., & Marino, G. (2005). If coaching is good, then e-coaching is . . . . *Training & Development, 59*, 46–49.
Thompson, C., & Gregory, J. B. (2012). Managing Millennials: A framework for improving attraction, motivation, and retention. *The Psychologist Manager, 15*, 237–246.
Unify. (2014). *A New Way to Work.* www.unify.com/tr/~/media/internet-2012/documents/nw2w/a_new_way_to_work_part_2_rules_of_engagement_for_a_virtual_world.pdf
WOOP. (2016). www.woopmylife.org/

第四十章 受教者心理健康：教练心理学家的实践启示

卡西亚·西曼斯卡（Kasia Szymanska）

引 言

心理学家从许多不同的应用背景进入教练心理学领域。不管他们之前接受过什么培训，大多数教练心理学家都会在某个时候发现自己在与那些目前正在处理心理健康问题的受教者一起工作。一些研究已经强调了受教人群中存在心理健康问题的证据。2005年，格林（Green）等人发现，参加生活教练计划的84个人中，25%有心理健康问题。一年后，发表在《国际教练心理学评论》（International Coaching Psychology Review，ICPR）上的另一项研究发现，从业者经常与经历自我价值感失调、失落感和社会孤立问题的个人一起工作（Spence, Cavanagh, & Grant, 2006）。这不足为奇，因为英国心理健康基金会（The Mental Health Foundation, 2015）的数据显示，四分之一的人在任何一年都会遇到心理健康问题。此外，英国健康与安全管理局（Health and Safety Executive, HSE）2016/2017年度（HSE, 2017）的统计数据显示，压力、抑郁和焦虑导致的损失达1250万/天。在德国期间，宁克（Nink）在2016年发布的盖洛普调查结果显示，由于精神健康问题，经历过抑郁、焦虑或压力的人每年会有15.8天无法正常工作。在澳大利亚更远的地方，2015年对压力和幸福感进行的一项全国性调查发现，26%的人经历了焦虑和抑郁，35%的人经历了高强度的压力（APA, 2015）。压力来源于经济、健康、人际关系和工作场所问题。

鉴于以上数据以及科里（Corrie, 2017）最近的一项研究结果，为确定教练从业者在与带有心理健康问题的受教者一起工作中的作用，建议教练心理学家可以从以下方面获得启发：

（1）广泛了解一些主要的心理障碍，以及受教者在教练过程中可能出现或发展的症状。

(2)提高他们对可以揭示出心理健康症状的问题的熟悉程度。

(3)发展他们对一些可用于支持受教者的通用循证策略的知识。

(4)在教练工作中考虑全面评估和定期使用督导的好处。

因此,在本章的下一部分中,将介绍一些较常见的精神健康障碍,如焦虑和抑郁,以及强调受教者可能会出现的问题类型的小场景。最后,将重点介绍如何与那些有长期人格问题的受教者合作。

较常见的心理健康障碍

本节研究可能在教练课程中较常见的疾病。除了描述抑郁症和不同类型的焦虑症外,还介绍了一些常见的小场景。本节最后概述什么是人格障碍以及教练心理学家如何处理人格障碍。

抑郁症概述

抑郁症常常使人感到虚弱、孤立和痛苦。抑郁症有多种类型,如重度抑郁症、心境障碍和躁郁症,即躁狂抑郁症。它们的严重性各不相同,并且主要可以归因于多方面的原因。抑郁发作的前兆通常被称为"黑洞",可能是与焦虑症相伴的压力。在工作场所,抑郁可能是由于组织的变化而引起的,在一段时间内,组织的变化会对个人保持弹性的能力产生不利影响。虽然对于某些人来说,工作场所的担忧足以引发抑郁症,但对于另一些人来说,这些问题与离婚、家庭搬迁困难、长期居留或丧亲之类的个人因素相结合会导致抑郁。最后,抑郁症家族史也会增加易感性,一些抑郁症患者也会出现其他疾病的症状,如广泛性焦虑症(GAD)或强迫症(OCD)。

抑郁症的主要特征

普遍的消极思维,特别是自我批评思维,是抑郁症的基本特征。这种思维的例子包括:

(1)"我失败了。"

(2)"我不值得。"

(3)"我做什么都不对。"

(4)"其他人都可以比我更快地完成任务。"

(5)"我的生活缺乏价值。"

(6)"事情不会变好。"

(7)"我不在乎会发生什么。"

其他特征包括以下几个方面：

(1) 以前经常享受的活动水平下降。这反过来又强化了抑郁情绪和悲观预期。

(2) 缺乏动力，并有普遍的冷漠感。在工作场所，这可以理解为：对工作没有兴趣或自豪感，注意力不集中，错过最后期限，沟通水平下降，无法作出决定，惩办主义，担心表现不佳和任务完成减少。

(3) 工作和个人生活方面的自信心差和/或自我价值感低。在课程中，受教者可能会忽略那些支持他们有能力的证据；相反，他们会把注意力集中在他们感知到的弱点上。

(4) 对生活普遍缺乏兴趣，无精力。

(5) 体重增加或减少。

(6) 睡眠方式的改变，例如，由于过多的反省或过早醒来而导致入睡问题，这通常与对即将来临的一天的恐惧感有关。

(7) 自杀的念头（尽管受教者不太可能自愿提供有关其自杀念头的信息）。

确定抑郁症的问题

在关于抑郁症的开创性著作中，贝克等人(1979)提出三个问题，或称为"认知三元组"来识别抑郁症。教练心理学家可以向受教者提出以下问题，以引发抑郁认知：

(1) 你如何看待自己？受教者可能会回答"我有缺陷"或"我是失败的"。

(2) 你如何看待你的未来？受教者可能会回答："我在这家公司不会有什么成就。"

(3) 你如何看待世界？受教者可能会回答："世界充满了艰难与不公正。"

案例片段

迈克参加了教练辅导，以专注于提升他的项目组的作用。作为一名副总裁，迈克谈到他参与了三个引人注目的项目。他不承认他在项目组获得的成功中起到过的重要作用，而是尽量淡化和贬低自己的参与，还激烈地争辩说自己的参与并不重要。这种僵持的立场下,教练心理学家开始就迈克的总体情绪向他提出了一些问题,利用上文列举的问题来评估迈克的总体看法。根据迈克的回答,教练心理学家认为迈克似乎有点情绪低落。这引起了关于迈克处境的坦诚讨论。迈克回答说,他情绪低落有一段时间了,最近他选择了教练而不是治疗,是他的家庭医生建议的。迈克在接受医生治疗时感到"不舒服",于是选择了教练辅导,他认为教练更注重解决问题。他预计教练会对他的抑郁产生积极的影响。基于此,教练心理学家和迈克达成共识,即迈克在每次教练辅导开始时都要"签到"。这个"签到"将涉及迈克对他的抑郁程度进行 0—10 分的评定,如果连续两个疗程后他的得分为 6 分或以上,他将停止教练,在重新开始教练之前去看心理医生。迈克和他的教练心理学家同意致力于解决导致他自我贬低的消极信念。

焦虑概述

焦虑症是一个通用术语,涵盖了由美国精神病学协会(APA,2013)出版的 DSM-5(精神障碍诊断和统计手册)中详述的许多不同的疾病。最常见的焦虑症包括社交焦虑症、恐慌症、特定恐惧症、强迫症和广泛性焦虑症(GAD)。

社交焦虑的主要特征

患有社交焦虑症的人往往因认为自己会被负面评价而感到担惊受怕。这种自我意识增强的倾向通常与担心在别人面前说错话或害怕尴尬有关,通常与生理症状如"蝴蝶"(来自英国习语"butterflies in my stomach",意指神经性的发抖,忐忑不安)、脸红和出汗相结合,从而避免出现可能引发症状的情况。对社交焦虑障碍的研究强调,社交焦虑的个体倾向于从另一个人的角度或从"观察者的角度"回忆事件,这有助于保持他们的消极症状(Wells,1997)。此外,还有安全行为——也就是说,个人为了尽量减少社交焦虑而采取的行为,比如,在会议上避免眼神接触,不完全参与谈话以防止说错话,或者反复预先排练在谈话或会议中计划说的话。目前的 NICE 指南(2013)显示,普通人群的社交焦虑患病率高达 12%,并与抑郁症、PTSD 和 GAD 合并发病。

案例片段

彼得正在接受教练辅导,以提高他的领导能力。作为辅导过程的一部分,他讨论了一个他难以理解的问题。他发现,在过去的两个月里,当他在和其他部门负责人一起出席的每周会议上讲话时会感到不自在。在回答问题时,他担心自己的回答内容不妥,他质疑自己的回答是否"足够好";与此同时,他注意到自己的心跳加速,他觉得自己脸红了,双手开始颤抖。他开始顾虑会议上其他人如何看待他的答案。招待客人时,他害怕出去吃饭;坐在餐馆里令人焦虑,他担心自己会发抖,拿不起水或刀叉。为了控制他的症状,彼得每天早晨都不喝咖啡。然而,症状并没有减轻,他发现自己一边快速回答问题,一边拿着记事本稳住颤抖的双手。他开始害怕早上的会议,他也注意到前一天晚上他的睡眠是断断续续的;他经常醒来,努力不去想即将到来的会议。

惊恐障碍的主要特征

惊恐发作是焦虑症的一个常见特征。然而,它们可以独立于焦虑而被体验到,无论是在晚上还是白天。它们经常被认为是突然发生的。显著的症状包括:心跳加速和心悸,呼吸急促,胸部不适或疼痛,出汗,恶心,感到头晕、头疼或晕眩,刺痛或麻木,害怕死亡、失去控制或发疯以及不真实感或感觉与身体分离。

惊恐发作的原因各不相同,可能包括重大的生活事件、工作压力的增加和立场的不当。惊恐发作是由对意外和令人不安的身体感觉的解释引发的灾难性思维所导致的。

案例片段

杰瑞米在受教期间开始出现恶心和头昏眼花的情况。他在教练课上表现出这些症状。当教练心理学家问他是否在某些特定情况下经历过这些生理症状以及他对这些症状的看法时,杰瑞米回答道,症状是在他乘坐地铁时开始出现的,他觉得那是由于他心脏病发作。由于杰瑞米在个人生活中承受着巨大的压力,教练心理学家认为杰瑞米正在出现惊恐症状。但是,由于惊恐发作症状通常与病理症状类似,因此教练心理学家请杰瑞米去就医并进行诊断。

一旦确诊,教练心理学家和杰瑞米都同意,他应该接受治疗以应对惊恐发作,防其变得更加严重。治疗结束后,他再继续教练辅导。

特异性或单纯性恐惧症

"恐惧症"一词来自希腊语,意思是"逃跑"或"恐怖"。恐惧症的特征是预期性焦虑,包括生理症状、消极思维和完全或部分回避。受教者不太可能在教练辅导中表现出恐惧症状态以对此进行管理;然而,环境的变化会使恐惧症凸显出来。

案例片段

斯黛拉刚刚获得了晋升,被安排到一个在中东的新职位。尽管她对新角色的前景感到兴奋,但她不愿意定下出发日期。在对斯黛拉要改变的内部障碍进行了仔细询问后,教练心理学家和斯黛拉讨论了阻止她启程的恐惧源——她的蜘蛛恐惧症。为了解决这个问题,教练也建议受教者首先寻求认知行为心理治疗专家的帮助。

对于另一位受教者阿利斯泰尔来说,一个涉及定期长途飞行的新职位凸显了他对飞行的恐惧。他相信他的下一次飞行"将会发生坠毁事故"。他发现从航班起飞前几天,一直到他抵达机场,他的预期焦虑让他"无法忍受"。在此之前,他都实施严格的安全行为,例如,选择坠机率非常低的"可感知"质量的航空公司;他坐在出口旁边的座位,并定时向航空公司工作人员询问大气以及航线上发生湍流的可能性。但是,既然他要去上班,他就无法自己选择航空公司或座位,并且担心在代表他的公司乘坐飞机时问问题会使他看起来很愚蠢。

当知道斯黛拉在接受治疗时,阿利斯泰尔也希望通过教练辅导减轻对飞行的恐惧。由于教练心理学家有过应对恐惧症的经验,因此同意将部分课程用于解决他的恐惧。讨论了与发生空难的几率有关的统计数据,教练心理学家提出了阿利斯泰尔可以在飞行之前和飞行中使用的放松策略,对消极思维提出挑战,并讨论了一种虚构的接触形式(特别是应对图像),以帮助阿利斯泰尔看到自己从头到尾都在经历的旅程(Bor et al.,2000;Szymanska,2003)。

强迫症概述

根据 NICE 指南,1%—2%的人患有强迫症(NICE, 2005),它是由强迫思维和/或强迫行为定义的。强迫或抗拒的想法可能包括害怕伤害他人,怀疑自己的行为(例如,是否关门,关闭电器)以及担心在开车时将他人撞倒。强制措施包括检查、过度清洗和整理物品。

强迫症患者需要专家评估和治疗,但是,教练心理学家可以帮助受教者识别强迫症的可能征兆。

案例片段

一位压力很大的受教者谈到,在按下"发送"键之前,他至少需要检查三遍他写过的所有电子邮件,看是否有错误。当教练心理学家询问受教者是否需要在其他场合检查时,受教者透露,他还检查了计算机,在离开办公室前看了很多次是否关闭,并且让所有物品按特定顺序排列摆放在办公桌上。由于他最初寻求教练的是时间管理问题,这种检查水平使他非常有压力。

强迫症中另一个常见的认知过程是"思维—行动融合",即认为思考某件事情会使其更容易发生。一位表现出无法专注于工作目标的受教者说,他的"思考"是他缺乏专注的原因。教练心理学家问:"你有过看起来不合理或陌生的想法吗?突然出现在你脑海中并引起焦虑的想法?"很明显,受教者除了在工作问题上胡言乱语外,还对一位有魅力的已婚同事产生了干扰性的想法,他和这位同事合作密切。他开始担心他会和她开始一段关系,也过分担心那些他和她在同一个房间里的时间,因为他相信他可能说过或做过一些事情,使她认为他发现她有吸引力。他开始"对自己的思维过程失去信任"。

广泛性焦虑症 GAD 综述

GAD 的主要特征是对过去、现在和未来的事件过度担心或沉思。此外,个人会感到注意力不集中、不安或烦躁。他们可能会因为急剧过度思考而难以入睡,并且通常抱怨自己的睡眠质量很差。个体可能会高估未来威胁的可能性,但又往往会低估他们处理这些问题和当前问题的能力。同样,GAD 患者难以接受生活中的不确定性。临床诊断中,这些症状持续 6 个月或更长时间才能被确诊。

解决低水平的担忧可以提高自信心和自我效能感。本章末尾的案例研究重点介绍了一些用于处理担忧的策略。

人格障碍概述及其在教练关系中的表现

作为一名教练心理学家,你是否曾对受教者感到莫名其妙的愤怒或恼怒?很困惑吗?觉得自己不熟练?你有没有被受教者排斥的策略?你觉得有必要为自己辩护吗?你有没有一个受教者拒绝全额支付训练费?或者你是否有一种"感觉",认为受教者—教练联盟的某些东西不起作用,但你真的找不出问题所在?

是受教者动力不足或无法设定目标吗?教练方面是否缺乏进展?还是受教者没

有说明就退出了教练辅导？（Adapted Beck et al.，1990）

如果是这样的话，你可能在和一个有潜在人格障碍的受教者一起工作。在治疗环境中，客户通常会出现人格障碍或模糊症状以外的问题；在教练辅导中也是如此。例如，有些人可能会被推去接受教练，是因为他们在与同事的关系中突出了强烈的人际问题，而另一些人可能有这样的见解：有些事情在他们的个人或职业生活中不起作用，但缺乏更深入的理解和技能，无法作出任何可持续的改变。

根据 DSM-5（APA，2013），人格障碍分为三大类：A 类包括疑心障碍，如偏执型人格和分裂型人格；B 类包括情感和戏剧性人格，如边缘型人格和自恋型人格；C 类是焦虑型人格障碍，如强迫症或回避性人格障碍。

杨等人（Young et al.，2003）在他们的图式治疗模型中概述了另一种理解人格障碍如何发展以及影响功能的方法（2003）。他们发现了 18 种早期的不适应模式，并把这些模式定义为自我挫败的情绪和认知模式，这些模式在我们早期的发展中开始，并在我们的一生中不断重复。这些广泛的主题影响着人在成年后与他人的互动、行为、思考和感受。这些图式包括：无情的标准、缺陷、屈服、寻求认可、消极、悲观和惩罚。在实践中，一个具有潜在屈服模式的受教者可能会说，他们在工作中没有受到他人的认真对待，他们经常被经理忽视以致无法得到晋升。教练心理学家仔细询问更多的情况和过去的经历可能会发现，受教者难以坚持自己的需求，淡化自己的感受，尽管对没有升职感到非常恼火，但还是过于顺从，并以消极进取的方式应对。另一位表现出很高标准的受教者说，"失败对他和他的团队都不是一个选择"，他的目标是 110%。此外，如果他没有达到他的目标，他会对自己和他的团队非常挑剔。受教者的行为背后是无情的标准和惩罚模式。

人格障碍的评估和治疗完全在精神科医生和临床医生的职权范围内；但是，教练心理学家可能会发现自己与表现出会影响教练过程的性格特征的受教者一起工作。尽管没有详细讨论教练心理学家如何与这组受教者合作，这超出了本章的范围，但要重点关注的两个领域是教练关系中的人际关系过程，以及（如果需要）技能获取和实践。据作者所知，坎波内（Campone，2014）的一篇论文探讨了涉及人格障碍（在这种情况下是分离性身份障碍）的客户的过程和工作方式。

总而言之，教练任务中可能会出现多个心理健康问题。此处共享的细节仅触及此工作的表面。作为教练心理学家,我们在识别特定的心理健康问题或解决这些问题方面不会拥有特殊的专业知识。然而,与精神健康障碍患者一起工作时你可能会经历、听到和感觉到一些东西,这对于你自己的专业发展和受教者的幸福感而言都是无价的。

实　践

本节将解决关键的实践问题。首先是从可以应用于教练关系中的认知行为方法中提取技术。然后记录了从业人员在评估过程中可能会提出的用于识别潜在心理健康问题的问题类型,并阐述了督导机制存在的好处。最后,通过一个案例研究概述了与一位表现出 GAD 症状的受教者的工作情况。

与表现出轻度心理健康问题的受教者一起使用的教练策略

确定和加强社会支持系统

关于社会支持的功效及其对心理健康和复原力的积极影响的研究已得到充分的文献记载(Ozbay et al., 2007)。由于心理健康问题会加剧内省和孤独感,因此教练心理学家可以与受教者合作,帮助他们确定与谁交谈以及如何提出他们的心理健康问题。

消极思维模式的再评价

消极的思维方式是心理健康问题的内在特征。使用认知行为干预措施,例如,识别消极的思维错误、苏格拉底式的提问和 ABCDEF 指导模型,可以增强心理健康和韧性(Palmer & Szymanska, 2007)。专门与压力诱导思想(SIT)合作可以促进平衡的认知观点,从而有助于改善情绪和总体表现。

心理教育

对于想更多地了解自己的心理健康问题的受教者,在接受教练的同时,访问循证自我教练网上课程,有助于使他们的经历正常化,增加知识,提供结构化支持并增加应对方式(Lukens & McFarlane, 2004)。例如,诺森伯兰郡泰恩-威尔 NHS 信托基金委员会(Northumberland Tyne and Wear NHS Trust, 2016)就抑郁症、焦虑、睡眠问题、惊恐和创伤后应激障碍等各种问题发布了许多传单。这些传单提供了有关症状的信息以及处理问题的策略。西澳大利亚临床干预中心(The Centre for Clinical Interventions,

2008)开发了"Infopaxs"或在线工作手册,受教者可以在线完成。它们涵盖了许多问题,从完美主义、自尊到饮食失调。

心理教练还是心理治疗?

初步评估和持续评估都可以帮助教练心理学家确定受教者是否将从教练或临床投入中受益。卡瓦纳(Cavanagh,2005)列出了教练心理学家在与受教者一起工作时可以提出的5个问题,这些问题可以帮助提供一些有用的数据。

(1)受教者经历了多长时间的困扰?通常,如果困扰是长期的,则需要转介就医。

(2)困扰有多泛化?例如,这仅仅是影响他们的个人生活还是对职业和个人都有影响?

(3)受教者的反应有多极端?他们是否以与他人一样的方式对困难局势作出反应,还是可以将他们的反应解释为过度?

(4)受教者是否防御过度?他们对你或本次会谈中提到的其他人的反馈有何反应?

(5)受教者是否拒绝作任何改变?尽管思维和行为方式根深蒂固,但人们常常说自己的处境是站不住脚的,但他们难以作出改变。

其他迹象可能包括:行为、思维方式、外表的变化、言语的变化(例如,快速或低声说话)以及不寻常的情感表现。

个人可能会选择接受教练来处理心理健康问题,可能因为他们不知道如何获得心理服务,也可能教练提供的干预使受教者不带有病耻感。其他人可能在教练过程中出现心理健康问题。正如戈登及其同事(Gordon and associates,2006)所指出的那样,教练对与他们一起工作的受教者有责任。教练心理学家也是如此。我们应归功于我们的受教者仅在我们的能力水平内工作,否则我们会误入不道德行为的领域。作为自我反省的从业者,教练心理学家需要通过使用公开对话来帮助受教者作出明智的选择,以确定哪种支持将使他们受益最大。

督　导

与具有临床问题的受教者一起工作的教练心理学家可以从具有临床背景的教练

心理学家或经过临床培训的从业人员的督导中受益。关于所关注问题的讨论具有以下几个优点：

（1）了解受教者如何提出"临床问题"可能会影响受训目标，特别是心理健康问题与受训目标之间的相互作用。

（2）探讨在教练关系中是否可以调整和使用基于临床证据的策略。

（3）实践这些策略的应用。

（4）解决教练与治疗之间的界限划分。

（5）在适当的情况下讨论转诊给临床专家的过程，即如何在教练中提到这一点，以及向哪里转诊受教者。

（6）在与具有临床症状的受教者一起工作时，要解决教练心理学家自己的观点/担忧。

（7）酌情讨论作进一步心理健康问题的培训。

案例研究

彼得在一家投资银行做分析师。他在公司工作了 5 年，他觉得工作很刺激，直到最近，他还一直声称自己"在压力和长时间工作的文化中茁壮成长"。接着，彼得结婚，搬家，8 个月前他的第一个孩子出生了。现在他已经做了 5 个月的项目，他预测这个项目会失败。他的团队缺乏动力，一些初级分析师抱怨说，有时他走得很早，因为他想多陪陪家人。他担心，如果项目不能按时交付，他将无法维持在公司内的声誉。

彼得参加了限时教练，以帮助他管理团队中的问题。随着教练的发展，他的教练心理学家向他反馈，她注意到他看上去很疲劳。彼得说他很难入睡，因为一旦躺在床上，他就开始分析自己的一天。在他发现自己分心的那一天，他在思虑女儿的事或过度分析自己的工作状况。

关于彼得的症状的讨论使教练心理学家认为彼得可能出现了与广泛性焦虑症有关的症状。由于彼得确实符合 GAD 的全部标准，因此同意将其过度分析和睡眠问题作为教练过程的一部分加以解决。因此，剩下的会议中有一部分专门致力于采用基于认知行为疗法的策略来解决这些问题。

彼得最初认为他的过度分析是一种有益的策略，类似于他已经在自己的角色中应用的一种解决问题的方法。彼得表示，他"对工作情况进行了过度分析，以便更好地处理所有涉及的问题"并为最坏的结果做好准备。"如果项目进展不佳而我失败了，我将如何处理我的工作？"

为了测试该过程的影响，在两周的时间内，教练心理学家要求彼得记录"过度分析"对他的情绪和生理的影响。彼得对自己的回答进行反思后，发现"过度分析"的过程是负面的，因为它涉及灾难性的趋势，从而导致紧张和头痛、烦躁和忧虑。这反过来对他的专注能力和睡眠能力产生了负面影响。

为了加强认识这种类型的过度分析的负面影响（与彼得在日常工作中使用的"良好分析"相比），教练心理学家要求彼得列出过度分析没有帮助的原因。原因包括，"过度分析会让我感觉失控，它会让人失去动力，而不是激励，而且会阻碍主动性"。此外，教练用苏格拉底式的提问来修正他的灾难性认知，并提出了改善睡眠的策略。

结　论

本章重点介绍了受教者可能面临的一些关键的心理健康问题和可以应用的干预措施，以及如何全面评估和使用督导来支持受教过程。

随着教练心理学的日渐强大，心理健康继续处于媒体宣传的前沿，现在是讨论与临床症状和非临床问题相结合的受教者合作的影响的恰当时机，并制定实践建议以确保他们的需求得到满足。为此，需要考虑将心理健康模块纳入教练心理学课程。此外，需要探讨有心理健康背景的心理学家的督导的益处，并需要进一步探讨 CPD 研讨会或讲习班，以突出诸如从业者的自我保健、适当使用有针对性的干预措施、如何管理道德困境和洽谈转介过程等主题。

讨论要点

1. 你是否曾与有心理健康问题的受教者一起工作？你感觉怎么样？你对此有何反应？他们的心理健康问题是否影响了教练过程？

2. 你是否经历过心理健康问题？如果有，这种经历对你作为教练心理学家的实践有何影响？

3. 在一次会议后，根据你的经验，你将如何向受教者解释，他们需要咨询或治疗而不是教练？

4. 如果受教者告诉你他打算自杀，你会怎么做？

推荐阅读

Barry, M., Murphy, M., & Donavan, H. (2017). Assessing the effectiveness of a cognitive behavioural group coaching intervention in reducing symptoms of depression amongst adolescent males in a school setting. *International Coaching Psychology Review*, 12(2) 101–109.

Carroll, M. (2007). Coaching psychology supervision: Luxury or necessity? In S. Palmer & A. Whybrow (Eds.), *Handbook of coaching psychology*: A guide for practitioners. Hove: Routledge.

Corrie, S. (2017). SGCP research network: What role do coaching practitioners have in working with mental health issues? Results of a survey. *The Coaching Psychologist*, 13(1) 41–47.

Nelson, E., & Hogan, R. (2009) Coaching on the dark side. *International Coaching Psychology Review*, 4(1) 9–21.

参考文献

Australian Psychological Society stress and wellbeing in Australia survey. (2015). Retrieved from www.psychology.org.au/Assets/Files/PW15-SR.pdf

Beck, A., Freeman, A., et al. (1990) .Cognitive therapy of personality disorders. New York: Guilford Press.

Beck, A., Rush, A. J. Shaw, B.F., & Emery, G. (1979). *Cognitive therapy of depression*. New York: Guilford Press.

Bor, R., Josse, J., & Palmer, S. (2000). *Stress free flying*. Salisbury: Mark Allen Publishing.

Campone, F. (2014). At the border: Coaching a client with dissociative identity disorder. *International Journal of Evidence Based Coaching and Mentoring*, 12(1). Retrieved from http://ijebcm.brookes.ac.uk/documents/vol12issue1-paper-01.pdf

Cavanagh, M. (2005). Mental-health issues and cahllenging clients in excutive coaching. In Cavanagh, M., Grant, A.M., & Kemp, T. (Eds.) *Evidence-based coaching* (Vol.1) Contributions from the behavioural sciences (pp. 21–36). Queensland: Australian Academic Press

Centre for Clinical Interventions. (2008). Self Hesplp Resources. Retrieved on 4/9/2018 from http://www.cci.health.wa.gov.au/Resources/Looking-After-Yourself

Corrie, S. (2017). SGCP research network: What role do coaching practitioners have in working with mental health issues? Results of a survey. *The Coaching Psychologist*, 13(1) 41–47.

American Psychiatric Association (APA). (2013). *Diagnostic and Statistical Manual of Mental Disorders (DSM-5)*. Washington, DC: APA.

Gordon, B.S., Cavanagh, M.J., & Grant, A.M. (2006) Duty of care in an unregulated industry: Initial findings on the diversity and practices of Australian coaches. *International Coaching Psychology Review*, 1(1) 71–85.

Green, S. Oades, L.G., & Grant, A.M. (2005). An evaluation of a life-coaching group programme: Initial findings from a waitlisted control study. In M. Cavanagh, A.M Grant and T. Kemp (Eds.), *Evidence-based coaching, Vol. 1: Theory, research and practice from the behavioural sciences* (pp. 127–142). Queensland: Australian Academic Press.

Health and Safety Executive (HSE). (2017). Work related stress, anxiety and depression statistics in Great Britain 2017. Retrieved on 4/9/2018 from www.hse.gov.uk/statistics/causdis/stress/index.htm

Lukens, E.P., & McFarlane, W.R. (2004). Psychoeducation as evidence-based practice: Considerations for practice, Research and Policy. *Brief Treatment and Crisis Intervention*, 4(3) 205–225. Oxford: Oxford University Press.

Mental Health Foundation. (2015). Fundamental facts about mental health 2015. Retrieved from www.mentalhealth.org.uk/publications/fundamental-facts-about-mental-health-2015

National Institute for Clinical Excellence (Nice). (2005). Obsessive-compulsive disorder and body dysmorphic disorder: Treatment. Retrieved on 4/9/2018 from www.nice.org.uk/guidance/cg31

National Institute for Clinical Excellence (Nice). (2013). Social anxiety disorder: Recognition, assessment and treatment. Retrieved on 4/9/2018 from www.nice.org.uk/guidance/cg159/chapter/introduction

Nink, M. (2016). The high cost of worker burnout in Germany. *Business Journal*, March 17. Retrieved on 4/9/2018 from http://news.gallup.com/businessjournal/190049/high-cost-worker-burnout-germany.aspx

Northumberland Tyne & Wear NHS Foundation Trust. (2016). Self help leaflets. Retrieved on 4/9/2018 from www.ntw.nhs.uk/pic/selfhelp

Ozbay, F., Johnson, D.C., Dimoulas, E., Morgan, III, C.A., Charney, D., & Southwick, D. (2007). Social support and resilience to stress: From neurobiology to clinical practice. Psychiatry (Edgmont), May; 4(5) 35–40. Retrieved on 4/9/2018 from www.ncbi.nlm.nih.gov/pmc/articles/PMC2921311/#B1

Palmer, S., & Szymanska, K. (2007). Cognitive behavioural coaching: An integrative approach. In S. Palmer & A. Whybrow (Eds.), *Handbook of coaching psychology*. Hove: Routledge.

Spence, G.B., Cavanagh, M.J., & Grant, A.M. (2006). Duty of care in an unregulated industry: Intial findings on the diversity and practices of Australian coaches. *The Coaching Psychologist*, 1 (1), 71–85.

Szymanska, K. (2003). Rational emotive behaviour therapy for a fear of flying. In R. Bor & L. Van Gerwen (Eds.), *Psychological perspectives on fear of flying*. Hampshire: Ashgate.

Wells, A. (1997). Cognitive therapy of anxiety disorders: A practice manual and conceptual guide. Chichester: Wiley.

Young, J., Klosko, J.S., & Weishaar, M.J. (2003). *Schema therapy a practitioners guide*. New York: Guilford Press.

第四十一章 教练发展的认知发展方法

塔蒂阿娜·巴赫基罗瓦和伊莱恩·考克斯
(Tatiana Bachkirova & Elaine Cox)

引　言

在过去的10年里,教练培训课程和为相关从业者开设的研究生课程在数量上有了很大的增长。我们现在更清楚教练的自我在他们的教练实践中扮演着多么重要的角色。人们也普遍认为,教练的心理健康发展和相关知识在成为教练的成长过程中起着至关重要的作用。在教练领域中,一些涉及成年期发展过程细微差别的理论已经变得更为人所知,并被接受为有助于与受教者合作的理论(Lawrence,2017)。然而,很少有作者写关于教练和教练心理学家的发展基准(Bachkirova & Cox,2007)。在本章中,我们考虑了现有的个体发展理论,并基于这些理论提出了一个教练发展的框架,可用于教练教育和培训的背景。

发展观意味着成年人不是一成不变的,而是在不断地学习、发展和成长。在这一章中,我们采用以下定义:发展是"有机体变化的组合,表现为一个人与环境接触和影响环境以及照顾其内在需求和愿望的能力在持续增强"(Bachkirova,2011)。根据这一观点,本章的目的是在综合认知发展和自我发展模型的基础上,描述教练的发展任务。本章分为以下若干节。

首先,我们概述了支撑许多成人发展模式的理论背景。

(Kohlberg,1969;Perry,1970;King & Kitchener,1994;Kegan,1982,1994;
Cook-Greuter,2004;Bachkirova,2011)

其次,我们讨论这些理论在教练、教练心理学家或导师发展中的最新应用。

(Berger,2006,2012;Chandler & Kram,2005;Bachkirova,2011,2013)

再次，本章提供了我们开发的模型，该模型可能适用于教练或教练心理学家的开发计划，或者可以在教练督导期间提供参考点。

最后，通过案例研究提供了理论和模型对督导关系的影响。

理论背景

认知发展主义（又称结构主义或建构主义）虽然是一个相对年轻的理论，但在解释行为方面已经有了显著的地位和作用。它还为理解个人的发展带来了一个重要而明确的层面。所有的认知发展理论都考虑人类是如何思考和创造意义的，都是从根本上建构起来的。结构本身，如图式（Piaget）或主客体关系（Kegan），被视为永久性的或变化非常缓慢的。每个人都根据自己的外部环境和内部因素的具体组合来构建自己的框架。当其他的传统和心理学流派正在寻找个体发展变化的共同特征和促进这种变化的特定条件时，认知发展论者确定了在潜在的发展过程中自身发生质的变化的模式，并提出了对于个人而言如何来应用这些知识。

发展主义者认为，个体的变化过程以不同的方式、维度和速度发生，而不仅仅是通过其结构的变化。人们在一生中以不同的方式和方法学习新技能、获取新知识和改变个人品质。然而，发展主义者所处理的变化要少得多。它们意味着一个人看待世界和解释自己经历的方式发生了重大变化。它们影响他/她所能注意到的事物的深度和复杂性，代表着一种可以被视为垂直而不是水平的变化水平（Cook-Greuter，1999；2004）。此外，成人发展领域的最新研究表明，有可能认识到成人参与行动的发展变化，这可以通过控制行动的身心之间的不同关系来说明（Bachkirova，2011）。

成熟的认知发展理论认为，人的潜能从简单的、静态的、以自我为中心转变为复杂的、动态的、以世界为中心。每一个发展阶段的品质，当超越到下一个层次时，仍然是新阶段的特性。人可以利用他/她在每个阶段之前和之后学到的任何技能变得更灵活、更完整，因此更能够在这个正在变化和变得更复杂的世界中发挥作用。

对于教练的发展，尤为重要的是，每个阶段都丰富了个人的反思能力和与他人和任务的有效互动能力。他们注意到情况的细微差别和细节的能力正在增强。由此产生的自我意识让他们有更好的机会表达、影响并潜在地改变这些情况。他们在早期阶段理解他人的能力随着他们达到的每一个新阶段而增强。然而，无论个人在哪个阶段运作，都有进一步发展的空间和潜力。发展过程是每个人内外因素结合的结果，但也可以通过指导过程中的适当支持和挑战进一步刺激和促进(Bachkirova, 2014; Lawrence, 2017)。

我们认为认知发展观对于理解影响教练过程变化的因素非常重要。这对于了解教练的发展以及他们帮助他人发展的能力的增长也特别有用。在本章中，我们从两个角度探讨认知发展理论，我们认为这对教练和教练心理学家的发展最为重要。我们称第一种观点为认知反思链，它起源于皮亚杰的工作，强调推理和学习能力(Kohlberg, 1969; Perry, 1970; King & Kitchener, 1994)。第二个视角是自我发展链，它起源于洛文格(Loevinger)，专注于自我认同的发展、人际关系的成熟和行动的参与(Kegan, 1982, 1994; Cook-Greuter, 2004; Bachkirova, 2011, 2014)。

认知反思链

皮亚杰(Piaget)通常被认为是发展心理学的奠基人。他的认知发展模型提出了儿童发展的有序阶段(1976)。皮亚杰认为，当儿童当前的认知结构不能再调和现有理解和当前世界经验之间的冲突时，发展就会发生。在这一点上，一些认知重建是必要的，导致向更复杂的发展水平前进。这种发展在青少年早期达到顶峰，在"形式运算"阶段发展抽象推理。

此后，其他理论家致力于将阶段理论扩展到皮亚杰的"形式"领域之外，确定形式操作的局限性，并描述使个人能够超越这些局限性进入"后形式"阶段的思维方式(Commons & Richards, 2002)。例如，科普罗维兹(Koplowitz, 1984)将皮亚杰的具体运算和形式运算阶段结合在一起，但除此之外，他还提出了后逻辑或系统思维阶段，然后是统一操作思维的第四阶段。

佩里(Perry, 1970)的智力和道德发展模式也拓宽了皮亚杰的框架，增加了责任的元素。佩里认为，一个人对知识和价值起源的假设存在结构性变化，并描述了包含九种认知立场的三个交叠发展阶段。他对大学生的实证研究确定了三个发展阶段，从第一个位置思考的基本二元性，到第五个位置对多重性和关系性认识的日益增强，再到第八和第九个位置的语境相对主义、承诺和决心。佩里指出，最困难的转变可能是从简单的二元论向复杂的二元论的转变。

佩里的发现也启发了贝伦基等人(Belenky et al.,1986)探索女性的认识方式。在他们的分类中,佩里的二元论阶段被称为"主观主义者",而走向相对主义的过程被称为"独立的认识":"主观主义者假设每个人都是对的,而独立的认识者则会反过来,对感觉正确的想法特别怀疑"。

金和基奇纳(King & Kitchener,1994)也在佩里著作的基础上发展了反思性判断的模型。他们描述了教育工作者如何有效地让学生参与解决结构异常的问题,即无法以任何确定性或完整性描述解决方案的问题。他们认为发展跨越7个阶段(King & Kitchener,1994):

阶段1:知道仅限于单个具体的观察阶段。

阶段2:有两种类别的知识:正确答案和错误答案。

阶段3:在某些领域中,知识是确定的,而在另一些领域中,知识是暂时不确定的。

阶段4:由于在某些特定情况下知识是未知的,所有知识都是不确定的。

阶段5:知识是不确定的,因此必须在情境中加以理解。

阶段6:因为是在情境中的,所以知识是通过比较证据和观点来构建的。

阶段7:知识是对跨领域一致的一般原则进行合理调查的结果。

金和基奇纳(1994)进一步强调了他们的认知发展模型和其他非暂时性模型之间的两个主要差异。第一,认知假设对推理过程很重要。第二个区别支持杜威(1991)的主张,即除非问题的可能解决方案存在真正的不确定性,否则真正的反思性思维是不必要的。

一些作者认为,认知发展的阶段只有在青春期末期或成年期才可以使人们合理地检验其信念合理化的假设和价值观(Brookfield,1987;Garrison,1991;Mezirow et al.,1990)。他们认为,批判性反思的能力不仅取决于身体成熟度,还在于随着人们年龄的增长,推理和反思能力会随挑战性的经历和遭遇而发展。梅兹罗(Mezirow)特别指出,只有通过变革性学习,心理社会发展才能发生变化,而成人教育工作者的关键作用是帮助促进这种学习。

> 当成人教育者在帮助学习者满足他们表达需求的过程中,积极促进转化性学习,他或她试图将学习者的兴趣从他们的明确需求转移到理解他们的原因以及心理文化力量塑造学习者对他人和自身世界的解释方式上。

(1990)

科尔伯格(Kohlberg,1969)的模型也与我们对认知理论起源的简要概述有关。科尔伯格利用有关道德困境的故事来探讨受访者如何解释自己的行为。反应分为三个阶段(前习俗、习俗和后习俗),每个级别内有两个子阶段。科尔伯格发现,他所研究的人不能比他们自己提前一个阶段理解道德推理:处于第一阶段的人可以理解第二阶段的推理,但除此之外什么也不能理解。这表明,在学习情境中,只有比人目前的推理水平提前一个阶段的道德论据才应该被引入,以便最大限度地向更高阶段发展。戈万(Gowan, 1974)也告诫人们不要"发展性虐待",这意味着当个体在处理早期任务的同时鼓励使用更高阶段的特征时,就会发生这种情况。

然而,戈万的工作远离了描述认知发展阶段,而是将发展过程作为一个连续体,包括但超越了认知、情感以及理性和情感发展的维度(Miller, 2012)。在下一节中,我们将进一步详细探讨自我超越的概念。

自我发展链

洛文杰(Loevinger, 1976)将"自我发展"一词引入认知发展心理学领域。她使用了一种心理测量方法来强调个体差异,从而确定了一个新的变量。这个变量与沙利文(Sullivan)及其同事(1957)早期研究的一个因子密切相关,他们称之为人际成熟度或人际整合能力。洛文杰(1987)写道,尽管她对使用这个术语犹豫不决,因为它与仅限于儿童生命最初几年的精神分析概念有着特殊的联系,但没有其他术语足够包容来描述她所发现的现象。洛文杰还假设了一个基本的阶段结构,这是被一致确认的。在她的研究中,每个人都是从一个阶段发展到下一个阶段,这是他或她自己的兴趣模式和社会环境的结果。自我认同与相应的人际模式发展的具体阶段包括以下几个方面:

冲动	以自我为中心,依赖
自我保护	操纵,警惕
合规	合作,忠诚
认真	强烈,负责
个人主义	相互的
自主	相互依存
合群	珍视个性

(Loevinger, 1987)

下一个很好地代表自我发展的理论是基根（Kegan，1982）的思维秩序。这一理论涉及两个基本的人类过程：整合是走向联系的运动，包容和分化是走向分离和自主的运动。对基根来说，意义上的创造活动围绕着一个人成为自我，一个人成为另一个人，以及他们之间的关系。这个"主客体"关系框架说明了个体是如何成长的，就像平衡行为的动力一样，维持并打破自我与他人之间的平衡。

在这个理论中，主体性的事物在定义上是毫无疑问的，仅仅是自我的一部分。因为他们是个人的一部分，所以看不见他们。因此，他们不能被反思，因为这需要有能力退后一步，看看他们。当主体的事物以这种方式拥有我们时，我们才拥有客体的事物。我们生活中的事物是"我们认识或组织的元素，我们可以反省、处理、审视、负责、相互联系、控制、内化、同化或以其他方式操作"（Kegan，1994）。个体作为客体的能力越强，他们的世界观就越复杂，因为他们可以对更多的事物进行审视和行动。

可以通过以下类比来最好地理解基根理论中的发展思想：主体是用"与……一起看"而不是"透视"来理解的。德拉斯（Drath，1990）描述了这一理论，给出了"文化盲目"的一个很好的例子："我们用我们受文化约束的规范和期望来看待它们，接受它们，而不能检验它们是什么——也就是说，我们无法看穿它们。我们的文化遗产是我们的，而不是我们拥有的。文化维系着我们，我们深植其中，无法超越它。"然而，在某些情况下，随着经济的进一步发展，我们可能会意识到文化决定的差异，并以前所未有的方式意识到与他人的距离。

基根描述了人们发展的6个阶段（思想顺序），其中3个阶段更适用于成年人和潜在的受教者：

（1）人际交往阶段是指一个人有需要，而不是她自身的需要，所以别人也被理解为有需要。结果对他们不是最重要的，重要的是他们的人际关系。他们是自我反省的，可以把自己的需要服从于更大的事情，但他们感到被重要他人之间的冲突撕裂。除了别人的期望之外，他们不知道自己想要什么。这会导致决策困难和自尊问题，因为这个阶段的人需要其他人喜欢他们。只要他们有一个可以帮助他们作出决定的可尊敬的人，他们可以做任何事。

（2）制度阶段表明，这个人现在是有社会关系的人。这创造了一个自我，它甚至存在于与他人的关系之外，并且有一种自主感和认同感。这一阶段的人们能够审视各种规则和意见，并在它们之间进行调解。与那些处于帝国时期的人不同，他们会同情他人并考虑到自己的观点。与那些处于人际关系阶段的人不同，他们不会被别人的观点撕裂——他们有自己的决策系统。他们自我激励，自我评价，能成为优秀的领导者。他们可以制定自己的规则并为之而战，但可能不是最好的有交际手腕的人，因为他们对自己的处事方式投入过多。

（3）在个体化阶段，一个人成为一个有身份的人，因此成为个体。他们已经取得了前一阶段所能取得的一切成果，但是，除此之外，他们还认识到了自身内在系统的局限性，以及拥有一个普遍的内在系统的局限性。他们可以纵观自己的内在系统，在看似不同的地方看到相似之处。他们的二分法和极性较少，也不太倾向于黑白思维。他们可以充当任何人的明智顾问，帮助其他人理解我们都是一个更大社区的成员。

在发展她最近的发展教练理论时，巴赫基罗瓦（Bachkirova, 2011）提出了自我发展的另一个方面，这对教练尤其重要，旨在为个人的行动参与作出贡献。表 41.1 给出了与该标准相关的三个发展阶段：

表 41.1　参与行动的三个发展阶段

	未成形的自我	成形的自我	重构的自我
参与行动（Bachkirova, 2011）	对自己和环境的控制感降低。对他人采取行动的依赖性更高。	拥有对过去的所有权和独立行动的能力。在行动的控制上"心重于身"。	身心在行动中达到和谐。理解自我与环境之间关系的复杂性。

巴赫基罗瓦（2011）认为，这一维度吸引了实践者对受教者自我的一个要素的关注，在被视为变革和发展组成部分的教练中，这一要素尤其重要。如果一个人能够在必要时以一种合理地满足整个有机体的方式采取或不采取行动，那么在这方面，自我将被认为是完全发展（形成）的，有能力掌控过去，承受对未来的焦虑，在不丧失自我意识的情况下与他人建立关系。然而，控制感和自主权可能导致对生物体可能和现实的高估。有了未成形的自我，就有了未满足的需要和未完成的任务，就有了从他人那里获得更多帮助或指导的正当需要。第三类，重构的自我，代表自我超越已形成的自我的能力。意识和无意识的身心之间有着更为和谐的关系，这表现在有机体能够容忍

某些需求和任务的模糊性,并最大限度地减少对内部冲突的能量浪费(Bachkirova,2011)。

理论在教学中的应用

认知发展理论已经成功地应用于各个领域。当前,有几位作者就认知发展方法在教练和指导方面的应用发表文章,并提供了他们的观点和模型。例如,罗克(Rooke)和托伯特(Torbert,2005)与库克-格雷特(Cook-Greuter)合作,创建了一个"领导力发展概况"调查工具,该工具可以识别他们所谓的领导者的内部"行动逻辑",并确定了七种不同的行动逻辑类型,这些逻辑说明了每个领导者解释其处境、应对挑战并倾向于影响他人的方式。罗克和托伯特认为,领导者了解其行动逻辑很重要,以评估他们在当下情况的优势和局限性,并确定可进一步发展的潜力。

伯杰(Berger,2012)建立在基根(Kegan,1982)的基础上,描述了在工作变动中的4种心态。每种模式都会以不同的方式采取观点、权威和规则取向,与他人关系中的关键需求以及对世界的假设。伯杰的思想形式对应于4个发展水平:自我主权、社会化、自我创作和自我转变。她最有价值的贡献之一是,她不仅为每个种类确定了关键优势、盲点和成长领域,而且还为教练和领导者提出了可能有用的干预措施,并考虑了教练在与每个种类合作时可能面临的陷阱。我们也发现自己与伯杰关于评估角色的立场一致,考虑到教练在发展方法上的道德问题,以及她强调"仅倾听我们教练的成长优势"(2012)。我们还注意到,学习教练的发展理论本身就是发展的。

钱德勒和克拉姆(Chandler & Kram,2005)将成人发展观与其他发展网络和关系(如指导)联系起来。他们的论点是,"处于不同阶段的门生将最大程度地受益于处于较高发展阶段的人,因为他们将超越门生面临的限制"。为了支持这一论点,钱德勒和克拉姆研究了基根关于门生和导师任务的阶段。钱德勒和克拉姆还确定了如何设计各种工具和方法来评估发育阶段。拉希(Lahey)及其同事(1988)开发了主客体访谈,而华盛顿大学句子完成测验用于衡量洛文杰(Loevinger,1976)提出的人际发展所处阶段。

然而,我们认为,在应用发展理论方面的任何进展都受到使用非常劳动密集型工具评估阶段的复杂性的阻碍。使用这些工具不仅需要复杂的培训,而且还需要评估员自身的高水平发展。另一个问题涉及使用这些工具时达到精度的意图。我们认为，精确性不是发展性教练成功的必要条件。例如，有一些因素会影响测量的质量，如语言流畅性、所受教育和社会背景（McCauley et al., 2006；Methods & Durkin, 2001）。每个个体的理论都局限于一条特定的发展路线（Wilber, 2000）。然而，实际的教练任务更加复杂和多方面。当教练遇到个别受教者时，他们可能需要处理各种主题，如人际关系、认知、情感等。这项工作应该包括以开放的心态处理每个发展领域，尽管在其他一些领域中有特定阶段的迹象（Bachkirova, 2011, 2013）。

鉴于上述问题，巴赫基罗瓦（2011）提出了一种发展框架的实际应用，该框架不是基于衡量工具，而是基于对发展主题的评估，这些主题本身就表明了发展的三个阶段之一。有人认为，受教者带给教练的意图和目标可以显示出一种发展的模式。这些主题涉及人们在生活中面临的挑战，他们发现的困难以及生活条件对他们的要求。主题中的模式将指示每个受教者所处的自我阶段，并有助于塑造个性化的教练方法。

我们的教练认知和自我发展模型

特别需要强调的是，自我发展观的视角可以为理解人类发展提供重要的维度。在这一部分中，我们建议扩展这一发展视角的应用，以增进对教练和教练心理学家发展过程的理解。我们提出的教练发展模式是由前面讨论的理论所提供的。

在促进教练的个人和专业发展的实践中，我们观察到教练在学习过程中的风格、态度和行为的各个方面如何阶段性地指示其个人发展。通过对观察结果的分析，我们确定了两个特定的发展维度，我们认为这两个方面的组合会影响教练的个人风格和专业知识的质变，这可能标志着他们整体发展的一个阶段。

（1）认知反射维度：描述了佩里、科尔伯格、金和基奇纳所描述的思想和反射判断的复杂程度。

（2）自我发展维度：描述了人际和人际发展方面的情况，表明了自我发展、开放程度、真实性和他人的包容性，正如基根、洛文杰和库克·格雷特所述。

我们认为这两个方面最具影响力。它们结合起来代表了教练的关系哲学和个人发展哲学的不同方面、反思性、自我在动机和行动中的作用、与教练合作的方式以及对问题和挑战的态度。我们认为,这两个维度对于指示教练发展的整体阶段同样重要。因此,它们在下面的教练发展六级模型(见表 41.2)中共同提出。

表 41.2　教练的阶段和发展任务

发展阶段	认知反思维度+ 自我发展维度	教练与教练客户 合作的典型模式	教练可以有效 促进的发展任务
讲述者	极性思维;具体数据;规定模型;认知。 自我保护;与他人的双赢关系;操纵。	站在一边;根据自己的经验和喜好提出很多建议。	发展自我形象和声誉;在竞争环境中提供支持。
帮助者	抽象思想;仔细比较;依靠内部系统和直觉;主观知识。 自我意识;以群体为导向,但意识到自己的特殊性;强大的内在超我;高道德标准和责任心;批评别人,但能够建立良好的关系。	给予情感支持;帮助调查情况以"弄清楚";严重依赖心理测量工具;提供自己对情况的解释;产生各种解决方案。	建立信心;学习新技能;处理具体问题;适应困难情况。
发问者	多元化和模式;明确区分认识者和被认识者;关键评估;理性和分析;超越主观主义;内省;对尚未证实的事情有智能上的怀疑。 自我意识强;自尊心;有自我理解和理解他人的真正兴趣;意识到自我欺骗的可能性;可以建立紧密而有意义的关系。	有效的聆听和释义,无须不必要的解释;深入提问;确定问题的根本原因;提出理性的论点;证据审查;找出矛盾;使用适当的合同。	确定动机;作出选择;实现目标和理想;关注行动、成就和有效性;承担计算的风险;面向未来的任务;与自我合作。
接受者	相对主义;了解"观察员"的解释和文化条件;转向系统的观点和意义的创造;从纯粹的理性分析转向更全面的方法。 重新定义自己;认识许多次要人物;探索内部冲突;审视自己的信念;专注于关系中的个性和相互关系;享受多元化;高度同理心。	最小的过程结构:让事情展开;探索事物:它们很少像看起来那样;处理悖论;了解"现在"而不是关注未来;自发干预;接受任何个性表达。	培养独特的个性和真实性;探索角色与人格的匹配;发现紧急情况或生活中特定阶段的意义。
耕作者	一般系统的现实观;感知系统模式和长期趋势;阐明自己的模型和策略;问题的语境化;明确的模糊性;洞察力;总体原则;真理可以近似。 强大的自主能力;将自我的所有要素整合在一个新的意义上;阴影被接受;意识到相互依赖及其在个人发展中的作用;建立关系和帮助他人成长的责任。	将理想主义者的理想与务实和原则性的行动联系起来;探索自我;满足冲突需求;识别质的差异;可能对其他人的成长迟缓不耐烦。	创造有意义的生活;确定战略关注点和原则;努力实现自我;确定心理原因和过程;滋养创造力。

续 表

发展阶段	认知反思维度+ 自我发展维度	教练与教练客户 合作的典型模式	教练可以有效 促进的发展任务
剧作家	超越文化和自己一生的元认知;跨范式;现实被理解为不可分割的统一;真理是虚幻的,因为所有的思想都被建构,语言不可避免地被用来描绘现实。 自我对自己而非对主要操作者变得更加透明;对自我依恋的自我批评;从发展角度理解他人;真正的同情心和对个人意义表达方式的调整。	善解人意的聆听;及时挑战;转换无失真反馈;借鉴非常规、非理性的信息来源;帮助客户重新定义其发展阶段的经验。	围绕存在的悖论来解决冲突;语言和含义形成问题;超越矛盾和悖论;共同面对理论和解释的需求;创造一个新的人生故事。

  正如所有开发模型中所述,这些阶段并不明确。它们只表示所谓的重心:个人从中汲取资源的地方。

  例如,主要是"发问者"可能会面临这样一种情况,即在她向受助者提供情感支持或在明确依赖直觉时,她的批评意见被中止了。当然,发问者有时可以选择两种方式,恢复为帮助者策略(她刚刚离开的阶段),也可以采用新的、不太熟悉的接受者策略。正如基根(1994)所指出的,个体"逐步地"引导他们从一个秩序或一个等级发展到另一个秩序或另一个等级。

  诸如教练和教练心理学家之类的从业者的工作性质涉及通过参与使个人经历的意义、批判性思考、解决问题、探索重要的存在问题等过程来促进其受教者的发展。这些过程的实际参与本身就为这些从业者创造了广泛的机会,以提高他们自己的发展速度。教练也必须参与其中,并以致力于个人和职业发展为己任。这些因素似乎有助于他们不断发展的认知能力和自我发展的影响转移。接触了认知发展模型的相关知识,并在此暗示了其作为教练的发展潜力,可能会进一步丰富这个过程。所提出的模型对于指导教练和教练心理学家也是有用的。它可以将教练督导的注意力集中在教练是否有机会以他/她当前的声音被听到或从一个发展程度较低的状态转变为一个发展程度更高的状态。这也使人们认识到,教练和教练受教者一样,都应被视为一个过程而不是一个阶段。

案例研究

在这个案例研究中,我们描述了一个教练督导的例子,其中教练心理学家和督导都意识到上述发展阶段,并考虑了这些因素如何影响与指导教练的工作。督导在教练中的作用是通过适应和发展过程支持教练。下面的例子表明,在教练的督导下工作,对认知反思和自我发展维度的认识是非常有用的。

教 练

我们遵循一个假设教练索尼娅的督导流程,她熟悉我们在上面概述的模型,并认为自己处于帮助者级别。索尼娅很高兴,在她的大部分教练工作中,她的帮助者策略对她很有帮助;然而,她有一个受教者阿拉斯泰尔,她认为她的方法对他不起作用。

最初,索尼娅与阿拉斯泰尔合作解决了一个特定问题,关于他与团队成员的冲突。阿拉斯泰尔现在想继续接受索尼娅的教练,但在她看来,他并不清楚自己想从事的工作。索尼娅设法与阿拉斯泰尔建立相当强的信任关系,现在他开始分享他深刻的不确定性、他的抵抗力以及他对工作和生活的怀疑。但是,他似乎无法在他所说的价值观和具体行动之间建立联系。索尼娅找不到帮助他前进的方法,并开始感到力不从心。她怀疑自己的直觉方法不足以满足她的受教者的需求以及教练过程的这种特殊发展。这使她感到不舒服,因此她将该问题提交给了督导。她觉得她需要了解下一级的发问者阶段是否可以满足这个受教者的需求,如果可以,她需要做什么。

教练的督导过程

索尼娅的督导派特也熟悉发展阶段理论。她认为,索尼娅在特定冲突问题上已为受教者提供了适当的支持。但是,她现在提出的问题似乎反映出当前阶段相对于受教者的局限性,受教者提出的问题越来越复杂。

派特认为,索尼娅对下一个级别感兴趣,并且打算对此特定案例有更多了解。派特已经注意到,索尼娅已经能够抽象思考,进行可感知的比较并利用她的直觉。因此,发问者阶段对她来说似乎是自然而然的进步。的确,她似乎已准备好接受这一阶段的进一步发展所需要的深度学习。索尼娅面临着工作上的局限性,并已经暗示她准备好应对当前的概念化和思考不可避免的挑战。

但是,派特也意识到自己作为督导的角色在支持教练有机会进一步发展与确保受教者获得最佳支持之间存在冲突。她知道在某些情况下,这种困境会扩展到保护受教者的问题。派特已经问过自己,索尼娅目前是否是阿拉斯泰尔教练的最佳选择。但是,由于索尼娅在教练他有关最初问题方面做得很好,因此派特相信索尼娅的进一步发展将增强她与阿拉斯泰尔的工作。

因此,派特鼓励索尼娅更详细地评估自己的教练做法,并邀请她与其他教练分享工作中的实例,以加强比较。在督导的安全性方面,索尼娅可以在适当的情况下将自己的思想与上级和相关理论家的思想进行比较,以增强自己的批判能力。派特要求索尼娅通过交叉关联事件来确定她的教练工作模式。当她受到鼓励以这种方式进行反思时,索尼娅透露她有另一位受教者,他似乎并没有致力于他的目标,而且无论她如何尝试帮助他,他似乎都无法或不想专注于实现这些目标。通过探索当前"缺乏动力"的受教者,并回溯到其他情况,即受教者的行为类似,索尼娅能够在两个受教者以及她自己对问题的反应中识别出一种模式。对这种模式的认识可能表明,索尼娅需要理解"模糊"的目标,而不是仅仅依靠自己的直觉来将自己的方法与相关理论家的方法进行比较。这种批判性的评价反映了发问者阶段的水平。

此外,派特帮助索尼娅从许多其他角度研究问题。她问一些问题,例如,"如果你督导自己的实践,你会问什么?"或"你的受教者现在在想什么?"或"如何从不同的理论角度看待这种干预?"这种对视角的重视使派特能够帮助索尼娅从主观认识转变为在现阶段帮助索尼娅朝着更多元化、更具挑战性、更面向对象的提问方式发展。

派特意识到在索尼娅的发展过程中寻找机会向权威咨询和质疑非常重要,因此她建议索尼娅比较不同的理论,探索许多新策略,并分析一些模型,以培养对教练的批判性理解。她向索尼娅建议了与阻抗有关的材料和理论,这些材料和理论有助于增进她的理解,以便与阿拉斯泰尔合作。

派特还致力于让索尼娅对自己的理性判断能力有信心,她有能力真正批判各种观点,并就所提供的证据质量产生良性的怀疑,最终发展批判性分析能力。派特意识到,在帮助者层面上,索尼娅的身份与想为他人服务和帮助他人息息相关,因此她会谨慎地以补充索尼娅当前"帮助者"参照系的形式提供反馈,强调被指导者的需求。

派特注意到索尼娅的一些举止,她认为这是进步的迹象。例如,她注意到索尼娅更愿意质疑自己。虽然,她仍凭直觉作出决策,但是现在她会问自己为什么这样做,并比较和评估直觉决策的有效性。在描述最近的一次干预时,索尼娅说:"我认为效果很好,但也许我在欺骗自己。"

索尼娅也更加关注阿拉斯泰尔的动机。她不是在看他已经取得或未取得的成就,而是在探索清楚特定情况对他的意义的思路。她问:"这对受教者意味着什么?"回想起阿拉斯泰尔最初的冲突是如何得到令人满意的解决方案时,索尼娅正在将该事件与其当前的困境联系起来。她问:"与他的团队建立良好而牢固的关系对他而言意味着什么?"和"他似乎能够在不失去正直的前提下作出什么妥协?"

随着时间的流逝,她与阿拉斯泰尔的关系变得更加有意义。她变得更加开放,并且能够承认她没有适合他的解决方案。她认识到他正在处理的问题的水平可能意味着找不到完美的答案。他赞赏她对局限性的开放态度,并感到更加鼓励他深入探讨自己的问题,而不必担心丢脸。

此外,派特受到鼓舞,因为索尼娅要求她讨论与阿拉斯泰尔的关系是否因约定的服务性质不同而需要重新签约。这表明索尼娅对教练过程的本质及其对发起单位的边界和后果的认识水平不断提高。

也有一些迹象表明,发问者的发展历程还远远没有完成。派特认为,阿拉斯泰尔问题的性质，包括一些更大的组织问题，他对未来选择的计划以及他此刻在生活中需要作出的决定的重要性决定了需要让他参与自己的价值观工作。但是，在考虑与教练的一些会面时，索尼娅仍然无意间对这些问题强加了自己的解释。她仍然偶尔会为受教者作出假设和解释，如"在这种情况下，最好的做法是……"或"如果我能帮助他看到这一点"。

案例研究的结果

成人的经历总是在不断变化，并与在世界上找到正确的"成为"方式有关。这在阿拉斯泰尔提出的问题中尤其明显，索尼娅最初努力让阿拉斯泰尔具有反思性的空间来自由探索这些问题，且派特继续支持索尼娅对这一特殊情况的思考。当与组织的合同结束时，教练与阿拉斯泰尔自然而然地达成了共识，双方都认为已经取得了一些有益的成果。阿拉斯泰尔对索尼娅的反馈是，她促进了他对团队的思考，并最终促进了对更大问题的思考，这是有帮助的。

关于索尼娅的督导，派特继续与她合作。索尼娅意识到她需要更多的理论知识，并进行一些持续的职业发展。她选择在读取教练过程时变得更加基于证据和具有批判性。她经历了必不可少的签约工作，并设计了自己的合同，意识到应对教练过程中变化的重要性。

结　论

本章重点介绍成人发展的理论。我们利用现有的认知发展和自我发展理论来提出教练发展水平的模型。我们认为，教育者、指导教练和教练的作用是理解和培养个人能力在认知发展和自我发展维度上的自然发展。

这种方法并不意味着特定的工具和技术。它意味着应仔细考虑其他方法可能为受教者和教练的每个发展水平提供的所有工具和技术的适当性。在发展的每个阶段都需要适当的支持和挑战之间的巧妙平衡，这会改变具有发展意识的从业者的工作。

我们还认为，支持这一自然发展过程的最佳方法是积极参与使用教练的各种技能和能力，以解决其受教者的工作和生活任务。最后，就其应用而言，这种方法强调了从业者自身成长的重要性。正是由于教练作为一个人，而不是应用特定技术或方法的发展，才会产生不同的教练实践。

应用于其他情境

如果考虑到青春期甚至是年幼的孩子，认知发展方法的相关性甚至更高。正如戴（Day）等人所强调的，它也与领导环境相关（2012）。但是，我们的模型仅介绍了成人教练和教练心理学家的发展。关于团体过程的应用，很显然为什么有时团体工作会非常困难：当不同发展水平的人密切参与同一过程时，很多时候会产生严重的误解，但是，也有可能产生预期和意外的增长机会。这是需要进一步讨论和研究的领域。

讨论要点

1. 如果受教者比教练更先进，那么除了潜在的缺乏进步和相互挫败感外，在他们的工作中还有什么问题？

2. 认知发展方法意味着需要对受教者或教练在其行为中所代表的发展水平作出判断。这通常与个人持有的价值观有关。它如何与传统的教练论断观点相吻合？

3. 许多发展理论非常明确地指出，发展的较高阶段表明了"对智慧和灵性的掌握"（Csikszentmihalyi，1994）。这种个人发展的观点与你对教练的看法有多兼容？

4. 你认为认知发展方法在教练心理学方面比现在更具影响力的主要障碍是什么？

推荐阅读

Bachkirova, T. (2011). *Developmental Coaching: Working with the self*, Maidenhead: Open University Press.
Berger, J. (2012). *Changing on the Job: Developing Leaders for a Complex World*, Stanford: Stanford Business Books.
Lawrence, P. (2017). Coaching and adult development. In T. Bachkirova, G. Spence, & D. Drake (Eds.), *The Sage handbook of coaching* (pp. 121–138). London: Sage.
Cook-Greuter, S. (2004). Making the case for developmental perspective, *Industrial and Commercial Training*, Vol. 36 No. 7, pp. 275–281.

参考文献

Bachkirova, T. (2011). *Developmental Coaching: Working with the Self*, Maidenhead: Open University Press.
Bachkirova, T. (2013). Developmental coaching: Developing the self, in J. Passmore, D. Peterson & T. Freire (Eds.) *The Wiley-Blackwell Handbook of the Psychology of Coaching and Mentoring*, Chichester: John Wiley and sons Ltd, pp. 135–154.
Bachkirova, T. (2014). Psychological development in adulthood and coaching, in E. Cox, T. Bachkirova, & D. Clutterbuck (Eds.) *The Complete Handbook of Coaching* (2 ed.), London: Sage, pp. 131–144.
Bachkirova, T., & Cox, E. (2007). A cognitive developmental approach for coach development, in S. Palmer & A. Whybrow (Eds.) *Handbook of Coaching Psychology: A Guide for Practitioners*, London: Routledge, pp. 325–350.
Belenky, M. F., Clinchy, B. M., Golderberger, N. R., & Tarule, J. M. (1986). *Women's Ways of Knowing*, New York: Basic Books.
Berger, J. (2006). Adult development theory and executive coaching practice. In D. Stober & A. Grant (Eds.), *Evidence based coaching handbook: Putting best practices to work for your clients*. Chichester: John Wiley.
Berger, J. (2012). *Changing on the Job: Developing Leaders for a Complex World*, Stanford: Stanford Business Books.
Brookfield, S. D. (1987). *Developing critical thinkers: Challenging adults to explore alternative ways of thinking and acting*. San Francisco, CA: Jossey-Bass.
Chandler, D. E., & Kram, K. E. (2005). Applying an adult development perspective to developmental networks. *Career Development International*, Vol. 10, No. 607, pp. 548–566.
Commons, M. L., & Richards, F. A. (2002). Four postformal stages, in J. Demick (Ed.) *Handbook of Adult Development*, New York: Kluwer Academic/Plenum, pp. 199–219.
Cook-Greuter, S. (1999). *Postautonomous ego development: Its nature and measurement*. Doctoral dissertation, Cambridge, MA: Harvard Graduate School of Education.
Cook-Greuter, S. (2004). Making the case for developmental perspective, *Industrial and Commercial Training*, Vol. 36, No. 7.
Csikszentmihalyi, M. (1994). *The Evolving Self: A Psychology for the Third Millennium*, New York: Harper Perennial.
Day, D. V., Harrison, M. M., & Halpin, S. M. (2012). *An Integrative Approach to Leader Development: Connecting Adult Development, Identity, and Expertise*, London: Routledge.
Dewey, J. (1991). *How We Think*, New York: Prometheus Books.
Drath, W. (1990). Managerial strengths and weaknesses as functions of the development of personal meaning, *Journal of Applied Behavioural Science*, Vol. 26, No. 4, pp. 483–499.
Garrison, D. R. (1991). Critical thinking and adult education: A conceptual model for developing critical thinking in adult learners. *International Journal of Lifelong Education*, Vol. 910, No. 4, pp. 287–303.
Gowan, J. C. (1974). *Development of the Psychedelic Individual* (Chapter 6). Available at www.csun.edu/edpsy/Gowan/contentp.html (accessed 12 January 2007).
Kegan, R. (1982). *The Evolving Self: Problem and Process in Human Development*, London: Harvard University Press.
Kegan, R. (1994). *In Over Our Heads*, London: Harvard University Press.
King, P. M., & Kitchener, K. S. (1994). *Developing Reflective Judgment: Understanding and Promoting Intellectual Growth and Critical Thinking in Adolescents and Adults*, San Francisco: Jossey-Bass.
Kohlberg, L. (1969). *Stages in the Development of Moral Thought and Action*, New York: Holt, Reinhart and Winston.
Koplowitz, H. (1984). A projection beyond Piaget's formal-operations stage: A general system stage and a unitary stage, in M. Commons, F. Richards, & C. Armon (Eds.) *Beyond Formal Operations: Late Adolescent and Adult Cognitive Development*, New York: Praeger.
Lahey, L., Souvaine, E., Kegan, R., Goodman, R., & Felix, S. (1988). *A Guide to the Subject-Object Interview: Its Administration and Interpretation*, Cambridge, MA: Harvard University, Graduate School of Education, Laboratory of Human Development.
Lawrence, P. (2017). Coaching and adult development. In T. Bachkirova, G. Spence, & D. Drake (Eds.), *The Sage handbook of coaching* (pp. 121–138). London: Sage.
Loevinger, J. (1976). *Ego Development: Conceptions and Theories*, San Francisco: Jossey-Bass.
Loevinger, J. (1987). *Paradigms of Personality*, New York: M.H. Freeman and Company.
Manners, J., & Durkin, K. (2001). A Critical Review of the Validity of Ego Development Theory and Its Measurement. *Journal of Personality Assessment*, Vol. 77, No. 3, pp. 541–567.
McCauley, C.D., Drath, W.H., Palus, C.J., O'Connor, P.M.G., & Baker, B.A. (2006). The use of constructive-developmental theory to advance the understanding of leadership. *The Leadership Quarterly*, Vol. 17, pp. 634–653

Mezirow, J., & Associates (1990). *Fostering Critical Reflection in Adulthood*, San Francisco: Jossey-Bass.
Miller, I. (2012). A retrospective commentary on the consciousness mapping of John C. Gowan part I, *Journal of Consciousness Exploration & Research*, Vol. 3, No. 8, pp. 965–979.
Perry, W. G. (1970). *Forms of Intellectual and Ethical Development in the College Years*, New York: Holt, Rinehart and Winston, Inc.
Piaget, J. (1976). *The Psychology of Intelligence*, Littlefield, NJ: Adams & Co.
Rooke, D., & Torbert, W. (2005). Seven transformation of leadership, *Harvard Business Review*, April.
Sullivan, C., Grant, M., & Grant, J. (1957). The development of interpersonal maturity: Application to delinquency, *Psychiatry*, Vol. 20, pp. 373–385.
Wilber, K. (2000). *Integral Psychology*, London: Shambala.

第四十二章 教练心理督导

迈克尔·卡罗尔（Michael Carroll）

引 言

在这本手册的第一版和第二版之间的10年里，人们对教练督导的兴趣迎来了爆发。2007年，有两本书和一小部分关于这个主题的章节和文章发表（Carroll，2007）。从那时起，许多专注于教练督导的新书守得云开（Bachkirova et al., 2011; Carroll, 2014; Clutterbuck et al., 2016; De Haan, 2012; Hawkins & Smith, 2013; Murdoch & Arnold, 2013; Passmore, 2011）。此外，自2007年以来，全世界教练督导方面的正式培训方案大幅度增加。在英国，阿什里奇商学院、巴斯咨询公司、牛津布鲁克斯大学和教练督导学院等都提供该学科的认证资格。教练督导学院也在澳大利亚、英国、法国、新加坡和中国香港等多地举办教练督导计划。2014年，第一批美国项目在西雅图完成：与哈德逊学院一起，这似乎是美国唯一一个正式的教练督导培训项目。已举行的两次关于教练督导的国际会议，参加人数众多（2013年在牛津布鲁克斯大学，2014年在阿什里奇商学院）。欧洲教练和指导委员会（EMCC）在2012年正式认可的课程名单中增加了教练和OD督导。国际教练心理学会对教练心理学督导有一个认可/认证程序。如今，很少有教练心理学会议在没有提到教练督导的情况下通过，也很少有教练会议不会至少举办一次关于这一主题的研讨会。在这短短的七年时间里，督导已经从教练的边缘变成教练生活和工作中必不可少的一部分。一些委托机构现在要求与他们一起工作的教练出席并显示他们参加了定期督导。

在这短短的几年中发生了什么，让我们对教练督导的兴趣有了显著的提高？

历史背景

尽管教练督导很可能是"教练组的新成员",但督导本身已经存在了一个多世纪。它最初于19世纪后期在美国被设计为社会工作者的支持和反思的空间,后来被其他职业辅助(试用、咨询和福利计划、EAP和教学)逐渐采用。在弗洛伊德早期,有一些证据表明,小组成员聚集在一起讨论和审查彼此的客户工作。在这个阶段,督导是非正式的,麦克斯·艾丁顿(Max Eitington)被认为是第一个提出将督导作为对20世纪20年代进行心理分析培训人员的正式要求。如果这是督导的第一阶段,那么第二阶段出现于20世纪50年代,除心理动力学外还引入了其他咨询/心理治疗方向。这些新发展产生的督导类型被称为"咨询约束或心理治疗约束"的督导模型,因为它们将理论和干预措施同所支持的咨询/心理治疗方向联系在一起。看着罗杰斯(Rogers),珀尔斯(Perls)和埃利斯(Ellis)的督导会使观察者想知道与他们的教练方式相比,他们的督导方式有何不同。顺便说一句,值得注意的是,上述有关督导的新书包含许多"教练式的督导模型",如"格式塔督导模型"、"教练的非指令性督导"(Passmore, 2011)、"人本主义教练督导"和"TA(交互分析)教练督导"(Bachkirova et al., 2011)。

早在20世纪70年代,督导就开始从咨询转变为一种教育过程。重点从做工作的人转移到工作本身。结果,督导的社会角色/发展框架变得越来越流行。督导以实践为中心,把实际工作做出来,以利用当下的工作改进今后的工作。这是督导理论和实践的重大转变,咨询与督导之间的区分已非常明确。督导是无条件地以实践为中心,对实践有任何影响的都是督导的合法主体(如从业者的个人、相关组织的影响)。最近有关教练督导的文献也反映了这一趋势,章节标题为"反思型教练从业模式"(Campone, 2011)、"教练的行动学习督导"(Childs et al., 2011)、"从督导中学习"(Carroll, 2014)和"督导中的反思和批判性反思"(Carroll, 2014)等。

教练心理督导

相当正确的是,教练心理学过去和现在都对将与其他职业相关的督导模式转移到教练领域持谨慎态度。潘帕里斯·佩斯利（Pampallis Paisley，2006）在这里提出了一个关键问题："现有的督导模式是否足以满足教练的要求？"并回答"两者兼而有之"。教练督导既可以借鉴其他专业的督导经验，也可以借鉴督导中的模型和内容，并且有足够的空间将教练视为"一个独特的学科，需要特定的指导框架和特定的理论来支持"。

总的来说，我们所说的临床督导（或反思性或发展性督导）与从业者的工作环境有关，教练与其督导之间，除了督导与被督导关系外没有其他关系。因此，本章将详细讨论咨询性督导，将其作为当今教练心理督导的主要议程。随着教练心理学培训计划的出现，受训教练心理督导的需求被更充分地解决。

虽然这里写的大部分内容都将集中于高管教练，但生活教练也分享了许多督导方面的见解。两者之间通常不同的是，有一个组织支持高管教练并希望在教练心理学议程中有发言权。

督导是指什么？

一般而言，跨行业的督导是什么？最简单的说，督导就是一个论坛，受督导者（教练心理学家）在这里回顾和反思他们的工作，以便更好地完成工作（Carroll，2014）。教练心理学家将他们的实践带到另一个人（个人督导）或一个小组（朋辈、小组或团队的督导），并在他们的帮助下回顾实践中发生的事情，以便从中汲取经验。最终，督导是为了更好地指导工作。这不仅有助于更好地实践，而且据许多人估计，这是最有效的干预措施之一。在信任和透明的关系中，受督导者谈论他们的工作，通过深思熟虑，从中学习，然后重新开始做不同的工作。督导基于这样一个假设，即对工作的反思、为学习和更创造性地工作提供了基础（Bolton，2001；Carroll，2014；Hewson & Carroll，2016；King & Kitchener，1994；Moon，1999）。瑞安（Ryan，2004）说得很好："督导是对实践的询问。这是一个富有同情心的欣赏性询问……在督导中，我们重写了自己的实践故事……督导中断了实践。督导唤醒我们意识到我们在做什么。当我们活在我们正在做的事情中时，我们会清醒过来，而不是在我们临床常规的舒适故事中睡着。"

教练心理督导是体验式学习的一种形式。它的核心是实践，教练心理学家的实际工作被督导。不审查、不采访、不质询、不考虑、不批判性地反省工作，就没有督导。不以实际实践和工作为中心和重点的督导只是教练或咨询的另一种形式。督导是在行动上反思，或者说，是在行动中反思，从而导致为了行动而反思。

雷恩(Lane)和科里(Corrie)(2006)总结了督导对心理咨询师的好处。我认为，这些好处对于教练心理学家来说同样如此。

（1）为客户提供保护(案例审查)。

（2）为执业者提供反思空间(改进见解)。

（3）帮助执业者确定自己的长处和短处。

（4）帮助同辈学习。

（5）它提供了跟上专业发展的机会。

除此之外，还有以下一些好处。

（1）提醒从业人员工作中的道德和专业问题，并提高道德上的警惕性(Carroll & Shaw, 2013)。

（2）它提供了一个论坛，以考虑和保持教练心理安排中各利益相关者(公司、受教者、专业)的需求所产生的紧张关系。

（3）它使从业人员能够衡量教练工作对其生活的影响并确定他们对专业工作的个人反应。

（4）它提供了不属于客户系统的督导的"第三人称"观点(反馈)。

（5）最终是为了使客户(受教者)受益并得到更好的服务。

（6）它为那些教练心理学家负责的人(公司、受教者、专业人士等)建立了一个问责制论坛。

（7）它使教练心理学家在心理创新、洞察力和研究方面达到最佳状态。

霍金斯和绍赫特(Hawkins & Shohet, 2012)在其督导书的第四版中，对现代督导提出了更多要求，并大大扩展了其实用性。他们写道："现在，当我督导个人时，我会问他们：'你所处的世界是什么样的？你在哪些方面难以作出回应？'当我与团队合作时，我问他们：'你们集体要求你们向上迈进的世界是什么样的，而你们集体却还没有找到回应的方式？'"他们对教练心理督导的挑战是：我们是从个体从业者的需求还是从我们周围世界的需求开始考虑督导？要摆脱只关注客户的督导概念，并扩大督导范围，将教练心理学和教练心理督导的工作视为涵盖了这些工作发生的当下背景，这是一个相当大的挑战。

教练心理督导者

督导主要是反思的促进者(Hay，2007；Hewson & Carroll，2016)。这样，实践就变成了有意识的参与,而不是无意识的重复:反思的反面是无意识,工作成为日常工作,同一作品以无意识的方式一次又一次地再现。督导创造了对自己的工作深思熟虑和勇敢的被督导者。督导和被督导者,毫无疑问地想要出色的工作、优质的工作和对受教者的最佳服务。邦德(Bond)和霍兰德(Holland)(1998)在其对督导的定义中捕捉到了这一点味道:"一个定期的、受保护的时间,便于对实践进行深入思考。"

督导不是一成不变的:它具有文化友好性、专业适应性,需要根据情况和被督导者而定。我在2005年与50位毛利的心理学家、社会工作者和咨询师组成的小组提出了他们自己的督导定义,即"将过去的宝藏积累到现在的能力中,以造福未来"(New Zealand，2005)。

督导是为了被督导人员的学习

教练心理督导的重点是被督导者的学习。每次督导会议都可以很容易地以同一个问题结束:"在督导的最后一个小时里,你学到了什么?"所涉及的学习不仅是理论上的,也不是简单的头脑学习。它是从经验中学习,从而导致工作方式有所不同。这是将崇高的理论高地联系起来并应用到实践的沼泽低地的学习(Schon，1987)。霍金斯和绍赫特(2012)将此称为"督导室的转变",其中督导成为一种转化学习的形式(Merizow，2000)。工作的经验成为老师;我们站在自己的经验的脚下(Zachary，2000)。美国军方设计了一种称为AAR(行动后评估)的督导形式,在行动结束后,指挥官将他们的部队分成小组,面对他们提出以下6个问题:

(1) 我们打算怎么办?

(2) 怎么搞的?

(3) 什么进展顺利?

(4) 什么情况不好?

（5）我们从这次练习中学到了什么？

（6）下一次我们会有什么不同？

(Garvin, 2000)

这是真正的督导，在教练心理课上进行反思时，教练心理督导可能会问同样的问题。如果所有学习都是从学习者的参照系开始的，那么教练心理督导进行督导就没有意义，就好像所有督导者都应以同样的方式进行督导一样。督导理解一种范式并不能适合所有学习术语，因此需要了解我们所教的老师的学习风格或智力。我们很少问：在我教你之前，可以让我知道你的学习风格吗？在开始督导之前，建议先咨询我们的教练心理被督导者以下问题：

（1）你如何学习？

（2）你的学习风格是什么？

（3）我怎样才能促进你的学习？

（4）我做什么可能会阻碍你的学习？

（5）我们之间的差异会对你的学习产生怎样的影响？

（6）我们如何一起学习？

有了这些信息，教练心理督导就可以灵活地适应他们的风格和干预措施，以适应教练被督导者的学习需求和学习风格（以及学习智能）。

系统督导

虽然教练心理督导的可见重点通常是两个人（如生活教练），或一小群人（朋辈、团队、小组督导），但忽略系统性的督导是错过了在更广泛的领域内看不见但非常活跃的参与者，他们对教练心理学家、受教者及其共同工作产生了重大影响（Carroll, 2014; Hawkins & Shohet, 2012）。霍金斯和史密斯（Hawkins & Smith, 2006）强调了教练心理学家的这种系统性观点："教练督导是指教练在不直接与客户合作的督导的帮助下，能够更好地理解客户系统以及作为客户教练系统的一部分，通过这样做改变了他们的工作。它还允许教练发现目前没有为客户和客户组织创造转变的地方。"正如我们将在下文中看到的，有效的督导的观点具有系统性，并且在将许多需求结合在一起时具有包容性。

```
组织  ←→  领导层
 ↕         ↕
教练组织 ←→ 教练心理学家
              ↕
             督导
```

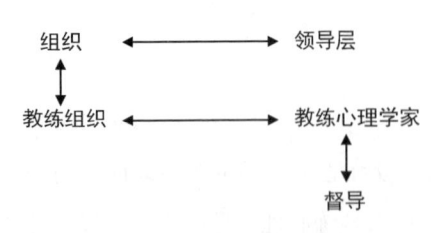

图 42.1 教练心理督导的系统概述

督导不可避免地涉及许多子系统,即使它们是过程中的无形参与者。忽略、不考虑它们并意识不到它们的影响就会造成盲目性,奥什里(Oshry,1995)称之为"系统盲目性"。教练心理督导的系统方法将大局牢记在心,如图 42.1 所示。

一个组织与一个教练组织签订合同,让个别高管与教练组织雇佣的指定教练进行高管教练培训。该教练由外部督导或教练组织内部督导进行督导。

有时上述 5 个子系统全部涉及,有时涉及 4 个子系统,而在高管教练中则较少涉及其中的 3 个子系统(执行、教练和督导)。想象一下,当外部督导正在指导属于教练组织或公司的教练心理学家的工作时,教练心理督导考虑动态因素,该教练心理学家或公司与组织签约以向个别执行人员提供教练。维护职业界限,管理合同,尤其是心理契约(Carroll,2005)并意识到每个参与者的需求和责任都可能成为雷区(Copeland, 2005;Copeland,2006;Towler,2006)。

尤其是在这里,教练心理学家和教练心理督导在理解和与公司合作以及在商业环境中需要知识、洞察力和技能。即使许多教练心理学家在公共部门工作,也没有这方面的经验。霍金斯和史密斯(2006)对这一因素保持警惕,"……因此,将一个小组的理论和模型过多地应用于另一小组的工作是危险的。教练向咨询师或心理咨询师寻求督导的一个原则是,督导的专业重点将倾向于理解客户的心理……"最大的危险是,一种对个人比组织更感兴趣的基本取向转变成一种未被承认的倾向,将个人视为"坏的"或"无情的组织"的受害者。教练心理督导将组织方面(以及个人观点)添加到他们的议程中。

卡罗尔(Carroll,2014)概述了当有组织作为督导领域的一部分时,督导需要完成的 10 项任务:

(1)与所有人生成清晰的合同(其中包括双方、三方,有时甚至是四方合同)。
(2)使教练心理学家能够与公司和组织进行协作(不相互勾结)。
(3)帮助教练心理学家管理整个系统的信息流(机密、交谈的机制)。
(4)支持受教者在组织环境中作出适当的道德决策。

（5）与教练心理学家合作，在个体管理者与组织机构之间建立联系（谁是客户？）。

（6）帮助教练心理学家在组织内部工作时照顾和支持自己。

（7）帮助教练心理学家处理记录、统计数据和报告，并能够就这些内容与组织进行交流。

（8）知道如何在适当的时候处理三方会议。

（9）促进教练心理学家理解和管理组织内部并行过程的能力。

（10）与受教者一起评估教练心理学如何成为理解和促进组织变革的工具（如团队教练、文化变革教练）。

许多作者研究了如何在组织环境中最佳地准备和实施高管教练（Austin & Hopkins, 2004；Copeland, 2005；Clutterbuck & Meggison, 2005；Hawkins, 2012）。一篇博士论义论证了"在一个组织中进行督导时，人们会发现很多三角关系，而督导的主要对象是：教练、客户和组织"（Pampallis Paisley, 2006）。有效的教练心理督导将这些子系统、它们的需求和互动联系在一起，形成一种创造性的张力。

帮助教练心理受教者有效利用督导

许多受督导者理所当然地抱怨说，他们没有接受过成为受督导者的培训。确实，没有什么文献可以指导他们，也没有什么资源可以帮助他们了解什么是督导、如何选择督导、如何在督导中与他人签约、如何向教练客户提出建议或如何解决冲突。一本手册（Carroll & Gilbert, 2011）为受督导者提供了切实可行的帮助，帮助他们成为一名有效的被督导者。在其他领域中，有以下7套技能可以帮助教练心理学受督导者充分利用督导时间：

（1）学习如何反思；

（2）学习如何学习；

（3）学习如何给予和接受反馈以促进学习；

（4）学习如何有情感意识；

（5）学习如何进行自我评估；

（6）学习如何从经验中学习；

(7) 学习如何对话。

(Carroll & Gilbert, 2011)

卡罗尔(Carroll)和吉尔伯特(Gilbert)(2005)已将他们的督导书籍翻译成教练手册[《如何成为一名受教者：建立学习关系》(*On Being a Coachee: Creating Learning Relationships*),2008],这为缺乏文献指导的人成为有效受教者的客户提供了另一种支持。

受督导者需要最大程度地利用督导的帮助,帮助他们将会获得宝贵的回报。

理解教练心理督导的模型

尽管许多现有的督导模型不是为教练心理学而设计,但都适用于与高管教练合作(Hawkins & Shohet, 2012; Holloway, 1995; Inskipp & Proctor, 1993, 1995; Page & Wosket, 1994)。霍金斯和肖特的七眼主管(Seven-Eyed Supervision)在这里特别有帮助。教练心理督导可以使用它来帮助被督导者为督导做准备(Inskipp & Proctor, 1993, 1995),或者作为霍金斯和史密斯所说的"教练督导的七种方式"(2013)。其他模式正专门针对教练而进入市场,如"三个世界的四个督导区域"(Turner, 2011)和"在督导中使用七个对话"(Clutterbuck, 2011)。

案例研究

安东尼是一名高管教练心理学家,就职于 Coach Supreme,一家专门为银行业提供高管教练的公司,他的公司与阿贝尔投资签订了合同,而安东尼被分配了两名高管作为他的受教者。他已经与他们两个人(阿米莉亚和杰森)合作了近4个月,并且每个月与他们单独见面一个半小时。

加布里埃尔是安东尼的督导。她是 Supreme 的外部教练, Supreme 付给她督导的薪水。后者由她担任督导。Supreme 还设有内部督导(亚当),他就阿贝尔投资(他管理的客户之一)的案例管理提供日常督导。

安东尼两次将阿米莉亚带到加布里埃尔的督导中，在上一次督导会议中，他提到非常担心她最近的遭遇。阿米莉亚是一名生产经理，她管理客户投资账户，还监督和管理由 15 名投资银行家组成的团队。她还很年轻，可以晋升到这个水平，这表明阿贝尔投资认为她很有才华，有潜力与公司走得更远。安东尼一直在和她一起研究她的管理风格（这也是阿贝尔想要的），并且已经与阿米莉亚和人力资源总监会面，就高管培训的议程达成一致，预计 6 个月后将提交一份中期报告。

然而，阿米莉亚在经历了一段活跃且投入的管理生涯后，在过去的两个月里"分崩离析"。一开始，她需要面对和挑战自己团队中表现不佳的一员。安东尼鼓励她这样做，并指导她如何干预。但事情没有按计划进行，经过一些激烈的交流后，有问题的团队成员去找阿米莉亚的老板，老板似乎站在她（阿米莉亚团队的成员）一边，虽然同意阿米莉亚提出的这位成员糟糕的表现需要得到解决，但觉得她处理得很差，反而建议自己接管。最终的结果是，该员工辞职了，团队的其他成员转而反对阿米莉亚——几乎是排斥她。这对阿米莉亚的影响是毁灭性的。她讨厌去上班，感到孤立无援、无所事事。由于压力大，她刚休了两周假回来工作。

安东尼也被困住了。他不知道该如何处理。他收到两条消息。他的客户经理亚当建议他进入组织，为团队发展和冲突解决提供建议；他的另一位督导（加布里埃尔）认为这会削弱阿米莉亚的权力，而安东尼应该支持她解决这个问题。阿米莉亚指出了这种情况与她的原生家庭之间的相似之处，但安东尼注意到了但并未追寻。他担心教练不能转进侧重于阿米莉亚背景的准咨询以及她将其中的一些转移到目前的团队状况中。另一方面，他觉得有必要帮助阿米莉亚摆脱"生存模式"，这导致她一天天数着日子捱到周末。但是他没有提供改善她担任经理职位的积极策略。安东尼担心阿米莉亚会"崩溃"或会冲动辞职（她的医生建议她休假两周以缓解压力）。

在督导下，加布里埃尔使用七眼模型（Hawkins & Shohet, 2012），与安东尼讨论了可能的调查途径，并指出他们可以在以下任一方面共同努力：

（1）客户：如果我们将团队视为客户，那么我们可以专注于他们所发生的事情（例如，他们为什么反对阿米莉亚？），尝试了解所涉及的动态，并从组织和角度上理解这一点涉及的各种关系。

（2）干预措施：阿米莉亚可以采取什么措施来纠正这种情况，以使情况不会恶化？她做了什么可能触发了这些事件？需要什么样的未来策略来营造更好的氛围？

（3）关系：我们如何评估涉及的各种关系（阿米莉亚和她的老板、团队、团队中的个人以及人力资源总监）？有没有建立新的改善关系的方法？

（4）安东尼怎么了？为什么？我们能理解他对正在发生的事情的反应、想法和感受吗？我们如何处理他的反应和他被困住的感觉？

（5）并行过程：团队中发生了什么事情，可能会转移到督导关系中？（两个系统似乎都卡住了！）

（6）加布里埃尔正在发生什么，她的反应以及她的直觉、理论、预感等？

（7）整个组织系统正在发生什么，以及它的各个部分如何影响？

以上所有重点都为高管教练心理督导课程提供了丰富的材料。督导问题如下：

（1）谁能在有限的时间内决定采用哪种方法？

（2）什么才是最能帮助阿米莉亚的？

（3）除了简单地提供指导之外，督导还应何时干预（如果有的话）？

（4）督导与客户经理（亚当）探讨发生了什么事吗？

（5）亚当是否应通过人力资源部门将信息反馈给阿贝尔投资？

（6）安东尼应该扮演一个更积极主动的角色，让自己更多地参与正在发生事情的组织相关方面吗？

（7）安东尼是否应该建议阿米莉亚在提供高管教练的同时提供咨询支持？（他不会担任咨询师，但他可以做一个推荐，以便为阿米莉亚秘密设立——他确信公司会支付费用。）

此示例显示了在组织中实施高管教练时可能涉及的一些个人、团队、组织和督导问题/事件/困境/挑战。

其他领域

关于教练心理督导的这一章追溯了督导的历史,并开始将督导理论、研究和实践应用于教练心理学。它还通过专门为教练设计的督导理论、框架和模型的出现,研究了教练心理学领域本身督导的演变。不可避免地是,它专注于许多关键领域,而没有考虑其他领域。在结束之前,值得一提的是其中的一些问题,因为教练心理学的督导在建立和维持有效的督导关系方面需要注意。尽管其他专业有针对性的框架和模型,但必须将其结论应用于教练心理学领域。

（1）订立督导合同(Carroll, 2014; Inskipp & Proctor, 1993,1995; Carroll & Gilbert, 2011)。在教练心理学涉及多个子系统的前提下,使合同达成一致,明确和书面化是基础。

（2）督导的过程和阶段(Carroll, 2014; Hawkins & Shohet, 2012)。

（3）督导和被督导者的发展阶段(Skovholt & Ronnestad, 1992)。意识到被督导者在其自身职业发展的各个阶段都会有所变化,使得教练心理督导能够相应地"推销"他们的干预措施。它还为查看被督导者最需要的督导类型以及所涉及的关系提供了空间。

（4）督导中的评估和反馈(Carroll & Gilbert, 2011)及其在组织环境中的工作方式。

（5）小组和团队的督导(Hawkins, 2011; Proctor, 2000; Lammers, 1999)。

（6）研究督导的有效性(Freitas, 2002; Watson, 2011)。

（7）督导的好坏——高效的督导应该做什么以及应该避免做什么(Ladany, 2004)。

（8）督导中的道德决策和法律问题(Carroll, 1996; Carroll & Shaw, 2013),特别是当组织作为系统的一部分时。

结　论

教练心理学已开始朝着职业化的方向发展,专注于道德守则、认证、培训和研究。

专业性的一部分是督导——审查实践，收集经验教训并将其应用于未来实践的论坛。教练心理学正在询问什么样的督导模型、框架和策略与教练心理学家的体验式学习有关。一般而言，现有的督导理论和研究已转化为与教练心理学有关的框架，但还需要更多。教练心理学还需要创新的思想家、理论家和研究人员，他们将开始创建教练心理学督导，作为一种学习干预。在过去的几年中，这已经开始（请参阅下面的推荐阅读），并且已经为开发专门针对教练心理学的督导理论、模型和框架奠定了坚实的基础。有趣的时代即将来临！

讨论要点

1. 督导对教练心理学家所做工作的质量有何贡献？
2. 什么样的学习概念会对心理学家的有效督导奠定基础？
3. 你认为有效督导与无效督导之间的区别是什么？
4. 督导者如何帮助被督导者充分利用督导时间？

推荐阅读

Bachkirova, T., Jackson, P., & Clutterbuck, D. (Eds.) (2011). *Coaching and Mentoring Supervision: Theory and Practice*. Maidenhead, Berkshire: Open University Press.
Carroll, M. (2014). *Effective Supervision for the Helping Professions*. London: Sage.
De Haan, E. (2012). *Supervision in Action: A Relational Approach to Coaching and Consulting Supervision*. Maidenhead, Berkshire: Open University Press.
Hawkins, P., & Smith, N. (2013) *Coaching, Mentoring and Organisational Consultancy: Supervision, Skills and Development*. Maidenhead, Berkshire: Open University Press (2nd Edition).

参考文献

Austin, M. J., & Hopkins, K. M. (Eds.) (2004). *Supervision as Collaboration in the Human Services*. Thousand Oaks, CA: Sage.
Bachkirova, T., Jackson, P., & Clutterbuck, D. (Eds.) (2011). *Coaching and Mentoring Supervision: Theory and Practice*. Maidenhead, Berkshire: Open University Press.
Bolton, G. (2001). *Reflective Practice*. London: Paul Chapman.
Bond, M., & Holland, S. (1998). *Skills of Clinical Supervision for Nurses*. Buckingham: Open University Press.
Campone, F. (2011). The Reflective Coaching Practitioner Model University Press. In J. Passmore (Ed.) *Supervision in Coaching: Supervision, Ethics and Continuous Professional Development*. London: Kogan Page.

Carroll, M. (2014). *Effective Supervision for the Helping Professions*. London: Sage.
Carroll, M. (2007). Coaching Psychology Supervision: Luxury or Necessity? In S. Palmer & A. Whybrow (Eds.) *Handbook of Coaching Psychology: A Guide for Practitioners*. London: Routledge.
Carroll, M. (2005). The Psychological Contract in Organisations. In R. Tribe and M. Morrissey (Eds.) *Professional and Ethical Issues for Psychologists, Psychotherapists and Counsellors*. London: Brunner-Routledge.
Carroll, M. (1996). *Counselling Supervision: Theory, Skills and Practice*. London: Cassel.
Carroll, M. & Gilbert, M. (2011). *On Becoming a Supervisee: Creating Learning Partnerships*. London: Virani Publishing (2nd Edition).
Carroll, M., & Gilbert, M. (2008) *On Becoming a Coachee: Creating Learning Partnerships*. London: Virani Publishing.
Carroll, M., & Gilbert, M. (2005). *On Becoming a Supervisee: Creating Learning Partnerships*. London: Virani Publishing.
Carroll, M., & Shaw, E. (2013). *Ethical Maturity in the Helping Professions: A Guide to Difficult Life and Work Decision*. London: Jessica Kingsley.
Childs, R., Woods, M., Willcock, D., & Angry Man (2011). Action Learning Supervision for Coaches. In J. Passmore (Ed.) *Supervision in Coaching: Supervision, Ethics and Continuous Professional Development*. London: Kogan Page.
Clutterbuck, D. (2011). Using the Seven Conversations in Supervision. In T. Bachkirova, P. Jackson, & D. Clutterbuck (Eds.) *Coaching and Mentoring Supervision: Theory and Practice*. Maidenhead, Berkshire: Open University Press.
Clutterbuck, D., & Meggison, D. (2005). *Making Coaching Work: Creating a Coaching Culture*. London: CIPD.
Clutterbuck, D., Whitaker, C., & Lucas, M. (2016). *Coaching Supervision: A Practical Guide for Supervisees*. Abingdon: Routledge.
Copeland, S. (2006). Counselling Supervision in Organisations: Are You Ready to Expand Your Horizons. *Counselling at Work*, *51*, Winter, 2–4.
Copeland, S. (2005). *Counselling Supervision in Organisations*. Hove, East Sussex: Routledge.
De Haan, E. (2012). *Supervision in Action: A Relational Approach to Coaching and Consulting Supervision*. Maidenhead, Berkshire: Open University Press
Freitas, G.J. (2002). The Impact of Psychotherapy Supervision on Client Outcome: A Critical Examination of Two Decades of Research. *Psychotherapy*, *39* (4), 354–367.
Garvin, D.A. (2000). *Learning in Action: A Guide to Putting the Learning Organisation to Work*. Boston: Harvard Business School.
Hawkins, P. (2012). *Creating a Coaching Culture: Developing a Coaching Strategy for Your Organisation*. Maidenhead, Berkshire: Open University Press.
Hawkins, P. (2011). *Leadership Team Coaching: Developing Collective Transformational Leaders*. London: Kogan Page.
Hawkins, P., & Shohet, R. (2012). *Supervision in the Helping Professions*. Milton Keynes: Open University Press (4th Edition).
Hawkins, P., & Smith, N. (2013). *Supervision for Coaches, Mentors and Consultants*. Maidenhead, Berkshire: Open University Press (2nd Edition).
Hawkins, P., & Smith, N. (2006). *Supervision for Coaches, Mentors and Consultants*. Maidenhead, Berkshire: Open University Press.
Hay, J. (2007). *Reflective Practice and Supervision for Coaches*. Maidenhead, Berkshire: Open University Press.
Hewson, D., & Carroll, M. (2016). *Reflective Practice in Supervision*. Hazelbrook, NSW: Moshpit Publishing.
Holloway, E. (1995). *Clinical Supervision: A Systems Approach*. Beverley Hills, CA: Sage Publications.
Inskipp, F., & Proctor, B. (1995). *Making the Most of Supervision: Part 2*. Middlesex: Cascade Publications (2nd Edition, 2001).
Inskipp, F., & Proctor, B. (1993). *Making the Most of Supervision: Part 1*. Middlesex: Cascade Publications (2nd Edition, 2001).
King, P., & Kitchener, K.S. (1994). *Developing Reflective Judgment*. San Francisco: Wiley.
Ladany, N. (2004). Psychotherapy Supervision: What Lies Beneath? *Psychotherapy Research*, *14* (1), 1–19.
Lammers, W. (1999). Training in Group and Team Supervision. In E. Holloway and Carroll (Eds.) *Training Counselling Supervisors*. London: Sage.
Lane, D., & Corrie, S. (2006). Counselling Psychology: Its Influences and Future. *Counselling Psychology Review*, *21* (1), 12–24.
Merizow, J., & Associates (2000). *Learning as Transformation: Critical Perspectives on a Theory in Progress*. San Francisco: Jossey-Bass.
Moon, J. (1999). *Reflection in Learning and Professional Development*. London: Kogan Page.
Murdoch, E., & Arnold, J. (2013). *Full Spectrum Supervision*. St Albans: Panoma Press Ltd.
Oshry, B. (1995). *Seeing Systems: Unlocking the Mysteries of Organisational Life*. San Francisco: Berrett-Koehler.
Page, S., & Wosket, V. (1994). *Supervising the Counsellor: A Cyclical Model*. London: Routledge.
Pampallis Paisley, P. (2006). *Towards a Theory of Supervision for Coaching: An Integral Approach*. D.Prof, Middlesex University.
Passmore, J. (Ed.) (2011). *Supervision in Coaching: Supervision, Ethics and Continuous Professional Development*. London: Kogan Page.

Proctor, B. (2000). *Group Supervision: A Guide to Creative Practice*. London: Sage.
Ryan, S. (2004). *Vital Practice*. Portland, UK: Sea Change Publications.
Schon, D. (1987). *Educating the Reflective Practitioner*. San Francesco: Jossey-Bass.
Skovholt, T.M., & Ronnestad, M. (1992). *The Evolving Professional Self*. New York: Wiley.
Towler, J. (2005). *The Influence of the Invisible Client*. PhD Dissertation. Guildford: University of Surry.
Turner, M.M. (2011). The Three Worlds Four Territories of Supervision. In T. Bachkirova, P. Jackson, and D. Clutterbuck (Eds.) *Coaching and Mentoring Supervision: Theory and Practice*. Maidenhead, Berkshire: Open University Press.
Watson, C.E. (2011). Does Psychotherapy Supervision Contribute to Patient Outcomes? Considering Thirty Years of Research. *The Clinical Supervisor, 30*, 235–256.
Zachary, L. (2000). *The Mentor's Guide: Facilitating Effective Learning Relationships*. San Francisco: Jossey-Bass.

第四十三章 教练心理学教育与实践的全球活动

希柏恩·奥里奥丹和斯蒂芬·帕尔默
(Siobhain O'Riordan & Stephen Palmer)

引 言

近年来,教练心理学的发展和成长可以用指数级增长来描述。为了支持这一点,卡瓦纳(Cavanagh)和帕尔默(Palmer)(2006)曾坚持认为,"在迅速发展的教练心理学领域,6个月已是一段很长的时间。"10多年后,情况似乎仍然如此。自发表这一声明以来,教练心理学的建立和全球范围内的发展势头更加强劲。卡瓦纳和帕尔默承认2006年教练心理学理论、实践和研究基础的发展速度很快,他们指出,使用谷歌学术引擎搜索"教练心理学"提供了123个条目。2018年9月29日,同样的搜索显示了约5240个结果。

2012年,卡瓦纳和帕尔默还提供了全球教练心理研究的例证。他们报告说,在不到一年的时间里,国际教练心理学大会(ISCP)在伦敦、都柏林、巴塞罗那、斯德哥尔摩和比勒陀利亚举行(Cavanagh & Palmer, 2012)。[①] 此后,其他一些地区,包括悉尼、以色列、罗马、墨尔本和伦敦在2014年12月也举办了大会。咨询心理学会(美国心理学会第13分部)于2015年在圣地亚哥主办了第五届国际教练心理学大会。自2016年以来,国际教练心理学会在伦敦举行了年度大会。

有许多当前和新兴的国际主题表明,我们可以乐观地预测教练心理学的教育、研究、专业和社区中的不断发展。例如,最近10年似乎是由进步的特征和里程碑来体现的,例如:

---

① 见卡瓦纳和帕尔默(Cavanagh & Palmer, 2012)。www.coachingpsychologycongress.net

（1）在教练心理学教育和研究领域的兴趣和活动，包括通过教练心理学会议、活动和出版物传播这项工作。2016年，ISCP国际教练心理学研究中心成立，以支持教练心理学研究的各个方面的国际合作。[①]

（2）建立关系以支持国际教练心理学界的发展。

（3）在世界各地的国家心理学机构中，教练心理学兴趣小组或会员网络的建立日益增多。

（4）重点关注进一步支持该领域专业化的举措，如认证/认证的渠道和路径。

（5）促进和反思教练心理学实践的标准，还包括教练心理督导和持续职业发展/教育的作用和重要性。

（6）探索如何教育更广泛的社会和心理学专业，使其了解教练心理学的目的及其益处。

在相对较短的时间内，心理学领域发展的这种新风格包括迅速开展国际合作，以及用务实的方法来克服前进中面临的挑战和遇到的障碍。整个心理学领域的地位日趋成熟，也可能为学术和应用心理学提供重要的视野、证据、机会和启示。实际上，也许未来的主要挑战之一将是维持过去10年左右在教练心理学中达到的能量和向前运动的水平，因为我们展望未来并考虑"下一步该做什么"。

本章旨在阐明教练心理学的实践和教育现状。

建立教练心理学的专业和实践

在我们进一步考虑围绕教练心理学的一些现有和新兴主题之前，首先要适当了解一下职业的基础之一和实践的基石。在本地和国际层面建立教练心理学团体的稳步增加也可以帮助我们了解教练心理学家目前所处的地理位置。其中许多团体存在于国家认可的心理学机构中，而有些则被设置为独立的团体（见表43.1）。

[①] 见 www.iscpresearch.org/about

表 43.1 教练心理学团体和协会

成立年度	国家心理机构	团体/协会	国 家
2002	澳大利亚心理学会(APS)	教练心理学兴趣小组(IGCP)*	澳大利亚
2004	英国心理学会(BPS)	教练心理学专业组(SGCP)	英 国
2006	瑞士心理学家联合会(FSP)	瑞士教练心理学会(SSCP)*	瑞 士
2006	南非工业和组织心理学会(SIOPSA)*	教练与咨询心理学兴趣小组(IGCCP)*	南 非
2007	丹麦心理学会(DPA)	循证教练协会(SEBC)*	丹 麦
2008	加泰罗尼亚官方心理学学院(COPC)	西班牙心理学家协会总理事会(CGCOP WG)	西班牙
2008	爱尔兰心理学会(PSI)	爱尔兰心理学会工作和组织心理学司教练心理学小组(DWOP's CPG)	爱尔兰
2008	独立	匈牙利教练心理学协会(HACP)*	匈牙利
2008	独立	国际教练心理学会(ISCP)	2011年成为国际性质
2009	新西兰心理学会	教练心理学特别兴趣小组(CPSIG)*	新西兰
2009	独立	教练心理学家协会*(瑞典心理学会附属机构,2018)	瑞 典
2010	独立	以色列教练心理学协会(IACP)*	以色列
2010—2015	荷兰心理学会(DPS)	工作和组织(WO)部门荷兰教练心理学小组(CPG)	荷 兰
2011	独立	教练心理学会(SCP Italy)*	意大利
2011	独立	日本教练心理学协会(JCPA)	日 本
2011	韩国心理协会(KPA)	韩国教练心理学协会(KCPA)	韩 国
2012	美国心理协会(APA)	咨询心理学会(第13分部)——教练心理学认证委员会负责调查能力*	美 国
2012	加泰罗尼亚心理学家协会(COPC)	教练心理部门(PCS)*	西班牙

续 表

成立年度	国家心理机构	团体/协会	国 家
2014	匈牙利心理学会(HPA)*	教练心理部门	匈牙利
2016	新加坡心理学会	教练心理学特殊兴趣小组*	新加坡
2018	独立	塞尔维亚教练心理学协会	塞尔维亚

* 与 ISCP 签署的谅解备忘录

目前,有 21 个广泛认可的教练心理学团体。当然,重要的是要承认,非正式机构的数量可能远远超过表 43.1 中所列。但另一方面,也可以公平地说,在目前的教练心理学运动中,这些机构还没有作为有组织的正式机构出现。由于这些正式团体倾向于提供本地定义或指南,以规定教练心理学家的实践和能力要求,因此,这为教练心理学家和希望进入该领域的人的实践提供了信息。表 43.1 中概述的大多数组织已经或打算隶属于其国家心理学机构。但是,值得注意的例外是 ISCP,它是一个国际化的独立协会。

这些教练心理学团体在其发展及某些定义特征和构成方面的地位各不相同。共同点是,它们似乎围绕代表、促进和建立教练心理的主要目的和目标进行组织。为了支持和鼓励这一点,ICSP 与表 43.1(*)中的一些专业机构签署了单独的谅解备忘录,这些备忘录代表了相互协议,以确认共同努力支持国际上教练心理学和专业发展的愿望。

值得一提的是,如果将这些教练心理学组的成员进行合并,以提供对该领域所涉人员的全球估计,则该数字代表了成千上万的人。这包括心理学家、心理学毕业生、心理学专业的学生/本科生以及其他对教练心理学感兴趣的人。此外,随着近几年在线网络团体和社交媒体的兴起,需要指出的是,ICSP 在 2017 年记录了超过 60000 个协会的社交网络好友(主要基于 LinkedIn 论坛)。

总而言之,这些机构的主要举措如表 43.2 所示,主要围绕以下活动展开:

(1) 教练心理学家的核证、认证途径;

(2) 教练心理督导的认证系统;

(3) 期刊/出版物;

(4) 研讨会和会议;

(5) 主办 ICCP 活动。

表 43.2　教练心理学团体/社团的活动领域

团体/协会	认证系统/注册教练心理学家	认证系统/注册教练心理学监督人	刊物	工作坊/会议	举办ICCP活动	心理学家的州级或国家级注册
APS IGCP（澳大利亚）			《国际教练心理学评论》(ICPR)	√	√	√
BPS SGCP（英国）	√		《国际教练心理学评论》(ICPR) 和《教练心理学家》(TCP)	√	√	√
COPC（西班牙）	√			√	√	√
ACP，隶属于 SPA（瑞典）				√		√
*CPG（荷兰）				√		√
CPSIG（新西兰）				√		√
CPSIG（新加坡）				√		√
IACP（以色列）				√		√
ISCP	√	√	《国际教练心理学》	√	√	
DWOP CPG（爱尔兰）				√	√	
KCPA（韩国）	KPA 颁发的证书		《韩国教练心理学期刊》			
SCP（意大利）	√	计划中		√	√	√
SCP–APA Div 13（美国）				√	√	
SEBC（丹麦）			《教练心理学（奥尔堡大学）》	√		√
SACP（塞尔维亚）						
SIOPSA/IGCCP（南非）	正在注册			√	√	√
SSCP（瑞士）	√			√		√
HPA（匈牙利）	专业协议计划中					√
HACP（匈牙利）						

许多专业的心理学机构还为心理学家的州级或国家级注册提供便利。伴随着道德规范和良好实践，这也有助于指导为特殊群体服务的心理学家的工作。

看到这些团体正在开展的重点领域和活动，当然令人放心。目前，有五家公司拥有一套核证/认证体系或心理教练注册机构，其中ISCP也是第一家提供注册机构的心理教练注册机构。此外，SCP(意大利)、SIOPSA/IGCCP(南非)和HPA(匈牙利)在这一专业发展领域也有计划。特别是，这也强调了我们对获得学位的心理学家或合格心理学家何时成为教练心理学家的理解，可能取决于他们自己的国家和地区要求。表43.2还向我们展示了各小组一致的活动之一是举办研讨会和会议——在本章开篇，我们概述了国际教练心理学会议的日程安排。

有了这样的成就，可以公平地说，帕尔默和怀布鲁(2007)的预测"迄今为止，我们将在所有专业心理学机构之间看到更多的协作工作"会实现。展望未来的关键问题将是使教练心理学界能够扩展此策略，并进一步与其他专业机构和团体(心理和非心理)进行适当接触。鉴于迄今为止所注意到的成就，我们似乎可以积极期待该行业进一步努力实现这些重要目标。

在本节中，我们着重强调了专业机构在支持实践和建立教练心理学以及教练心理学家工作中的重要作用。他们在其期刊、出版物、网站、社交媒体、虚拟社区、活动和会议中传播知识和信息的核心实践功能明显地证明了这一点。

目前，有4本专门的教练心理学期刊在发行，除此之外，还有更多关于教练主题的期刊。前者的首要目标是告知、参与和支持教练心理学的科学和实践。BPS SGCP发布了以欧洲为重点的《教练心理学家》(The Coaching Psychologist, TCP)。此外，BPS SGCP与APS IGCP联合发布了《国际教练心理学评论》(International Coaching Psychology Review, ICPR)。TCP和ICPR可供会员和订户使用。两种出版物都使用匿名的同行评审系统，并邀请对教练心理学的理论、研究和实践作出贡献(BPS，第二版)。ISCP的期刊是《国际教练心理学》(Coaching Psychology International, CPI)，旨在鼓励来自世界各地的意见、观点和分享见解和发展[ICSCP还赞助了《欧洲应用积极心理学杂志》]。《教练心理学》(Coaching Psychology)是丹麦奥尔堡大学教练心理学部门的丹麦教练心理学期刊。

诸如出版物、核证/认证系统以及会议/讲习班之类的倡议正明显在增加，以帮助告知教练心理学的实践和那些加入该行业的人们。但是,在世界上大多数国家,心理学家(或立法者)以前并未认识到获得合格的"教练心理学家"地位的独特途径,但瑞士是一个例外。加泰罗尼亚心理学会(COPC,西班牙)最近也进入了第二版教练心理学专业心理学家资格认证,其中 72 位特许心理学家获得了认证(Sanchez-Mora,2016)。这种趋势与我们在咨询心理学、职业心理学、教育心理学或法医心理学等领域已经观察到的趋势不同。因此,通过督导或核证/认证的形式获得对该行业的认可似乎是当前面临的主要挑战之一,也是该领域的"热门话题"。

因此,除了考虑教练心理学实践的发展和进步外,还应考虑下一个职业或希望从事继续职业发展或教育(CPD/E)的人的基本教育要求。只是一些重要的问题可能包括:需要对教练"技能开发"的教育给予多少重视,同时还要获得更多的学术要求,例如,如何获得有关心理学的知识以及教练心理学理论和证据?鉴于教练的心理学实践是通过不同的形式(如面对面、在线、个人、团体)提供的,当前所有的教育产品是否支持这种类型的学习和技能发展?在完成教育课程后,学习者如何满足并保持作为教练心理学家的"适合实践"要求?

确实,辩证地说,如果我们要支撑迄今为止建立的基础,以将教练心理学描述为一个独特的并且可能是"独立的"心理学领域,那么就迫切需要一些进一步的结构和标准来规范。

教练心理学教学中的主题

如今,教练心理学已在传统和多样化的领域中得以实践,包括工作、健康和福祉,个人生活、卓越、教育、表现,甚至辅助干预。教练心理学家还从其工作中的各种方法、理论和证据中汲取了经验,这在本手册的其他各章中都有介绍。教练心理学的教育和学术议程已经发展,在以大学为基础的环境中以及其他范围内发生了一系列相关活动。例如,自格兰特(Grant)于 2001 年发表开创性的博士论文"迈向教练心理学"以来,其他博士学位也紧随其后,研究了一系列教练心理学主题。

本世纪的另一项发展以建立大学为基础的教练心理部门(CPU)和在全球各地的中心为基础,为研究的进步提供了支持。迄今为止,目前有八个基于大学的 CPU 和中心。世界上第一个CPU是2000年在悉尼大学启动的具有里程碑意义的CPU。其次，伦敦城市大学在英国(2005)发布了第一个CPU，随后是东伦敦大学(2008)。在丹麦的哥本哈根大学(2008)和奥尔堡大学(2010)，巴西里约热内卢联邦大学(2011)，以及苏格兰爱丁堡的赫里奥特·瓦特大学的商务和教练心理学中心都设立了其他单位和中心(2013)。

ISCP国际教练心理学研究中心于2016年夏季启动，这也标志着支持教练心理学研究的一个里程碑。国际中心旨在为研究人员、学生和其他人提供中心资源，在教练心理学领域和相关领域协助合作和研究。该策略包括一项持续的计划，即通过虚拟在线方法在全球范围内建立研究中心，以讨论与教练相关研究的创新和发展。活动包括与其他枢纽成员进行研究论文的传播、讨论和辩论。作为试验计划的一部分，国际中心首先建立了ISCP剑桥研究中心(英国)。

此外，在教练心理学教育领域中，最令人鼓舞的新兴趋势之一可能是数量不断增加的大学本科和研究生心理学课程，这些课程包括教练心理学模块、要素或路线。尽管还处于初期，但这已经给我们带来了一些关键挑战。因为如果我们要进一步发展教练心理学专业，那么重要的第一步当然是将任何教育选择这一路线的人成为心理学家的方法标准化。

与教育议程的制定有关，格兰特(Grant, 2011)在开创性的文章中提出了重要的评论，他指出，过去10年来教练心理学的发展是重要的，并提出了"如果教练心理学要继续发展壮大，那么最终将需要建立某种教育和教学框架"这一观点。

虽然在教练心理学专业发展的这个相对早期阶段也许并不意外，但到目前为止，我们对教练心理学教育的认识确实存在局限性。格兰特支持了这种观点，他观察到，已出版的文献中很少涉及教练心理学的教学，并呼吁："一套可教的知识，可以维持和促进这一新的、充满活力的行为科学领域。"因此，当前存在明显的需求，那就是进一步发展合适的、尽可能标准化的教练心理学教育和教学框架。

当前，我们始终处于关于制定标准化教练心理学教育策略辩论的最前沿，并且围绕大学课程(本科生和研究生)的发展应包括哪些主题进行重要讨论。此外，在该领域的评论员中，对获得认可为教练心理学家的资格途径的入口点之间存在一些不一致之处，其中有些人认为，心理学本科学位实际上不应成为前提条件。该建议将教练心理学与许多其他形式上公认的心理学领域和学术途径区分开来。因此,可以说这个"仅限研究生"的途径可能对世界许多地方更广泛的心理学专业中的教练心理学的定位产生影响。另一方面,它也可能提供超越传统的心理学培训途径的机会,这些途径似乎与迄今为止的教练心理学的定位保持一致。

在格兰特的形成性论文之后,国际教练心理学界就教育教练心理学家寻求了回应(Cavanagh, Palmer et al., 2011)。突出显示的许多主题也可以作为总结性问题而有帮助地纳入此背景中,以汇总关键环节进行讨论并帮助指明前进的方向。

（1）我们试图实现什么？我们的议程是什么？
（2）我们如何定义教练心理学？有哪些与背景相关的问题？
（3）课程内容和教学过程可能是什么？
（4）在这个发展的早期阶段,修一门教练心理学课程有哪些风险？
（5）成为教练心理学家的途径应从本科生还是研究生开始？

我们现在知道什么?

许多学术教练心理学家通过分享学生的见解和本科教练心理学大学课程的更广泛经验,为我们的理解作出了贡献(Burns & Gillon, 2011; Steele & Arthur, 2012)。一般而言,在本科阶段,教育为期一学期,重点放在以学术为中心的内容上。但是,通常在基于技能的教练实践课程或讲习班之外,还包括基于教程的课程或实践课程(Steele & Arthur, 2012; Burns & Gillon, 2011)。特别有趣的是,即使在本科心理学课程的最后一年任教,但它仍然可能是学生在心理学学位模式下实际拥有的技能发展的第一个机会(Cavanagh & Palmer, 2011)。这支持了帕尔默(2008)的观点,他提出将教练心理学纳入大学生心理学课程的案例,认为"应该使心理学学位与专业实践更加相关"。

尽管一些发现显示,学生在完成最后一年大学本科课程之前对教练心理学的知识有限,但也发现了模块后课程的收获,如可转移的技能、个人发展（如增强的人际交往能力和反思能力）、就业能力以及更清晰地理解心理学理论的应用(Burns & Gillon, 2011; Steele & Arthur, 2012)。其他额外的好处似乎是当学生体验到教练和受教者的角色时,能够在目标上取得进展并获得教练的心理技能。伯恩斯(Burns)和吉隆

(Gillon)得出如下结论:"学习成果的多元化使教练心理学成为任何本科心理学课程中极有价值的补充,也将成为本科心理学课程大纲中的潜在核心成分。"

在研究生水平的心理学课程中纳入教练心理学模块之后,斯帕森和汉森(Spaten & Hansen,2009)认为,教练应成为心理学课程的一部分。通过使用课前、课中和课后评估,他们的研究表明学生的技能(社交和情感)和教练能力都得到了提高。格兰特还确定并讨论了研究生教练心理学课程应涵盖的十个核心领域的相关性,包括道德原则、实践的专业模型以及教练中可能出现的心理健康问题。

为了及时反映当前的国际教练心理背景,作者进行了一项在线调查研究(Palmer & O'Riordan, 2014)。电子邀请函发送给了来自南非、波兰、以色列、英国、新西兰、瑞士、丹麦、荷兰、苏格兰、意大利、澳大利亚、美国、爱尔兰、荷兰、西班牙、瑞典、日本和巴西的活跃于教练心理学领域的代表。调查结果表明,在调查中涉及的多个国家/地区提供了教练心理学和教练教育课程,[1]从公认的/认可的专业机构对教练或教练心理学的培训到研究生博士学位课程。有趣的是,英国目前提供的大学水平模块/要素似乎比世界其他地方更多。询问这些计划和培训选项的实际内容已经超出了本简短调查的范围。但是,为了帮助指导教练心理学教育框架的发展,能够确定不同培训和教育教练心理学计划之间的共性和区别显然是有价值的。

正如奥里奥丹所观察到的,我们现在面临的主要潜在挑战之一是,有大量的培训提供者提供有关教练心理学、教练和教练心理学的课程/计划(Cavanagh, Palmer et al., 2011)。除了以大学为基础的课程之外,大学还提供许多附属、核证或认可的教练心理学课程。这些通常是涉及混合学习的短期选择,并且是为刚接触该领域的新手或希望在当前技能和学习基础上进一步发展的人员而设计的。

值得注意的是,心理学家将教练的心理因素融合在一起,如专业培训、理解理论的重要性、根深蒂固的道德操守、专业精神、科学家—从业者的方法以及核心微观技能(Palmer & O'Riordan, 2014)。因此,将这些要素包含在内并反映在任何未来的结构化教练心理学教育过程或框架中似乎很重要。有趣的是,巴赫基罗瓦(Bachkirova)及其同事(2017)认为,需要一种连贯的哲学立场来支撑教练的教育,建议使用实用主义和

---

[1] 虽然作为调查的一部分,我们为受访者提供了分享其所在国家的选择,但是许多受访者选择不填写此信息。

建构主义为基础的概念。

无论有人采取何种途径来获得教练心理学的学术和/或专业培训,值得注意的一点是,获取知识和技能的发展以及寻求反思性实践的机会应该是职业/终身的。

持续专业发展/教育(CPD/E)

为了维持和发展该专业,正在持续被思考的一个中心领域是为 CPD/E 提供心理教练课程并为其提供选择。一般来说,现在,30—40 小时/年似乎是许多专业机构达到会员级别(超出会员或大专生的身份,并满足作为教练或教练心理学家)的持续认证/证明要求。至少,参加适当的活动在提供学习和反思机会以及技能和专业发展机会方面起着重要作用。但是,对于心理学家而言,什么样的活动可以真正形成教练心理学家的 CPD/E 呢?而且,谁从参与 CPD/E 的心理教练中获益?

ISCP(2013)解决了第一个问题,该问题确定了的领域如表 43.3 所示。

表 43.3　CPD/E 活动示例

活 动 示 例	CPD/CPE 40 小时的最大总贡献
与心理学有关的 CPD/CPE	10 小时
阅读教练心理学书籍/期刊	15 小时
在同行评审的期刊、章节和/或书籍中发表文章;进行教练心理学研究	15 小时
参加教练心理学或相关的讲习班、研讨会和会议	无最大值
开发和举办与教练心理学有关的讲习班;发表会议论文或主题演讲	15 小时
相关的发展活动,例如,同伴观察、主持会议或参加专业教练心理活动	5 小时

在这里我们可以看到可能要进行一系列不同的活动。但是,通过该行业的出版物和会议传播知识、举办工作坊并从事专业的教练心理活动来为该领域作出贡献,使该行业继续发展,那么吸引和告知他人就显得尤为重要。

关于第二个问题,参加 CPD/E 对心理学家有很多好处,包括个人和专业发展。这也为买方和受教者提供了一定程度的质量保证,尤其是在伴随着督导承诺的情况下。

当前关于教练心理学的国际观点：教育与实践

教练心理学实践的现状：挑战与机遇

对于教练心理学实践和发展的当前全球和本地状况,我们可以提供一些令人鼓舞但又令人困惑的思考。例如,在该领域内,关于如何在外部(如向购买者和普通大众)以及在心理学本身的专业范围内最好地促进教练心理学的争论和思考不断。关于建立教练心理学作为心理学研究和实践的一个独特领域,该领域似乎还存在一系列潜在问题和持续挑战。

专业机构和团体对举办教练心理活动/会议以及出版期刊的关注似乎已相对成熟。但是,仍然需要认真地处理和评估法规、标准、认证/证书、资格和考试等主题,以确保系统符合目的。

在提出挑战的同时,标准化和质量保证可能成为推动教练心理学专业发展并在心理学领域内外获得更少阻力和更广泛接受的基础。在某些国家,监管、建立在证据基础上、致力于督导和促进研究和出版物等特点,也可以说是教练心理学与教练辅导不同的地方。因此,随着教练心理学实践和教育的发展,我们发现自己在谈判中遇到的挑战和机遇也是很有帮助的关键主题。

为教练心理学家制定标准、能力和规程方面提供的机会,包括努力在大学内进一步整合教练心理学,为心理学家提供培训和学术环境。展望未来,在未来几年中,与教练心理学的教育和实践相关的技术进步可能会提供一系列有趣的机会。涉及在线系统、电子教练、教练化身和神经科学在内的混合学习领域的发展,都可能对教练心理学的未来研究、理论和应用起到塑造作用。

结 论

总而言之,近年来,教练心理学在实践、教学和教育领域已取得显著进展。其中包括教练心理学团体和相关活动的数量增加,教练心理学社区的建立,国际教练心理学大会系列活动,新兴的研究/证据基础,教练心理学组织/中心和大学模块/元素的增加。所有这些旨在支持教练心理学的目标是将其定义为心理学的公认途径。

当我们展望未来时,围绕教练心理学议程进行反思和询问的必要性,也可能是一个独特和既定职业谨慎出现和可持续发展的关键因素。然而,对于目前的教练心理学家和那些走上这条道路的人来说,最大的挑战也许是继续为保持迄今为止所取得的势头作出贡献。

讨论要点

1. 教练心理学机构和团体在何种程度上对专业的持续发展至关重要?

2. 与职业心埋学和咨询心理学等传统心理学方法相比,教练心理学在哪些方面采取了更为务实的方针?

3. 列出本章确定的5个主题。讨论这些对于进入教练心理学专业的人士(包括心理学专业的毕业生和心理学家)意味着什么?

4. 在某些国家/地区,任何人都可以合法地称自己为"教练心理学家"。讨论此观点对心理学界、受教者以及教练心理学的发起者和利益相关者的意义。

推荐阅读

Cavanagh, M., & Palmer, S. (2006). Editorial: The theory, practice and research base of coaching psychology is developing at a fast pace. *International Coaching Psychology Review.* 1 (2), 5–7.

Cavanagh, M. J., Palmer, S. et al. (2011). Educating coaching psychologists: Responses from the field. *International Coaching Psychology Review.* 6 (1), 100–125.

Grant, A. M. (2011). Developing an agenda for teaching coaching psychology. *International Coaching Psychology Review.* 6 (1), 84–99.

Law, H. (2013). *Coaching Psychology: A Practitioners Guide.* Chichester, West Sussex: Wiley Blackwell.

参考文献

Bachkirova, T., Jackson, P., Gannon, J., Iordanou, I., & Myers, A. (2017, November 2). Re-conceptualising coach education from the perspectives of pragmatism and constructivism. *Philosophy of Coaching: An International Journal.* 2, 29–50. http://dx.doi.org/10.22316/poc/02.2.03

British Psychological Society (n.d.). Special Group in Coaching Psychology. Publications. Retrieved from http:// www.bps.org.uk/networks-and-communities/member-networks/special-group-coaching-psychology/publications

Burns, L., & Gillon, E. (2011). Developing a teaching agenda for coaching psychology in undergraduate programmes. *The Coaching Psychologist.* 7 (2), 90–96.
Cavanagh, M. J., & Palmer, S. (2006). Editorial: The theory, practice and research base of coaching psychology is developing at a fast pace. *International Coaching Psychology Review.* 1 (2), 5–7.
Cavanagh, M. J., & Palmer, S. (2011). Introduction. In M. J. Cavanagh & S. Palmer et al. Educating Coaching Psychologists: Responses from the field. *International Coaching Psychology Review.* 6 (1), 100–125.
Cavanagh, M. J., & Palmer, S. (2012). Editorial: Coaching psychology coming of age in the 21st century. *International Coaching Psychology Review.* 7 (1), 4–5.
Cavanagh, M. J., Palmer, S. et al. (2011). Educating coaching psychologists: Responses from the field. *International Coaching Psychology Review.* 6 (1), 100–125.
Grant, A. M. (2001). Towards a Psychology of Coaching: The Impact of Coaching on Metacognition, Mental Health and Goal Attainment. Doctoral dissertation, Macquarie University, Sydney, Australia.
Grant, A. M. (2011). Developing an agenda for teaching coaching psychology. *International Coaching Psychology Review.* 6 (1), 84–99.
International Society for Coaching Psychology (2013). Accreditation/Certification Process. Retrieved on 1/9/16 from www.isfcp.net/accreditation.htm
Palmer, S. (2008). A coaching psychology perspective. *Psychology Teaching Review.* 14 (2), 40–42.
Palmer, S., & O'Riordan, S. (2014, December). *Developments in the Education, Practice and Establishment of Coaching Psychology: An International Perspective 2014.* Coaching Psychology: An International Perspective. Paper presented at the SGCP 4th International Congress of Coaching Psychology. British Psychological Society, London.
Palmer, S., & Whybrow, A. (2007). *Handbook of Coaching Psychology: A Guide for Practitioners.* Hove: Routledge.
Sanchez-Mora, M. (2016). Update: The Catalan psychologists society. *Coaching Psychology International.* 9 (1), 56–57.
Spaten, O. M., & Hansen, T. G. (2009). Should learning to coach be integrated in a graduate psychology programme: Denmark's first try. *The Coaching Psychologist.* 5 (2), 104–109.
Steele, C., & Arthur, J. (2012). Teaching coaching psychology to undergraduates: Perceptions and experiences. *International Coaching Psychology Review.* 7 (1), 6–13.

后　记

斯蒂芬·帕尔默和艾莉森·怀布鲁
（Stephen Palmer & Alison Whybrow）

第一版《教练心理学手册：从业者指南》的成功之后，再版是必然的。第一版很快成为许多教练和教练心理学课程的核心内容。

第二版与上一版的关键点类似。教练心理学领域继续发展壮大，新的洞察和新的整合正在发生。第二版的内容有了很大的扩展。当我们合上这本书思索回顾时，很明显，教练心理学的本质不仅有人文主义的基础，积极心理学也有着决定性的重要影响。

我们希望第二版遵循第一版接受和信奉的做法。我们对下一个10年将出现什么感到好奇。教练已不仅仅专注于提高工作表现，现在还包括提升坚韧品格和幸福感，人们对团队教练的兴趣也与日俱增。也许未来教练心理学家会更多地参与社会教练，让那些对改善他们的生活感兴趣的教练能够被引导到当地诸如散步或园艺的俱乐部（Palmer, 2018）的社区团体？

学校中的一些年轻人正在接受成为朋辈教练和导师的培训。除了提高自己的能量和自信，他们的朋辈也从中受益。在未来10年中，是否会有更多的年轻人接受教练和指导方面的培训？随着先进技术的出现，许多教练的应用程序问世，如自动谈话代理或聊天机器人，这些都不需要人类从业者操作。换句话说，这是Woebot的强化教练版本（Fitzpatrick, Darcy, & Vierhile, 2017）。由于这些聊天机器人的对话和心理教育性质，专精于压力管理、幸福或者健康的"教练机器人"可以很容易地得到发展，或许人性化的交流会盛行。

感谢您加入我们的教练心理学之旅，我们非常期待能收到您对接下来这一版本中新主题的反馈和可能的建议。

您可通过以下方式与我们取得联系：

斯蒂芬·帕尔默：stephen.palmer@ iafpd.com

艾莉森·怀布鲁：alison@ alisonwhybrow.com

参考文献

Fitzpatrick, K.K., Darcy, A., & Vierhile, M. (2017). Delivering cognitive behavior therapy to young adults with symptoms of depression and anxiety using a fully automated conversational agent (Woebot): A randomized controlled trial. JMIR Ment Health, 4(2):e19. Available: *https://mental.jmir.org/2017/2/e19* DOI: 10.2196/mental.7785

Palmer, S. (2018). Can positive and coaching psychologists become more involved in social prescribing? *Coaching Psychology International*, 11, 1.

附录 1 教练和教练心理学专业团体

关键：教练心理学团体＝*

美国心理协会,咨询心理学会第 13 分部*

www.societyofconsultingpsychology.org

教练协会

www.associationforcoaching.com

瑞典教练心理学家协会*

www.coachandepsykologer.se

职业经理人指导与监督协会（APECS）

www.apecs.org

澳大利亚心理学会,教练心理学兴趣小组*

www.groups.psychology.org.au/igcp/

英国心理学会,教练心理学专业组*

www.sgcp.org.uk

丹麦心理学会,循证教练协会*

www.sebc.dk

欧洲教练和教练委员会

www.emccouncil.org

匈牙利教练心理学协会*

www.coachingpszichologia.hu

匈牙利心理学会教练心理部门 *

www.coachingpsychologycongress.com/hpa-cps-hungary

国际教练协会

www.certifiedcoach.org

国际教练联合会

www.coachfederation.org/ICF/

国际教练心理学会 *

www.isfcp.net

以色列教练心理学协会 *

www.coachingpsychology.co.il

韩国心理协会,韩国教练心理学协会(第 14 分部) *

https://coachingpsychology.or.kr

新西兰心理学会,教练心理学特别兴趣小组 *

www.psychology.org.nz/membership/member-groups/special-interest-groups/

加泰罗尼亚官方心理学学院,心理教练部门 *

www.copc.cat/secciones/3/Seccio-de-Psicologia-Coaching

爱尔兰心理学会,工作和组织心理学司,教练心理学小组 *

www.psychologicalsociety.ie/groups/Special-Interest-Group-in-Work-and-Organisational-Psychology-Coaching-Psychology

新加坡心理学会,教练心理学特别兴趣小组 *

www.singaporepsychologicalsociety.org/coaching-psychology-sig

南非工业和组织心理学会,教练与咨询心理学兴趣小组 *

www.siopsa.org.za/pages/interest_groups#igccp

意大利教练心理学会 *

www.scpitaly.it

瑞士教练心理学会 *

www.coaching-psychology.ch

世界商业教练协会(WABC)

www.wabccoaches.com/

附录2 与教练和教练心理学有关的出版物

《教练：理论、研究和实践》(Coaching: An International Journal of Theory, Research and Practice)

这是一本国际性的、同行评审的专业期刊，致力于教练理论、研究和实践，以国际视野推进教练研究和实践。

www.tandfonline.com/toc/rcoa20/current

《职场教练》(CaW)

这是一本双月刊，发表一系列与职场相关的教练主题的论文。

www.coaching-at-work.com

《国际教练心理学期刊》(CPI)

这是一本国际教练心理学会的国际期刊，侧重于研究、理论和实践。

www.isfcp.net

《教练心理学：丹麦教练心理学期刊》(DJCP)

这是一本开放获取期刊，由哥本哈根大学教练心理学小组和丹麦奥尔堡大学教练心理学研究小组出版。

https://journals.aau.dk/index.php/CP

《咨询心理学期刊：实践与研究》(CPJ)

这本期刊由教育出版基金会与APA咨询心理学会(第13分部)合作出版。

www.apa.org/pubs/journals/cpb/

《欧洲应用积极心理学期刊》(EJAPP)

这是一本同行评议的期刊，发表关于积极心理学各个方面的理论、研究和实践文章。EJAPP由国家福利服务有限公司出版，并由ISCP赞助。

www.nationalwellbeing-service.org

《国际教练心理学评论》(ICPR)

这是一本国际刊物,侧重于教练心理学领域的理论、实践和研究。

www.bps.org.uk/publications/international-coaching-psychology-review

《循证教练与指导国际期刊》(IJEBCM)

这是一本开放获取的国际同行评议期刊,每年2月和8月在网上出版。

http://ijebcm.brookes.ac.uk

《积极心理学期刊》(JPP)

这本期刊为积极心理学的研究和应用提供了一个跨学科的国际论坛。

www.tandfonline.com/loi/rpos20#.V6ChgLgrLIU

《韩国教练心理学期刊》(KJCP)

这本期刊发表关于教练心理学的经验性和理论性文章。

https://coachingpsychology.or.kr/journal/rule1.php

《教练心理学家》(TCP)

这本期刊发表关于教练心理学研究、理论、实践和案例的文章。

www.bps.org.uk/publications/coaching-psychologist

附录3 大学教练心理学小组及中心

苏格兰爱丁堡赫瑞-瓦特大学商业和教练心理学中心
www.hw.ac.uk/schools/social-sciences.htm

丹麦奥尔堡大学传播和心理学系教练心理学小组
www.communication.aau.dk/research/knowledge_groups/cqs/coaching

丹麦哥本哈根大学运动与运动科学系教练心理学小组
http://nexs.ku.dk/english/research/units/sport-individual-society/projects/coaching/

巴西里约热内卢联邦大学恐慌和呼吸实验室教练心理学小组
http://www.ipub.ufrj.br/pesquisa/#1521741754320-1ab8ccfd-7420

英国伦敦大学教练心理学小组
www.city.ac.uk/psychology/research/CoachPsych/CoachPsych.html

澳大利亚悉尼大学教练心理学小组
www.psych.usyd.edu.au/psychcoach/

附录 4　国际教练心理学会(ISCP)

教练心理学会成立于 2008 年 4 月。该学会在英国伦敦城市大学举行的第一次国际教练心理学会议上提出了于 2006 年 12 月成立的国际教练心理学论坛的一些关键概念。2011 年 7 月 18 日,该学会获准改名为国际教练心理学会(ISCP)。

ISCP 在世界各地推广教练心理学,并鼓励这一领域的理论、研究和实践的发展。为了协助这一发展,ISCP 开展了各种活动。该学会的研究部门管理 ISCP 国际教练心理学研究中心,该中心负责研究和协调研究站点。ISCP 出版了《国际教练心理学》期刊,并赞助同行评议的《欧洲应用积极心理学期刊》。它还每天出版电子通讯。ISCP 有一条教练心理学家和监督者的认证途径。ISCP 为培训中心运行了一个审批系统,并为提供 CPD/E 教练、心理学和相关主题的课程/讲习班提供者提供了一个认证系统。它是国际教练心理学大会(ICCP)论坛的积极成员。学会代表 ICCP 合作组织维护和赞助论坛网站。学会每年举办国际大会活动,并在国际上赞助活动。

为了促进教练心理学在国际上的发展,学会与南非工业和组织心理学会(SIOPSA)、SIOPSA 教练心理学兴趣小组(IGCCG)、意大利教练心理学会(SCPI)、以色列教练心理学协会(IACP)、加泰罗尼亚官方心理学学院(COPC)、教练心理学家协会(瑞典)、匈牙利教练心理学协会(HACP)、匈牙利心理学会(HPA)、新西兰心理学会教练心理学特别兴趣小组(NZPsS CPSIG)、美国心理协会咨询心理学会(APA 第 13 分部)、丹麦心理学会循证教练协会(SEBC-DPS),以及澳大利亚心理学会教练心理学兴趣小组(APS CPIG)签署了谅解备忘录(MOU)。2018 年,它与瑞士教练心理学会(SSCP)签署了谅解备忘录(MOU)。

国际教练心理学会的目标:打造一个国际化的专业成员组织

设立国际教练心理学会的目标是为教练心理学领域的活动提供组织和实际基础,特别是在以下方面:

（1）促进和发展教练心理学科学、专业和学科。

（2）帮助教练心理学理论、实践和科学的进步。

（3）宣传和评价继续专业教育课程，以提高教练心理学从业者的水平。

（4）将从事教练心理学实践的人士聚集在一起，以交流意见、经验，相互协商。

（5）就共同感兴趣的事项安排研讨、会议和小组讨论，并充当关于教练心理学实践的想法和信息的交流中心。

（6）发表"日刊"和"通讯"及其他出版物，维护网站并运行电子邮件讨论组。

（7）协助成立分会或地区分会，或有特殊目的的团体。

（8）成为教练心理学领域的代表，并发展和促进与其他机构或当局的关系。

（9）认证和委任教练心理学课程和教练心理学专业中心。

（10）管理教练心理学家的国家和国际注册或认证名册。

（11）管理教练心理学家主管、培训师和顾问的国家和国际注册或认证名册。

（12）方便会员和教练心理学家在其国家的任何相关自愿或义务注册。

（13）承担所有其他附带或有助于实现上述目标或其中任何一项目标的事务。

（14）根据与教练心理学有关的法律、道德和专业标准，发起和促进对教练心理学领域所有活动的问责。

ISCP 及相关网站

国际教练心理学会：

www.isfcp.net

国际教练心理学研究中心：

www.iscpresearch.org

国际教练心理学大会：

www.coachingpsychologycongress.net